租税判例年報

平成10年度　通巻第10号
法務省訟務局内租税事件訴訟研究会 編

税 務 経 理 協 会

は　し　が　き

　租税判例年報は，1年間の国税に関する民事・行政裁判例を網羅的に収集し，これを判示事項別に分類・整理したものである。平成元年分を第1号として創刊し，本号をもって10号を数えることになる。本号は，従来のものと同様の方法により，平成10年1月から12月までの1年間に言渡しのあった裁判例を整理したものである。

　租税判例年報は，国税関係裁判例を網羅しているため，国税関係全般の判例法理を知ることができるとともに，訴訟の現況を把握するためにも便利であろうと思われる。さらに，巻末には，裁判例の索引とともに，その裁判例を掲載した判例集と判例評釈が掲載された雑誌を掲げておいたので，これも併せて利用していただきたい。

　本書が租税実務や研究のお役に立てれば，幸いである。

　平成11年12月

法務省訟務局内
租税事件訴訟研究会

凡　例

1　本書は，判決を判旨ごとに分類した上，判決の冒頭に一連の整理番号を付して登載している。また，一つの判決で複数の判旨がある場合には，関連する分類箇所に，整理番号，裁判所名，判決年月日及び本書登載ページを記載している。
2　目次の項目に対応する判決の言渡しがない場合には，当該箇所に※印を付してこれを明らかにしている。
3　巻末の裁判年月日別索引には，各裁判例に対する評釈・解説等が登載されている文献等を付記している。
4　本書において使用した略語は，次のとおりである。
　民　集＝最高裁判所民事判例集（巻・号・ページ）
　刑　集＝最高裁判所刑事判例集（巻・号・ページ）
　集　民＝最高裁判所判例集民事（号・ページ）
　行　集＝行政事件裁判例集（巻・号・ページ）
　訟　月＝訟務月報（巻・号・ページ）
　判　時＝判例時報（号・ページ）
　判　タ＝判例タイムズ（号・ページ）
　ジュリ＝ジュリスト（号・ページ）
　税　事＝税務事例（巻・号・ページ）
　弘　報＝税務弘報（巻・号・ページ）
　シュト＝シュトイエル（号・ページ）
　年　報＝租税判例年報（号・ページ）
　判　評＝判例評論（号・ページ）

目　次

ページ

第1章　総　　則
1　租税法律主義 …………………………………………………………… 3
2　信義則・禁反言 ………………………………………………………… 4

第2章　賦課手続関係
1　納税申告一般～修正申告 ……………………………………………… 7
2　青色申告
(1)　青色申告の手続要件 ……………………………………………… 7
(2)　青色申告に係る更正の理由付記 ………………………………… 12
(3)　青色申告の承認の取消し ………………………………………… 12
(4)　そ の 他 …………………………………………………………… ※
3　更正の請求 ……………………………………………………………… 22
4　更正又は決定 …………………………………………………………… 27
5　推計課税
(1)　推計の必要性 ……………………………………………………… 37
(2)　推計の合理性 ……………………………………………………… 41
(3)　実額反証の適否～時期，順序（国税通則法 116条関係） ……… 120
(4)　そ の 他 …………………………………………………………… ※
6　税務調査（質問検査権の行使） ……………………………………… 132
7　不服審査の手続 ………………………………………………………… 143
8　訴訟手続
(1)　訴えの適否～訴えの利益，当事者適格，処分性 ……………… 147
(2)　不服申立前置 ……………………………………………………… 165
(3)　出 訴 期 間 ………………………………………………………… 166
(4)　訴訟物～理由の差替え，総額主義 ……………………………… 178
(5)　主張立証責任 ……………………………………………………… 179

2

　(6) そ の 他 …………………………………………………………… 193
　9 そ の 他 …………………………………………………………… 195

第3章　賦課実体関係
　1 所 得 税
　　(1) 課税所得の範囲～非課税所得（所得税法9条関係）………… 205
　　(2) 納 税 地 ……………………………………………………… ※
　　(3) 所得の発生時期 …………………………………………… 208
　　(4) 所得の帰属 ………………………………………………… 214
　　(5) 各種所得の区分 …………………………………………… 216
　　(6) 各種所得の発生，金額の認定
　　　ア 利 子 所 得 …………………………………………… 227
　　　イ 配当所得～みなし配当所得 ……………………………… ※
　　　ウ 不動産所得 ………………………………………………… ※
　　　エ 事 業 所 得
　　　　(ｱ) 一　　般 ……………………………………………… 227
　　　　(ｲ) 課税の特例～土地重課（租税特別措置法28条の4・5）……… ※
　　　オ 給 与 所 得 ……………………………………………… ※
　　　カ 退 職 所 得 ……………………………………………… ※
　　　キ 山 林 所 得 ……………………………………………… ※
　　　ク 譲 渡 所 得
　　　　(ｱ) 一　　般 ……………………………………………… 236
　　　　(ｲ) 所得税法の特例
　　　　　a 固定資産の交換（所得税法58条）………………… 240
　　　　　b 贈与等～みなし譲渡（所得税法59条）……………… 249
　　　　　c 譲渡代金の回収不能（所得税法64条1項）………… ※
　　　　　d 保証債務履行のための譲渡（所得税法64条2項）……… 263
　　　　　e そ の 他 ……………………………………………… ※
　　　　(ｳ) 租税特別措置法の特例

　　　　　a　優良住宅地の造成等のための譲渡（租税特別措置法31
　　　　　　条の2）……………………………………………………… 270
　　　　　b　居住用財産の譲渡，買換え・交換（租税特別措置法31条
　　　　　　の3，35条，36条の2・5）………………………………… 278
　　　　　c　土地重課（租税特別措置法32条）……………………… ※
　　　　　d　事業用資産の買換え・交換（租税特別措置法37条・37条
　　　　　　の4）………………………………………………………… 286
　　　　　e　中高層耐火建築物等の建設及び大規模な宅地等造成のた
　　　　　　めの買換え・交換（租税特別措置法37条の5，37条の7）…… ※
　　　　　f　その他～収用・特定土地区画整理事業・住宅地造成事業
　　　　　　のための譲渡・他（租税特別措置法33条・33条の1～4・
　　　　　　34条・34条の2・他）……………………………………… 287
　　　ケ　一 時 所 得 …………………………………………………… ※
　　　コ　雑　所　得 …………………………………………………… 302
　(7)　必要経費通則
　　　ア　一般～範囲（経費性の認定），金額の認定，時期 ……… 302
　　　イ　貸倒損失（貸倒性の認定）………………………………… 320
　　　ウ　家事関連費 ………………………………………………… 321
　(8)　必要経費の特例
　　　ア　親族に支払う対価（所得税法56条）……………………… 321
　　　イ　事業廃止（所得税法63条）………………………………… ※
　　　ウ　社会保険診療報酬（租税特別措置法26条）……………… ※
　　　エ　給与所得者の特定支出（所得税法57条の2）…………… ※
　(9)　譲渡所得の必要経費
　　　ア　取　得　費 …………………………………………………… 322
　　　イ　譲 渡 費 用 …………………………………………………… 328
　(10)　損 益 通 算 ……………………………………………………… 328
　(11)　所得控除～雑損控除，医療費控除，税額控除 ……………… 332
　(12)　資産所得の合算課税 …………………………………………… ※

⒀　源　泉　徴　収 ……………………………………………… 339
　　⒁　同族会社の行為又は計算の否認 ……………………………… 364
　　⒂　そ　の　他 …………………………………………………… 366
２　法　人　税
　　⑴　納税義務者 …………………………………………………… ※
　　⑵　課税所得の範囲 ……………………………………………… ※
　　⑶　事業年度・納税地 …………………………………………… ※
　　⑷　所得の帰属 …………………………………………………… 368
　　⑸　益　金　の　額
　　　ア　収益発生の認定 …………………………………………… 369
　　　イ　収益の計上時期 …………………………………………… 383
　　　ウ　収益の額の計算 …………………………………………… 387
　　⑹　損　金　の　額
　　　ア　損金性の認定～貸倒損失・債権償却 …………………… 395
　　　イ　損金の計上時期 …………………………………………… 414
　　　ウ　損金の額の計算 …………………………………………… 418
　　　エ　資産の評価 ………………………………………………… ※
　　　オ　役員の報酬・賞与及び退職給与等 ……………………… 425
　　　カ　寄付金・交際費等 ………………………………………… 433
　　　キ　そ　の　他 ………………………………………………… 449
　　⑺　同族会社の行為又は計算の否認（法人税法132条）……… 456
　　⑻　課税・計算の特例 …………………………………………… 457
　　⑼　そ　の　他 …………………………………………………… ※
３　相続税・贈与税
　　⑴　相　続　税
　　　ア　相続財産の範囲 …………………………………………… 462
　　　イ　課　税　時　期 …………………………………………… ※
　　　ウ　税　額　の　計　算 ……………………………………… 478
　　⑵　贈　与　税

　　　　ア　贈与の認定 ……………………………………………… 509
　　　　イ　課税時期 ………………………………………………… 514
　　　　ウ　税額の計算 ……………………………………………… 518
　　(3)　財産の評価 ………………………………………………… 519
　　(4)　その他 ……………………………………………………… 593
　4　間接税
　　(1)　消費税 ……………………………………………………… 600
　　(2)　酒税 ………………………………………………………… 642
　　(3)　物品税，その他 …………………………………………… 678
　5　附帯税
　　(1)　延滞税及び利子税 ………………………………………… 679
　　(2)　過少申告加算税・無申告加算税・不納付加算税 ……… 679
　　(3)　重加算税 …………………………………………………… 695

第4章　徴収関係
　1　国税債権と私債権との優劣 …………………………………… 727
　2　財産に対する差押えの効力
　　(1)　不動産〜差押登記抹消登記請求訴訟，本登記承諾請求訴訟 ……… 744
　　(2)　債権〜差押債権取立訴訟，供託金還付請求権の取立権確認訴訟
　　　　ア　被差押債権の存否 …………………………………… 752
　　　　イ　債権譲渡等の競合，対抗問題 ……………………… 754
　　　　ウ　第三債務者からする相殺 …………………………… ※
　　　　エ　その他 ………………………………………………… 774
　　(3)　その他差押え ……………………………………………… 781
　3　徴収対象財産の回復に関するもの
　　(1)　債権者代位訴訟 …………………………………………… 784
　　(2)　詐害行為取消訴訟 ………………………………………… 789
　4　倒産手続と滞納処分 …………………………………………… ※
　5　第二次納税義務 ………………………………………………… 793

 6
 6 租税債権存在確認訴訟〜時効中断 ……………………………… ※
 7 租税債務不存在確認 ………………………………………………… ※
 8 過誤納金，不当利得返還請求訴訟 ……………………………… 798
 9 そ の 他 …………………………………………………………… 817

第5章　地方税関係
 1 固定資産税 ………………………………………………………… ※
 2 特別土地保有税 …………………………………………………… ※
 3 そ の 他 …………………………………………………………… ※

第6章　そ の 他
 1 国家賠償責任 ……………………………………………………… 839
 2 そ の 他 …………………………………………………………… 871

平成10年裁判月日別索引 ……………………………………………………… 877

第1章 総　　　則

1 租税法律主義

【101】 浦和地裁 平成10年2月23日判決（270ページ参照）

【1】 最高裁 平成10年1月27日第三小法廷判決
　　　（平成8年（行ツ）第165号・行政処分取消等請求上告事件）
　【当事者】
　　上告人（控訴人・原告）○○○○ほか41名
　　被上告人（被控訴人・被告）神奈川県神奈川県税事務所長ほか7名
　【判示事項】
　　日米租税条約に基づく対応的調整として内国法人の法人税を減額更正することとした日米合意の適法性・有効性、右法人税の減額更正を受けて行われた法人県民税等の減額更正処分の適法性
　【事案の概要と争点】
　　本件は、年報8号整理番号【144】の上告審である。
　【判　旨】
　　本判決は、上告人の請求を棄却した原審（東京高裁平成8年3月28日判決・年報8号541ページ、一審横浜地裁平成7年3月6日判決・年報7号618ページ）の判断を是認し、上告を棄却した。

2 信義則・禁反言

【115】 最　　高　　裁　平成10年2月26日第一小法廷判決（ 305ページ参照）
【84】　名 古 屋 地 裁　平成10年3月4日判決（ 216ページ参照）
【281】 最　　高　　裁　平成10年6月30日第三小法廷判決（ 822ページ参照）

【2】　東 京 高 裁　平成10年1月29日判決
　　　（平成9年（行コ）第57号・更正しないことの通知取消請求控訴事件）
　【当事者】
　　控 訴 人（原告）　　○○○○株式会社
　　被控訴人（被告）　　東京税関大井出張所長
　【判示事項】
　　関税定率法別表の所属区分，信義則違反による違法性の有無
　【事案の概要と争点】
　　本件は，年報9号整理番号【1】の控訴審である。
　【判　旨】
　　本判決は，控訴人の請求を棄却した原審（東京地裁平成9年3月28日判決・年報9号3ページ）と同旨の判示をして，控訴を棄却した。

第2章　賦課手続関係

1　納税申告一般～修正申告　※

【207】東 京 高 裁　平成10年7月23日判決（593ページ参照）
【78】　長 野 地 裁　平成10年9月18日判決（210ページ参照）
【277】浦 和 地 裁　平成10年12月21日判決（814ページ参照）

2　青色申告

(1)　青色申告の手続要件

【150】大 阪 地 裁　平成10年10月16日判決（402ページ参照）
【144】大 阪 高 裁　平成10年12月28日判決（387ページ参照）

【3】　神 戸 地 裁　平成10年4月8日判決
　　　（平成8年（行ウ）第24号・相続税債務不存在確認等請求事件）
　【当事者】
　　　原告　○○○○ほか1名
　　　被告　国
　【判示事項】
　　　税務申告及び修正申告の錯誤の有無，借地権の目的となっている宅地の評価に当たり借地権の価額の割合を控除しなかったことの適否，相続税法13条1項1号及び14条1項の「債務」の該当性

【事案の概要と争点】

本件は，原告らの相続税申告及び修正申告には，要素の錯誤があり，その錯誤が客観的に明白かつ重大であるとして相続税債務の不存在の確認及び支払済みの相続税額の返還が求められた事案である。

主たる争点は，本件宅地の価額について，自用地の価額から借地権の価額の割合である100分の70を控除して評価せず，自用地の価額の100分の80をもって評価したことの適否及び被相続人が物上保証等をした訴外A社の債務は，確実な債務として相続財産の価額から減額されるべきであるところ，これを行わずにされた本件申告には重大な錯誤があるか否かの点にあった。

【判　旨】

本判決は，次のように判示して，原告の請求を棄却した。

1. 原告らは，憲法29条，相続税法22条に違反する本件通達に従った本件宅地の評価は，客観的に明白かつ重大な錯誤がある旨主張する。

　　土地に借地権が設定されると，借地法により賃借人の地位が厚く保護される結果，経済的には，地主から借地人に対して当該土地の借地権部分に相当する価値の移転があったと見るべきであるから，借地権の目的となっている土地の評価は，借地権割合を控除して行うこととされている（評価通達25及び27）。かかる経済的実態を反映して，右借地権についての法人税の認定について法人税法（同法22条，同施行令137条）や法人税通達（13－1－3，13－1－7）で種々の取扱いが定められている。しかし，当該借地権の設定に際し，将来借地人が当該土地を無償で返還する旨の約定のある場合には，右のような経済的価値の移転は認められないが，他方借地権の設定により，土地所有者は，契約条件に基づく土地の最有効利用の制約を受け，譲渡や抵当権等の設定等も事実上の制約を受けることから，本件通達により，無償返還届出書が提出されている場合には貸宅地の評価は自用地の価格の100分の80として評価することと取り扱われ，本件控除は行わないこととされているのであって，本件通達は合理性があり，憲法29条や相続税法22条に違反しない。

しかして，認定事実によれば，税理士Hは本件宅地の価格を租税法及び通達に従って算出しており，現時点においても，右算定に過誤はなく適正なものと認識しているのであるから，本件控除をしなかったことにつき，客観的に明白かつ重大な錯誤があったとは認められない。

2. また原告らは，KのA社の債務についての物上保証及び連帯保証にかかる債務を控除しなかったのは，客観的に明白かつ重大な錯誤がある旨主張する。

　ところで，相続により財産を取得した者は，被相続人の債務で相続開始の際現に存するもののうち，その負担部分に属する部分の金額については，課税上，取得した財産の価格から控除するとされているが，その控除すべき債務は確実と認められるものに限るとされている（相続税法13条1項1号，14条1項）。そして前記認定のとおり，相続開始時主債務者たるA社は，破産，和議，会社更生や強制執行等の申立てを受けたり，支払停止，取引停止というような状況になかったのであり，A社が弁済不能の状態にあったとは認められず，右債務は相続財産から控除されるべき確実な債務とはいえないから，減額評価をしなかったことに，客観的に明白かつ重大な錯誤があったとは認められない。

【4】　宮崎地裁　平成10年5月25日判決
　　（平成8年（行ウ）第1号・納付債務不存在確認請求事件）

【当事者】
　原告　○○○○
　被告　国

【判示事項】
　修正申告の意思の有無及び賦課決定にかかる重加算税納付債務の不存在は，処分の取消しを経ずに主張できるか否か

【事案の概要と争点】
　本件は，理容店を営業していた原告の修正申告による平成元年分ないし同5年分の所得税及び右修正申告を前提として賦課決定された重加算税の

各納付債務の有無が争われた事案である。

　主たる争点は，①本件修正申告は原告の意思にもとづくものか，②本件賦課決定に対する取消しによらずに，本件賦課決定にかかる重加算税納付債務の不存在を主張し得るかにあった。

【判　旨】

　本判決は，次のとおり判示して，原告の修正申告による納付債務の不存在確認を求める限度において請求を認容し，その余の訴えを却下した。

1.　争点①について

⑴　被告は，本件修正申告が原告の真意に基づくものであると主張し，その根拠に本件修正申告時の事情として，①除外の売上があることについては原告も承知していたのであるから，所得金額算出根拠を示されなくとも原告は本件修正申告の内容を認識していたこと，②延岡税務署側は，裏帳簿により原告の真実の所得金額を把握し容易に更正処分を課し得たのであり，無理なしょうようなどしておらず，原告は，国税局職員Hの説得により，本件修正申告をする意思を生じたこと，③署名なつ印の代行は，原告も承諾していたことを挙げている。

　しかし，右①の本件修正申告の内容認識の点であるが，税務・会計業務を税理士や従業員に実質的に任せていた原告が，本件修正申告当時，売上除外の詳細を十分承知していたか否かについて疑問があるのみならず，経費としてどのような金額が認められるかについての説明がなされない状況においては，各年度の所得額を明確に把握することは困難であったというべきである。

　次に右②の延岡税務署側の事情やHの説得の点であるが，延岡税務署が更正処分を課し得たか否かは別にして，原告の健康状態が相当程度悪化している状況において，数時間の説得が原告の体調に影響を与えたことは否定できず，証拠によっても，原告の意思を転換させる説得があったとは認めるに足りないというべきである。

　さらに，右③の署名等代行についての承諾の点であるが，原告の健康状態が相当程度悪化している状況において，原告が向いていた机で署名

第 2 章　賦課手続関係　11

なつ印できる状態にもかかわらず，原告の長男Kをして原告と背中合わせの位置で署名なつ印をさせ原告がこれを視認し得ない状況でなされたこと，原告は，Kが署名を代わって行うについても明確な返答をしていなかったことからすれば，原告の承諾は認めるに足りないというべきである。

　他方で，被告は，前記主張の根拠に，本件修正申告後の事情として，原告が，同月30日ころ，脱税行為をしたことを前提として寛大な処置を求める旨記載された嘆願書を提出し，同年12月1日には，売上除外をしていたこと，除外した売上を簿外の給与支払等にあてていたこととともに，本件修正申告の所得金額と同額の所得金額を年度ごとに記載した事実申立書を提出し，また，本件修正申告にかかる所得税の一部を納付していることを挙げている。

　しかしながら，事実申立書の原文は，国税局職員Tが準備していたものであって，原告は，これを原告の長男の妻Uに書き写させて，最後に署名なつ印をしたに過ぎず，当時の原告の体調及びUにその内容を書き写させた経緯を考慮すると，その内容を十分把握していたかについては疑問があること，課税されること自体に不満があったとしても，納付すべき税額がより低額になるよう求めて次善の策として事実申立書や嘆願書を提出することもあながち不自然とはいえないこと，原告は，平成7年1月9日に税務署職員Aに相談した際にも依然として経費算定に対する不満を述べていたこと，その他前記認定の所得税の一部納付は原告の周囲の者がとりあえず差押えを免れようとする意図に出たものであること等からすると，本件修正申告後の原告の各言動は，Kの行動を前提にして，半ば諦めたり，次善の策で妥協する方向に揺れ動いたことまではうかがえるものの，さらに進んで，本件修正申告が有効になされたことを前提とするものとまではいえず，これをもって本件修正申告が原告の真意に基づいてなされたことを推認するに足るものではない。

2.　争点②について

　　前記1.で判示したところからすると，本件修正申告は原告の意思に基

づかない無効なものであるが，申告後に原告側から事実申立書や嘆願書が提出されており，その真意や作成過程については，当裁判所における本件訴訟の審理で初めて明らかになったものであるから，平成6年12月22日の本件賦課決定時から右無効が外形上，客観的に明白であるとまではいえない。

(2) 青色申告に係る更正の理由付記
【169】 東京高裁 平成10年4月28日判決（ 456ページ参照）

(3) 青色申告の承認の取消し
【16】 横浜地裁 平成10年1月26日判決（ 41ページ参照）
【40】 最　高　裁 平成10年3月10日第三小法廷判決（ 121ページ参照）
【22】 東京高裁 平成10年4月27日判決（ 57ページ参照）

【5】 東京高裁 平成10年4月14日判決
（平成9年（行コ）第165号・青色申告取消処分取消等請求控訴事件）

【当事者】
控　訴　人（原告）　　○○○○
被控訴人（被告）　　保土ヶ谷税務署長

【判示事項】
所得税法150条1項1号及び3号該当事由の有無，国税通則法68条1項に規定する仮装・隠ぺい行為の有無等

【事案の概要と争点】
本件は，控訴人の昭和62年分以降の所得税について被控訴人がした青色申告承認取消処分並びに昭和63年分及び平成元年分の所得税について被控訴人がした更正処分及び重加算税の賦課決定処分の適否が争われた事案である。
主たる争点は，①控訴人の平成元年分の所得税の更正処分及び重加算税の賦課決定処分のうち，国税不服審判所長の裁決によって取り消された部

分について取消しを求める訴えの利益の有無,②所得税法(以下「法」という。) 150条1項に規定する青色申告承認取消事由の有無,③本件各更正処分の適正法,④国税通則法68条1項に規定する仮装・隠ぺい行為の有無にあった。

【判　旨】

　本判決は,青色申告承認取消処分の根拠とされた帳簿類は被控訴人係官が無断で持ち去ったものであるから,証拠能力はなく,これによって青色申告承認を取り消すことはできないし,本件青色申告承認取消処分は,被控訴人が控訴人の平成2年分の所得税還付金を横領するために行われた違法なものであり,また,原判決には必要経費についての違算や所得控除についての認定誤りがあるとの控訴審における控訴人の新たな主張に対し,次のように判示したほかは,国税不服審判所長の裁決によって取り消された部分について取消しを求める訴えを却下しその余の請求をいずれも棄却した原判決(横浜地裁平成9年9月24日判決・年報9号222ページ)の理由説示を引用し,控訴を棄却した。

1. 控訴人の当審における主張について
(1) 控訴人は,被控訴人の係官が控訴人の帳簿を勝手に持ち去り,また,被控訴人が控訴人に交付すべき平成2年度国税還付金を横領したと主張するが,これらを認めるに足りる証拠はない。
(2) 控訴人は,原判決には,違算がある他,所得控除やコピー機リース料を認めないのは不当であると主張する。しかし,原判決に違算はなく,所得控除についても,原判決は,控訴人の主張どおり,昭和63年分として97万5190円,平成元年分として 111万3660円を算入していることが明らかである。
(3) 控訴人は,水道光熱費として,水道料金,ガス料金,ストーブ燃料代が認められないのは不当であると主張する。
　　しかし,所得税法45条1項1号及び同法施行令96条によれば,家事関連費のうち,事実上の必要経費とされるものは,その主たる部分が事業所得等を生ずべき業務の遂行上必要であり,かつ,その必要である部分

を明らかに区分できる場合における当該部分に相当する経費に限るものとされているところ，控訴人の事業所は居宅兼用であり，精密機械設計業を主たる業務とする控訴人においては，水道，ガスの使用料金，ストーブ燃料代は，その大半が家事上の経費となるものであるから，「その主たる部分が業務の遂行上必要な経費」には当たらないものであり，また，控訴人においては，これら使用料金のうち，業務の遂行上必要である部分を明確に区分できる状況にはなかったから，水道，ガス使用料金，ストーブ燃料代を必要経費に算入することはできず，原判決が電気料金のみをもって水道光熱費を算定したことは相当である。

よって，控訴人の主張は採用できない。

【6】 最高裁 平成10年6月11日第一小法廷判決

（平成9年（行ツ）第184号・青色申告取消処分等取消請求上告事件）

【当事者】

上告人（控訴人・原告）　　○○○○

被上告人（被控訴人・被告）　三次税務署長

【判示事項】

税務調査手続の適法性，青色申告承認取消事由の存否，推計課税の必要性・合理性

【事案の概要と争点】

本件は，年報9号整理番号【12】の上告審である。

【判　旨】

本判決は，上告人の請求を棄却した原判決（広島高裁平成9年6月27日・年報9号33ページ，一審広島地裁平成6年11月24日判決・年報6号33ページ）の判断を維持し，上告を棄却した。

【7】 京都地裁 平成10年7月24日判決

（平成7年（行ウ）第17号・青色申告承認取消処分取消等請求事件）

【当事者】

原告　〇〇〇〇
被告　宇治税務署長

【判示事項】

　税務調査手続の適否，青色申告承認取消事由の有無，推計の必要性・合理性

【事案の概要と争点】

　本件は，建築業を営む原告の平成元年分ないし平成5年分の所得税について，本件青色申告承認取消処分の適否，本件更正処分の適否等が争われた事案である。

　主たる争点は，本件税務調査手続の適否，本件青色申告承認取消事由の有無及び本件推計の必要性・合理性にあった。

【判　旨】

　本判決は，次のように判示して，原告の請求を棄却した。

1. 本件青色申告承認取消処分の適否

(1) 認定の事実並びに弁論の全趣旨を総合すると，原告は，平成4年8月21日に被告の部下職員であるHらに対し原告の業務にかかる帳簿書類を提示したものの，同日の後にはHらの税務調査において無断寝室入室，脅かしの言動等の違法不当な調査行為があったとして，被告の部下職員の再三にわたる要請にもかかわらず，謝罪のない限り帳簿書類は見せられないとしてその提示を拒否したことが認められる。

　この点について原告は，Hらの違法不当な行為に対する謝罪を求めて帳簿書類を見せなかったことには正当な理由があると主張するが，以下のとおりこの主張は採用しえない。

　すなわち，前記のとおり，Hらが平成4年8月21日の調査当時，原告の妻Sに対し原告方の各室への同行の承諾を明示的には得たとは認め難いが，前記認定事実に照らすと，Sから黙示的にはその承諾を得たものと評価することができるし，同日におけるHらと原告及びSとの話し合いによって，金庫内の書類の提示要請は，原告らの要求どおり，Hらが断念し，他方寝室の金庫の鍵問題は，同日のHらの他の言動等を含め，

Hらの説得に応じて原告らがこれを宥恕して決着を見たのであり，そうであるからこそSはその後Hとともに再度寝室に入って預金通帳を持ち出し同人らに提示したのであったし，原告自身も同日午後における帳簿書類の提示に同意を与えたものと認めるべきである。
　ところが，同年8月26日にT建設から，原告に対しN和装との取引に関する非難めいた指摘を受け，これが被告の反面調査によるものとして感情を害するなどし，その後第三者の意見を聞くに及び再度寝室の立入り問題等を取り上げ，帳簿書類の提示を拒否し続け，本件各処分を受けるに至ったことが認められる（なお，Yらが行った証拠等による税務調査が違法であると認めるに足りる証拠はない。）。
　したがって，平成4年8月21日の後における書類の提示の拒否は，もともと被告の部下職員から謝罪等を求める意思のなかったことか，いったんは決着を見たものを再度取り上げたことを理由とするもので，これが正当な理由にはあたらないことは明らかである。

(2)　原告はまた平成4年8月21日に原告の業務にかかる帳簿書類の提示が完了したとも主張するが，先に述べたとおり，この事実を認めるに足りる証拠はない。
　なお，原告は，帳簿書類の提示とその調査の完了とは別個の問題であるとし，原告が平成元年分から平成3年分までの業務にかかる帳簿書類の提示を行ったから，所得税法150条1項1号に定める「備付け等」が行われていたと主張する。
　しかし，先にも説示したとおり，所得税法150条1項1号に定める要件（「備付け等が・・・行われていないこと」）は，その要件の存否を認識・確認できる状態にないことを含むというべきであり，「備付け等」が短期間にすぎ税務署長がその内容等の認識・確認をするのに通常必要と見られる期間に及ばなかった場合には，やはり「備付け等」がなかったことに帰着するものといわざるをえない。本件においては，すでに述べたとおり，原告は平成4年8月21日におおむね平成元年分から平成3年分までの業務にかかる帳簿書類の提示を行ったものの，その後は再三

にわたって求められた提示を拒絶し続けたのであるから，帳簿書類の「備付け等」がなかったと認められる。

　原告は，平成4年8月21日にYから解明を求められた四つの事項について平成5年2月3日にKらに対し説明を試みたことがあったが，Kらにおいてはこれを聴取する態勢になかったことは先に認定したとおりであり，この点を含め，右の認定判断を左右するに足りる証拠はない。

(3)　以上のとおり，平成元年分から平成3年分に至るまでの原告の業務にかかる帳簿書類は，所得税法150条1項1号所定の「第143条に規定する業務に係る帳簿書類の備付け，記録又は保存が第148条第1項に規定する大蔵省令で定めるところに従って行われていない」ものに該当するから，原告の居住地の所轄税務署長である被告は，平成元年にさかのぼって原告に対する同法143条の承認を取り消すことができるというべきであるから，本件青色申告承認取消処分はその余の判断をするまでもなく適法である。

2. 本件更正処分の適否

(1)　平成元年分から平成3年分の事業所得金額の推計の必要性・合理性
　認定事実並びに弁論の全趣旨によれば，被告の抗弁等の経過により，被告において推計課税をせざるを得ない必要があったことが認められ，証拠並びに弁論の全趣旨によれば，大阪国税局長は平成8年3月18日付で被告に対し通達を発し，「平成元年分，平成2年分及び平成3年分において次の各条件に該当するすべての者について「同業者調査表」を作成すること」を指示したこと，すなわち①青色申告書により所得税の確定申告書を提出していること，②大工工事業（型枠大工工事業を除く。）を営む者であること，③材料仕入があること，④上記②以外の業種目を兼業していないこと，⑤事業所が自署（被告）管内にあること，⑥年間を通じて事業を継続して営んでいること，⑦売上金額が1700万円以上，8700万円未満であること，⑧事業専従者が女性1名であること，⑨作成対象年分の所得税について不服申立又は訴訟が係属していないことである。そこで，被告は平成元年分から平成3年分において通達の抽出条件

に該当する4名の者を抽出し，その4名の者の平均所得率を別紙6のとおり算出したことが認められ，この認定に反する証拠はない。

右の認定事実によれば，被告の抗弁等のとおりであって，被告が別紙の「同業者の算出所得率」を用いて原告の前記各年分の事業所得金額を推計したことには合理性があるというべきである。

(2) 平成元年分から平成3年分の事業所得の金額

(一) 証拠によれば，平成元年分から平成3年分における原告のT建設工業に対する各売上金額は別紙「事業所得の売上金額明細表」の番号①欄のとおり，証拠によれば，同期間における原告のIに対する各売上金額は同番号②欄のとおり，証拠によれば，同期間における原告の株式会社N木材に対する各売上金額は同番号③欄のとおり，証拠によれば，同期間における原告のD研設株式会社に対する売上金額は同番号④欄のとおり，証拠によれば，同期間における原告のOに対する売上金額は同番号⑤欄のとおり，証拠並びに弁論の全趣旨によれば，同期間における原告のその余の取引先に対する各売上金額は同番号⑥欄のとおりであることが認められ，この認定に反する証拠はない。

したがって，原告の売上金額は，別紙「総所得金額の計算」の「①売上金額」欄のとおり，平成元年分が3574万2828円，平成2年分が3659万7166円，平成3年分が4316万7188円と算定することができる。

(二) そこで，別紙「総所得金額の計算」の「①売上金額」欄の原告の各売上金額に別紙の「同業者の算出所得率」の各所得率を乗ずると，平成元年分から平成3年分の算出所得金額は別紙「総所得金額の計算」の「③算出所得金額」欄のとおりとなることは計数上明らかである。

そして，弁論の全趣旨によれば，原告の平成元年分の特別経費の金額が35万5853円（事業用車両の除却損）であること，平成元年分から平成3年分における事業専従者控除額がいずれも80万円であることが認められるから，原告の平成元年分から平成3年分の事業所得の金額は別紙「総所得金額の計算」の「⑥事業所得の金額」欄のとおりと算出される。

(3) 平成元年分から平成3年分の不動産所得の金額

証拠並びに弁論の全趣旨によれば，原告は，少なくとも平成元年1月から平成3年3月までの間K府J市K71番地の土地のおおむね3分の1及び同地上の建物をT建設工業に賃貸し，平成元年分から平成3年分として別紙「総所得金額の計算」の「⑦収入金額」欄のとおり賃料を得たこと，その間の必要経費として土地に対する固定資産税の3分の1相当額を経費として負担し，その金額が同「⑧必要経費」欄のとおりであることがそれぞれ認められるから，同期間における原告の不動産所得の金額は同「⑨不動産所得の金額」欄のとおりであるというべきである。

(4) 平成元年分から平成3年分の総合短期譲渡所得金額

証拠並びに弁論の全趣旨によれば，原告は平成元年6月に事業用車両を譲渡し，130万円の収入を得たこと，昭和63年3月当時の同車両の簿価が35万4368円であって，これから譲渡時までの減価償却分の19万9332円を控除した15万5036円が車両の取得金額であること，その譲渡費用が300円であることが認められる。そうすると，車両の収入金額から取得金額である15万5036円，譲渡費用の300円のほか，特別控除額（所得税法33条3項，4項）の50万円を控除した残額は64万4664円と算出され，これが別紙「総所得金額の計算」の「⑩総合短期譲渡所得の金額」欄である。

(5) 平成元年分から平成3年分の総所得金額

以上のとおり，原告の平成元年分から平成3年分の総所得金額は別紙「総所得金額の計算」の「⑪総所得金額」欄のとおりであり，その範囲内の金額を原告の当該年度の総所得金額と認定して納税額等を決定した本件更正処分（ただし，右3年分のみ）が適法であることは明らかである。

(6) 平成4年分及び平成5年分の総所得金額

弁論の全趣旨によれば，被告の抗弁等の各事実が認められるから，被告が平成4年分の原告の事業所得の金額を別紙「課税の経緯」の同年分①欄のとおりとして平成5年6月10日に更正処分を行い，同様に平成5年分の原告の所得金額を同別紙の同年分①欄のとおりとして平成6年7

月7日に更正処分を行ったことはもとより適法である。
3. 本件賦課決定の適法性
以上の本件更正処分の内容等を前提にした本件賦課決定は、国税通則法65条4項の規定等にかんがみても、法令に反するなどの瑕疵がなく適法というべきである。

【8】 横浜地裁 平成10年9月7日判決
（平成6年（行ウ）第50号・所得税更正処分取消等請求事件）
【当事者】
原告　〇〇〇〇
被告　小田原税務署長
【判示事項】
青色承認取消事由の存否と推計課税に基づく更正等処分の適否
【事案の概要と争点】
本件は、木材販売業を営む原告に対し、被告がした平成2年分以降の青色申告承認取消処分及び同2年分所得税についての更正処分等の適否が争われた。

主たる争点は、青色申告承認取消事由の存否及び推計課税による更正の適法性にあった。
【判　旨】
本判決は、次のように判示して、原告の請求を棄却した。
1. 青色承認取消事由の存否
本件では帳簿の確認が必要であったところ、原告は、その支障となる第三者の立会いに固執して、帳簿書類の確認を結果的に困難としたのであり、かつ、それに正当な理由は認められないのであるから、結局原告は帳簿調査に正当な理由なく応じなかったものというほかはない。A及びBの両局員の立会いを拒否した被告の係官の措置に裁量権を濫用した違法は認められない。

その結果、被告においては、原告の帳簿書類の備付け、記録及び保存

が正しく行われているか否かを確認することができなかったのであり，右の事由は所得税法150条1項1号の取消事由に該当するといわなければならない。
2. 本件更正等処分の適否

原告は，青色承認を受けている申告者に対しては推計課税をすることができないので，本件更正等処分には違法があるとしてその取消しを求めているが，その点は，本件青色承認取消処分が違法である以上前提を欠くこととなり，理由がない。そして，原告は，本件更正等処分における推計の内容，推計の必要性及び合理性があること自体は認めているのであるから，本件更正等処分には，その面からの違法はないこととなる。

【9】 東京高裁　平成10年10月29日判決
（平成9年（行コ）第190号・青色申告承認取消処分等取消請求控訴事件）

【当事者】
控訴人（原告）　　○○○○
被控訴人（被告）　芝税務署長

【判示事項】
青色申告の承認の取消事由の存否，借入金支払利子の必要経費算入の可否

【事案の概要と争点】
本件は，年報9号整理番号【18】の控訴審である。

【判　旨】
本判決は，控訴人の請求を棄却した原審（東京地裁平成9年11月28日判決・年報9号47ページ）と同旨の判示をして，控訴を棄却した。

(4) そ の 他 ※

3 更正の請求

【14】 那覇地裁 平成10年2月18日判決（ 31ページ参照）
【175】 水戸地裁 平成10年6月30日判決（466ページ参照）

【10】 東京高裁 平成10年7月15日判決
（平成9年（行コ）第193号・相続税の更正をすべき理由がない旨の通知処分取消請求控訴事件）

【当事者】
控訴人（原告）　　○○○○
被控訴人（被告）　川崎北税務署長

【判示事項】
更正の請求に対する通知処分の適否

【事案の概要と争点】
　控訴人は，平成3年1月9日相続開始の相続税について，別件判決を理由に更正の請求をした。これに対して，被控訴人税務署長がした更正すべき理由がない旨の通知処分の適否が争われた。
　主たる争点は，国税通則法（以下「通則法」という。）23条2項1号の規定する「判決」の意義及び別件判決が同条2項1号にいう「判決」に該当するか否かにあった。

【判　旨】
　本判決は，次のとおり判示して，控訴人の請求を棄却した原審（横浜地裁平成9年11月19日判決・年報9号59ページ）の判断を維持し，控訴を棄却した。
1. 通則法23条2項1号に規定する「判決」の意義

通則法23条2項1号の規定は，納税者において，申告時には予測し得なかった事態が後発的に生じたため課税標準等又は税額等の計算の基礎に変更をきたし，税額の減額をすべき場合に，法廷申告期限から1年を経過していることを理由に更正の請求を認めないとすると，帰責事由のない納税者に酷な結果となることから，例外的に更正の請求を認めて納税者の保護を拡充しようとしたものであって，右の趣旨からすれば，申告後に課税標準等又は税額等の計算の基礎となる事実について判決がされた場合であっても，当該判決が，当事者が専ら納税を免れる目的で，馴れ合いによってこれを得たなど，その確定判決として有する効力にかかわらず，その実質において客観的，合理的根拠を欠くものであるときは，同条2項1号にいう「判決」には当たらないと解するのが相当である。

2. 別件判決が通則法23条2項1号所定の更正の請求の要件としての「判決」に該当するか否かについて

　別件判決は，控訴人に対し，本件借入金に係る連帯保証債務の支払を命ずるものであるが，その前提として主債務である亡BのAに対する本件借入金債務の存否について判断していることは明らかである。

　しかしながら，既に認定判断したところによれば，本件借入金が存在したことの証拠とされる借用証書等に亡B自身が署名したと認められるものは1通もない上，そのうちの相当数について作成日付より後に作成されたことを示す客観的事実が存在し，借入れに際して借用証等を作成せず後日にこれを作成したことの合理性を示す証拠もない（この点に関し，控訴人は，忘れないために後日になって作成したとか，印紙税法違反になるので後日に印紙を貼付した等の主張をするが，それ自体借入れの際に借用証等を作成しなかった合理的な理由にならない上，そのような事実を具体的に裏付ける証拠も全くない。）のであるから，右借用証書等は，亡Bの死亡後に作成されたものと解さざるを得ない。そして，本件借入金は，元本だけでも2億1000万円に上るのに，その金銭の授受を裏付ける証拠や具体的な使途を明らかにする証拠がなく，申告された

課税価格が11億円余りという多額の資産を有していた亡Bの本件借入金について，Aが物的担保を設定していた形跡もないことや，本件借入金の貸付日とされる日から亡Bが死亡した平成3年1月9日までに最長約34年もの期間が経過していたにもかかわらず，元金のみならず利息及び遅延損害金が全く返済されないまま（別件訴訟はこれを前提にしている。）多額の貸付けが繰り返されたということは，社会通念上著しく不自然，不可解というべきである。これらの点に，共同相続人の1人が税務係官に対し，控訴人が相続税を軽減する目的で本件借入金の存在を作出したと述べた旨供述していることも考慮すると，本件借入金が真実存在したと認めることはできない。

　以上の事実に，前記のとおり控訴人がAの提起した別件訴訟に対し，請求原因事実をすべて認める旨記載した答弁書を提出しただけで，口頭弁論期日に欠席して何らの攻撃防御方法も尽くさず，しかも，その答弁書はAの関係者が作成したものであったことなどのいかにも不自然な経緯を勘案すると，別件判決は，控訴人が専ら相続税の軽減を図る目的で，Aとのいわゆる馴れ合いによる訴訟によって取得したものであると認めざるを得ず，その確定判決として有する効力のいかんにかかわらず，その実質において客観的，合理的根拠を欠くものとして通則法23条2項1号にいう「判決」には該当しないというべきである。

3.　結論

　以上によれば，理由を異にするものの，別件判決が通則法23条2項1号の更正請求の要件としての「判決」に当たらないとして控訴人の請求を棄却した原判決は結論において相当である。

【11】　千葉地裁　平成10年7月31日判決
　　　　（平成8年（行ウ）第8号・所得税に関する通知処分取消請求事件）
　【当事者】
　　　原告　　○○○○
　　　被告　　松戸税務署長　事務承継者竜ヶ崎税務署長

【判示事項】

本件更正の請求の適法性

【事案の概要と争点】

本件は、不動産業を営む原告の昭和62年分ないし平成元年分の所得税に係る更正の請求に対し、被告がした更正をすべき理由がない旨の通知処分の適否が争われた。

主たる争点は、本件嘆願書が、国税通則法23条3項所定の更正請求書といえるか否かにあった。

【判　旨】

本判決は、次のように判示して、原告の請求を棄却した。

1. 本件更正の請求について

　　原告がM税務署長に対して本件更正の請求をしたのは、平成5年2月26日であったのであるから、そうすれば、本件更正の請求は期限経過後になされた不適法な請求というべきであり、本件更正の請求に対してM税務署長のした更正をすべき理由がない旨の本件通知処分は適法であるというべきである。

2. 本件嘆願書について

　　原告は、「平成5年2月23日にM税務署長に対して「嘆願書」と題する書面（本件嘆願書）を提出しており、本件嘆願書の提出は更正の請求にあたるものである。」旨を主張する。

　　たしかに、本件嘆願書には更正を求める趣旨が明確に記載されていることは否定できないけれども、しかし、本件嘆願書の標題はあくまでも「嘆願書」であって「請求書」とは記載されておらず、また、「更正前の課税標準等又は税額等」及び「当該更正後の課税標準等又は税額等」の記載がないことは明らかであり、本件嘆願書を総合的に判断する限り、それは未だ法23条3項所定の更正請求書とはいえないものというべきである。

　　さらに、また、仮に本件嘆願書の提出をもって更正の請求があったとみるとしても、この請求に対しては未だM税務署長の応答（更正、又は、

更正をすべき理由がない旨の通知）はなされていないのであるから，この点からも，原告の本訴請求はこれを認容することができないものである。M税務署長のした本件通知処分が本件嘆願書による更正の請求に対する応答でないことは，裁決書の記載及び弁論の全趣旨から明らかである。

3. 結論

以上のとおりであり，その余について判断するまでもなく，原告の本訴請求は理由がない。

【12】 仙台高裁 平成10年7月2日判決

（平成8年（行コ）第17号・所得税更正処分等取消請求控訴事件）

【当事者】

控訴人（原告）　　○○○○

被控訴人（被告）　相馬税務署長

【判示事項】

税務調査の適法性，推計課税の必要性・合理性及び実額反証の成否

【事案の概要と争点】

本判決は，年報8号整理番号【38】の控訴審である。

【判　旨】

本判決は，次のとおり判示して控訴人の請求を棄却した原審（福島地裁平成8年10月18日判決・年報8号 164ページ）と同旨の判示をして，控訴を棄却した。

4　更正又は決定

【157】最　高　裁　平成10年2月10日第三小法廷判決（421ページ参照）

【13】那　覇　地　裁　平成10年2月18日判決
　　　（平成5年（行ウ）第10号・所得税更正処分取消請求事件）
　【当事者】
　　　原告　○○○○
　　　被告　那覇税務署長
　【判示事項】
　　　みなし譲渡所得発生の有無，偽りその他不正の行為の有無及び隠ぺい・仮装行為の有無
　【事案の概要と争点】
　　　本件は，訴外亡Aの相続人代表者として原告がしたAの昭和57年分所得税の準確定申告について，被告がした更正処分及び重加算税賦課決定処分の適否が争われた事案である。
　　　主たる争点は，①Aが訴外会社に遺贈した土地に係るみなし譲渡所得発生の有無，②右所得を含めて申告しなかったことが国税通則法70条5項の偽りその他不正の行為に該当するか否か及び③隠ぺい・仮装行為の有無にあった。
　【判　旨】
　　　本判決は，次のとおり判示して，原告の請求を棄却した。
　1.　遺贈と受贈益の発生の有無
　　　原告は，遺贈については，受遺者に承認及び放棄の選択権がいつまでも与えられており，受遺者が遺贈を放棄すれば，その効力は，相続開始

時に遡るのであるから、相続が開始したからといって、遺贈された特定の物件の所有権が確定的に受遺者に帰属すると考えることはできず、特に、本件のように遺贈の効力について相続人間で争いのあるような場合には、受遺者が遺贈の承認の意思表示をすることは困難であり、訴外会社が承認も放棄もしていない未確定の状態においては、みなし譲渡所得は生じていない旨の主張をする。

しかし、遺贈の効力は、受遺者の意思とは無関係に遺贈者の死亡によって当然にその効力が生じ、遺贈のなされた特定の物件の所有権は直接受遺者に移転すると解すべきものであるから、被相続人亡Aが死亡した時点で亡Aにみなし譲渡所得が発生したものと解すべきである。また、この理は、原告以外の相続人（以下「Bほか7名」という。）が本件遺贈の効力について争っている場合においても異なるものではない。

ただし、受遺者である訴外会社が、本件遺贈の一部又は全部を放棄すれば、遺贈の放棄は、相続開始時に遡って効力を生じ、遺贈対象物件は、遺言に特段の定めにない限り、相続人に帰属することとなる。

2. 訴外会社による本件遺贈の放棄の有無

訴外会社が遺贈をすべて放棄した旨の証拠における記載等は容易に採用できず、他に訴外会社が本件準確定申告以前に本件遺贈をすべて放棄したことを推認するに足りる証拠はない。

また、訴外会社は、別紙物件目録（略、以下同じ）8ないし13記載の各土地について昭和59年6月26日に、別紙物件目録2ないし7記載の各土地について昭和63年1月13日にそれぞれ遺贈を原因として訴外会社に所有権移転登記をし、訴外会社が、右各土地を担保に銀行から相続税支払資金を借り入れたのであって、別紙物件目録2ないし13記載の各土地について、訴外会社が本件遺贈を放棄したものとは認められない。

3. 亡Aの昭和57年分所得におけるみなし譲渡所得発生の有無

別紙物件目録2ないし13記載の各土地について、本件遺贈を原因とする訴外会社への所有権移転登記がされたことについて、当事者間に争いがない。

右移転登記について，原告は，相続税支払資金を捻出するためにやむなく訴外会社に移転登記し，右各土地を担保に銀行から金銭を借り入れた旨説明する。しかし，訴外会社が遺贈を原因とする移転登記を申請したこと，右移転登記の後にされた本件和解において本件遺言による遺贈を原因として訴外会社が右各土地の所有権を取得したことが確認されたこと，その他右各土地を目的とする遺贈の効力を否定すべき事情が認められないことからすると，訴外会社が，亡A死亡時に遺贈を受け，右各土地について昭和58年3月期に受贈益が発生するとともに，亡Aにみなし譲渡所得が発生したものというべきである。訴外会社が移転登記を受けた理由として原告が説明する背景があったとしても，右結論が左右されるものではない。

4. みなし譲渡所得の申告時期

前記1.で説示したとおり，遺贈の効力は，受遺者の意思とは無関係に遺贈者の死亡によって当然に効力が生じる（民法985条1項）のであるから，訴外会社が本件遺贈の放棄をしない限り，亡Aが死亡した時点で訴外会社に受贈益が発生するとともに，亡Aにみなし譲渡所得が発生したものというべきである。そして，原告が代表者を務める訴外会社が本件遺贈が無効であるとのBほか7名の主張を争っており，遺贈の放棄もしていなかったことからすると，原告及び訴外会社は本件遺贈を有効なものと考えていたことがうかがえ，したがって遺贈に基づいて発生したみなし譲渡所得を被相続人の死亡した年の所得として申告する必要がある。

5. 「偽りその他不正の行為」の有無

前記3.で述べたとおり，亡Aには本件遺贈によりみなし譲渡所得が発生した。そこで，みなし譲渡所得の発生の原因となった遺言書の効力等が係争中であって，受遺者が遺贈を受けるか否か態度を保留している場合に，未分割の相続財産の形で申告することが国税通則法70条5項の「偽りその他不正の行為」の要件に該当するか否かが問題となる。

この点，原告は，訴外会社が遺贈を放棄する方針は当初から一貫して

いた旨主張する。しかし，前記2.で述べたとおり，本件準確定申告までに別紙物件目録2ないし13記載の各土地について訴外会社が遺贈の放棄をしたとは認め難く，かえって本件準確定申告後には，訴外会社の代表者である原告が，本件遺言書を使用して訴外会社への所有権移転登記を行ったり，訴訟において別紙物件目録2ないし21記載の各土地については遺贈を放棄していないことを自ら立証しようとしたりする等，遺贈の無効又は放棄と矛盾する行動をとっている。さらに，原告は，相続開始直後に，税理士から，本件遺言書に従った申告をした場合に，法人税と所得税の双方が課税されること，本件遺言書に従った申告をした場合の納税額と法定相続分に従った申告をした場合の納税額とを具体的に説明されている。

　これらの点を併せ考えると，訴外会社の代表者である原告は，本件遺言書に基づく申告を行った場合には訴外会社に対する法人税と亡Aに対するみなし譲渡課税が課されることを十分理解していたところ，訴外会社が本件遺贈を承認するか放棄するか態度を保留したままで（このような場合，亡Aについて遺贈によるみなし譲渡所得が発生したものとして申告すべきことは前記4.で述べたとおりである。），みなし譲渡所得として発生した本件所得を計上せずに申告した。このことは，単なる所得計算の違算や亡失というものではなく，正当な税額（本件の場合，訴外会社が遺贈を放棄していないのであるから，みなし譲渡所得を所得に計上して算出された額である。）の納付を回避する意図のもとになした過少申告行為と認めるのが相当であり，訴外会社が遺贈を放棄していない状態で亡Aの相続人であり，訴外会社の代表者でもある原告が，みなし譲渡所得を計上せずに過少申告したことは，更正決定の期間制限の延長要件である「偽りその他不正の行為」に該当すると評価するのが相当であって，原告の主張は採用できない。

　よって，原告には，「偽りその他不正の行為」が認められ，別紙物件目録2ないし13記載の各土地についてされた本件更正処分は更正期間内に行われた適法なものである。

6. 「隠ぺい，仮装行為」の有無

　訴外会社は本件遺言書により本件遺贈を受け，本件遺贈が無効であるとのBほか7名の主張を争い，遺贈の放棄もしていなかったところ，訴外会社の代表者である原告は，これを資産として訴外会社の帳簿に記載しないとともに，訴外会社の前代表者である亡Aに係るみなし譲渡所得の準確定申告に際し，訴外会社の帳簿に呼応して，みなし譲渡所得を計上せずに申告を行った。かかる行為は，重加算税の賦課要件である国税通則法68条1項の「隠ぺい，仮装行為」に該当するというべきである。

　この点，原告は，正当な課税を免れようとの意図は何らなく，後に修正申告することによって正当な税額を納付するつもりであった旨主張するが，重加算税が賦課されるには，納税者が故意に課税標準又は税額等の計算の基礎となる事実の全部又は一部を隠ぺいし，または仮装し，その隠ぺい，仮装行為を原因として過少申告の結果が発生したものであれば足り，それ以上に申告に際し，納税者において過少申告を行うことの認識を有していることまでを必要とするものではない（最高裁第二小法廷昭和62年5月8日判決・裁判集民事151号35頁）のであるから，訴外会社が受贈益の記載されていない帳簿を故意に作成し，訴外会社の代表者である原告が，これに呼応して，訴外会社の前代表者である亡Aに係るみなし譲渡所得を計上せずに過少申告を行った本件では，重加算税の賦課要件が認められる。

【14】　那覇地裁　平成10年2月18日判決

（平成5年（行ウ）第11号・法人税更正処分取消等請求事件）

【当事者】

　原告　合資会社○○○○

　被告　那覇税務署長

【判示事項】

　遺贈により取得した土地に係る受贈益発生の有無，偽りその他不正の行為の有無，隠ぺい・仮装行為の有無及び違法な重複，矛盾課税の有無

【事案の概要と争点】

　本件は，日用品等の販売及び飲食等を業とする原告の昭和58年分3月期の事業年度の法人税について，被告がした更正処分及び重加算税賦課決定処分の適否が争われた事案である。

　主たる争点は，①原告の前代表者から遺贈により取得した土地に係る受贈益発生の有無，②右所得を含めて申告しなかったことが国税通則法70条5項の偽りその他不正の行為に該当するか否か，③隠ぺい・仮装行為の有無及び④違法な重複，矛盾課税の有無にあった。

【判　旨】

　本判決は，次のとおり判示して，原告の請求を棄却した。

1. 遺贈と受贈益の発生の有無

　　原告会社は，遺贈については，受遺者に承認及び放棄の選択権がいつまでも与えられており，遺贈を放棄すれば，その効力は，相続開始時に遡るのであるから，相続が開始したからといって，遺贈された特定の物件の所有権が確定的に受遺者に帰属すると考えることはできず，特に，本件のように遺贈の効力について相続人間で争いのあるような場合には，受遺者が遺贈の承認の意思表示をすることは困難であり，原告会社が承認も放棄もしていない未確定の状態においては，受贈益は生じていない旨の主張をする。

　　しかし，遺贈の効力は，受遺者の意思とは無関係に遺贈者の死亡によって当然にその効力が生じ，遺贈のなされた特定の物件の所有権は直接受遺者に移転すると解すべきものであるから，亡Aが死亡した時点で原告会社に本件各土地についての受贈益が発生したものと解すべきである。また，この理は，原告代表者以外の相続人（以下「Bほか7名」という。）が本件遺贈の効力について争っている場合においても異なるものではない。

　　ただし，原告会社が，本件遺贈の一部又は全部を放棄すれば，遺贈の放棄は，相続開始時に遡って効力を生じ，遺贈対象物件は，遺言に特段の定めのない限り，相続人に帰属することとなる。

2. 原告会社による本件遺贈の放棄の有無

認定事実を併せ考えると、原告会社が遺贈をすべて放棄した旨の証拠における記載及び原告代表者の供述等は容易に採用できず、他に原告会社が本件確定申告以前に本件遺贈をすべて放棄したことを推認するに足りる証拠はない。

3. 昭和58年3月期の受贈益の発生の有無

(1) 別紙物件目録（略，以下同じ）1記載の土地

本件異議決定において、右土地の遺贈放棄を原因として、昭和58年3月期に右土地についての受贈益は原告会社に発生していないことを前提として、本件更正決定の一部取消しがなされている。

(2) 別紙物件目録2ないし13記載の各土地

別紙物件目録2ないし13記載の各土地について、本件遺贈を原因とする原告会社への所有権移転登記がされたことについて、当事者間に争いがない。

右移転登記について、原告会社は、相続税支払資金を捻出するためにやむなく移転登記し、右各土地を担保に銀行から金銭を借り入れた旨説明する。しかし、原告会社が遺贈を原因とする移転登記を申請したこと、右移転登記の後にされた本件和解において本件遺言による遺贈を原因として原告会社が右各土地の所有権を取得したことが確認されたこと、その他右各土地を目的とする遺贈の効力を否定すべき事情が認められないことからすると、原告会社が、亡A死亡時に遺贈を受け、右各土地について昭和58年3月期に受贈益が発生したものというべきである。移転登記を受けた理由として原告会社が説明する背景があったとしても、右結論が左右されるものではない。

(3) 別紙物件目録14ないし21記載の各土地

原告会社は、亡Aの死亡時に右各土地の遺贈を受け、昭和58年3月期に受贈益が発生したものと認められる。ただし、Bほか7名の遺留分減殺請求によって、右各土地について遺贈は失効したが、右失効によって、原告会社に既に生じた受贈益が直ちに影響を受けるものではないことは、

後記8.で認定するとおりである。

4. 受贈益の申告時期

前記1.で説示したとおり，遺贈の効力は，受遺者の意思とは無関係に遺贈者の死亡によって当然に効力が生じる（民法985条1項）のであるから，原告会社が本件遺贈の放棄をしない限り，亡Aが死亡した時点で原告会社に受贈益が発生したものというべきである。そして，原告会社が本件遺贈が無効であるとのBほか7名の主張を争っており，別紙物件目録2ないし21記載の各土地について遺贈の放棄もしていなかったことからすると，本件遺贈を有効なものと考えていたことがうかがえ，したがって右受贈益を亡Aの死亡年度の属する期である昭和58年3月期に申告する必要がある。

5. 小括

よって，原告会社には，別紙物件目録2ないし21記載の各土地について亡Aが死亡した昭和58年3月期に受贈益が発しことが認められる。そして，別紙物件目録14ないし21記載の各土地については，遺留分減殺請求に基づく現物返還がされたことに照らし，相続開始時に遡ってBほか7名の所有に帰属したものというべきである。（したがって，右各土地に係る受贈益は結局のところ発生しなかったことになるので，この点については，後記8.でさらに検討判断する。）。また，別紙物件目録2ないし13記載の各土地については，本件和解において現物返還に代わる価額弁償が合意されているが，受贈益の発生自体には何ら変動がない。

6. 「偽りその他不正の行為」の有無

前記3.で述べたとおり，原告会社には本件遺贈により受贈益が発生した。そこで，受贈益の発生の原因となった遺言書の効力等が係争中である場合に，遺贈を受けるか否かの態度を保留したまま，未分割の相続財産の形で申告することが国税通則法70条5項の「偽りその他不正の行為」の要件に該当するか否かが問題となる。

この点，原告会社は本件遺言書に基づく申告を行った場合には原告会社に対する法人税と亡Aに対するみなし譲渡課税が課されることを十分

理解していたところ，本件遺贈を承認するか放棄するか態度を保留したままで（このような場合，遺贈によって受贈益が発生したものとして申告すべきことは前記4.で述べたとおりである。），本件遺言書に基づかない内容虚偽の計算書類及び確定申告書を提出し，受贈益として発生した本件所得を計上せずに申告したことは，単なる所得計算の違算や亡失というものではなく，正当な税額（本件の場合，別紙物件目録2ないし21記載の各土地について，本件遺贈を放棄していないのであるから，受贈益を益金に計上して算出された額である。）の納付を回避する意図のもとになした過少申告行為と認めるのが相当であり，本件遺贈を放棄していない状態で受贈益を計上せずに過少申告したことは，更正決定の期間制限の延長要件である「偽りその他不正の行為」に該当すると評価するのが相当であって，原告会社の主張は採用できない。

　よって，原告会社には，「偽りその他不正の行為」が認められ，別紙物件目録2ないし21記載の各土地についてされた本件更正処分は更正期間内に行われた適法なものである。

7.　「隠ぺい，仮装行為」の有無

　原告会社は本件遺言書により本件遺贈を受けていたにもかかわらず，これを資産として帳簿に記載せず，本件遺贈による受贈益を益金として計上せずに申告を行った。かかる行為は，重加算税の賦課要件である国税通則法68条1項の「隠ぺい，仮装行為」に該当するというべきである。

　この点，原告会社は，正当な課税を免れようとの意図は何らなく，後に修正申告することによって正当な税額を納付するつもりであった旨主張するが，重加算税が賦課されるには，納税者が故意に課税標準又は税額等の計算の基礎となる事実の全部又は一部を隠ぺいし，又は仮装し，その隠ぺい，仮装行為を原因として過少申告の結果が発生したものであれば足り，それ以上に申告に際し，納税者において過少申告を行うことの認識を有していることまでを必要とするものではない（最高裁第二小法廷昭和62年5月8日判決・裁判集民事 151号35頁）のであるから，受贈益の記載されていない帳簿を故意に作成した本件では，重加算税の賦

課要件が認められる。

8. 違法な重複，矛盾課税の有無

(1) 被告は，原告会社が本件各土地について遺贈を受けたとの前提で本件更正決定を行ったが，原告会社の異議申立てを一部容れて，別紙物件目録1記載の土地については遺贈が放棄されたとの前提で本件更正決定を一部取り消す内容の本件異議決定を行った。その後，本件和解成立によって，原告会社が別紙物件目録14ないし21記載の各土地について遺留分減殺請求を受けて現物返還をした（その限りで，本件遺贈は遡って失効する。）ことが確認され，別紙物件目録2ないし13記載の各土地については現物返還に代わる価額弁償が合意された。

(2) 本件和解によって別紙物件目録14ないし21記載の各土地について本件遺贈が遡って失効したことが確認されたことからすると，原告会社に対する右各土地の受贈益に対する課税は課税要件を欠くに至ったかのようにも考えられる。

　　しかし，原告会社の本件和解を理由とする更正請求は，法所定の請求期限を徒過していたし，仮に期限内に請求があったとしても，法人税の場合，原告会社の出捐額（価額弁償額）を当該年度における損金として計上すべきであるから，原告会社の更正請求に基づき，あるいは職権で，本件更正決定について減額更正しなかった措置に違法はなく，原告会社の主張は採用できない。また，右に述べた法人税における価額弁償金の扱いからすると，本件みなし譲渡所得を職権で減額更正したにもかかわらず，本件更正決定を減額しない被告の措置に違法はなく，原告会社の主張は採用できない。

(3) なお，別紙物件目録2ないし13記載の各土地については，現物返還に代わる価額弁償が合意されている。右価額弁償によって，本件遺贈自体に何ら変動が生じるものではなく，本件みなし譲渡所得にも影響は生じない（最高裁第一小法廷平成4年11月16日判決・訟務月報39巻8号1602頁）。よって，右各土地についても本件更正決定に違法はない。

5 推計課税

(1) 推計の必要性
- 【16】 横浜地裁　平成10年1月26日判決　（　41ページ参照）
- 【40】 最　高　裁　平成10年3月10日第三小法廷判決（121ページ参照）
- 【17】 広島地裁　平成10年3月12日判決　（　45ページ参照）
- 【18】 東京高裁　平成10年3月18日判決　（　48ページ参照）
- 【19】 宇都宮地裁　平成10年3月19日判決　（　49ページ参照）
- 【20】 東京高裁　平成10年3月26日判決　（　54ページ参照）
- 【21】 東京高裁　平成10年3月30日判決　（　55ページ参照）
- 【41】 京都地裁　平成10年4月24日判決　（122ページ参照）
- 【22】 東京高裁　平成10年4月27日判決　（　57ページ参照）
- 【23】 横浜地裁　平成10年5月20日判決　（　58ページ参照）
- 【24】 山口地裁　平成10年5月26日判決　（　62ページ参照）
- 【42】 東京高裁　平成10年5月27日判決　（127ページ参照）
- 【6】 最　高　裁　平成10年6月11日第一小法廷判決（　14ページ参照）
- 【25】 東京高裁　平成10年6月11日判決　（　67ページ参照）
- 【12】 仙台高裁　平成10年7月2日判決　（　26ページ参照）
- 【43】 広島高裁　平成10年8月26日判決　（130ページ参照）
- 【27】 広島高裁　平成10年9月17日判決　（　71ページ参照）
- 【28】 福岡地裁　平成10年9月28日判決　（　71ページ参照）
- 【29】 大阪高裁　平成10年9月30日判決　（　78ページ参照）
- 【30】 最　高　裁　平成10年12月8日第三小法廷判決（　80ページ参照）
- 【31】 名古屋高裁金沢支部　平成10年12月9日判決（　81ページ参照）
- 【32】 熊本地裁　平成10年12月17日判決　（　82ページ参照）

【33】	東 京 地 裁	平成10年12月25日判決	（　86ページ参照）
【34】	和 歌 山 地 裁	平成10年12月25日判決	（　86ページ参照）
【35】	和 歌 山 地 裁	平成10年12月25日判決	（　97ページ参照）
【36】	和 歌 山 地 裁	平成10年12月25日判決	（　97ページ参照）
【37】	和 歌 山 地 裁	平成10年12月25日判決	（105ページ参照）
【38】	和 歌 山 地 裁	平成10年12月25日判決	（106ページ参照）
【39】	和 歌 山 地 裁	平成10年12月25日判決	（114ページ参照）

【15】　徳 島 地 裁　平成10年3月20日判決

（平成7年（行ウ）第8号・所得税更正処分等取消請求事件）

【当事者】

　　原告　○○○○

　　被告　徳島税務署長

【判示事項】

　推計課税の必要性・合理性，消費税法28条1項適用の可否及び同法30条の適用の可否

【事案の概要と争点】

　本件は，ガソリンスタンドを営む原告の平成元年分ないし同3年分の所得税及び同元年期分ないし同3年期分の消費税について，被告がした更正処分等の適否が争われた事案である。

　主たる争点は，推計課税の必要性・合理性，消費税法28条1項適用の可否及び同法30条の適用の可否にあった。

【判　旨】

　本判決は，次のとおり判示して，原告の請求を棄却した。

1.　認定事実によると，原告はAらの再三にわたる調査協力の説得にもかかわらず本件調査に協力しなかったということができるから，被告は，やむを得ず，平成5年3月2日付けで，本件係争各年分の所得税については，同業者による推計課税の方法による各更正処分及び過少申告加算税の各賦課決定処分を行い，本件係争各年期分の消費税については，消

費税法30条7項を適用して仕入税額控除を認めない各更正処分及び過少申告加算税の各賦課決定処分を行ったというべきである。

　原告は，Ａの，確定申告額の算出の基礎となった書類があるかどうかという質問にさえ応じようとしなかったのであるから，本件調査に非協力的であったことは明らかであり，また，真実帳簿書類を作成していないということであれば，資料を備え付けていなかった場合に該当し，推計の必要性を肯定するに妨げとなるものではない。さらに，Ａは伝票を直接原告より入手できなかったため仕入先への調査を余儀なくされたのであるから，原告の態度が非協力的であったことはこれまた明らかというべきであるから，原告の本件係争各年分の所得税及び本件係争各年期分の消費税の算定については，推計の必要があったものと認められる。

2. 推計の基礎事実や統計資料等が得られにくい事例において，実額課税の場合と同程度の合理性又は立証の程度を要求することはできないし，仮に右の基礎事実や統計資料等を得ることができる事例についても，税務署長に多くの時間と労力をかけて推計の基礎事実や当該納税者に極めて類似する同業者等を探し出すよう要求することは，実額課税の代替手段として推計課税を認めた所得税法156条の趣旨に反することとなる。したがって，税務署長が入手し又は容易に入手し得る推計の基礎事実及び統計資料等に照らし，税務署長が採用した推計方法が一応最良の方法と認められ，かつ，当該納税者の所得につき近似値を求め得ると認められる程度のものでありさえすれば，その推計方法は合理性を有するといわなければならない。

　このような観点から検討すると，同業者の抽出基準は，業種の同一性，事業所の近接性，事業規模の近似性等の点で同業者の類似性を判別する要件として合理的なものである。そして，その抽出基準について恣意の入り込む余地は認められず，抽出された同業者はいわゆる青色申告業者であるから金額の正確性が担保されている上，その申告が確定しており信頼性も高い。右同業者数も4名であって，個々の事業者の所得率のばらつきを平準化するに足りるものである。

被告が本件において採用した推計方法は合理性を有するものと認められる。

3. 証拠によれば，原告は地方税法700条の2第1項第3号に規定する地方公共団体から指定される特約店等（軽油引取税を納税義務者から徴収し地方公共団体に納付する者）ではなく販売店に該当すること，被告は原告の軽油引取税についての取引内容の確認を行うために，原告に対して再三にわたり課税標準額の計算に必要な帳簿書類等の提示を求めたが，原告からは何ら正当な理由がないまま帳簿書類等の提示がなかったことから，取引内容の確認等を行うことができなかったこと，そこで，被告は消費税法28条1項に基づき，原告における課税資産の譲渡等の税込み対価の額を，軽油引取税相当額を含む顧客への売却価格等の総額すなわち総収入金額とみてこれに課税を行ったことがそれぞれ認められる。

しかして，特約店等においては，その特約店等が軽油引取税を納税義務者から徴収して地方公共団体に納付しているのであるから，軽油引取税は原則として課税資産の譲渡等の対価の額に含まれないが，販売店は，軽油引取税の納税義務者であり同税を徴収する者ではないため，軽油引取税相当額を価格に上乗せして顧客から対価を受領しているとしても，当該軽油引取税相当額は軽油引取税自体ではなく，右対価の受領が同税の徴収とはいえないので，販売店において軽油引取税相当額が課税資産の譲渡等の対価の額から除かれることはなく，課税資産の譲渡等の対価の額に含まなければならないことは，被告主張のとおりであって，何ら違法な点はない。

4. 消費税法30条7項の「保存しない場合」には，単に帳簿書類等が事業者の支配下に存在しない場合ばかりではなく，適法な税務調査に際し税務職員からその提示・閲覧を求められたときに正当な理由なくこれに応じない場合も含まれると解するのが相当であるところ，Aが原告に対して，再三にわたり，仕入税額控除に係る帳簿書類等の提示を求めたにもかかわらず，原告は何ら正当な事由がないのにこれに応じなかったことが認められるので，本件は帳簿書類等を「保存しない場合」に該当する

というべきであるから，消費税法30条1項による仕入税額控除を適用することができない。

(2) 推計の合理性

【40】　最　高　裁　平成10年3月10日第三小法廷判決（121ページ参照）
【15】　徳　島　地　裁　平成10年3月20日判決（ 38ページ参照）
【41】　京　都　地　裁　平成10年4月24日判決（122ページ参照）
【42】　東　京　高　裁　平成10年5月27日判決（127ページ参照）
【6】　最　高　裁　平成10年6月11日第一小法廷判決（ 14ページ参照）
【7】　京　都　地　裁　平成10年7月24日判決（ 14ページ参照）
【43】　広　島　高　裁　平成10年8月26日判決（130ページ参照）

【16】　横 浜 地 裁　平成10年1月26日判決
（平成5年（行ウ）第4号・課税処分取消等請求事件）

【当事者】
　原告　有限会社○○○○
　被告　緑税務署長

【判示事項】
　税務調査手続の適否，推計の必要性・合理性

【事案の概要と争点】
　本件は，原告の昭和62年10月期以降の法人税について被告がした青色申告承認取消処分の適否，並びに昭和62年10月期ないし平成元年10月期（以下「本件係争事業年度」という。）の法人税について被告がした更正処分及び過少申告加算税の賦課決定処分の適否が争われた事案である。
　主たる争点は，税務調査手続の適法性，推計の必要性及び合理性にあった。

【判　旨】
　本判決は，次のように判示して，原告の請求のうち，上記更正処分及び過少申告加算税の賦課決定処分の取消しを求める部分をすべて認容し，そ

の余の請求を棄却した。
 1. 調査手続の違法性について
 (1) 調査の必要性

　　法人税法153条の「調査について必要があるとき」とは，確定申告後に行われる法人税に関する調査については，過少申告等の疑いがある場合のみならず，当初からそのような疑いが明らかではないが，申告の真実性，正確性を確認する必要がある場合も含まれると解すべきところ，前記認定のとおり，被告は，原告の設立以来法人税の調査を行っていなかったことから，その申告の適否を確認するため調査を行うこととしたことが認められる。したがって，本件調査が直ちにその必要性を欠くものであったということはできない。

 (2) 調査理由の不開示

　　原告は，本件調査に際し，D係官が具体的な調査理由を告げなかったことが違法であると主張する。しかしながら，法人税法153条は，質問検査権の行使に際し調査の具体的理由を開示すべきことを要件としておらず，他にこれを要求する規定はないから，調査理由を開示するかどうか及びその程度は，権限ある税務職員の合理的な裁量に委ねられているというべきである。したがって，D係官が，本件調査に際し，前記認定の理由以外，原告が法人税の調査対象に選定された具体的理由を告げなかったからといって，右措置が違法であるということはできない。

 (3) 事前通知の欠如

　　原告は，本件調査に際し，事前の通知がなかったことが違法であると主張する。しかしながら，税務調査に際し，納税者に事前通知をすべきことを定めた規定はなく，法人税法153条の質問検査をどのような方法で行うかは，権限ある税務職員の合理的な裁量に委ねられているというべきであるから，右措置が直ちに違法であるとはいえない。

 (4) 第三者の立会い拒否

　　平成元年4月11日の調査の際，D係官が，原告代表者夫婦以外の立会人の退席を求めたのに対し，原告代表者はこれに応じなかったのである

が，第三者の立会いについては，税理士の立会いに関する税理士法34条以外に格別の規定がないこと，税務調査の内容が納税者のみならず，取引の相手方の営業上の秘密に及ぶこともあり，守秘義務のない第三者の立会いを認めると，公務員として秘密の保持を図り得なくなるおそれがあることからすれば，税理士以外の第三者の立会いを認めるか否かは，権限ある税務職員の合理的な裁量に委ねられているというべきである。したがって，D係官が原告代表者に対し，調査に関係のない第三者の退席を求めたことが直ちに違法であるとはいえない。証拠及び弁論の全趣旨によれば，右の際，D係官が帳簿書類の内容を確認し得る状況になかったと認められる。

(5) 反面調査の違法性

原告は，被告は原告の平成元年10月期分の所得について，事前調査を経ずに直ちに反面調査を行っているから，右調査は違法であると主張する。しかしながら，反面調査に関する法人税法154条は，調査の時期，順序，方法について特に規定していないから，これらは，もっぱら税務職員の裁量に委ねられているというべきである。

(6) 以上によれば，本件調査手続が違法であるとの原告の主張は，いずれも理由がない。

2. 推計の必要性について

法人税の課税は，もとより真実の所得金額（実額）を課税標準としてするのが原則であり，法人税の更正も，原則として実額調査によるべきである。しかし，納税義務者が調査に応じないなど，実額調査ができない場合にこれを理由に課税をしないことは，租税負担公平の原則に反するから，このような場合には，実額調査による課税に替えて推計による課税が認められる。そして，原告代表者が，調査に非協力的な態度に終始していたことからすれば，実質的な臨場調査が，平成元年4月11日の1回しか行われていないことを考慮しても，被告が本件係争事業年度の原告の所得を実額で把握することは困難であったといわざるを得ない。

したがって，被告がこれを推計により算出する必要性があったという

べきである。

3. 青色申告承認取消しの効力について

　本件において、原告が、調査に非協力的な態度に終始したため、D係官らにおいて、帳簿書類の提示を受けられず、法令に従った帳簿書類の備付け、記録等がされているかどうかを確認し得なかったことは、前記認定のとおりであり、D係官らにおいて、帳簿書類の確認のため、社会通念上、当然に要求される程度の努力を怠ったとはいえない。したがって、原告は正当な理由なく帳簿書類を提示しなかったというべきであり、法人税法127条1項1号に該当するから、被告による原告の青色申告承認の取消処分は適法である。

4. 推計の合理性について

　被告の採用した推計方法が同業者率によるものである以上、右の推計方法に合理性が認められるためには、被告が抽出した比準同業者がその事業内容において、原告と同一性を有すること（業種の同一性）が、基礎的条件というべきである。

　ところで、認定事実によれば、原告の事業内容は、主として、ゼネコン等の建設業者の注文により、建築中の集合住宅等に家具の取付工事（作り付けの家具となる。）を行うというもので、いわゆる内装仕上工事業の一種である（木製）家具工事業に当たるものと認められる。しかるに、被告が比準同業者の抽出基準として事業内容は、前記認定のとおり、主として、木材等の材料を加工して、机、タンスなどの木工家具の製造を行うというものであるから、それは、原告の事業内容とは業種が異なるというべきである。

　また、証拠によれば、被告が、比準同業者を抽出する際に参考にした内部資料である業種別分類表には、被告が基準とした「家具製造業」という分類のほかに、「職別工事」として内装工事に関する分類があること、国税庁が税務上の業務分類の参考資料としている日本標準産業分類（総務庁統計局統計基準部編集）にも、タンス、鏡台、和机、食卓、座卓、水屋、客間及び居間に用いる洋家具等を製造する事業所として、

「木製家具製造業」という分類があるほかに，「職別工事業」の一つとして「その他の職別工事業」の中に，主として木製家具の取付工事のみを行う事業所として「木製建具工事業」という分類があること（なお，ここでは「内装工事業」は，建物等の装飾工事を行うものとして，別の事業に分類されている。），原告と同様に，木製家具の取付工事をする業者は，B県内にも少なからず存し，関係業者の間では，これらの業者は，タンスや机などの完成品の家具を製造する業者とは，業種が異なるものとされ，「木工屋さん」と呼ばれていることが認められる。

　このように，原告の営む木製家具（建具）工事業は，被告が抽出基準とした木工家具製造業とは，明らかに，その事業内容，業種の分類を異にするものというべきであり，また，原告の事業が特殊なものではなく，同種事業を営む者も少なからず存する以上，被告が，「もっぱら木工家具製造業を営むもの」を基準として，比準同業者を抽出したことには，合理性がないといわざるを得ない。

5. 結論

　以上のとおりであり，本件係争事業年度の原告の所得について被告がした推計は，推計の基礎的条件を欠き，合理性を認めることができないから，これを前提とする本件更正及び決定は，その余の点について判断するまでもなく，違法であって，取消しを免れない。

　よって，本件請求のうち，本件更正及び決定の取消しを求める部分は理由があるのでこれを認容し，その余は理由がないので棄却する。

【17】　広島地裁　平成10年3月12日判決
　　　（平成7年（行ウ）第13号・更正処分取消請求事件）
【当事者】
　　原告　○○○○
　　被告　広島西税務署長
【判示事項】
　　推計課税の必要性・合理性，税務調査の適法性及び実額反証の成否

【事案の概要と争点】

　本件は，左官工事業を営む原告の昭和63年分ないし平成2年分の所得税及び昭和64年1月1日から平成元年12月31日までの課税期間の消費税について，被告がした更正処分等の適否が争われた事案である。

　主たる争点は，推計課税の必要性，税務調査の適法性，同業者比率法を用いた推計の合理性及び実額反証の成否等にあった。

【判　旨】

　本判決は，次のとおり判示して，原告の請求を棄却した。

1. 推計の必要性

　　認定事実によれば，被告所属職員であるＩ係官は，平成3年8月8日から9月10日までの間に，数回にわたり原告の事業所に臨場し，又は電話連絡により原告に対し，税務調査に対する協力要請と本件係争各年分の申告の基礎となった帳簿書類等の提示を求めたにもかかわらず，原告は，8月26日の調査の際，Ｈ民商関係者を同席させてその立会を要求しまた具体的な調査理由の開示を求めた上，Ｉ係官から要請のあった帳簿書類等の準備及び提示をしなかった等，本件調査に非協力的な態度であったこと，そして，その後Ｉ係官に対し基礎資料の提示をする旨告げてはいるものの，Ｈ民商に預けている等の理由によりその提示に対し積極的な協力を示していないことからすると，被告は，本件調査によっては原告の事業所得金額を確認できなかったものということができる。そうすると，被告が，原告の事業所得金額について，原告に対する質問調査によって把握することが困難であると判断し，独自の調査を行い，その結果を基に推計の方法によって右金額を算出したことはやむを得なかったと認めることができるから，推計の必要性はあったというべきである。

2. 本件調査の適法性

　　原告は，本件調査は合理的な理由もなくなされ，また事前通知や具体的な調査理由の開示を欠き，さらに第三者の立会を根拠もなく拒否したという違法があると主張する。

しかしながら，本件においては，I係官は，原告の本件係争各年分の申告書に収支内訳書が添付されておらず，確定申告書の裏面に，収入金額・必要経費及び所得金額の記載がなかったといった理由から本件調査の開始を決定したもので，質問検査の必要は認められる。また，8月8日等の原告事務所の訪問にあっては事前通知はないものの，同係官は税務調査を強行しようとしたわけでもなく，むしろ原告の協力を得て調査を実施しようとして，調査日程の調整に務めていることがうかがわれ，また，8月26日の調査においても，調査理由が本件係争各年分の申告所得金額の確認であることを説明している。さらには第三者の立会についても，I係官は，原告が要求する民商関係者の立会を認めることは，質問検査の過程において，取引先の秘密事項を聞くこともあり，原告の取引先との関係で公務員の守秘義務違反となるおそれがあると判断して第三者の立会を拒否したものであり，また税務調査は犯罪捜査とは異なり（所得税法 234条2項参照），収入金額や必要経費について，その内容を一番把握している納税義務者本人等からの説明を求め，あるいは帳簿書類等の検査をするものであるから，納税者等の権利保護のために専門的知識を有する者の立会が必要であるとも考えられない。したがって，I係官の前記判断を不相当ということはできない。よって，本件調査の実施は社会通念上相当な程度にとどまっているというべきであるから，原告の右主張は採用できない。

3. 推計課税の合理性について

　被告は，類似同業者の平均所得率を用いて，原告の本件係争各年分の事業所得の金額を推計している。そこで，右推計の合理性について検討する。

　認定事実によれば，本件抽出基準は，業種の同一性，事業所の近接性及び事業規模の近似性等の点において，同業者の類似性を判別する要件として合理的なものである。また，比準同業者はいずれも帳簿書類の備付を義務づけられたいわゆる青色申告者であるから，その申告内容の正確性も担保されていると認められる。さらに，その選定は，一般通達に

基づいて機械的にされており，選定過程に被告のし意が入る余地もない。そして，比準同業者の数は，本件係争各年分につきそれぞれ3件であり，いずれも同業者の個別性を平均化するに足りる抽出件数であるということができるから，被告がした推計方法には，合理性があるというべきである。

4. 本件各処分の憲法14条等違反の有無について

原告は，本件各処分は，民商に対する攻撃，組織破壊の目的のもと，法外な税額を課したものだから，憲法14条の法の下の平等，同19条の思想，良心の自由，そして同21条の結社の自由を侵害するものとして違法であると主張する。

しかし，前述のとおり，本件各処分が過去の実績に較べて法外であるという根拠はない。また，本件各処分に合理性があり，その適法性を肯定できる以上，原告が継続して税務調査を受けてきたことを根拠として被告に民商に対する攻撃目的があったということはできないし，他にはこれを認めるに足りる証拠はないから，原告の右主張は採用できない。

5. 実額反証について

原告は，本件係争各年分の収入，仕入及び経費の各実額を主張している。しかし，いわゆる実額反証においては，実額を主張する側において，当該年分におけるすべての収入を主張立証し，かつこれに対応する支出の額を主張立証すべきものであるところ，本件においては，これを認めるに足りる証拠は全くなく，実額による原告の主張は認められない。

【18】 東京高裁 平成10年3月18日判決
（平成8年（行コ）第57号・所得税更正処分取消請求控訴事件）
【当事者】
控 訴 人（原告）　○○○○
被控訴人（被告）　武蔵府中税務署長
【判示事項】
税務調査の適否，推計の必要性・合理性及び実額反証の成否

【事案の概要と争点】

本件は，年報8号整理番号【28】の控訴審である。

【判　旨】

本判決は，控訴人の請求を棄却した原審（東京地裁平成8年4月26日判決・年報8号 111ページ）と同旨の判示をして，控訴を棄却した。

【19】　宇都宮地裁　平成10年3月19日判決
　　　（平成元年（行ウ）第3号・所得税更正処分等取消請求事件）

【当事者】

原告　〇〇〇〇

被告　宇都宮税務署長

【判示事項】

税務調査手続の適否，推計の必要性・合理性，実額反証の成否

【事案の概要と争点】

本件は，残土処理業（原告はこれを建材業と呼称し，被告は運送業と評価する。）及び印章小売業を営む原告の昭和59年分ないし同61年分所得税について，被告がした更正処分及び過少申告加算税の賦課決定処分の適否が争われた事案である。

主たる争点は，税務調査手続の適法性，推計の必要性・合理性及び実額反証の成否にあった。

【判　旨】

本判決は，次のように判示して，原告の請求を棄却した。

1. 税務調査の適法性について

(1) 適正な課税処分を行うためには，課税要件事実に関する資料の入手が必須であることから，所得税法 234条1項は，必要な資料の取得収集を可能にするため，税務職員に質問検査権，すなわち課税要件事実について関係者に質問し，関係の物件を検査する権限を認め，相手方はこれを受忍すべき義務を一般的に負っている。したがって，適正な課税処分を行うために質問検査の必要があり，かつ，相手方の私的利益との衡量に

おいて，社会通念上相当な程度にとどまる限り，税務職員が行う質問検査の範囲，程度，時期，場所，調査理由の開示の要否，開示の程度，第三者の立会いの可否等の実施の細目は，その税務職員の合理的な選択，裁量に委ねられていると解すべきである。
(2) 原告の提出した本件各係争年分の所得税の確定申告書には収入金額及び必要経費の記載がなく，収支内訳所の添付もなかったため，所得金額の算出過程が不明であったこと，建材業と印章小売業を営んでいることからすると原告の申告所得金額が過少ではないかという疑問が持たれたこと，過去に原告の調査を実施したことがなかったことからすれば，被告において，原告の申告内容が適正であるかどうかについて調査確認すべき客観的な必要性があると判断したことは当然であって，同法234条1項に規定する調査の必要があったことは明らかである。
2. 推計課税の必要性について

当事者間に争いのない事実及び証拠により認定できる事実によれば，被告係官らは，昭和61年9月2日，同年10月24日及び昭和62年7月27日の3回にわたって，原告店舗を訪れ，原告又はAに対し，所得金額の適否の確認のための調査である旨を告げ，右3回のいずれの調査の際にも，立会人の退席を求めて調査に応じるよう説得したが，原告及びAは終始これを拒絶し，調査の理由や結果の開示を執拗に求めたり，反面調査による影響等に藉口して会計帳簿等の開示を拒むなど本件調査に非協力的な態度をとり続けていたことが認められる。

そうであれば，被告が原告に対する質問調査等によってその所得金額を確認することはできないと判断したことも無理からぬことであり，被告は，これを推計によって算定せざるを得なかったものと認められるから，推計の必要が存したことは明らかである。
3. 推計課税の合理性について
(1) 本件各係争年分の建材業所得
㈠ 証拠によれば，本件における比準同業者の抽出は，E国税局長が，被告税務署長に対し，いわゆる倍半基準によって抽出される比準同業者の

すべてについて報告を求める通達を発し，同税務署長から報告書が提出される方法で行われ，右通達に対する同税務署長からの報告によって，昭和59年分については6件，昭和60年分については7件，昭和61年分については8件がそれぞれ抽出され，それに基づいて各年分の所得率の平均値を算出したことが認められる。

(二) 被告は，右基準に従い，貨物自動車（軽自動車を除く）を用いて顧客の依頼により対価を得て貨物を運送することを継続して営んでいた者（ただし，路線を定めて運行する者及び多数客の小口貨物を運送する者を除く。）を比準同業者として抽出したが，原告は，自らが営んでいた残土処理業は建材業であって，運送業とは異なる業種であるから，本件抽出基準は業種の同一性を欠き，合理性がない旨主張するので，この点について判断する。

推計課税は，租税の公平負担の理念から是認されているところ，課税のための基礎的資料が乏しい場合に，実額課税の場合と同程度の合理性を要求し，税務署長に多くの時間と労力を費やさせ，困難を強いて推計の基礎事実や当該納税者と極めて類似する同業者等を探し出すことを要求することは，調査に非協力で不誠実な納税者に対して不相当に最低限の課税しかできない結果を招来し，租税の公平負担の理念に反するうえ，実額課税の代替手段として推計課税を認めた趣旨にも反することとなる。

したがって，残土処理業というものが，厳密な意味で運送業とは業種を異にするとしても，前述のとおり，原告の場合には残土の運搬に伴う収入と経費がその事業収支の主要な部分を構成し，原告の課税対象となる所得を導き出す収入と経費において，運送業と構造上の類似性を有し，類型的に同一であると認められるから，運送業者を比準同業者として，その平均所得率を用いて推計したとしても，合理性を欠くとまでいうことはできない。

(三) 本件抽出基準については，業種，業態の類型的同一性が認められることは前述のとおりであり，対象を原告と同じ被告税務署管内の個人事業者に限定し，事業規模の近似性を考慮していわゆる倍半基準を採用した

のであって，同業者の類似性を判別する要件としての合理性を有しているといえる。また，被告は，本件抽出基準に該当する者をすべて抽出したのであって，その抽出過程に被告のし意が介在する余地は認められない。さらに，抽出された比準同業者は，いずれも帳簿等の裏付けを有する青色申告者であって，経営状態が異常であると認められる者や更正等に対して不服申立て等をしている者が除外されていることからすれば，その総収入金額及び必要経費の算出根拠となる資料の正確性も担保されているということができる。

なお，本件抽出基準によって抽出された比準同業者の所得率は，最大約3倍の格差があるが，各同業者率は，概ね平均所得率の周辺に分布しており，平均所得率との開きが大きい者についても，平均値を求める過程で解消されているものと考えられるから，この平均所得率を適用した推計には合理性が認められる。

以上によれば，被告の推計方法には合理性があるというべきである。

(4) 本件各係争年分の印章小売業に係る収入及び所得

㈠ 証拠によれば，原告は，G社から印材を購入し，その仕入金額の合計は，昭和59年分が24万6800円，昭和60年分が22万7095円，昭和61年分が23万5685円であったことが認められる。

被告は，原告と事業規模を同じくする印章小売業を営む個人事業者を比準同業者Hとして抽出したうえ，原告の右仕入金額を比準同業者Hの売上原価率で除して本件各係争年分の印章小売業に係る収入金額を算出し，さらに，右収入金額に，比準同業者Hの所得率を乗じて，本件各係争年分の印章小売業に係る所得金額を算出した。

㈡ 証拠によれば，本件における比準同業者の抽出は，E国税局長が，被告税務署長に対し，いわゆる倍半基準によって抽出される比準同業者すべてについて報告を求める通達を発し，同税務署長から報告書が提出される方法で行われ，右通達に対する同税務署長からの報告によって，本件各係争年分については各1件が抽出され，その各年分の売上原価率及び所得率に基づいて収入及び所得金額を算出したことが認められる。

㈢　原告は，被告が本件抽出基準により抽出し得た比準同業者は1人であり，1人の営業から得られる各数値には何ら普遍性がないから，それを基礎とする被告の推計は合理性を欠く旨主張する。

　　しかしながら，同業者比率法を採る場合に，抽出された比準同業者の数が多い方が望ましいことは勿論であるが，前述の推計課税の趣旨ないし性格に照らせば，同一地区で他に正確な資料を有する同業者のない場合には，青色申告者のような資料の正確性の認められる同業の1人だけと対比することも許されると解すべきである。そして，対比する同業者が1人しかいない場合でも，右同業者の事業規模，内容等が，納税者のそれと細部の点にいたるまで完全に一致する必要はなく，その主要な点において類似しておれば足りるものというべきである。

　　この理について，印章小売業のみ別異に解する理由はなく，同業者の類似性についても，基本的要因において抽出基準が合理的であれば足りることは前述のとおりである。

㈣　本件抽出基準については，印章小売業を営む者としている点で，業種，業態の類型的同一性が認められ，対象を個人事業者に限定し，原告と同じU税務署管内に限り，事業規模の近似性を考慮していわゆる倍半基準を採用したのであって，同業者の類似性を判別する要件として合理的であるといえる。また，被告は，本件抽出基準に該当する者をすべて抽出したのであって，その抽出過程に被告のし意が介在する余地は認められない。さらに，抽出された比準同業者は，いずれも帳簿等の裏付けを有する青色申告者であって，経営状態が異常であると認められる者や更正等に対して不服申立て等をしている者が除外されていることからすれば，その総収入金額及び必要経費の算出根拠となる資料の正確性も担保されているということができる。

　　以上によれば，被告の推計方法には合理性があるというべきである。

4.　実額反証の成否について

　　被告の主張する推計課税に対して，原告は，本件各係争年分の事業所得に係る収入金額及び必要経費の実額は，別表5（略）記載のとおりで

あると主張し，右実額を立証するために，各証拠を提出している。

そもそも，推計による更正は，推計の必要性が認められる場合に，合理的と認められる方法で所得金額を推計するものであり，収入金額，必要経費の金額等を個別的に推計するものではないから，原告がこのような推計課税に対する反証として，実額による所得金額の主張をする場合には，収入又は支出の一部について立証するのでは足りず，収入金額と必要経費の全部についての実額と，主張に係る経費が右収入金額に対応していることをも立証する必要があり，その実額が真実の所得金額に合致することを合理的疑いを容れない程度に立証する必要があるところ，原告の右主張はいずれも実額反証になり得ていない。

5. 本件各処分の適法性

(1) 以上から判断するに，本件各更正に係る総所得金額は，いずれも合理性を有すると認められる前記推計により算出される所得金額の範囲内にあるから，本件各更正は適法である。

(2) 原告が本件各係争年分の総所得金額をいずれも過少に申告していたことは明らかであり，被告は，本件各更正（昭和59年分を除く。）に伴って，原告が納付すべき所得税額（国税通則法118条3項により1万円未満の端数を切り捨てた額）を基礎として，同法65条1項及び2項（昭和62年法律第96号による改正前のもの）により算出した過少申告加算税額を賦課決定したものである。

右各過少申告加算税額は，いずれも前記推計により算出した総所得金額を基礎とした場合の過少申告加算税額の範囲内にあるから，本件各賦課決定は適法である。

【20】 東京高裁 平成10年3月26日判決
（平成9年（行コ）第47号・所得税更正処分並びに加算税賦課決定取消請求控訴事件）

【当事者】

控 訴 人（原告） ○○○○

被控訴人（被告）　川崎北税務署長
【判示事項】
税務調査手続の適否，推計の必要性・合理性，実額反証の成否
【事案の概要と争点】
本件は，年報9号整理番号【28】の控訴審である。
【判　旨】
　本判決は，控訴人の申告所得金額を超えない部分についての取消請求を却下し，その余の請求をいずれも棄却した原判決（横浜地裁平成9年3月19日判決・年報9号91ページと同旨の判示をして，控訴を棄却した。

【21】　東京高裁　　平成10年3月30日判決
　　　（平成8年（行コ）第93号・課税処分取消請求控訴事件）
【当事者】
　控　訴　人（原告）　　○○○○
　被控訴人（被告）　　佐久税務署長，国税不服審判所長
【判示事項】
　税務調査の適法性，推計の必要性・合理性，実額反証の成否，裁決固有の瑕疵の有無
【事案の概要と争点】
　本件は，農業を営む控訴人の昭和60年分ないし同62年分（以下「本件各係争年分」という。）の所得税について，被控訴人税務署長がした更正処分等の適否及び被控訴人国税不服審判所長がした裁決の適否が争われた事案である。
　主たる争点は，税務調査の適法性，推計の必要性及び類似同業者の平均的な野菜栽培面積を基礎とする面積課税方式を用いて行った推計方法の合理性，実額反証の成否，並びに，裁決固有の瑕疵の有無にあった。
【判　旨】
　本判決は，次のとおり付加して，控訴人の請求を棄却した原審（長野地裁平成8年6月14日判決・年報8号 121ページ）の判断を維持し，控訴を

棄却した。
1. 控訴人の実額反証について

　いわゆる実額反証は，合理的な推計課税の適法性を覆そうとするものであり，また推計の結果が真実の課税標準を上回ることが判明したとして事後的に更正処分の違法事由すなわち再更正事由を主張，立証するものでもあるから，実額の主張，立証は，より完全なものが要求されるというべきである。すなわち，一方において，その主張する収入金額がすべての取引先からのすべての取引についての捕捉漏れのない収入金額であること，他方において，その主張する必要経費が実際に支出されたことに加えて，その必要経費が総収入金額と対応するものであることについて主張，立証がされなければならないと解される。

　そこで，以下，右の立場に立って判断する。

　控訴人は第一に，野菜販売等は所属する農協を経由するものばかりであるから，その取引は同人及びその子名義の農協の貯金通帳の記載から明らかであるとする。しかし，控訴人につき農協を経由しない取引が存在しないとの事実を確定するのは困難であり，むしろその存在が強く疑われるのである。特に証拠によると控訴人はＳ民主商工会の会員で「自主計算ノート」と称する帳簿に記帳をしていたことが認められるにもかかわらず，本訴においてその提出がないことからすると，農協の貯金通帳の記載のみから直ちにその収入金額を確定することは当を得ないことといわねばならない。

　また控訴人は，収入金額の主張に当たり肉用牛の販売代金を，租税特別措置法に基づき非課税措置が採られていること及びこれに対応する経費も計上していないことを理由に計上していない。しかし，本件にあって同法の適用があるとしても同法の解釈上，総所得金額算定の過程では右販売代金も収入金額として計上することが必要であると解される。

　次に控訴人は，必要経費として，堆肥・わら代を計上する。しかし，その立証のため提出された「あずかり証」はいわゆるメモ書であり，標題からしても領収証とは理解できず，直ちにこれによってその金額を確

定することには疑問がある。しかも，証拠（控訴人本人）によると，わらは野菜栽培のための堆肥用のみならず，牛舎等に敷くためにも使用されるものであることが認められ，したがって，その主張の電気料，水道料，雇人費，減価償却費等と同様，肉用牛の成育，販売の経費の性格も有していることが明らかである。控訴人は，肉用牛については前記のとおり販売代金を収入金額に計上せず，そのため対応する経費も必要経費に計上していないのであると主張するが，経費中，野菜販売に関する部分と肉用牛の販売に関する部分との区別をどのようにしたか明らかではなく，右主張をもってしても肉用牛の成育，販売の経費に関する前記判断を動かすには足りない。

その他，控訴人の主張する収入，支出については家計費との区別等についても疑問があるといわざるを得ないこと等も考慮すると，一部の費目の金額について被控訴人らの認めるものがあるとはいえ，当審証人Ｆの証言を含め，控訴人の主張，立証する実額反証によって本件の推計課税が否定されるものということはできない。したがって控訴人の主張は採用することができない。

【22】　東京高裁　平成10年4月27日判決
（平成9年（行コ）第91号・法人税更正処分取消請求控訴事件）

【当事者】
控　訴　人（原告）　　有限会社○○○○

被控訴人（被告）　　鎌倉税務署長

【判示事項】
調査手続の適否，青色申告承認取消処分の適否，推計課税の必要性・合理性及び実額反証の成否

【事案の概要と争点】
本件は，年報9号整理番号【34】の控訴審である。

【判　旨】
本判決は，控訴人の請求をいずれも棄却した原審（横浜地裁平成9年5

月19日判決・年報9号 124ページ）と同旨の判示をして，控訴を棄却した。

【23】 横浜地裁 平成10年5月20日判決
（平成3年（行ウ）第18号・所得税更正処分並びに加算税賦課決定取消請求事件）

【当事者】
原告　〇〇〇〇
被告　川崎北税務署長

【判示事項】
調査手続の適否，推計課税の必要性・合理性及び実額反証の成否

【事案の概要と争点】
本件は，飲食業（中華そば店）及び青果小売業を営む原告の昭和61年ないし同63年分の所得税について，被告がした更正処分及び過少申告加算税の賦課決定処分の適否が争われた事案である。

主たる争点は，税務調査手続の適否，推計課税の必要性，反面調査によって把握した飲食業及び青果小売業ごとの仕入金額を基にいわゆる倍半基準により抽出した比準同業者の平均所得率を用いてした推計の合理性及び実額反証の成否にあった。

【判　旨】
本判決は，次のとおり判示して，原告の請求を棄却した。
1. 調査手続の違法性について
(1) 調査の必要性の欠如

所得税法234条の調査については，後述のように，その必要性，第三者の立会い等に関し，税務職員の相当程度の裁量が認められていること，被告は原告の差益率が低いことを理由に調査を開始したものであることからすれば，右認定の事実から直ちに，被告が民主商工会弾圧の目的で，ことさら原告に対する調査を行ったとまで推認することはできず，他に本件調査がもっぱらこのような意図で行われたことを認めるに足りる証拠はない。そして，所得税法234条1項の「調査について必要があると

き」とは，確定申告後に行われる所得税に関する調査については，過少申告等の疑いがある場合のみならず，当初からそのような疑いが明らかではないが，申告の真実性，正確性を確認する必要がある場合も含まれると解すべきところ，被告は，原告の差益率が低いことから，所得の確認のため調査を開始したことが認められる。

　以上によれば，本件調査が直ちにその必要性を欠くものであったということはできない。

(2) 事前通知の欠如

　最初に本件調査を担当したA係官は昭和63年11月29日，平成元年2月13日及び同年5月16日に，事前の通知をせずに原告の中華そば店ないし青果店に臨場したが，税務調査に際し，納税者に事前通知をすべきことを定めた規定はなく，所得税法234条の質問検査をどのような方法で行うかは，権限ある税務職員の合理的な裁量に委ねられているというべきであるから，右措置が直ちに違法であるとはいえない。

(3) 調査理由の不告知

　原告は，被告係官らが本件調査の際，具体的な調査理由を告げなかったことが違法であるとする。しかしながら，そもそも，所得税法234条は，質問検査検査権の行使に際し調査の具体的理由を開示すべきことを要件としておらず，他にこれを要求する規定はないから，調査理由を開示するかどうか及びその程度は，権限ある税務職員の合理的な裁量に委ねられているというべきである。また，A係官は，平成元年12月26日の電話でのやりとの際，原告に対し，所得の確認ということのほかに，利益が少ないことも調査理由の一つである旨を告げているから，ある程度具体的な調査理由を告知したものというべきである。

　以上のことから，被告係官らの措置が違法とはいえない。

(4) 第三者の立会い拒否

　昭和63年12月22日及び平成元年9月13日の調査の際，被告係官らが調査に関係のない立会人の退席を求めたところ，原告はこれに応じなかったのであるが，第三者の立会いについては，税理士への調査の通知に関

する税理士法34条以外に格別の規定がないこと，税務調査の内容が納税者のみならず，取引の相手方の営業上の秘密に及ぶこともあり，守秘義務のない第三者の立会いを認めると，公務員として秘密の保持を図り得なくなるおそれがあることからすれば，税理士以外の第三者の立会いを認めるか否かは，権限ある税務職員の合理的な裁量に委ねられるというべきである。そして，本件調査の際，相当数の立会人が同席している状況において，国家公務員法100条による守秘義務を負う被告係官らが，原告の取引先等の秘密に配慮し，立会人の退席を求めたことが，右裁量を逸脱したものであるとまではいえない。

したがって，被告係官らの前記措置が直ちに違法であるとはいえない。

(5) 以上によれば，本件調査手続が違法であるとの原告の主張は，いずれも理由がない。

2. 推計の必要性について

所得税の課税は，もとより真実の所得金額（実額）を課税標準とするのが原則であり，所得税の更正も，原則として実額調査によるべきである。しかし，納税者が調査に応じないなど，実額調査ができない場合にこれを理由に課税をしないことは，租税負担公平の原則に反するから，このような場合には，実額調査による課税に替えて推計による課税が認められる。

原告は，A係官の臨場調査に際しては，納得のいく調査理由を告げ，立会人の同席を認めなければ，帳簿書類の提示に応じられないとして，これに協力せず，同係官が，調査理由をある程度具体的に説明して協力を求めた後も，調査に非協力的な対応に終始していたものである。また，B係官が担当者となってからも，A係官の従前の対応を非難したり，調査の際には必ず立会人を呼ぶと明言するなど，依然として，調査に非協力的な態度をとり続けていたものであり，このような経過が1年余にわたっていることからすれば，被告が原告の所得を実額で把握することは困難であったといわざるを得ない。

原告は，調査に積極的に応ずる意向であったが，被告係官らが立会人

の存在にこだわり，調査を進めようとしなかったとするが，前記経過からすれば，原告が調査に積極的に応ずる意向を有していたとは認め難く，被告係官らが立会人の存在のみを理由に調査を進めなかったとはいえない。

以上のことから，被告が本件係争各年分の原告の所得を推計により算出する必要性があったというべきである。

3. 推計の合理性について

被告の採用した推計方法は，し意の介在する余地の少ないものであり，また，被告が比準同業者の抽出基準とした中華そば業とは，主として中華そばその他の中華風麺類及び簡易な中華料理を調理，提供するものであることが認められるから，中華そば業の売上金額は，一般的に麺の仕入金額と相関関係を有するものといえる。したがって，被告が，本件係争各年分の原告の麺の仕入金額を前記基準を満たし原告と事業規模の類似する比準同業者の平均仕入率で除する方法で，原告の総収入金額を算出したことには合理性があるものと認められる。

青果小売業についても，原告の青果の仕入金額を同様に原告と事業規模の類似する比準同業者の平均売上原価率で除する方法により総収入金額を算出したことには合理性が認められる。

また，比準同業者の抽出方法，抽出した比準同業者の特前所得率の算定方法も相当といえる。

4. 実額反証について

所得税の課税は本来実額に対してされるべきものであるから，推計の必要性，合理性が認められる場合であっても，原告が実額に基づく反証をし，真実の所得を明らかにした場合，右所得を課税標準額とすべきである。もっとも，その場合，原告主張の売上金額がそのすべてであること，原告主張の経費を実際に支出したこと及び右経費が収入金額と対応するものであることが合理的な疑いを容れない程度に立証されなければならないところ，その立証がされたといえないことは明らかであり，その余の点について判断するまでもなく，原告の実額主張は理由がない。

【24】 山口地裁 平成10年5月26日判決

(平成6年(行ウ)第4号・所得税更正処分等取消請求事件)

【当事者】

原告　○○○○

被告　徳山税務署長

【判示事項】

推計課税の必要性・合理性及び実額反証の成否

【事案の概要と争点】

本件は，木造建築工事業を営む原告の平成元年分ないし同3年分の所得税について，被告がした更正処分等の適否が争われた事案である。

主たる争点は，推計課税の必要性，類似同業者率を用いた推計の合理性及び実額反証の成否等にあった。

【判　旨】

本判決は，次のとおり判示して，原告の請求を棄却した。

1. 推計課税の必要性について

被告は，本件税務調査当時，納税者たる原告の帳簿書類やその原始資料の不提出により，収入，支出の状況を直接裏付ける資料が入手できないため，実額によって原告の本件各係争年分に係る各所得金額を明らかにできない状況にあったと認められるから，本件においては，本件各推計の必要性が存したものということができる。

2. 推計課税の合理性

(1) 類似同業者抽出基準の合理性について

ア　被告が用いた①ないし⑦の本件各抽出基準のうち，①本件各係争年分を通じて，各所得税の確定申告につき，所得税法143条の承認を受けて青色申告書を提出している者，あるいは，⑦本件各係争年分の各所得税について，更正又は決定の各処分を受けた者にあっては，国税通則法又は行政事件訴訟法の規定による不服申立期間若しくは出訴期間を経過している者又はこれらの訴訟が係属していない者という各基準は，いずれも本件各推計における資料の正確性を担保するための基準であり，合理

的である。

イ　本件各抽出基準のうち，②本件各係争年分を通じて，木造建築工事業を継続して営み，その中途において，開廃業，休業又は業態を変更していない者及び③主として，建築主から，新築，増改築の工事を直接請け負っている者という各基準については，原告は，個人の建築主から直接に一般住宅の木造建築を請け負うのが主体で，一般住宅の仕事がないときには，手間仕事を行うこともある者であるから，右各基準も合理的である。

ウ　本件各抽出基準のうち，④自動カンナ盤等の木材加工用機械を使用している者という基準も，原告において，自動カンナ盤等の木材加工用機械を所有しているものであるから，基準として合理的というを妨げないと解される。

エ　本件各抽出基準のうち，⑤事業に係る収入金額が，被告が把握している原告の本件各係争年分の各収入金額の約2分の1以上かつ2倍以下（以下「倍半基準」という。）を満たしている者という基準は，類似の同業者を抽出する基準として，本件の場合を含め一般に合理的と認められる。

オ　本件各抽出基準のうち，⑥従業員数（事業主を含む。）が，本件各係争年分とも2名ないし6名で，そのうちに現場作業補助者として従事している青色申告事業専従者1名が含まれている者という基準については，まず，2名ないし6名という部分につき，原告の従業員数が原告を含め3名であると認められることを前提にした倍半基準によるところ，この従業員数に係る部分も合理的と言える。右基準のうち，現場作業補助者として従事している青色申告事業専従者1名が含まれている者という部分につき，原告は，合理的根拠がない旨主張する。しかし，認定したところによれば，原告の長男は事業専従者ではあるが，見習い程度の仕事しかできないのであるから，その状況に合致した基準と解される。すなわち，白色申告者では，事業専従者の給与等を必要経費に算入することができない（所得税法56条）ので，事業専従者が含まれているか否かに

よって，収入に対する必要経費の割合に大きく影響するものと考えられるし，その事業専従者が，見習い程度か否かということも，仮に，それが熟練工であった場合には，その給与等も見習い程度の者に比べて当然に多額となると考えられるから，これが必要経費に算入されないとすれば，当該多額の給与が所得の中に入ってしまい，必然的に所得率を上昇させてしまう結果，その所得率に大きく影響を与えてくるのである。かくして，原告の事業形態に合わせるために右基準を設けたことは合理的というべきである。
(2) 類似同業者の抽出過程について
ア　この点については，H国税局長から前記(1)に掲記した条件を設定して，原告の納税地を管轄する被告税務署長並びに近接した各税務署長あてに通達を発し，これに対する右各税務署長からの報告により抽出されたすべての者を類似同業者として採用したものであるところ，右通達を見ても，原告を特定するような記載はないし，その報告も機械的になされていることが認められるので，右抽出過程にし意は介在しておらず，したがって，その合理性も認められるところである。
イ　これに対して，原告は，類似同業者の抽出過程において，し意が介在しているのではないかとの趣旨の主張をするので，以下検討する。

　　まず，証人Oの証言及び弁論の全趣旨によれば，Oが行った類似同業者抽出過程において，施主から直接請け負う形態という条件によって，この条件に当てはまる業者が激減したことについては，一般に，事業規模の大きい事業者の方が，施主から直接請け負う形態で事業を行っている場合が多い反面，零細な事業者ほど，建築業者の下請けを主に行っている場合が多いと考えられるところ，認定したごとく，原告の事業規模は，常用1名，見習い程度の事業専従者1名程度で，その収入も，被告が把握したところでは，年間2300万円から3600万円程度の比較的零細なものであるところ，類似同業者についても，かかる比較的零細規模の事業者が抽出されていることが認められる。したがって，右類似同業者中に，施主から直接請け負う形態で事業を行っている事業者の数が極端に

少ないからといって，そのことのみで，これが著しく経験則に反するとまでいうことはできない。また，現場作業補助者として従事している青色申告事業専従者1名が含まれている者という基準を加えても加えなくても，同じ業者が抽出されているという点についても，全くあり得ない事態ではない。かくして，原告の指摘するところをもって，右通達あるいは報告にし意が介在したと疑わせるに足る事情とはなり得ないというべきである。

(3) また，類似同業者数については，それが4名であっても，類似同業者のそれぞれの所得率は，21パーセント台から30パーセント台までの間であり，とりわけ，それがおおむね26パーセント台から28パーセント台に集中していることに照らすと，それぞれの類似同業者の個性を平均化するのに妨げはないというべきである。

(4) なお，別紙3（略）の各類似同業者の所得率表記載の各経費は，証拠によれば，必要経費のうち，青色申告者に限り認められている必要経費を除き，現場作業補助者として従事している青色事業専従者が2名以上の場合には，1人当たりの平均専従者給与額を算出し，当該金額に青色事業専従者の数から1を控除した数を乗じた金額を経費に加算することとし，減価償却費の計算については，定率法により計算し又は租税特別措置法の規定による割増償却及び特別償却を選択している場合には，その減価償却費の額は定額法により計算し又は割増償却及び特別償却を適用しないで計算したところの金額を用いて計算されていることが認められるところ，これは，原告が白色申告者で，減価償却の計算についても，定率法，割増償却及び特別償却の適用を受けない者であることを考慮して，類似同業者の経費の内容を原告のそれに合わせたものであり，合理性が認められる。

(5) 以上によれば，本件各推計の合理性は，これを肯定し得ると解される。

3. 実額反証の成否について

(1) 所得税は，所得実額に課税されるのが原則であるから，原告が，その実額を証明した場合には，もはや推計による課税は許されないものとい

うべきである。ところで，所得税法27条2項は，「事業所得の金額は，その年中の事業所得に係る総収入金額から必要経費を控除した金額とする。」と規定することに鑑みれば，納税者において，所得の実額を主張し，推計課税の方法により認定された所得額が右実額と異なるとしてその違法性を立証するためには，その主張する実額が真実の所得額に合致すること，すなわち，その主張する収入金額がすべての取引についての収入金額（総収入金額）であること及び必要経費が実際に支出され，かつ，当該事業年度と関連性を有することを立証しなければならないものと解される。

(2) そこで，本件において，右の見地から，まず，原告の総収入金額についての立証がなされているか否かを検討する。

ア　この点につき，原告は，被告が反面調査によって把握した限りの収入金額を争わないので，これにより，原告の総収入金額はすべて捕捉されていると主張するが，反面調査にはおのずと限界があることからすれば，右調査によって把握される収入実額が原告の収入金額のすべてであるとは限らないものである。現に，証拠及び証人Oの証言によれば，本件における反面調査は，Oにおいて，当初，原告の主な仕入先であるS木材等に出向き，工事現場名を把握し，把握できた現場から収入先を把握して収入金額を把握するという方法でなされたことが認められるところ，証拠によれば，S木材の売上明細書の中には工事場所名が記載されていないものもあり，捕捉漏れが推認されるのであって，このような事情をみると，これらの反面調査によって，原告の収入金額のすべてを把握したとするには疑問が残るところであるから，原告において，反面調査により把握された収入金額が実際の収入金額のすべてであると主張しても，これによって，原告の収入金額につき，実額を立証したものとはいえないものである。

イ　次に，原告のその他の立証についてみるに，原告は，本件各係争年分に係る帳簿書類を備え付けておらず，結局，その収入金額の証明は，原告の記憶と，関係する領収書の控えによることになるので，それらの信

用性について検討する。まず，原告は，その本人尋問の結果中において，「そう件数も多くないし，売上げは，自分が仕事をした所は大体覚えているから，金額も分かる。」旨供述しているが，他方，平成元年度の収入に係るAからの収入や，平成3年度の収入に係る有限会社Bからの収入については，当初，その収入を否認していたことにつき，原告の記憶違いであった旨をも供述しているのであるから，これらによると，原告の記憶は甚だ不正確としかいいようがなく，これによって，原告の収入金額が実額で立証される程の信用性はない。また，領収書の控えについては，原告は，その本人尋問の結果中で，「領収書はきちんと発行する。」旨を供述している。しかし，証拠及び原告本人尋問の結果によれば，本件で証拠として提出された右各領収書の控えが，本件各係争年分に係るもののすべてであるかどうか，きわめて疑問といわなければならない。結局，当該各領収書の控えも，原告の収入金額の実額を証明するには足りないものというべきである。

(3) 以上により，原告の実額反証に関する主張は，その収入金額が実額によって立証されていないことから，既に失当といわざるを得ない。

【25】 東京高裁 平成10年6月11日判決
(平成10年(行コ)第92号・課税処分取消請求控訴事件)

【当事者】

控訴人(原告)　　〇〇〇〇

被控訴人(被告)　　佐久税務署長ほか1名

【判示事項】

所得税に係る税務調査等の適法性，推計の必要性・合理性，農業所得の帰属認定及び実額反証の是非

【事案の概要と争点】

本件は，農業を営む控訴人の昭和60年及び昭和62年分の所得税について被控訴人税務署長がした更正処分等の適否が争われた事案である。

主たる争点は，税務調査等の適法性，推計の必要性・合理性，所得の帰

属認定及び実額反証の是非にあった。
【判　旨】
　本判決は、次のとおり付加して、控訴人の請求を棄却した原審（長野地裁平成8年6月14日判決・年報8号131ページ）の判断を維持して控訴を棄却した。
1. 本件農業所得の帰属について
㈠　記録によれば、控訴人は、第1審において、被控訴人税務署長の「原告は、農業を営む、所得税の申告について青色申告の承認を受けていないいわゆる白色申告者である」との主張事実を「認める」と答弁しているほか、控訴人の農業所得の正しい金額は、昭和60年分が84万5462円であり、昭和62年分が174万6633円であるとも主張し、さらに当審に至ってからも、控訴人の昭和60年分の所得実額とJ農協との取引による収入金額、支出した必要経費を主張しているのであって、控訴人の右認否、主張など訴訟の経過に照らせば、控訴人が本件係争年分の農業所得を生ずる事業の事業主であることについては控訴人の自白が成立していることが明らかである。
㈡　控訴人は、右自白は真実に反し錯誤に出たものであるから、撤回する旨主張するので検討するに、①控訴人は夫Aと夫婦で農業を営んでいたところ、Aは昭和60年8月19日に畑で落雷に遭い翌20日死亡したこと、②控訴人は、Aが昭和60年は痛風のため歩行困難となり農業には全く携われない身体的状況であり、右落雷事故にあったときはその時期1週間ほど無理をして畑に出向いていたものであった旨主張していたこと、③昭和59年分まではAが農業所得について確定申告をしていたが、昭和60年分からは控訴人が確定申告するようになり、引き続き昭和61年分、昭和62年分についても、控訴人が農業所得を生ずる事業の事業主として確定申告をしていたこと、④控訴人は、昭和60年分と昭和62年分の控訴人の農業所得の推計等に違法があるとして本件各更正を争っているものであるが、審査請求段階はもとより、本件訴えの提起当初から控訴審の第8回口頭弁論期日まで一貫して控訴人が事業主であることを前提に主張

を展開していたこと，⑤殊に当審に至ってからは，前記のとおり，昭和60年分の控訴人の農業所得について，J農協との取引による収入が控訴人に帰属することを前提として，農業所得の実額による計算を主張していること，また，⑥当審における事業主に関する主張も，初めは昭和60年8月20日までがAで，翌21日以降は控訴人であると主張したが，その後翌21日以降は控訴人ではなくCが事業主であると主張するなど，その主張に一貫性がないことなどからすれば，本件係争年分の農業所得に係る事業主が控訴人でないと認めることはできず，前記自白が真実に反するということはできないというべきである。

2. 実額反証について

控訴人は，第1審において控訴人の所得実額をいわゆる間接反証又は再抗弁として主張するものではないとしていたが，当審に至ってこれをいわゆる実額反証として主張するとしたものであり，時機に後れた攻撃防禦方法であるとのそしりを免れ得ないといえるが，この点はさておき，その主張の当否について判断する。

ところで，本件推計は，控訴人の野菜栽培面積を基礎として，同業者の面積当たりの平均農業所得を用いて控訴人の農業所得の金額を推計しているものであるから，右推計の結果を覆して，控訴人の農業所得の実額を把握することができるといえるためには，その農業収入と必要経費の双方を実額によって把握することが必要であることはいうまでもない。

そこで，まず，控訴人提出の資料によって控訴人の昭和60年分の売上金額の実額を正確に把握できるかどうかについて検討するに，控訴人は売上金額について記載した帳簿を備え付けておらず，その主張する野菜販売代金は，A名義の総合計画貯金通帳に記載された野菜販売代金の入金額を集計したものであるが，控訴人本人の供述によれば，控訴人は昭和60年中に大根を栽培しこれを反別で（一反当たりの金額を定めて）業者に販売したことが認められるところ，昭和60年におけるJ農協との取引の中には大根の取引の記載はなく，右大根の販売はJ農協を通さないでした取引であることが推認されるのであって，そうするとJ農協から

の入金を記帳した前記貯金通帳だけでは同年中の野菜の売上金額のすべてを把握することができないことは明らかである。そして，他に売上げを正確に記録した帳簿類の提出はないから，結局，控訴人提出の資料をもってしては未だ控訴人の昭和60年中の売上金額のすべてを的確に把握することが困難であり，必要経費の点について検討するまでもなく，控訴人の昭和60年分の農業所得の金額を実額によって計算することはできず，控訴人の実額主張は採用することができないというべきである。

よって，控訴人の請求を棄却した原判決は相当であって，本件控訴は理由がない。

【26】 最 高 裁 平成10年6月16日第三小法廷判決
（平成10年（行ツ）第45号・所得税更正処分等取消請求上告事件）

【当事者】

上　告　人（控　訴　人・原　告）　　○○○○
被上告人（被控訴人・被告）　　市川税務署長

【判示事項】

所得税法56条及び57条の合憲性等

【事案の概要と争点】

本件は，中華料理飲食業を営む上告人の昭和62年分ないし平成元年分（以下「本件各係争年分」という。）の所得税について，被上告人がした推計による更正処分等の適否が争われた事案である。

上告審における主たる争点は，所得税法56条及び57条の合憲性，並びに，上告人が実弟Aに支払った給与を推計によって算出された上告人の本件各係争年分における特前所得金額（青色申告者に認められた特典控除前の所得金額）から控除すべきか否かにあった。

【判　旨】

本判決は，次のように判示して，上告人の請求を棄却した原審（東京高裁平成9年9月30日判決・年報9号165ページ，一審千葉地裁平成8年3月8日判決・年報8号67ページ）の判断を是認し，上告を棄却した。

第 2 章　賦課手続関係　71

　居住者と生計を一にする配偶者その他の親族がその居住者の営む事業に従事したことにより当該事業から対価の支払を受ける場合にその対価に相当する金額の必要経費算入を制限する所得税法56条，57条が憲法13条，14条に違反しないことは，最高裁昭和55年（行ツ）第15号同60年3月27日大法廷判決・民集39巻2号247頁の趣旨に徴して明らかであり，論旨は採用することができない。

　原審の適法に確定した事実関係（Aが上告人と生計を一にしない親族であるとしても，上告人の本件各係争年分の特前所得金額は，給与賃金の支払がある従業員のいることをも考慮した上で推定された平均特前所得率を用いて推計されたものであるという事実関係）の下においては，上告人の本件各係争年分の事業所得の金額が本件各更正処分における事業所得の金額を上回るものであって，本件各更正処分は適法であるとした原審の判断は，正当として是認することができる。

【27】　広島高裁　平成10年9月17日判決
　　　（平成9年（行コ）第3号・課税処分取消請求控訴事件）
　【当事者】
　　控訴人（原告）　　〇〇〇〇
　　被控訴人（被告）　福山税務署長
　【判示事項】
　　税務調査手続の適否，推計課税の必要性・合理性，実額反証の成否
　【事案の概要と争点】
　　本件は，年報9号整理番号【27】の控訴審である。
　【判　旨】
　　本判決は，控訴人の請求を棄却した原審（広島地裁平成9年3月4日判決・年報9号83ページ）と同旨の判示をして，控訴を棄却した。

【28】　福岡地裁　平成10年9月28日判決
　　　（平成7年（行ウ）第13号・所得税更正処分等取消請求事件）

【当事者】
　原告　○○○○
　被告　久留米税務署長
【判示事項】
　税務調査の適法性，推計課税の必要性及び合理性
【事案の概要と争点】
　本件は，植木卸売業を営む原告の平成元年分ないし同3年分の所得税について，被告がした更正処分等の適否が争われた事案である。
　主たる争点は，税務調査の適法性，推計課税の必要性及び同業者比率法を用いた推計の合理性にあった。
【判　旨】
　本判決は，次のとおり判示して，原告の請求を棄却した。
1.　調査手続の違法性について
　　原告は，調査担当事務官は，原告が提示した売上げ及び仕入れに係る取引先の証明書を無視し，売上げのみを調査し，仕入れについては全く調査しておらず，同事務官が原告宅をはじめて訪れた平成4年9月14日以前に被告は原告の金融機関を調査した上，あらかじめ原告が修正申告すべき金額を決めて原告の調査に臨んでいたから，右手続は違法であったと主張する。
　　確かに，右事務官は，金融機関の口座記録から判明した取引先に対し，原告の仕入金額についての調査を行っていないが，原告は仕入れについて口座振込による支払の他に現金による支払を行っていたところ，右事務官の求めにもかかわらず，原告は仕入先及び経費に関する説明をしておらず，平成5年2月22日になって，取引先の一部についての仕入れに関する証明書を提示したにすぎないのであるから，右事務官が口座記録から判明した取引先について，原告の仕入金額についての調査を行わなかったことをもって被告の調査が違法であるということはできない。
2.　推計の必要性について
　　事実経過によれば，原告は，調査担当事務官に対し，所得に関しての

具体的な説明や所得を算定するに足りる帳簿書類の提示もせず，同事務官ないしその上司である統括官に対し，調査に非協力的な態度をとり続けたものといわざるを得ないから，被告主張の推計課税の必要性を認めることができる。

3. 推計の合理性について

　まず，本訴における実体上の審判の対象は課税処分によって確定された税額の適否であり，被告は，原更正処分時に考慮された事由に拘束されることなく新たな事実を主張することができるから，原告主張のように，被告が原告に対し原更正処分前に5回にわたり，それぞれ異なる所得率及び税額による修正申告を求めたことがあったとしても，それだけでは，本件更正処分の推計の合理性が否定されるとは解されず，この点についての原告の主張は採用することができない。

　次に，一定の事業を営む者の事業所得金額を実額によって把握することができない場合に，合理的な基準によって抽出された類似同業者の平均所得率を用いて実額で把握された総収入金額から事業専従者控除額控除前の所得金額を推計することには，合理性があるというべきであり，右推計のための原告の総収入金額及び平均所得率についての判断は，次のとおりである。

(1) 総収入金額について

　別表2（略）記載（Aに関する部分を除く。）の売上げが原告の収入金額に含まれることは当事者間に争いがなく，同表のAに関する部分が原告の売上げであることは，証拠により認められるので，推計のための各年分の原告の総収入金額は，同表合計欄記載のとおりである。

(2) 類似同業者の抽出基準について

㈠　証拠によれば，次の事実が認められる。

ア　第一回目の類似同業者抽出基準について

　被告は，類似同業者を抽出するために，所得税の確定申告書を提出している者のうち，次のすべてに該当する者という基準を設定して，原告の事業所を所轄するK及びその近隣の各税務署長らに対し，平成7年11

月8日付けのF国税局長からの通達を送付して類似同業者の回答を求めたところ，該当する同業者はいないとの報告を受けた。
- (ｱ) 植木販売業を営んでいる者（ただし，a主として一般消費者への販売を行っている者，b造園工事を行っている者，c主として生産販売を行っている者を除く。）
- (ｲ) K税務署管内に事業所を有する者
- (ｳ) 青色申告書を提出している者
- (ｴ) 平成元年1月から平成3年12月までの3年間を通じて前記(ｱ)の事業を継続して営んでいる者
- (ｵ) 各年分の売上金額が，いずれも次の範囲（原告の売上金額の2分の1以上2倍以下）内にある者（倍半基準）
  - a 平成元年分については，4328万円以上1億7315万円以下
  - b 平成2年分については，3058万円以上1億2235万円以下
  - c 平成3年分については，2355万円以上9421万円以下
- (ｶ) 次のa及びbのいずれにも該当しない者
  - a 災害等により経営状態が異常であると認められる者
  - b 不服申立て又は訴訟係属中である者

イ 第二回目の類似同業者抽出基準について

被告は，前記アのとおり，類似同業者を把握することができなかったことから，前記アの(ｵ)を，次のとおり変更して，平成7年11月27日付けのF国税局長からの通達を送付して再度類似同業者の回答を求めたところ，該当する類似同業者が平成元年分については2名，平成2年及び3年分については4名把握された。

- (ｵ) 各年分の売上金額が，次のいずれかの範囲内にある者
  - a 平成元年分については，4328万円以上1億7315万円以下
  - b 平成2年分については，3058万円以上1億2235万円以下
  - c 平成3年分については，2355万円以上9421万円以下

(二) 被告の採用した類似同業者の抽出基準の合理性について

原告は，前記(一)ア(ｱ)の抽出基準について，acの「主として」とい

う基準は，あいまいであるから右抽出基準は合理性を欠くものであり，また，生産者から直接仕入れる仲買業者としての卸売販売と右仲買業者から仕入れて工事業者に販売する卸売販売では，業種・業態が異なるから，被告の設定した抽出基準は合理性を欠くものであったと主張する。

　しかし，原告の売上げに占める小売（一般消費者への販売）あるいは生産販売の割合については，原告は具体的な資料を提示しておらず，また，被告としては，原告がある程度の畝場を有し生産販売も行うものと認識していたこと（証人の証言，弁論の全趣旨）からして，被告が生産販売及び小売の売上げに占める割合を具体的に特定しないで，右ａｃの「主として」という基準を用いたことは不当ということはできないし，証拠（証人の証言）によれば，植木販売業を営んでいる青色申告者から確定申告の際に提出された決算書によって，全売上げ中の卸売と小売の割合あるいは仕入販売と生産販売の割合を判断するのは極めて困難であることが認められるので，右ａｃの「主として」という基準は，合理的であるというべきである。

　そして，植木の卸売販売に関し，個人生産者から直接仕入れる仲買業者としての卸売販売と仲買業者から仕入れて工事業者に販売する卸売販売での所得率が異なることを認めるに足りる的確な証拠はないから，原告の類似同業者を選定するに当たって，被告が右各卸売販売の業態を異なったものとしないで前記㈠ア(ｱ)の基準を用いたことも合理的であるというべきである。

　また，原告は，前記㈠イ(ｵ)の売上金額についての倍半基準の適用においても，卸売のみの売上金額，生産販売のみの売上金額等を別々に分けて倍半基準を適用する抽出基準を用いるべきだったと主張するが，前記㈠ア(ｱ)の抽出基準が合理的であるのと同様の理由により，当該業者の総収入金額をもって倍半基準の適用をする㈠イ(ｵ)の基準も合理的であるというべきである。

　したがって，類似同業者の抽出基準の合理性を争う原告の主張はいずれも採用することができず，前記㈠の抽出基準は，原告と業種が同一で

あり，営業地域及び営業規模が類似し，年間を通じて継続した事業を営む青色申告を選定するものとして合理的である。

(3) 平均所得率の算定について

ア　類似同業者の平均所得率

前記(2)㈠イにより，抽出した類似同業者の各年分の売上金額，調整済所得金額，所得率及びその平均値（小数点以下切り捨て）は，別表１（略）記載のとおりである。

原告は，本件の通達・回答方式による類似同業者の選定は，抽出基準によらず恣意的に行われたものであり，証拠（原告の同業者に対する被告作成の平成５年７月29日付け異議決定書）記載の同業者Ａは，平成元年分の総収入金額が前記(2)㈠イ(オ) ａの抽出基準に該当し，平成元年の類似同業者に選定されるべきであったと主張する。

しかし，右同業者Ａが，(2)㈠イ(オ) ａ以外の前記(2)㈠アないしエ，カの抽出基準のすべてに該当することを認めるに足りる証拠はなく，本件通達・回答において，右同業者Ａが故意にあるいは恣意的に抽出されなかったことを窺わせる証拠はない上，右同業者Ａ（平成元年分の所得率は6.75パーセント）を平成元年の本件類似同業者として選定していたとしても，原告の平成元年の平均所得率は７パーセントと変わらなかったことに照らすと，右同業者Ａに関する事情をもって本件通達・回答による類似同業者の選定の合理性を否定するのは相当でなく，他に本件類似同業者の選定が恣意的に行われたことを認めるに足りる証拠はないので，原告の主張は採用できない。

イ　類似同業者の平均所得率の合理性について

原告は，平成３年分の類似同業者のうちＡは，所得率（18.94パーセント）が他の業者及び他の年度より際だって高く，平成２年分の類似同業者のうちＢは，所得率（15.67パーセント）が他の業者よりも，著しく高いので，営業の形態・内容が異なると考えられ，平均所得率の算定に当たってはＡ，Ｂを除外すべきであると主張する。

しかし，類似同業者Ａの右所得率については，別表３（略）のとおり，

第2章　賦課手続関係　77

　類似同業者Ｂの所得率が平成3年分について13.60パーセント，平成2年分については15.67パーセントであり，類似同業者Ｂの前記所得率については，同表のとおり，Ｂ自身の平成3年分の所得率のほか，Ａ（平成3年分），Ｃ（平成2年分），Ｄ（同上）の所得率が存在し，これらの事実に照らすと，同業者Ａ，Ｂの所得率に平均値による推計を不合理とするほどの偏差があるとはいえず，同業者Ａ，Ｂが原告の業態と著しく異なったものであることを窺わせる証拠もないので，この点に関する原告の主張は採用できないから，別表3記載の平均所得率は，合理的なものというべきである。

ウ　原告の主張する所得率について

　原告は仕入れと売上げが直接対応する部分（樹木）についての仕入金額と売上金額の差益率を計算すると，平成元年は11.3パーセント，平成2年は9.7パーセント，平成3年は11.8パーセントであり，右差益率から一般経費率2.3パーセントを控除した数値を所得率とすべきであると主張し，右主張に基づく申請人事業の粗利益のまとめと閲覧請求と題する文書（証拠）を援用する。

　しかし，右文書及び弁論の全趣旨によれば，右差益率は，平成元年分の売上げ2992万2254円，平成2年分の売上げ2299万0639円，平成3年分の売上げ1421万3938円について，売上げと仕入れが対応したとして，原告が算定したものであることが認められるが，そもそも右売上げは前記(1)の売上げの一部（原告の主張によれば全体の35.2パーセント）にすぎず，売上げと仕入れが対応するとする点を裏付ける請求書及び納品書等の証拠もない。

　また，一般経費率2.3パーセントも，証拠によれば，原告とは事業規模の異なる同業者の平均所得率と原告のそれとを一致させるべく逆算して得られた数値であると認められ，根拠不十分である。

　そうすると，原告の主張する所得率は，合理性において被告主張のそれに優るということもできないので，これを採用することはできない。

(4)　事業所得金額の算定について

前記(1)の各年分の原告の総収入金額に，前記(3)アの類似同業者の平均所得率を乗じて算出した原告の事業専従者控除額控除前の所得金額（小数点以下切り捨て）から事業専従者控除額を差し引いた事業所得の金額は，いずれも本件更正処分における事業所得の金額と同一である。

(5) 収支計算の方法による原告の事業所得について

証拠及び弁論の全趣旨によれば，各年分につき，被告が本訴提起までに把握していた原告の総収入金額と本訴提起後に新たに把握した原告の収入（売上げ）金額の合計金額から，原告が本件審査請求に当たり税理士に作成を依頼した証拠（総勘定元帳）記載の仕入金額及び原告が確定申告に際し計上した必要経費（ただし，植木仕入代を除く。）を控除し，さらに専従者控除額を控除して算出される事業所得金額が，いずれも別表1（略）記載の事業所得金額を上回ることが認められ，右事実によっても，前記認定判断した推計方法の合理性が裏付けられるということができる。

【29】 大阪高裁　平成10年9月30日判決

（平成8年（行コ）第22号・所得税更正処分取消請求控訴事件）

【当事者】

控訴人（原告）　　○○○○

被控訴人（被告）　　奈良税務署長

【判示事項】

税務調査手続の適否，推計課税の必要性・合理性及び実額反証の成否等

【事案の概要と争点】

本件は，書籍販売業を営む控訴人に対して，被控訴人がした控訴人の昭和52年分ないし昭和54年分所得税について，被控訴人がした各更正処分及び各過少申告加算税賦課決定処分の適否が争われた事案である。

主たる争点は，税務調査手続の適否，推計課税の必要性，同業者の平均算出所得率を用いた推計課税の合理性及び実額反証の成否等にあった。

【判　旨】

本判決は，次のとおり付加し，控訴人の請求を棄却した原審（奈良地裁平成8年3月27日判決・年報8号95ページ）の判断を維持して，控訴を棄却した。
1. 控訴人の本人比率による推計を採用すべき旨（控訴人第三主張）の予備的主張について
(1) 被控訴人は，控訴人第三主張は時機に遅れた攻撃防御方法である旨主張する。

　控訴審における攻撃防御方法の提出が時機に遅れたものであるかどうかを判断するに当たっては，原則として，第一審以来の訴訟の経過を一体としてみて全体的に判断すべきであるところ，本件において，控訴人第三主張のような比準年における本人比率を用いてする推計方法の主張は，客観的には，原審第11回口頭弁論期日（昭和59年5月18日）以降可能であったということができ，当審第一回口頭弁論期日（平成8年12月6日）において初めて提出された右主張は，右の時期から約12年を経過した後に初めて提出されたものということができ，これを客観的にみる限り時機に遅れたものといわざるを得ない。

　しかしながら，①控訴人は，原審において昭和54年分の伝票，帳簿等に基づく実額反証を基本的に主張し，その立証に努めてきており，原審において右主張が採用されるものと控訴人が信じたとしても，そのことにつき重過失があるとまでいうことはできないこと，②控訴人は，原判決の結論を見て，当審第一回口頭弁論期日において直ちに右主張を提出していること，③この間の年月の経過については，控訴人に責任を負わせることのできないものがあることなどからすると，右主張が控訴人の重大な過失により時機に遅れて提出されたものとまでいうことはできず，また，本件審理の経過からして，そのために訴訟の完結を遅延させるものということもできない。したがって，控訴人第三主張につき，平成8年法律第109号による改正前の民事訴訟法139条1項（平成8年法律第109号附則11条）による却下を求める被控訴人の主張は，採用することができない。

(2) 次に，被控訴人は，被控訴人が採用した推計方法に実額課税の代替手段としてふさわしい相応の合理性が認められれば，他に相応の合理性がある他の推計方法があったとしても，推計課税は適法というべきであり，被控訴人の採る本件推計方法に社会通念上相応の合理性すらないことを認めるに足る的確な証拠はないから，控訴人が，被控訴人の行った本件推計課税と控訴人の本人比率との優劣を主張することは，その前提において失当であると主張する。

確かに，前記のとおり，被控訴人の予備的主張に係る推計方法には，社会通念上相応の合理性が認められるものといえるから，単に他に合理的な推計方法があるというだけでは，本件推計課税の適法性に影響を及ぼすものということはできない。

2. 結論

以上のとおり，控訴人の本件各請求は理由がなく，原判決は相当であって，本件控訴は棄却を免れない。

【30】 最 高 裁 平成10年12月8日第三小法廷判決

（平成8年（行ツ）第116号・所得税決定及び重加算税賦課決定処分取消請求，相続税更正及び無申告加算税賦課決定処分取消請求上告事件）

【当事者】

上告人（原告・控訴人）　　○○○○ほか6名
被上告人（被告・被控訴人）　姫路税務署長

【判示事項】

推計課税の必要性，財産増減法による推計課税の合理性，借入金債務の存否

【事案の概要と争点】

本件は，年報8号整理番号【14】の上告審である。

【判　旨】

本判決は，上告人の請求を棄却した原審（大阪高裁平成8年1月30日判

決・年報8号53ページ，一審神戸地裁平成6年11月30日判決・年報6号138ページ）の判断を是認し，上告を棄却した。

【31】 名古屋高裁金沢支部　平成10年12月9日判決
（平成9年（行コ）第5号・所得税更正処分等取消請求控訴事件）

【当事者】

　　控訴人（原告）　　○○○○

　　被控訴人（被告）　三国税務署長

【判示事項】

　　推計課税の必要性・合理性

【事案の概要と争点】

　本件は，衣料品販売業を営む控訴人の昭和54年分ないし同56年分の所得税について，被控訴人がした更正処分等の適否が争われた事案である。

　主たる争点は，推計課税の必要性並びに類似同業者の平均売上原価率及び平均必要経費率を用いた推計課税の合理性にあった。

【判　旨】

　本判決は，次のとおり付加して，控訴人の請求を棄却した原審（福井地裁平成9年5月21日判決・年報9号136ページ）の判断を維持し，控訴を棄却した。

1. 類似同業者の平均売上原価率について

　　控訴人が，本件類似同業者の平均売上原価率は低率すぎて，控訴人に類似する同業者とはいえないとする事情についてみると，経済白書によって認められるその後の在庫量の増加も，これは本件類似同業者にとっても共通の事態である上，右在庫量の増加が売上原価率の上昇に一般的に結びつくとまで認めることはできず，しかも控訴人が本件各年度に在庫量を減らすために大量の在庫品を特別に値引きして販売したこと（このような場合には期末棚卸額が特別に減少し，売上原価率が上昇すると考えられる。）を認めるに足りる証拠もない。また，控訴人の店舗周辺の大型小売店の開店により控訴人の売上原価率が上昇したことを具体的

に裏付ける証拠はなく，右大型小売店の開店も控訴人に本件推計を及ぼすのが不相当となるような特殊な事情にあたるとは認められない。また，控訴人が類似同業者として独自に調査したＡ会社は，昭和55年及び56年当時，洋品・衣料に関するメンズ部のほか呉服部，毛皮宝石部を有していたこと，メンズ部だけでも3店舗を有し，その期中仕入額は控訴人の当時の期中仕入額の約6倍ないし8倍であったことが認められ，その事業規模や店舗数からみても控訴人の類似同業者であったとはいい難く，右Ａ会社の当時の差益率等の数値が本件類似同業者の抽出方法や本件推計の合理性に影響を及ぼすものとは認められない。

2. 本人比率による推計について

　　控訴人は，本件推計課税に一応の合理性が認められるとしても，ほぼ遺漏なく立証された控訴人の売上実額を前提とする本人比率（売上原価率75パーセント，差益率25パーセント）による方が合理的であり，本件推計課税は違法である旨主張するが，本人比率による推計は，客観的な妥当性の担保に欠けるので，納税者の特殊事情が著しくて他の比率による推計が適当でないと認められる場合に用いるのが相当であるというべきところ，本件においては既述のとおり，被控訴人の行った同業者比率による推計方法には合理性があると認められ，逆に控訴人には推計に適さない特殊事情が認められないのであるから，控訴人主張の売上原価率についての本人比率を用いて推計するのは相当でない。

【32】　熊本地裁　平成10年12月17日判決
　　（平成8年（行ウ）第1号・所得税更正処分等取消請求事件）
【当事者】
　　原告　○○○○
　　被告　熊本東税務署長
【判示事項】
　　推計課税の必要性・合理性，実額反証の成否
【事案の概要と争点】

本件は，ビジネスホテル及び不動産仲介業を営む原告の昭和63年分ないし平成3年分の所得税及び平成元年課税期間ないし同3年課税期間の消費税について，被告がした更正処分等の適否が争われた事案である。

主たる争点は，推計課税の必要性，シーツの使用枚数から宿泊者数を計算して算出した宿泊料収入等の推計の合理性及び実額反証の成否にあった。

【判　旨】

本判決は，次のとおり判示して，原告の請求を棄却した。

1. 本件推計の必要性について

　　本件調査の時点で，原告には本件各係争年分の収支を明らかにする帳簿書類が存在せず，被告において帳簿書類に基づき所得の実額を計算することができなかったことは明らかであるから，原告の本件ホテルにかかる本件各係争年分の事業所得の金額については，被告が本件各更正を行うに際して推計の必要性があったというべきである。

2. 本件推計の合理性について

(1) 本件各係争年分の本件ホテルの宿泊料収入の推計について

　　弁論の全趣旨によれば，被告は，本件各係争年分の本件ホテルにかかる収入の推計を行うにあたって，まず，①平成3年10月1日から同年12月31日までの収入日報の記載をもとに，右期間中の本件ホテルの規定料金による宿泊者一人当たりの宿泊料金及び実収入金額による宿泊者一人当たりの宿泊料金をそれぞれ算出し，これらの金額に基づいて規定料金に対する実額収入の割合，すなわち宿泊料金の値引率（以下「調整率」という。）を算出したうえ，②昭和63年1月から平成元年3月までの本件ホテルの規定料金及び平成元年4月から平成3年4月までの規定料金に基づいて計算した場合の一人当たりの宿泊料金に，それぞれ調整率を乗じて調整後の一人当たりの宿泊料金を算出し，③原告が本件ホテルにおいて使用していたシーツの枚数の2分の1を宿泊者数として，④本件各係争年分の宿泊料収入を算出したことが認められる。

　　そこで，被告の採用した右の推計方法の合理性について検討する。

　　まず，被告は，平成3年10月1日から同年12月31日までの3か月間の

収入日報の記載をもとに、調整率及び本件各係争年分の一人当たりの宿泊料金を算出しているが、被告が原告に対する本件調査を開始したのが同年10月8日であったことからすれば、少なくとも、同日以降の収入日報の記載は実績に基づいて正確に記載されたものと推認することができるところ、右期間中の宿泊者数は収入日報の記載によれば2753人である。これに対して、右期間中の本件ホテルにおけるシーツのリース枚数は、同年10月が1990枚、同年11月が2240枚、同年12月が790枚で合計5020枚であり、右リース枚数の合計が右期間中に本件ホテルで使用されたシーツの枚数であると推認することができるところ、シーツはホテルの宿泊者が毎日必ず使用するものであると認められ、本件ホテルでは宿泊者一人でシーツ2枚(上下各1枚)を使用するというのであるから、(弁論の全趣旨)、宿泊者数はシーツの使用枚数の2分の1である2510人であると推計することができ、本件ホテルの宿泊者数についての推計の方法には十分な合理性があるということができる。

そして、本件ホテルの一人当たりの宿泊料金についても、平成3年10月1日から同年12月31日までの3か月間の実績をもとに算定したものであり、本件調査の段階で、原告の本件各係争年分の本件ホテルにかかる収入金額を把握するための的確な資料として被告が入手し得たものは、右期間中の収入日報のみであったことを考慮すれば、右算定方法はそれなりの合理性を有しているといえる。

(2) 本件各係争年分の本件ホテルにおける電話使用料収入の推計について

前記(1)で認定した方法により推計した本件各係争年分の宿泊者数に、平成3年10月1日から同年12月31日までの収入日報の「電話料」欄に記載された金額の合計に基づいて算出した一人当たりの電話使用料を乗じて、本件各係争年分の電話使用料収入を推計することには合理性がある。

3. 原告の実額の主張について

(1) 本件推計は、原告の本件各係争年分の本件ホテルの宿泊料収入及び電話使用料収入を推計するものであり、右推計の結果を覆して原告の事業所得のうち、本件ホテルにかかる所得の実額を把握するためには、本件

各係争年分の本件ホテルの売上金額を実額によって把握することが必要となる。

(2) 原告は，本件各係争年分の売上金額を裏付ける資料として，本件係争年分のうち，昭和63年分，平成元年分及び平成3年分の収入日報を提出した（なお平成2年分については所在不明のため提出されていない）。

(3) しかしながら，本件調査の際に，調査官らが原告から被告に提出された平成3年10月1日から同月8日までの収入日報及び同月1日から同月7日までの予約表とを照合したうえ，更に調査を行った結果によれば，実際に本件ホテルに宿泊していたのに収入日報に計上されていないものは，同月1日が1名，同月2日が2名，同月3日が3名，同月4日が2名，同月5日が2名の合計10名にのぼり，これらの者については本件ホテルの宿泊料収入が正当に売上げに計上されておらず，右期間中の収入日報の記載には，本件ホテルの宿泊料収入の計上漏れが無視できないほどの頻度で存在することが認められるうえ，本件ホテルの電話使用料についても，宿泊料収入について売上除外が認められる以上，宿泊料収入の算出にあたって売上除外した宿泊者にかかる電話使用料も本件ホテルの収入として計上されていないことが十分考えられるのであるから，原告が提出した昭和63年分，平成元年分及び平成3年分（ただし本件調査以前のもの）の各収入日報の記載の正確性には疑問があり，右収入日報の記載から，右各年分の本件ホテルの売上の実額を的確に把握することはできないといわざるを得ない。

また，原告は，本件ホテルの平成2年分の売上金額を裏付ける資料として，同年分の収入日報は存在しないとしたうえで，同年1月4日から同年12月31日までの入金伝票，定期性総合口座通帳計5冊，振替伝票32通を提出するが，証人Aによれば，本件ホテルの売上金は，本件ホテルの従業員が収入日報の「現金在高」欄に記載された金額を本件ホテルのフロントに備え置かれている普通預金入金票に記載し，Aが3日に1回くらいの割合で金融機関に持参して入金するという方法を取っていたというのであるところ，先に認定したとおり，収入日報の記載自体の正確

性に疑問があることからすれば，平成2年分の本件ホテルの売上について原告が提出する資料によっては，本件ホテルの同年分の売上の全てを把握することはできないといわざるを得ない。

【33】 東京高裁 平成10年12月25日判決

（平成10年（行コ）第67号・所得税更正処分等取消請求控訴事件）

【当事者】

控訴人（原告）　○○○○

被控訴人（被告）　宇都宮税務署長

【判示事項】

税務調査手続の適否，推計の必要性・合理性，実額反証の成否

【事案の概要と争点】

本件は，建材運送業及び印章小売業を営む原告の昭和59年分ないし同61年分所得税について，被告がした更正処分及び過少申告加算税の賦課決定処分の適否が争われた事案である。

主たる争点は，税務調査手続の適法性，推計の必要性・合理性及び実額反証の成否にあった。

【判　旨】

本判決は，控訴人の請求を棄却した原審（宇都宮地裁平成10年3月19日判決・本書　49ページ）と同旨の判示をして，控訴を棄却した。

【34】 和歌山地裁 平成10年12月25日判決

（昭和63年（行ウ）第3号・課税処分取消請求事件）

【当事者】

原告　○○○○

被告　湯浅税務署長

【判示事項】

過少申告加算税の賦課決定処分の取消しを求める訴えの適法性，推計課税の必要性と税務調査手続の適否，推計課税の合理性，特別経費の額

【事案の概要と争点】

本件は、農業を営む原告の昭和59年分の所得税について、被告がした更正処分等の適否が争われた事案である。

主たる争点は不服申立前置を欠く過少申告加算税の賦課決定処分の取消しを求める訴えの適法性、推計課税の必要性と税務調査手続の適否、推計課税の合理性、特別経費の額にあった。

【判　旨】

本判決は、次のように判示して、原告の請求を棄却した。

1. 本件賦課決定処分の取消しを求める訴の適法性について
(1) 証拠によれば、原告が被告に対し、明示的に異議申立てしているのは、本件更正処分の取消しだけであり、本件賦課処分に対しては明示的にその取消しを求めていないことが認められる。
(2) ところで、国税通則法115条1項本文は、異議申立てできる処分については異議申立てに対する決定を、審査請求できる処分については、審査請求に対する裁決を経なければ取消訴訟を提起できない旨定めている。
(3) しかし、加算税は、納付すべき本税の全部もしくは一部に対し、一定の割合を乗じて賦課徴収されるものであり、前提となるべき本税の処分が取消された場合には、自動的に課税根拠を失い、納税義務が消滅する運命にある。
(4) 両者の間に、このような関係が認められる以上、原告が基本となるべき本件更正処分に不服申立てを行った意思の中には、加算税の賦課処分（本件賦課処分）に対する黙示の不服申立も含まれていると考えられる。
(5) したがって、本件賦課処分に関する取消訴訟が不服申立て前置の要件を欠いて、許されない旨の被告の主張には理由がない。
2. 推計課税の必要性、本件税務調査の違法性について
(1) 認定事実によれば、被告職員が税務調査の際、再三にわたり調査に協力するよう説得したが、納税義務者である原告側の協力が得られず、所得実額の把握に必要な帳簿書類等の資料が入手できなかったため、被告は実額による所得の把握を諦め、推計によったものと認められる。した

(2) なお，原告は，本件税務調査はその目的，手続共に違法である旨主張するので，検討する。

(一) 税務調査の権限は，申告納税制度の下では，ともすれば過少申告等の不正行為が行われがちであるが，このような事態を放置した場合，租税負担の公平が損なわれ，国家財政を危うくすることにもなりかねないため，納税者が行った申告内容に虚偽がないかを検討し，真実の所得額を把握するため認められたものだと解される。

（原告らは，申告により税額が確定する（国税通則法16条1項1号前段）から，税務調査を行うためには，納税者への説明・承諾が必要だと主張する。しかし，右国税通則法のいう税額の確定とは，更正がないことを前提とした一応の確定にしか過ぎない。ましてや，白色申告者の場合，後述のとおり，申告税額についての客観的保証がないのだから，税務調査をなすため，納税者に対する説明・承諾が必要だという考えは採用できない。）

(二) しかし，税務調査は，納税者その他の私的権利を侵害しかねないから，右調査権限を行使できるのは，所得調査の「客観的必要性」が認められる場合に限られ，その具体的手段・方法等については，右必要性と納税者の私的利益とを比較衡量したうえ，相当な範囲で行われることが必要である。

(三) 原告は，いわゆる白色申告者であるが，白色申告者には青色申告者のような帳簿備え付け義務等はないので，申告金額が正しいという客観的保証は存しない。したがって，申告内容に疑義等が生じた場合，申告内容の正確性等を調査する「客観的必要性」が認められる。

(四) ところで，原告が行った昭和59年度分の所得税の確定申告の内容は，証拠のとおり，農業関係の収入が1096万余円であるのに，所得は約25万円に止まるというもので，後記推計に用いられた同業者の収入と所得の関係に照しても，所得が異常に低額だといえる。したがって，税務署において，申告の適否並びに申告金額の正確性を確認するため調査を行う

のは当然である。そうすると，本件においては，税務調査の「客観的必要性」が認められる。

㈤　原告の指摘する事前通知と理由開示等の問題は，法律上，これらが税務調査の要件とはなっていない。したがって，税務調査の必要性と右事前通知等を行わないことによって侵害される利益を比較衡量して，その要否が決められるべきである。

㈥　税務調査の理由が，申告の適否並びに申告金額の正確性の確認にあることは，特に理由開示を待つまでもなく明らかである。前記のように，白色申告者には，申告金額の正しさについての客観的な裏付けがないから，これを超えて具体的理由の開示を要求することは，不当であるし，仮に，これを要求すれば，隠蔽工作等の弊害も考えられるため適当ではない。

　また，事前通知の点も，当初こそ，抜打ちで調査を行っているものの，その後は，事前を知ったＡの立会いを求める等しており，これによって，特に，原告らの利益が侵害されたなどとは考え難い。

　さらに，第三者の立会いについても，税務調査を円滑に進めるため，担当職員が具体的状況に応じて，臨機応変に対応すべきである。ところで，本件で原告らが立会いを求めた第三者は，税理士あるいは経理担当者等の原告の所得を把握するうえで必要な知識を持つ者ではないので，立会いを許す必要があったとは考えられない。

　反面調査の問題についても，白色申告者の申告内容には，前述のとおり，客観的保証がないので，申告の正確性を確認するため，反面調査を行う必要性が認められ，これを制限していたのでは税務調査の目的は達せられないのであり，被告が行った反面調査につき違法な点は存しない。

㈦　なお，弁論の全趣旨によれば，その当時，原告らＣ民商関係者に対する税務調査が集中的に行われた事実が認められる。しかし，少なくとも原告については先に述べたとおり税務調査の客観的必要性が認められることと照らし併せれば，右の集中的な税務調査の事実から直ちに本件税務調査はＣ民商関係者への政治的弾圧を意図してなされたと推認するの

は難しいし，他にこれを認めるに足る証拠はない。
3. 推計過程の合理性について
(1) 収入金額について

　証拠及び証人B及び同Aの証言によると，原告が，別紙3（省略）記載の各販売先から，原告あるいはA名義の預金口座などに同表記載の各金額を昭和59年度中の収穫にかかる蜜柑等の販売代金として入金を受けていた事実が認められる。

　これによれば，原告が，昭和59年度中に収穫にかかる農業収入として，少なくとも同表合計欄記載の収入を得ていたことが明らかである。

(2) 平均算出所得率について

　証拠及び証人Dの証言によると，平均算出所得率は，次の方法で算出されたことが認められる。

㈠　O国税局長は，原告の事業所得を推計する上で必要となる同業者を抽出するため，昭和63年12月8日付けで，被告に対し，所得税の確定申告書を提出している農業を営む個人（主として蜜柑を生産する者に限る。）のうち，次の6項目のすべてを満たす者の「収入金額」，「一般経費」（必要経費のうち，特別経費である建物減価償却費・利子割引料・地代家賃・貸倒金・税理士報酬・固定資産等の除去損を除いたもの。），そして，「収入金額」から「一般経費」を控除して算出した「算出所得金額」を調査して，報告するよう求めた。

① 青色申告者であること。
② 個人又は出荷組合を通じて出荷している者であること。
③ 蜜柑（雑柑を含む。）販売による収入金額が原告のほぼ0.5倍から1.5倍までの570万円以上1740万円であること。ただし，右収入金額は市場手数料を控除した金額とする。
④ 年間を通して事業を継続して営んでいること。
⑤ 他の業種目を兼業していないこと。
⑥ 対象年分の所得税について，不服申立て又は訴訟が係属していないこと。

(二) 被告は，右通達に基づき，右基準に該当する同業者17名について，右各項目を調査し，別紙4（省略）と同旨の同業者調査表を作成・提出した。

(三) 右調査結果によると，同業者各人の「収入金額」・「算出所得金額」・「算出所得率」は，同別紙4のAないしQの該当欄に記載したとおりとなる。

(3)(一) 所得率算定のために，被告が前記基準に基づき選定した同業者は，いずれも被告の管轄区域内の者たちであるので，蜜柑栽培の条件等は原告とほぼ類似しているものと考えられる。しかも，同業者の選定に当たり，専業の蜜柑農家で，しかも，雑柑を含む蜜柑の販売高が原告のほぼ0.5倍から1.5倍までと，原告の販売高に近似した者達を，選定しているので，原告と規模的に近似した者達が比較的多く選択されている。そして，選択の基準が，このように明確で，客観的なものであるため，右選定に当たっては，恣意が入らず，しかも，選択の対象とされた者達は，いずれも帳簿類が整備された青色申告者で，税額等についても争いがないから，その数値も正確なものである。加えて，選択された原告類似の蜜柑農家の所得率を平均しているので，個別特殊な条件は捨象されている。したがって，このようにして算出された平均算出所得率は，農業という特殊分野で推計を行う場合，被告において，採用可能な推計方法の中でも最も合理的なものだと考えられる。

(二) 原告は，「耕作地の立地条件・植付品種・樹齢等から，収入や経費率にかなりの差が出る農業のように個別性の強い事業に同業者比率法を用いることはできない。現に，前記調査表の算出所得率にもかなりの幅が認められる。仮に，推計の必要が肯定されるとしても，原告が，自己の特殊性を主張して争い得るよう各農家の栽培条件等を明らかにすべきであるし，守秘義務等の関係からこれが不可能だというのなら，「本人比率法」を採用すべきだ。」等の主張をする。

　しかし，そもそも推計課税とは，納税者の協力が得られず，所得実額を把握できない場合，かといって，課税を見送れば，租税負担公平の原

則等に反して，国家財政を危うくすることにもなりかねないため，社会通念上合理的と考えられる方法で，実額に近い所得金額を算出して，これを基に課税することを法が許容したものである。したがって，推計により算出された所得が，必ずしも真実の所得とは合致していないことを前提に，可能な範囲で真実の所得に近似した所得を捕捉しようとするものである。その性格上，通常範囲での個別的事情は捨象せざるを得ない。そして，このように解しても，収入が捕捉可能な範囲に限定されていることや，納税者は，自己固有の特殊事情を主張・立証し，あるいは，日頃から帳簿類を整備することによって，実額を立証することもできるので，酷だとはいえない。

また，どのような推計方法を採用するかは，それが合理的なものである限り，課税庁の判断に委ねられている。

ところで，原告は，同業者の栽培条件を具体的に明らかにするよう要求している。しかし，選定された同業者が原告の近隣者である点等を考慮すれば，これらを明らかにすることは右同業者の特定につながり，そのプライバシーを侵害することにもなりかねない。他方，推計については，前記のように推計の必要性・合理性等が要求されているし，原告は，実額を立証することにより，右推計の合理性を否定し，実額による課税を受けることも可能なので，右のような弊害を無視してこれらを明らかにすべきだとは考えられない。しかも，原告が主張する「本人比率法」は，収入・経費の基礎資料が揃い，前後の年度の所得が捕捉可能であることが前提となるが，本件では，後述のとおり，右基礎資料に疑問があり，前後の年度の所得も把握できないから，「本人比率法」を採用することはできない。

(三) さらに，原告は，蜜柑農家の個別性・特殊性を強調しているが，近隣の蜜柑農家に比べて，特に不利な栽培条件等にあったと認めるべき証拠はない。

(4) 右のとおりであり，原告の係争年分の特別経費控除前の事業所得金額につき，その収入金額1154万6203円に平均算出所得率 44.89を乗じて，

算出所得金額 518万3090円を算出した推計過程に十分な合理性を認めることができる。

4. 原告の実額反証について

(1) 原告は，収入・経費の各実額を主張して，前記推計の結果が，真実の所得金額を上回る旨主張する。

しかし，法が認める課税を覆して，自己に有利な所得実額に基づく課税を受けようとする以上，納税者において，右所得実額についての主張・立証責任を負うのは当然であり，原告は，収入及び経費双方の実額並びに収入と経費の対応についても立証しなければならない。

そこで，以下，原告が，収入・経費双方についての立証を遂げているかを検討する。

(2) 収入について

㈠ 原告が，主張する売上金額は，被告が反面調査により把握した金額を上回っている。したがって，これらが，単に，反面調査の結果を追認しただけだとは言えない。しかし，売上の全てを網羅した帳簿等が存在しない以上，これらが原告の売上先の全てであり，これら以外には売上がなかったとも言えない。

なぜなら，消費者等に対する直接販売・現金販売は，珍しいものではなく，原告も，その存在を認めており，他の者への直接販売したことがなく，Eだけに直接販売したことを納得させるだけの特別事情の主張・立証もない。

㈡ また，自家消費分等も問題となる。証拠によれば，原告は，相当面積の田畑を所持していることが明らかである。したがって，原告が農業を営んでいる以上，通常，水稲その他の農作物からの収益が考えられる。現に，経費として，キウイ栽培のためのパイプ棚が挙げられているから，原告が，蜜柑以外の栽培もしていたものと推認される。したがって，右田畑から全く収入がなかったとは通常考えることはできない。

㈢ 右のとおり，原告の収入に関する立証が，継続性のある会計帳簿により行われたものではなく，断片的資料に基づいている点を考えれば，原

告が自認している以外にも収入があるのではないかという疑いを払拭できず，原告が主張する収入金額以上の収入がなかった点については，これを認めるに足りる証拠はないといわざるを得ない。

(3) 一般経費（必要経費のうち特別経費を除くもの）について

㈠ 原告は，別紙8（省略）の1ないし12頁の各科目につき，「原告主張額」欄に記載したとおりの経費を主張している。

しかし，右経費主張のうち特別経費を除く部分については，書証等の裏付けのないものが多いし，書証のあるものについても，購入商品の具体的内容が必ずしも明かでないものや，その支出と事業との関連性に疑問が残るものも存在する。

㈡ したがって，原告において，経費の存在及びその金額，さらには，収入と経費との対応関係のいずれについても立証ができているとは言い難い。

5. 特別経費について

原告が主張する経費のうち，右3で認定した算出所得金額を算定する際には折り込まれておらず，個別，特殊な事情に基づく特別経費として別途考慮が必要になるのは，地代・建物減価償却費・利子割引料の3点である。

右の特別経費については，原告において，基礎資料を提出して，一応の立証を尽くす必要性があり，その立証のない限り，右特別経費は存在しないものとして扱わざるを得ない。

以下，右の観点から，地代・建物減価償却費・利子割引料の特別経費につき検討していくこととする。

(1) 地代について

原告は，地代としてFに対し，昭和59年2月，5万円を支払った旨主張する。しかしながら，これに関する裏付け資料等の提出はなく，また，具体的な説明もないので，実際に，右5万円が支払われているのか，仮に，支払われているとしても，どのような趣旨で，どのような土地について支払われたのかすら明らかではないので，右地代が存在したと認め

(2) 建物減価償却費について

　右でいう，「建物」とは，住宅及び倉庫・納屋・車庫・プラスチックハウスなどの地上建物をさすものと解される（農畜産業用固定資産評価標準2頁参照。）。

　したがって，原告が，固定資産減価償却費として主張しているもののうち，鉄骨納屋（倉庫）・車庫・木造納屋・山津谷小屋（ポンプ室）・簡易ビニールハウス（ネーブル）に関する減価償却費は，右特別経費に該当する可能性がある。

　ところで，減価償却が認められるためには，事業との関連性が認められることはもちろん，取得価額・取得年月日について，原告が，一応の主張・立証を尽くすことが必要である。

㈠　A作成の陳述書によると，右のうち，木造納屋は，昭和46年に自宅を改築した際，既にあった納屋を滑車で運んだものだということである。同納屋は住居付のものであるうえ，取得費用や当該建物の建築年月日等が不明（裏付資料等全くない。）であるから，果たして，事業用のものか，当該年度において減価償却の対象となるべき価値を有していたかが全く不明である。したがって，特別経費に当たることについての一応の立証すら行われていない。

㈡　一方，鉄骨納屋（倉庫）・車庫は，当該建物の写真等から，事業用の物だと認めることができる。原告は，鉄骨納屋（倉庫）については，その取得費として850万円を，車庫については80万円をそれぞれ要したと主張しているものの，通常あるべき取得代金等を裏付ける請負契約書等の提出がなく，したがって，これらの点について被告が認めている金額を上回り，原告らの主張金額が正しいことについての一応の立証が行われているとはいえない。

　したがって，右の減価償却費の合計は被告主張のとおりの3万2519円であると認める。

㈢　山津谷小屋（ポンプ室）は，事業用の物であることは明らかである。

そして、原告が主張している取得日時・取得金額も、写真等に照らせば一応首肯できるところ、これに反する証拠がない以上、取得金額を20万円（償却の基礎となる金額18万円）として、本件係争年度分の償却費として9000円を認めるのが妥当である。

(四) 最後に、簡易ビニールハウスについては、一応、支出を裏付ける領収書・請求書等が提出されており、その額についても不自然・不合理だとまではいえないから、その取得額を82万6000円（償却の基礎となる金額74万3400円）、係争年度の減価償却分として7万4340円を認めるべきである。

(五) 右のとおりであり、特別経費としての減価償却費の合計は、11万5859円となる。

(3) 利子割引料について

原告は、利子割引料（支払利息）として、別紙8（省略）の支払利息の科目の「支払内容等」の欄に記載された使途に用いた借財返済のために、利息として原告主張額欄記載の各金額を支払った旨主張する。

そして、農道・灌漑・開畑・農林漁業費の各関係の利息支払いは、それぞれ貸付金期日通知書、農協作成の証明書によって裏付けられるが、共防分についてはこれを裏付けるものが存在しない。したがって、共防分については、全く裏付け資料がないので、これを認める訳にはいかないが、それ以外の支払利息の合計33万4707円は特別経費として認められる。

(4) 以上によれば、特別経費として、減価償却費11万5859円と利子割引料33万4707円を合計した45万0566円となる。

6. 右3で認定した算出所得金額 518万3090円から右5で認定した特別経費の額45万0566円と被告が自認する事業専従者控除の額45万円を控除した額である 428万2524円が事業所得の金額となる。これに争いのない給与所得の金額10万4200円を加えた 438万6724円が原告の係争年分の総所得金額となる。

7. そうすると、本件各処分は、右認定の原告の係争年分の総所得金額の

範囲内でなされた適法なものだから，原告の請求は理由がない。

【35】 和歌山地裁　平成10年12月25日判決
（昭和63年（行ウ）第4号・課税処分取消請求事件）

【当事者】
原告　〇〇〇〇
被告　湯浅税務署長

【判示事項】
過少申告加算税の賦課決定処分の取消しを求める訴えの適法性，推計課税の必要性と税務調査手続の適否，推計課税の合理性，特別経費の額

【事案の概要と争点】
本件は，農業を営む原告の昭和60，61年分の所得税について，被告がした更正処分等の適否が争われた事案である。

主たる争点は不服申立前置を欠く過少申告加算税の賦課決定処分の取消しを求める訴えの適法性，推計課税の必要性と税務調査手続の適否，推計課税の合理性，特別経費の額にあった。

【判　旨】
本判決は，整理番号【34】と同旨の判示をして，原告の請求を棄却した。

【36】 和歌山地裁　平成10年12月25日判決
（昭和63年（行ウ）第5号・課税処分取消請求事件）

【当事者】
原告　〇〇〇〇
被告　湯浅税務署長

【判示事項】
過少申告加算税の賦課決定処分の取消しを求める訴えの適法性，推計課税の必要性と税務調査手続の適否，推計課税の合理性，特別経費の額

【事案の概要と争点】
本件は，農業を営む原告の昭和58年分ないし同61年分の所得税について，

被告がした更正処分等の適否が争われた事案である。

主たる争点は不服申立前置を欠く過少申告加算税の賦課決定処分の取消しを求める訴えの適法性，推計課税の必要性と税務調査手続の適否，推計課税の合理性，特別経費の額にあった。

【判　旨】

本判決は，次のように判示して，原告の請求を棄却した。

1. 本件各賦課処分の取消しを求める訴の適法性について

    （整理番号【34】の判示事項1と同旨）

2. 推計課税の必要性について

(1)ア　税務調査の権限は，申告納税制度の下では，ともすれば過少申告等の不正行為が行われがちであるため，納税者が行った申告内容に虚偽がないかを検討し，真実の所得額を把握するために認められたものだと解される。しかし，税務調査は，納税者その他の私的権利を侵害しかねないから，右調査権限を行使できるのは，所得調査の「客観的必要性」が認められる場合に限られ，その具体的手段・方法等については，右必要性と納税者の私的利益とを比較衡量したうえ，相当な範囲で行われることが必要である（比例原則）。

原告は，青色申告を行いながら，不当に帳簿書類の提示を拒んでいる。また，昭和60年分の確定申告の内容も，農業関係収入が1000万円を超えていながら，課税所得金額は0という，異常とも思えるものである。したがって，被告において，申告の適否及び申告金額の正確性を確認するため調査を行うのは当然であり，本件では，税務調査の「客観的必要性」が認められる。

イ　原告が指摘する事前通知と理由開示等の問題は，法律上，税務調査の要件とはなっていない。したがって，税務調査の必要性と右事前通知等を行わないことによって侵害される利益を比較衡量して，その要否が決められるべきである。

ところで，本件調査理由が，申告の適否並びに申告金額の正確性の確認にあることは，特に理由開示を待つまでもなく明らかである。原告は，

昭和58年分の申告について、帳簿等を提示すべき義務を負っているから、特に理由を告知する必要はない。その余の年度の申告は、白色申告であり、申告金額の正しさに客観的裏付けがないから、調査の目的が、所得の算出過程全般に及ぶことは説明を待つまでもなく明らかである。

また、事前通知の点も、当初こそ、抜打ちで調査を行っているものの、その後は、期日を告知したり、メモで連絡を請う等しており、これによって、原告らの利益が侵害されたなどとは考え難い。

最後に反面調査の問題についても、納税者が帳簿書類の提出を拒む等している場合、申告の正確性を確認するため、反面調査を行う必要性が認められ、これを制限していたのでは税務調査の目的は達せられない。

(2) 認定事実及び右(1)によれば、被告部下職員らが、税務調査の際に、再三にわたって調査に協力するよう説得したが、納税義務者である原告側の協力が得られず、所得実額の把握に必要な帳簿書類等の資料が入手できなかったものであり、しかもその税務調査の客観的必要性が存するうえ、その手段・方法においても、原告の利益を過度に侵害する等、不合理と認めるべき点は存しないのであって、本件にあっては推計の必要性を肯認することができる。

(3) そこで、右推計の必要性についての判断を覆すに足りる事情ないし証拠の有無につき検討する。

原告は、当時、青色申告の承認を受け、少なくとも、昭和58年分については、青色申告を行っていたのだから、裏付けとなるべき帳簿書類を備え付けて、税務職員が申告内容を確認できる状況にすべき義務を負っていた。また、弁論の全趣旨によれば、その当時、原告らB民商関係者に対する税務調査が集中的に行われた事実が認められる。しかし、少なくとも原告については先に述べたとおり税務調査の客観的必要性が認められることと照らし併せれば、右の集中的な税務調査の事実から直ちに本件税務調査はB民商関係者への政治的弾圧を意図してなされたと推認するのは難しいし、他にこれを認めるに足りる証拠はない。

その他、前記(3)の推計の必要性についての判断を覆すに足りる事実関

係を認めるに足りる証拠はない。
3. 推計過程の合理性について
(1) 収入金額について

証拠によれば，原告が，C共撰組合から，蜜柑の売上あるいは労賃として別紙3（省略）記載の内訳通りの収入を得ていたことが認められる。

(2) 平均算出所得率について

証拠及び証人Dの証言によれば，平均算出所得率は，次の方法で算出されたことが認められる。

O国税局長は，原告の事業所得を推計する上で必要となる同業者を抽出するため，昭和63年12月8日付けで，被告に対し，所得税の確定申告書を提出している農業を営む個人（主として蜜柑を生産する者に限る。）のうち，次の全ての項目を満たす者の「収入金額」，「一般経費」（必要経費のうち，特別経費である建物減価償却費・利子割引料・地代家賃・貸倒金・税理士報酬・固定資産等の除去損を除いたもの。），そして，「収入金額」から「一般経費」を控除して算出した「算出所得金額」を調査して，報告するよう求めた。

① 青色申告者であること。
② 共同選果場（共選）を通じて出荷している者であること。
③ 蜜柑（雑柑を含む。）販売による収入金額が原告の本件各係争年分のほぼ0.5倍から1.5倍までに当たる昭和58年分は330万円以上1010万円未満，同59年分は610万円以上1850万円未満，昭和60年分は550万円以上1680万円未満であること。ただし，右収入金額は市場手数料及び出荷経費を控除した金額とする。
④ 年間を通して事業を継続して営んでいること。
⑤ 他の業種目を兼業していないこと。
⑥ 対象年分の所得税について，不服申立てまたは訴訟が係属していないこと。

被告は，右通達に基づき，本件各係争年において右基準に該当する同業者5ないし8名について，右各項目を調査し，別紙4（省略）と同旨

の同業者調査表を作成・提出した。

　右調査結果によれば、同業者各人の「収入金額」・「算出所得金額」・「算出所得率」は、同別紙4のAないしHの該当欄に記載したとおりとなる。

(3)　算出所得率算定のために、被告が前記基準に基づき選定した同業者は、いずれも被告の管轄区域内の者であり、蜜柑栽培の条件等は原告とほぼ類似しているものと考えられる。しかも、専業の蜜柑農家で、雑柑を含む蜜柑の販売高が原告のほぼ0.5倍から1.5倍までと、原告の販売高に近似した者達を、選定しているので、原告と規模的に近似した者が比較的多く選択されている。そして、選択の基準が、このように明確で、客観的なものであるため、右選定に当たって、恣意が入らず、しかも、選択の対象とされた者は、いずれも帳簿類が整備された青色申告者で、税額等についても争いがないから、その数値も正確なものである。加えて、選択された原告類似の蜜柑農家の算出所得率を平均しているので、個別特殊な条件は捨象されている。したがって、このようにして算出された平均算出所得率は、農業という特殊分野で推計を行う場合、被告において、採用可能な推計方法の中で最も合理的なものだと考えられる。

　原告は、推計の合理性を争っているところ、推計課税とは、納税者の協力が得られず、所得実額を把握できない場合、課税を見送れば、租税負担公平の原則等に反して、国家財政を危うくすることにもなりかねないので、社会通念上合理的と考えられる方法で、実額に近い所得金額を算出して、これを基に課税することを法が許容したものである。したがって、推計により算出された所得が、必ずしも真実の所得とは合致しないことを前提に、可能な範囲で真実の所得に近似した所得を捕捉しようとするものである。その性格上、通常範囲での個別的事情は捨象せざるを得ない。そして、このように解しても、収入が捕捉可能な範囲に限定されていることや、納税者は、自己固有の特殊事情を主張・立証し、あるいは、日頃から帳簿類を整備することによって、実額を立証することもできるので、酷だとはいえない。

確かに，原告耕作地は，大きく4か所にわかれ，平地の畑が比較的少なく，山の斜面の畑が多いという事情が認められるが，仮に，他の農家に比べて，右農地の点在の程度が激しい等の事情が認められるにしても，推計課税が許される前記趣旨等に照らすと，合理性が排除される特殊事情は極めて個別的特殊なものに限られるべきだと解されるから，右程度では，合理性に疑いは生じない。

　また，原告は，選定された農家の数の少なさ，所得率のばらつきを問題にしている。しかし，前記選定基準に従い，栽培条件・規模とも可能な限り，原告と近似した者達が選定されており，その数も最低でも5件にのぼっているので，必ずしも，その数は少ないとはいえない。そして，所得率のばらつきは，この種調査においては避け難いものであり，そのために平均化されるのである。したがって，原告の指摘する点をもって，本件推計の合理性に疑いが生じるとはいえない。

　さらに，原告は，同業者の栽培条件を具体的に明らかにするよう要求し，これらが明らかにならない限り，推計方法が合理的なものか明らかではないと主張している。しかし，選定された同業者が原告の近隣者である点等を考慮すれば，これらを明らかにすることは右同業者の特定にもつながり，そのプライバシーを侵害することにもなりかねない。他方，推計については，前記のとおり必要性・合理性等が要求されているし，原告は，実額を立証することによって，実額による課税を受けることも可能だから，右弊害を無視してこれらを明らかにすべきだとは考えられない。

4．原告の実額反証について
(1) 原告は，収入・経費の各実額を主張して，前記推計の結果が，真実の所得金額を上回る旨主張する。

　しかし，法が認める課税を覆して，自己に有利な所得実額に基づく課税を受けようとする以上，納税者において，右所得実額についての主張・立証責任を負うのは当然であり，原告は，収入及び経費双方の実額並びに収入と経費の対応についても立証しなければならない。

そこで，以下，原告が，収入・経費双方についての立証を遂げているかを検討する。

(2) 収入について

①原告が，主張する売上金額は，昭和59年分では，被告が反面調査で把握した金額を上回る等しているものの，売上の全てを網羅する帳簿等が存在しない以上，これらが原告の売上の全てであり，C共撰以外に販売先がなかったとも言えない。②また，明細書によれば，原告は，C共撰から昭和59年分として9万4000円，昭和60年分として36万3000円を労賃として得ていたことが明らかである。ところが，原告の前記売上の主張にはこれらが含まれていない。③さらに，農家では農産物の自家消費分が存在するのが，通常であり，これらも売上に含められるべきものである。原告も，昭和58年分の確定申告の際には，家事消費・事業消費として5万円を計上し，原告は，蜜柑・野菜類の自家消費分があったことを認めている。したがって，前記売上の外，これら自家消費分も収入に含められるべきである。④加えて，前記補助元帳，原告名義の総合口座には，原告が売上として計上していない振込金が認められるが，原告が専業農家で，農業以外の収入がないはずである点等を考慮すれば，これらも事業に関する収入である疑いがある。

以上によると，原告が自認している以外にも収入があるのではないかとの疑いを払拭できず，原告が，自己の収入実額を立証できているとは到底いえない。

(3) 一般経費（必要経費のうち特別経費を除くもの）について

原告は，別紙7（省略）の1ないし27頁の各科目につき，「原告主張額」欄に記載したとおりの経費を主張している。

しかし，右経費主張のうち特別経費を除く部分については，書証等の裏付けのないものが多く，また，提出された書証の中には，印紙の形状が作成年月日と合わず，事後に作成された疑いの残るものも混じっている。そうすると，右主張金額の正確性に疑問を抱かざるを得ない。また，主張されている経費の中には電話代等も含まれているが，これについ

ては事業との関連に疑問が残る。

したがって、原告において、経費の存在及びその金額、さらには、収入と経費との対応関係のいずれについても立証ができているとは言えない。

5. 特別経費について

原告が主張する経費のうち、右3で認定した算出所得金額を算定する際には折り込まれておらず、個別、特殊な事情に基づく特別経費として別途考慮が必要になるのは、建物減価償却費・利子割引料の2点である。

右の特別経費については、原告において、基礎資料を提出して、一応の立証を尽くす必要性があり、その立証のない限り、右特別経費は存在しないものとして扱わざるを得ない。

以下、右の観点から、建物減価償却費・利子割引料の特別経費につき検討していくこととする。

(1) 建物減価償却費について

右でいう、「建物」とは、住宅及び倉庫・納屋・車庫・プラスチックハウスなどの地上建物をさすものと解される。

したがって、原告が、別紙8（省略）で減価償却費として主張しているもののうち、鉄骨作業場（2棟）、木造作業場、鉄筋コンクリート居宅、木造居宅についての減価償却費は、右特別経費に該当する可能性がある。

ところで、減価償却が認められるためには、事業との関連性が認められることはもちろん、取得価額・取得年月日についても、原告が、一応の主張・立証を尽くすことが必要である。

ところが、原告は、別紙8の（省略）の該当欄に記載されたとおり、取得金額・取得年月日等を主張しているが、通常あるべき取得代金等を裏付ける請負契約書等を全く提出していない。したがって、当該建物の存否、その取得費用並びに建築年月日が全く不明である。加えて、居宅については事業との関連も疑われる。そうすると、これら建物の減価償却費が特別経費に当たることについて、一応の立証すら行われていない。

(2) 利子割引料について

原告主張の利子割引料，昭和58年分10万1195円，昭和59年分8万4584円，昭和60年分6万5004円については，当事者間に争いがない。

(3) そうすると，特別経費の額は，昭和58年分については，10万5202円，昭和59年分については，8万8591円，昭和60年分については，6万9011円となる。

6. 右3で認定した係争年分の各算出所得金額から右4で認定した各特別経費の額と弁論の全趣旨により認める事業専従者控除の額を控除した額である，昭和58年分については209万0940円，昭和59年分については589万1492円，昭和60年分については468万7251円が事業所得の金額となる。昭和59年分，昭和60年分についてはこれ以外に原告の所得はないが，昭和58年分については他に分離の長期譲渡所得の金額272万5625円が存することは当事者間に争いがない。

7. そうすると，本件各処分は，右認定の原告の係争年分の総所得金額の範囲内でなされた適法なものだから，原告の請求は理由がない。

【37】 和歌山地裁 平成10年12月25日判決
（昭和63年（行ウ）第6号・課税処分取消請求事件）

【当事者】

原告 ○○○○

被告 湯浅税務署長

【判示事項】

推計課税の必要性と税務調査手続の適否，推計課税の合理性，特別経費の額

【事案の概要と争点】

本件は，農業を営む原告の昭和59年分ないし同61年分の所得税について，被告がした更正処分等の適否が争われた事案である。

主たる争点は推計課税の必要性と税務調査手続の適否，推計課税の合理性，特別経費の額にあった。

【判　旨】

本判決は，整理番号【36】と同旨の判示をして，原告の請求を棄却した。

【38】　和歌山地裁　平成10年12月25日判決
（昭和63年（行ウ）第7号・課税処分取消請求事件）

【当事者】
原告　○○○○
被告　湯浅税務署長

【判示事項】

過少申告加算税の賦課決定処分の取消しを求める訴えの適法性，推計課税の必要性と税務調査手続の適否，推計課税の合理性，特別経費の額

【事案の概要と争点】

本件は，ガソリンスタンド業を営む原告の昭和59年分ないし同61年分の所得税について，被告がした更正処分等の適否が争われた事案である。

主たる争点は不服申立前置を欠く過少申告加算税の賦課決定処分の取消しを求める訴えの適法性，推計課税の必要性と税務調査手続の適否，推計課税の合理性，特別経費の額にあった。

【判　旨】

本判決は，次のように判示して，原告の請求を棄却した。

1. 本件各賦課決定処分の取消しを求める訴の適法性について
    （整理番号【34】の判示事項1と同旨）
2. 推計課税の必要性について
    （整理番号【36】の判示事項2と同旨）
3. 推計過程の合理性について
(1) 収入金額（売上原価）について
    証拠によると，原告が，少なくとも，別紙3（省略）記載の仕入先から，同別紙記載の各金額の仕入をしていることが認められる。
(2) 平均売上原価率，平均算出所得率について
    証拠及びBの証言によれば，「平均売上原価率」及び「平均算出所得

率」は，次の方法で算出されたことが認められる。

　O国税局長は，原告の仕入金額から，原告の売上及び算出所得金額を推計する上で必要となる同業者を抽出するため，昭和63年12月8日付通達により，原告の事業所を管轄する被告及びこれに隣接した各税務署長に対して，青色申告により所得税の確定申告をする者のうち，本件各係争年度を通じて，次の6項目全てを満たす者を選び出して，右選出された者の「売上金額（雑収入金額を含めたもの。）」，「売上原価（決算書に記載された差引原価の金額。）」，「一般経費の額（決算書に記載された経費の合計額から特別経費（給料賃金，利子割引料，地代家賃，貸倒金，建物減価償却費，税理士報酬及び固定資産等の除去損）の合計額を控除した金額」，「算出所得金額（「売上金額」から，前「売上原価」及び「一般経費の額」の合計額を控除したもの）」を調査して報告するよう求めた。

① ガソリンスタンドを営んでいること。
② ①以外の業種目を兼業していないこと。
③ 年間を通じて事業を継続して営んでいること。
④ 事業所が，湯浅・御坊・海南及び粉河の各税務署管内にあること。
⑤ 売上原価（仕入金額）が，3000万円以上，1億2500万円未満であること。
　原告の売上原価は，別紙3に記載されたとおりであるから，上限は昭和60年分の約150パーセント，下限を昭和61年分の約50パーセントとした。
⑥ 対象年分の所得税について，不服申立てまたは訴訟が係属していないこと。

　被告及びこれに隣接した各税務署長は，右通達に基づき，右基準に該当する同業者に関して，「売上金額」，「売上原価」，「一般経費の額」，「算出所得金額」の各項目を調査した。これを年度別に整理すると別紙4ないし6（省略）の該当欄に記載したとおりであり，これから導き出されるところの各業者の「売上原価率」，「算出所得率」も，同別紙の

各該当欄に記載したとおりとなる。

(3) 原告は、ガソリンスタンドの外、自動車保険の手数料収入があった旨供述しているが、証拠によると、右手数料収入は、売上全体に占める割合は極めて低く、前記選定基準①、②で選定された業者と原告との間には、業種・業態の類似性を認めることができる。

原告のガソリンスタンドは、被告税務署管内に所在しているが、前記基準で選定される同業者は、被告税務署管内及びこれに隣接した3税務署管内の同業者である。したがって、選定された同業者は、原告と立地・販売条件の類似性が認められる。

そして、前記基準で選定された同業者の売上原価は、本件各係争年分について、いずれも、原告の売上原価の 0.5倍から 1.5倍の範囲内のものだから、事業規模においても、ほぼ類似しているものと認められる。

しかも、右同業者は、いずれも帳簿書類が整い申告の正確性が担保された青色申告者であるので、算出された数字は正確なものである。そして、その抽出も、国税局長が発した一般通達に基づき機械的に行われているので、その過程に被告の恣意が入り込む余地はない。

そうすると、前記基準によって、選定された同業者は、原告との間に業種・業態の類似性・事業規模の類似性、立地・販売条件の類似性及び数値の正確性を満たし、また、選択された同業者の数も13人と多いので、このような同業者の売上原価率・算出所得率を平均化した平均売上原価率・平均算出所得率に基づく推計は、合理性を有すると判断することができる。

原告は、「原告が経営しているガソリンスタンドは、メーカーとの間に2社が介在するいわゆる第4者であるので、他の類似業者に比べて中間マージンを多く取られる等の不利な条件下にあり、しかも、近隣に大規模な競争業者も存在するなど、劣悪な販売条件を余儀なくされていた。したがって、原告に調査表に基づき算出された平均売上原価率を適用することは、著しく不合理であるから、推計の合理性が認められない。」旨主張する。

しかし，そもそも，推計課税とは，納税者の協力が得られず，所得実額を把握できない場合に，かといって，課税を見送れば，租税負担公平の原則等に反して，国家財政を危うくすることにもなりかねないので，社会通念上合理的と考えられる方法で，実額に近い所得金額を算出して，これを基に課税することを法が許容したものである。したがって，推計により算出された所得が，必ずしも真実の所得とは合致しないことを前提に，可能な範囲で真実の所得に近似した所得を捕捉しようとするものであり，その性格上，通常範囲での個別的事情は捨象せざるを得ない。そして，このように解しても，収入が捕捉可能な範囲に限定されていることや，納税者は，自己固有の特殊事情を主張・立証し，あるいは，日頃から帳簿を整理することによって，実額を立証することもできるので，酷だとはいえない。

(4) また，原告は，売上原価率のばらつきを問題にしている。しかし，数値のばらつきは，この種の調査においては避け難いものであり，そのために平均化されるのである。したがって，原告の指摘する点をもって，推計の合理性を疑わせる事情であるとはいえない。

さらに，原告は，同業者の立地・営業形態を具体的に明らかにするよう要求し，これらが明らかにならない限り，推計方法が合理的なものか明らかではないと主張している。しかし，選定される者が限られた地域のいずれも同業者である点を考慮すれば，これらを明らかにすることは右同業者の特定にもつながり，そのプライバシーを侵害することにもなりかねない。他方，推計については，前記のとおり必要性・合理性等が要求されているほか，原告は，実額を立証することによって，実額による課税を受けることも可能だから，右弊害を無視してこれらを明らかにすべきだとは考えられない。

その他，推計の合理性に関する前記判断を覆すに足りる事情を認めるに足りる証拠はない。

(5) 右のとおりであり，原告の本件各係争年分の特別経費控除前の事業所得金額につき，別紙2（省略）のとおり，その仕入金額（売上原価の額）

を平均売上原価で除して売上金額を求め，その金額に平均算出所得率を乗じて算出所得金額を算出した推計過程に十分な合理性を認めることができる。

4. 原告の実額反証について

(1) 原告は，別紙9（省略）の事業所得金額欄記載の各年度別の金額が，本件各係争年分の事業所得金額の実額であって，前記推計の結果は，真実の所得金額を上回っていて不合理である旨主張する。

しかし，法が認める課税を覆して，自己に有利な所得実額に基づく課税を受けようとする以上，原告において，右所得実額についての主張・立証責任を負うのは当然であり，原告は，収入及び経費双方の実額並びに収入と経費の対応についての立証を遂げなければならない。

そこで，以下，原告が，収入・経費双方についての立証を遂げているかを検討する。

(2) 収入について

原告主張の収入を裏付けるものとしては，税理士C作成の報告書しかなく，同報告書は，昭和59年分については，根拠資料が無く，申告金額のみを根拠としていること，昭和60，61年分については，コンピューター整理帳から計上されているものの，資料が不足しているため，不明分を推計し，結局は，申告金額を追認したものと認められる。しかし，右推計部分について，推計の根拠等は明らかにされていない。そうすると，原告が，自己の収入実額を立証できているとは到底いえない。

(3) 経費について

ア 仕入について

前記報告書によると，原告主張の「仕入額」は，①請求書・領収書を集計したものと，②相手方取引額証明から集計したもの双方から推計したうえ，売上については一部の締切日が12月20日となり，前年度の売上の一部が当期に算入され，また，当期の売上の一部が翌年度に繰り越されているため，仕入にも修正を加えたものと認められる。しかし，右仕入の把握には，一部に推計が含まれており，直ちに実額であるとは認め

られないし，なによりも，前同様の修正を加えた仕入の反面調査の結果から把握される各年度の仕入金額よりも少額となっており，不合理である。

他に原告主張の仕入金額の実額を認めるに足りる証拠はない。
イ　その他の経費について

原告主張の経費に関する資料として経費帳が存在する。しかし，右経費帳は，昭和59・60年分しか提出されておらず，しかも，その記載内容を見ても，後に付け加えた疑いのある部分があるなど鵜呑みにできないものである。そして，右経費帳以外に，経費についての実額を認めるに足りる証拠はない。

5. 特別経費について

原告が主張している経費のうち，右3で認定した算出所得金額を算出する際には折りこまれておらず，特別経費として別途考慮が必要になるのは，給料賃金，利子割引料，地代家賃，建物減価償却費の4点である。

右特別経費については，原告において，基礎資料を提出して，一応の主張・立証を尽くす必要性があり，その立証のない限り，右特別経費は存在しないものとして扱わざるを得ない。

以下，右観点から，給料賃金，利子割引料，地代家賃，建物減価償却費の特別経費について検討していくこととする。

(1) 給料賃金について

原告主張の給与賃金の支払いに添う証拠として給料明細書（控）が存在する。（なお，原告の主張金額が，被告の認容額を超えているのは，昭和59年分と昭和61年分である。）

しかし，昭和59年分に関し，原告は，確定申告の際，給料賃金が267万1690円である旨の申告を行っており，また，同年度の経費帳の給料賃金の記載も「バイト」分を除けば，右金額と合致している。しかも，右経費帳のバイト部分の記載は，他の部分とは字体も異なり，記載されている位置などから考えても不自然なもので直ちに採用ができない。そうすると，昭和59年分の給料賃金は，267万1690円であったものと認めら

れ，これを超える部分については一応の立証もなされていない。

次に，昭和61年分については，経費帳の提出がなく，また，提出されている給料明細書（控）についても，その内容に，精勤手当と皆勤手当の二重払いがあったり，本来，固定給であるべき交通費・基本給に変動が認められる等の不自然がある外，昭和63年度分のものが混じっている等の事情が認められるため，その信用性に疑問が生じる。しかも，原告の主張する売上高から考えても，昭和60年に比べて，売上の少ない昭和61年の方が，給料賃金が多いというのは不自然である。

右のとおりであり，給料賃金について被告の主張額よりも多いことについての一応の立証すらできていないから，その額は被告主張額のとおりであるとするほかない。

(2) 利子割引料について

被告は利子割引料として，別紙8（省略）のとおり，昭和59年分が246万0673円，昭和60年分が249万4922円，昭和61年分が235万7261円である旨主張し，右金額の主張は，原告の取引銀行の反面調査により算出されたものであることに照らし，少なくとも右金額の利子割引料が存在したものと認めることができる。

これに対し，原告は，右金額を超えて，昭和59年分が304万5392円，昭和60年分が303万2957円，昭和61年分が276万5934円である旨主張する。

しかしながら，原告が申告していた利子割引料の額は，昭和59年分が221万2945円，昭和60年分が203万2957円，昭和61年分が239万6292円であり，右申告額は，原告の主張額と大きく相違し，むしろ被告主張額に近い金額であること，原告は借入金の一部を生活費にあてていたことを認める供述をしていること，経費帳に記載された利子割引額につき，そのすべてが事業との関連性を認めるには疑問があること等に弁論の全趣旨を総合すれば，特別経費としての利子割引料として，被告主張額と申告額のうち，金額の多い方，昭和59年分については 246万0673，昭和60年分については 249万4922円，昭和61年分については 239万6292円を

認めるのが相当である。

(3) 地代家賃について

原告は，本件各係争年度に賃料としていずれも60万円を支払った旨主張し，経費帳及び家賃通を提出している。

しかし，右支払いは極めて疑わしく，右支払いについて一応の立証がなされているとはいえない。

(4) 建物減価償却費について

減価償却が認められるためには，事業との関連性が認められることはもちろん，取得価額，取得時期等について，原告において一応の主張・立証を尽くすことが不可欠である。

ところで，原告は，ガソリンスタンドの建物等を昭和52年7月，約600万円で購入した旨主張し，その裏付けとして，登記簿謄本を提出している。右建物は，その所在位置や構造等に照らすと，事業との関連性が認められるから，建築年月日や取得価額について，一応の立証がなされれば，減価償却費として認められる余地がある。しかし，原告は，これらの点の立証を全くしていない（取得価格の約600万円も原告がそのように述べているだけで通常存在する売買契約書等の提出がない。しかも，右600万円というのは付帯設備を含めた価格であるから，建物価格であるとは認めがたい。）。

(5) 以上によると，特別経費の合計として，昭和59年分 513万2363円，昭和60年分 540万6071円，昭和61年分 459万0724円となる。

6. 右3で認定した算出所得金額から右5で認定した特別経費の合計額と弁論の全趣旨により認める事業専従者控除の額を控除した額である昭和59年分 436万8852円，昭和60年分 540万8196円，昭和61年分 420万2085円が事業所得の金額となり，他に原告は所得がないので，右金額は同時に本件各係争年の総所得金額となる。

7. 以上のとおりであり，本件各処分は，右認定の原告の本件各係争年分の総所得金額の範囲内でなされた適法なものであるから，これらの取消しを求める原告の請求は理由がない。

【39】 和歌山地裁 平成10年12月25日判決
（昭和63年（行ウ）第9号，同第10号・課税処分取消請求事件）

【当事者】
原告　亡○○○○承継人○○○○ほか2名
被告　湯浅税務署長

【判示事項】
過少申告加算税の賦課決定処分の取消しを求める訴えの適法性，推計課税の必要性と税務調査手続の適否，推計課税の合理性，特別経費の額

【事案の概要と争点】
本件は，農業を営むA原告の昭和59年分，同61年分の所得税及びB原告の昭和61年分の所得税について，被告がした更正処分等の適否が争われた事案である。

主たる争点は不服申立前置を欠く過少申告加算税の賦課決定処分の取消しを求める訴えの適法性，推計課税の必要性と税務調査手続の適否，推計課税の合理性，特別経費の額にあった。

【判　旨】
本判決は，次のように判示して，原告の請求を一部認容した。

1. 本件賦課処分の取消しを求める訴の適法性について
　　（整理番号【34】の判示事項1と同旨）
2. 推計課税の必要性，本件税務調査の違法性について
　　（整理番号【36】の判示事項2と同旨）
3. 推計過程の合理性について
(1) 収入金額について

証拠及び証人Dの証言によれば，A原告は，昭和59・60年分について別紙5（省略）記載の各販売先から同表記載の各金額を，B原告は昭和61年分について別紙6（省略）記載の各販売先から同表記載の各金額を，いずれも蜜柑等の代金として受け取った事実が認められる。

ところで，B原告は，「右収入の中には，友人・知人が私の名前でE果実，Fに出荷したものが含まれており，これらについては，経費を差

引いて，代金を本人に渡した。」旨供述している。そして，右知人らから，「B原告から合計429万1288円を受け取った。」旨の証明書が提出されている。しかも，右証明書の内容は，預金通帳の出金状況に合致している外，小切手帳半片の記載にも一応沿ったものである。確かに，右事実だけからでは，せいぜい，右証明書の各金額が，右知人らに支払われたといえるのみで，これらがB原告の供述するように出荷物の対価として支払われたものだとまでは言い切れない。しかし，知人や友人の出荷物を自分の物と一緒に出荷してやるといったこともあり得ないことではないし，支払金額やその時期などに照らすと，これらが出荷物の代金として支払われたのだと考えても不自然ではない。そうすると，前記証明書に記載された金額が，原告らに帰属してない可能性が残り，これらを収入に含めることには疑問が残る。

以上のとおりであるので，原告らの収入について，昭和59年分は15万0877円，昭和60年分は218万6260円，昭和61年分は195万4151円について，それぞれ疑問が生じる。したがって，被告が立証できている原告らの収入は，昭和59年分が1573万7487円，昭和60年分が1990万8174円，昭和61年分が1807万9050円ということになる。

なお，原告らは，昭和60年度の売上が，これを上回る2308万7868円である旨主張している。しかし，右売上把握の基準時等が定かではなく，被告とは前提を異にしている可能性が高い（同年度の売上は大きいが，反面，昭和61年分の売上は大幅に低い。）上，原告らが右金額を主張する趣旨は，被告の推計に対する反証であること，後記のとおり，被告も，右売上について争っている点考慮すれば，自白が成立する余地はない。

(2) 平均算出所得率について

証拠及び証人Gの証言によると，平均算出所得率は，次の方法で算出されたことが認められる。

O国税局長は，原告の事業所得を推計する上で必要となる同業者を抽出するため，平成元年3月31日付けで，被告に対し，所得税の確定申告書を提出している農業を営む個人（主として蜜柑を生産する者に限る。）

のうち，次の全ての項目を満たす者の「収入金額」，「一般経費」（必要経費のうち，特別経費である建物減価償却費・利子割引料・地代家賃・貸倒金・税理士報酬・固定資産等の除去損を除いたもの。）そして，「収入金額」から「一般経費」を控除して算出した「算出所得金額」を調査・報告するよう求めた。

① 青色申告者であること。
② 個人または出荷組合を通じて出荷している者であること。
③ 蜜柑（雑柑を含む。）販売による収入金額が，昭和59年分は 790万円以上2390万円未満，昭和60年分は1100万円以上3320万円未満，昭和61年分は1000万円以上3010万円未満であること。

ただし，右収入金額は市場手数料を控除した金額とする。
④ 年間を通して事業を継続して営んでいること。
⑤ 他の業種目を兼業していないこと。
⑥ 対象年分の所得税について，不服申立てまたは訴訟が係属していないこと。

被告は，右通達に基づき，右基準に該当する同業者（昭和59年分で13件，昭和60年分で9件，昭和61年分で8件。）について右各項目を調査し，別紙7・8（省略）と同旨の同業者調査表を作成・提出した。

右調査結果によれば，同業者各人の「収入金額」・「算出所得金額」・「算出所得率」は，別紙7・8の該当欄に記載したとおりであった。

(3) 算出所得率算定のため，被告が前記基準に基づき選定した同業者は，いずれも被告の管轄区域内の者たちであるので，蜜柑栽培の条件等は，原告とほぼ類似しているものと考えられる。しかも，同業者の選定に当たり，専業の蜜柑農家で，雑柑を含む蜜柑の販売高が，原告のほぼ 0.5倍から 1.5倍までと，原告の販売高に近似した者を選定しているので，原告と規模的に近似した者が比較的多く選択されている（前記のとおり，原告らの収入は，若干減少しているが，右収入を基礎にしても選択された同業者は，いずれも前記基準を満たすものである。）。そして，選択の基準が，このように明確で，客観的なものだから，右選定に当たって，

恣意が入らず，しかも，選択の対象とされた者は，いずれも帳簿類が整備された青色申告者で，税額等についても争いがないので，その数値も正確なものである。加えて，選択された原告ら類似の蜜柑農家の「算出所得率」を平均しているので，個別特殊な条件は捨象されている。したがって，このようにして算出された平均算出所得率は，農業という特殊分野で推計を行う場合，被告において，採用可能な推計方法の中で最も合理的なものだと考えられる。

原告らは，「耕作地の立地条件・植付品種・樹齢等から，収入や経費率にかなりの差が出る農業のように個別性の強い事業に同業者比率法を用いることはできない。現に，前記調査表の算出所得率にもかなりの幅が認められる。仮に，推計の必要が肯定されるとしても，原告らが，自己の特殊性を主張して争うことができるように各農家の栽培条件等を明らかにすべきであるし，守秘義務等の関係からこれが不可能だというのなら，『本人比率法』を採用すべきだ。」等主張をする。

しかし，そもそも推計課税とは，納税者の協力が得られず，所得実額を把握できない場合，かといって，課税を見送れば，租税負担公平の原則等に反して，国家財政を危うくすることにもなりかねないため，社会通念上合理的と考えられる方法で，実額に近い所得金額を算出して，これを基に課税することを法が許容したものである。したがって，推計により算出された所得が，必ずしも真実の所得とは合致していないことを前提として，可能な範囲で真実の所得に近似した所得を捕そくしようとするものである。また，その性格上，通常範囲での個別的事情は捨象せざるを得ない。そして，このように解しても，収入が捕そく可能な範囲に限定されていることや，納税者は，自己固有の特殊事情を主張・立証し，あるいは，日頃から帳簿類を整備することによって，実額を立証することもできるので，酷だとはいえない。

また，どのような推計方法を採用するかは，それが合理的なものである限り，課税庁の判断に委ねられている。

ところで，原告らは，同業者の栽培条件を具体的に明らかにするよう

要求している。しかし，選定された同業者が原告の近隣者である点等を考慮すれば，これらを明らかにすることは右同業者の特定につながり，そのプライバシーを侵害することにもなりかねない。他方，推計については，前記のように推計の必要性・合理性等が要求されているし，原告らは，実額を立証することにより，右推計の合理性を否定し，実額による課税を受けることも可能であるので，右のような弊害を無視してこれらを明らかにすべきだとは考えられない。しかも，原告らが主張する「本人比率法」は，収入・経費の基礎資料が揃い，前後の年度の所得が捕そく可能なことが前提となるが，本件では，その前提を認めるべき証拠がなく，「本人比率法」を採用することはできない。

さらに，原告らは，蜜柑農家の個別性・特殊性を強調しているが，近隣の蜜柑農家に比べて，特に不利な栽培条件等にあったと認めるべき証拠はない。

(4) そうすると，原告らの本件各係争年の特別経費控除前の事業所得金額につき，昭和59年分については，その収入金額1573万7487円にその平均算出所得率44.72パーセントを乗じた703万7804円，昭和60年分についてはその収入金額1990万8174円にその平均算出所得率42.57パーセントを乗じた847万4909円，昭和61年分についてはその収入金額1807万9050円にその平均算出所得率43.17パーセントを乗じた780万4725円であると，合理的に推計することができる。

4. 原告らの実額反証について

（整理番号【36】の判示事項4と同旨）

5. 特別経費について

原告らが主張する経費のうち，右3で認定した算出所得金額を算定する際には折り込まれておらず，個別，特殊な事情に基づく特別経費として別途考慮が必要になるのは，建物減価償却費・利子割引料・固定資産除去損の3点である。右の特別経費については，原告において，基礎資料を提出して，一応の立証を尽くす必要性があり，その立証のない限り，右特別経費は存在しないものとして扱わざるを得ない。

以下，右の観点から，建物減価償却費・利子割引料・固定資産除去損の特別経費につき検討していくこととする。

(1) 利子割引料について

　原告は，別紙11（省略）の昭和59，60年Ａ原告科目（支払利息）（6頁，14頁），昭和61年Ｂ原告科目（支払利息）（22頁）記載の利息を各支払った旨主張している。しかし，原告らは，預金通帳等で，右支払いの事実を立証するのみで，容易に提出可能だと思われる借入証書等を提出せず，Ｂ原告のこの点に関する供述も曖昧なものだから，原告らの主張する金額が，本当に借入金の利息だけか，右借入金が事業のためになされたものかどうかが疑わしい。したがって，原告らにおいて，主張金額が，事業のために行われた借入金の利息であるとの点の一応の立証すらなされているとはいえない。

(2) 建物減価償却費

　減価償却が認められるためには，事業との関連性が認められることはもちろん，所得価額・取得時期等について，原告らが一応の主張・立証を尽くすことが不可欠である。ところで，原告らが，別紙13ないし15（省略）で減価償却費として主張しているもののうち，倉庫・貯蔵庫・ハウスに関しては，その性質上，事業との関連性が認められるから，その取得価額・時期等に関して，一応の立証がなされれば，減価償却費として認められる余地がある。しかし，原告らは，通常，存在するはずの請負契約書等も提出しようとしない。

　そうすると，右倉庫等の取得時期や所得価額が全く不明であるから，これらが当該年度の減価償却の対象となり得べきものか否か，その価額等が全く不明であるので，原告らにおいて，一応の立証さえできているとはいえず，これらを経費として認めることはできない。

(3) 固定資産除去損

　Ａ原告は，昭和60年度の減価償却費と主張しているもののうち，サクドー（索道）の除去損は，形式的には，これに該当するが，その主張金額には，何らの根拠も示していないので，これを経費として認めること

はできない。

6. 右3で認定した算出所得金額から右5で認定した特別経費の額，弁論の全趣旨により認められる事業専従者控除の額を控除した額である昭和59年分（A原告）は 583万1316円，昭和60年分（A原告）については 728万8785円，昭和61年分（B原告）については 755万4177円がその事業所得の金額となる。そして原告らは他に所得がないので，右金額が総所得金額となる。

7. 結論

以上の次第で，昭和60年分の更正処分（異議決定により一部取り消された後のもの）のうち，総所得金額につき右認定の総所得金額 728万8785円を超える部分及びこれに対応する過少申告加算税の賦課決定処分は違法であるので，この部分を取り消し，その余の本件各処分（異議決定により一部取り消された後のもの）は右認定の総所得金額の範囲内でなされた適法なものであるから，原告らのその余の請求を棄却する。

(3) 実額反証の適否～時期，順序（国税通則法116条関係）

【17】 広島地裁　平成10年3月12日判決　（　45ページ参照）
【18】 東京高裁　平成10年3月18日判決　（　48ページ参照）
【19】 宇都宮地裁　平成10年3月19日判決　（　49ページ参照）
【20】 東京高裁　平成10年3月26日判決　（　54ページ参照）
【21】 東京高裁　平成10年3月30日判決　（　55ページ参照）
【22】 東京高裁　平成10年4月27日判決　（　57ページ参照）
【23】 横浜地裁　平成10年5月20日判決　（　58ページ参照）
【24】 山口地裁　平成10年5月26日判決　（　62ページ参照）
【25】 東京高裁　平成10年6月11日判決　（　67ページ参照）
【12】 仙台高裁　平成10年7月2日判決　（　26ページ参照）
【27】 広島高裁　平成10年9月17日判決　（　71ページ参照）
【32】 熊本地裁　平成10年12月17日判決　（　82ページ参照）
【34】 和歌山地裁　平成10年12月25日判決　（　86ページ参照）

【35】　和歌山地裁　平成10年12月25日判決（　97ページ参照）
【36】　和歌山地裁　平成10年12月25日判決（　97ページ参照）
【37】　和歌山地裁　平成10年12月25日判決（105ページ参照）
【39】　和歌山地裁　平成10年12月25日判決（114ページ参照）

【40】　最　高　裁　平成10年3月10日第三小法廷判決

（平成8年（行ツ）第160号・青色申告承認取消処分等取消請求上告事件）

【当事者】

　　上　告　人（控訴人・原告）　　○○○○
　　被上告人（被控訴人・被告）　　千種税務署長

【判示事項】

　　青色申告承認取消処分の適否，推計課税の必要性・合理性，実額反証の成否

【事案の概要と争点】

　　本件は，飲食業を営む上告人の昭和61年分ないし同63年分の所得税につき被上告人がした青色申告承認取消処分及び更正処分等の適否が争われた事案である。

　　主たる争点は，青色申告承認取消処分の適否，推計課税の必要性・合理性の有無，実額反証の成否などにあった。

【判　旨】

　　本判決は，上告人の請求を棄却した原審（名古屋高裁平成8年4月26日判決・年報8号32ページ，一審津地裁平成7年11月30日判決・年報7号235ページ）の判断を是認し，上告を棄却した。

【41】 京都地裁　平成10年4月24日判決
（平成5年（行ウ）第11号・所得税更正処分取消請求事件）

【当事者】
原告　〇〇〇〇
被告　左京税務署長

【判示事項】
税務調査手続の適法性，推計課税の必要性・合理性，実額反証の成否

【事案の概要と争点】
　本件は，個人タクシー業を営む原告の昭和62年分，63年分及び平成元年分所得税について，被告がした更正処分等の適否が争われた事案である。
　主たる争点は，税務調査手続の適法性，推計課税の必要性，同業者率を用いた推計課税の合理性及び実額反証の成否にあった。

【判　旨】
　本判決は，次のように判示して，原告の請求を棄却した。
1．調査手続の適法性について
(1)　所得税法における規定の配列，趣旨，内容，目的等にかんがみると，同法234条1項にいう質問検査権の実施（調査）は，納税義務者（租税債務者），納税義務の成立，変更及び消滅，納税義務の内容等に関する規定（いわゆる実体法）によって成立した抽象的な納税義務の存在を前提とし，特定の者について課税の要件となる事実を具体的に確定するための資料を収集する事実行為であって，特定の者（処分を受ける者）に対する納税義務の設定等を目的とする課税（行政）処分とは本来別個のものであるというべきである。したがって，特定の者に対する所得税に関する調査手続が違法であるとしても，これが後続する所得税の課税処分の違法をもたらすものとは直ちにはいえないのである。
　また，所得税法234条1項は質問検査の範囲，程度，時期，場所等について定めをおかず，その他の法令上もこれらの細目について特段の定めがないことなどから，当該職員が所得税に関する調査について必要があり，これと相手方の私的利益との衡量において社会通念上相当な限度

にとどまるかぎり，質問検査の範囲，程度，時期，場所等の決定は当該職員の合理的な選択にゆだねられているし，調査の理由及び必要性の個別的，具体的な告知は，質問検査をするうえの法律上一律の要件とされているものではないというべきである（最決昭和48年7月10日刑集27巻7号1205頁）。

(2) これを本件についてみると，認定事実のとおり，原告は本件係争各年分の所得税の確定申告書に所得金額しか記載しておらず，収入金額の記載や収支内訳書の添付がなく，所得金額算定の経緯やその内容がまったく不明であったのであるから，被告において原告の申告所得金額が適正か否かを確認するために調査をする必要があったというべきであるうえ，調査理由を告知しないこと，調査に第三者の立会いを認めず，これを理由に帳簿書類を見なかったことなどについて，調査担当職員に裁量権の濫用があるとか，調査の方法や程度が原告の私的利益との衡量において社会通念上相当な限度を越え違法であるとすべき事実も認められない。

そうすると，調査手続が違法であるから本件各課税処分の取消事由があるとする原告の主張はいずれにしても採用できない。

2. 推計の必要性について

前記1.(1)で説示したとおり，所得税法234条による税務調査における質問検査の範囲，程度，時期，場所等の実施の細目については，質問検査の必要があり，かつ，これと相手方の私的利益との衡量において社会通念上相当な限度にとどまる限り，権限のある税務職員の合理的な選択にゆだねられており，第三者の立会を権利として肯定すべき法令上の根拠はないというほかないのである。

そして，認定事実によれば，被告は，原告が税務調査の際に第三者を立ち退かせて調査に協力するように求められたにもかかわらず，第三者の同席を求めて被告係官らが調査することを不可能にしたため，原告から課税標準の実額を直接把握するのに十分な資料の提供を受けることができなかったことから，原告に対する質問検査によっては原告の所得金額を確認することができないと判断し，やむを得ず推計を行って本件係

争各年分の総所得金額を算出して本件各課税処分をしたのであるから，被告が原告の本件係争各年分の所得税を算出するについて推計課税をする必要があったというべきである。

3. 推計の合理性について

(1) 同業者の抽出経緯

ア　証拠並びに弁論の全趣旨によれば，大阪国税局長は平成5年11月2日付で，原告の事業所の所在地を管轄する左京税務署長及びその近接地域を所轄する各税務署長に対し，本件係争各年分を通じて，個人タクシー業が1人1車制であるため営業車両が1台だけであること，事業区域が限定されていること，当時は同一事業区域における運賃体系が同一であり，実働16時間あたりの最高乗務距離も350キロメートルに制限されていたこと，体力が収入金額に影響を与えることなどを考慮して設定された別紙2（略）記載の同業者抽出条件の1から7の各条件のいずれにも該当するすべての者を抽出のうえ，報告するよう通達を発したこと，右通達に対して各税務署長は同年11月16日ないし18日付で，前記各条件のいずれにも該当する同業者は別紙3（略）記載のとおりである旨回答したこと，京都市ではタクシー用車両のうち小型車が全体の約8割を占めている状況に加え，車種の違いが年間の収入金額あるいは所得金額に及ぼす影響を測り難いとして，大阪国税局長は車種の違いを右通達における同業者抽出条件に加えなかったことがそれぞれ認められる。

イ　右のように大阪国税局長が原告の所得金額等を推計するために設定した同業者の抽出条件は，業種の同一性（個人タクシー業専業），事業所の近接性（京都市周辺），事業規模の近似性（営業車両1台），営業時間の類似性（ただし，年齢の点）等の点で同業者の類似性を判別する要件として相応の合理性を持つと評価することができるものであるし，収入金額に影響を与えると考えられる要素のひとつである年齢も考慮されている。しかも，右同業者の抽出は大阪国税局長の発した通達に基づいて各税務署長が機械的に右抽出条件に該当する者のすべてを抽出したものであるから，その抽出作業について被告あるいは大阪国税局長の恣意

の介在する余地はなく，かつ，右調査の結果の数値は青色申告書に基づいたもので，その申告が確定していることからしても信頼性が高いものである。また，抽出した同業者数は85名の多数に上っているから，所得金額に影響を与えるような各同業者の特殊・個別事情を緩和しこれを平均・客観化するに足るものである。

以上の諸点にかんがみると，原告の反論を考慮しても，被告が行った，右各同業者の算出所得率の平均値を基礎にした原告の本件係争各年分の事業の所得金額の推計には相応の合理性があるということができる。

4. 実額反証について

(1) 推計課税は実額課税と同様に真実の所得額を認定するためにやむをえず真実の所得額に近似した額を資料によって推計し，これをもって真実の所得額と認定する方法であり，推計の方法及び基礎となった資料からみて課税標準額の近似値を算定する手段として合理的といえる場合に認められるものである。

そして，申告納税制度において自己の申告所得が正しいことを説明すべき納税者が税務調査に協力しないで課税庁に推計課税を余儀なくさせたうえ，実額反証において立証責任を負担しないとすれば，誠実な納税者よりも利益を得ることになって不当であるし，納税者の経済行為については第三者たる課税庁よりも課税標準額等に関する直接資料を保管すべき義務を負う納税者が右資料に基づいて収入金額及び経費を主張立証することは一般に困難なことではないといえるから，原告が推計課税の方法により認定された額が所得の実額と異なるとして推計に基づく課税処分の取消しを求める場合には，原告においてその主張する実額が真実の所得額に合致すること，すなわち主張する収入金額が全ての取引についての収入金額であること及び必要経費が実際に支出され，当該事業と関連性があることを主張立証しなければならないと解するのが相当である。

(2) ところで，原告は，営業報告書や輸送実績報告書をもって収入金額を立証しようとするが，証拠並びに弁論の全趣旨によれば，原告は毎日乗

車地，降車地，料金，1日の収入などを記載して運転日報を作成し，運転日報を基に月別の輸送実績報告書を作成し，輸送実績報告書を基に営業報告書を作成していること，原告は営業報告書を近畿運輸局に，輸送実績報告書を近畿運輸局京都陸運支局にそれぞれ提出したこと，個人タクシー業者は3年毎に免許の更新手続をするが，その際には京都陸運支局による運転日報，領収書，現金出納帳，元帳，輸送実績報告書，営業報告書に関する実態確認調査を受け，業務が適正に行われていると認められると免許の更新が認可されること，原告は昭和63年4月及び平成3年4月に実態調査を受けて免許の更新を認可されていることが認められるものの，証拠並びに弁論の全趣旨によれば，免許の更新の際における実態確認調査は，近畿運輸局から委嘱されたK地方個人タクシー団体協議会理事の協力を得て，輸送実績報告書（月報）及び営業報告書・輸送実績報告書（年報）の提出状況，運転日報の記載状況，会計帳簿の備付け，整理状況などについて調査し，「個人タクシー業務実態調査報告書」にその結果を記載して行われるが，その基となる帳簿は確認しないことが認められるから，陸運支局による調査も形式的外形的なものに止まり，営業報告書及び輸送実績報告書の内容の正確性を調査するものではない。また，原告は運転日報とは別に金銭出納帳も作成していた旨供述する一方で，本件係争各年分について異議申立て，審査請求，本件訴訟をしながら，本件係争各年分の運転日報及び金銭出納帳を証拠として提出しないのは，その存在あるいはその内容の正確性に疑義を持たせるものであるから，その運転日報を基に作成されたという営業報告書や輸送実績報告書もまたその内容の正確性に疑義がある。

さらに，原告の妻である証人Uは，原告が作成した日報，現金出納帳，領収書等を原告の妻が保管していたが，いつの時か平成元年分の領収書等を除いて，これらが見当たらなくなってしまったなどと証言していることからすれば，本件係争各年における原告の営業実態が帳簿等の客観的な証拠によって立証される見込みはほとんどなくなった（原告の帳簿等に代替できる客観的な証拠を想定するのは困難である。）と認めるほ

かなく，結局営業報告書及び輸送実績報告書の内容が捕捉漏れのない収入金額であるとは認められず，原告の実額反証は，その余の点について審理判断するまでもなく採用し難いものというべきである。

【42】 東京高裁 平成10年5月27日判決
（平成8年（行コ）第5号・裁決取消等請求控訴事件）

【当事者】
控訴人（原告） ○○○○
被控訴人（被告） 越谷税務署長，国税不服審判所長

【判示事項】
推計課税の必要性・合理性，実額反証の成否，裁決固有の瑕疵の有無

【事案の概要と争点】
本件は，金属プレス加工業を営む控訴人の昭和60年分ないし62年分の所得税につき被控訴人税務署長がした更正処分等の適否及び被控訴人審判所長がした裁決の適否が争われた事案である。

主たる争点は，推計課税の必要性，被控訴人税務署長が調査により把握した控訴人の収入金額を基に類似同業者の平均算出所得率を用いて行った推計方法の合理性，実額反証の成否及び裁決固有の違法事由の有無にあった。

【判　旨】
本判決は，控訴人の請求をいずれも棄却した原判決（浦和地裁平成8年1月22日判決・年報8号42ページ）の理由説示を次のように一部付加・訂正したほかこれを引用し，被控訴人税務署長に対する請求を一部認容したほかはこれを棄却すると共に，被控訴人審判所長に対する控訴を棄却した。

1. 推計の必要性について（略・年報8号42ページ参照）
2. 推計課税の合理性について（略・年報8号44ページ参照）
3. 控訴人の実額反証について
(1) 収入金額
ア 推計課税は所得の実額を把握することができない場合に右所得に近似

する所得を算出するため補充的に行われる課税方法であると考えられるから、適法な推計課税が行われた場合でも所得の実額が判明したときは推計の結果は維持できなくなるというべきであるが、推計課税がいったん適法に行われたものである以上、右推計の結果を覆すべき実額は納税者がその主張立証責任を負担してこれを明らかにすべきものと解するのが相当である。そして所得の実額を算定するにはその年中の総収入金額及び必要経費を知ることが必要であるから（所得税法27条2項）、納税者の右主張立証（実額反証）においては右総収入金額も明らかにされる必要があり、またこの点が明らかにされない限り納税者が主張立証する経費の金額が収入を得るために直接要した費用に当たるかどうか（同法37条1項）も明らかにし難い関係にある。

なお、この場合右収入及び経費に算入すべき金額はいわゆる権利確定主義（発生主義）に基づいて認定されるべきである。すなわち、所得税法36条1項にいう収入すべき金額とは、収入すべき権利の確定した金額の意であって、同法は、現実の収入がなくても当該収入の原因となる権利が確定した場合には、その時点で所得の実現があるものとして、右権利確定の時期の属する年分の課税所得を計算するという建前（いわゆる権利確定主義）を採用しているものと解され（最高裁昭和40年9月8日決定、刑集19巻6号630頁、同昭和49年3月8日判決、民集28巻2号186頁、同昭和53年2月24日判決、民集32巻1号43頁参照）、同法37条1項に定める必要経費に算入すべき金額についても、右権利確定主義を採用しているものと解される。

なお、同法によれば、青色申告書を提出することにつき税務署長の承認を受けている居住者で、不動産所得又は事業所得を生ずべき業務を行う者のうち小規模事業者として政令で定める要件に該当する者については現金主義によることも認められている（同法67条の2、同法施行令195条及び196条）が、控訴人は、青色申告書を提出することにつき税務署長の承認を受けている居住者ではないから、控訴人は右現金主義により得る場合に該当しない。

イ　そこで本件係争各年度における控訴人の収入金額について検討するに，原判決の認定と証拠によると，次の事実を認めることができる。

　控訴人は自宅に作業所を設けて金属プレス業を営む個人であるが，本件係争各年度当時には継続的取引として訴外Ａ社ほか４社からプレスの仕事を請け負い，昭和61年中にはこのほかに訴外Ｂ社からも同様の仕事を請け負っていた。

　右取引先６社に対する各年度の売上は原判決別紙㈡（略）記載のとおりであった。右売上額は，被控訴人税務署長が右各取引先について反面調査をすることにより判明した各取引先の控訴人からの仕入額について前記権利確定主義の観点から調整を施した金額であり，右６社の関係での正確な売上額である。そして控訴人も右６社との取引を記載した帳簿伝票類（売上帳，納品書（控），請求書（控），領収書（控））を保管しているが，その記載は右反面調査の結果を裏付けるものである。また，右取引は控訴人の各預金口座の入金額等によっても裏付けられている。

　控訴人はそのほかに昭和60年中に訴外Ｃ社の発注による仕事をして４万272円の請負代金債権を取得し（同年中にそのうち４万円の支払を受けた），昭和61年中には訴外Ｄ社の発注による仕事をして22万円の請負代金債権を取得し同年中に同額の支払を受けた。右各金額と前記６社に対する各売上金額とを加えると，本件係争各年分の合計額は本判決別表２（略）の「収入金額」欄に記載のとおりになる。

ウ　右のとおり売上があったことは前掲証拠上動かし得ないところであるが，被控訴人税務署長は控訴人にはそのほかにも収入があったと推認される旨主張するが，そのほかに前記収入額の認定を覆すに足りる証拠はない。

(2)　経費

　控訴人は，多数の証拠を提出し，本件係争年分における必要経費の存在を主張するが，このうち控訴人は自動車１台を事業と家事の双方に使用していたことを認めることができるから，当該自動車の使用等に関連して生じたガソリン代，駐車場代，車検費用，自動車税等はその２分の

1が経費に当たると認めるのが相当であり，電話料金は，控訴人の事業形態に照らすと少なくともその5割は事業に必要な経費であったものと認めることができる。さらに，控訴人主張の原材料費，消耗品費の中には一部控訴人主張の年分ではなく，その前年の経費とすべきものがあり，控訴人主張の機械器具修理費用の証拠中には同一の経費に係るものが認められるほか，その具体的内容が不明なものがある。以上のほか，控訴人が主張する経費について検討するに，一部全証拠によっても必要経費性を認めることのできないものがあるほかは，これを必要経費と認めることができる。

4. 本件課税処分の適否

以上によると控訴人の事業所得の金額は本判決別表2（略）のとおり昭和60年分が304万254円，昭和61年分が368万9388円，昭和62年分が333万849円であるから，本件各更正のうちいずれも右所得の金額を超える部分は取り消されるべきであり（なお控訴人は本件各更正のうち控訴人のした本件各確定申告に係る所得金額を超える部分の取消を求めるものであることが弁論の全趣旨により明らかである。），本件各過少申告加算税賦課決定も右所得の金額を超える部分についてされた部分は取り消されるべきであるが，その余の部分は適法である。

5. 本件裁決の適否（略・年報8号49ページ参照）

【43】 広島高裁　平成10年8月26日判決
（平成8年（行コ）第7号・更正処分取消請求控訴事件）

【当事者】

控　訴　人（原告）　　○○○○
被控訴人（被告）　　広島北税務署長

【判示事項】

推計課税の必要性・合理性及び実額反証の成否

【事案の概要と争点】

本件は，土木工事業を営む控訴人の昭和61年分ないし同63年分の所得税

について，被控訴人がした更正処分の適否が争われた事案である。
　主たる争点は，推計課税の必要性，類似同業者の平均所得率を用いた推計の合理性及び実額反証の成否にあった。
【判　旨】
　本判決は，控訴人の請求を棄却した原審（広島地裁平成8年9月25日判決・年報8号 148ページ）と同旨を判示して，控訴を棄却した。

⑷　そ　の　他　※

6 税務調査（質問検査権の行使）

【288】 最　高　裁　平成10年1月22日第一小法廷判決（ 839ページ参照）
【18】 東　京　高　裁　平成10年3月18日判決（ 48ページ参照）
【20】 東　京　高　裁　平成10年3月26日判決（ 54ページ参照）
【21】 東　京　高　裁　平成10年3月30日判決（ 55ページ参照）
【41】 京　都　地　裁　平成10年4月24日判決（122ページ参照）
【22】 東　京　高　裁　平成10年4月27日判決（ 57ページ参照）
【23】 横　浜　地　裁　平成10年5月20日判決（ 58ページ参照）
【138】 神　戸　地　裁　平成10年6月3日判決（376ページ参照）
【6】 最　高　裁　平成10年6月11日第一小法廷判決（ 14ページ参照）
【12】 仙　台　高　裁　平成10年7月2日判決（ 26ページ参照）
【297】 横浜地裁小田原支部　平成10年8月28日判決（ 861ページ参照）
【27】 広　島　高　裁　平成10年9月17日判決（ 71ページ参照）
【29】 大　阪　高　裁　平成10年9月30日判決（ 78ページ参照）
【38】 和　歌　山　地　裁　平成10年12月25日判決（106ページ参照）

【44】 大　阪　高　裁　平成10年3月19日判決
　　　（平成7年（ネ）第 926号・第1191号・第2247号損害賠償請求控訴事件）

【当事者】
　控　訴　人・被控訴人・附帯被控訴人（被告）　　国
　被控訴人・附帯控訴人（原告）　　　　　　　　○○○○ほか1名
　控　訴　人（原告）　　　　　　　　　　　　　○○○○

【判示事項】

税務調査手続の適否及び税務署職員の不法行為の有無
【事案の概要と争点】
　本件は，洋品雑貨店（A店・B店）を営む一審原告らが，訴外税務署職員の違法な税務調査により精神的苦痛を破ったとして，一審被告に対し国家賠償法1条1項に基づき損害賠償を求めた事案である。
　主たる争点は，税務調査手続の適否にあった。
【判　旨】
　本判決は，次のとおり判示して，一審原告の請求を一部認容した原審（京都地裁平成7年3月27日判決・年報7号241ページ）の判示を一部訂正したほかこれを是認すると共に一審原告の附帯控訴請求を一部認容し，その余の一審被告及び一審原告の控訴を棄却した。
1. 税務調査手続の適否について
⑴　税務調査における質問検査権について，まず検討する。
ア　質問検査権の意義
　　所得税の終局的な賦課徴収にいたる過程においては，更正，決定の場合のみでなく，申請，申告等に対する許否の処分のほか，税務署その他の税務官署による一定の処分のなされるべきことが法令上規定され，そのための事実認定と判断が要求される事項があり，これらの事項については，それらの認定判断に必要な範囲内で職権による調査が行われることは法の当然許容するところと解すべきものであるところ，所得税法234条1項の規定は，国税庁，国税局または税務署の調査権限を有する職員において，当該調査の目的，調査すべき事項，申請，申告の体裁内容，帳簿等の記入保存状況，相手方の事業の形態等諸般の具体的事情にかんがみ，客観的な必要があると判断される場合には，前記職権調査の一方法として，同条1項各号規定の者に対し質問し，またはその事業に関する帳簿，書類その他当該調査事項に関連性を有する物件の検査を行う権限を認めた趣旨である（最高裁判所第三小法廷昭和48年7月10日決定（刑集27巻7号1205頁））。
　ところで，税務職員による右質問検査権の行使は，当該職員の質問に

対して答弁をせず若しくは偽りの答弁をし，または検査を拒み，妨げ若しくは忌避したことに対して1年以下の懲役又は20万円以下の罰金に処せられる（所得税法242条8号）という制裁の下に，相手方は質問検査を受忍することを間接的心理的に強制されているものであって，相手方において質問検査に応じる義務があることを前提とするものではあるが，相手方においてあえて質問検査を受忍しない場合にはそれ以上直接的物理的に強制し得ないという意味において，国税犯則取締法の規定に基づき裁判所が行う臨検，捜索または差押，あるいは裁判所の許可を得て収税官吏が行う臨検，捜索または差押等の強制調査とは異なり，任意調査の一種である。

イ 質問検査権行使の要件に関する判断

(ｱ) 税務職員の有する質問検査権は，所得税の適正，公平な賦課徴収を図るという公益上の目的を実現するための制度，手続として認められたものであるから，所得税法234条1項に規定する「調査について必要があるとき」とは，権限のある税務職員において，具体的事情にかんがみて客観的な必要があると判断する場合をいうものであり，確定申告後に行われる所得税に関する調査については，確定申告にかかる課税標準または税額等が過少である等の疑いが認められる場合に限られず，広く右申告の適否，すなわち申告の真実性，正確性を調査するために必要がある場合を含むものと解すべきである。

(ｲ) 次に，右質問検査権の具体的な行使における質問検査の範囲，程度，時期，場所等実定法上特段の定めのない実施の細目については，右にいう質問検査の必要があり，かつ，これと相手方の私的利益との衡量において社会通念上相当な限度にとどまるかぎり，権限ある税務職員の合理的な選択にゆだねられているものと解すべく，実施の日時場所の事前通知，調査の理由および必要性の個別的，具体的な告知のごときも，質問検査を行ううえの法律上一律の要件とされているものではない（前掲最高裁判所第三小法廷昭和48年7月10日決定）。

(ｳ) 所得税法234条1項1号における税務職員の質問検査権行使の相手方

は，納税義務者本人のみでなく，その業務に従事する家族，従業員等をも含むものと解すべきである。質問検査権行使の相手方を右条項の文言どおり厳格に解し，納税義務者本人に限定すると，場合により業務の実態の正確な把握ができなくなるおそれを生じ，納税義務者本人が不在の場合には質問検査権の行使が全くできなくなるほど，質問検査の実効性が失われる結果を招来することになるうえ，右のように解しても，別段納税義務者本人に不利益を課すことになるものでもない。なお，同法244条1項の罰則の規定も，このような解釈を前提とするものと解される。

　ところで，税務職員による質問検査権の行使は任意調査の一種であると解すべきことは前示のとおりであるから，その行使に際しては相手方の承諾を要するものであるところ，その承諾は必ずしも明示の承諾に限られるものではなく，場合によっては黙示の承諾も許されるものと解するのが相当である。ただし，質問検査権行使の相手方が，納税義務者本人ではなく，納税義務者本人の業務に従事する家族，従業員等である場合には，右質問検査権の行使が納税義務者本人の承諾が得られないことを回避する手段，目的でなされることのないよう特別の配慮をすることが望ましく，したがって，納税義務者本人の事前の承諾が得られていない場合における納税義務者本人の業務に従事する家族，従業員等による黙示の承諾の有無については，その具体的状況を勘案したうえで，慎重に判断する必要がある。

(2)　以上の見解に基づいて，国税調査官らの行った各行為の違法性について，順次判断する。

ア　A店における行為について

(ア)　認定にかかる国税調査官らの行為のうち，国税調査官らが事前連絡なしにA店に臨場した点に違法は認められず，税務署職員Nが，調査は日を改めて来てほしい旨を再三述べた訴外Hに対し，税務調査に応じて欲しいとの説得を続け，さらに，調査のため2階へ上がらせて欲しい旨再三にわたって説得を試みた行為は，いずれも質問検査権の行使それ自体

ではなく，質問検査に応じるように説得するための行為であるところ，質問検査は任意調査であるところから調査の相手方の積極的協力が得られないことも多く，そのような場合，調査の必要性及び質問検査に対する相手方の受忍義務などを説明して説得に努めることは調査担当者の当然の職務行為であり，右説得行為が時間をかけた粘り強いものになることも許容されるところであり，右各行為は，いずれも社会通念上相当の範囲内にある適法な行為であると認めるのが相当である。

次に，Nが，Hに対し，従業員数，店舗数，外部販売の有無等について質問をして応答を得た行為は，質問検査権の行使に該当する行為であるが，Hとしては，このような税務調査に応じるつもりがないのであれば，これらの質問に対する返答を拒むことによって容易にその意思を表明し得るものであるところ，Hがこれらの質問に対して返答を拒むことなく応答したものであることは認定のとおりであるから，Nの右質問検査権の行使に対してはHの任意の承諾があったものと認めるのが相当であり，Nの右質問検査権の行使は適法なものというべきである。

(イ) 次に，認定にかかる国税調査官らの行為のうち，税務署職員Fが，X_2の後を追うようにして2階へ上がった行為の違法性について検討する。

認定の事実によれば，Fの右行為は，Nが，Hに対して調査のため2階へ上がらせて欲しい旨再三にわたって説得を試みたが，Hは，2階はプライベートな部屋だから入ってもらっては困る旨を述べてこれを強く拒否し続けていた最中の行為であり，その際，FがX₂ないしHから2階へ上がることへの承諾を得ていないことは明らかであるところ（仮に，第一審被告主張のように，Nの目配せを受けたFが，「2階へ上がらせてもらいますよ。」と声をかけて2階へ上がり，それに対して，X_2もHもこれを制止しなかったとしても，それまで，NがHに対し再三にわたって2階へ上がらせるよう要求したにもかかわらず，Hは右要求を拒否し続けていたことや，2階部分は，アコーディオンカーテンにより店舗部分とは一見して明白に区分されたX_2及びHの居住部分であって

（検証結果），プライバシーの保護がより重要視される場所であり，まして女性2人の居住部分であり，見知らぬ男性の臨場を好ましからざるものと思っていたであろうことを考えると，2階に上がるのを制止しなかったことによってX_2またはHの黙示の承諾があったものとみることはできない。），このようにA店の店舗部分とは区分された居宅部分である2階へ上がる行為自体は，質問検査に応じるよう説得を続けるための立入りであって質問検査権の行使そのものとはいえないとしても，居住者の拒絶の意思に反して右居住部分に立ち入ることが許されないことは明らかであるから，N及びFがX_2またはHの承諾を得ないで2階へ上がった行為は，社会通念上の相当性を逸脱した違法な行為であると解すべきである。また，国税調査官ら（N，T，C及びK）が2階へ上がった各行為についても，X_2またはHの承諾を得たものと認める余地はなく，Fの右行為と同様，違法と解すべきである。

そして，右国税調査官らの2階に上がった各行為がいずれも違法である以上，これに続いて行われた2階での国税調査官らの質問検査権行使としての税務調査は，違法に立ち入った場所における質問検査権の行使であることから，相手方の承諾の有無を問うまでもなく，いずれも違法であると解すべきものであり，仮に，右税務調査として2階で行われた個々の行為の一部にX_2またはHの承諾があるかにみえるものが存在したとしても，全体として違法であると評価するのが相当であって，個々の行為の一部についてのみ適法性を認める余地はない。

さらに，認定にかかる国税調査官らの行為のうち，KがA店のレジの金銭調査を行った行為については，質問検査権の行使に該当するものであるところ，レジの中の現金の金額を数えるというUの行為が介在しているとしても，Uは，X_2やHとは異なりA店の単なるパート従業員にすぎないうえ，Kから現金を数えるようにとの指示が命令口調であったため，これに従わなければならないと思って従ったものであって，少なくとも進んで調査に応じたものでなかったことは認定のとおりであるから，X_2及びHの承諾に基づかない質問検査権の行使であると認めるの

が相当であり，また，Kがレジ下の引出しを2階に持って上がり，引出しの中の帳簿類の調査をした行為も，UやX₂及びHの承諾に基づかない質問検査権の行使であると認められ，いずれも違法な行為であると解すべきである。

イ　B店における行為について

(7)　認定にかかる国税調査官らの行為のうち，国税調査官らが事前通知なしにB店に臨場した点に違法は認められないが，税務署職員Rらが，原告X₃の見守る中，レジを置いた机の引出し，レジ付近の屑入れ及びレジの横の陳列篭の上に置いてあった大学ノートの検査を行った行為は，同店にいなかった営業主のX₁の承諾はもとより，そこにいたX₃の承諾を得ないでなされた質問検査権の行使として違法なものというべきである。もっとも，X₃は，RらがB店に臨場してレジ下の引出し，屑入れ，大学ノートについて検査するのを明示的に拒否することまではせず，また，その後にRらの求めに応じてレジの点検キーを押してレジペーパーを取り出し，現金との照合をするのに応じているのであって，Rらの臨場当初からの調査の全体を黙示的に容認したのではないかとみられなくもない。しかし，X₃は，臨場したRらに対し，自分では分からないから，出直してほしい旨を述べ，その後もX₃が分かる範囲で調査に協力してほしいとの説得と質問に対してレジの操作による事務処理について主として口頭で答えたり説明したりする程度のことはしたが，全体としてみれば調査協力には消極的な態度をとり続けたものであり，さらに，民商職員やX₁から電話で税務職員には早く引き揚げてもらうようにとの助言，指示を受けていたという状況のもとで，助言の内容と異なってRらの調査全体を容認する態度を示したと認めることは困難である。これに，レジ付近における調査継続中にされた訴外Jの所持するバックの検査が後記(イ)のとおり訴外Jの拒否を無視したかなり強引なものであったことも併せると，Rらによるレジ下の引出し，屑入れ，大学ノートについての調査は，X₃の承諾を得ずになされたものであり，社会通念上の相当性の範囲を逸脱した違法なものというほかない。なお，その後

にRがX₃にレジの点検キーを押させてした調査は，X₃の承諾を得たものといえるが，証拠を総合しても，X₃がこの承諾によってその前にされた調査を追認したものと認めることはできない。

　次いで，Rが，X₃に依頼して，レジの点検キーを押させてレジの小計を出させ，レジペーパーの提出を受けて，これと現金とを照合をした行為の適法性について検討すると，認定の事実によれば，Rの右調査は，いずれもX₃の右レジの操作等の行為を介して行われており，X₃の点検キーを押すなどの行為の外形からX₃の承諾の下に行われたものであると推認されるのに加えて，認定の事実によれば，X₃がレジの点検キーを押してRの右調査を可能にした行為は，X₃が心待ちにしていたX₁からの電話がかかってRらからの心理的圧迫感がかなり除かれた状態のもとで，ある程度時間をかけて考慮した後に行われたことがうかがわれ，X₃がRらの強制，圧迫に屈して右承諾をしたとはいえないから，Rの右調査の部分は，X₃の任意の承諾に基づく質問検査権の行使として適法であるということができる。

(イ)　一方，税務署職員WがX外Jのバッグを点検した行為は，WがJに対して同女の所持していたバッグの検査を要求し，それをJが繰り返し拒否したのを押し切って，Wは半ば強引にバッグを取って中を開け，在中物を調べたというものであって，その行為の態様だけをみても，Jの承諾のないままに行われたものと認められるものであるうえ，女性のバッグの内容物，特に手帳の中身などは，一般に他者には知られたくないもので，プライバシー保護の要請が特に強いものであるから，Wの右行為は，社会通念上の相当性を欠くものであり，違法な質問検査権行使の行為であると解される。

(ウ)　これに対し，RがX₃のバッグの中を検査した行為は，Rが，レジの横の棚にあるバッグがX₃のものであることを知って，その確認をさせてほしい旨をX₃に申し出たのに対し，X₃は，確かにいったんは検査に強く難色を示したものの，X₃のプライベートなものは除いてバッグの中を見せてくれればよいとのRの言葉にしたがって，X₃が女性用品

を取り出した後，バックをRに差し出したのを受取り，バッグの在中物を検査したというものであることは認定のとおりであり，Jのバッグの場合と異なってRがX₃から強引に取り上げたといったこともなく，また，RがX₃のプライバシーの保護にもそれなりの配慮をしたといえるから，X₃のバックに対する検査は，X₃の任意の承諾に基づく質問検査権の行使として適法の範囲内にとどまっているということができる。
ウ　その後の不法行為について
(7)　国税調査官らは，平成4年3月30日の調査後，下京税務署，国税庁や大阪国税局に対する抗議や請願がX₁らから続いている期間中も，A店またはB店に10回程度臨場した。

　　臨場回数が多数回に及んだことについては，第一審被告側からみれば，納税義務者であるX₁本人に直接面会するため，帳簿書類の提示を求めるため，多額の資産形成の経緯の説明を求めるため，青色申告承認の取消しの説明のため，青色申告承認の取消しの手続に当たっての帳簿等の提示できない正当事由の有無の確認のため，新しく交替した税務調査担当者による帳簿書類の提示の説得のため，修正申告に応じる意思の有無の確認のため等，その必要性及び理由があることが認められるものであり，これらをもって違法とすることはできない。

　　この点につき，X₁は，当審における本人尋問に対し，これらの多数回の臨場は税務調査に名を借りた嫌がらせである旨供述しているところ，第一審原告側の心情としてそのように感ずるであろうことは容易に理解できるところではあるが，青色申告の承認を受けている者は，業務についての帳簿書類を備え付けることが義務付けられており（所得税法148条1項），その税務調査において右帳簿書類の提示を拒否する場合には青色申告承認が取り消されることもあり得るものであって，課税庁及び税務担当者としては，青色申告の承認を性急かつ安易に取り消すことなく慎重に対処して，調査の過程，経過等を説明しながら粘り強く帳簿書類を提出するよう説得する努力をすることが要請されるものであり，帳簿書類の提出を拒み続けるX₁に対しての臨場が多数回に及んだことは

止むを得ない措置であったものといわなければならない。なお，認定によれば，X_1は，国税調査官らから帳簿書類を提示するように求められたのに対し，課税当局が平成4年3月30日に行われた税務調査を違法調査であったと認めて謝罪すれば帳簿書類を提示する旨主張していたことが認められるが，国税調査官らの違法行為の存否及びこれに対する謝罪の要否は青色申告者の帳簿書類の提示義務とはおのずから別個の問題であって，これによって，X_1が帳簿書類の提示を拒否し得ると解する余地はないから，X_1の右主張は採用できない。

また，認定によれば，Sは，臨場に際して，X_1が不在であったため，B店レジ付近において，X_3の面前で，帳簿書類の提示がない場合には青色申告の承認が取り消されることなどを記載した右注意書を店中に聞こえるような大声で読み上げたものであるところ，Sが右行為に及んだことの必要性及び合理性については疑問がないわけではないが，右行為が社会通念上相当な限度を逸脱したものとまで認めることはできない。

(イ) 国税調査官らは，平成4年4月30日の調査後，X_1の運転する車に対する尾行を行った。この点に関し，原審及び当審証人Rは，右尾行は追跡調査として行ったものであり，X_1の取引には仕入先との現金取引が含まれているため，仕入先の把握のために必要であった旨供述しているところ，前認定の国税調査官らによる臨場調査等に対するX_1の対応等からみて，X_1の仕入先の把握のための反面調査の必要があったことが認められ，右の尾行はその反面調査の方法として行われたとするRの右供述は措信し得るものであり，したがって右の尾行はX_1に対する単なる嫌がらせとして行われたものではないといえるから，X_1において国税調査官らに尾行されていることに対する不快感が強かったことがうかがわれることを十分考慮しても，右の尾行が社会通念上相当な範囲を逸脱したとまでいうことはできず，これを違法とするまでには至らないと解すべきである。

2. 第一審原告らの損害について

(1) X_1 は，A店及びB店を経営する者であるところ，国税調査官らのA店及びB店における前認定にかかる違法行為はX_1に対する税務調査の際にX_1の家族及び従業員に対してなされたものであるから，右違法行為によってその名誉，信用を害され，精神的苦痛を被ったものであるが，本件における違法行為の内容，程度，その他本件に表れた諸般の事情を総合考慮すれば，X_1に対する慰謝料は50万円をもって相当であると認められる。

(2) X_2 は，X_1に対する税務調査の際，国税調査官らから受けた違法行為の内容は前認定のとおりであるが，要するに，A店2階の住居部分に自己やHの承諾がないまま，国税調査官らに入室されて，タンス内部やベッドの下の引出しなどを検査されるなどしたという重大なプライバシー侵害を被っているのであって，X_2の受けた精神的苦痛が大きなものであったことは容易に推認されるところであり，X_2に対する慰謝料は30万円をもって相当であると認められる。

(3) X_3 は，国税調査官らからX_3の承諾を得ないで違法な調査を受けた部分があるが，もっぱらX_3のみにかかる個人的な法益侵害まで受けたといえないことは前示のとおりであるから，X_3に対して慰謝すべき損害はない。

なお，B店における国税調査官らのJに対する違法な調査及びX_3の承諾なしに調査がなされた部分についての損害は，B店の経営者であるX_1についての損害額判断の一事情として斟酌するのが相当である。

7　不服審査の手続

【42】　東　京　高　裁　平成10年5月27日判決（　127ページ参照）
【296】　山口地裁岩国支部　平成10年7月16日判決（　856ページ参照）
【58】　千　葉　地　裁　平成10年12月21日判決（　164ページ参照）

【45】　東 京 地 裁　平成10年5月27日判決
　　　　（平成10年（行ウ）第35号・裁決取消請求事件）
　　【当事者】
　　　原告　○○○○
　　　被告　国税不服審判所長
　　【判示事項】
　　　裁決固有の瑕疵の有無
　　【事案の概要と争点】
　　本件は，国税通則法57条の規定に基づき，原告の所得税に係る還付金を，原告の昭和61年6月11日相続開始に係る滞納国税（相続税申告税額）に充当した東京国税局長の充当処分について，被告がした裁決の適否が争われた事案である。
　　主たる争点は，裁決固有の瑕疵の有無にあった。
　　【判　旨】
　　本判決は，次のとおり判示して，原告の請求を棄却した。
1.　原告は，「相続税額が申告相続税額と増額更正税額からなっている」という原告の主張に対し，本件裁決に係る審理において，東京国税局長は認否をしなかったにもかかわらず，被告が，東京国税局長に対し，釈明を求めないままでした本件裁決には，審理不尽の瑕疵があり，国税通

則法(以下「通則法」という。)93条2項に反する旨主張するので,まず,この点について検討する。

原告の「相続税額が申告相続税額と増額更正税額からなっている」旨の主張の趣旨は必ずしも明らかではないが,その趣旨が,本件相続税について原告の申告した納付すべき税額(345万3700円)が申告時に存在したこと及び本件増額更正処分によって納付すべきこととされた税額(1607万1700円)が本件増額更正処分時に存在したことをいうのであるとすると,本件裁決に係る審理において,右各事実について当事者間に争いがなかったことは,証拠から明らかであって,被告が,この点に関する認否をするよう東京国税局長に求めなかったとしても審理不尽となるものではない。また,原告の主張の趣旨が,原告がした本件相続税に係る申告と本件増額更正処分は別個のものとして併存し,本件増額更正処分の効力は,これによって増加する部分の税額についてのみ生ずるという法的な見解をいうのであるとすると,被告は当事者の主張に拘束されることなく,自らの判断によって法律を解釈することができるのであって,原告が主張した法的な見解に対する当事者の認否を確認する義務はないというべきである。

以上によれば,いずれにしても原告の主張は失当というべきである。

2. また,原告は,①更正すべき理由がない旨の通知処分は行政処分に該当するにもかかわらず,別件訴訟で,成田税務署長が本案前の答弁として却下判決を求め,結果的に本件通知処分の取消しを求める原告の訴えを却下する判決がされているから,本件通知処分は憲法84条,98条1項に反し無効であり,②本件充当処分は,別件充当処分についての東京国税局長の主張と齟齬し違法であり,また,③別件充当処分は,本件充当処分についての東京国税局長の主張及び民法489条の規定に反しているから違法であることを前提として,違法な本件通知処分,本件充当処分及び別件充当処分をそれぞれ適法なものとして原告の審査請求を棄却した本件裁決も違法となると主張している。

ところで,一般的に,裁決取消しの訴えにおいては,処分の違法を理

由として取消しを求めることができないところ（行政事件訴訟法10条2項），原告の右各主張は，いずれも本件通知処分，本件充当処分及び別件充当処分に係る違法事由をいうものであって，本件裁決固有の瑕疵をいうものではないというべきであるから，これを採用することができない。

3. さらに，原告は，本件裁決のための審理の際，被告が憲法判断をしなかったことをもって本件裁決が違法であったと主張する。原告の右主張の趣旨は必ずしも明らかではないが，本件裁決における原告の右憲法違反の主張は，結局，通則法57条が別件充当処分の根拠とならないことを前提にして別件充当処分の憲法違反を主張するものか，通則法57条に基づいて別件充当処分がされたことを認めつつ通則法自体の憲法違反性を主張するものかのいずれかであると解されるところ，前者であれば，被告は原告の主張について憲法判断すべき前提を欠くと判断したことになり，後者であるとすれば，行政機関たる被告は，司法機関である裁判所とは異なり，法律の憲法適合性について審査する権限を有しないことになるから，いずれにせよ原告の右主張も理由がないというべきである。

【46】 千葉地裁 平成10年12月17日判決
（平成10年（行ウ）第68号・異議決定取消請求事件）

【当事者】
原告 ○○○○

被告 成田税務署長

【判示事項】
国税通則法56条2項による国税還付金の引継行為の行政処分性

【事案の概要と争点】
本件は，原告の平成9年分源泉所得税の還付金を被告が東京国税局長へ引き継いだ行為に対し，原告が被告に異議申立てをしたところ，被告が，右引継は抗告訴訟の対象となる処分に当たらないとして右申立てを却下したことから，原告が右却下決定の取消を求める事案である。

主たる争点は，還付金の引継行為の処分性にあった。

【判　旨】

本判決は，次のとおり判示して，原告の請求を棄却した。

国税に関する法律に基づく処分（通則法75条1項）とは，公権力の主体である国が行う行為のうち，その行為が直接国民の法律上の地位ないし具体的権利関係に影響を及ぼす処分をいうと解すべきところ，本件引継ぎは，原告の滞納相続税に係る徴収の所轄庁である東京国税局長が，右滞納相続税に本件還付金を充当するために，本件還付金の所轄庁である被告から本件還付金に係る事務の引継ぎを受けたというもので（通則法56条2項），行政機関相互間の行為であるにすぎないから，本件引継ぎそれ自体が，原告の本件還付金についての法律上の地位ないし権利関係自体に影響を及ぼすものとはいえない。

したがって，本件引継ぎが，右国税に関する法律に基づく処分に該当しないことは明らかである。

また，右のとおり，本件引継ぎは，行政機関相互間の行為にすぎないのであるから，本件引継ぎの処分性を否定することが租税法律主義ないし原告の主張する課税要件明確主義に反するものでないことも明らかである。

したがって，本件異議申立ては国税に関する法律に基づく処分に対してなされたものでないとした本件決定の判断は相当であって，他に本件決定を違法とすべき事情はないから，本件決定は適法であると認められる。

8 訴訟手続

(1) 訴えの適否〜訴えの利益，当事者適格，処分性

【90】　神戸地裁　平成10年1月28日判決（228ページ参照）
【66】　千葉地裁　平成10年3月25日判決（183ページ参照）
【20】　東京高裁　平成10年3月26日判決（ 54ページ参照）
【5】　東京高裁　平成10年4月14日判決（ 12ページ参照）
【169】　東京高裁　平成10年4月28日判決（456ページ参照）
【4】　宮崎地裁　平成10年5月25日判決（ 9ページ参照）
【274】　最　高　裁　平成10年6月16日第三小法廷判決（808ページ参照）
【164】　仙台高裁秋田支部　平成10年6月29日判決（441ページ参照）
【64】　東京高裁　平成10年8月27日判決（174ページ参照）
【143】　神戸地裁　平成10年9月30日判決（384ページ参照）
【139】　最高裁三小　平成10年10月13日判決（382ページ参照）
【38】　和歌山地裁　平成10年12月25日判決（106ページ参照）

【47】　盛岡地裁　平成10年1月30日判決
（平成9年（行ウ）第6号・酒類販売場移転許可処分取消請求事件）

【当事者】
原告　○○○○
被告　一関税務署長

【判示事項】
原告適格の有無

【事案の概要と争点】
本件は，酒税の保全及び酒類業組合等に関する法律（以下「組合法」と

いう。）に基づく組合である原告が，被告が訴外Aに対してした酒類販売場移転許可処分は，酒類販売業免許等取扱要領に定める要件に反するなどとして，その取消しを求めた事案である。

　主たる争点は，原告適格の有無にあった。

【判　旨】

　本判決は，次のとおり判示して原告の訴えを却下した。

1.　本件処分の名あて人は訴外Aであるところ，右処分の名あて人ではない第三者たる原告がその取消しを求めているので，以下原告適格につき判断する。

(1)　処分の取消しの訴えを提起できるのは，当該処分の取消しを求めるについて法律上の利益を有する者に限られており（行政事件訴訟法9条），右にいう「法律上の利益を有する者」とは，当該処分により自己の権利若しくは法律上保護された利益を侵害され又は必然的に侵害されるおそれのある者をいうと解される。そして，その判断にあたっては，当該処分を定めた行政法規の趣旨・目的，当該行政法規が当該処分を通じて保護しようとしている利益の内容等を考慮した上，右行政法規が当該人の具体的利益をも保護すべきものとする趣旨を含むものであるか否かによると解するのが相当である。

(2)　酒税法によれば，酒類には酒税を課するものとし（同法1条），酒類等の製造及び酒類の販売業について免許制を採用した上（同法7条ないし10条），酒類等の製造場又は販売場の移転についても許可制を採用し（同法16条），右移転の許可申請があった場合には，「正当な理由がないのに取締上不適当と認められる場所に製造場又は販売場を設けようとする場合」又は「酒税の保全上酒類の需給の均衡を維持する必要があるため」酒類等の製造場又は販売場の移転の許可を与えるのが適当でないと認められる場合には，税務署長は許可を与えないことができる（同法16条2項，10条9号，11号）ことなどを規定している。これらの規定を検討すると，酒税法における免許制度は，酒類製造者に納税義務を課し，酒類販売業者を介しての代金の回収を通じ，その税負担を最終的な担税

者である消費者に転嫁する仕組みをとり，その税の確実な徴収と税負担の消費者への円滑な転嫁を確保する必要という専ら財政目的の見地から採用されたものと解されるのであり，酒類等の製造あるいは販売の免許並びに製造場あるいは販売場の移転許可の制度等が，近隣地域の酒類製造者ないしは販売業者の営業の安定あるいは酒類業組合の事業の安定までをも目的としたものとは認め難い。

したがって，酒税法16条に定める販売場の移転の不許可処分がなされて近隣の酒類販売業者あるいは酒類業組合等が利益を得るところがあるとしても，それはたまたま生じる事実上の利益にすぎないものと解するのが相当である。

(3) 組合法によれば，酒類販売業者は，酒税の保全に協力し，及び共同の利益を増進するために酒販組合を組織することができ（同法3条），組合員が提出する申告書等の取りまとめ（同法42条1号），国の発する通知の組合員への伝達（同2号），その他国の行う酒税の保全に関する措置に対する協力（同3号），酒税法違反の自発的予防（同4号），組合員の販売する酒類の販売の競争が正常の程度をこえて行われていることにより，酒類の取引の円滑な運行が阻害され，組合員の酒類販売業の経営が不健全となっており，又はなるおそれがあるため，酒税の納付が困難となり，又はなるおそれがあると認められる場合において，組合員が販売するために購入する酒類の購入数量，購入価格又は購入方法に関する規制及び組合員が販売する酒類の販売数量，販売価格又は販売方法に関する規制（私的独占の禁止及び公正取引の確保に関する法律の適用除外制度の整理等に関する法律（平成9年法律第96号）による改正前の組合法42条5号ハ，ニ）などの事業を行うことができる等定められている。これらの規定を検討すると，組合法は，酒販組合の行う事業が，その構成員たる組合員の共同の利益として行われると同時に酒税の徴収，確保にもつながることから，その限りにおいて，酒販組合に団体内部における需給調整等の自主的な規制措置の権能を与えたというに過ぎず，それ以上に，行政機関に協力するというような公益的な権能を与えたとは解

されないし，また，私人が行政機関の違法な措置を是正するという極めて特殊な権能を，組合法が酒販組合に付与したとの趣旨を同法から読みとることもできない。

　　　　したがって，酒税法に規定する処分についての規定は，組合法があるからといって，原告などの酒販組合の具体的利益を保護するものであると解することはできず，原告には，右処分の取消しを求めるについて法律上の利益があるとは認められない。

　(4)　一件記録を検討しても，他に本件処分の取消しを求めるにつき，原告に法律上の利益があることをうかがわせるに足りる証拠はない。

　2.　以上によれば，原告は，本件処分の取消しを求めるについて法律上の利益を欠くものであり，原告適格を有しない。

【48】　大津地裁　平成10年2月16日判決
　　　（平成8年（行ウ）第10号・酒類販売場移転許可取消請求事件（甲事件），同8年（ワ）第611号・損害賠償請求事件（乙事件））
【当事者】
　甲事件，乙事件原告　〇〇〇〇ほか3名
　甲事件被告　大津税務署長　　乙事件被告　国
【判示事項】
　取消訴訟の原告適格の有無，違法性の有無
【事案の概要と争点】
　本件は，被告税務署長がした訴外Aの酒類販売場移転許可処分に対し，移転先周辺の酒類販売小売店の経営者である原告らが，右処分の取消しを求める（甲事件）とともに，右処分によって売上げが減少するなどの損害及び精神的損害を被ったとして，被告国に対し，損害賠償を求めた（乙事件）事案である。

　主たる争点は，取消訴訟における原告適格の有無及び右処分の違法性の有無にあった。
【判　旨】

本判決は，次のとおり判示して，甲事件につき原告らの訴えを却下し，乙事件につき原告らの請求を棄却した。

（甲事件）

1. 行政事件訴訟法9条に定める「法律上の利益を有する者」とは，当該処分により自己の権利若しくは法律上保護された利益を侵害され又は必然的に侵害されるおそれのある者をいうのであるが，当該処分を定めた行政法規が，不特定多数の具体的利益をもっぱら一般公衆の利益の中に吸収解消させるにとどめず，それが帰属する個々人の個別的利益としてこれを保護すべきものとする趣旨を含むと解される場合には，かかる利益も右にいう法律上保護された利益に当たり，当該処分によりこれを侵害され又は必然的に侵害されるおそれのある者は，当該処分の取消訴訟における原告適格を有するということができる。そして，当該行政法規が，不特定多数者の具体的利益をそれが帰属する個々人の個別的利益として保護すべきものとする趣旨を含むか否かは，当該行政法規及びそれと目的を共通にする関連法規の関係規定によって形成される法体系の中において，当該処分の根拠規定が，当該処分を通じて右のような個々人の個別的利益をも保護すべきものとして位置づけられているとみることができるかどうかによって決すべきである。

これを本件についてみるに，酒税法は，酒類には酒税を課するものとし（1条），酒類製造業者を納税義務者と規定し（6条1項），酒類等の製造及び酒類の販売業について免許制を採用している（7条ないし10条）ことからして，酒税法における酒類販売業の免許制度に関する諸規定は，酒税の確実な徴収とその税負担の消費者への円滑な転嫁を確保しようとするものであって，これを既存の酒類販売業者を保護するものと解することはできない。

したがって，他の酒類販売業者の販売場の移転が許可されないことによって原告が得る利益は，酒税法によって保護されるべき個人の個別的利益とはいえず，酒税の徴収確保という財政目的から設けられた酒類販売業免許制度による反射的利益ないし事実上の利益にすぎないから，

原告らの本件取消訴訟の訴えは，原告適格を欠く不適法なものとして却下を免れないものというべきである。
2. この点原告らは，酒税の保全及び酒類業組合等に関する法律の規定及び酒類販売業免許取扱要領の距離制限の趣旨から，酒類の販売免許制度は，酒税の確実な徴収や致酔性の商品であることからくる国民の健康保持，青少年健全育成の目的，酒類販売業者の共倒れを防止することで，小売店の健全な営業を維持発展を図ることを目的としており，近隣既設小売業者が適正な許可制度の運用によって受ける利益は，単なる反射的利益にとどまらず，法によって保護された利益であるから，原告らは原告適格を有していると主張する。

　しかし，酒税の保全及び酒類業組合等に関する法律は，1条で「この法律は，酒税が国税収入のうちにおいて占める地位にかんがみ，酒税の保全及び酒類業界の安定のため，………もって酒税の確保及び酒類の取引の安定を図ることを目的とする。」と規定しているのみであって，原告ら主張のような個々の既存の小売店の利益を確保する目的を有している根拠にはならないというべきである。

3. また，原告らの引用する最高裁判所昭和37年1月19日第二小法廷公衆浴場営業許可無効確認請求事件判決は，公衆浴場の利用者の範囲が地域的に限定されているため企業としての弾力性が乏しいこと，自家風呂の普及に伴い公衆浴場業の経営が困難になっていることなどにかんがみ，適正配置規制の目的を既存公衆浴場業者の経営の安定を図ることにより，自家風呂を持たない国民にとって必要不可欠な厚生施設である公衆浴場自体を確保しようとするものと判断したのであって，本件とは事案を異にするというべきである。また，最高裁判所平成6年9月27日第三小法廷風俗営業許可取消請求事件判決についても，当該営業許可を受けた風俗営業所が風俗営業制限地域内に存在するか否かが実体審理をしなければ判明しない程度に至近距離内にあり，原告適格を審査するに当たっては，処分の適否という本案についてと同一の審理をせざるをえない関係があるため，原告適格の有無が明らかになった時点で既に審理が本案の

判断をするのに熟しているという場合であって，これも本件とは事案を異にするものというべきである。

さらに，公衆浴場法及び風俗営業等の規制及び業務の適正化等に関する法律のいずれも距離制限規定が法律で規定されていながら，酒税法においては直接距離制限規定が置かれていないことからしても，右の最高裁判決と同一には論じられない。

したがって，原告らの主張は採用できず，甲事件の訴えは不適法というべきである。

（乙事件）

国家賠償法1条1項の「違法」とは，公務員の行為が，個別の国民に対して負担する職務上の法的義務に違反することをいうものと解される。

これを，本件についてみるに，前記のとおり，酒税法は，酒税の確実な徴収とその税負担の消費者への円滑な転嫁を確保しようとするものであり，原告ら既存の業者に対し職務上の法的義務を負担するものと解する余地はないから，その余について判断するまでもなく，原告の請求は棄却を免れない。

【49】　東京高裁　平成10年2月23日判決
（平成9年（行コ）第141号・所得税還付金に関する不作為の違法確認請求控訴事件）

【当事者】

控　訴　人（原告）　　○○○○
被控訴人（被告）　　成田税務署長

【判示事項】

国税通則法56条2項による国税還付金の引継行為の行政処分性

【事案の概要と争点】

本件は，平成8年分の申告所得税について還付申告をした控訴人が，被控訴人が控訴人の滞納相続税の徴収権を有する国税局長に対して右申告に係る還付金（以下「本件還付金」という。）を国税通則法56条2項によっ

て引き継いだことの取消しを求めた事案である。

　主たる争点は，国税通則法56条2項による還付金の引継行為の行政処分性にあった。

【判　旨】

　本判決は，控訴人の訴えを却下した原判決（千葉地裁平成9年9月29日判決・年報9号842ページ）の判断を維持し，控訴を棄却した。

【50】　最　高　裁　平成10年2月24日第三小法廷判決
　　　（平成8年（行ツ）第168号・登録免許税額認定処分取消請求上告事件）

【当事者】
　　上告人（原告・控訴人）　　○○○○株式会社
　　被上告人（被告・被控訴人）　東京法務局渋谷出張所登記官

【判示事項】
　登録免許税額認定の処分性の有無

【事案の概要と争点】

　本件は，土地所有権移転登記に際し，固定資産課税台帳に登録された価格に基づき登録免許税を納付した上告人が，右価格は時価を著しく超過した違法なものであるとして，被上告人に対して登録免許税の決定処分の取消しを求めた事案である。

　主たる争点は，登記官による登録免許税額認定の処分性の有無等にあった。

【判　旨】

　本判決は，上告人の請求を棄却した原審（東京高裁平成8年4月22日判決・年報8号664ページ，一審東京地裁平成7年9月22日判決・年報7号738ページ）の判断を是認して，上告を棄却した。

【51】　横　浜　地　裁　平成10年3月24日判決
　　　（平成9年（カ）第4号・損害賠償請求再審事件）

【当事者】
　再審原告　○○○○
　再審被告　国
【判示事項】
　再審事由の有無等
【事案の概要と争点】
　本件は，原告が，原告の平成2年分の所得税について所轄税務署長がした減額更正処分に対する不服申立ての機会が与えられなかったことの違法や平成3年分の所得税についての決定処分（以下「本件決定」という。）の違法等を理由とする損害賠償請求事件（横浜地方裁判所平成5年（ワ）第1316号事件（年報6号 753ページ，以下「前訴」という。））につき，原告が敗訴したのは同事件における被告国の指定代理人が虚偽の主張・立証をしたためであり，そのことは原告が本件決定の取消しを求めた別件審査裁決及び同裁決の取消し等を求めた別件訴訟（横浜地裁平成9年9月24日判決・年報9号 222ページ，以下「別訴」という。）の判決により明らかであるなどとして，平成8年法律第109号による改正前の民事訴訟法（以下「旧民訴法」という。） 420条1項7号ないし10号に基づき再審を求めた事案である。

　主たる争点は，右各号における再審事由の有無等にあった。
【判　旨】
　本判決は，次のとおり判示して，原告の訴えを却下した。（なお，本件は，現行民事訴訟法附則22条により旧民訴法の適用を受けるものである。）
1. 前訴について，平成6年2月1日，請求棄却の判決（以下「原判決」という。）の言渡しがあり，原判決が同月16日に確定したことについては当事者間に争いがない。
2. そこで，再審原告の主張する各再審事由について判断する。
(1) 7号所定の再審事由の主張について
　　7号所定の再審事由を主張するには，同条2項所定の事由の存在について主張，立証を要するところ，再審原告は，右の事由の存在について

主張，立証をしていないから，7号所定の再審事由を理由とする本件再審の訴えについては不適法として却下を免れ得ないというべきである。
(2) 8号所定の再審事由の主張について

再審原告は，原判決の基礎となった本件決定が後の別訴判決により変更されたと主張するが，8号にいう裁判の変更は確定的かつ遡及的であることを要すると解されるところ，再審原告は別訴判決に全部不服があるとして直ちに控訴を提起したと主張しており，別訴判決は未だ確定していないから，別訴判決による本件決定の変更が確定されたとはいえないから，8号所定の再審事由を理由とする本件再審の訴えは不適法として却下を免れ得ないというべきである。

なお，証拠によると，別訴判決が確定したとしてもこれにより本件決定が変更されるという関係にはなく，本件決定は本件裁決により変更されたものと認められる。

仮に再審原告が8号所定の再審事由として本件決定が本件裁決によって変更されたことを主張したとしても，本件裁決は遅くとも，その取消しを求めて別訴を提起した平成7年中には再審原告に告知されたと認められるから，再審期間の遵守を定めた旧民訴法424条に反し，不適法として却下すべきである。
(3) 9号所定の再審事由の主張について

再審原告の主張する9号所定の再審事由に該当する事実は明らかではないが，判断遺脱のような再審事由については，特別の事情のない限り，終局判決の正本送達により当事者は，これを知ったものと解されるところ，再審原告は，右特別の事情の存在について主張，立証をしていないから，再審原告は，原判決の正本送達の時に，判断遺脱の9号所定の再審事由の存在を知ったものと解すべきであるところ，別訴記録によると，原判決の正本は，平成6年2月1日に再審原告に送達され，再審原告は上訴を提起しないで原判決は同月16日に確定したことが認められるから，同条1項ただし書により9号所定の再審事由を主張することは許されないから，9号所定の再審事由を理由とする本件再審の訴えは不適法とし

(4) 10号所定の再審事由の主張について

再審原告の主張する10号所定の再審事由に該当する事実は明らかではないが、本件記録上、原判決が前に確定した判決と抵触することを認めるに足る証拠は存在しないから、10号所定の再審事由を理由とする本件再審の訴えは不適法として却下を免れ得ないというべきである。

【52】 東京地裁 平成10年5月12日判決

（平成9年（行ウ）第211号・国税不服審査請求裁決請求事件、同第258号・訴えの追加的併合申立事件）

【当事者】

原告　○○○○

被告　国税不服審判所長

【判示事項】

訴えの利益の有無、訴えの変更の可否

【事案の概要と争点】

本件は、訴外国税局長から国税通則法57条の規定に基づいて、原告の平成8年分の所得税に係る還付金を、昭和61年6月11日に開始した相続に係る原告の滞納国税（相続税申告税額）に充当する処分を受けた原告が、被告に対してした審査請求に対する裁決及び右不作為の違法確認を求め、さらに右審査請求に対する裁決後、裁決の取消しを求めるとの訴えの変更を申し立てた事案である。

主たる争点は、訴えの利益の有無にあった。

【判旨】

本判決は、次のとおり判示して、原告の訴えを却下した。

1. 原告の本件訴えは、被告に対し本件審査請求に対し裁決をするよう求めるものであり、また、裁決をしないことが違法であることの確認を求めるものであって、いずれも、本件審査請求に対し被告が原告主張の期間を経過しても裁決しないことが違法であるかどうかが審判の対象とな

るものである。しかるに，被告が平成9年12月1日付けで本件審査請求に対しこれを棄却する旨の本件裁決をしたことにより，本件訴えの前提となっている本件審査請求に対し裁決がないという状態は解消され，本件訴えは，事後的に訴えの利益を欠くことになったものというべきである。

したがって，その余の点について判断するまでもなく，本件訴えはいずれも不適法というべきである。

2. 原告は，平成9年12月6日付けの訴え変更申立書をもって，原告の本件訴えにつき，平成8年法律第109号により改正前の民事訴訟法（以下「旧民訴法」という。）232条に基づいて，本件裁決の取消しを求める請求に訴えを変更する旨申し立て，これに対し，被告は右訴えの変更は許されない旨述べた。

そこで，判断するに，原告の本件訴えにおいては，本件審査請求に対し被告が裁決しないことが違法であるかどうかが審判の対象となるものであるのに対し，本件裁決の取消しを求める訴えにおいては，本件審査請求を棄却した本件裁決に固有の瑕疵（違法）があるかどうかが審判の対象となるものであって，両者の請求の基礎には同一性があるものとはいえない。したがって，右訴えの変更は，旧民訴法232条に定める「請求ノ基礎ニ変更ナキ限リ」との要件及び民事訴訟法143条に定める「請求の基礎に変更がない限り」との要件を欠き許されないものというべきである。

【53】　最　高　裁　平成10年5月26日第三小法廷判決

（平成10年（行ツ）第75号・所得税還付金充当処分取消請求上告事件）

【当事者】

上告人（控訴人・原告）　　〇〇〇〇
被上告人（被控訴人・被告）　東京国税局長

【判示事項】

国税還付金充当処分の適否等

【事案の概要と争点】

　本件は，被上告人が国税通則法57条の規定に基づいて，上告人の平成7年分の所得税に係る還付金（以下「本件還付金」という。）を，昭和61年6月11日に開始した相続（以下「本件相続」という。）に係る上告人の滞納国税（相続税申告税額）に充当したことから，右処分の取消しを求めた事案である。

　主たる争点は，本件充当処分の適否にあった。

【判　旨】

　本判決は，上告人の請求を棄却した原審（東京高裁平成9年11月25日判決・年報9号244ページ，一審東京地裁平成9年7月30日判決・年報9号231ページ）の判断を是認し，上告を棄却した。

【54】　千葉地裁　平成10年5月29日判決

　　　（平成10年（行ウ）第13号・所得税の還付金の引継処分禁止請求事件）

【当事者】

　原告　○○○○

　被告　成田税務署長

【判示事項】

　国税通則法56条2項による国税還付金の引継行為の行政処分性

【事案の概要と争点】

　本件は，平成9年分の申告所得税について還付申告をした原告が，被告が原告の滞納相続税の徴収権を有する国税局長に対して右申告に係る還付金を国税通則法56条2項によって引き継ぐこと（以下「本件引継ぎ」という。）の禁止を求めた事案である。

　主たる争点は，国税通則法56条2項による還付金の引継行為の行政処分性にあった。

【判　旨】

　本判決は，次のとおり判示して，原告の訴えを却下した。

　本件引継ぎについて，原告は，国税局長の還付金の還付に代える納付す

べき国税への充当処分は抗告訴訟の対象となる行政処分にあたり，国税局長が税務署長から還付金の引継ぎを受ける行為は右充当処分の先行行為であるから，右引継行為についても，抗告訴訟の対象となる処分にあたる旨主張する。

ところで，抗告訴訟の対象となる行政庁の処分とは，行政庁の行為のうちその行為によって国民の権利義務を形成し又はその範囲を画するものをいうと解される（最高裁第一小法廷昭和39年10月29日判決）ところ，確かに，国税局長の還付金の還付に代える納付すべき国税への充当処分（国税通則法57条1項）は，抗告訴訟の対象となる行政処分にあたると解される。（最高裁第三小法廷平成6年4月19日判決）。

しかし，本件において，原告が訴訟の対象としているのは，国税局長等による充当処分そのものではなく，その前提となる税務署長から国税局長への還付金の引継ぎであり，これは行政機関相互間の内部的行為にすぎず，これによって国民の権利義務を形成し又はその範囲を画する効果が生じるものでないことは明らかであり，そうとすれば，本件引継ぎが充当処分に先立ってなされるとしても，本件引継ぎは抗告訴訟の対象となる行政処分に該当しないものというべきであるから，その余について判断するまでもなく，本件訴えは不適法である。

【55】　大阪高裁　平成10年7月14日判決
　　（平成9年（行コ）第68号・利子所得税源泉徴収処分等取消請求控訴事件）

【当事者】
　　控訴人（原告）　　○○○○
　　被控訴人（被告）　宝塚郵便局長，郵政大臣

【判示事項】
　　貯金の利子について非課税扱いの取消しの通告及び非課税証印を抹消したことの行政処分性，所得税法9条の2適用の可否

【事案の概要と争点】

本件は，原告の非課税扱いとなっていた4口の郵便貯金の利子について，被告宝塚郵便局長が非課税限度額を超えたとして，利子所得税の源泉徴収を行うとともに，非課税扱いの取消しを通告した上，非課税証印を抹消したことの取消し及び再審査請求について，被告郵政大臣が却下した裁決の取消しを求めた事案である。

主たる争点は，被告宝塚郵便局長の処理が，行政処分に該当するか否か及び利子計算期間に，非課税限度額を超過した事実により4口の貯金について所得税法9条の2の規定を適用しないとしたことの適否にあった。

【判　旨】

本判決は，控訴人の請求を棄却した原審（神戸地裁平成9年12月22日判決・年報9号244ページ）の判断を維持して，控訴を棄却した。

【56】　東京高裁　平成10年11月12日判決
（平成10年（行コ）第102号・所得税の還付金の引継処分禁止請求控訴事件）

【当事者】

　控訴人　○○○○

　被控訴人　成田税務署長

【判示事項】

国税通則法56条2項による国税還付金の引継行為の行政処分性

【事案の概要と争点】

本件は，平成9年分の申告所得税について還付金申告をした控訴人が，被控訴人税務署長が控訴人の滞納相続税の徴収権を有する国税局長に対して右申告に係る還付金を国税通則法56条2項によって引き継ぐこと（以下「本件引継ぎ」という。）の違法確認を求めた事案である（原審では，本件引継ぎの禁止を求めていたが，当審において，請求を交換的に変更した。）。

主たる争点は，国税通則法56条2項による還付金の引継行為の行政処分性にあった。

【判　旨】

　本判決は，次のように判示して，控訴人の請求を却下した原審（千葉地裁平成10年5月29日判決・本書159ページ）の理由説示を一部付加訂正するほかこれを引用して，控訴を却下した。

　控訴人の本訴請求は，国税通則法56条2項に基づく本件引継ぎにつき，その違法であることの確認を求める抗告訴訟として提起されたものと解されるところ，まず，本件引継ぎ抗告訴訟の対象となる行政処分に当たるか否かにつき判断するに，控訴人は，「国税局長の還付金の還付に代える納付すべき国税への充当処分は抗告訴訟の対象となる行政処分にあたり，国税局長が税務署長から還付金の引継ぎを受ける行為は右充当処分の先行行為であるから，右引継行為についても，抗告訴訟の対象となる『処分』にあたる。」旨を主張する。

　ところで，抗告訴訟の対象となる行政処分とは，行政庁のうちその行為によって国民の権利義務を形成し又はその範囲を画するものをいうと解される（最高裁第一小法廷昭和39年10月29日判決）。

　確かに，国税局長の還付金の還付に代える納付すべき国税への充当処分（国税通則法57条1項）は，抗告訴訟の対象となる行政処分に当たると解される（最高裁第三小法廷平成6年4月19日判決）。なぜなら，右充当処分は，納税者に還付すべき還付金の還付に代えて，同一納税者の納付すべき国税に充当する行為であって，その効果は，充当することとなったときにその還付金に相当する額の国税の納付があったものとみなされるから，その機能の面では民法上の相殺と異なるところはなく，また，国税の納付・徴収や還付は多数の納税者との間で大量に発生する事務であり，所轄を異にする各種反対債権が想定され，これらの反対債権との間の相殺を自由に認めるならば，納税事務に混乱を生じさせるばかりでなく，納税者の側にも不測の不利益を与えかねないため，国税と国に対する債権で金銭の給付を目的とするものとの間での相殺は禁止されているが（同法 122条），一方で実際上の便宜と事務処理の確実性及び迅速性の要請に配慮し，同法57条1項所定の場合に限り，国税局長等は充当をしなければならないもの

とし，同条3項では充当をしたときにはその旨を相手方に通知しなければならないものとしたのであり，このような法規の定めやその趣旨等からすると，充当処分は，国税局長等が行政機関としての立場から法定の要件の下に一方的に行う行為であって，それにより国民の法律上の地位に直接影響を及ぼすものであるからである。

しかし，本件において，控訴人が訴訟の対象としているのは，国税局長等による充当処分そのものではなく，税務署長から国税局長への還付金の引継ぎであり，これは行政機関相互間の内部的行為にすぎず，これによって国民の権利義務を形成し又はその範囲を面する効果が生じるものではないことは明らかである。

そうすれば，本件引継ぎが充当処分を前提にしてそれに先立ってなされるとしても，本件引継ぎは抗告訴訟の対象となる行政処分に該当しないものというべきであるから，その余について判断するまでもなく，本件訴えは不適法である（充当処分がその要件を充たしていない場合は，納税者は，右充当処分の取消を求めれば足りる。）。

【57】 大阪地裁　平成10年12月16日判決
（平成10年（行ウ）第36号・滞納処分取消請求事件）

【当事者】
原告　○○○○
被告　大阪国税局長

【判示事項】
訴えの利益の有無

【事案の概要と争点】
本件は，平成3年6月21日相続に係る相続税について，被告が相続税法34条1項の連帯納付義務に基づく滞納処分により本件農地を差し押えたこと（以下「本件差押処分」という。）の適否が争われた事案である。

主たる争点は，本件差押処分解除後における同処分の取消しを求める訴えの利益が存するか否かにあった。

【判　旨】

本判決は，次のように判示して，原告の訴えを却下した。

1. 被告が平成10年10月2日付で本件差押処分を解除したこと（本件解除）は，当事者間に争いがない。

    そうすると，本件差押処分は，本件解除によってその効力を失ったというべきであるから，原告には，本件差押処分の取消しによって回復すべき法律上の利益が存しないというべきである。

2. 原告は，本件差押処分が解除されてもその効力が遡及的に失われるわけではないから，本件差押処分の取消しを求める訴えの利益を失わない旨主張する。

    確かに，国税徴収法79条に基づく差押えの解除は，その取消しと異なり，差押えによる処分禁止の効力を将来に向かってのみ失わせるものであるけれども，原告が本件差押処分によって被っていた処分禁止の不利益は，本件解除によって消滅したのであって，他に，本件差押処分が本件解除によって効力を失うまでの間存在したことを理由に原告を不利益に取り扱い得ることを認めた法令上の規定も見当たらないから，原告は，本件差押処分の取消しを求める法律上の利益を有しないといわざるを得ない。

【58】　千葉地裁　平成10年12月21日判決
　　（平成10年（行ウ）第76号・所得税還付金の引継処分及び裁決取消請求事件）

【当事者】
　原告　○○○○
　被告　成田税務署長ほか1名

【判示事項】
　国税通則法56条2項による国税還付金の引継行為の行政処分性

【事案の概要と争点】
　本件は，原告の平成9年分源泉所得税の還付金について被告税務署長が

した東京国税局長への引継ぎ及び右引継ぎに対する審査請求を却下した被告国税不服審判所長の裁決に対して、原告が右引継ぎ及び裁決の取消しを求めた事案である。

主たる争点は、還付金の引継行為の行政処分性にあった。

【判　旨】

本判決は、次のように判示して、原告の訴えのうち被告税務署長に対する訴えを却下するとともに、被告国税不服審判所長に対する請求を棄却した。

1. 処分の取消しの訴え（行政事件訴訟法3条2項）は、公権力の主体である国又は地方公共団体が行う行為のうち、その行為が直接国民の法律上の地位ないし具体的権利義務関係に影響を及ぼす処分を対象とすべきところ、本件還付引継ぎは、被告税務署長が、国税通則法56条2項に基づき、本件還付金の還付の所轄庁を東京国税局長に変更するものであって、行政機関相互間の内部的行為にすぎず、それ自体によって、原告の具体的権利義務に何らの影響をも与えるものではない。

したがって、本件還付引継ぎの取消しを求める本件訴えは不適法であり、却下を免れない。

2. 前述したとおり、本件還付引継ぎは、行政機関相互間の内部的行為にすぎず、それ自体によって、原告の具体的権利義務に何らの影響をも与えるものではないから、国税通則法75条1項、78条1項に規定する国税に関する法律に基づく処分に該当しないことは明らかである。したがって、原告の本件審査請求を却下した本件裁決の法令解釈の適用に誤りはなく、本件裁決に原告主張の違法はない。

(2) 不服申立前置

【34】　和歌山地裁　平成10年12月25日判決　（　86ページ参照）
【35】　和歌山地裁　平成10年12月25日判決　（　97ページ参照）
【36】　和歌山地裁　平成10年12月25日判決　（　97ページ参照）
【37】　和歌山地裁　平成10年12月25日判決　（105ページ参照）

【39】　和歌山地裁　平成10年12月25日判決（114ページ参照）

(3) 出訴期間

【59】　大阪高裁　平成10年3月5日判決

（平成9年（行コ）第18号・所得税更正処分等取消請求控訴事件）

【当事者】

控訴人（原告）　○○○○

被控訴人（被告）　奈良税務署長

【判示事項】

出訴期間徒過の有無

【事案の概要と争点】

本件は，控訴人の平成3年分所得税について，被控訴人らがした更正処分及び重加算税賦課決定処分並びにこれに対する審査請求を棄却した裁決の適否が争われた事案である。

主たる争点は，出訴期間徒過の有無にあった。

なお，原審被告国税不服審判所長に関する控訴は取り下げられている。

【判　旨】

本判決は，次のとおり判示して，控訴人の訴えを却下した原判決（奈良地裁平成9年3月26日判決・年報9号 254ページ）を一部取り消し，原審裁判所に一部差し戻した。

1. 出訴期間の遵守について

(1) 行政処分の取消訴訟は，裁決があったことを知った日から三か月以内に提起しなければならない（行政事件訴訟法14条1項）。ここに「裁決があったことを知った日」とは，当事者が裁決の存在を現実に知った日を指すが，裁決を記載した書類が当事者の住所に郵便により配達され，社会通念上裁決のあったことを当事者の知り得る状態に置かれたときは，反証のない限り，当事者はその裁決のあったことを知ったものと推定できる（最高裁昭和27年11月20日第一小法廷判決・民集第6巻10号1038頁）。

(2) 認定事実によると，本件裁決書謄本の入った本件郵便物が配達された平成7年5月19日当時，控訴人の生活の本拠は肩書住所地にあり，本宅へはごくたまに出入りしていただけであった。

　そうすると，本宅は，控訴人の住所とすることはできないから，ここに郵便が配達されたことから，控訴人が裁決を知ったものと推定することはできない。もっとも，控訴人は本宅を住民登録上の住所とし，国税不服審判所にもここを住所として統一する旨述べ，これが混乱の原因となったことについて控訴人に責任があるが，そのことから本宅を住所として認めるべきものとは考えられない。

(3) 次に，控訴人が本件裁決を知ったのが5月19日と認められるかどうかについて検討する。

ア　平成7年5月19日，本件郵便物が本宅に配達された時，控訴人がこれを直接受領したと認めるべき証拠はない。

　右配達の時，本件郵便物を，本宅の家族であるA又はGらが受領したとか，受領後その日のうちに，控訴人に渡したものと認めるべき直接的証拠もない。

　かえって，認定の控訴人の生活状況等によると，控訴人が右本件郵便物配達時に受領した可能性は極めて低く，本宅の家族が受領した可能性を否定はできないが，そのように断定することもできない。また，仮に本宅の家族が配達を受けたとしても，その日のうちにこれが控訴人に渡ったものとの推測もできない。

イ　他方，控訴人の弟であるL及び離婚後も同居している内縁の妻である証人Mの供述中には，当日本宅で本件郵便物を受領したのは，Mであり，その際，外出時常時携行している「甲野」名義の印鑑を押捺した旨，当日，本件郵便物を控訴人はもちろんA等本宅居住者らにも渡さず，自宅に持ち帰り，翌日Lをして，控訴人に本件事務所で届けさせた旨の部分がある。

　これらMによる印鑑の常時携行，本件郵便物受領及び右印鑑押捺の事実や，本宅で郵便物を受領しながら自宅へ持ち帰った事実については，

被控訴人において，疑問を呈するところである。

　検証結果及び弁論の全趣旨によると，本件郵便物は書留郵便であって，その表面には，受領印として「甲野」名義の印鑑が押捺されていること，本宅に配達された控訴人あて（平成7年7月23日配達），Aあて（平成7年6月2日配達），Gあて（平成7年11月30日配達2通）の各宅配便の伝票には，右と同一と思われる印鑑が押捺されていることが認められ，他方，証拠，証人Mによると，自宅で宅配便を受領した際，印鑑を使用せずサインを使用していたことが認められる。これら事実からすると，本件郵便物受領の際使用された「甲野」名義の印鑑を保有し，これを使用して本件郵便物を本宅で受領したのは，むしろ本宅居住者であるA，Gらではないかとの疑問が生じ得ないではない。

　しかし，前記Mの証言にある「甲野」名義の印鑑を常時携行していたこと自体は，あえて異とするに足りない。

　本件郵便物に押捺された「甲野」名義の印鑑の保有者や押捺した者についても，前記認定及び証人Mによると，AやGは，日中本宅を留守にすることが多く，Gの妻であるHも奥にいて表に出てこないことが多い一方，Mは本宅に時々出入りしていたことやその身分関係からも，Mが繰り返し郵便物や宅配便を受領する可能性はあったものというべきである。他方，本宅に配達された宅配便等の総数や，うち右印鑑が押捺されていた物が占める割合は，証拠に照らしても，証拠上明らかではない。Mが自宅で宅配便を受領した際，サインした理由として供述するところは，首肯しうる。したがって，本件郵便物への「甲野」名義の印鑑使用から，これがMによるものではなく，本宅居住者によるものと見ることはできない。

　Mが本件郵便物を受領した後，自宅に持ち帰ったというのも，控訴人に確実に渡るようにするために，あり得ない方法ではない。

ウ　証拠及び控訴人本人によると，控訴人作成の日記帳には，平成7年5月19日欄には本件裁決書謄本送達についての記載がなく，同月20日欄に「不服審判所より裁決届く」との記載があることが認められる。

第2章　賦課手続関係　169

　右記載の信ぴょう性について検討するのに，証拠，控訴人本人，弁論の全趣旨によると，右日記帳には，本件処分及び裁決を含めた課税，徴収に関する税務関係官庁からの通知について，おおむね記載していること，その他の租税関係の記載と併せ，控訴人が税の賦課徴収，とりわけ本件処分，裁決にかかる課税，徴収手続に多大の関心を寄せていたこと，平成7年5月19日欄や同月20日欄については，後日抹消や付加した痕跡は特にないことが認められる。

　証拠を通覧すると，日記の各年月日欄に当日記載したのではなく，後日訂正付加されたことをうかがわせる記載があり，控訴人は右日記について，その日のできごとを当日記載したのではないものもあると推測されるが，日記全体としては各年月日欄の記載がその日ないし近接した日に記載されたことや，実際に起きた年月日どおりに記載されたことを疑うほどのものはない。

　右認定の本件処分及び裁決に関する記載内容等によると，控訴人が本件裁決書謄本を平成7年5月19日に入手したのであれば，その重要性と，控訴人の関心の高さ等から見て，日記帳の同日欄に記載したものと考えられる。

エ　以上の検討によると，本件郵便物は，平成7年5月19日，本宅に配達されたものの，これを控訴人はもちろん，Aら本宅居住者らも受領したことはなく，Mが受領して自宅に持ち帰り，翌日Lにより本件事務所に届けられて，控訴人が初めて入手した可能性が高い。

　したがって，控訴人が，同年5月19日，本件裁決の存在を知ったとまでは，証拠によっては認めることはできない。

(4)　そうすると，本件処分取消訴訟の出訴期間は，平成7年5月20日から起算するべく，同日から3か月後の休日明けである同年8月21日に提起された本件訴訟については，出訴期間は遵守されているものと解される。

【60】　東京高裁　平成10年3月16日判決
　　（平成9年（行コ）第181号・所得税還付金充当処分取消請求控訴事

件）

【当事者】

控訴人（原告）　〇〇〇〇

被控訴人（被告）　東京国税局長

【判示事項】

出訴期間徒過の有無

【事案の概要と争点】

本件は，被控訴人が，国税通則法57条の規定に基づき，控訴人の母Aの昭和63年分の所得税に係る還付金を，Aの昭和61年6月11日相続開始に係る滞納国税（相続税申告税額）に充当したことから，Aの相続人である控訴人が，右処分の取消しを求めた事案である。

主たる争点は，出訴期間徒過の有無にあった。

【判　旨】

本判決は，次のとおり判示して控訴人の訴えを却下した原審（東京地裁平成9年11月11日判決・平成9年（行ウ）第228号）の判断を維持し，控訴を棄却した。

控訴人は，本件処分について，国税不服審判所長に対する審査請求を行い，平成3年5月17日付けで審査請求を棄却する旨の審査裁決の裁決書謄本の送付を受け，同年7月20日，東京地方裁判所に本件処分の取消しを求める訴えを提起しているのであるから，平成9年9月20日に提起された本件訴えは，行政事件訴訟法14条1項が規定する出訴期間を徒過して提起されたものであることは明らかである。

【61】　福島地裁　平成10年4月3日判決

（平成8年（行ウ）第3号・所得税の更正処分等取消請求事件）

【当事者】

原告　〇〇〇〇

被告　会津若松税務署長

【判示事項】

出訴期間経過の有無

【事案の概要と争点】

　本件は，原告の平成3年分ないし同5年分の所得税について，被告がした更正処分等の適否が争われた事案である。

　主たる争点は，出訴期間経過の有無にあった。

【判　旨】

　本判決は，次のとおり判示して，原告の訴えを却下した。

1. 原告は，平成7年12月15日，本件裁決書謄本の配達を受けたものの，誰が受領したか，受領後どのように保管されていたか，原告が本件裁決書謄本が送達されたことをいつ知ったかについては，同日に本件裁決書謄本を見ていないことは確かであると言うだけで，原告の妻が受領し，原告方玄関の傘立てにぶら下げてあるナイロン袋か入り口の段ボール箱に入れておいたかもしれないが定かでないと主張し，その本人尋問でも，右の諸点につき同内容の供述をする。

　　しかし，他方，原告はその本人尋問で，本件訴えにかかる訴状を当庁に提出するに際して配達日指定郵便で郵送したり，郵送前に当庁に対して本件訴えを出訴期間内に提起するためにはいつまでに郵送すればよいかを質問したとも供述しており，これらの供述に照らせば，原告は出訴期間について注意を払っていたことがうかがわれるが，そのような原告が，本件裁決書謄本を誰が受領したか，配達受領後どのように保管していたか，原告自身がいかなるきっかけで本件裁決書謄本の配達されたことを知ったかについて記憶がないということは容易に信用できない。

　　また，原告はうつ病にり患しており，医師から重要な決定等は先送りするように指導されていたことから，書類等を閲読する日を日曜日と決めていたので，本件裁決書謄本が配達された平成7年12月15日ではなく，次の日曜日である同月17日以降に，本件裁決書謄本を閲読したと主張し，原告本人尋問でも右主張に沿う供述をしている。

　　しかし，他方，原告はその本人尋問で，本件裁決にかかる手続が原告にとり重要であったことを認めており，本件裁決書謄本を閲読すること

自体は原告が重要な決定を行うこととは異なるのであるから，前記の理由で本件裁決書謄本を配達日の後に閲読したとの供述は直ちには信用できない。

　しかも，前記のとおり，原告はその本人尋問で，本件訴状を配達日指定郵便で郵送するに際して，当庁の職員に対して，本件訴状を出訴期間を経過することなく郵送するにはいつまでに郵送すればよいかを質問して平成8年3月15日までに郵送すればよいとの回答を得たと供述している。

　しかし，右職員から同日までに郵送すればよいとの回答を得るためには，原告がいつ裁決があったことを知ったか等について右職員に対して告げることが必要であるのに，原告は右職員に対して右のような事情を告げたことはないと供述する他，しかも，原告が得た右の回答内容に照らせば，右職員は原告が平成7年12月16日に本件裁決があったことを知ったという前提で回答したことになるが，原告の主張及び原告の本人尋問における他の供述に照らしても，右のようなやりとりをしたことはうかがえず，他方，原告が同月16日に本件裁決があったことを知ったとすることは，原告の同月17日以降に本件裁決書謄本を閲読したとの主張及び供述に反することになり，原告の右供述は容易に信用できない。

　そして，原告は平成7年12月15日，本件裁決書謄本を受領していない旨主張し，その本人尋問でもその旨供述するが，右の原告の主張内容及び供述態度等に照らせば，原告の右供述は直ちには信用できない。

2.　ところで，行政事件訴訟法14条1項は，取消訴訟は，「処分又は裁決があったことを知った日」から三箇月以内に提起しなければならないと規定し，同条4項は，右出訴期間は，処分につき審査請求をすることができる場合において，審査請求があったときは，その審査請求をした者については，これに対する「裁決があったことを知った日」から起算されると規定しており，この場合には「裁決があったことを知った日」を初日として右出訴期間に算入すべきものと解される。

　そして，右「裁決があったことを知った日」とは，当事者が書類の交

付，口頭の告知その他の方法により裁決の存在を現実に知った日を指すものと解されるところ，裁決を記載した書類が当事者の住所に送達される等のことがあって，社会通念上裁決のあったことを当事者が知り得べき状態に置かれたときは，反証のない限り，その裁決のあったことを知ったものと推定することができると解される。

そうすると，本件においては，本件裁決書謄本が原告方に対して平成7年12月15日配達されていることが認められる一方，原告において本件裁決書謄本が配達されたことを右同日以降に知ったことを認めるに足りる証拠は存在しないので，原告は，右同日に本件裁決がなされたことを知ったものと推認するのが相当である。

3. 以上の事情に照らせば，本件訴えについての出訴期間は平成8年3月14日までであったのに，原告の本件訴えは同月15日に提起されたものと認められる。

【62】 大分地裁 平成10年7月28日判決
（平成10年（行ウ）第6号・所得税更正加算税取消請求事件）

【当事者】

原告　○○○○

被告　別府税務署長

【判示事項】

出訴期間の徒過

【事案の概要と争点】

本件は，原告の平成7年分の所得税について，被告がした更正処分等の適否が争われた事案である。

主たる争点は，出訴期間の徒過の有無にあった。

【判　旨】

本判決は，次のように判示して，原告の訴えを却下した。

国税不服審判所長が平成9年12月12日付けで本件処分にかかる裁決をしたことは当事者間に争いがなく，弁論の全趣旨によれば，右裁決書が同月

18日に原告に送達されたことが認められ，右事実によれば，原告は，平成9年12月18日には，右裁決があったことを知ったと推認することができる。さらに，本件訴えが平成10年5月8日に提起されたことは，当裁判所に顕著であるから，本件訴えは，行政事件訴訟法14条1項，4項の出訴期間経過後に提起されたものであり，不適法であるといわなければならない（なお，原告は，平成10年3月2日，本件処分につき別府簡易裁判所に調停を申し立てているが，右事件は，民事調停法13条により終了しているから，右同日に，原告が訴えを提起したとみなすことはできない。）。

【63】　仙台高裁　平成10年8月27日判決
　　　（平成10年（行コ）第11号・所得税の更正処分等取消請求控訴事件）
　　【当事者】
　　　控訴人（原告）　○○○○
　　　被控訴人（被告）　会津若松税務署長
　　【判示事項】
　　　出訴期間経過の有無
　　【事案の概要と争点】
　　　本件は，整理番号【61】の控訴審である。
　　【判　旨】
　　　本判決は，控訴人の訴えを却下した原審（福島地裁平成10年4月3日判決・本書170ページ）の判断を維持して控訴を棄却した。

【64】　東京地裁　平成10年8月27日判決
　　　（平成9年（行ウ）第233号・裁決取消及び無効確認請求事件（第一事件），同9年（行ウ）第270号・所得税の還付金の充当処分取消及び無効確認請求事件（第二事件）同10年（行ウ）第102号所得税の還付金の充当処分無効確認請求事件）
　　【当事者】
　　　第一・第二・第三事件原告　○○○○

第一事件被告　国税不服審判所長，第二・第三事件被告　東京国税局長

【判示事項】

出訴期間徒過の有無，裁決固有の瑕疵の有無，原告適格の有無，充当処分の瑕疵の有無，二重起訴該当性

【事案の概要と争点】

本件は，国税通則法57条の規定に基づき，原告の母Ａ（平成2年3月21日死亡）の昭和63年分の所得税に係る還付金を，Ａの昭和61年6月11日相続開始に係る滞納国税に充当した被告東京国税局長の処分並びに被告国税不服審判所長がした裁決の取消し及び無効確認を求めた事案である。

主たる争点は，国税還付金充当の適否及び裁決固有の瑕疵の有無等にあった。

【判　旨】

本判決は，次のように判示して，原告の訴えを却下し，その余の請求を棄却した。

1.　第一事件について

(1)　本件裁決の取消しを求める訴えについて出訴期間を徒過しているかどうか

ア　行政庁の処分又は裁決の取消訴訟（以下，単に「取消訴訟」という。）は，当該処分又は裁決があったことを知った日から3か月以内に提起しなければならず（行政事件訴訟法（以下「行訴法」という。）14条1項），この期間は，不変期間とされている（同条2項）。また，取消訴訟は，当該処分又は裁決の日から1年を経過したときは，正当な理由があるときを除き，提起することができないものである（同条3項）。

イ　原告は，平成3年5月17日付けでされた本件裁決について，その数日後に裁決書謄本の送達を受けたものであるが，原告は，平成9年9月26日，第一事件の訴状を提出し，また，平成10年2月8日，同月6日付けの「訴状訂正書」と題する書面を当裁判所に提出した。

ウ　右イによれば，右訴えが，行訴法14条1項及び3項の定める出訴期間を経過していることは明らかであり，右期間の経過について，民事訴訟

法(以下「民訴法」という。)97条1項により訴訟行為の追完を認めるべき事由又は行訴法14条3項ただし書にいう「正当な理由」が存することを認めることはできない。したがって,本件裁決の取消しを求める訴えは,行訴法の定める出訴期間を徒過したものというべきである。

(2) 本件裁決に裁決の無効原因となる裁決固有の瑕疵があるかどうか

ア　行訴法は,同法10条2項により,取消訴訟について,いわゆる原処分主義を採用し,原処分が実体的にみて違法であるか否かの点については,専ら原処分の取消しを求める訴訟において審理判断すべきものとし,裁決の取消しを求める訴訟においては,裁決固有の瑕疵のみを審理判断の対象とすべき旨を明らかにしているが,右の規定は,処分の無効等確認の訴えとその処分についての審査請求を棄却した裁決に係る抗告訴訟を提起することができる場合に準用されているから(同法38条2項),本件裁決の無効確認の訴えにおいては,本件裁決に,その無効原因となる裁決固有の瑕疵が存するか否かが審理判断の対象となるものである。

イ　しかるに,原告は,本件裁決の無効事由として,本件充当処分は無効であり,これを適法なものとして原告の審査請求を棄却した本件裁決は無効であると主張するにとどまり,原処分である本件充当処分の瑕疵とは別個の本件裁決固有の瑕疵については,何ら主張していない。

　　したがって,本件裁決の無効確認を求める原告の請求は,主張自体失当というべきである。

2. 第二事件について

(1) 原告に本件充当処分の無効確認を求める原告適格があるかどうか

ア　無効等確認の訴えは,①当該処分又は裁決に続く処分により損害を受けるおそれのある者,②その他当該処分又は裁決の無効等の確認を求めるにつき法律上の利益を有する者で,③当該処分若しくは裁決の存否又はその効力の有無を前提とする現在の法律関係に関する訴えによって目的を達することができないものに限り,提起することができるものである(行訴法36条)。

　　右の③の要件は,右の①に該当する者であっても,右の②に該当する

者であっても，無効等確認の訴えの原告適格が認められるための消極的な要件になっているものと解されるが，このうち，「その効力の有無を前提とする現在の法律関係に関する訴えによって目的を達することができない」とは，処分の無効確認の訴えについていえば，当該処分に基づいて生ずる法律関係に関し，処分の無効を前提とする当事者訴訟又は民事訴訟によっては，その処分により侵害された権利利益を回復することができない場合はもとより，当該処分に起因する紛争を解決するための争訟形態として，右の当事者訴訟又は民事訴訟との比較において，当該処分の無効確認を求める訴えの方がより直せつ的で適切な争訟形態であるとみるべき場合をも意味するものと解するのが相当である（最高裁平成元年（行ツ）第131号同4年9月22日第三小法廷判決・民集46巻6号1090頁参照）。

イ 右の見地から，原告が本件充当処分の無効確認を求める訴えにつき原告適格を有するか否かについて検討すると，原告としては，本件充当処分の無効を前提として，国に対し本件還付金等に相当する額の金銭の支払を求める当事者訴訟を提起することによって，本件充当処分により侵害された権利利益を回復することができるものであり，また，本件充当処分に起因する紛争を解決するための争訟形態として，右の当事者訴訟との比較において，本件充当処分の無効確認を求める訴えの方がより直せつ的で適切な争訟形態であるとみることもできないというべきである。

ウ したがって，本件充当処分の無効確認を求める訴えについては，行訴法36条の「その効力の有無を前提とする現在の法律関係に関する訴えによって目的を達することができない」という要件を欠き，原告は，右訴えを提起する原告適格を有しないものというべきである。

(2) 本件充当処分の取消しを求める訴えについて出訴期間を徒過しているかどうか

ア 取消訴訟の出訴期間に関する行訴法14条1項ないし3項の規定内容は，前記1.(1)ア記載のとおりであるが，同条1項及び3項の期間は，処分又は裁決につき審査請求をすることができる場合又は行政庁が誤って審査

請求をすることができる旨を教示した場合において，審査請求があったときは，その審査請求をした者については，これに対する裁決があったことを知った日又は裁決の日から記載するものとされている（同条4項）。また，行訴法19条1項前段の規定により，処分の取消しの訴えをその処分についての審査請求を棄却した裁決の取消しの訴えに併合して提起する場合には，出訴期間の遵守については，処分の取消しの訴えは，裁決の取消しの訴えを提起した時に提起されたものとみなされる（同法20条後段）。

イ　本件裁決の取消しを求める訴えの訴訟係属の経過は，前記1.(1)イで認定したとおりであるが，右各訴えの訴訟係属の経過によれば，行訴法20条により，本件充当処分の取消しを求める訴えが本件裁決の取消しを求める訴えが提起された時に提起されたものとみなしても，本件充当処分の取消しを求める訴えが，行訴法14条1項及び3項の定める出訴期間を経過していることは明らかであり，右期間の経過について，民訴法97条1項により訴訟行為の追完を認めるべき事由又は行訴法14条3項ただし書にいう「正当な理由」が存することを認めることはできない。

3. 第三事件について
(1) 第三事件に係る訴えが二重起訴の禁止に触れるかどうか

　第三事件に係る訴えは，第二事件の本件充当処分の無効確認を求める訴えと全く同一の請求であるところ，第三事件に係る訴えは，既に裁判所に係属する事件について，更に訴えを提起したものとして，行訴法7条，民訴訟142条（平成8年法律第109号による改正前の民事訴訟法231条参照）により禁止された二重起訴に該当し，許されないものというべきである。

(4) **訴訟物〜理由の差替え，総額主義**

【151】　大　阪　地　裁　平成10年10月28日判決（407ページ参照）

(5) 主張立証責任

【42】 東 京 高 裁　平成10年5月27日判決（127ページ参照）

【65】　神 戸 地 裁　平成10年3月18日判決
　　　（平成8年（行ウ）第10号・更正処分拒絶通知処分取消請求事件）
【当事者】
　　原告　○○○○
　　被告　西宮税務署長
【判示事項】
　　相続財産の評価
【事案の概要と争点】
　　本件は，平成3年5月14日相続開始に係る原告の相続税の更正請求に対して，被告がした更正をすべき理由がない旨の通知処分の適否が争われた事案である。
　　主たる争点は，本件土地の価額を路線価を基に評価したことの適否にあった。
【判　旨】
　　本判決は，次のように判示して，原告の請求を棄却した。
1. 本件原処分の違法性・適法性の主張立証責任について
　　更正の請求においては，その請求をしようとする者が更正前の税額等，当該更正後の税額等，更正の請求をする理由，当該請求をするに至った事情の詳細その他参考となるべき事項を記載した更正請求書を税務署長に提出しなければならず（国税通則法23条3項），請求の理由の基礎となる事実が一定期間の取引に関するものであるときは，その取引の記録等に基づいて，その理由の基礎となる事実を証明する書類を更正請求書に添付することとされている（同法施行令6条2項）。右規定は，更正の請求が納税者による適式な申告によりいったん確定した税額等を納税者に有利に変更するものであり，請求を基礎づける資料の収集も通常納税者が最も容易になし得ることから，その請求をする者に自ら記載した

申告内容が真実に反し、請求に理由があることの主張立証責任を課しているものと解される。してみると、更正の請求に対してなされた更正すべき理由がない旨の通知処分の取消訴訟においても、請求を行った原告が自己の申告内容が真実に反し請求に理由があること、すなわち、右処分の違法性について主張立証すべきである。

したがって、本件訴訟においても、原告が本件申告における本件土地の評価額が相続税法22条にいう時価に該当しないことを主張立証しなければならない。

2. 本件原処分の違法性について

(1) 相続税法22条は、相続税の課税価格となる相続財産の価額は、特別の定めがある場合を除き、当該財産取得時における時価によるべき旨を規定している。この時価とは、それぞれの財産の現況に応じ、不特定多数の当事者間で自由な取引が行われる場合に通常成立すると認められる価額をいうものと解するのが相当である。しかし、対象財産の客観的な交換価値は必ずしも一義的に確定されるものではないから、個々の事案ごとに評価方式を異にすると、その方式や基礎資料の選択の仕方によりその評価額に差異が生じたり、課税庁の事務負担が増加し、課税事務の迅速な処理を害するおそれがある。そこで、課税実務上は、財産評価の一般的基準を本件通達に定め、これに定められた評価方法により、相続財産の評価を画一的に行っている。この課税実務上の取扱いは、納税者間の公平、納税者の便宜、徴税費用の節減という見地から合理的なものである。

しかし、本件通達による画一的な評価の趣旨が右のようなものである以上、この評価方法を形式的、画一的に適用することによって、かえって相続税法や本件通達自体の趣旨に反する結果を招き、実質的な租税負担の公平を著しく害することが明らかであるというような特段の事情があり、かつ、本件通達によらない評価方法が客観的で合理性を有する場合には、本件通達によらない評価方法によることが許されるものと解すべきである。このことは、本件通達自体が「この通達の定めによって評

価することが著しく不適当と認められる財産の価額は、国税庁長官の指示を受けて評価する。」と規定し、例外的に本件通達に定める評価方法以外の方法を採り得るものとしていることからも明らかである。
(2) そこで、以下、原告の主張する本件土地の評価方法が客観的で合理性を有するかにつき検討する。
ア 不動産鑑定士が不動産の鑑定評価を行う際の基準となる不動産鑑定評価基準（以下「本件基準」という。）によれば、収益還元法の適用における収益事例の選択は、近隣地域又は同一需給圏内の類似地若しくは必要やむを得ない場合には近隣の周辺の地域に存する不動産から行わなければならないものとされている。

　ところが原告鑑定書が採用した収益事例は、本件土地とは河川であるJ川を挟んで約1000メートルも離れているうえ、行政区、行政的条件及び収益物件を建築した場合の採算性を異にしている。更に収益還元法は、対象不動産が将来生み出すであろうと期待される純収益からその価額を算出するものであるから、収益物件を建築した場合の採算性は、収益事例の選択において重要な要素である。本件基準が、やむを得ない場合には収益還元法を採用しないことも認めていることからすれば、本件土地が収益物件の建築に適さない以上、右方法を採用したこと自体に疑問があるうえ、本件土地と右収益事例との距離、行政区、行政的条件及び収益物件を建築した場合の採算性の相違にかんがみると、原告鑑定書が採用した右収益事例は、本件土地の近隣地域に存するとはいえないし、本件土地との類似性も認められない。よって、原告鑑定書の収益事例の選択は妥当でない。
イ 不動産鑑定における公示標準地の選択に当たっては、対象土地に近接し、類似し、比較対象しやすい土地を選択すべきところ、公示地宝－22及び公示地宝－9とを比較すると、公示地宝－9の方が、本件土地に近接し、J川駅からの接近状況、標高等において類似しており、公示標準地として相当である。

　この点、原告鑑定書の作成者である証人Oは、公示地宝－9は近隣商

業地域に隣接しており商業地の影響を受けているため公示標準地として不適切である旨供述する。しかし、公示地宝-9は、あくまで第一種住居専用地域に属し、その周囲は住宅地であるから、近隣商業地に近いというだけで商業地の影響を受けているとはいえないし、公示地宝-22は右証人が地域の特性として重視する駅からの距離において本件土地と大きく異なるから、右供述は採用できない。

ウ 本件基準によれば、取引事例法の適用における取引事例の選択は、近隣地域又は同一需給圏内の類似地若しくは必要やむを得ない場合には近隣の周辺の地域に存する不動産から行わなければならないものとされている。

ところが原告鑑定書が採用した取引事例3件のうち2件は本件土地とは行政区を異にし、うち1件は行政的条件まで異にしているから、原告鑑定書が採用した右取引事例は、本件土地との類似性が認められない。そして、被告鑑定書が採用した取引事例4件がいずれも本件土地と行政区、行政的条件を同じくしていることにかんがみると、原告鑑定書が採用した取引事例の外に適切な取引事例が存在しなかったというような事情も認められない。よって、原告鑑定書の取引事例の選択は、妥当でない。

なお、原告鑑定書の作成者である証人Oは、取引事例の選択において重視すべき地域の特性は、その行政区ではなく駅からの距離である旨供述する。しかし、証拠によれば、原告鑑定書が採用した取引事例3件はいずれも本件土地とJ川駅からの距離を異にしている事実が認められるから、右供述によっても原告鑑定書の取引事例の選択は妥当とはいえない。

エ 本件土地と原告鑑定書の取引事例Bを比較すると、取引事例Bは、本件土地よりJ川駅及び商業施設から300メートル、公共施設から350メートル離れており、その接近状況において劣ると評価できる。また、取引事例Bは、本件土地よりその地上建物、道路の状況、周辺の街並み、景観、日照、通風、地盤等において劣ることから、本件土地が湿気が多

いことにかんがみても，環境条件全体として大きく劣ると評価できる。
したがって，取引事例Bが本件土地と比較して環境事件において4パーセント優れ，地域要因全体としても4パーセント劣るに過ぎないとした原告鑑定書に合理性は認められない。

オ　以上を総合すれば，原告鑑定書が客観的で合理性を有するものとは認められない。

(3)　そうすると，原告の主張する本件土地の評価方法が客観的で合理性を有するということはできず，その他本件申告における本件土地の評価額が相続税法22条の時価に該当しないことを認めるに足る証拠はない。

【66】　千葉地裁　平成10年3月25日判決
　　　（平成4年（行ウ）第29号・法人税更正処分等取消請求事件）
【当事者】
　　原告　有限会社〇〇〇〇
　　被告　船橋税務署長
【判示事項】
　　簿外売上に係る未計上仕入れの存在についての立証責任及びその程度，簿外売上に係る未計上仕入れの有無，源泉所得税の納税告知書に記載すべき事項，簿外売上の役員賞与該当性等
【事案の概要と争点】
　　本件は，医薬品及び化粧品の販売を行う原告の昭和63年5月期（以下「第1事業年度」という。）及び平成元年5月期（以下「第2事業年度」という。）の法人税について，被告がした更正処分及び重加算税の賦課決定処分，並びに，原告が徴収し，納付すべき昭和63年1月から同年6月まで及び平成元年1月から同年6月までの源泉所得税について，被告がした納税告知処分及び不納付加算税の賦課決定処分の適否が争われた事案である。

　　主たる争点は，①原告が各期の申告の基礎に算入しなかったブローカー取引（仕入れた医薬品の現金問屋への転売，以下これによる収入を「本件

売上金」という。）に係る未計上仕入れの有無，②原告が訴外Ａ医師から受領した額面24万6000円の小切手（以下「本件小切手」という。）の取立金（以下「本件金員」という。）が原告の売上であるか，③国税通則法施行規則５条所定の書式（以下「本件様式」という。）に従ってする源泉所得税の納税告知が，所得税法 222条の規定する給与支払者の受給者に対する求償権の行使を不可能ないし困難ならしめるものとして，憲法29条１項及び31条に反するか否か及び④被告が本件売上金を原告代表者に対する賞与と認定したことの当否にあった。

【判　旨】

　本判決は，次のように判示して，原処分のうち裁決によって取り消された部分についての取消しを求める原告の訴えを却下し，その余の請求を棄却した。

1. 本件各処分のうち裁決によって既に取り消されている部分について取消しを求める原告の訴えは，訴えの利益を欠き，不適法である。
2. 争点①について
(1) 原告は，ブローカー取引で販売した医薬品の仕入れは，帳簿に一切記載されておらず，損金に当たるものであるのに，本件各更正処分等の基礎に算入されていない旨主張する。
(2) ところで，法人税更正処分の取消訴訟においては，課税根拠となる所得額はもちろん，所得額を益金の額から損金の額を控除する方法で求める場合には，右益金及び損金の額についても，課税庁において益金の存在及び損金の不存在を主張立証する責任を負うものと解するのが相当である。

　ただ，青色申告の承認を受けた納税者について簿外の売上げが発見された場合，帳簿書類の記載以上の信ぴょう力のある資料によって捕捉し得た仕入れ等の損金の立証をもって損金についての課税庁側の立証（これ以上に損金は存在しないとの立証）は尽くされたものというべく，納税者においてそれ以上になお簿外の仕入れ等が存在すると主張するならば，自ら記録した帳簿書類の記載以上に信ぴょう力のある資料によって

当該損金の存在を立証する必要があるものというべきである。

　本件においては，原告が本件各事業年度当時青色申告の承認を受けていた事実には争いがないから，本件各更正処分等が基礎とした損金額（その存在は争いがない。）を上回る損金の存在については，これを主張する原告が立証すべきである。

(3)　原告は，本件各事業年度の法人税の課税標準等の計算の基礎に算入されるべき損金の存在を，取引相手や取引額等の具体的内容を明示せずに主張する。

　この点，原告代表者の供述においては，公表外の売上金が振り込まれていた原告代表者ら個人名義の4つの預金口座（以下これを「本件各口座」といい，またそれぞれの口座を「本件口座1」のようにいう。）から現金で引き出された金員はブローカー取引の仕入れに用いたものとされ，証拠によっても，本件口座2～4における現金引出しの記録は，その金額や頻度に照らし，個人の日常生活的な消費の範囲を超えるものがあることが認められるから，本件口座2～4から現金で引き出された金員の一部は原告のブローカー取引の仕入れのために用いられたと見得る余地がないとはいえない。

　しかし，前記争いのない額を超えて算入すべきブローカー取引に係る仕入れの存在は極めて疑わしく，このほかに本件更正処分等の基礎に算入されていない損金の存在を認めるべき証拠はないから，原告の主張は理由がないというべきである。

(4)　原告は，第2事業年度に関し，C薬品に販売した医薬品の売上額と売上原価率により算出した仕入額である1102万8360円を損金に算入すべき旨主張し，原告提出証拠及び原告代表者の供述中にはC薬品に販売した医薬品の売上額及び売上原価率について右主張に沿う部分もある。

　しかし，第2事業年度におけるC薬品等との間のブローカー取引における仕入れの中には既に第2事業年度の更正処分の基礎に算入されていると認められるものがあるから，ブローカー取引の仕入額が第2事業年度の更正処分に全く計上されていないことを前提とする右主張は，前提

を欠き，失当というほかない。さらに，本件各更正処分等において認容された仕入額があり，原告の主張する仕入額が全く処分の基礎に算入されていないということはできないし，仮にＣ薬品へ販売した医薬品の仕入れ中に未算入のものがあるとしても，原告が主張する仕入額1102万8360円は，第２事業年度の更正処分の基礎に算入されているものの架空計上の疑いのある前記事業年度末日の仕入額1883万8000円を上回るものではないから，原告の主張は採用できない。

(5) このほか原告は，被告認定の公表外売上原価及び公表外売上高の比率であるブローカー取引の売上原価率は異常に低い値になる旨主張するが，公表外の売上医薬品の仕入れの一部は公表帳簿に計上されていることが認められるから，右主張は直ちには採用できない。のみならず，被告認定の総売上高及び総売上原価に基づいて算出した売上原価率（第１事業年度0.5952，第２事業年度0.5341）は，原告の店舗が所在するＥ市内に事業所を有する調剤薬局のみを営む青色申告法人の同時期の売上原価率（0.4215～0.4777）と比較して顕著な差異があるとはいえず，売上原価率が若干高めであるのは売上原価率の高いブローカー取引の収支が全体の売上原価率を押し上げた結果であると理解することができる。

他に本件各更正処分の基礎として算入されていない仕入れの存在を認めるに足りる証拠はない。

3. 争点②について

(1) 原告は，本件金員を原告の売上金と認定してされた更正処分に対し，本件金員はＡ医師に依頼されて小切手を換金したものにすぎない旨主張し，原告提出証拠及び原告代表者の供述中には右主張に沿う部分もある。

しかし，右部分は，次の事情に照らし，信用することができない。

ア 原告代表者は，本件小切手を２日間くらいは持っていた旨供述しているのに対し，Ａ医師の申述書では小切手の「両替を依頼し」た日はその振出日である昭和63年４月22日とされている。本件小切手により本件口座２に24万6000円が入金されたのは右同日である事実に照らし，原告代表者の供述とＡ医師の申述は重要な点において食い違いがある。ちなみ

に，原告は，平成5年7月28日付準備書面㈡において，原告代表者は，A医師からE市医師会で本件小切手を代理受領して現金で持参してほしい旨を依頼され，同医師会に赴いて右小切手を代理受領した上，原告代表者個人の同額の金銭をA医師に交付し，同小切手をF信用金庫G支店に取立依頼して本件金員の入金を受けたものであると主張しているが，A医師の申述書には，E市医師会から受領した小切手を多忙のために原告代表者に両替を依頼した旨の記載があり，この点については原告代表者も同様の供述をしているところ，右のような原告の主張との食い違いについても，原告から何ら合理的説明はない。

イ 原告代表者の供述態度は，本件小切手に関する事実関係について，原告代理人の問いに対しては明確な供述をする一方で，被告代理人の問いに対しては，あいまいな供述を繰り返している。

また，E市医師会は，A医師に看護学校講師旅費の名目で支払うべき報酬を小切手によって決済していたところ，原告は，そのうち，本件小切手以外に少なくとも6通（うち4通金額合計41万1500円は昭和63年8月1日交換，現金払のもの，1通は平成元年9月4日～10月20日の報酬として振り出された金額7万2000円のもの，残り1通は同年10月21日～12月20日の報酬として平成2年2月9日ころ振り出された金額9万6000円のもの）を受領し，換金している。この点に関し，原告代表者は，A医師から小切手の換金を依頼された経験について，本件金員の入金以前には何回かあったがその後はないと思う旨一度は供述したものの，反対尋問においてH国税局長の照会に対するE市医師会及びI銀行の回答書を示されると，直ちに供述を翻し，記憶が定かでない旨弁明しているが，それ以上何ら合理的説明もしていない。

ウ さらに，開業医であるA医師が，本件小切手にあえて裏判をE市医師会で受けて換金し，現金を持参するよう原告代表者に依頼するほどの現金の必要性を生じるという事態は考えにくく，そのような事実を認めるべき証拠もない。A医師に緊急の現金化の必要性がなかったとすれば，原告に本件小切手の換金を依頼する必要はなく，本件小切手の交付の目

的は換金以外にあったものと推認される。
(2) 次に，証拠及び弁論の全趣旨によれば，次の事実が認められる。
ア 原告代表者は，本件各処分に係る法人税調査担当の国税調査官に対し，本件口座2への小切手入金は売上金である旨の説明をしていた。
イ 原告は，本件各処分を不服として行った審査請求の審理手続における主張中で，本件金員が公表外売上げであることを争わない旨表明していた。
ウ 本件金員が入金された本件口座2は，原告が専ら帳簿外の売上金回収のために使用していた本件各口座の1つである。
エ 原告のA医師に対する医薬品の売上げは，第1事業年度が1317万4960円，第2事業年度が1401万2270円で，毎月月末に小切手により決済されており，仮に売上金の一部について小切手の代理受領がされた場合，残額のみについて決済することは極めて容易な作業であった。
オ 原告は，A医師に対する売上高を圧縮計上して売上げ隠しをしていた。
(3) 右(2)の事実と前記(1)で指摘した事情を総合すれば，本件金員は，A医師に販売した医薬品の代金として小切手の代理受領の方法で入金されたものであり，原告の第1事業年度に係る売上金であったものと認めることができる。

4. 争点③について
(1) 源泉徴収の対象となるべき所得の支払がなされるときは，支払者は，法令の定めるところに従って所得税を徴収して国に納付する義務を負い，この納税義務は右の所得の支払の時に成立し，その成立と同時に特別の手続を要しないで納付すべき税額が確定するものとされているから（国税通則法15条)，源泉徴収による所得税は，申告納税方式による場合の納税者の税額の申告やこれを補正するための税務署長等の処分（更正・決定)，賦課課税方式による場合の税務署長等の処分（賦課決定）なくして，その税額が法令の定めるところに従って当然に，いわば自動的に確定するものということができる（最高裁判所昭和45年12月24日第一小法廷判決・民集24巻13号2243頁)。そして，このような制度の下では，

給与等支払者において税額を法令に基づいて自ら算出することを要するものであることから，その前提として，源泉徴収を要する所得税額の算出の過程，すなわち源泉徴収の対象となるべき所得の種類，課税標準等は所得税関係法規において簡明に法定されており，源泉徴収制度の円滑な運営が図られているということができる。

右のような源泉徴収に係る所得税の性質及び制度の前提にかんがみれば，給与等の支給額，支給日，支給の相手方等の事実関係及びこれらを基礎として計算される所得税額は，課税権者から徴収義務者に対して通知するまでもなく，徴収義務者において当然にこれを知しつしているべきものであり，他方，反復継続的かつ大量に行われる給与等の支払のすべてについて支給の相手方・支給日・支給額等を徴税権者において個別に把握し通知することは，煩瑣であるのみならず事実上困難であるし，給与等支払者においてこれらの事項を容易に把握できる以上，その必要性もない。したがって，本件様式に税額算出の基礎となる個別的事実関係の記載を要しないものとされていることには合理性があるものということができる。

(2) ただ，給与等の支払の有無・額・相手方等について支払者の認識と徴税権者の認定とが異なったような場合には，本件様式により納税告知処分がされたのみでは，支払者の受給者に対する求償権等の行使（所得税法222条）が困難になると考える余地もないではない。

しかし，右のような場合でも，自らの認識と異なる認定に基づいて徴税権者がした納税告知処分に不服のある給与等支払者は，当該処分に対する不服申立ての手続において徴税権者の認定した処分の根拠事実（支払者の求償権の行使に必要な事実関係はこれに含まれる）を知り，これに反論する等の機会を与えられているものであるから（納税告知処分について異議申立てをした場合の意見陳述及び異議決定書における理由附記とその送付・国税通則法84条，審査請求手続における原処分庁の答弁書提出とその送付等・同法93〜96条），給与等支払者に原告主張のような不利益が実際に生じる余地はないものといわなければならない。本件

各納税告知処分等についても，処分の根拠とされた支給額・支給日・支給の相手方等求償権の行使に必要な事実に関する被告の認定は，異議申立て及び審議請求の過程において十分に明らかにされていると認められる。

(3) 以上のとおり，本件様式によってされた本件各納税告知処分等に原告主張の違憲違法の瑕疵はなく，原告の主張は理由がない。

5. 争点④について

(1) 証拠及び弁論の全趣旨によれば，本件売上金に関して，次の事実が認められる。

ア 原告の経理は，一部を原告の妻が行うほか，原告代表者がすべてを行っており，特にブローカー取引については，原告代表者が仕入れから販売，在庫管理，経理の一切を取り仕切っていた。

イ 本件売上金は，原告の帳簿には記載されず，これに代わる裏帳簿やメモ等の存否も不明であり，原告の経理上は全額が行方不明となっている。

ウ 本件売上金は，J社からの薬品等の仕入代金として一部が用いられたほかは，原告のために使用された形跡がない。

エ 本件各口座は原告のブローカー取引の売上げの入金に用いられていたものであり，本件売上金の大半はこれらの口座に入金されていた。

(2) さらに，本件各口座について，次の事実が認められる。

ア 本件口座１について

(ア) 本件口座１の名義人は原告代表者個人であった。

(イ) 本件口座１の預金通帳は，原告の事務所ではなく，原告代表者の自宅に保管されていた。

(ウ) 本件口座１から，原告代表者又はその家族のための支出として，学費，生命保険，国民年金掛金，国民健康保険税，ＮＨＫ放送受信料，ガス代が継続的に引き落とされていた。

イ 本件口座２について

(ア) 本件口座２の名義人は原告代表者の長男となっているが，同人は同口座が開設された昭和63年３月当時満７歳であり，同口座の入出金内容は，

その摘要明細，入出金額及び口座の利用頻度に照らして，同人のものとは到底認められない。

(イ) 本件口座2の預金通帳は，原告の事務所ではなく，原告代表者の自宅に保管されていた。

(ウ) 本件口座2から，昭和63年10月5日にK銀行L支店の原告代表者の妻名義普通預金口座に80万円が送金され，この金員は原告代表者個人が購入したマンションの代金3500万円の支払の一部に充てられている。その一連の金員の移動は原告代表者自身によって行われたことは，普通預金払戻請求書等の関係書類に記載された氏名の筆跡と原告代表者尋問の際の宣誓書の署名の筆跡との対照により歴然としている。

(エ) 本件口座2から平成元年2月14日に引き出された30万円及び同年3月28日に引き出された100万円のうち現金で払い戻された33万3540円を除く66万6460円は，いずれもN証券の原告代表者個人名義の取引口座に振り込まれ，同人が購入したP株式会社の株式1000株の取得代金等の支払に充てられており，これらの金員の移動も原告代表者自身によって行われたことは，振込依頼書等及び株式の取引申込書に記載の氏名の筆跡によって明らかである。

ウ　本件口座3について

(ア) 本件口座3の名義にはQなる架空の氏名と住所が用いられており，原告及び原告代表者とは無関係のもののように擬装されていた。

(イ) 本件口座3の預金通帳は，原告事務所ではなく，原告代表者の自宅に保管されていた。

(ウ) 本件口座3の平成元年11月22日の解約により現金出金された全残高102万9746円のうち71万5000円は，原告代表者個人が同月24日付けで開設したR證券株式会社S支店（以下「R證券」という。）における取引口座に対し，同人が買い付けたT製鋼所の株式1000株の取得代金の支払に充てられている。

エ　本件口座4について

(ア) 本件口座4の預金通帳は，原告の事務所ではなく，原告代表者の自宅

に保管されていた。
- (ｲ) 本件口座4の名義人は原告代表者の妻であり，同人は原告の店頭販売と経理の一部を担当していたものであるが，同口座の入出金額及びその利用頻度等の取引内容は同人のものとしては不自然なところがある。
- (ｳ) 本件口座4は，前記ウ(ｳ)のR證券における原告代表者個人名義の取引口座及び同人が同證券において開設した原告代表者の妻名義取引口座の売却代金・利金・分配金等を振り込むための口座に指定され，実際に右各取引口座から株式の売却代金が振込入金されている。

(3) 右(2)の事実を総合すると，本件各口座は，いずれも原告代表者の個人的口座であったものと認められる。原告代表者は本件口座4は原告代表者の妻個人のものである旨供述しているが，前記(2)エの各事実に照らし，信用できない。また，本件口座2～4からは多額の金銭が頻繁に引き出された事実が認められ，その中には原告のブローカー取引の仕入れに充てられたものがあることを認める余地もないではないが，仮に一部にそのようなものがあったとしても，それによって本件各口座の性質に関する右認定が妨げられるものではない。

これに前記(1)の事実を併せて考えると，原告代表者は，自己が独占的に経営を管理支配する原告において，自らが一切の事務を単独で掌握運営していたブローカー取引の売上げの大部分を自分個人の口座に直接入金させ，その売上げが原告の資産として計上されることは当初から予定されておらず，以後原告のために用いられることも原則としてなかったものと認められるから，本件口座のいずれにも入金されていない売上げを含む本件売上金は，その受領若しくは口座入金と同時に原告から原告代表者個人の所得に移されていたということができ，これは原告からの原告代表者に対する賞与の支給と認めるのが相当である。なお，本件売上げの一部は本件口座2へ入金後にブローカー取引の仕入れのために出金されているが，これは，原告代表者に対する賞与支給額のうち右出金相当額の支給が取り消され，これを原告に返還する代わりに原告の債務の弁済に充てる処理をしたにすぎないと解すべきである。

(4) 以上のとおり，原告代表者には，本件売上げの各入金時において同額の金員が賞与として支給されたものというべきであるから，その入金額から仕入れ認容額を差し引いた額（争いがない。）と同額をもってした本件各納税告知処分等は適法であり，原告の主張は理由がない。

(6) そ の 他

【21】 東 京 高 裁 平成10年3月30日判決（ 55ページ参照）

【67】 静岡地裁浜松支部 平成10年4月17日決定
（平成9年（モ）第212号・文書提出命令申立事件）
【当事者】
申立人 ○○○○
相手方 磐田税務署長
【判示事項】
税務調査により収集した資料の法律関係文書該当性等
【事案の概要と争点】
本件は，訴外Aの死亡に伴う申立人の相続税についての修正申告は申立人の意思に基づかない無効なものであるとして，申立人が，相手方に対し，納付した右修正申告に係る相続税相当額等の損害賠償を求めている事件において，申立人が，相手方に対し，相手方が税務調査によって収集した資料等の提出を求めた事案である。
主たる争点は，課税庁が税務調査によって収集した資料等が，民事訴訟法220条3号後段にいう法律関係文書に当たるか否か等にあった。
【判 旨】
本決定は，次のとおり判示して，申立人の申立てを却下した。
1. 民訴法220条3号後段にいう「挙証者と文書の所持者との間の法律関係について作成された文書」とは，挙証者と文書の所持者との法律関係それ自体を記載した文書だけではなく，その法律関係に関連のある事項を記載した文書をも含むが，文書の所持者が専ら自己使用のために収集

作成した内部的文書はこれに当たらないと解すべきところ，申立人が提出を求める本件文書は，税務調査の担当係官がその職務を遂行する過程で専ら自己使用のために収集作成した内部的文書にほかならないから，本件文書は同号後段所定の法律関係文書に該当するものではない。

2. また，申立人が同条1号該当性の論拠とする相手方の本案における主張は，担当係官が被相続人の取引証券会社などに反面調査を行い，その調査結果を取りまとめた事実をいうにすぎず，何ら積極的に本件文書の存在に言及するものではないから，本件文書は同号所定の「当事者が訴訟において引用した文書」にも該当しない。

【68】 東京高裁 平成10年7月6日決定

(平成10年（ラ）第1044号・文書提出命令申立抗告事件)

【当事者】

抗告人（申立人） ○○○○

相手方 国

【判示事項】

税務調査により収集した資料の法律関係文書該当性等

【事案の概要と争点】

本件は，整理番号【67】の抗告審である。

【判　旨】

本決定は，抗告人の申立てを却下した原審（静岡地裁浜松支部平成10年4月17日決定・本書 193ページ）の判断を維持して，抗告を棄却した。

9 その他

【69】　札幌高裁　平成10年3月13日判決
　　　（平成9年（行コ）第8号・課税処分取消請求控訴事件）
　【当事者】
　　　控訴人（原告）　　〇〇〇〇
　　　被控訴人（被告）　札幌北税務署長
　【判示事項】
　　　裁判における直接主義違反
　【事案の概要と争点】
　　本件は、原告の平成3年分ないし同5年分の所得税について、被告がした更正処分等の適否が争われた事案である。
　【判　旨】
　　本判決は、次のとおり判示して、原告の訴えを却下した原判決（札幌地裁平成9年5月16日判決・年報9号 250ページ）を取り消し、原審裁判所に差し戻した。
　　原判決の基本たる口頭弁論に関与した裁判官は、A・B・Cであるところ、原判決書には、判決をした裁判官として、A・Bの各署名押印並びにDは転勤のため署名押印できない旨の記載及びAの署名押印がされていることが明らかであるから、原判決は、民訴法249条1項に違反し、判決の基本たる口頭弁論に関与しない裁判官によってされたものと認めるほかないから、同法306条に該当するものとして、取消しを免れない。

【70】　名古屋地裁　平成10年3月26日判決
　　　（平成9年（行オ）第1号・所得税額の決定取消再審請求事件）

【当事者】

　原告　○○○○

　被告　岡崎税務署長

【判示事項】

　再審事由の有無

【事案の概要と争点】

　本件は，土地収用法に基づく損失保証金の受領を拒否している原告の平成元年分の所得税について，当該保証金が供託されている場合においても，当該保証金は原告の所得に算入すべきとの判決に対して，旧民事訴訟法420条1項7号，8号及び10号の再審事由があるとして，再審請求された事案である。

　主たる争点は，再審事由の有無にあった。

【判　旨】

　本判決は，次のとおり判示して，原告の訴えを却下した。

1. 再審原告が，名古屋地方裁判所平成8年（行ウ）第39号所得税額等の決定取消請求事件（以下「本件確定事件」という。）において求めた裁判は，①再審被告が平成7年2月13日付でした原告の平成元年分所得税の決定及び無申告加算税の賦課決定を取り消す，②再審被告が平成7年3月15日付で原告に対してした督促を取り消す，のみであることが認められる。

　したがって，本訴において再審原告の求めた裁判のうち，③再審被告が平成7年9月17日付で原告に対してした財産差押えを取り消す，④再審被告が平成7年9月21日付でした配当を取り消す，⑤再審被告が平成7年9月21日付でした充当を取り消す，⑥行政事件訴訟法21条1項の規定によって岡崎税務署長の事務の帰属する国に対する損害賠償その他の請求に訴えを変更することを許す，⑦「再審原告を絞首刑にして財産を没収してしまえ」という政令及び「再審原告を無能力者及び訴訟無能力者にして財産を競売にかけてしまえ」という政令を取り消す，との請求は，本件確定事件の確定した終局判決に対する不服申立ではないから，

それ自体失当である。

2. 本件確定事件につき，平成9年6月26日，再審原告敗訴の判決があったこと，再審原告は，同月27日，右判決正本を受領し，控訴期間経過前の同年7月8日，再審訴状を提出して本件再審の訴えを提起したこと，同月9日，裁判所書記官の電話聴取に対し，再審原告は，再審の訴えとして扱われたい旨及び控訴期間である同月11日までに控訴する意思はない旨答えたこと（平成9年7月9日付電話聴取書），右判決は，同月11日の経過により確定したことが認められる。

以上によれば，再審原告は，遅くとも同年6月27日の判決正本の送達により，その主張する再審事由を知ったものと解されるところ，上訴期間内に，右再審事由を理由として上訴しなかったのであるから，平成8年法律第109号による改正前の民事訴訟法420条1項但し書により，右判決に対し，右再審事由を主張して再審の訴えを提起することは許されないと解すべきである。

【71】 神戸地裁 平成10年6月1日決定
（平成10年（行ウ）第13号・行政処分取消請求事件）
【当事者】
原告　〇〇〇〇
被告　大阪国税局長
【判示事項】
本件訴外税務署長が行政事件訴訟法12条3項の「事案の処理に当たった下級行政機関」といえるか
【事案の概要と争点】
本件は，原告が，本件訴えを，当初，相続税物納変更要求通知処分をした訴外税務署長の所在地の裁判所に提起したところ，被告が，本件訴えは管轄権を有しない裁判所に提起されたものであるとして事件の移送を申し立てたため，本件の移送の可否が争われた事案である。

主たる争点は，当初の相続税物納変更要求通知処分をした訴外税務署長

が行政事件訴訟法12条3項の「事案の処理に当たった下級行政機関」といえるか否かにあった。

【判　旨】

本決定は，次のように判示して，本件を大阪地方裁判所に移送した。

1. 行政事件訴訟法12条3項は，形式上は上級行政機関が行った処分であっても，下級行政機関が資料を収集して意見具申をし，それによって上級行政機関が処分するなど，実質的にはその下級行政機関がこれを行ったと同様の場合があり，かかる場合には，下級行政機関の管轄区域内に資料等も存在するため被告行政機関も応訴に困難を覚えることなく，円滑な審理進行も期待でき，原告の出訴も容易であるなど，双方の利害の調和を図ることができることから，特別にその下級行政機関の所在地に管轄権を認めた規定と解される。

したがって，「事案の処理に当たった」とは，当該下級行政機関が自ら資料収集のうえ上級行政機関に意見具申するなどして，実質的に当該処分の成立に関与した場合を意味するものと解するのが相当である。

2. 以上の事実をもとに判断するに，まず平成5年5月26日申請に係る処分については，①兵庫税務署長は当初の物納申請に対しては約9か月後に自ら相続税物納変更要求通知処分をしたものの，変更された物納申請に対しては相続税物納変更要求通知処分をすることなく約6か月後に被告に引き継いでいること，②本件処分につき重要な資料となったと考えられる「隣接地の境界に関する同意書」及び添付図面等は，被告に引継ぎがなされた後に，被告に直接提出されていることからするならば，仮に，原告主張のように引継ぎ要件に関して兵庫税務署長が意見具申などをして引き継いだとしても，被告がその後に被告に直接提出された資料を加え，被告独自に判断したと認めるのが相当であり，兵庫税務署長が実質的に右処分の成立に関与したとは認められない。また，平成6年11月25日申請に係る処分については，修正申告に伴う物納申請自体が直接被告になされており，兵庫税務署長になされたわけではなく，同税務署長をして，事案の処理に当たったとはいえない。

3. 原告は，相続税額の確定行為の行われた下級行政機関が兵庫税務署長である以上，同税務署長は事案の処理に当たった下級行政機関であるとも主張しているが，本件は相続税の金額ではなく，その納付方法についての処分を争うものであるから，原告の主張は理由がない。

【72】 東京高裁 平成10年6月29日判決

（平成9年（行コ）第164号・所得税更正処分等取消請求控訴事件）

【当事者】
　　控　訴　人（原告）　　○○○○
　　被控訴人（被告）　　保土ヶ谷税務署長

【判示事項】
　　控訴人の訴えの変更の適否，控訴人の損害賠償請求の適否

【事案の概要と争点】
　本件は，被控訴人がした控訴人の平成3年分の所得税の決定処分につき，被控訴人に対して右決定処分の違法を理由として損害賠償を請求するとともに，控訴審段階で右決定処分の取消しを求めた事案である。
　主たる争点は，①控訴人の訴えの変更の適否及び②損害賠償請求の適否にあった。

【判　旨】
　本判決は，次のとおり判示して，控訴人の請求を棄却した原審（横浜地裁平成9年9月24日判決・年報9号222ページ）の判断に一部付加するほかこれを引用し，控訴を棄却した。
1.(1)　控訴人は，第一審被告らのうち被控訴人に対してのみ控訴を提起し，前記のとおり，原判決を取り消す旨の裁判を求めた上で，本件損害賠償請求をなさず，本件処分の取消しのみを求めた。控訴人が原審では求めていた本件損害賠償請求を本件控訴の趣旨に掲記していないところからすると，控訴人は，当審において訴えを交換的に変更する申立てをしているものと解される。
　そこで，右訴えの交換的変更の適否について検討するに，まず，行訴

法は，その16条ないし19条1項に，処分又は裁決の取消訴訟と関連請求に係る訴訟（同法13条参照）との併合（原始的併合・追加的併合，客観的併合・主観的併合）に関する規定を置いているところ，これらの規定の趣旨は，取消訴訟と関連請求に係る訴訟を併合して，審理の重複，裁判の矛盾を避け，同一処分に関する紛争を一気に解決し，迅速な裁判を図ろうとするものである。行訴法におけるこの措置は，後に述べるとおり，民訴法の下においては，訴訟手続を異にする取消訴訟とこれに関連する原状回復請求，損害賠償請求などを1つの訴えに併合することが許されないことから，行訴法において格別の手当てをしたものであるが，同法は，その併合の態様を無制限に認めているのではなく，右各規定の文言からすれば，取消訴訟を基本事件とし，民事訴訟はその関連請求に係る訴訟として基本事件に併合することのみを許容しているものと解せられ，本件のような民事訴訟たる関連請求に係る訴訟を行政訴訟たる取消訴訟に交換的に変更することを許容しているものと解する余地はないというべきである。よって，行訴法に基づいて，本件損害賠償請求を本件処分の取消訴訟に交換的に変更することは許されないといわなければならない。

(2) 次に，控訴人の前記訴えの変更は，行訴法7条に基づく民訴法143条1項の規定によっても許されないと解すべきである。けだし，右の民訴法の規定による訴えの変更は，変更の前後の各請求が同種の訴訟手続によるものであることを要すると解すべきであるから（同法136条参照），民事訴訟たる本件損害賠償請求を行政訴訟たる本件処分の取消訴訟に変更することは許されないのみならず，実質的にみても，本件損害賠償請求は，後に述べるとおり，当事者適格のない不適法な訴えであるのに対して，本件処分の取消訴訟は行政庁たる被控訴人がした処分の効力に関するものであって，右の両訴は請求の基礎の同一性を欠くというべきであり，加えて，仮に，被控訴人が当審において本件処分の取消訴訟に応訴しなければならないとすれば，原審においては実質的な審理（本件処分の取消事由の有無についての審理）を経ていないから，被控訴人の審

級の利益が害されることになって相当でないからである（なお，被控訴人が控訴人の訴えの変更に同意していないことは明らかである。）。

　よって，控訴人の当審における訴えの変更は許されないというべきである。

2. 控訴人は，前記のとおり，当審において本件損害賠償請求を本件処分の取消しの訴えに変更する旨の申立てをしているのであるから，本件損害賠償請求についての判断を求めていないものとも解されるけれども（ただし，控訴人が右申立てによって，右請求を放棄し又はこれを取り下げる旨を表示しているとまではみることができない。），かかる訴えの変更が許されないことは前示のとおりであるから，右請求は，当審においても審理の対象となっているものというべきである。

　しかるに，本件損害賠償請求は国家賠償法1条に基づくものと解されるところ，同条による損害賠償責任の主体は国又は公共団体に限られ，本件の被控訴人のように行政処分をした行政庁はその主体とはなり得ないから，本件損害賠償請求は当事者適格を欠く不適法なものであり，右訴えは却下されるべきである。

【73】東京高裁　平成10年7月9日判決
（平成10年（コ）第177号・裁決取消請求控訴事件）

【当事者】
控　訴　人（原告）　　○○○○
被控訴人（被告）　　国税不服審判所長

【判示事項】
裁決固有の瑕疵の有無

【事案の概要と争点】
本件は，東京国税局長が控訴人に対してした平成7年分の所得税に係る還付金を，控訴人の相続税に係る滞納国税に充当した処分（以下「本件充当処分」という。）について，被控訴人がした控訴人の審査請求を棄却する旨の裁決（以下「本件裁決」という。）の適否が争われた事案である。

主たる争点は，裁決固有の違法事由の存否にあった。
【判　旨】
　本決定は，控訴人の請求を棄却した原審（東京地裁平成9年11月10日判決・年報9号265ページ）の判断を維持し，控訴を棄却した。

【74】　名古屋高裁　平成10年8月6日判決
　　　（平成10年（コ）第9号・所得税額の決定取消再審請求控訴事件）
【当事者】
　再審控訴人（再審原告）　　○○○○
　再審被控訴人（再審被告）　岡崎税務署長
【判示事項】
　再審事由の有無
【事案の概要と争点】
　本件は，整理番号【70】の控訴審である。
【判　旨】
　本判決は，控訴人の請求を棄却した原審（名古屋地裁平成10年3月26日判決・本書195ページ）と同旨の判示をして，控訴を棄却した。

第3章　賦課実体関係

1 所　得　税

(1) 課税所得の範囲～非課税所得（所得税法9条関係）

【75】　大阪高裁　平成10年4月14日判決
　　　　（平成8年（行コ）第57号・法人税更正処分等取消等請求控訴事件）

【当事者】
　控　訴　人（原告）　　有限会社〇〇〇〇
　被控訴人（被告）　　神戸税務署長

【判示事項】
　輸出取引の相手方の認定，売買金額の認定

【事案の概要と争点】
　本件は，電気製品，日用雑貨等の輸出を業とする控訴人がアフガニスタン国に商品を輸出する際に，香港法人である訴外会社ＰＴを中間買主として取引をした（以下「本件取引」という。）として同社への売買代金を所得金額として法人税の確定申告をしたのに対し，被控訴人が，これらの取引はアフガニスタンの現地買主ＩＭＫと直接されたものであるから，現地買主への売買代金が所得金額であるとして，右金額の差額（以下「本件差額」という。）を所得金額に算入する更正処分及び重加算税賦課決定処分の適否が争われた事案である。
　主たる争点は，輸出取引の相手方の認定，売買金額の認定等にあった。

【判　旨】
　本判決は，控訴人の請求を棄却した原審（神戸地裁平成8年11月20日判決・年報8号441ページ）と同旨を判示して，控訴を棄却した。

【76】 横浜地裁　平成10年7月22日判決
（平成9年（行ウ）第52号・所得税更正処分等取消請求事件）

【当事者】
原告　○○○○
被告　緑税務署長

【判示事項】
違法な取引による利得と課税所得

【事案の概要と争点】
　本件は，原告の平成4年分及び同5年分の所得税について，原告が訴外A社との商品先物取引により得た売買差益を原告の雑所得と認定して被告がした更正処分等の適否が争われた事案である。
　主たる争点は，違法な取引による利得が課税所得に含まれるか否かにあった。

【判　旨】
　本判決は，次のように判示して，原告の請求を棄却した。
1　違法な取引による利得と課税所得
　　所得税法は，課税の対象となる所得の意義について，格別これを明らかにした規程を置いていないが，所得をその源泉ないし性質に応じて，利子所得，配当所得，不動産所得，事業所得，給与所得，退職所得，山林所得，譲渡所得，一時所得，雑所得の10種類に分類し，これらの所得ごとに金額を計算して，これを基礎に課税標準である総所得金額，退職所得金額及び山林所得金額を計算するものとしている（23条ないし35条）。さらに，所得税法は，9条ないし11条において，担税力の薄弱性，徴収技術上の困難性，公益上ないし政策上の理由等から，多項目にわたり非課税所得を列挙しており，そのほか，租税特別措置法その他の法令は，特定の利子や給付金などを非課税所得とする規程を設けている。
　　右のような所得税法の規定形式，内容等からすると，所得税法は，人の担税力を増加させる利得は，その源泉の如何，形式の如何，合法性の有無を問わず，すべて所得として把握するものとし，法令等において非

課税とする趣旨の規定がない限り，これを課税の対象としているものと解するのが相当である。

2　本件商品先物取引における売買差益と課税所得

　ところで，商品先物取引は，将来の一定時期に物を受渡しすることを約束してその価格を現時点で決める取引であり，約束の期日以前ならば，いつでもその時点の価格で始めの取引と反対の売買を行うことによって売りと買いを相殺し，その差額を決済して取引を終了することができるという特徴を有する。そして，そのような取引を決済したことによって委託者に売買差益が生じた場合は，その売買差益は担税力を増加させる利得に当たり，これを非課税とする法令の規定も存在しないから，前記1に照らし，たとえその取引が商品取引員（本件の場合は訴外Ａ社）の担当者による一任勘定，利益保証等の違法な取引に基づくものであるとしても，これによる利得は委託者の「所得」に帰属し，課税の対象になるものというべきである。

　もっとも，このように，違法な取引に基づく利得が課税の対象になるのは，そのような利得を現実に収受している場合であって，これを現実に収受していない場合は，原則として，課税の対象にすることはできないと解するのが相当である。というのは，そのような違法な利得を収受していない場合には，これを法律上行使して取得することは事実上不可能であり，そのようなものまで所得とみることは相当でないからである（利息制限法による未収の利息・損害金と課税の許否について，最高裁第三小法廷判決昭和46年11月9日民集25巻8号1120頁は同旨）。

3　本件商品先物取引における売買差益の課税所得該当性

　そこで，これを本件についてみるに，商品先物取引においては，委託者は，取引を決済したことにより生じた帳尻金が利益となったときは，これを別途取引のための委託証拠金（委託者が取引の担保として預託する金員）として預託することも，現金として直接受領することもできるとされているところ，原告は，本件商品先物取引によって生じた売買差益金について，帳尻金として支払いを受けている。また，商品取引員は

預託されている委託証拠金が預託すべき委託証拠金の額を超過する場合において委託者から超過額の返還請求があるときはこれを返還しなければならないとされているところ，原告は余剰の出た委託証拠金について返還を受けている。そして，原告はその都度A社宛に領収証を発行している。また，委託証拠金が不足する場合には，委託者は委託証拠金を追加支払いしなければならないとされているところ，原告は，別表13のとおり現金をもって追加の委託証拠金を預託している。

そうすると，原告は，本件商品先物取引による売買差益の全部について，それを単に計算上だけではなく，現実に収受していると推認することができる。したがって，前記1，2で述べたところに従えば，たとえ原告とA社間の委託契約が原告が主張するように公序良俗に反して無効であったとしても，原告が本件商品先物取引による売買差益を収受していると認めることができる以上，これが原告の所得に該当することは明らかといわなければならない。

したがって，本件各更正処分はいずれも適法であり，これを前提としてされた本件各賦課決定処分も適法である。

(2) 納　税　地　※

(3) 所得の発生時期

【234】　最　高　裁　平成10年4月9日第一小法廷判決（687ページ参照）

【77】　札幌地裁　平成10年6月29日判決
　　　　（平成9年（行ウ）第25号・所得税更正処分等取消請求事件）
　　【当事者】
　　　原告　○○○○
　　　被告　札幌中税務署長
　　【判示事項】
　　報酬金の収入すべき権利の確定時期

【事案の概要と争点】

本件は，弁護士業を営む原告の平成6年分の所得税について，被告がした更正処分等の適否が争われた事案である。

主たる争点は，原告が受領した報酬金の収入すべき権利が確定した時期にあった。

【判　旨】

本判決は，次のとおり判示して，原告の請求を棄却した。

1. 権利確定主義

所得税法36条1項は，所得税の課税対象となる所得の金額の計算においては，まだ現実の収入がなくても，その収入の原因となる権利が確定した時点で所得の実現があったものとする権利確定主義を採用している。

収入の原因となる権利が確定したというためには，単に権利の発生要件が満たされたというだけでは足りず，客観的にみて，権利の実現が可能な状態になったことを要する。そのような段階に至らなければ，その権利者に，所得の実現があったものとして所得税を負担させるべき経済的な利益が備わったということはできないし，後に現実の収入があることを前提とする適正な申告を期待することもできないからである。

2. 本件報酬の権利確定時期

本件のような不動産の権利の譲渡に関する仲介の報酬については，原則として，仲介に関する契約が締結され，その契約に基づき仲介に必要な役務の提供がされ，その役務の提供により不動産の権利の譲渡契約が成立して報酬の額が具体的に定まった時点で，収入の原因となる権利が確定したものということができる。しかし，本件においては，原告の報酬請求権は相手方から否認されたため，訴訟が提起されて，仲介に関する契約が原告との間で締結されたかどうか，締結されたとして原告の役務の提供と不動産賃借権の譲渡契約の成立との間に因果関係があるかどうかが争われた。

このように，当事者間に権利の存否についての争いがあって訴訟が提起されたという場合には，仲介に関する契約に基づき役務の提供がされ，

不動産の権利の譲渡契約が成立しているだけでは，その時点をとらえて，客観的に権利の実現が可能な状態になっていたものということは困難である（現に，原告も，平成元年分の所得税の申告において，この仲介に関する報酬金を収入すべき金額として計上してはいない。また，被告としても，訴訟で係争中の権利の存否や争いの当否について判断しうる立場にはない。）この場合，当事者間に訴訟上の和解が成立し，その和解において具体的な報酬金の額が約定されたときは，その和解が成立した時点で，客観的に権利の実現が可能な状態になったものと認めるのが相当であるから，本件報酬金は，平成6年2月23日に裁判上の和解が成立したことによって権利が確定したのであり，平成6年分の総収入金額に算入すべきものであるといわなければならない。

【78】 長野地裁 平成10年9月18日判決
（平成8年（行ウ）第21号・損害賠償請求事件）
【当事者】
原告 ○○○○
被告 国
【判示事項】
修正申告の錯誤無効による誤納金返還請求権発生の有無
【事案の概要と争点】
本件は，原告の譲渡所得が平成3年分ではなく同4年分に帰属するとの所轄税務署員の説明により，同4年分の所得税の修正申告に応じ納税をした原告が，右譲渡所得は同3年分に帰属するとして，右修正申告は税務署員の誤った指導によるものである旨主張し，被告に対して，主位的に右修正申告の錯誤無効を理由に誤納金の返還を，予備的に税務署員の誤指導による不法行為を理由として国家賠償を求めた事案である。

主たる争点は，本件譲渡所得の帰属年分にあった。
【判　旨】
本判決は，次のように判示して，原告の請求を棄却した。

1 本件譲渡所得の帰属時期

(1) 所得税法36条1項は，所得税の課税対象となる所得の金額を計算する上において収入金額とすべき金額又は総収入金額に算入すべき金額は，別段の定めがあるものを除き，その年において収入すべき金額とするものと定めているものの，その年において収入すべき金額については具体的な定義規定を置いていないので，これを解釈により決するほかない。

そこで，所得税基本通達36－12は，譲渡所得の総収入金額の収入すべき時期は譲渡所得の基因となる資産の引渡があった日によるものとした上で，本件のような農地の譲渡については，その権利移動に係る許可があった日又は届出の効力の生じた日と農地の引渡があった日とのいずれか遅い日によるけれども，これらのいずれか早い日又は農地の譲渡に関する契約が締結された日により総収入金額に算入して申告があったときはこれを認めるとしており，譲渡所得の帰属時期についていわば納税者の側からの選択を許容している。

本件において，原告は，右の通達を前提として，農地の譲渡所得に関する契約締結日をもって譲渡所得の帰属時期とすべきものとした上で，右契約の締結は平成3年中である旨主張し，被告はこれを平成4年であると争っているので，まずこの点について判断する。

(2) 本件において，原告が平成3年12月に売買契約が成立したとする主たる根拠は，原告とB不動産が同月27日に土地売買承諾書を取り交わしたことによってこれに記載された本件土地のうち145坪の部分の売買が確定的に合意されたということにある。

しかしながら，右の土地売買承諾書の作成時期に関する原告の主張をそのまま採用することは困難である。

すなわち，A係官が原告に対して税務調査をした際，原告から提示された証拠①の土地売買承諾書と売買契約書の記載の齟齬を指摘し，かつ，B不動産からの売買代金の受領時期及び金額を尋ねた上，平成4年度の契約ではないかと確認したところ，原告はさしたる反論もしないまま，これを認め，同係官のしょうようする修正申告に応じたことが認められ

る。もし，本件譲渡に係る合意が平成3年中にされたものであるとすれば，証拠①の土地売買承諾書の作成経緯についてもそれに沿う説明をし，右承諾書に記載された代金額と売買契約書に記載された代金額の相違及び平成3年分の確定申告の誤りについて弁解し，あるいは，買主であるＢ不動産のＣや右確定申告に関与したＤ税理士に連絡をとって調査への協力を依頼するなど，しかるべき方法をとっていたものと考えられるのに，何らそのような方途をとっていない。そして，修正申告をした場合に新たに納付すべき平成4年分の所得税が相当高額に及ぶことは原告にも分かっていたはずであるのに唯唯諾諾としてＡ係官のしょうように従ったことも併せ考慮すれば，原告は本件譲渡に係る所得が平成4年分に帰属すると判断されてもやむを得ないとの事実関係を知っていたからこそ，右修正申告のしょうように従ったものと認めるのが相当である。

(3) ひるがえって考察してみるに，証拠及び弁論の全趣旨によれば，原告とＢ不動産は，いったん証拠①の土地売買承諾書を取り交わしたものの，坪単価13万円では従前売却した土地と立地条件を比較して安すぎると考えるに至った原告から「坪18万円でなければ売らない」との申入れがあり，3回位交渉を重ねた結果，平成4年1月上旬以降2月上旬までの間に，坪単価18万円で本件土地のうち約145坪を売り渡すことに合意し，改めて証拠②の土地売買承諾書を取り交わし，この代金に基づいて国土利用計画法23条1項所定の届出をしたことが認められる。そして，原告は，右の事実関係を前提として，1坪当り13万円の土地売買承諾書（証拠①）は効力を生じなかったもので本来破棄されるべきものであったと主張しているところである。そうすると，原告とＢ不動産は，いったん坪単価13万円での売買の合意をしたものの，平成4年1月以降は，これを合意解除して新たに坪単価18万円での売買の合意をしたものとみるべきであり，単に代金額のみを変更したとは解されない。

(4) 以上によると，本件譲渡に係る売買契約は，平成4年になってから証拠②の土地売買承諾書を取り交わした際，同承諾書の記載内容のとおり成立したものと認められ，したがって，本件譲渡所得は平成4年分に帰

属するものというべきである。
2　誤納金返還請求権の成否
　本件譲渡所得は平成4年分に帰属するものであるから，これを前提とする修正申告については何らの錯誤も存しないことに帰する。
3　損害賠償請求権の成否
　　A係官が平成7年5月18日の税務調査において原告に対し修正申告を強要したとは認められず，しかも，本件譲渡所得が平成4年に帰属するものである以上，関係書類の齟齬を指摘して修正申告をしょうよう・指導することは何ら問題ないことといわざるを得ない。
　　そうすると，A係官の行為には，過失も違法性も認められないから，原告の予備的請求は失当である。

【79】　最　高　裁　平成10年11月10日第三小法廷判決
　　　（平成9年（行ツ）第13号・所得税不更正処分取消請求上告事件）
【当事者】
　　上　告　人（被控訴人・原告）　　〇〇〇〇ほか1名
　　被上告人（控　訴　人・被告）　　名護税務署長
【判示事項】
　　強制使用に係る損失補償金の帰属年度，所得区分等
【事案の概要と争点】
　　本件は，上告人らの昭和62年分の所得税について，被上告人がした更正すべき理由がない旨の通知処分の適否が争われた事案である。
　　主たる争点は，上告人らの所有土地についての強制使用の対価として支払われた損失補償金の帰属年度，所得区分及び上告人らの所得を合算してした合算課税の適否等にあった。
【判　旨】
　　本判決は，上告人らの請求を認容した一審判決（那覇地裁平成6年12月14日判決・年報6号 306ページ）を取り消し，請求を棄却した原判決（福岡高裁那覇支部平成8年10月31日判決・年報8号 289ページ）の判断を是

認し，上告を棄却した。

(4) 所得の帰属

【232】 福岡地裁 平成10年3月20日判決 (675ページ参照)
【25】 東京高裁 平成10年6月11日判決 (67ページ参照)

【80】 名古屋高裁 平成10年1月28日判決
（平成9年（行コ）第6号・所得税更正処分取消請求控訴事件）
【当事者】
控訴人（原告）　〇〇〇〇ほか3名
被控訴人（被告）　刈谷税務署長
【判示事項】
株式の譲渡所得の帰属，隠ぺい・仮装行為の有無
【事案の概要と争点】
本件は，控訴人の昭和63年分の所得税について，被控訴人がした更正処分及び重加算税賦課決定処分の適否が争われた事実である。
主たる争点は，被控訴人が，控訴人らの名義による株式の譲渡にかかる所得は控訴人X_1に帰属すると認定したことの適否及び隠ぺい・仮装行為の有無にあった。
【判　旨】
本判決は，控訴人の請求を棄却した原審（名古屋地裁平成9年2月28日判決・年報9号 281ページ）と同旨を判示して，控訴を棄却した。

【81】 福岡高裁那覇支部 平成10年6月11日判決
（平成9年（行コ）第2号・所得税更正処分等取消請求控訴事件）
【当事者】
控訴人（原告）　〇〇〇〇
被控訴人（被告）　沖縄税務署長
【判示事項】

隠ぺい・仮装行為の有無
【事案の概要と争点】
　本件は，ボート修理販売業を営む控訴人の昭和61年分の所得税について，被控訴人がした更正処分及び重加算税賦課決定処分の適否が争われた事案である。
　主たる争点は，不動産譲渡に第三者を介入させて中間契約書を作成し，譲渡価額を圧縮した隠ぺい・仮装行為の有無にあった。
【判　旨】
　本判決は，控訴人の請求を棄却した原審（那覇地裁平成9年3月11日判決・年報9号316ページ）と同旨を判示して，控訴を棄却した。

【82】　最　高　裁　平成10年6月22日第二小法廷判決
　　　（平成9年（行ツ）第246号・所得税更正処分等取消請求上告事件）
【当事者】
　上告人（控訴人・原告）　　○○○○
　被上告人（被控訴人・被告）　名古屋西税務署長
【判示事項】
　株式譲渡所得の帰属等
【事案の概要と争点】
　本件は，上告人の平成元年分の所得税について，被上告人がした更正処分等の適否が争われた事案である。
　主たる争点は，①遺産分割の有無及び②本件株式等の譲渡及び所得発生の有無にあった。
【判　旨】
　本判決は，上告人の請求を棄却した原審（名古屋高裁平成9年9月29日判決・年報9号302ページ，一審名古屋地裁平成9年3月28日判決・年報9号293ページ）の判断を是認し，上告を棄却した。

【83】　最　高　裁　平成10年10月13日第三小法廷判決

　　　（平成10年（行ツ）第121号・所得税更正処分取消請求上告事件）

【当事者】

　　上　告　人（控訴人・原告）　　○○○○ほか2名

　　被上告人（被控訴人・被告）　　刈谷税務署長

【判示事項】

　　株式の譲渡所得の帰属，隠ぺい・仮装行為の有無

【事案の概要と争点】

　　本件は，訴外A（上告人らの夫・父）の昭和63年分の所得税について，被上告人がした更正処分及び重加算税賦課決定処分の適否が争われた事案である。

　　主たる争点は，被上告人が上告人らの名義による株式の譲渡に係る所得は，Aに帰属すると認定したことの適否，及び隠ぺい・仮装行為の有無にあった。

【判　旨】

　　本判決は，上告人の請求を棄却した原審（名古屋高裁平成10年1月28日判決・本書214ページ），一審名古屋地裁平成9年2月28日判決・年報9号281ページ）の判断を是認し，上告を棄却した。

(5)　各種所得の区分

【79】　最　高　裁　平成10年11月10日第三小法廷判決（　213ページ参照）

【84】　名古屋地裁　平成10年3月4日判決

　　　（平成8年（行ウ）第36号・所得税更正処分等取消請求事件）

【当事者】

　　原告　　○○○○

　　被告　　名古屋中村税務署長

【判示事項】

　　本件譲渡による所得が，譲渡所得に該当するか否か

第3章　賦課実体関係　217

【事案の概要と争点】
　本件は，電気機器及び土木建設機械のリース・販売・修理業を営む原告の平成3年分ないし同5年分の所得税について，被告がした更正処分等の適否が争われた事案である。
　主たる争点は，原告が賃貸業に使用していた機械の譲渡による所得を事業所得に該当すると認定した処分の適否にあった。

【判　旨】
　本判決は，次のとおり判示して，原告の請求を棄却した。
1　本件譲渡による所得は事業所得であるか譲渡所得であるかについて
⑴　譲渡所得に対する課税は，所得者の意思によらない外的要因による資産の増加益を所得として，その資産が所有者の支配を離れて他へ移転するのを機会に，これを清算して課税する趣旨のものである。
　所得税法33条2項は，たな卸資産の譲渡による所得を譲渡所得から除いているが，その趣旨は，たな卸資産は，それを譲渡することによって利益を得ることを目的として所有されているものであり，その譲渡は事業活動そのものであるので，その譲渡による所得を，右のような資産の増加益としてではなく，事業による所得として課税することにある。
　所得税法33条2項は，更に「その他営利を目的として継続的に行なわれる資産の譲渡」による所得を譲渡所得から除いているが，その趣旨は，たな卸資産の譲渡に当たらないものであっても，営利を目的として継続的に行なわれる資産の譲渡による所得については，所有者の意思によらない資産の増加益としてではなく，事業による所得（事業所得）又はその他の所得（雑所得）として課税することが相当であるということにあり，このような立法趣旨や「その他営利を目的とする」という規定の文言に照らすと，「営利を目的として継続的に行われる資産の譲渡」が「たな卸資産の譲渡」と同様の性質を有していなければならないものと解することはできない。
⑵　以上のような観点からも，本件譲渡について見ると，原告の賃貸業を中心とする事業の一環として，営利を目的として継続的に行われている

ものであると認められる。したがって，本件譲渡による所得は，所得税法33条2項の「営利を目的として継続的に行なわれる資産の譲渡」による所得に当たるから，譲渡所得ではない。

他方，本件譲渡は，所得税法施行令63条が規定する「対価を得て継続的に行なう事業」の中の一取引に当たるから，事業所得であるということができる。

なお，原告は，500台を超える機械を保有して，それを賃貸する事業を行っているところ，原告が譲渡した中古機械の台数は，原告が保有し賃貸している機械の台数に比べれば，きわめて少ないということができるが，譲渡所得から除かれるのは「営利を目的として継続的に行なわれる資産の譲渡」であるから，それが納税者の事業全体に占める比率は問題ではなく，本件譲渡が右のとおり原告の事業の一環として営利を目的として継続的に行われている以上，本件譲渡による所得は譲渡所得ではなく事業所得とすべきものである。

(3) さらに，証拠及び弁論の全趣旨によると，本件譲渡の対象となった機械の償却資産台帳上の残存簿価は，別紙1ないし3（略）の原価欄記載のとおりであることが認められるが，これは，別紙1ないし3記載の本件譲渡における代金額と大きな差がある。また，原告は機械を屋外に放置するというようなことをせず，機械の整備，点検を十分に行っているため，原告が保有する機械は，税法で定められた賠償期間を経過しても，税法上期待されていた簿価よりも高い価格を維持することができることが認められる。そうすると，原告が本件譲渡によって機械を簿価よりもはるかに高額で売却することができたのは，原告が機械の点検，整備を行っていたことによるから，本件譲渡による所得は，所有者の意思によらない外的要因による増加益というよりも，原告の事業活動によって生じた所得と見ることが相当であり，この点からしても，本件譲渡による所得は，譲渡所得ではなく，事業所得とすることが相当である。

2 被告が本件譲渡による所得を事業所得であると認定して本件更正を行うことは「信義誠実の原則」又は「禁反言の原則」に反して許されない

かどうかについて
(1) 租税法規に適合する課税処分について，法の一般原理である「信義誠実の原則」又は「禁反言の原則」の適用により，右課税処分を違法なものとして取り消すことができる場合があるとしても，法律による行政の原理なかんずく租税法律主義の原理が貫かれるべき租税法律関係においては，右法理の適用については慎重でなければならず，租税法規の適用における納税者間の平等，公平と言う要請を犠牲にしてもなお当該課税処分に係る課税を免れせしめて納税者の信頼を保護しなければ正義に反するといえるような特別の事情が存する場合に，初めて右法理の適用の是非を考えるべきものである。そして，右特別の事情が存するかどうかの判断に当たっては，少なくとも，税務官庁が納税者に対して信頼の対象となる公的見解を表示したことにより，納税者がその表示を信頼しその信頼に基づいて行動したところ，のちに右表示に反する課税処分が行われ，そのために納税者が経済的不利益を受けることになったものであるかどうか，また，納税者が税務官庁の右表示を信頼しその信頼に基づいて行動したことについて納税者の責めに帰すべき事由がないかどうかという点の考慮は不可欠である。
(2) 以上のような観点から，本件更正について見ると，納税申告は，納税者が所轄税務署長に納税申告書を提出することによって完了する行為であり，税務署長による申告書の受理及び申告税額の収納は，当該申告書の申告内容を是認することを何ら意味するものではないし，その後更正処分がされなかったからといって，それは事実上是正されなかったというにすぎず，当該申告書の申告内容を是認する旨の公的見解が表示されたということはできない。したがって，右認定のとおり，原告が中古機械の譲渡による所得を譲渡所得として所得税の申告をし，申告税額を納付してきており，更正処分がされなかった事実があったとしても，そのことによって，信頼の対象となる公的見解の表示があったものということはできない。昭和51年の所得税についても，最終的には右認定のとおり修正申告がされたのであるから，他の年度と同様，原告が中古機械の

譲渡による所得を譲渡所得として所得税の申告をし、更正処分がされなかったにすぎないのであって、信頼の対象となる公的見解の表示があったものということはできない。

　信頼の対象となる公的見解の表示がされたとは認められない以上、本件更正が「信義誠実の原則」又は「禁反言の原則」に反することはない。

(3)　原告は、中古機械の譲渡に当たっては、その所得が譲渡所得であることを当然の前提としていたのであり、仮にそれが事業所得であれば、原告は、実際に譲渡した価格での譲渡はしなかったと主張するが、既に認定したとおり、原告の中古機械の売却代金額は、簿価をはるかに上回る高額なものである以上、原告が中古機械を売却するに当たり、それによって得た所得が事業所得ではなく譲渡所得に当たることを考慮して、売却するかどうかやその価格を決定していたことを認めるに足りる証拠もないから、中古機械の譲渡による所得が事業所得であれば、原告は、実際に譲渡した価格での譲渡はしなかったものとまでは認められない。

【85】　最　高　裁　平成10年3月13日第二小法廷判決
　　　（平成7年（行ツ）第86号・所得税更正処分等取消請求上告事件）
【当事者】
　上告人（控訴人・原告）　　○○○○
　被上告人（被控訴人・被告）　麻布税務署長
【判示事項】
　不動産譲渡による所得の区分
【事案の概要と争点】
　本件は、上告人の昭和61年分及び同62年分の所得税について、被上告人がした更正処分等の適否が争われた事案である。
　主たる争点は、上告人の不動産の譲渡による所得が譲渡所得と雑所得のいずれに該当するかにあった。
【判　旨】
　本判決は、上告人の請求を棄却した原審（東京高裁平成7年1月30日判

決・年報7号375ページ，一審東京地裁平成5年4月27日判決・年報5号329ページ）の判断を是認し，上告を棄却した。

【86】 最 高 裁 平成10年4月30日第一小法廷判決
（平成6年（行ツ）第119号・所得税更正処分等取消請求上告事件）
【当事者】
上 告 人（控訴人・原告）　　○○○○
被上告人（被控訴人・被告）　世田谷税務署長
【判示事項】
リベート収入の所得区分等
【事案の概要と争点】
本件は，訴外会社の役員である上告人の昭和54年ないし同56年分の所得税について，被上告人がした更正処分等の適否が争われた事案である。
主たる争点は，上告人が訴外A及びBから受領したリベート収入の所得区分及び金額の多寡等にあった。
【判　旨】
本判決は，上告人の請求を棄却した原審（東京高裁平成6年3月30日判決・年報6号336ページ，一審東京地裁平成4年3月18日判決・年報4号353ページ）の判断を是認し，上告を棄却した。

【87】 東 京 地 裁 平成10年6月23日判決
（平成8年（行ウ）第226号・所得税更正処分等取消請求事件）
【当事者】
原告　○○○○
被告　荏原税務署長
【判示事項】
譲渡所得該当性の有無
【事案の概要と争点】
本件は，会社役員である原告の平成3年分及び同4年分の所得税につい

て，被告がした更正処分等の適否が争われた事案である。

　主たる争点は，原告の絵画の売却にかかる所得は雑所得に当たるか，譲渡所得に当たるか等にあった。

【判　旨】

　本判決は，次のとおり判示して，原告の請求を棄却した。

1.(1)　譲渡所得とは，資産の譲渡による所得をいうが（所得税法（以下「法」という。）33条1項），たな卸資産（たな卸資産に準ずる資産を含む。）の譲渡その他営利を目的として継続的に行われる資産の譲渡による所得（同条2項1号）並びに山林の伐採又は譲渡による所得（同項2号）は，右譲渡所得には含まれないものとされている。したがって，本件絵画の売買による所得が譲渡所得に該当するか否かは，それが「たな卸資産の譲渡その他営利を目的として継続的に行われる資産の譲渡による所得」に該当するか否かによって決せられるべきことになる。

　ところで，譲渡所得に対する課税は，資産の値上がりによりその資産の所得者に帰属する増加益を所得として，その資産が所有者の支配を離れて他に移転するのを機会に，これを清算して課税するものであるところ，譲渡所得は，長期間にわたって累積したキャピタル・ゲインが資産の譲渡によって一挙に実現するため，高い累進税率の適用を緩和する必要があるとの考慮から，法は，譲渡資産の保有期間が5年を超えているかどうかを基準として，これを長期譲渡所得と短期譲渡所得に区別し，前者についてその二分の一のみを課税の対象とすることとし，税負担を軽減しているのである。そして，法が「たな卸資産（たな卸資産に準ずる資産を含む。）の譲渡その他営利を目的として継続的に行われる資産の譲渡による所得」を譲渡所得から除外した趣旨は，ひとしく資産の譲渡によって生じた所得であっても，税負担の衡平を図る見地から一律の取扱いをすることなく，外部的条件の変化に起因する資産価値の増加が臨時的，偶発的に実現する場合については，外部的条件又は人的努力及び活動に起因する資産価値の増加が経常的，計画的に実現する場合に比較して担税力において劣るところから，両者を区別し，前者について譲

渡所得として税負担の軽減を認め，後者については事業所得，雑所得として譲渡所得の場合の税負担の軽減を認めないこととする点にある。

　右の規定の趣旨からすれば，ある資産の譲渡による所得が「営利を目的として継続的に行われる資産の譲渡による所得」に当たるか否かの判断に当たっては，その者の行っている資産の譲渡の客観的な態様・状況からみて経常的，計画的に発生する所得か否かを判断すべきであり，具体的には，①譲渡人の既往における資産の売買回数，数量又は金額，②売買のための資金繰り，③当該譲渡に係る資産の取得及び保有の状況等を総合して判断するのが相当である。

(2)　本件についてこれをみるに，争いのない事実及び認定事実を総合的に判断すれば，原告は，多数の絵画を銀行からの借入金によって購入，保有し，多数回にわたって売買し，また，現実にも，多額の譲渡益を生じていることからして，本件絵画の売買は，「営利を目的として継続的に行われる資産の譲渡」に該当するものというべきであるから，本件絵画の売買による所得は法33条2項1号に定める「営利を目的として継続的に行われる資産の譲渡による所得」に該当し，譲渡所得には該当しないというべきである。

2.(1)　原告は，前記1.(1)の①ないし③の要素に加え，④広告と宣伝の有無，④諸施設の規模等も判断要素として考慮すべきであり，これらの要素を検討すれば，本件絵画の売買が「営利を目的」とするものでないことは明らかであり，右売買による所得は譲渡所得に該当する旨主張する。

　しかしながら，広告・宣伝を行い，又は相当規模な保管施設等を設けて行われた資産の譲渡は，経常的・計画的に行われたものであることを推認する事実となり得るが，広告・宣伝を行わず又は保管施設等を設けていないからといって，直ちに資産の譲渡が臨時的・偶発的に行われたものであるということにはならないというべきである。そして，前記1.(1)の①ないし③の要素に関して認められる事実，すなわち，原告は従前から多数回にわたり継続して絵画の売買を繰り返していること，それによって多額の譲渡益を挙げていることなどの事実を総合的に考慮すれば，

本件絵画の売買による所得が「営利を目的として継続的に行われる資産の譲渡による所得」に該当するというべきことは，前記1.(2)に認定したとおりであり，原告が本件絵画の売買に関し，広告・宣伝を行わず，絵画の保管施設を有していなかった等の事実は右認定を左右するものではない。

(2) 原告は，ある所得が譲渡所得に該当するか否かを判断するに当たっては，絵画の保有目的・処分目的なども考慮すべきところ，原告が絵画を取得したのは，美術館を開設する目的を実現するためであり，また，原告が保有する絵画を売却したのは，資金繰りのため，開設予定のコレクションのテーマの変更のため及びより良質の作品の収集，コレクションの入れ替えのためであって，これらの事情を総合的に考慮して判断すると，本件絵画の購入，保有，売却をもって，「営利を目的として継続的に行われる資産の譲渡」に当たるということはできない旨主張する。

しかしながら，「たな卸資産の譲渡その他営利を目的として継続的に行われる資産の譲渡による所得」に該当するか否かの判断に当たっては，その者の行っている資産の譲渡の客観的な態様・状況を基に判断すべきであること，原告が多数の絵画を保有し，多数回にわたって絵画の売買を行い，その売買のほとんどにおいて多額の譲渡益を生じていることからして，本件絵画の売買はその客観的な態様・状況に照らして，単発的な売買ではなく営利性，継続性を有するものというべきことは前記1.で説示したとおりである。そして，絵画を保有中にその目的が変容することも往々にしてあり得るものであるから，絵画を購入した目的は絵画の売買の客観的な態様，状況に営利性，継続性が認められるか否かということとは必ずしも結びつくものではない上，美術館開設のために絵画を保有し，資金繰りやコレクションの入れ替えのためこれを売却することと，保有する絵画の一部を営利の目的を持って継続的に売買することとは両立し得るものである。

3.(1) そこで，進んで，本件絵画の売買による所得が事業所得か雑所得のいずれに該当するかについて検討する。

(2)ア　事業所得とは，自己の計算と危険において独立して営まれ，営利性，有償性を有し，かつ反復継続して遂行する意思と社会的地位とが客観的に認められる業務から生ずる所得をいうものと解されるところ，ある所得が事業所得に当たるか否かを判断するに当たっては，当該所得が社会通年上「事業」というに値する規模・態様においてなされる営利性，有償性，反復継続性をもった活動によって生じる所得か否かによって判断すべきであり，右の場合において「事業」というに値する規模・態様においてなされる活動といえるかどうかは，自己の計算と危険においてする企画遂行性の有無，その者の精神的肉体的労務の投入の有無，人的・物的設備の有無，その者の職業・経験及び社会的地位等を総合的に勘案して判断すべきである。

イ　これを本件についてみると，本件絵画の売買が「営利を目的として継続的に行われる資産の譲渡」に該当することについては前記1.で説示したとおりであるが，自己の計算と危険においてする企画遂行性の有無，その者の精神的肉体的労務の投入の有無，人的・物的設備の有無，その者の職業・経験及び社会的地位等については，

(ア)　原告は，A研究所の代表取締役であるほか，7社の役員である。

(イ)　本件絵画の売買に係る事務に関し従業員の雇用はなく，これに従事しているのはA研究所の社員であり，その者に対し右事務に従事したことに対して給与等の支払はされていない。

(ウ)　原告は，右事務のための画廊等の店舗を有せず，絵画の保管についてはA研究所の倉庫を無償で借用している。

(エ)　本件絵画の売買先は，ほとんど特定しており，原告が本件絵画の売買のために多くの労力や時間を費やしているということはない。

ウ　右事実を総合すると，本件絵画の売買による所得は，いまだ社会通念上「事業」というに値する規模・態様においてなされる活動によって生じる所得に該当するとは認められないというべきである。

　したがって，本件絵画の売買による所得は，法35条1項に規定する雑所得に該当するというべきである。

【88】 東京高裁 平成10年12月17日判決

（平成10年（行コ）第128号・所得税更正処分等取消請求控訴事件）

【当事者】
控訴人（原告）　○○○○
被控訴人（被告）　荏原税務署長

【判示事項】
譲渡所得該当性の有無

【事案の概要と争点】
本件は，整理番号【87】の控訴審である。

【判　旨】
本判決は，控訴人の請求を棄却した原審（東京地裁平成10年6月23日判決・本書221ページ）の判断を維持し，控訴を棄却した。

【89】 山形地裁 平成10年12月22日判決

（平成9年（行ウ）第5号・課税処分取消請求事件）

【当事者】
原告　○○○○
被告　鶴岡税務署長

【判示事項】
競売余剰金の譲渡所得の該当性，みなし配当所得の該当性

【事案の概要と争点】
本件は，原告の平成5年分及び同6年分の所得税について，被告がした更正処分等の適否が争われた事案である。

主たる争点は，原告が相続により本件土地及び有限会社Aに対する出資持分20口について10分の6の持分をそれぞれ取得したところ，本件土地及びA社が所有していた本件建物が競売に付されたことによって原告が取得した本件土地についての競売剰余金が譲渡所得に該当するか否か，及び右競売によりA社に配当されることとなった本件建物の競売剰余金のうち，別訴配当異議事件において和解が成立し，原告のA社に対する出資持分に

応じて交付を受けた金額が原告の配当所得に該当するか否かにあった。

【判　旨】

本判決は，次のとおり判示して，原告の請求を棄却した。

当事者間に争いのない事実からすると，本件土地の譲渡に係る原告の取得金額を譲渡所得と認定したことは適法である。また，証拠によると，本件競売における手続費用は156万3214円であると認められ，右認定事実及び当事者間に争いのない事実からすると，長期譲渡所得金額は被告主張のとおりであると認められるから，これを前提とした被告の本件5年分各処分は適法である。

さらに，当事者間に争いのない事実からすると，本件競売において原告が取得した本件建物の競売剰余金及び競売剰余金の供託による利息が相続税の対象となる理由はなく，被告が右競売剰余金から原告の出資にかかる金額を差し引いた金額を配当所得と認定し，競売剰余金の供託による利息を雑所得と認定したことはいずれも適法であるから，これを前提とした被告の本件6年分各処分はいずれも適法であるということができる。

(6) 各種所得の発生，金額の認定
ア　利子所得
【55】　大阪高裁　平成10年7月14日判決（160ページ参照）

イ　配当所得～みなし配当所得　※

ウ　不動産所得　※

エ　事業所得
（ア）一般
【119】　最高裁　平成10年5月26日第三小法廷判決（320ページ参照）

【90】　神戸地裁　平成10年1月28日判決
　　　（昭和61年（行ウ）第28号・更正処分取消請求事件）
【当事者】
　　原告　○○○○
　　被告　加古川税務署長
【判示事項】
　　所得金額認定の適否
【事案の概要と争点】
　本件は、原告の昭和52年分及び同53年分の所得税について、被告がした更正処分並びに過少申告加算税及び重加算税の賦課決定処分の適否が争われた事案である。
　主たる争点は、受取利息の存否、土地譲渡益分配金の存否及び額、手形回収謝礼金並びに手形回収費の額の認定の適否にあった。
【判　旨】
　本判決は、次のとおり判示して、原告の確定申告額を超えない部分の取消しを求める訴えを却下し、その余の請求を棄却した。
1.　原告は、昭和53年分所得税に関する本件課税処分全部の取消しを求めているが、納税者において申告が過大であるとしてその誤りを是正するためには、国税通則法23条の規定により、所定の期間内に減額更正の請求をすることが要求されているのであって、右の請求以外に是正を許さないならば納税者の利益を著しく害すると認められる特段の事情がない限り、右の請求の手続を経ることなく申告額を超えない部分についての取消しを求めることはできない。
　　本件においては、右のような特段の事情が存在することの主張立証はないから、本件訴えのうち、昭和53年分所得税に関する本件課税処分のうち確定申告額を超えない部分の取消しを求める部分は不適法というべきである。
2.(1)　受取利息の額について
　ア　証拠によれば、A社は、昭和52年2月ないし7月ころ、同社の代表者

であったBの友人のCが代表者であったD社と営業や資金繰りを一本化
し、そのころから、主にCがA社の経理や資金繰りを担当するようにな
ったが、そのころ以降、D社の債務についてもA社において弁済するよ
うになったことなどが原因となって、A社の資金繰りは悪化したこと、
A社の運営資金はB及びCが他から借入れをしてきて調達していたが、
BやCの借入先は原告又はEであったことを認めることができる。

イ　そして、証拠によれば、A社の経理担当従業員は、昭和53年12月以前
にCから、金利月2分から5分で借入れをしていると聞いたことがあっ
たこと、A社の金銭残高表上に昭和53年4月17日に発生し、同年5月16
日に解消したように記載されている金券の増減額は月5分で計算した額
に相当することを認めることができる。

　　右事実に照らすと、原告がA社に対して昭和52年11月30日から昭和53
年12月5日までの間に貸し付けた金員の金利の額を月利5分と認めるの
が相当である。

ウ　そして、被告は、原告のA社に対する貸付金につき、昭和52年度につ
いて同年12月末までの受取利息については、利息制限法内の年15パーセ
ントの割合で計算し、昭和53年度については、貸付日から弁済日までの
期間につき月5分の割合で利息を計算しているのであって、右受取利息
の額が、昭和52年分につき23万0100円、昭和53年分につき4290万3400円
となることは計算上明らかである。

エ　これに対し、原告は、A社の原告からの借入れは、昭和54年になって
始められたものである旨主張し、証人B及び原告本人の供述中にはこれ
に沿う部分がある。

　　しかし、証拠によれば、Bは、昭和54年1月初めころに、A社の取締
役であるNに対し、会社の経営が資金的に行き詰まっているので、以前
から資金的な援助を仰いだことのある原告を招へいして、資金援助を仰
ぐとともに経営に参画してもらって現状打開と体質改善を図りたいと述
べていたことを認めることができること、NもA社が原告から昭和53年
11月以前にも借入れをしていたことを認めることに照らすと、証人B及

び原告本人の右供述部分は採用できず，他に前記認定を覆すに足りる証拠はない。
(2) 土地譲渡益分配金の存否及び額について
ア 金員支払の経緯，時期及び額によれば，原告が，昭和53年10月31日から同年12月30日までの間に，O社の代表者Pから，貸金額7000万円を超えて受領した2250万円は，O社がR大学から買い受けた土地の購入資金を提供した際に，右土地の購入と転売により生じる利益の分配を約束したことに基づき，その履行として受領したものであり，その性質は土地譲渡益の分配金であると推認することができる。
イ これに対し，原告は，昭和53年11月から同年12月までの間にPから受領した金員は，昭和51年以来のO社又はPに対する貸付金の回収にすぎない旨主張し，証人P及び原告本人の供述中には，原告がPから昭和52年及び昭和53年に受領した金員は，O社が昭和51年ころにU社と取引した際の貸付に対する返済である旨供述する部分がある。

しかし，Pは，昭和53年ころ，原告に対し，2億円以上の債務を有し，元利金を全く返済していない旨供述しているところ，右の状況で原告が更に7000万円をPに貸し付けること自体不自然であること，証拠によれば，O社がU社と土地売買契約を締結したのは昭和54年7月16日であることを認めることができるが，他方，O社が昭和51年中からU社に売り渡した土地の取得に取りかかっていたことを認めるべき証拠はないこと，証拠によれば，Pは，昭和55年5月13日に大蔵省国税局収税官吏による質問調査が行われた際には，同日までに，原告に対して支払うことを約束したR大学から買い受けた土地の事業報酬4000万円のうち2000万円程度は，O社の仮受金勘定の社長仮受の出金で支払っていると思うと供述していたことを認めることができることに照らすと，証人P及び原告本人の前記供述部分は採用できず，他に前記アの推認を覆すに足りる証拠はない。
ウ したがって，土地譲渡益配分2250万円は，原告の昭和53年中の益金に算入すべきである。

(3) Ｖ社の手形の回収謝礼金及び回収費の存否及び額について
ア　原告が，昭和52年中に，Ｖ社から手形回収謝礼金として200万円を受領したことは，当事者間に争いがない。
イ　認定の事実によれば，原告はＶ社手形が詐取されたものであることを察知しながら，Ｗから交付を受けたものと推認することができ，原告がＶ社から5000万円の手形金の決済を受けたのは，Ｖ社手形の所持人としてではなく，Ｖ社手形を回収したことに対する謝礼金の趣旨であったとみるのが相当である。
ウ　したがって，原告の昭和52年中の益金として算入すべき手形回収謝礼金の額は5200万円である。
　　一方，証拠によれば，原告は，Ｖ社手形の回収に関し，費用としてＷに対して200万円位を支払っていることを認めることができるから，右同額を原告の昭和52年中の損金に算入すべきことになる。
(4) Ｙ社の手形の回収費の額について
ア　原告が，昭和53年中にＹ社が詐取された約束手形30通を回収して，同社からその謝礼として5364万5000円を受領したこと，原告が同年中に右手形の回収費として1000万円を下らない金員を支出したことは当事者間に争いがない。
イ　原告は，Ｙ社手形の回収費用として，うち20通を回収したＷに対し3300万円，うち4通を回収したＺに対し500万円をそれぞれ支払い，うち4通を自ら回収するに当たり1100万円を支出したほか，うち2通につき詐取手形と知らずにＷに対し割引をして支払った900万円も手形回収費用と扱われるべきであると主張するが，右主張は次の理由により認めることができない。
(ア) 原告主張の支出額のいずれについても，これを裏付ける領収書等の客観的証拠は存在しない。また，原告は，Ｙ社手形の回収の謝礼金として5364万円余を取得したにすぎないのに，右回収の費用として，右金額をはるかに超える5800万円を支出するのは不自然である。
(イ) 証拠によれば，原告自身が，昭和55年10月17日に大阪国税局収税官吏

の質問調査が行われた際には，Y社手形の回収には，約7か月程度かかったので多額の経費を使ったと供述しつつ，その大部分は使い走りの者に払ったものだが，それ以外の経費も含めると約1000万円位は使ったと思うと述べていたことを認めることができる。

(ウ) 証拠には，Wが原告からY社手形の回収費用として合計3300万円を受領したことに相違ないとの記載があるが，証人Wの供述によれば，右書面は，本件課税処分がされた後に，原告の求めにより，Wが作成したものであることを認めることができ，右事実に照らすと，証拠からその記載どおりの事実を認定することはできない。

(エ) 証人Zは，Y社手形のうち自ら所持していた3通及び他に割引に出していたのを回収した1通の合計4通を原告に交付して，原告から合計800万円を受領した旨供述するが，証人Zの供述は，右の部分を含め，証人W及び原告本人の供述と金額，経緯等につき相互に矛盾しており，採用できない。

(オ) 原告が，その主張のとおり，Wに対してY社手形の一部を900万円で割り引いたとしても，それは手形回収とは別個の行為であり，割引実行金額と同額を手形回収費に算入することはできない。

ウ　したがって，原告の昭和53年中の手形回収費として，当事者間に争いがない1000万円を超える額を損金に算入することはできず，本件更正には原告の所得金額を過大に認定した違法はなく，本件更正は適法にされたものと認めることができる。

3.　前記争いのない事実及び認定事実によれば，原告は多額の所得金額があるにもかかわらずこれを秘匿して，実際の所得金額より少ない内容の確定申告をしていたことになる。

　また，証拠及び弁論の全趣旨によれば，原告は，大阪国税局査察部の査察官が収集した資料に放火し，その一部を焼失させたこと，原告は，受取利息等が入金される預金口座に他人名義又は架空名義を使用し，利子所得及び雑所得が発生する定期預金及び定期積金の口座にも多数の仮名を使用していたこと，原告は，分離課税の対象となる土地譲渡に係る

事業所得の金額及び昭和52年分の分離短期譲渡所得の金額の計算の基礎となる取引につき他人名義を利用していたことを認めることができる。

これらの事実によれば，原告は，課税標準等の計算の基礎となるべき事実の一部を隠ぺいし，仮装する行為をしたものというべきであるから，本件賦課決定のうち被告がこれらの所得金額について本件更正により納付すべき税額につき重加算税を賦課した部分は適法であり，また，本件更正により納付すべき税額につき過少申告加算税を賦課した部分も適法である。

【91】 大阪高裁 平成10年4月14日判決
（平成9年（行コ）第16号・所得税更正処分取消請求控訴事件）

【当事者】
控訴人（原告）　　○○○○
被控訴人（被告）　八尾税務署長

【判示事項】
低廉価格での不動産売買に係る取得価額と時価との差額を弁護士報酬と認定したことの適否，収入金額の計上時期

【事案の概要と争点】
本件は，弁護士である控訴人の平成3年分所得税について，被控訴人がした更正処分等の適否が争われた事案である。

主たる争点は，和解により別訴が解決した記念として，控訴人が別訴の依頼人の母から，時価2億1390万7205円の本件農地を4000万円で取得した場合に，本件農地の時価と取得価額との差額1億7390万7205円を弁護士報酬と認定したことの可否，及び所得の帰属について，別訴が解決した平成3年分とすべきか，本件農地の売買契約が締結された平成4年分とすべきかにあった。

【判旨】
本判決は，控訴人の請求を棄却した原審（大阪地裁平成9年3月25日判決・年報9号306ページ）の理由説示を次のとおり一部付加・訂正するほ

かこれを引用して，控訴を棄却した。
　（追加部分）
1. 控訴人は，①平成3年12月24日時点における被控訴人の本件土地の時価評価額（2億1258万2500円）と，控訴人が平成7年7月28日に本件土地を売却した価額（9750万円）から本件土地の造成費用（231万7500円）を控除した残額9518万2500円との差額1億1740万円については，控訴人に所得がなかったことに確定したことになるものであり，また，②本件が法64条の「収入金額の全部又は一部を回収することができないことになった場合は，その金額は当該所得の金額の計算上，なかったものとみなす」との規定に該当するかどうかをみると，前記の本件土地の時価評価額（2億1258万2500円）は右規定にいう「収入金額」に該当し，かつ右の差額1億1740万円は同規定にいう「収入金額の一部を回収することができないことになった場合」に該当し，その結果控訴人には所得がなかったものとみなされるから，右①②のいずれにしても本件更正処分のうち右所得がなかった部分は取り消されるべきである旨主張するが，これらの主張は，結局，本件土地の時価を実際に売却した平成7年7月28日の売却価額である9750万円とすべきであるとの主張に帰するものといえる。しかし，法36条2項は，金銭以外の物又は権利その他経済的利益の価額は，当該物若しくは権利を取得し，又は当該利益を享受する時における価額と定めており，控訴人の収入金額は，本件事務に対する対価すなわち弁護士報酬として本件土地を安価に取得した時点である平成3年12月24日の本件土地の価額により算出されるべきものであり，要するに右収入金額は平成3年12月24日時点での本件土地の評価額（2億1622万4705円）から控訴人の支払額（4000万円）と土地造成費用（231万7500円）を控除した差額とすべきものであるから，控訴人の右主張は採用できないというほかない。
2. 本件課税処分が憲法29条に違反するといえないことは右引用した原判決の説示のとおりであるが，なお若干付言する。この点についての控訴人の主張は，本件課税処分は，それによる課税額及び控訴人の本件土地

取得に関するその他の課税額の合計が，その後地価が大幅に下落した時点における本件土地売却による控訴人の実際の収入額を約三倍も上回るという，控訴人にとって不当な結果をもたらしているから，個人の財産権を保障した憲法29条に違反する，というものであり，要するに，控訴人の右主張は，憲法違反の主張とはいいながら，実質においては，本件課税処分が依拠している所得税法その他関係法規の合憲性ないし，それら法規の適用自体の違憲，違法を問題としているものではなく，本件課税処分によってもたらされた結果が不当であることが本件課税処分を取り消すべき事由となるという趣旨のものと解される。しかし，本件課税処分をするについての被控訴人の所得税法その他関係法規の解釈，適用に違法のないことは右引用した原判決の説示のとおりであり，また，控訴人のいう本件課税処分によってもたらされた結果の不当は，右法理の解釈，適用とは関係のない土地一般の価額の急激かつ大幅な変動を原因とするものであるから，仮に本件課税処分を控訴人のいう右不当を理由として取り消すとすれば，法規上の根拠なしに，ないしはせいぜい控訴人のいう憲法違反に名を借りて，取り消すこととなるものであり，このようなことは本件のような訴訟事件の処理においてできることではなく，結局，控訴人の右憲法違反の主張は採用することができないものである。

3. 控訴人は，過少申告加算税について，①本件事務の事業所得については，平成2年分は申告納税済みであり，平成3年分は事業所得たる収入金額ないし収入すべき金額が存しなかったから申告のしようがなかったこと，②本件土地の取得は，土地売買契約に基づくものであって，本件事務の対価たる弁護士報酬に係るものではないから，本件土地の評価差益は事業所得たる収入金額に該当しないと信じていたこと，③本件土地の取得時期は平成4年1月22日（売買契約成立日）ないし同月23日（所有権移転登記日）と信じていたから，本件土地の評価差益を平成3年分の事業所得たる収入金額として申告のしようがなかったこと，④本件土地の評価差益が本件事務の対価であり事業所得たる収入金額であるとしても，その収入金額がいくらであるか不明で申告のしようがないし，平

成4年1月22日に売買契約が成立し，同月23日に所有権移転登記をした土地売買につき平成3年分の事業所得として申告することは不可能であること，の各事情があることを理由として，本件土地の評価差益を平成3年分の所得として申告せず，通則法65条4項に定める税額の計算の基礎としなかったことについては，正当な理由があると主張する。しかし，控訴人が本件土地を取得した経緯や本件各処分に至る経過に照らせば，控訴人の主張する右各事情は，いずれも単に控訴人の税法の不知や法令解釈の誤解によるものにすぎないものであり，右にいう正当な理由に該当しないことは明らかである。

(イ) 課税の特例〜土地重課（租税特別措置法28条の4・5）　※

オ　給与所得　※

カ　退職所得　※

キ　山林所得　※

ク　譲渡所得
(ア) 一　般
【196】　東 京 地 裁　平成10年5月13日判決（542ページ参照）
【111】　名古屋地裁　平成10年9月7日判決（298ページ参照）

【92】　最　高　裁　平成10年1月27日第三小法廷判決
　　　　　（平成8年（行ツ）第240号・所得税更正処分等取消請求上告事件）
　　【当事者】
　　　　上告人（控訴人・原告）　　○○○○ほか2名
　　　　被上告人（被控訴人・被告）　西宮税務署長
　　【判示事項】

第 3 章 賦課実体関係　237

訴外会社に対する現物出資による土地譲渡益の算定方法及び右現物出資の錯誤ないし合意解除の主張の当否等

【事案の概要と争点】

本件は，上告人らの昭和63年分所得税について，被上告人がした更正処分及び過少申告加算税の賦課決定処分等の適否が争われた事案である。

主たる争点は，訴外会社に対する現物（土地）出資による土地譲渡益の算定方法及び右現物出資の錯誤ないし合意解除の主張の当否等にあった。

【判　旨】

本判決は，上告人らの請求を棄却した原審（大阪高裁平成8年7月25日判決・年報8号332ページ，一審神戸地裁平成7年4月24日判決・年報7号415ページ）の判断を是認し，上告を棄却した。

【93】　東京高裁　平成10年1月29日判決

（平成7年（行コ）第171号・所得税更正処分等取消請求控訴事件）

【当事者】

控訴人（原告）　○○○○

被控訴人（被告）　西新井税務署長

【判示事項】

同族会社の株式譲渡代金の価額認定

【事案の概要と争点】

本件は，控訴人の平成2年分の所得税について，被控訴人がした更正処分等の適否が争われた事案である。

主たる争点は，控訴人が訴外B社に対して同族会社であるA物産の株式（以下「本件株式」という。）を譲渡するに際し，譲渡人である控訴人がA社の負債を返済した場合において，本件株式の譲渡所得の金額の計算上，右譲渡価額から右負債の額を差し引くことの可否等にあった。

【判　旨】

本判決は，控訴人の請求を棄却した原審（東京地裁平成7年12月18日判決・年報7号425ページ）の判断を是認の上，控訴人の当審における主張

に対する判断を次のとおり付加して控訴を棄却した。
1. 控訴人は、本件譲渡は実質は営業譲渡であり、当事者間では、右営業の実質的価格は1億6000万円から負債の4404万7200円を控除した1億1595万2800円と合意されていたと主張する。

　しかし、本件譲渡がされる前の段階で、A物産とB社とが営業譲渡の合意をし、その旨の覚書を交わしたものの、その後右営業譲渡は、控訴人とB社間の株式の譲渡である本件譲渡に変更されている。そして、右営業譲渡ないし本件譲渡は、当時の風俗営業法上、警察から新規にパチンコ店の営業許可を得ることは時間がかかるのに対し、A物産の得ている許可のままで良いという利点に経済的価値が見いだされていたが、B社側の弁護士が株式の譲渡がなければ営業許可に関する手続が円滑にいかないことに気付いたため、営業譲渡ではなく、株式の譲渡である本件譲渡という方法が採用されたものであり、現実に株券も引き渡されてA物産はB社側の支配下に入っている。そうすると、本件譲渡は、控訴人とB社との間の契約であって、営業譲渡とは当事者が異なる上、株式譲渡の実体も備え、契約当事者も株式譲渡の方法を採用したことによる法的効果を享受しているのであるから、本件譲渡が実質的には営業譲渡であるなどとは到底認めることができない。

　したがって、本件譲渡が実質的には営業譲渡であることを前提とする控訴人の主張は理由がない。
2. 控訴人は、本件譲渡の当事者が、交付される1億6000万円の一部はA物産の旧債務の弁済に充てられ、右弁済によりA物産の旧債務は完全に消滅し、控訴人には求償権が発生しないと考えていたことからすれば、右弁済に回された資金は、B社からA物産に貸し付けられ、更に同社から控訴人に対して弁済のために交付された預かり金と理解する外ないと主張し、控訴人本人（当審）もその旨供述する。

　しかし、本件譲渡の際に交付された1億6000万円の一部が旧債務の弁済のための預かり金であるとは到底認められず、B社側は本件譲渡の代金は1億6000万円と認識しており、代金の使途がA物産の旧債務の返済

に充てられるか否かについては関知しないのであるから，本件譲渡の当事者間にその旨の認識があったと認めることもできない。そして，A物産が旧債務の消滅に関する求償権の行使を受けないとすれば，それはA物産に代位して債務を弁済した者（控訴人）が求償権を放棄したことによると解すべきである。

したがって，控訴人の右主張は理由がない。

3. 控訴人は，A物産のような小規模で経営と所有が一体となっている会社について，株式譲渡の形態をとるからといって，形式的に租税特別措置法37条の10を適用するのは，実体を無視し過酷であるから，本件についても，A物産の旧債務の弁済に回された資金は，控訴人の所得に算入せず，預り金とすべきである旨主張する。

しかし，小規模で経営と所有が一体となっている会社であっても，個人の所得ないし資産と法人の所得ないし資産は明確に区分されなければならないことは当然であるから，法人の形式が選択されている以上，右法人が小規模で経営と所有が一体となっていることは，課税において通常とは異なる取扱いをする理由とはならない。

控訴人の右主張は到底採用できない。

【94】 最 高 裁 平成10年4月14日第三小法廷判決

（平成9年（行ツ）第226号・所得税更正処分取消請求上告事件）

【当事者】

上　告　人（控　訴　人・原　告）　　○○○○

被上告人（被控訴人・被告）　　川崎北税務署長

【判示事項】

財産分与を原因とする不動産の譲渡についての分離譲渡所得課税可否等

【事案の概要と争点】

本件は，上告人の昭和63年分の所得税につき，被控訴人がした更正処分等の適否が争われた事案である。

主たる争点は，離婚に伴う財産分与を原因として不動産の譲渡が行われ

た場合に分離長期譲渡所得課税を行うことの適否及びその範囲にあった。

【判　旨】

　本判決は，上告人の請求を棄却した原審（東京高裁平成9年7月9日判決・年報9号321ページ，一審横浜地裁平成8年11月25日判決・年報8号333ページ）の判断を是認し，上告を棄却した。

(イ) 所得税法の特例
a　固定資産の交換（所得税法58条）

【95】　福岡高裁那覇支部　平成10年2月5日判決
　　　（平成9年（行コ）第3号・所得税更正処分等取消請求控訴事件）

【当事者】
　　控訴人（原告）　　○○○○
　　被控訴人（被告）　平良税務署長

【判示事項】
　更正通知書の理由付記の要否，所得税法58条の交換特例適用の可否

【事案の概要と争点】
　本件は，控訴人の昭和61年分所得税について，被控訴人がした更正処分及び過少申告加算税賦課決定処分の適否が争われた事案である。
　主たる争点は，①更正通知書の理由付記の要否，②控訴人所有の土地（以下「本件譲渡土地」という。）及び同土地上の建物（以下「本件譲渡建物」という。）とR銀行所有の土地（以下「本件取得土地」という。）及び同土地上の建物（以下「本件取得建物」という。）の交換について，所得税法58条（固定資産の交換の場合の譲渡所得の特例）適用の可否（本件譲渡建物の賃借人である合資会社Gに対する補償金を交換の代価として交換差額を計算することの可否及び建物の交換後の用途の同一性の有無）にあった。

【判　旨】

　本判決は，控訴人の請求を棄却した原審（平成9年3月18日判決・年報9号321ページ）の判示を次のとおり一部訂正したほか，これを是認して

控訴を棄却した。

本件交換に所得税法58条の交換の特例の適用があるか否かについて
(1) 認定事実によれば，本件において，R銀行との間の交渉を行っていたのは専ら控訴人であり，控訴人が，自己の立場と区別して，控訴人の妻が無限責任社員であり，本件譲渡建物において映画館を経営していた合資会社Gの希望等を述べたことはなく，自らが節税をして現金を得ることを一貫して強く希望していたものであって，控訴人も，当初，Gに対する立退料や休業補償等について全く話題にせず，その後に，R銀行が土地建物の交換後も引き続き控訴人所有となる銀行店舗等を賃借したいという希望を述べたことから，休業補償を求めるようになったものの，その際，それぞれの所有する土地建物の価格の差額を節税のため休業損害として支払って欲しいと述べており，これに対し，R銀行も，休業によって生じるGの損害額を計算してこれを補償しようとしたわけではなく，土地建物の交換契約全体を考慮に入れ，土地建物の交換後も引き続き控訴人所有となる銀行店舗等を賃借した場合に節約できる金額を計算した結果，休業補償の名目で支払う金額を決めたものであるということができる。

そして，本件基本契約において，休業補償及び物件補償を受け取る当事者（甲）は，控訴人及びGとされており，その支払いに関する領収書も，控訴人及びGが連記していること，本件基本契約の明文とは異なり，右補償金については，支払期日や支払回数が変更となったにもかかわらず，個別の契約書は作成されなかったこと，R銀行は，控訴人をあて先として，869万9000円の支払伝票を切り，また，1868万7000円についても，控訴人の銀行口座にこれを振り込んでいることなど，認定事実をも総合すると，右補償金は，Gが本件譲渡建物から立ち退かなければならないことに伴って発生する損失につき，その補償をG独自の利益であるとしてその金額を算定し，これをR銀行がGに対して支払ったものではなく，R銀行と控訴人との間で，それぞれの所有する土地建物を交換するにあたり，R銀行が控訴人に対して交付すべき金員として，全体的か

つ包括的に評価し，その金額を決めたものであるということができる。

したがって，右補償金は，R銀行から控訴人に対して交付された交換差金であることは明らかであり，したがって，その後に控訴人がその金額をそのままGに支払ったとしても，控訴人に交付された金員が交換差金としての性質を失うものではないというべきである。

(2) そして，控訴人とR銀行は，それぞれの所有する土地建物を何らの負担のないものとして交換しているところ，負担のない本件各建物の当初の鑑定評価額は，控訴人所有の本件譲渡建物2棟が合計5680万円で，R銀行所有の本件取得建物3棟が合計8933万円であるから，建物の交換に関しては，R銀行が控訴人に対して支払うべき交換差金は生じることはありえず，したがって，右土地建物の交換に伴ってR銀行から控訴人に対して支払われた補償金はすべて土地交換による交換差金であるということができる。

(3) 以上を前提に，本件土地交換に所得税法58条の交換の特例の適用があるかどうかを検討する。

右交換の特例が適用されるためには，交換により取得した資産の交換時の価額と交換により譲渡した資産の交換時の価額との差額がこれらの価額のうちのいずれか多い価額の20パーセント以内であることが必要である。そして，右価額は，一般的には，通常成立すると認められる正常取引価額をいうが，交換当事者間で合意された価額が交換をするに至った事情等に照らし合理的に算定されていると認められるものであるときは，その合意された価額によることとなる。

これを本件にみるに，まず，本件譲渡土地①及び②と本件取得土地①ないし③との差額となる交換差金は，R銀行が控訴人に支払った鑑定評価額の差額 481万4000円と補償金1億0738万6000円の合計1億1220万円であるということができる。

そして，本件においては，控訴人とR銀行は，R銀行所有の本件取得土地①ないし③の更地価額を3億8016万8000円とし，控訴人所有の本件譲渡土地①及び②の更地価額を3億8498万2000円とする旨合意している

ところ，前者については鑑定評価額に基づいた金額であり，その評価額の算定にあたって調整されたことは認められないから，これをもって合理的な合意価額であり，かつ，正常取引価額であるということができるが，後者については，これに沿う鑑定評価書が作成されているものの，その鑑定評価にあたって評価額を調整していることが認められる上，更地価額として評価したとしながら，R銀行は控訴人に対し，右評価額の差額のほかに補償金として1億0738万6000円を支払っているのであるから，右金額をもって合理的な合意価額であるということはできず，むしろ，右当事者間においては，R銀行所有の本件取得土地①ないし③の価額（3億8016万8000円）に右補償金の金額（1億0738万6000円）を加えた4億8755万4000円をもって，本件譲渡土地①及び②の価額であると合意したものと評価することができるというべきである。

したがって，前記の交換差金の金額は，控訴人所有の本件譲渡土地①及び②の価額の20パーセントを超過しているから，本件土地交換に所得税法58条の交換の特例の適用はないことになる。

(4) 次に本件建物交換に所得税法58条の交換の特例の適用があるかを検討するに，右特例の適用のためには，交換により取得した資産を譲渡した資産の譲渡の直前の用途と同一の用途に供したことが必要とされる。

そこで，右用途の同一性をみるに，認定事実及び証拠によれば，本件譲渡建物①は，映画館の，同②は店舗兼事務所の用途にそれぞれ供されており，他方，本件取得建物①は銀行の，同②は居宅の，同③は共同住宅の用途それぞれ供され，交換後も引き続きその用途に供されたことが認められる。

銀行の用途については，店舗の用途と同一であると評価することが可能であるから，本件取得建物①は，本件譲渡建物②と同一の用途に供されたということができる。他方，本件譲渡建物①は映画館の用途に供されていたところ，租税特別措置法施行規則14条3項，不動産登記法施行令6条の規定などを参照すると，映画館の用途をもって店舗の用途と同一であるということはできないから，本件取得建物①は，本件譲渡建物

①とも同一の用途に供されたということはできない。

また、本件取得建物②及び③の用途は居住用であるから、本件譲渡建物のいずれとも同一の用途に供されていないということができる。

そして、譲渡した複数の建物の一部の建物と取得した複数の建物の一部の建物のみが用途を同一にする場合、全体として一つの交換契約がなされている以上、用途の同一性のない他の譲渡建物の価額はこれを譲り受けた当事者の、他の取得建物の価額はこれを取得した当事者の、各交換差額となると解され、それぞれの当事者が取得した交換差額のうちいずれか多額のものが、用途の同一性のある建物のうち価額の多いものの価額の20パーセントを超過しているときには、所得税法58条の交換の特例の適用がないことになるというべきである。

本件において、同一性の認められる本件取得建物①と本件譲渡建物②とを比較すると、本件取得建物①の方が価額が多く、その額は、3240万円（最終的な鑑定評価額）ないし6173万円（当初の鑑定評価額8933万円から本件取得建物②及び③の最終的鑑定評価額2760万円を控除したもの）であると認められる。他方、本件取得建物②及び③は、右のとおり用途の同一性が認められないから、控訴人が取得した交換差額ということになり、認定事実及び証拠によれば、その額は少なくとも2760万円であると認められる。したがって、交換差額の金額は、用途の同一性のある建物のうち価額の多いものの価額の20パーセントを超過していることは明らかであるから、本件建物の交換には交換の特例の適用がないことになる。

【96】　神戸地裁　平成10年3月25日判決
　　（平成6年（行ウ）第45号・所得税更正処分等取消請求事件）
【当事者】
　　原告　〇〇〇〇
　　被告　富田林税務署長
【判示事項】

所得税増額更正処分の取消しの訴えの利益，所得税法58条の交換特例適用の可否，交換譲渡資産の時価と交換取得資産との差額相当額の利益供与該当性の有無，土地価額の算定方法の適否

【事案の概要と争点】

本件は，原告の昭和62年分所得税について，被告がした更正処分の適否が争われた事案である。

主たる争点は，①原告が訴外A会社から交換により取得した土地を棚卸資産と認定して，固定資産の交換の場合の譲渡所得の特例の適用を否認したこと，②交換譲渡資産の時価と交換取得土地との差額相当額をA会社から原告への利益供与と認め，雑所得に該当すると認定したこと及び③土地価額の算定方法の適否等にあった。

【判　旨】

本判決は，次のとおり判示して，原告の申告に係る所得金額を超えない部分についての取消しの訴えを却下し，その余の請求をいずれも棄却した。

1. 被告の本案前の主張について

　　原告の行った本件確定申告における所得金額が2069万5570円であることは当事者間に争いがないところ，本件のような増額更正処分は，申告による税額等の確定の効力を全面的に失わせて新規に納税義務の範囲を確定する効力を生ぜしめるものではなく，増差額に関する部分についてのみ右のような効力が生じるものであるから，本件処分のうち原告が申告した所得金額を超えない部分について取消しを求める訴えの利益はない。

2. 本件交換に対する交換特例の適用の可否について

　　認定事実のとおり，A社が交換取得土地の購入資金の融資を受けた際，同土地が転売見込みであることを理由に担保提供を行わなかったこと，同社が右土地の取得後，これを事業計画があることを理由に商品土地の仕入れとして経理処理をしていること，同社が右土地を取得直後，これを売却する目的で第三者との間で一般媒介契約を締結していること，同社が右土地を取得した日を含む決算期から本件交換が行われた日を含む

事業年度の直前の決算期まで棚卸資産として計上していること，A社は，昭和63年3月決算期において右土地を棚卸資産から固定資産に振り替えているが，これはA社の代表取締社長Bからの指示により行われたものであり，経理処理担当者にもその理由が解らなかったこと，A社は，右土地を原告に賃貸する旨の確認書を取り交わしてはいるが実際に賃貸するには至っていないこと，同社は不動産取引を業とするものであり，同社が取得した土地は通常，商品土地であると考えられることを併せ考えると，右土地はA社の固定資産ではないと認めることができる。

よって，被告が本件更正に当たり，右土地がA社の固定資産でないことを理由に本件交換への交換特例の適用を否認した点に何ら違法はない。

3. 被告の交換取得土地及び交換譲渡土地の価額の算定方法の適否について

(1) A社の交換取得土地の取得価額は，同社とは何ら特別の関係にないEとの間で締結された売買契約に基づく価額であり，特に売り急ぎ，買い急ぎといった事情を認めるに足りる証拠もないから，昭和60年10月当時の交換取得土地の客観的な時価を反映しているものと認められる。また，標準地は，近隣地域（標準地を含む地域で，住宅地，商業地等当該標準地の用途と土地の用途が同一と認められるもの）内で土地の利用状況，環境，地積，形状等について標準的な画地を選定したものであり，その公示価格は，近隣地域の標準的な画地の価格水準を示し，一般の土地取引に対して指標を与えるものである。したがって，交換取得土地の価額は，本件標準地の価額と同様に変動していることが推認できる。

そうすると，A社がEと売買契約を締結した昭和60年10月を起点として，本件交換が行われた昭和62年9月までの本件標準地の上昇率を算定し，A社の交換取得土地の取得価額に当該上昇率を乗じて算定した被告の右交換取得土地の価額の算定方法は合理性があるというべきである。

(2) この点，原告は，公示価格はバブル景気により本件交換後に急激に上昇したものであり平均して上昇したものではないから，本件交換後の日までの上昇率を平均化して用いる被告の算定方法には合理性がない旨主

張する。しかし，本件交換は昭和62年9月に行われているところ，証拠によれば，大阪圏では昭和62年度に住宅地の地価がかなり上昇したが年末にはこれが鈍化した事実が認められ，本件交換日までの上昇率を平均化して用いても交換取得資産の価額が必要以上に高額となることはないから原告の右主張は採用できない。

(3) F鑑定所が行った交換譲渡土地の鑑定評価は，不動産鑑定評価基準に従って行われているところ，右基準は不動産鑑定士が鑑定を行うに際し拠り所となる合理的かつ実行可能な基準として定められたものであり，合理性を有するものと認められる。そして，右鑑定評価は，本件交換直後に行われており，その価格時点も本件交換直後であるうえ，その評価額が低くなるように行われた事情も認められないから，本件交換時の交換譲渡土地の価額を適正に反映したものと認められる。

よって，被告の右交換譲渡土地の本件交換時の価額の算定方法には合理性があるということができる。

(4) 以上によれば，原告の分離課税の長期譲渡所得金額の計算は，抗弁のとおりであることが認められるから，その金額は5450万5292円となる。

(5) また，原告の分離課税の短期譲渡所得金額の計算は，抗弁のとおりであることが認められるから，その金額は0円となる。

4. 本件差額相当額がA社から原告への利益供与に当たるかについて

(1) 前記3で判示したように被告の交換取得土地及び交換譲渡土地の価額の算定方法は合理性があり，証拠によれば，譲渡建物の価格は2200万円であることが認められるから，本件差額は3億3876万1579円となる。

(2) 認定した事実によれば，A社は，G社グループの取引業者のうち五指に入る大口融資先であり，Cファイナンスより昭和60年5月から平成元年9月まで常に残額13億円以上の融資を受けていたこと，A社所有の物件に対しG社グループから総極度額（被担保債権額を含む）544億0040万円もの担保設定がされており，そのうちいくつかは担保価値を超えると思われる設定や担保価値に疑問のある物件への設定であったこと，A社は，同社が行う不動産売買等の取引に関し，G社に指導，助言及び資

金の融資斡旋等を依頼して9億8250万円もの企画料，報酬を支払っていたうえ，関連会社にG社から原告外役員の派遣を受けていたことを認めることができ，右事実によれば，本件交換当時，A社とG社グループとは非常に密接な取引関係にあったということができる。

　また，原告は，本件交換当時，約7，80の子会社を有しG社グループを形成するG社の社長として大きな権限を有していたこと，Cファイナンスから A 社への融資の多くは，一回当たり1億円を超しており，3億円を超すものも数多くあったところ，有担保貸付金では3億円，無担保貸付金では1億円を超える融資の際には，G社の社長である原告の決裁を受ける必要があったことからすれば，原告は，A社のG社グループとの取引関係において大きな利害関係を有していたといえる。

　そして，本件差額が3億3876万1579円と高額であるところ，本件交換後のCファイナンスからA社への融資額が常に毎月1億円以上，残額66億円以上と増加し，平成元年9月には残額が347億円余りにも達していること，G社グループからA社所有の物件に対する担保設定の多くは本件交換後に行われたものであることに鑑みれば，本件差額は，A社がG社グループとの円滑な取引関係の維持を目的とする原告への利益供与に当たると認めるのが相当である。

(3)　この点，原告は，原告及びA社はいずれも本件交換を経済的に合理的な取引であると認識しており，右のような額の本件差額が存在することの認識がなかったから，これを利益供与とするのは不当である旨主張し，原告本人はこれに副う供述をする。

　しかし，証拠によれば，交換取得土地は交換譲渡土地の2倍以上の面積を有するうえ，その場所も駅のすぐ側にあり土地の利便性が高いのに対して，交換譲渡土地は高台にあり交通の便が悪いこと，原告は交換譲渡土地の時価を1億2000万円，交換譲渡建物の時価を1500万円と算定しているところ，原告自身，A社が交換取得土地を2億4000万円で購入したのを認識していたことに鑑みれば，原告及びA社が本件交換を経済的に合理的な取引であると認識していたとは認められず，他に右事実を認

めるに足りる証拠はないから,原告の右主張は採用できない。
5. 本件利益供与所得が雑所得に該当するかについて

　　所得税法上,所得の種類は,利子所得,配当所得,不動産所得,事業所得,給与所得,退職所得,山林所得,譲渡所得,一時所得及び雑所得に区分されて規定されているところ,本件利益供与所得は,利子所得,配当所得,不動産所得,事業所得,給与所得,退職所得,山林所得及び譲渡所得に該当しないことは明らかである。

　　また,一時所得は,「労務その他役務の対価としての性質を有しないもの」(所得税法34条1項)であるところ,右利益供与は,A社がG社グループとの円滑な取引関係を維持する目的で行われたものであり対価性を有するから,一時所得にも該当しない。

　　そして,雑所得は,利子所得,配当所得,不動産所得,事業所得,給与所得,退職所得,山林所得,譲渡所得及び一時所得のいずれにも該当しない所得をいう(所得税法35条1項)から,本件利益供与所得は雑所得に該当する。
6. 以上により認定した税額と同額でなされた本件更正は適法であり,その取消しを求める原告の請求は理由がない。

b 贈与等〜みなし譲渡(所得税法59条)

【13】　那　覇　地　裁　平成10年2月18日判決（　27ページ参照）

【97】　東　京　地　裁　平成10年6月26日判決
　　　　(平成8年(行ウ)第109号・課税処分取消請求事件)
　　【当事者】
　　　原告　〇〇〇〇
　　　被告　玉川税務署長
　　【判示事項】
　　　みなし譲渡所得の有無,租税特別措置法40条適用の可否及び包括遺贈の有無

【事案の概要と争点】

　本件は、訴外亡Ｓ（平成3年3月20日死亡）から当時法人格なき社団であった原告に対する土地等の遺贈を所得税法59条1項1号（贈与等の場合の譲渡所得等の特例）に規定する資産の譲渡とみなし、かつ、右遺贈は包括遺贈であるとして、被告が行った原告の平成3年分所得税に係る決定処分及び無申告加算税賦課決定処分の適否が争われた事案である。

　主たる争点は、①本件土地等の遺贈がみなし譲渡所得課税の対象となるか否か、②租税特別措置法（以下「措置法」という。）40条（国等に対して財産を寄附した場合の譲渡所得等の非課税）適用の可否、及び③本件遺贈は包括遺贈か否かにあった。

【判　旨】

　本判決は、次のとおり判示して、原告の請求を棄却した。
1．本件土地等の遺贈が、みなし譲渡所得課税の対象となるか否か
(1)　所得税法は、資産の譲渡による収入から取得費及び譲渡費用を控除した譲渡利益、すなわち当該資産の保有中の価値増加分（キャピタル・ゲイン）を譲渡所得とし（同法33条）、その資産の帰属に変動が生ずるのを機会に、その額を課税標準に算入し、その資産の所有者に課税することとしている（同法22条2項2号。譲渡所得課税）が、右の譲渡所得課税は、年々蓄積された当該資産の増加益が所有者の支配を離れる機会に一挙に実現したものとみて、その機会にこれを清算して課税する趣旨のものであるから、その課税所得たる譲渡所得の発生には、必ずしも当該資産の譲渡が有償であることを要せず、同法33条1項にいう「資産の譲渡」とは、有償無償を問わず資産を移転させる一切の行為をいうものと解すべきである（最高裁判所第三小法廷昭和47年12月26日判決・民集26巻10号2083頁、同昭和50年5月27日判決・民集29巻5号641頁）。そして、譲渡所得の金額の計算上収入金額とすべき金額は、別段の定めがあるものを除き、その年において収入すべき金額とされている（同法36条1項）ところ、資産の帰属に変動を生ずるもののうち現実の収入を生じない贈与等については、右の譲渡による収入すべき金額につき、贈与等

の譲渡所得の基因となる資産の移転の事由が生じた時に、その時における価額に相当する金額をもって、当該資産の譲渡があったものとみなして、譲渡収入金額を擬制することとしたものがみなし譲渡所得課税（同法59条1項1号）である。もっとも、個人に対する贈与等においては、その資産の取得者に対して取得時の価額に着目して（相続税法11条の2、21条の2）、贈与税又は相続税の課税がされるものの、みなし譲渡所得課税の対象とはならず、右にみたキャピタル・ゲインそのものへの課税は当該取得者が当該資産を他に譲渡する段階まで繰り延べられ、右の譲渡の段階で贈与等の時のキャピタル・ゲインを含めた収入が課税対象とされる（所得税法60条）。これに対して、法人に対する贈与等においては、譲渡者についてみなし譲渡所得課税が行われ、右のような譲渡所得課税の繰延べはなく、法人が無償で譲り受けた資産に係る受贈益は益金に算入され（法人税法22条2項）、後に当該資産を他に譲渡した段階においては、右受贈益に相当する額は当該譲渡収益に係る譲渡原価として損金に算入されることになる。

そして、法人格なき社団は、所得税法においては同法4条により法人とみなされるから、個人から法人格なき社団に対する贈与等はみなし譲渡所得課税の対象となると解すべきことになる。

(2) 本件土地等の遺贈に対するみなし譲渡所得課税の適用の有無

本件遺言の効力が発生した平成3年3月20日当時、政党法人格付与法は未だ成立しておらず、原告は、法人格なき社団として存在していたところ、所得税法4条により、同法の規定の適用については法人とみなされていたのであるから、個人である亡Sが所得税法の規定の適用上法人とみなされる原告に対して本件土地等を遺贈した以上、遺贈者である亡Sについて、みなし譲渡所得課税の適用があるものというべきである。

(3) この点につき、原告は、亡Sから原告に対する本件土地等の遺贈は、憲法の定める議会制民主主義に不可欠な、極めて高い公共性を有する政党に対する政治献金であるところ、これにみなし譲渡所得課税を適用することは、政治資金の拠出に関する国民の自発的意思を抑制することが

ないように適切に運用されなければならないとする政治資金規正法の趣旨（同法2条1項）や政党に対する贈与等につき相続税，贈与税を課さないとしている相続税法12条1項3号，21条の3第1項3号，政党に対する個人の政治献金につき寄付金控除の対象としている措置法41条の16の各規定に示される個人の政党に対する政治献金について当該個人に租税負担をさせないという現行法制の基本的立場に反するものであり，受遺者たる原告により政党活動に利用される本件土地等に含まれている未実現のキャピタル・ゲインに対して課税すべき理由は全くないと主張する。

しかし，政党が課税上どのように扱われるべきものであるかということは，政党の憲法上の位置づけから直ちに結論が導かれる問題ではなく，立法政策にゆだねられたものというべきであり，原告が指摘する税法の諸規定をもってしても，原告の主張を基礎付けることはできない。

すなわち，政治資金規正法は，政治団体及び公職の候補者により行われる政治活動が国民の不断の監視と批判の下に行われるようにするため，政治団体の届出，政治団体に係る政治資金の収支の公開並びに政治団体及び公職の候補者に係る政治資金の授受の規正その他の措置を講ずることにより，政治活動の公明と公正を確保し，もって民主政治の健全な発展に寄与することを目的とするものであり（同法1条），原告が指摘する同法2条は，同法の運用が，政治資金の拠出に関する国民の自発的意思を抑制することのないように，適切になされなければならない旨を規定したにとどまり，政治資金への拠出について課税問題を生じさせない旨を規定するものではないから，本件土地等の遺贈につき，みなし譲渡所得課税を適用することが，政治資金規正法の趣旨に反するということはできず，原告が指摘する相続税法上の非課税措置は，受遺者，受贈者たる政党の取得した資産に係る相続税，贈与税課税の問題であって，遺贈者，贈与者のもとに存したキャピタル・ゲインに係るみなし譲渡所得課税とはその適用場面を異にするものというべきである。また，措置法41条の16の規定は，本件決定においても適用されたものであるが，政治

資金への支出金を特定寄付金とみなして，その一定割合（所得税法78条，措置法31条5項2号）に相当する額を総所得金額等から控除するものであり，総所得金額等の算出過程におけるみなし譲渡所得課税の適用を排除するものではないから，右規定の存在をもって，右規定が定めている寄付金控除を超えて，個人による政党に対する政治献金の性質を有する遺贈について，みなし譲渡所得課税が許されないとの結論を導くことはできないものというべきである。そして，本件事案において亡Ｓにはキャピタル・ゲインが実現していないとの原告の主張は，亡Ｓに現実の収入が生じていないとの趣旨であれば，かかる事態はみなし譲渡所得課税が当然の前提とするところであり，亡Ｓの下には譲渡所得の対象となる資産の増加益が存しなかったとの趣旨であれば，本件遺贈当時，本件土地等にはそれまでに蓄積された資産の増加益が含まれ，これが亡Ｓに帰属していたことは明らかであるから，いずれにせよ採用することはできず，かかるみなし譲渡所得課税が憲法に違反するものでないことは，その趣旨について既に説示したところから明らかである。

　したがって，原告の右主張は，いずれも採用することはできない。
2.　本件土地等の遺贈が，措置法40条の規定により非課税となるか否か
(1)　措置法40条は，国等に対して財産を寄付した場合の譲渡所得等の非課税を規定するものであり，その場合の贈与等の相手は国，地方公共団体のほか公益法人等が含まれるが，公益法人等については，国税庁長官の承認が要件とされる。そして，この承認は，公益法人等の公益性を認定するものではなく，当該贈与等の目的の公益性を考慮してされるものであり（同条1項），後に贈与等のされた財産が公益を目的とする事業の用に供されなくなったときは取消しも予定されているものであり，承認の方式については，措置法施行令（平成4年政令第87号による改正前のもの。以下「措置令」という。）25条の15第1項が申請書の提出について規定している。
(2)　原告は，措置法40条1項に規定する公益法人等に法人格なき社団を含むと主張する。

しかし，措置法は所得税，法人税，相続税，贈与税及びその他国税についての特例を規定するものであり（措置法1条），右各国税に関する法律における用語の意義を措置法において統一的に解釈することはできないことから，各国税について必要な定義規定を設けることとし，所得税法の特例を定める第2章における用語の意義については，所得税法2条の定義規定とは独立して，措置法自体において定義規定を設けている（措置法2条1項）のである。したがって，右のような措置法の性格及び措置法における用語の定義の仕方に鑑み，措置法第2章は，所得税法の特例を定めるものではあるが，そこでの用語の意義は，所得税法におけるそれと必然的に一致するというものではなく，措置法の規定に即して解釈すべきものである。

　そして，措置法40条1項が規定する公益法人等は，同条項上，「法人」であることとされており，措置法には，所得税法4条のように，人格のない社団等を法人とみなして措置法を適用する旨の規定は存しないのであるから，措置法40条1項の文理に照らして，亡Sから原告に対する本件土地等の遺贈が効力を生じた平成3年3月20日当時，未だ，法人格なき社団であった原告が，措置法40条1項に規定する公益法人等に該当するものとはいうことはできない。

(3)　原告は，原告の政党としての高度な公共性に照らし，本件土地等の遺贈につき，措置法40条1項を適用すべき旨主張する。

　しかし，措置法は，本来ならば，所得税法等に基づき課せられる税負担等について，政策的考慮から，その軽減等を図るための特例を規定したものであるから，その適用に当たっては，規定を厳格に適用すべきものということができ，規定の文言から離れた拡張解釈や類推適用をすることは，そのような規定の文言から離れた拡張解釈や類推適用が課税実務上一般的に行われ，かえって，文言どおりに当該規定を適用することが，平等原則あるいは租税法律関係における信義則に違反するといった特段の事情が存しない以上，許されないものというべきであるところ，本件では右特段の事情が存在したという主張も立証もない。

したがって，原告が「法人」ではなかった以上，本件土地等の遺贈につき，措置法40条1項を適用する余地はないものというべであり，このことは，原告が，政党として高度の公共性を有するものであるか否かによって左右されるものではないというべきである。

(4) なお，仮に，本件土地等の遺贈につき，措置法40条1項の適用の余地があるとしても，本件遺贈につき，措置令25条の15第1項に規定する申請書が提出されていないことは当事者間に争いがないのであるから，いずれにしても，措置法40条1項の適用はないものというべきである。

(5) 以上のとおり，本件土地等の遺贈については，措置法40条1項の適用はないものというべきである。

3. 本件遺贈が包括遺贈と解されるか否か（原告が亡Sのみなし譲渡所得課税による所得税納税義務を承継するか否か。）

(1) 包括遺贈とは，遺言者が，包括の名義で，その財産の全部又は一部を処分すること（民法964条）であり，包括受遺者は，相続人と同一の権利義務を有する（民法990条）。したがって，法定相続人が存する場合にこの法定相続人と共に共同相続人としての権利義務を負担することとなる相続財産の一部の包括遺贈にあっては，相続分（民法899条）に対応する相続財産の割合的一部を指定して，その範囲に属する積極財産のみならず消極財産を包括して遺贈する形式が求められることとなる。ところで，遺言者がその財産の全部についての処分権に基づいて全部の包括遺贈をすることができることに照らせば，その財産の一部を特定遺贈又は分割方法の指定により特定人に取得させることとした上，相続開始により権利の移転を生ずる右特定遺贈又は分割方法の指定に係る特定財産を除く相続財産につき，積極財産のみならず消極財産を包括して，遺贈の対象とすることも可能というべきであり，この場合には，「財産の一部」についての遺贈であるが，当該財産の範囲で，受遺者は被相続人の権利，義務を包括的に承継することになるから，「特定財産を除く相続財産（全部）」という形で範囲を示された財産の遺贈であっても，それが積極，消極財産を包括して承継させる趣旨のものであるときは，相

続分に対応すべき割合が明示されていないとしても，包括遺贈に該当するものと解するのが相当である。

　したがって，以下において，右のような包括遺贈の概念を前提として，本件遺贈が包括遺贈の趣旨でなされたものであるか否かにつき検討することとする。

(2)　本件遺贈が，包括遺贈の趣旨でなされたものであるか否かを検討するに当たっては，本件遺言書の文言その他諸般の事情から，遺贈者である亡Ｓの意思を解釈すべきところ，以下のとおり，本件遺贈は，包括遺贈の趣旨でなされたものと認めるのが相当である。

ア　本件遺言書の文言及びその作成の経緯

(ｱ)　本件遺言書には，前文として，亡Ｓが残すＮ記念Ｓ学習館（以下「学習館」という。）を将来永く存続させたいと希望し，そのために学習館の運営を原告に任せたいと考えて本件遺言をする旨が記載され，第１項には，亡Ｓ所有土地のうち，亡Ｓの相続人の一人であるＩ所有建物の敷地とそこから公道までの２メートル幅の通路部分をＩに遺贈する旨，第２項第１段落には，原告に対し本件遺贈をする旨，同第２段落には，Ｉが第１項記載の土地を実質的に取得できるよう原告において十分配慮することを願う旨，第３項には，遺言執行者として原告の設置する研究所の責任者の地位にあるＵを指定する旨がそれぞれ記載されているところ，証拠によれば，本件遺言書は，亡Ｓからの原告に対する申入れに応じて，病院に入院中の亡Ｓと面談したＫ弁護士が，亡Ｓの意向を踏まえて作成した案文に，亡Ｓにおいて，右案文では空欄とされていた遺言執行者名を補充して，作成したものであり，その前文は，特に，亡Ｓの意向を明確にするという趣旨で本件遺言書に盛り込まれたものであること，Ｋ弁護士は，亡Ｓと最初に１時間程度面談しただけで，その１週間後に二度目に亡Ｓと面談した際には，亡Ｓの本件遺言書の案文を示しているが，Ｋ弁護士は，右案文作成に当たり，亡Ｓから亡Ｓ所有の不動産の概要を聴取したのみで，亡Ｓのその余の積極財産，消極財産の有無及び内容，Ｉ以外に誰が相続人となるのか，また相続人となるべき者の数などにつ

いては，亡Sから具体的に聴取しておらず，自らも一切調査していなかったこと，本件遺贈の対象となる亡S所有不動産について，K弁護士あるいは原告において，本件遺言書の案文作成前はもちろんのこと，亡S死亡前には，登記簿謄本等を入手して調査したりしていなかったことが認められる。

(イ) 右事実関係に照らして検討するに，まず，本件遺言書においては，Iに取得させる財産の範囲は第1項において特定されているものということができるが，原告が取得することとなる財産は，「第1項を除く私の所有のすべての不動産及び学習館に納められている書籍やNの手紙などは，すべて」と記載されているのであって，本件遺言書の文言からこれを特定することは困難であるところ，仮に，亡Sにおいて，原告に対し，学習館の運営にとって必要と考える財産のみを特定して原告に遺贈する意思であったとすれば，亡Sから相談を受けた弁護士であり，かつ，本件遺贈の受遺者である原告の中央委員会法規対策部嘱託の立場にあったK弁護士としては，少なくとも，原告が取得すべき亡S所有の不動産の特定とその権利関係等の調査を行うものと考えられるところ，K弁護士あるいは原告において，亡S死亡前には，そのような調査を全く行っていなかったことは前記認定のとおりである。

また，本件遺贈の目的は，特定の財産の移転を超え，学習館の運営を原告にゆだねるというものであり，さらに，Iが第1項記載の特定土地を「実質的に」取得できるよう原告の配慮を求めているが，これが法的意味を有しない希望の表明であればいざ知らず，原告が派遣したK弁護士が作成した案文に盛り込まれた趣旨が，相続に伴う負担，特に相続税の負担によりIの権利取得が困難となることを慮り，その場合には原告に一定の負担を求めた特定財産についての負担付き遺贈であったとすれば，その負担の内容が全く特定していないものというほかない。

右によれば，本件遺言の趣旨は，Iへ特定財産を遺贈し，その余の財産のすべてを原告に遺贈し，亡Sの相続に関する法律的，経済的あるいは事実上の問題の解決及び学習館の運営という後事一切を原告に託した

ものと解することができるのであるから，本件遺言書の文言はIが取得する土地を除く相続財産全部についての原告に対する包括遺贈と解することが相当である。

(ｹ) この点につき，K弁護士は，証人尋問において，K弁護士が亡Sと最初に面談した際に，亡Sから，①学習館を原告において運営していってもらうために原告に寄付をしたい，その関係でその他の不動産を不動産収入等を含めて使ってほしい旨の発言及び②亡Sの現金等を残したものとIが持っているもので相続税を払えるかどうか懸念している旨の発言はあったが，不動産及びN関係の資料以外の亡Sの積極財産及び消極財産については亡Sからの発言もなかったので，K弁護士としては，亡Sは不動産とN関係の資料以外の財産については相続人が取得すると考えており，本件遺贈は特定遺贈の趣旨であると理解して，原告が取得する財産の特定のみを意識して本件遺言書の案文を作成して，亡Sに説明している旨供述する。

しかし，K弁護士が供述している亡Sの発言のうち，前記①の発言については，亡Sの本件遺言書作成の一番の動機が，学習館の維持にあることは，本件遺言書の前文をみれば明らかであって，本件遺贈の趣旨が包括遺贈であることと矛盾するものではなく，また，本件遺贈の趣旨を特定遺贈と解することの根拠となるものでもない。

次に前記②の発言については，亡Sとしては，本件遺言書作成の時点において，相続人となるべき者がI以外にも7名いること及び亡Sの財産に消極財産が含まれていることは認識していたものと推認されるところ，仮に，不動産及びN関係の資料以外の財産を相続人らに相続させるとした場合には，積極財産の大半をI及び原告が取得し，その余の相続人が債務を負担することになるが，亡Sがこのような事態を希望したとは考えられず，また，I以外の相続人が相続放棄又は限定承認をすれば，Iの財産取得を確実ならしめるべき原告としては消極財産も承継しなければならないのであるから，右のような客観的状況を認識していた亡Sの合理的意思としては，積極財産，消極財産ともに原告にいったんその

処分をゆだねるとともに，原告が右積極財産をもってIの支払うべき相続税に充てるなどの原告の配慮を求めることとしたものとも解し得るものである。また，亡Sが積極財産及び消極財産の内容について言及しなかったことも，原告への遺贈対象及び原告が負担すべき内容が十分に特定されていないことに照らせば，単なる財貨の移転（寄付）としてではなく，Nにちなむ学習館の維持という目的のもとに公党として遺贈を受ける原告が包括的処理に任じたと解する理由とはなっても，本件遺贈が特定遺贈であったことを推認させるものではなく，K弁護士が亡Sの相続を巡る右の客観的状況に関心を持たなかったとしても，亡Sの意思が特定遺贈であったことの根拠となるものではない。

したがって，前記K弁護士の供述内容をもって，直ちに，亡Sが特定遺贈の趣旨で本件遺贈をしたものと解すべきものとはいえず，前記認定を覆すものではないというべきである。

イ　本件覚書締結の経緯及び趣旨

(7) 原告とIとは，K弁護士の所属する法律事務所の同僚である遺言執行者代理人弁護士も立会いの上，本件覚書を締結し，その際，原告はIに対して本件念書を差し入れているが，証拠（証人K）によれば，亡Sからの相談を受けて本件遺言書作成に関与したK弁護士も，原告からの相談に乗り，本件覚書締結に向けての原告とIとの交渉に立ち会っていることが認められる。また，遺言執行者代理人は，本件遺言の趣旨を実現すべく，同僚であるK弁護士から本件遺言書作成当時の亡SとK弁護士とのやりとりの内容等，亡Sの意思を推認する材料を収集し，それを遺言執行者代理人という立場から検討して，亡Sの意思を推し量っていたものと推認され，他方，K弁護士も，本件遺言書作成に当たって，亡Sの相談を受けた弁護士として，可能な限り亡Sの意思が反映された内容の覚書となるよう努力していたものと推認される。しかも，本件覚書は，本件遺言に基づいた亡Sの遺産処理のための覚書であることを明記しているのであるから，その内容は本件遺言の趣旨に背馳するものではないと解されるのであって，Iが取得すべき土地を実質的に取得させるため，

又は本件遺言の執行過程における調整として，本件遺言において予定された財産移転と異なる財産の移転が含まれているとしても，原告への遺贈の性質を変更させたものと解すべき事情は認められない。

(イ) 本件覚書によれば，Ｉは，亡Ｓの遺産のうち，Ｉ取得土地及びＩが負担した亡Ｓの葬儀費用に相当する現金を取得し，その余の遺産については，亡Ｓの債務を含め，原告が取得するものとされ，さらに，原告はＩに対して，立替金，解決金名目で合計6000万円余を支払う旨の内容とされている。そして，証拠（証人Ｋ）及び弁論の全趣旨によれば，本件覚書において原告がＩに支払うこととされている解決金，立替金の内容は，Ｉが処理した亡Ｓの債務関係，本件遺産分割協議書に基づく本件土地等のＩへの所有権移転登記等の費用，Ｉが支払った相続税などであることが認められ，このことからすれば，相続手続費用のみならず，本件遺言書に明示されていない亡Ｓの債務関係は原告が承継することが前提とされていたものと解されるのである。また，右証拠によれば，右解決金，立替金の支払については，亡Ｓの死亡後Ｉにおいて管理しており，本件覚書において原告が取得することが明記された亡Ｓの現金，預金相当額と相殺勘定にて，残額のみが支払われたことが認められるのであるから，仮に，Ｋ弁護士及び遺言執行者代理人において，亡Ｓの本件遺言書作成の意思が原告に対する特定財産としての不動産とＮ関係の資料のみの遺贈の趣旨であると理解していたのであれば，亡Ｓの現金，預金関係及び亡Ｓの債務のうち本件土地等に係るもの以外のものは相続人らの協議にゆだねれば足りることであり，相続人らの間で亡Ｓの積極，消極の全相続財産をＩが取得する旨の本件遺産分割協議書が既に作成されていたことを前提とすれば，右現金，預金及び債務等を，端的に，Ｉが取得，負担することとした上で，なお調整すべき点のみ，解決金なり立替金として処理すれば足りたものと考えられるのである。さらに，本件覚書において，原告はＩが負担する葬儀費に相当する部分を除く現金，預金及び動産，未収入金を取得するものとされていることも，原告の主張するように本件遺言が特定遺贈の趣旨であったとすると，Ｉを含む相続人らに

帰属する右現金，預金及び未収入金を原告がＩから贈与を受けた上で，解決金及び立替金の支払に充てたという迂遠な権利移転をしたこととなり，この点も原告がＩが取得する土地以外の相続財産を包括的に遺贈された上，Ｉの権利取得との調整を図ったと解することに整合的であることは明らかである。

　以上の点に照らせば，本件覚書締結に関与した遺言執行者代理人及びＫ弁護士は，亡Ｓが本件遺贈の趣旨を，Ｉに取得させる土地以外の遺産をすべて原告に遺贈するという趣旨のものとして本件遺言書を作成したと理解していたことがうかがわれる。

(ｳ) この点につき，原告は，本件覚書は，亡Ｓからの遺贈につき早期に処理をしたいと考えた原告が，本件遺産分割協議書に基づき亡Ｓの現金，預金を管理し，その債務を処理し，相続税を納付していたＩからの要求を呑んだ結果締結されたものであるから，たとえ本件遺言の内容と一致していない内容が含まれていても，それが本件遺言の解釈に影響を与えるものではないと主張する。

　たしかに，本件覚書では，Ｉ取得土地の範囲が拡大し，また，本件遺言書には盛り込まれていない原告からＩへの解決金，立替金の支払等の内容が盛り込まれている。

　しかし，本件覚書におけるＩへの解決金及び立替金の支払が本件遺言の趣旨を原告への包括遺贈と解する妨げとならず，むしろ，実質的には原告が包括受遺者であると解することに整合的であることは，既に説示したとおりであり，また，右解決金及び立替金の支払に本件遺言の趣旨を超える部分があることも，これが原告とＩとの遺言執行の過程における調整措置であるというのであるから，当該部分が遺言の内容と完全には一致しないことは当然というべきであり，本件覚書におけるＩ取得土地の範囲が本件遺言におけるそれより拡大している点についても，ＩにＩ所有建物の敷地部分を公道への通路部分を確保した上で取得させるという本件遺言の趣旨に実質的に沿うものということができるのであるから，本件覚書の内容を本件遺言と関連ないものと解することは相当では

なく，また，本件覚書の内容を本件遺言書の作成に関与したK弁護士の認識あるいはK弁護士が理解した亡Sの意思を判断する資料とすることを妨げるものではないのである。

(エ) また，本件覚書締結の際に原告からIに差し入れられた本件念書において，本件遺贈により，I及び他の亡Sの相続人らに対し，みなし譲渡所得課税がなされた場合には，原告において，増税分を負担する旨を明記していたことは，みなし譲渡所得課税が亡Sの相続人に課せられることを前提とするものとはいえるが，本件念書がIに向けられたものであることからすれば，原告に課税される場合を記載しないことは当然というべきであるから，本件念書から原告へのみなし譲渡所得課税がないこと，すなわち本件遺贈の趣旨が特定遺贈であることを前提としたものと解することはできない。そして，本件念書の趣旨がI取得土地に関する本件遺言を実質的に執行する趣旨に出るものであれば，同じ機会に作成された本件覚書と本件遺言書との関連性を強めることになるし，さらに，本件念書の趣旨が本件遺言時に想定した相続税のみならず亡Sについて発生する課税関係については実質的に原告が負担するとの趣旨であれば，Iが取得する土地以外の相続財産の包括受遺者たる立場よりと整合的と解すべきことになるのである。

ウ 以上のとおり，本件遺言書の文言及びその作成の経緯並びに本件覚書締結の経緯及び趣旨に照らせば，本件遺贈はIが取得する土地以外の相続財産全部を包括して原告に遺贈する趣旨でなされたものと認めることが，最も遺贈者である亡Sの意思に合致しているものというべきである。

(3) みなし譲渡所得課税における譲渡所得金額の時価評価の基準時は資産の移転の事由が生じた時であるところ（所得税法59条），本件遺言の効力は亡Sの死亡の時に生じ（民法985条），本件遺贈による権利移転の事由もこの時に生ずることになり，（同法990条，896条），本件各処分に関するその余の事実関係は当事者間に争いがないから，以上によれば，原告を亡Sの包括受遺者として，亡Sの平成3年分の所得税額及び無申告加算税額についてされた本件各処分はいずれも適法である。

c　譲渡代金の回収不能（所得税法64条1項）　※

d　保証債務履行のための譲渡（所得税法64条2項）

【98】　仙台高裁　平成10年1月27日判決
　　　（平成8年（行コ）第14号・所得税更正処分等取消請求控訴事件）
　　【当事者】
　　　控　訴　人（原告）　　○○○○ほか1名
　　　被控訴人（被告）　　郡山税務署長
　　【判示事項】
　　　更正通知書の理由付記の要否，不動産譲渡所得の多寡及び保証債務の弁済について所得税法64条2項適用の可否
　　【事案の概要と争点】
　　　本判決は，年報8号整理番号【93】の控訴審である。
　　【判　旨】
　　　本判決は，控訴任らの請求を棄却した原審（福島地裁平成8年7月8日判決・年報8号 347ページ）の理由説示に次のとおり付加・訂正するほか，これを引用して控訴を棄却した。
　　（付加部分）
　　1.　理由附記の要否について
　　　　控訴人らは，控訴人らに対する本件各処分に際し，国税庁又は国税局の職員による調査があったにもかかわらず，本件各処分の通知書には右調査に基づくものである旨の附記がなかった旨主張する。ところで，原審及び当審における控訴人X_2本人の供述，弁論の全趣旨によれば，控訴人らに対する税務当局による調査の際，仙台国税局の職員が被控訴人の職員に同行したことがうかがわれるが，右控訴人X_2の供述によれば，その後，仙台国税局の職員が同控訴人に対し，「これからの調査は郡山税務署のHという方に引き継ぎますのでよろしく」と述べたというのである。そうすると，結局，控訴人らに対する調査は，郡山税務署の職員による調査として終了したものであり，仙台国税局の職員は，単にその

調査の途中において控訴人らのところに赴いたことがあるにとどまるのであるから，国税局の当該調査に基づいて本件各処分が行われたものではないことが明らかである。したがって，この点に関する控訴人らの主張は理由がない。

2. 本件各土地の売買代金について

控訴人らは，右各買主に対しては，Fから転売され，Fのほか，AやGら仲介人が転売利益を取得した旨主張するが，控訴人X_2は，右各買主による代金支払の直後，その金額に見合う金額を債務の弁済や預金に充てていること，Aに対して仲介手数料が支払われた点を除くと，F，A，Gらが右のような多額の転売利益を取得した形跡がうかがわれないことなどの事情にかんがみると，控訴人らにおいては，各買主の支払った金額相当の収入があったものといわざるを得ず，当審における証拠調べの結果を併せ検討しても，これらの経緯を控訴人らの主張に沿って説明することができる事情はうかがわれない。したがって，この点に関する当審における控訴人らの主張は理由がない。

3. 控訴人X_1についての所得税法64条2項の適用

控訴人X_1は，所得税法64条2項の適用の有無を決するに当たっては，控訴人X_2が昭和61年7月にK信用金庫から借入れた当時の事情を基準にすべきである旨主張する。しかしながら，原判決認定のとおり，昭和63年8月の農協との契約は，単にK信用金庫からの借入金の借り換えにとどまるものとは言えず，控訴人X_2の経済的事情，特に求償の可能性については，昭和61年7月当時とは全く異なる事情の下に締結されたものである。さらに，控訴人X_1の保証債務の処理や本件(1)ないし(4)の土地の売却に関する関係者との交渉などの行為は，控訴人X_2が控訴人X_1に代わってこれを実行しており，控訴人X_1は，当初からこれを控訴人X_2に全面的にゆだね，求償債務も免除している（その時期は明確ではないが，求償権を行使しようともしないまま免除していることが明らかである。）のである。これらの事情にかんがみると，控訴人X_1は，当初から主債務者である控訴人X_2に対して一方的に利益を供与する意

思であり，結果的に求償権が行使できなくなったというものではないといわざるを得ない。したがって，控訴人X₁について，所得税法64条2項の適用を認めることはできない。

【99】 横浜地裁 平成10年2月25日判決
（平成6年（行ウ）第40号・所得税更正請求棄却決定取消請求事件）

【当事者】
原告　〇〇〇〇
被告　緑税務署長

【判示事項】
所得税法64条2項適用のための実体要件及び手続要件充足性

【事案の概要と争点】
本件は，訴外A社及びB社のために物上保証に供していた不動産を譲渡した原告が，右不動産の譲渡に係る譲渡所得の確定申告を行った後，A社及びB社が倒産したため保証債務の履行に伴う求償権の一部が行使できなくなったとして，国税通則法（以下「通則法」という。）23条1項に基づき，所得税法（以下「法」という。）64条2項（以下「本件特例」という。）適用による更正の請求をしたのに対し，被告が更正をすべき理由がない旨の通知処分（以下「本件通知処分」という。）をしたため，その取消しを求めた事案である。

主たる争点は，所得税法64条2項の実体要件充足性（本件不動産の売却代金は，保証債務の履行に充てられたものか，A社に対する貸付けに充てられたものか）及び手続要件充足性の有無にあった。

【判旨】
本判決は，次のように判示して，原告の請求を棄却した。

1. 本件特例の適用要件について
　本件特例は，保証債務を履行するために資産を譲渡し，その譲渡により生じた収入をもって保証債務を履行した場合に，その履行に伴う求償権の全部又は一部が回収できないこととなったときは，経済的にはその

分の所得はなかったものと同一視することができることから，このような場合の課税の特例的な減免を認めたものである。したがって，このような本件特例の趣旨に照らせば，本件特例に規定する「保証債務を履行するための資産の譲渡があった場合」とは，資産の譲渡が保証債務の履行を余儀なくされたために行われたものであり，資産の譲渡による収入と保証債務の履行との間に資産の譲渡による収入が保証債務の履行に充てられたとのけん連関係が認められ，かつ，保証債務の履行に伴う求償権の全部又は一部の行使ができないこととなった場合をいうと解すべきである。また，本件特例に規定する保証債務の「履行に伴う求償権の全部又は一部を行使することができないこととなったとき」とは，求償権の相手方である債務者について，事業の閉鎖や著しい債務超過の状態が相当期間長期にわたって継続し，事業再起の目途が立たないことその他これに準ずる事態が生じたことによって，求償権の全部又は一部の弁済が受けられないことが客観的に確実となった場合をいうと解すべきである。そして，本件特例が右のような趣旨に基づくものであることにかんがみれば，本件特例は，保証人が保証債務を履行するため資産の譲渡を余儀なくされた場合に限らず，物上保証人が債務を代位弁済するため資産を譲渡する場合も，その適用があるものと解するのが相当である。

　また，本件特例の適用を受けるためには，右の実体要件を具備していることのほかに，手続要件として，確定申告書の提出期限までに法64条2項に規定する事実が生じている場合には，確定申告書に同項の規定の適用を受ける旨その他大蔵省令で定める事項を記載することが必要であり（法64条3項），また，確定申告書の提出期限後において法64条2項に規定する事実が生じた場合には，当該事実が生じた日の翌日から2か月以内に限り，通則法23条1項の規定による更正の請求をすることが必要である（法 152条）。

2．実体要件充足性について

　そこで，まず，本件について，前記の実体要件を具備しているか否かについて検討するに，争いのない事実及び証拠から認定できる事実によ

れば，Ａ社がＣ銀行Ｄ支店から運転資金を借り入れるに際し物上保証人となり，また，Ｂ社がＥ信販から運転資金を借り入れるに際し連帯保証人兼物上保証人となった原告は，Ｅ信販からＢ社の借入金債務を返済するよう要求され，やむなく本件不動産を売却してその代金をもってこれら債務者に対する債務の支払に充てることとしたが，平成元年６月22日，本件不動産がＦに売却された際，譲渡代金１億4268万5000円は３通の小切手で支払われ，このうちの額面6821万5000円の小切手はＡ社のＣ銀行Ｄ支店に対する債務の支払のため，また，額面7000万円の小切手はＢ社のＥ信販に対する債務の支払のため，それぞれ両社の代表取締役であるＧに交付され，さらに，Ａ社及びＢ社からそれぞれ右債権者に支払われた形式がとられていること，そして，同日，原告とＡ社及びＢ社との間で，Ａ社は7268万5000円，Ｂ社は7000万円をそれぞれ原告から借り受けたことを確認し，これに年８パーセントの割合による利息を付し，その元利金をいずれも120回宛分割して原告に支払う内容の本件公正証書が作成され，後日，原告は，貸金としてその一部の支払を受けたり，その支払を請求していることなどを総合考慮すると，本件不動産の譲渡代金１億4268万5000円は，いったん原告から，Ａ社に6821万5000円，Ｂ社に7000万円がそれぞれ貸し付けられた後，Ａ社及びＢ社により，それぞれの債務の返済に充てられたものと認めるのが相当である。

　原告は，Ａ社名義でＣ銀行Ｄ支店へ，また，Ｂ社名義でＥ信販へそれぞれ債務の弁済がされたのは，これら債権者からの要求により，形式上ないし便宜上そのようにしたにすぎないものであり，現実には原告がこれらの債権者に直接債務を代位返済したものであると主張する。しかし，本件においては，Ａ社及びＢ社の領収証が原告に交付され，さらには，原告とＡ社及びＢ社との間で，両社は原告から右領収証に見合う金額を借り入れたことを確認し，原告に対し，これによる元利金を分割返済し，Ｇはこれについて連帯保証する旨の本件公正証書が取り交わされているのであり，しかも，本件公正証書が作成された時期に係るＡ社及びＢ社の法人税の確定申告書には，いずれもその内容どおりに両社が原告から

借入金債務を負担した旨の記載がされているのであるから，単に形式上ないし便宜上，A社及びB社名義で債務の支払がされたと見ることは困難といわなければならない。

　原告は，本件公正証書は，公証役場の担当事務員が作成した文案に基づき作成されたものであり，実際に原告とA社等との間に金銭消費貸借締結の合意があったわけではないと主張するが，本件公正証書作成の経緯やその内容の具体性などからすれば，本件公正証書がGと原告の意思に基づいて作成されたと認められる。

　そうすると，原告の本件不動産の譲渡は，原告の主観的な意図や認識はともかくとして，法的には主債務者であるA社及びB社の資金運用のためにされたものというべきであり，保証債務の履行のためにされたものであるということはできないといわざるを得ない。よって，本件は，すでにその点において，本件特例の適用を受けるための実体要件を具備していないものといわなければならない。

3.　手続要件充足性について

　本件特例の適用を受けるためには，右のような実体要件のほかに，手続要件として，確定申告書の提出期限までに法64条2項に規定する事実が生じている場合には，確定申告書に同項の規定の適用を受ける旨その他大蔵省令で定める事項を記載し（法64条3項），また，確定申告書の提出期限後において法64条2項に規定する事実が生じた場合には，当該事実が生じた日の翌日から2か月以内に限り，通則法23条1項の規定による更正の請求をすることが必要とされている（法152条）ところ，原告は，本件確定申告書に本件特例の適用を受ける旨の記載をしなかったことを認めながら，原告が法で要求されている記載をしなかったのは，税務署の担当職員がそれに必要な説明を怠ったからであるなどとして，右の記載をしなかったことについては，法64条4項にいう「やむを得ない事情」があると主張するので検討する。

　争いのない事実及び証拠によれば，H係官は，原告の申告相談において，原告の持参した資料を基に本件不動産の譲渡所得金額の算出に本件

特例の適用があるかどうかを調査検討し，その結果，本件特例の適用がないとの判断に達し，その旨を原告に説明し，それに沿った確定申告書の提出を促したものであるところ，このような申告相談において，担当の係官は，相談に応じた回答をすることができるといえるし，また，原告の持参した資料等から本件特例の適用がないと判断した場合には，特段の事情のない限り，その旨を説明すれば足り，それ以上に，本件特例の適用を受けるための手続まで説明する必要はないというべきである。けだし，申告相談はあくまで行政サービスの一環として行われるものであり，確定申告をどのようにして行うかは，最終的には申告する者の判断にゆだねられているのであるから，税務署の係官は，特段の事情のない限り，相談者が認める真意まで探索して，それについての税務手続等までを説明，教示しなければならない義務があるとはいえないからである。なお，本件確定申告書提出に至る経緯及びH係官の説明を納得していなかったという原告の主張を前提とすれば，本件不動産の譲渡に係る所得税の確定申告に際し，本件特例の適用を前提とした譲渡所得金額の算出，記載が困難であったとはにわかに考え難いところである。したがって，いずれにせよ，本件において，結果的に，原告がH係官の説明に従って確定申告をし，本件確定申告書に本件適用を受ける旨の記載をしなかったとしても，これに法64条4項にいう「やむを得ない事情」があるものということはできない。

そうすると，原告は，本件特例の適用を受けるための手続要件も具備していないといわざるを得ない。

4. 結論

以上によれば，本件更正請求については更正をすべき理由がなく，また，原告の平成元年分所得税の総所得金額，分離課税の長期譲渡所得金額及び分離課税の短期譲渡所得金額並びに右各所得金額に基づいて算出される納付すべき税額は，原告の本件確定申告書に記載されている金額と同額であるから，本件通知処分は適法というべきである。

【100】 東京高裁　平成10年10月15日判決
　　　（平成10年（行コ）第62号・所得税更正請求棄却決定取消請求事件）
【当事者】
　　控訴人（原告）　　○○○○
　　被控訴人（被告）　緑税務署長　事務承継者川越税務署長
【判示事項】
　　所得税法64条2項適用のための実体要件及び手続要件充足性
【事案の概要と争点】
　　本件は，整理番号【99】の控訴審である。
【判　旨】
　　本判決は，当審における主張について次のとおり判示したほかは，控訴人の請求を棄却した原審（横浜地裁平成10年2月25日判決・265ページ）の判断を維持して，控訴人の請求を棄却した。
　　本件特例は，保証人が代位弁済をした場合の求償権の行使不能という特別の事情がある場合の例外的規定であるから，保証人が主債務者に対して債務弁済の資金を貸付けたところ，その貸付金の返済が滞ったというような場合にまで，その経済的実質に変わりがないとの理由で，本件特例を拡張して適用すべきものと解することはできない。

e　その他　※

(ウ) 租税特別措置法の特例
a　優良住宅地の造成等のための譲渡（租税特別措置法31条の2）
【101】 浦和地裁　平成10年2月23日判決
　　　（平成9年（行ウ）第4号・所得税更正処分取消請求事件）
【当事者】
　　原告　○○○○
　　被告　上尾税務署長
【判示事項】

租税特別措置法31条の2第1項適用の可否
【事案の概要と争点】
　本件は，原告の平成4年分の所得税について，被告がした更正処分等の適否が争われた事案である。
　主たる争点は，土地の譲受人ではなく，譲渡人自身が都市計画法29条の開発許可を受け，その後譲受人に対して右開発許可を受けた者の地位承継を行った場合における租税特別措置法（平成元年法律第12号による改正後のもので，平成6年法律第22号による改正前のもの。以下「措置法」という。）31条の2第1項（優良住宅地の造成等のために土地等を譲渡した場合の課税の特例。以下「本件特例」という。）の適用の可否等にあった。
【判　旨】
　本判決は，次のように判示して原告の請求を棄却した。
1.　本件土地の開発許可の取得者について
　　原告は，本件土地の開発許可の取得者は名目的，形式的には原告であるが，実質的には譲受人であるA社であると主張する。
　　しかし，都市計画法35条に基づく開発許可が行政庁の処分であることは，その条文に照らしても明らかである。したがって，仮に，原告が当初から土地開発を予定しておらず，譲受人たるA社の求めにより同社に売却するために右許可申請者となったものであり，さらに，造成事業の開始や代金の支払が開発許可に基づく地位の承継後であったとしても，開発許可の申請が原告によってされ，これに対して原告を名宛人として本件開発許可がされた以上，開発許可を受けたのは原告であると解さざるを得ないから，原告の右主張は失当である。
2.　本件特例の適用の可否について
(1)　措置法31条の2第2項7号は，優良住宅地の造成等を促進するために長期譲渡所得の課税の特例の適用を定めたものであり，この点は，本件特例についての平成元年改正前の規定である措置法31条の2第2項4号も同趣旨であると解される。
(2)　措置法31条の2第2項4号は，開発許可を受けて住宅建設の用に供さ

れる一団の宅地の造成を行う個人又は法人に対する土地の譲渡について長期譲渡所得の課税の特例を適用するものと定め，右譲受人について，括弧書きにおいて，開発許可に基づく地位の承継が生じたときは，都市計画法44条の規定に該当する場合，すなわち一般承継があった場合の承継人又は被承継人である場合に限定すると定められていた。このように平成元年改正前の規定においては，課税の特例対象として，当該土地の譲渡の相手方における開発許可に基づく地位の一般承継だけが認められていたのであるから，本件のように，譲渡人が開発許可に基づく地位を取得したがこれを土地の譲渡とともに譲受人に特定承継させるような事例は，右課税の特例が適用される場合に該当しないことは明らかである。

(3)(一)平成元年改正により，本件特例は，右改正前から認められていた都市計画法44条の規定による開発許可に基づく地位の承継に加えて，同法45条に規定する開発許可に基づく地位の承継（特定承継）があった場合の承継人又は被承継人に対する譲渡も含まれることとされた。平成元年改正の趣旨は，主に関係法令との整合性を確保することにあったこと，すなわち，①措置法28条の4に定める土地の譲渡等に係る事業所得等の課税の特例の制度や，同法28条の5に定める超短期所有土地の譲渡等に係る事業所得等の課税の特例の制度の下では，都市計画法45条の規定により地位を承継した者も同法44条の規定により地位を承継した者と同様に取り扱うものとされていること，②大都市地域における優良宅地開発の促進に関する緊急措置法においても，その13条による認定事業者の地位の承継には，一般承継のほか，認定事業者から宅地開発事業を実施する権限を取得した者も建設大臣の承認を受けて地位の承継を認められていることとの整合を図るためであったと解される。そして，措置法28条の4及び同法28条の5の場合においては，当該特例の適用を受ける個人は，自ら造成した一団の宅地の全部又は一部を譲渡した場合であり，大都市地域における優良宅地開発の促進に関する緊急措置法においては，計画の認定を受けた宅地開発事業者である認定事業者が同じく認定事業者にその地位を譲渡するものである。

㈡　措置法31条の2第2項7号は，開発許可を受けて住宅建設の用に供される一団の宅地の造成を行う個人又は法人に対する土地等の譲渡につき本件特例を適用するものとし，括弧書きにより，個人については，都市計画法44条又は45条に規定する開発許可に基づく地位の承継があった場合には，当該承継に係る被承継人である個人又は当該地位を承継した個人を含み，法人については，同法44条又は45条に規定する開発許可に規定する開発許可に基づく地位の承継があった場合には，当該承継に係る被承継人である法人又は当該地位を承継した法人を含むと定めている。すなわち，これを平成元年改正前の規定である措置法31条の2第2項4号と対比しても，本件特例の適用を受ける要件として，譲受人が特定の資格を備えるべきものと定め，括弧書きにより，個人及び法人につき補充的定めをしていることは同様であり，右改正後の規定においては，括弧書きの内容において，従来の都市計画法44条による開発許可に基づく地位の承継の外，同法45条による承継が加えられたにすぎない。

⑷　そこで，右のような平成元年改正の趣旨，並びに右改正の前後における右のような法文の構成，文言に照らすと，平成元年改正によって本件特例の趣旨・目的が改正前の特例から基本的に変更されたと解することは困難であって，すなわち，本件特例の趣旨は，5年以上の長期にわたって土地を所有する個人が，開発許可を受けた個人又は法人にその土地を譲渡したときは，優良住宅地の開発を期待しうるとともに，優良住宅地の供給促進を図ることができ，したがって，このような場合には，譲渡所得税の軽減措置を適用することとし，さらに，このように譲渡所得税を軽減することにより，長期に土地を所有する個人が土地を譲渡し易くしたものと解するのが相当である。そして，このような趣旨からすれば，右開発許可を受けた個人又は法人において，一般承継に限らず，特定承継が生じた時も，本件特例を適用すべきこととしたのは，むしろ合理性があるものということができ，また，特定承継の場合にも本件特例を適用しても，譲受人が開発許可に基づく地位の承継人である限り，転売利益だけを追求して土地の転売が繰り返され，その結果土地の価格が

上昇するような危険性は大きくないものと解される。

　以上のような本件特例の趣旨・目的，平成元年改正の趣旨，並びに平成元年改正前は，前記のように，譲渡人が開発許可に基づく地位を取得したがこれを土地の譲渡とともに，譲受人に特定承継させるような事例は，当然に改正前の特例の対象とならなかったことも考量すると，平成元年改正により，新たに，譲渡人が都市計画法29条に規定する開発許可に基づく地位を取得しこれを土地の譲渡とともに譲受人に承継させる場合にまで，本件特例が適用されることになったと解することはできず，むしろ，土地を長期所有していた個人が自ら開発許可を取得した後，右開発許可に基づく地位とともに土地を譲渡するような場合は，そもそも本来的に本件特例の適用対象とされていないのであって，措置法31条の2第2項7号の括弧書き内に定める開発許可に基づく地位の承継は，優良住宅地の造成等のための譲渡の相手方あるいは譲渡を予定していた相手方において生じたものに限られると解するのが相当である。

(5)　ところで，原告は，A社は6月19日に地位承継をしたから，原告が開発許可を受けた平成4年3月17日に遡って開発許可を取得したものになると考えるべきであると主張するけれども，都市開発法上，開発許可に基づく地位の承継に遡及効を認める規定はないから，原告の右主張は失当である。

(6)　したがって，譲渡人が開発許可を受けて，当該土地を譲渡するとともに，その地位を承継した本件において，本件特例を適用しなかったことについて，本件更正処分に違法はない。

3.　租税法律主義違反の有無について

　右2.に説示したとおり，本件特例の要件は，法文の構成，文言，その改正の経緯，趣旨等により明確であり，譲渡人が開発許可を受けて，土地等の譲受人に対して開発許可に基づく地位の承継をした場合を含まないものと理解することができるから，措置法31条の2第2項7号の規定は不明確であって租税法律主義に違反するとの原告の主張は，採用することができない。

なお，仮に税務署の職員が当該法令の解釈について誤った教示をしたとしても，そのことのみをもって直ちに当該法令が租税法律主義に違反するということができないことも明らかであるから，この点に関する原告の主張は失当である。

【102】 東京高裁　平成10年3月30日判決
　　　　（平成9年（行コ）第174号・所得税更正処分取消請求控訴事件）
【当事者】
　　控訴人（原告）　　○○○○
　　被控訴人（被告）　神奈川税務署長
【判示事項】
　　租税特別措置法31条の2第2項9号該当性
【事案の概要と争点】
　　本件は，年報9号整理番号【112】の控訴審である。
【判　旨】
　　本判決は，控訴人の請求を棄却した原審（横浜地裁平成9年9月29日判決・年報9号349ページ）の判断を維持し，控訴を棄却した。

【103】 横浜地裁　平成10年12月14日判決
　　　　（平成9年（行ウ）第12号・所得税更正処分取消請求事件）
【当事者】
　　原告　○○○○ほか1名
　　被告　神奈川税務署長
【判示事項】
　　①本件譲渡に租税特別措置法（平成4年法律第14号による改正前のもの以下「措置法」という。）31条の2（優良住宅地の造成等のために土地等を譲渡した場合の課税の特例）による軽減税率を適用することの可否，②異議決定書における決定理由に，被告が改正後の措置法施行規則の条文を記載したことは，本件更正処分の違法をもたらさない。

【事案の概要と争点】

本件は、原告らの平成4年分所得税の確定申告について、被告がした更正処分等の適否が争われた。

主たる争点は、①原告らの本件土地等の譲渡所得につき、措置法31条の2第2項7号による軽減税率を適用することの可否、②本件異議決定書における決定理由に、被告が改正後の措置法施行規則の条文を記載したことが本件更正処分の違法をもたらすか否かにあった。

【判　旨】

本判決は、次のように判示して、原告の請求を棄却した。

1.(1)　認定事実によれば、原告らとT社は、国土法27条の4第1項の不勧告通知を受けることを条件に、本件土地等を代金13億円で売買する旨の本件協定書を取り交わし、その後直ちに横浜市長に対し、本件届出書を提出し、不勧告通知を受けたので、平成4年2月20日、本件土地等の売買契約を締結し、他方、T社が本件土地等を同年3月31日N社に転売することが決まったので、これらの代金決済、所有権移転登記等の処理を3者で一括処理することとし、同日、3者が集まり、その席で、N社はT社に支払うべき売買代金14億3932万5800円のうち、T社が原告らに支払うべき売買代金13億1667万円に相当する金員を小切手3通で原告らに支払い、残金（1億2265万5800円）はT社に支払うことによって、3者の代金決済を一度に行い、本件土地等の所有名義は、T社の同意を得た上で、原告らからN社に中間省略登記をすることにしたと認めるのが相当である。したがって、原告らが本件土地等を譲渡した相手方はT社であり、N社ではないというべきである。

(2)　これに反し、原告らは、ことの実体を実質的に見れば、原告らがT社の紹介によりN社に本件土地等を売却し、N社が優良宅地等とするための土地の開発をしたということができるから、本件特例の適用があってよいはずであると主張したいもののようでもある。

しかし、法律的に見ると、原告らからT社への譲渡及びT社からN社への転売がされたと評価すべきである以上、これを原告らからN社への

譲渡ということはできない。しかも，本件特例は，譲受人の範囲が限定され，さらに土地等の買受人が発行した法定の書類を確定申告書に添付することが要件となっている。したがって，原告ら主張のように実質解釈あるいは経済的観点から本件特例の適用について拡張解釈の可能性を探る余地もないといわなければならない。

(3) 以上のとおり，本件土地等の譲渡の相手方はＴ社と認められるところ，Ｔ社は開発許可を受けていないから，右の譲渡に措置法31条の２第２項７号の適用はないとして，被告が原告らに対して行った本件各更正処分及びそれに伴う本件各賦課決定処分は，いずれも適法というべきである。

2. 証拠及び弁論の全趣旨によれば，被告は，原告らに対する異議決定書の決定理由において，本件土地等の譲渡は，「措置法31条の２第２項７号」にいう譲渡には当たらず，かつ，原告らは，確定申告書に，「租税特別措置法施行規則13条の３第１項７号又は第７項１号」の書類を添付しなかったから，右譲渡には，措置法31条の２の適用はない旨記載したこと，しかし，租税特別措置法施行規則は，平成４年大蔵省令第14号により改正され，それに伴い，同規則13条の３第５項は，内容は変わらないまま，同規則13条の３第７項１号に改められたこと，本件土地等の譲渡については，右の改正前の法令が適用されるところ，異議決定書における決定理由に，措置法施行規則の適用法条として改正後のものを摘示しているのは誤りであり，正確には，「租税特別措置法施行規則（平成４年大蔵省令第14号による改正前のもの。）13条の３第１項７号又は同条第５項」と記載すべきであったこと，以上の事実が認められる。

原告らは，右のような異議決定書における決定理由の適用法条の誤りは，たとえ誤記であったとしても，記載されているとおりに解すべきであるとして，本件各更正処分等は，違法，無効であると主張する。しかし，右にみたように，改正の前後で条文の内容に変わりはないのであるから，異議決定書の誤りは，法律の改正に伴う条項の摘示を誤ったものであることが明らかであり，かつ，右の各異議決定は，原告らの審査請

求により確定が遮断され，国税不服審判所長の審理に付され，その裁決書においては，右のような誤りが指摘され，正確な適用法条が示されたのであるから，異議決定書における前記のような適用法条の誤りが，本件各更正処分等の違法ないしは無効をもたらすとまではいえない。

したがって，本件各更正処分に，原告らの主張するような違法，無効があるということはできない。

b 居住用財産の譲渡，買換え・交換（租税特別措置法31条の3，35条，36条の2・6）

【104】 大分地裁 平成10年3月23日判決
　　　（平成9年（行ウ）第9号・更正処分等取消請求事件）

【当事者】

　　原告　○○○○

　　被告　大分税務署長

【判示事項】

　租税特別措置法35条及び31条の3適用の可否等

【事案の概要と争点】

　本件は，原告の平成4年分の所得税について，被告がした更正処分及び過少申告加算税賦課決定処分の適否が争われた事案である。

　主たる争点は，原告が代表清算人であった有限会社Bが所有し，原告が居住の用に供していた建物（以下「本件家屋」という。）及び原告が所有する右建物の敷地（以下「本件土地」という。）の第三者への譲渡について，①底地の対価として取得した本件土地譲渡代金の，租税特別措置法（平成5年法律第10号による改正前のもの。以下「措置法」という。）35条（以下「本件特別控除」という。），31条の3（以下「本件特例」という。）適用の可否及び②本件家屋をBに明け渡したことに伴い，Bから取得した本件家屋明渡受領金は，分離長期譲渡所得に該当するものとして，本件特例を適用することの可否にあった。

【判　旨】

本判決は，次のとおり判示して，原告の請求を棄却した。
1. 争点1について
(1) 本件特別控除及び本件特例は，個人が自ら居住の用に供している家屋を譲渡したり，当該家屋とともにその敷地等を譲渡するような場合には，これに代替する居住用財産を取得するのが通常であるなど，一般の資産の譲渡に比して特殊な事情があり，担税力も高くない事例が多いこと等を考慮し，当該家屋などの譲渡所得の帰属者である当該個人の税負担を軽減する趣旨で設けられた特例である。したがって，本件特別控除，本件特例の適用のための要件としては，当該個人が当該家屋を，譲渡所得の帰属者の立場において，すなわちその所有者として居住の用に供していたことが必要であり（最高裁昭和61年（行ツ）第7号平成元年3月28日第三小法廷判決参照），当該家屋の所有者とその敷地の用に供されている土地等の所有者等が異なる場合には，当該土地等の所有者等には，本件特別控除，本件特例は適用されないというべきである。

認定事実によれば，原告は本件家屋を所有していなかったのであるから，たとえその居住の用に供していた本件家屋をBに明け渡すとともに，その敷地である本件土地を譲渡しても，右譲渡所得について本件特別控除，本件特例の適用を受けることはできないというべきである。
(2) 原告は，本件家屋は実質的に原告が所有していたものであり，あるいは原告とBとの間には，本件通達に定める要件以上に緊密な関係があるから，本件特別控除，本件特例が適用されるべきであると主張する。

確かに，本件通達は，居住用家屋の所有者とその敷地の所有者が異なる場合において，①譲渡敷地は，譲渡家屋とともに譲渡されているものであること，②譲渡家屋の所有者と譲渡敷地の所有者とが親族関係を有し，かつ，生計を一にしていること，③譲渡家屋は，当該家屋の所有者が譲渡敷地の所有者とともにその居住の用に供している家屋であることのすべての要件を充たすときは，当該家屋とその敷地は一の生活共同体の居住用財産とみて特例制度を運用することが実情に即していると考えられることから，他の要件も充足すれば，本件特別控除，本件特例の適

用を認めることとしている。

　しかし，本件通達は，前記の各要件を充たす場合には，それらの適用を認めるのが実情に即するものとして，特例のさらに例外措置を定めたものである。そして，租税法律主義に照らし，租税法の適用はみだりに拡張適用すべきものではないから，本件特別控除，本件特例及び本件通達の解釈，運用についても，一義的明確かつ厳格になされるべきであり，個別具体的事情を考慮してこれらを徒らに拡張適用することは，租税公平主義に反し，課税の法的安定性，予測可能性を損なうものであって妥当でない。したがって，本件においては，本件家屋の所有者であるＢはこれに居住しているものではなく，またＢと原告との間には親族関係等もないから，本件通達の要件を充たすとはいえず，本件特別控除，本件各特例を適用することはできないというべきである。

　また，原告は，原告とＢは同一体であり，本件の課税に当たっては，法人格否認の法理が適用されると主張するようであるが，右法理は法人の取引の相手方や不法行為の被害者等の利益保護のために適用されるべきものであり，本件のように課税上の特別措置を受けようとする個人の利益を保護するための法理ではないから，かかる主張は採用することができない。

2. 争点2について

　原告は，本件家屋明渡受領金は，原告の本件家屋に対する借家権の対価であり，右借家権は措置法31条の3第1項の居住用財産に該当すると主張する。しかし，本件特例が適用される居住用財産は，当該個人が居住の用に供している家屋，当該家屋及びその敷地の用に供されている土地又は土地の上に存する権利などに限られるのは規定の文言上明らかであって，借家権すなわち建物の賃借権はこれに含まれないというべきである。

　また原告は，本件家屋の借家権を有していなかったとしても，その実質的な所有権を有し，また本件家屋は原告らの居住の用に供するために建築され，原告は本件家屋について借家権に比すべき権利を有するとこ

ろから，本件家屋の売却代金のうち，原告の使用権に相当する価額である本件家屋明渡受領金については，本件家屋の譲渡所得として本件特例が適用されるべきであると主張する。しかし，前記のとおり，租税法の規定は厳格に解釈すべきであるから，原告の右主張は妥当でない。

3. 本件更正処分及び本件賦課決定処分の適法性について

　争いのない事実及び弁論の全趣旨によれば，本件家屋は原告及びその家族の居住の用に供されてはいたが，Bとの間ではその貸借に伴う権利金，家賃等の授受はなされず，原告は本件家屋の借家権を有していなかったこと，本件家屋明渡受領金は，原告が本件家屋から立ち退いたことによって交付されたもので，移転補償の性格を有する立退料であることが認められ，これは営利を目的とする継続的行為から生じたものではなく，一時的な性格のもので，かつ労務その他の役務の対価としての性質も有しないことから，所得税法34条1項所定の一時所得に該当するというべきである。

　そして，争いのない事実，証拠及び弁論の全趣旨によれば，本件更正処分に係る納付すべき税額は認定した税額の範囲内であることが認められるから，本件更正処分は適法である。

　また，認定したところによれば，本件では国税通則法65条4項にいう正当の理由がある場合に該当しないから，本件過少申告過算税賦課決定処分に係る納付すべき税額も認定した税額の範囲内であるから，本件賦課決定処分も適法である。

【105】　神戸地裁　平成10年11月11日判決
　　　（平成9年（行ウ）第14号・所得税更正処分取消請求事件）
【当事者】
　原告　○○○○
　被告　芦屋税務署長
【判示事項】
　租税特別措置法（平成3年改正前）31条の4適用の可否

【事案の概要と争点】

本件は，原告の平成2年分の所得税について，被告がした更正処分の適否が争われた事案である。

主たる争点は，原告が譲渡した建物の取得時期がいつか，原告が確定申告するに際し，選択適用しなかった租税特別措置法（平成3年法律第16号による改正前のもの。）31条の4（居住用財産を譲渡した場合の長期譲渡所得の課税の特例。以下「本件特例」という。）を更正の請求により適用することの当否にあった。

【判　旨】

本判決は，次のように判示して，原告の請求を棄却した。

1. 更正の請求に係る金額を超えない部分について取消しを求める訴えの利益があるか否かについて

　　納税義務者が，更正処分につき，更正の請求に係る申告額を超えない部分の取消しを訴えをもって求めることは，納税義務者の自認する金額の範囲を超えて更正処分の取消しを求めることとなるから，訴えの利益を欠き許されないというべきである。

　　したがって，本件訴えのうち，本件更正の請求に係る納付すべき税額である5946万9500円を超えない部分の取消しを求める部分については，訴えの利益を欠き，不適法である。

2. 原告が本件建物を昭和54年12月31日までに取得したか否か（本件特例適用の有無）について

(1) 原告は，本件建物の取得時期を昭和54年12月25日（遅くとも同月31日）であると主張するので，以下これにつき検討する。

(一) 原告は，昭和55年2月14日にM建設との間で交わされた念書は，建物本体ではなく，外回り工事部分の引渡しに関する契約である旨主張し，Hも昭和54年12月25日当時外回り工事が未了であった旨の供述をしている。

　　しかしながら，右念書には，本件建物の建築工事を昭和55年2月17日までに完成して引き渡す旨記載してあり，原告の主張する外回り工事と

記載していないこと，本件建物の見積金額1200万円には，造園工事，通路外塀等の別途工事は含まれていないことからすると，原告の主張するように外回り工事の引渡しについの念書であるとは考えられないこと，しかも原告は念書作成の日に本件請負代金の内金300万円を支払っていること，本件建物の状況からすると，造園工事等外回り工事の規模はさほど大きいとは認められないのにもかかわらず，原告主張のように昭和54年末に外回り工事を残して後は完成していたとすれば，造園工事等外回り工事に約2か月もかかったことになり不自然であること，原告が本件建物で小料理屋を開業したのは昭和55年3月初めころである（Hの供述）ことからすると，同年初めころには本件建物本体工事は継続していたと推認できるのであり，かかる事実を併せ考えると，Hの前記供述は信用できず，原告の右主張は理由がない。

(二) また，Hは，原告主張の日に本件建物に引越し，本件建物の引渡しをうけた旨供述する。しかしながら，原告が原告主張のころに入居したとしても，右は易者の助言を実行するためであった（H）というのであるから，建物が完成し引渡しがなされたことを意味する事情とは解されず，昭和55年に至っても建物本体が工事中であったとの前記認定を左右しない。

(三) また，住民票除票に原告が本件建物に昭和54年12月25日転居した旨の届け出がなされているが，住民票除票記載の転居をした日は，あくまで転居をした者が住民基本台帳法23条に基づいて届け出た事項を記載したものにすぎず，市町村長が右記載内容が事実であることを確認しているわけではないから，右記載をもって本件建物の引渡しを受けた証左となしえない。

(四) 以上の事実及び本件建物が昭和55年1月31日新築を原因として登記がされていることを考慮すると，本件建物の工事は，念書作成の日である昭和55年2月14日以降に完成したと認めるのが相当であり，原告は右完成により本件建物を取得したものと認められる。

(2) 以上述べたとおり，原告は本件建物を昭和54年12月31日までに取得し

たとは認められないから，本件特例の適用がないというべきである。
3. よって，その余の点につき判断するまでもなく，本件特例の適用がないとしてなされた本件更正処分のうち，納付すべき税額5946万9500円を超える部分の取消しを求める請求については理由がない。

【106】 東京高裁 平成10年11月19日判決
（平成10年（行コ）第9号・所得税更正処分等取消請求控訴事件）

【当事者】
控訴人（原告）　〇〇〇〇ほか1名
被控訴人（被告）　本郷税務署長

【判示事項】
租税特別措置法36条の2及び同法37条適用の可否

【事案の概要と争点】
本件は，年報9号整理番号【115】の控訴審である。

【判旨】
本判決は，控訴人の請求を棄却した原審（東京地裁平成9年12月24日判決・年報9号365ページ）の判断を維持し，控訴を棄却した。

【107】 神戸地裁 平成10年12月16日判決
（平成9年（行ウ）第19号・所得税更正処分等取消請求事件）

【当事者】
原告　〇〇〇〇
被告　神戸税務署長

【判示事項】
租税特別措置法31条の3（居住用財産を譲渡した場合の長期譲渡所得の課税の特例），同法35条（居住用財産の譲渡所得の特別控除）適用の可否

【事案の概要と争点】
本件は，原告の平成4年分の所得税について，被告がした更正処分及び過少申告加算税の賦課決定処分の適否が争われた事案である。

主たる争点は，原告が譲渡した土地及び建物が，租税特別措置法（以下「措置法」という。）31条の3，同法35条が適用される物件に当たるか否かにあった。

【判　旨】

本判決は，次のように判示して，原告の請求を棄却した。

1. 居住用財産の譲渡所得の特別控除制度に関する規定の内容及びその趣旨に照らすと，措置法35条1項にいう「居住の用に供している家屋」とは，単に，当該家屋の所有者が事実的支配を及ぼしているだけでは足りず，真に居住の意思をもって客観的にもある程度の期間継続して生活の本拠としていた家屋をいい，生活の本拠としていたかどうかは，その者及び社会通念上その者と同居することが通常である配偶者等の日常生活の状況，その家屋への入居目的，当該家屋の構造及び設備の状況その他諸般の事情を総合勘案して判定すべきものである。

また，措置法31条の3第1項の規定は，長年住み馴れた居住用財産の譲渡に対する特別の配慮として，所有期間10年を超える居住用家屋及びその敷地を譲渡した場合には，その税負担を軽減するとの趣旨で創設されたものであり，同第2項にいう「居住の用に供している家屋」についても，同法35条1項にいう「居住の用に供している家屋」と同様に解すべきである。

2.(1) 認定事実に基づき検討するに，本件建物について①電気，ガス及び水道が不使用又は使用量が極めて少ないこと，②電話は設置されておらず，ＮＨＫ受信料の支払いもされていないこと，③自治会にも加入しておらず，近隣住民からも本件建物に住んでいないと思われていたこと，④引越の際の荷物の種類，量及び送り先にかんがみると，本件建物には日常生活に必要なものが備わっていたのか疑わしいこと，⑤会社建物は設備的にも居住可能であり，原告自身が週に5，6日は右建物で過ごしていたことを認めている（原告本人）こと，⑥公の書類に，住所として，本件建物所在地ではなく，会社建物所在地を記載していること，⑦住民票は本件建物所在地に登録していた時期もあったが，特に合理的理由も

窺われないのに頻繁に移しており，原告は必ずしも生活の本拠を住民票の登録地と考えていたわけではないと推認できることなどからすると，昭和64年1月1日以降において，原告の日常生活の主たる拠点が本件建物にあり，右建物が居住の用に供されていたとは到底認められず，右建物は昭和64年1月1日以降においては居住用財産ではなかったと認めるのが相当である。

(2) 原告は，電気，ガス及び水道の使用量が少なかったのは，食事，風呂及び洗濯等は湯通堂の家で済ませていたからである旨主張し，Aや原告本人もこれに沿う証言ないし供述をしているが，たとえ原告及びBが，本件建物で毎日夜寝るだけのような生活をしていたとしても，想定される電灯や洗面水の使用等を考えれば，相当長期間，ガスを閉栓し，電気及び水道の使用量も極めて少ないということはまず考えられないところであり，電気，ガス及び水道等を使用しない生活は通常人の生活として極めて異常なものであるといわざるを得ないから，右証言ないし供述は信用することができない。

　また，原告は，会社建物は設備，規模及び構造上居住用財産とはなり得ないので，本件建物が居住用財産である旨主張しているが，原告は，Bは会社建物に居住していること及び週に5，6日は原告自身も右建物で寝泊まりしていた旨供述しているなどに徴すると，右原告の主張は採用することができない。

(3) 以上のとおり，本件建物は，昭和64年1月1日以降においては，原告の居住の用に供されていたものではないと認められ，本件譲渡物件の譲渡所得につき，本件特別控除等の適用はない。

c　土地重課（租税特別措置法32条）　※

d　事業用資産の買換え・交換（租税特別措置法37条・37条の4）

【106】　東　京　高　裁　平成10年11月19日判決（　284ページ参照）

e 中高層耐火建築物等の建設及び大規模な宅地等造成のための買換え・交換（租税特別措置法37条の5，37条の7）　※

f その他～収用・特定土地区画整理事業・住宅地造成事業のための譲渡・他（租税特別措置法33条・33条の1～4・34条・34条の2・他）

【108】東京地裁　平成10年2月26日判決
　　　（平成9年（行ウ）第72号・所得税更正処分取消請求事件）
　　【当事者】
　　　原告　○○○○ほか3名
　　　被告　蒲田税務署長
　　【判示事項】
　　　租税特別措置法（平成7年改正前）41条適用の可否
　　【事案の概要と争点】
　　本件は，原告らの平成6年分の所得税について，被告のした更正処分の適否が争われた事案である。
　　主たる争点は，租税特別措置法（平成7年改正前）41条（住宅の取得等をした場合の所得税額の特別控除）の適用の可否にあった。
　　【判　旨】
　　本判決は，次のとおり判示して，原告らの請求を棄却した。
1.　租税特別措置法（平成7年法律第55号による改正前のもの，以下「法」という。）施行令26条1項2号の区分所有建物の床面積の算定方法について
(1)　法施行令26条1項2号によれば，居住の用に供する区分所有建物が住宅取得控除の適用対象となるためには，その者の区分所有する部分の床面積が240平方メートル以下で，かつ，50平方メートル以上であることを要するものである。
　　右の床面積の算定をどのような方法で行うべきかについては，法施行令及びその関係法規に特段の規定はおかれていないが，課税実務においては，登記簿上表示される壁その他の区画の内側線で囲まれた部分の水

平投影面積によりこれを算定することとされており(法通達41-6)、内法計算法が採用されている。

　被告は、法施行令26条1項2号の区分所有建物の床面積の算定方法に関する右の課税実務の取扱いに従って本件各建物が住宅取得控除の適用対象となる居住用家屋に該当しないものと判断し、本件各更正処分を行ったものであるから、本件各更正処分の適否を判断するに当たっては、まず、右の課税実務の取扱いの適否が問題となるので、以下これを検討する。

(2)　法施行令26条1項2号にいう「区分所有する部分の床面積」とは、その規定の文言等に照らし、建物区分所有法による区分所有権の目的たる建物の部分の床面積、すなわち、区分所有建物の専有部分の床面積をいうものと解されるところ(同法2条1項、3項参照)、同法4条1項によれば、数個の専有部分に通ずる廊下又は階段室その他構造上区分所有者の全員又はその一部の共用に供されるべき建物の部分(以下「共用部分」という。)は、区分所有権の目的とならないものとされているので、区分所有建物の専有部分の床面積をどのような方法で算定すべきかについては、区分所有建物相互間の境界壁その他の境界部分の所有関係をどのように理解するかによって考え方が異なってくるものである。

　この点に関しては、境界壁その他の境界部分の中心線までが専有部分に含まれると解する考え方があるが、このように解すると、建物区分所有法6条1項の制約があるとはいえ、境界壁の中心線まで各区分所有者による変更行為を認めることになり、建物全体の維持管理上支障が生ずることを避け難く、他方、境界壁その他の境界部分をすべて共用部分と解すると、区分所有者がその区分所有建物の内装工事を自由に行うことをも否定しなければならず、区分所有建物の利用の実情に合致しないことになる。このような点にかんがみると、区分所有建物相互間の境界壁その他の境界部分の所有関係については、境界壁その他の境界部分のうち、その上塗り部分ないし表面の被覆部分は専有部分に含まれるが、その余の部分は共用部分になると解するのが、区分所有建物の維持管理上

支障がなく，かつ，区分所有建物の利用の実情にもかなうものとして最も合理的なものと考えられる。
(3) ところで，不動産登記法施行令8条は，建物の床面積は，一棟の建物を区分した建物を除き，各階ごとに壁その他の区画の中心線で囲まれた部分の水平投影面積により，一棟の建物を区分した建物の床面積については，壁その他の区画の内側線で囲まれた部分の水平投影面積による旨規定しており，不動産登記上，区分所有建物の専有部分の床面積は，内法計算法によって算定することが明らかにされている。

　前示のとおり，区分所有建物相互間の境界壁その他の境界部分の上塗り部分ないし被覆部分は，専有部分に含まれると解すべきであるが，右部分の厚さは，通常，床面積の計算上，無視しても差し支えのない程度のものであり，かえって，右部分まで含めて床面積を算定することには技術的困難を伴うことを考えると，不動産登記において採用されている内法計算法は，区分所有建物の専有部分の床面積の算定方法として合理的なものということができる。

(4) 区分所有建物相互間の境界壁その他の境界部分はその上塗り部分ないし被覆部分を除き共用部分になると解すべきことは前示のとおりであり，区分所有建物の床面積を壁心計算法によって算定した場合には，本来，その専有部分に含まれない部分まで床面積として算入してしまうことになるから，法施行令26条1項2号の区分所有建物の床面積の算定方法として壁心計算法は採り得ないというべきである。また，原告らが，右床面積の算定を壁心計算法により行うべきであると主張する根拠については，次のとおり，いずれも理由がないものである。

　すなわち，原告らは，建築基準法上，区分所有建物の床面積は壁心計算法により計算されており（建築基準法施行令2条1項3号），床面積を表す場合には一棟の建物，区分所有建物を問わず壁心計算法によるのが一般の慣行である旨主張する。しかしながら，建築基準法及びその関係法規は，建築物の敷地，構造，設備及び用途に関して守られるべき最低の基準を定めるための法規であり，境界壁その他の境界部分の所有関

係など区分所有権の範囲を規律することを念頭においたものではないから、建築基準法施行令2条1項3号が床面積の算定方法として壁心計算法をとっているからといって、区分所有建物の専有部分の床面積の算定を壁心計算法により行うべきであるということはできない。また、前示のとおり、不動産登記上は、内法計算法により区分所有建物の床面積の算定が行われているのであって、この事実をみただけでも、建物の取引全般を通じて、床面積を表す場合に一棟の建物、区分所有建物を問わず壁心計算法によるのが一般の慣行になっているとは認め難い。

さらに、原告らは、内法計算法による床面積は、建物が完成後に初めて計算できるものであり、新築マンションの分譲が建物完成前に行われることから、床面積の計算を内法計算法により行うものとすると、購入時に当該区分所有建物が住宅取得控除の適用対象となるか否かが確定的に判断できないという不都合が生じる旨主張するが、マンションの完成前であっても、その設計図面等から内法計算法によるおおよその床面積を知ることは可能と認められるのであって、原告らの指摘する不都合は、法施行令26条1項2号の解釈、運用を考える上で特段の配慮を要すべきものとは認められない。

(5) 以上のとおり、内法計算法は、区分所有建物の専有部分の床面積の算定方法として合理的なものであり、不動産登記においても区分所有建物の床面積の算定方法として内法計算法が採用されていることにかんがみれば、課税実務において、法施行令26条1項2号の区分所有建物の床面積を内法計算法によって算定することとしているのは、右規定の解釈、運用として妥当なものというべきである。

2. 平成5年政令第87号（以下「本件改正令」という。）による居住用家屋の最低床面積に関する規定の改正の違憲性等について

(1) 租税は、国家の財政需要を充足するという本来の機能に加えて、所得の再分配、資源の適正配分、景気の調整等の諸機能をも有しており、国民の租税負担を定めるに当たっては、財政・経済・社会政策等の国政全般からの総合的な政策判断を必要とするばかりでなく、課税要件を定め

るについても極めて専門技術的な判断を必要とするものである。それゆえ，租税法の定立については，国家財政，社会経済，国民所得，国民生活等の実態についての正確な資料を基礎とする立法府の政策的，技術的な判断にゆだねざるを得ないものであり，住宅取得控除のような住宅取得者に対する税制上の優遇措置を設けるかどうか，設ける場合にその制度内容をどのようなものにするかについても，立法府は広範な裁量権を有しているというべきである。そして，法41条1項は，住宅取得控除の適用対象となる居住用家屋の要件の決定を政令に委任しているところ，右のような租税の機能及び性質にかんがみれば，法は，右居住用家屋の要件については，法による委任の趣旨に反しない範囲で，行政府が政策的，専門技術的な判断に基づき，その裁量によりこれを決定することを許容していると解するのが相当である。

　本件改正令は，法による委任に基づき行政府がその裁量に基づき制定したものであり，平成5年3月31日に公布され，同年4月1日から施行されたものであるが，同政令附則7条1項により，同政令による改正後の法施行令26条1項の規定は，居住者が右施行日以後に居住用家屋をその者の居住の用に供した場合について適用し，居住者が右施行日前に居住用家屋をその者の居住の用に供した場合については，従前の例によることとされているのであるから，本件改正令による居住用家屋の最低床面積に関する規定の改正が，その施行日よりも前に遡って当該法令の規定を適用する，いわゆる遡及立法でないことは明らかである。

　また，本件経過措置によれば，等しく平成5年3月31日以前に床面積が40平方メートル以上50平方メートル未満の居住用家屋について契約を締結しながら，引渡日ないし入居日の違いにより，右改正後の法施行令26条1項の規定の適用を受ける者と適用を受けない者とが生じるが，法令の改正に伴いその適用に関し右のような取扱い上の差異が生ずることはやむを得ないことであり，これをもって不合理な差別ということはできず，右改正規定の適用の時期に関する定めが憲法14条に違反するということは到底できない。

3. そうすると，本件改正令が施行された後に売買契約を締結した原告Aはもとより，平成5年3月31日までに売買契約を締結したが同年12月31日までに当該各建物を居住の用に供しなかった原告3名についても本件経過措置の適用はないことになるから，原告らが住宅取得控除の適用を受けるためには，その居住用家屋の床面積は50平方メートル以上であることを要するところ，本件各建物の登記簿に表示された内法計算法による専有部分の床面積は，いずれも50平方メートル未満であるから，被告が，本件各建物が住宅取得控除の適用対象とならないものと判断して行った本件各更正処分は適法というべきである。

【109】 横浜地裁 平成10年3月30日判決
(平成9年（行ウ）第11号・所得税更正処分等取消請求事件)

【当事者】
原告 ○○○○
被告 神奈川税務署長

【判示事項】
租税特別措置法（平成6年改正前）39条1項適用の可否等

【事案の概要と争点】
本件は，平成6年分の原告の所得税について，被告がした更正処分及び過少申告加算税の賦課決定処分の適否が争われた事案である。

主たる争点は，原告が相続した土地及び建物（以下，それぞれ「本件土地」，「本件建物」といい，これらを併せて「本件不動産」という。）の物納申請中に租税特別措置法（平成6年法律第22号による改正前のもの。以下「措置法」という。）39条1項（相続財産に係る譲渡所得の課税の特例。以下「本件特例」という。）の適用期限が経過し，その後，原告が，本件不動産が物納財産として収納不適当である旨の通知（以下「本件通知」という。）を受け，右物納申請を取り下げた上で本件不動産を譲渡した場合に，右特例が適用できるか否かにあった。

【判　旨】

本判決は，次のように判示して，原告の請求を棄却した。
1. 措置法39条1項の適用について

　措置法39条1項は，相続又は遺贈をした個人で当該相続又は遺贈につき相続税法の規定による相続税額があるものが，当該相続の開始があった日の翌日から，当該相続に係る同法27条1項の規定による申告書の提出期限の翌日以後2年を経過する日までの間に，当該相続税額に係る課税価格の計算の基礎に算入された資産を譲渡した場合において，譲渡所得に係る所得税法33条3項の規定の適用に関し，同項に規定する取得費は，当該取得費に相当する金額に当該相続税額のうち政令で定める金額を加算した金額とすると規定している。

　ところで，本件相続の開始があった日が平成2年11月3日であることは争いがないところ，弁論の全趣旨によれば，原告は，同日，相続の開始があったことを知ったと認められるから，本件相続に係る相続税の申告書の提出期限は，相続税法27条1項，通則法10条2項により，その翌日である同月4日から6か月後の平成3年5月7日となる。そして，原告が，平成5年12月13日，訴外F社との間で本件不動産の売買契約を締結し，平成6年1月17日，本件不動産をF社に引き渡したことは争いがないから，本件不動産の譲渡が，前記申告書の提出期限の翌日から2年を経過した後にされたことは明らかである。

　そうすると，本件について，措置法39条1項は適用されないことになるから，被告が本件譲渡所得の算定に当たり，本件土地に係る相続税額をその取得費に加算しなかったことは適法である。

　これに対し，原告は，被告から本件土地が収納不適当であるとの通知（本件通知）を受けた平成5年11月10日までの間は，物納の許可を受けることを期待していたから，それ以前に，本件土地を処分することは不可能であったとし，このように，原告の責に帰すべからざる事由により措置法39条1項の期間を徒過した場合には，右期間経過後もその適用を受けられると解するか，物納申請の許可を受ける見込みがなくなるまでは，右期間は進行しないと解すべきであるとする。

なるほど、本件通知が措置法39条1項所定の期間内にされていれば、原告は右期間内に本件土地を譲渡することにより、同項の適用を受ける余地があったことは否定し得ない。しかしながら、措置法は、本来課されるべき税額を政策的な見地から特に軽減するものであるから、租税負担公平の原則に照らし、その解釈は厳格にされるべきであり、殊に、期限という明確で形式的な基準をもって規定されている条項については、厳格な解釈が要請されるというべきである。したがって、みだりに実質的妥当性や個別事情を考慮してこれを拡張、類推解釈することは許されない。そして、措置法39条1項が、譲渡所得に係る課税の優遇措置が適用される期間を相続税の申告書の提出期限の翌日から2年以内と明確に限定しており、納税者が右期間を徒過した場合について、格別の救済措置を設けていないことからすれば、右期間について、例外的な扱いを認めることは予定されていないものと解すべきである。もっとも、前述のような経過によれば、確かに、原告が、右期間を徒過した後に本件不動産を処分するに至ったのには、無理もない事情があるといえ、同情すべき余地がある。しかし、元来、物納申請について定めた相続税法41条等と措置法39条1項の特例とは別個独立の規定・制度であり、前者の可否を決するまで、後者の適用の可否を待つべきことが、法律上、当然に予定されているとまではいえないし、右両者の関係について原告の主張するような「法の欠缺」があるともいえない。したがって、本件において、原告が右期間を徒過したことについて、原告を非難することは酷ではあるが、それ故に、直ちに、原告の責に帰することができない事由がある場合とまでいえるかは疑問であり、また、仮にそのようにいえるとしても、右のような事由を個別に考慮して右期間の制限の例外を認めることはできないというほかはない。

原告は、措置法39条1項が、適用期間を2年としたことに、それ自体根拠があるわけではなく、改正措置法もこれを3年に伸長していることからしても、右期間の制限を絶対的なものと解する必要はないとする。しかし、それは、右法の意義を無視するものであって、理由がないとい

うべきである。

　また，原告は，措置法施行令25条の15第2項1号ロが，取得費に加算する金額から物納した土地等及び物納申請中の土地等の価額を除外していることから，物納による譲渡所得の非課税措置を受けられない場合には，措置法39条1項により譲渡所得の優遇措置が受けられるものと解すべきであるとする。しかし，右施行令は，物納に係る土地等の相続税額については，当該物納に係る土地等の価額がその納付に充てられ，土地等の譲渡所得がその納付に充てられるものではないことから，当該物納に係る土地等の価額を取得費に加算する金額から除外したものと解される。したがって，右規定を根拠に，土地等の物納が認められない場合には，当該土地等の譲渡所得に係る税額につき措置法39条1項の優遇措置が受けられるものと解することはできない。原告の主張は理由がない。

2．本件通知の違法性について

　被告が，平成6年11月10日，原告に対し，本件土地は宅地化のために大規模補修工事を要し，維持管理に多額の工事費が見込まれることなどを理由に収納不適当とする本件通知をしたこと，これに対し，原告が，同年11月17日，本件物納申請を取り下げたことは，いずれも争いがなく，したがって，本件通知をもって，右申請に対する却下決定であるということはできない。そして，証拠によれば，原告は，本件通知後間がない平成6年12月10日，本件土地を相続税額を上回る5600万円でF社に売却したこと，本件土地は，平成6年7月27日，二筆に分筆され，それぞれ訴外人に譲渡され，平成9年現在，宅地として利用されていることが認められる。

　右によれば，被告による本件通知の理由には，問題の余地があると考えられるが，これらの事実から，被告が，物納申請許否の要件に関し，右理由により本件土地を収納不適当と判断したことが，直ちに誤りであるとまでは断定しえない。原告は，国有地の売却が凍結され，本件土地を取得しても，これを処分する見込みがないことから，被告がことさら収納不適当としたとも主張するが，これを認めるに足りる証拠はない。

また，仮に被告の右判断に誤りがあったとしても，相続税法41条等の物納の許否と，本件更正処分等が措置法39条1項等の規定に照らし適法といえるかどうかは別個に判断されるべきものであり，前者の判断に誤りがあったとしても，そのことが，直ちに後者の違法をきたすものとはいえない。

　また，原告は，税務署長は措置法39条1項所定の期間内に，物納の適否についての結論ないしその検討状況等を納税者に通知すべきであり，被告は右措置を怠った違法がある等主張する。一般的には，税務署長は，税務行政として，物納申請に対して，合理的な期間内に結論を出すべきであるといえ，また，措置法39条1項の特例の適用については，期間の制限があるのであるから，この点を念頭において，物納申請に対し応答等をするのが望ましいといえる。そして，本件において，原告が右のような点について被告に期待していたとすれば，それは心情的には無理からぬところがあるといえる。しかし，前述のように，両者は，法律的には別個独立の規定であり，これらが原告主張のように関連することが法律上予定されているとはいえないと解される。

3. 改正措置法附則の違憲性について

　ところで，租税法の定立については，国家財政，社会経済，国民所得，国民の生活等の状況に関する専門的技術的判断を要するから，その当否は，立法府の政策的，技術的判断にゆだねられ，立法目的が正当で，その達成手段が明らかに不合理であるといえない場合には，にわかにこれが違憲であるということはできないと解される。

　そして，弁論の全趣旨によれば，改正措置法39条1項は，物納申請の急増等に対応するために改正されたものと認められ，右のような状況は，平成5年ころから生じていたものと推認される。しかし，このような場合に，改正法をいつの時点から適用するかは，優れて立法政策の問題といわざるを得ず，平成6年1月1日以後に相続の開始及び資産の譲渡があった場合に改正措置法39条1項の適用があるとしたことは，それなりの理由があるものといえ，それが，明らかに不合理であるとまではいえ

ない。したがって，右時点を境に，同項の適用が分かれることになるのはやむを得ないというべきである。
4. 本件更正処分等の根拠について

　　以上のとおり，本件について措置法ないし改正措置法39条1項の適用はないから，被告が本件譲渡所得の算定に当たり，本件土地に係る相続税額を取得費に加算しなかったことは適法である。

　　そうすると，本件土地及び建物の取得費の算定は，措置法，所得税法等の規定に従い適法にされたもので，本件譲渡所得及びこれに対する税額の算定も被告の主張のとおり適法にされたものといえるから，本件更正処分及び本件賦課決定は適法である。

5. 本件更正処分等の違憲性について

　　原告が問題とする税額のうち，原告が本件土地に係る相続税額であると主張するものは，本件の相続税額の総額で，本件土地に係る税額以外の税額も含むものであり，利子税は，法定納期限後の利息に相当する利子税額であって，本件譲渡所得に係る税額ではなく，原告が分離長期譲渡所得税額であると主張する税額は，総所得金額に対する税額で，本件譲渡所得に係る税額以外の税額も含むものであり，過少申告加算税も，本件譲渡所得それ自体について課されたものといえないことは明らかである。このように，原告は，本件譲渡所得に係る税額以外の税額をも一括した金額が，右譲渡所得を上回るとして，本件更正処分等が違憲であるとしているのであるから，その主張自体その前提を欠き，失当というべきである。

【110】　最　高　裁　平成10年7月3日第二小法廷判決
　　　　（平成8年（行ツ）第200号・所得税更正処分取消請求事件）
【当事者】
　　上　告　人　〇〇〇〇
　　被上告人　上京税務署長
【判示事項】

土地譲渡所得についての租税特別措置法（昭和50年改正前）33条の適用の可否

【事案の概要と争点】

本件は，年報8号整理番号【100】の上告審である。

【判　旨】

本判決は，原審（大阪高裁平成8年5月24日判決・年報8号 365ページ，一審京都地裁平成5年10月29日判決・年報5号 326ページ）の判断を是認し，上告を棄却した。

【111】　名古屋地裁　平成10年9月7日判決
（平成10年（行ウ）第3号・更正処分等取消等請求事件）

【当事者】

原告　○○○○

被告　刈谷税務署長

【判示事項】

租税特別措置法（平成6年改正前）39条1項適用の当否

【事案の概要と争点】

本件は，原告の平成7年分の所得税について，被告がした更正処分等の適否が争われた事案である。

主たる争点は，租税特別措置法（平成6年法律第22号による改正前のもの。以下「措置法」という。）39条1項（相続財産に係る譲渡所得の課税の特例。以下「本件特例」という。）の適用の可否にあった。

【判旨】

本判決は，次のように判示して，原告の請求を棄却した。

1. 措置法39条1項は，相続の開始があった日の翌日から，その相続税の申告書の提出期限の翌日以後2年を経過する日までの間に，その相続税に係る課税価格の計算の基礎に算入された資産を譲渡した場合に，相続税額のうちその資産の価額に対応する部分の金額を取得費の額に加算する旨規定する特例措置であるところ，被相続人Aは，平成3年3月1日

に死亡し，同人の遺産に係る相続税の法定申告期限は平成3年9月2日であるから（平成4年法律16号改正前の相続税法27条1項），本件ゴルフ会員権を平成7年6月15日に譲渡した本件譲渡に関して，本件特例を適用する余地はない。

　原告は，措置法39条1項の本件特例の2年間内である平成4年9月28日ころから本件ゴルフ会員権売却のために買受人を探し始めたが，バブル崩壊後，売買価格下落傾向という特段の状況下において売却できなかった特別な事由があるので，本件特例の適用を認めるべきであると主張する。

　しかし，所得税法にいう譲渡取得とは，資産の譲渡による所得をいい（所得税法33条1項），譲渡所得の金額は，当該年中の当該所得に係る総収入金額から当該所得の基因となった資産の取得費及びその資産の譲渡に要した費用の額の合計額を控除し，その残額の合計額から譲渡所得の特別控除額を控除した金額をいうところ（同条3項），譲渡所得の金額の計算上控除する資産の取得費は，別段の定めがあるものを除き，その資産の取得に要した金額並びに設備費及び改良費の額の合計額であるとされている（同法38条1項）。措置法39条1項は，右所得税法38条1項の特則として，相続により取得した資産を譲渡した場合における所得税の譲渡所得の取得費について，本来，取得費とならない相続税負担部分を一定の期間に限定して取得費と認める特別の措置であり，行政法規であることも考慮すると，このような規定に該当しない場合にその例外を拡張することには慎重であるべきである。原告は，本件ゴルフ会員権が売却できなかった特別の事情があるというが，売却することが社会通念上不可能ともいえず，右原告の主張する事情のみで措置法39条1項を類推ないし準用することはできないものといわざるを得ない。

2.　原告は，本件ゴルフ会員権の相続税評価額を9500万円として算出した相続税額と相続税評価額を3億円として算出した相続税額6236万2300円との差額分を本件ゴルフ会員権の取得費としなかった違法があると主張する。

しかし，譲渡所得の金額の計算上控除する資産の取得費は，前記のように所得税法38条1項により規定されており，別段の定めは措置法39条1項以外には認められないから，その原告の主張はこれを裏付ける法令上の根拠を欠くから，失当である。

なお，原告は，本件ゴルフ会員権の価値が急激に下落したこと及び相続時から譲渡時までの評価損分を既に負担し譲渡益がないことを根拠としている。

しかし，所得税法が定める譲渡所得に対する課税は，資産を保有する者がこれを譲渡する場合，その資産の保有者の手を離れるのを機会に，その保有期間中のキャピタルゲイン（資産価値の値上り益）について所得の実現があったとして課税するものであり，他方，相続税は，自然人の死亡による相続，遺贈等に着目して，財産の無償取得に対して課税するものであるから，課税対象も，課税時期も，課税標準及び税率等異なる別の租税である。したがって，譲渡所得の課税の際には，譲渡の時点における総収入額から取得費の額を控除すれば足りるのであり，相続時における資産の評価額を考慮する必要はない。よって，原告の主張する根拠は理由がない。

3. また，原告は，所得税法60条1項は，本件におけるような相続税の申告単価よりも著しく低い価額で譲渡された場合を含まない趣旨であるのに，この適用をした本件処分は違法であると主張する。

しかし，所得税法60条1項は，居住者が贈与，相続等により取得した資産を譲渡した場合における事業所得の金額，譲渡所得の金額等の計算については，その者が引き続きこれを所有していたものとみなすという規定であり，受贈者や相続人に前所有者のキャピタルゲインに対する課税を引き継がせるため，資産の取得価額を引き継ぐこととし，さらに，その場合には，その資産について受贈者，相続人等が前所有者の取得時期も引継ぎ，その結果，長期保有資産と短期保有資産の判断も，前所有者の保有期間と通算して行われることを定める趣旨の規定である。この規定は，明文上，相続税の申告単価よりも著しく低額で譲渡した場合を

含まないとするとはしていない。

　また，2で述べたとおり，所得税法が定める譲渡所得に対する課税と相続税は，課税対象も，課税時期も，課税標準及び税率等異なる別の租税である。

　相続税負担分が譲渡所得課税において考慮されないのは，相続税の対象となる財産はある一定の資産価値を有していることを前提とし，その資産価値に着目して相続税が課税されるものであって，相続税負担分は，資産価値そのものの増減に何らかの影響を与えるような性質のものではないからである。また，相続税を負担したことによりその財産を取得するのではなく，相続という事実により負担が生じるものであり，相続税を支払っても支払わなくてもその資産価値に何ら変動は生じないから，相続税負担分を，資産価値の値上がり益を実現するための経費である取得費とすることはできないのである。

　したがって，相続税負担分は，措置法39条1項のような別段の規定がない限り，譲渡所得課税において考慮されることがない性質のものであり，所得税法60条1項が相続税の申告単価よりも著しく低額で譲渡した場合を除外する根拠となり得ないものである。

4.　原告は，更に，所得税法60条1項が相続税の申告単価よりも著しく低い価額での譲渡の場合も含むとするならば，違憲であると主張する。

　しかし，2で記述したように，所得税と相続税は異なる趣旨で課税されるものであり，課税時期，課税対象が異なるものであるので，相続税で課税した後に譲渡があった場合に，その譲渡価額が相続税の申告単価よりも著しく低い価額であったとしても，同条項を適用することに合理性が認められ，違憲であると評価することはできない。

【112】　東京高裁　平成10年9月17日判決
　　　（平成10年（行コ）第78号・所得税更正処分等取消請求控訴事件）
【当事者】
　　控訴人（原告）　　○○○○

被控訴人（被告）　神奈川税務署長
【判示事項】
租税特別措置法（平成6年改正前）39条1項適用の可否等
【事案の概要と争点】
本件は，整理番号【109】の控訴審である。
【判　旨】
本判決は，控訴人の請求を棄却した原審（横浜地裁平成10年3月30日判決・本書292ページ）と同旨の判示をして，控訴を棄却した。

【113】　東京高裁　平成10年10月22日判決
　　　（平成10年（行コ）第60号・所得税更正処分取消請求控訴事件）
【当事者】
　　控訴人（原告）　　○○○○ほか3名
　　被控訴人（被告）　蒲田税務署長
【判示事項】
租税特別措置法（平成7年改正前）41条適用の可否
【事案の概要と争点】
本件は，整理番号【108】の控訴審である。
【判　旨】
本判決は，控訴人らの請求を棄却した原審（東京地裁平成10年2月26日判決・本書287ページ）の判断を維持し，控訴を棄却した。

ケ　一時所得　※

コ　雑所得
　【96】　神戸地裁　平成10年3月25日判決（244ページ参照）

(7) 必要経費通則
ア　一般〜範囲（経費性の認定），金額の認定，時期

【125】 岐阜地裁 平成10年3月18日判決 （ 332ページ参照）
【5】 東京高裁 平成10年4月14日判決 （ 12ページ参照）

【114】 大阪高裁 平成10年1月30日判決
（平成9年（行コ）第6号・更正処分等取消請求控訴事件）
【当事者】
　控訴人（原告）　　○○○○
　被控訴人（被告）　西宮税務署長
【判示事項】
　不動産取得税及び登録免許税の必要経費算入の可否
【事案の概要と争点】
　本件は，年報9号整理番号【119】の控訴審である。
【判　旨】
　本判決は，控訴人の請求を棄却した原審（神戸地裁平成9年2月17日判決・年報9号 381ページ）の理由説示を次のとおり一部付加，訂正したほか，これを引用し，控訴を棄却した。
1. 所得税法においては，ある支出が必要経費として控除され得るためには，それが客観的にみて事業活動と直接の関連をもち，事業の遂行上直接必要な費用でなければならないというべきである。
　事実によれば，本件費用は，控訴人が実父Aから本件土地の贈与を受けたことに伴い生じた費用ということができる。そして，贈与は，財産の移転自体を目的とする無償行為であるから，贈与によって資産を取得する行為そのものは，所得を得るための収益活動とみることはできないというべきである。控訴人が本件土地の贈与を受けたことが，不動産賃貸事業の用に供する目的であり，その後同事業の用に供されたからといって，贈与によって本件土地を取得した行為そのものの性格に変化はなく，収益活動となるものということはできない。
　したがって，本件費用は，不動産所得の計算上必要経費には含まれないものというべきである。

2. 控訴人は，Aが本件土地を控訴人の営む不動産賃貸業に供することを目的にして控訴人に対し贈与し，控訴人が受贈した本件土地を事業用資産として活用しているのであるから，控訴人にとっては，事業計画をもって事業用財産を購入するのと同じであると主張する。しかし，本件贈与の主たる目的はAから控訴人に対する相続財産の前渡であるというべきであるから，Aから控訴人に対する本件土地の贈与が賃貸人の地位の移転を伴い，控訴人が不動産賃貸業の事業主になることを予定されたとしても，本件贈与をもって売買その他対価による不動産の移転と同様に解することは相当でなく，むしろ本件贈与は，A所有の本件土地を対価の提供を伴わないで推定相続人である控訴人に移転させたという点において相続に類似するというべきである。そうだとすると，控訴人が本件土地に関して負担した登録免許税，不動産取得税は，所得税法45条1項1号所定の家事上の経費に該当し，同法施行令96条1，2号所定の業務の遂行上必要であった経費には該当しないと解するのが相当である。

控訴人は，贈与税の負担が約12億円と高額であるが，本件土地を会社に対し現物出資する方法や控訴人による買い取りの方法よりも全体としての税負担が低くなるので，Aから本件土地の贈与を受けることが事業の承継の最良の方法であったから前記登録免許税，不動産取得税は，必要経費に該当すると主張する。しかし，本件贈与は，Aの死亡によって控訴人その他の相続人が高額の相続税の負担を強いられるおそれがあるという状態にあったことを無視しては考えられないことであり，控訴人が約12億円の贈与税を負担しても事業の承継をする最良の方法であったと考えたとしても，相続財産の前渡を目的として行われ，相続に類似するものであり，控訴人が不動産賃貸業の事業主になることは副次的なことであるといわざるを得ないから，本件贈与に関する登録免許税，不動産取得税を不動産所得における業務の遂行上直接必要な経費と認めることはできないというべきである。

控訴人は，登録免許税，不動産取得税が必要経費に該当するか否かは，その取得した資産が業務用であるか，非業務用であるかによって区別さ

第3章　賦課実体関係　305

れていると主張する。しかし，これは，対価を支払って得た不動産の登録免許税，不動産取得税が経費となり得ることを前提にして，その適用範囲を業務用であるか，非業務用であるかによって区別しているものであるから，贈与の場合には妥当しないものというべきである。

　控訴人は，不動産賃貸業を始めた事業者が，売買その他対価を支出して土地を取得した場合にはその取得代金だけでなく取得にかかる登録免許税，不動産取得税の負担を必要経費として処理することが認められているのであるから，贈与によって取得した場合も事業の用に供したときは同様に必要経費として認められるべきであると主張する。しかし，先に述べたように，本件贈与は相続財産の前渡を目的として行われたものであるから，相続に類似しており，本件贈与に伴って控訴人が負担した登録免許税，不動産取得税を必要経費と認めることはできないのであり，取得した不動産を事業の用に供して収益を得たとしても，必要経費ということができないことは同様というべきである。

【115】最　高　裁　平成10年2月26日第一小法廷判決
　　　（平成9年（行ツ）第212号・課税処分取消請求上告事件）
【当事者】
　上告人（控訴人・原告）　　○○○○
　被上告人（被控訴人・被告）　宇部税務署長
【判示事項】
　支払報酬・給与の必要経費算入の可否，信義則あるいは禁反言違反の有無
【事案の概要と争点】
　本件は，年報9号整理番号【123】の上告審である。
【判　旨】
　本判決は，上告人の請求を棄却した原判決（広島高裁平成9年7月18日判決・年報9号390ページ，一審山口地裁平成7年6月27日判決・年報7号473ページ）の判断を是認し，上告を棄却した。

【116】 東京高裁 平成10年4月27日判決

（平成9年（行コ）第124号・所得税更正処分取消請求控訴事件）

【当事者】
控　訴　人（原告）　○○○○

被控訴人（被告）　四谷税務署長

【判示事項】
所得税法27条1項の事業該当性

【事案の概要と争点】
本件は，年報9号整理番号【101】の控訴審である。

【判　旨】
本判決は，控訴人の請求を棄却した原審（東京地裁平成9年8月14日判決・年報9号309ページ）の判断を維持し，控訴を棄却した。

【117】 大阪高裁 平成10年7月31日判決

（平成9年（行コ）第55号所得税更正処分取消請求控訴事件）

【当事者】
控　訴　人（原告）　○○○○

被控訴人（被告）　枚方税務署長

【判示事項】
老人福祉法5条の3に規定する特別養護老人ホームに係る同法28条1項に規定する措置費徴収金を所得税法73条に基づき医療費控除することの可否

【事案の概要と争点】
本件は，年報9号整理番号【125】の控訴審である。

【判　旨】
本判決は，控訴人の控訴審での新たな主張について次のとおり判示したほかは，控訴人の訴えを一部却下し，その余の請求を棄却した原審（大阪地裁平成9年10月31日判決・年報9号392ページ）を維持し，控訴を棄却した。

1. 控訴人は，自ら申告した申告に対して更正の請求もせず，申告の無効等の主張もしないから，右申告納税額を超えない部分の取消しを求める部分は，訴えの利益を欠き不適法である。
2. 本件措置費徴収金が所得税法73条所定の医療費控除の対象となるか否かについて
(1) 所得税法の規定

所得税法73条2項は，医療費控除の対象となる医療費とは，次の医療の対価（以下「医療の対価」という。）のうち，通常必要であると認められるもので政令で定めるものをいうと規定している。

① 医師又は歯科医師による診療又は治療。
② 治療又は療養に必要な医薬品の購入。
③ その他医療又はこれに関連する人的役務の提供。

つまり，実質的にみて医療費に当たるものであれば，すべて医療費控除の対象となるものではなく，医療の対価と評価できるものでなければ，医療費控除の対象とはならない。

(2) 特別養護老人ホームの措置費徴収金

(一) 本件措置費徴収金の性格

特別養護老人ホームは，家庭での介護が困難なため，生活の場を必要とする寝たきり老人等を養護することを目的とした施設である（老人福祉法〔以下「福祉法」という。〕20条の5，11条1項2号）。特別養護老人ホームは老人福祉施設であり，病院又は診療所ではなく，家族に代わって老人の日常生活の世話をする場所である。

特別養護老人ホームに老人の入所を委託した市町村は，その措置に要する費用（以下「措置費」という。）を特別養護老人ホームに支弁しなければならない（福祉法21条2号）。措置費は，「老人保護措置費の国庫負担について」（厚生省事務次官通知，昭和47年6月1日，厚生省社第451号）が定める算定基準により算定される。この算定基準によると，事務費，生活費，移送費及び葬祭費を費用項目としている。

これによって算定された措置費は，当該措置に係る者（以下「被措置

者」という。）又はその扶養義務者から，その負担能力に応じて，その全部又は一部を徴収（以下「措置費徴収金」という。）できる（福祉法28条1項）。

(二) 本件措置費徴収金の医療費該当性

措置費徴収金は，次のとおり福祉法に基づく特別徴収金であり，医療費との関連性が不明確で，その全額が医療の対価として支払われたものとはいえない。

ア 措置費徴収金は，原則として月22万円（平成4年12月31日現在）を上限に，被措置者にかかる措置費を限度に，被措置者又はその扶養義務者から徴収するものである。

イ 措置費は事務費（事務費中には医師人件費の費目がある），生活費，移送費，葬祭費からなるが，措置費徴収金のうちどの部分が医療費に当たるものかは区分されておらず，全く不明確である。

ウ 特別養護老人ホームの医務室での診療は，被措置者（入所者）が措置費徴収金とは別個に医療費（自己負担金）を支払うことになっている。

エ 措置費徴収金の負担については，被措置者については収入により，被措置者の扶養義務者については税額等により，それぞれ定められた階層区分による基準が設けられている。

このように，措置費徴収金の負担については，応益原則ではなく応能原則がとられており，被措置者又はその扶養義務者から，その負担能力に応じて，当該措置に要する費用を徴収するものとされている。

オ 措置費徴収金の徴収対象者に，扶養義務者という直接の受益者以外の者が含まれている。措置費徴収金は，被措置者が特別養護老人ホームの使用の対価として支払うものではなく，被措置者の扶養義務者も，扶養義務の一環として徴収されるものと位置付けられている。

カ 以上に基づき，検討しても，措置費徴収金は，所得税法73条2項所定の医療費に当たらないと考える。その理由は，以下のとおりである。

所得税法73条2項の医療費は，前示のとおり，医師又は歯科医師による診療又は治療の対価，治療又は療養に必要な医薬品の購入の対価，そ

の他医療又はこれに関連する人的役務の提供の対価である。

　ところが，措置費徴収金中にこれらの医療費が含まれているとしても，それがどの部分かについてはその区分が明確でなく，医療費以外の費目と混然となっており，医療費のみを取り出すことができない。

　そうすると，医療費外の費目の混在する措置費徴収金全体を，医療費の対価ということはできない。このように，措置費徴収金は，後に検討する老人保健施設利用料のように，医療費に当たるものと，それ以外のものを区分する仕組みになっていない。

キ　なお，応能負担や扶養義務者の負担は，直接，医療費の対価性を否定する根拠とならないが，これも医療費とそれ以外の費用との区分を不明確にするものとなっている。

　すなわち，措置費徴収金中に含まれる医療費を限度として応能負担したとしても，それは健康保険の患者一部負担金と同様に，医療費と考えてよいであろう。また，扶養義務者の措置費徴収金の負担は，被措置者（被扶養者）の措置費徴収金の不足分の負担であり，扶養義務者が扶養家族の医療費を負担した場合に準じて，医療費控除の対象となりうると考える余地がある。

　もっとも，この応能負担，扶養義務者負担により，他の要素が混入し，ますます医療費とそれ以外の負担分との区分が不明瞭となってくることは否めない。

(3)　老人保健施設の利用料

㈠　老人保健福祉施設は，老人保健法46条の17第1項の規定により，所得税法73条2項，同法施行令207条3号所定の「病院，診療所」に該当する。

㈡　老人保健施設の利用料は，特別養護老人ホームの措置費徴収金と比較した場合，次のような特色がある。

ア　市町村が支弁する必要（措置費など）を介することなく，直接，老人保健施設と利用者との間で，サービスとその対価が授受される。

イ　老人保健施設が利用者から徴収する費用は，サービスに要した実費で

あり，収入による負担区分等がなく，応能原則がとられていない。
　ウ　老人保健施設利用料の直接の負担者は入所者であり，扶養義務者が老人保健施設に対し，利用料の支払義務を直接負うものではない。
　エ　医療費の対象となる食費，特別室料，おむつ代，理美容代，日常生活費は，直接入所者が利用料を支払う。その余の費用は市町村長が支払う。
　㈢　以上によると，老人保健施設の利用料のうち，一定範囲のものについては，所得税法73条2項所定の医療の対価に該当する。

　　そこで，老人保健施設の利用料のうち一定範囲のものについては，税務当局側でも，医療費控除の対象となることを認めている。

(4)　まとめ

　　実質的にみて医療費に当たるものであれば，すべて医療費控除の対象となるのではなく，所得税法73条2項所定の医療の対価でなければ，医療費控除の対象とはならない。

　　そして，特別養護老人ホーム入所に伴う措置費徴収金は，同条項所定の医療の対価に該当しないので，医療費控除の対象とはならない。

　　一方，老人保健施設の利用料のうち一定範囲のものについては，同条項所定の医療の対価に該当するもので，医療費控除の対象となる。

　　したがって，老人保健施設の利用料のうち一定範囲のものが医療費控除の対象となるのに，特別養護老人ホーム入所に伴う措置費徴収金が医療費控除の対象にならないことは，同条項に従った適法な取扱いであって，これに違法性はない。

3.　憲法14条違反との主張について

(1)　所得税法等の適用に関する憲法14条違反

　　医療費控除の対象となるか否かは，あくまでも，医療費控除の要件を定めた所得税法73条所定の医療費，すなわち，医療の対価に該当するか否かによる。

　　そして，前示のとおり，老人保健施設の利用料のうち一定範囲のものは，医療の対価に該当するが，特別養護老人ホーム入所に伴う措置費徴収金は，医療の対価に該当しない。

したがって，老人保健施設の利用料のうち一定範囲のものが医療費控除の対象となり，特別養護老人ホーム入所に伴う措置費徴収金が医療費控除の対象にならないのは，それが所得税法73条が定める医療費に該当するか否かにより生ずる差異であって，その間に不合理な差別はなく，憲法14条違反にはならない。

(2) 所得税法等の規定の憲法14条違反

㈠ 所得税の課税に当たって法定の各種所得控除を認めることは，所得税の公平な負担という観点から必要なことがらである。

しかし，所得控除の対象となる費目の設定や，その費目対象を明確にするための要件の定め方は，立法府のすぐれて政策的・技術的な裁量的判断を伴うものである。

㈡ 医療費控除についても，前示のとおり，立法府が定めた所得税法73条を抜きにして，およそ一般的に認められるものではない。

控訴人は，自己が負担した措置費徴収金についても，医療費控除をすべきであるとして本訴を提起しながら，自ら医療費控除の根拠規定（所得税法73条）を違憲・無効と主張しても，かえって，医療費控除の根拠を失うだけであって，何らの利益ももたらさない。

したがって，控訴人は，この点につき憲法上の争点を提起する利益ないし適格がなく，その適憲性いかんにより判決の結論に影響を及ぼすものではないから，その余の判断をするまでもなく，控訴人の違憲の主張は理由がない。

㈢ なお，医療費控除を認めるに当たり，いかなる範囲の医療費について医療費控除を認めるかは，その立法目的が正当なものであり，かつ，当該立法において具体的に採用された医療費控除の範囲の限定が，右目的との関連で著しく不合理であることが明らかでない限り，その合理性を否定することができず，これを憲法14条に違反するものということはできない（最判〔大法廷〕昭和60・3・27民集39巻2号247ページ参照）。

そして，医療費控除を定める所得税法73条は，経済的差別を定めたものではなく，医療費の特別支出による担税力の減少を考慮し，医療費負

担者の納税額を軽減しようとするものであって，立法目的は正当なものである（最判昭和53・10・26訴務月報25巻2号 524ページ参照）。

　　所得税法73条は，医療費控除の対象を医療の対価に該当する医療費に限定しているが，その限定の仕方が，その目的との関連で著しく不合理であるとはいえない。したがって，同条が憲法14条に違反するものとはいえない。
 4.　納税者は，医療費控除の確定申告をしない場合でも，更正の請求又は増額更正処分を争う場合において，これを立証し，その控除を受けることができるか。

　　本件では　控訴人が医療費（患者一部負担金）を負担したことの立証がない。

(1)　昭和42年分までの所得税

(一)　昭和42年分までの昭和43年改正前の所得税法88条2項は，医療費控除の適用要件について，次のような規定を設けていた。

　　「医療費控除……に関する規定は，確定申告書にその控除を受ける金額その他その控除に関する事項を記載し，かつ，医療費の領収を証する書類を当該申告書に添付し又は当該申告書の提出の際提示した場合に限り，適用する」。

(二)　昭和42年分までの所得税は，確定申告書に医療費控除に関して記載等がない場合には，原則として医療費控除の適用が受けられないことになっていた。しかし，医療費控除の性格ないしは納税者の手数を考慮した場合に，このような要件を課することは厳格に過ぎるきらいがあった。

(2)　昭和43年分以降の所得税

(一)　そこで，昭和43年の所得税法の改正により，医療費控除の適用要件を定めた前示88条2項が削除され，同年分の所得税についてはその適用がなくなった。本件係争年度である平成4年の所得税も，この点に変わりはない。

(二)　このように，昭和43年分以降の所得税は，医療費控除について，確定申告書への記載等の適用要件がはずされている。したがって，確定申告

書に医療費控除に関する記載等をしないで提出した場合や，確定申告書を提出しないで決定を受けた場合にも，納税者がその事実を立証した場合には，医療費控除が受けられる。

(三) もっとも，医療費控除の申告要件が廃止されたからといって，確定申告書の所得控除に関する事項の記載が省略されたわけではない。確定申告書には，従来と同様に，医療費控除に関する事項を記載し（所得税法120条1項1号），また，所定の書類を添付又は提示しなければならない（所得税法120条3項1号，同施行令262条1項2号）。

しかし，納税者がこれを欠く確定申告書を提出した場合であっても，納税者が所定期間内に更正の請求（国税通則法23条）をする場合や，納税者が税務署側からの増額更正処分を争う場合において，医療費控除を何らかの方法で立証して，所得控除を受けることができるのである。

(4) 本件では，控訴人が医療費（患者一部負担金）を負担したことの立証がなく，控訴人主張の患者一部負担金の支払が認められないから，これが医療費控除の対象とならないことはいうまでもない。

【118】 和歌山地裁　平成10年9月30日判決
（平成7年（行ウ）第4号・所得税更正処分等取消請求事件）

【当事者】

原告　○○○○

被告　和歌山税務署長

【判示事項】

横領の成否，第三者の仮装・隠ぺいによる重加算税賦課処分の適否，延滞税の期間計算の特例適用の可否

【事案の概要と争点】

本件は，農業を営む原告の平成3年分の所得税について，被告がした更正処分等の適否が争われた事案である。

主たる争点は雑損控除の対象たる横領の成否，第三者による仮装・隠ぺいにより重加算税を賦課することの適否，延滞税の額の計算の基礎となる

期間の特例適用の可否にあった。

【判　旨】

本判決は，次のように判示して，原告の請求を棄却した。
1. 雑損控除の対象たる横領の成否について
(1) 本件特約の趣旨について

　　本件特約は，本件売買についての適正な所得税及び県市民税相当額を十分賄える3億2000万円を納税資金としてAが預かるのにもかかわらず，右預り金に不足が生じた場合はW開発の負担において処理する旨合意されており，この事実と証拠によれば，Bは，既にこの時には脱税をして租税負担を圧縮するつもりであり，Aも，これを認識しており，本件特約の念書は，確定申告が更正処分を受けることになった場合に付加税等の追徴もW開発に負担してもらう内心の意図もあって，Aが準備したものであることが認められる。

　　他方，証拠によれば，本件特約は，原告が，以前に所有土地を売却した際納税手続を委託した仲介人が租税を納付しなかったトラブルがあったことから，本件売買についても納税手続に不安を持っており，そのため本件売買が不成立に終わることを恐れたAにおいて，その主たる目的は，原告に納税手続について心配する必要がないと納得させるために，準備したものであり，Aは，同様の恐れから，原告に対して，本件売買契約締結までには，W開発が同和団体を通じて納税手続きをすることを知らせていないことが認められる。

　　したがって，Bにおいては，本件特約時に脱税することを前提としており，Aにおいてもこれを認識していたのであるが，本件特約がその情を知らない原告との間で納税手続が問題なく行われると信じさせるために締結されたことに，納税資金としてAが預かる金額は，適正な所得税及び県市民税相当額であることや，納税手続を委託する場合には適法な納税手続を委託することが当然であることを併せ考慮すると，本件特約は，原告がW開発に対し適法な納税手続をすることを委託したものと認められ，それ以上に，本件特約がW開発が脱税することを前提とした上

で，Bらに3億2000万円のうち納税資金として使用した残金はBらが自由に費消して良いという内容の特約であったとはいえない。
(2) Bらの横領の成否について

　原告が，平成3年11月29日，W開発との間で，Aの手配によって，本件売買にかかる所得税及び県市民税の納税手続を適正に行う旨の本件特約を締結し，Aが納税のため必要となるまで納税資金3億2000万円を預かっておくこととして，同日小切手で受領した本件売買代金残金9億2000万円から右金員に相当する小切手をAに交付した事実や証拠によれば，原告は，本件特約及び納税資金の管理についての合意に基づき，Aが納税まで右納税資金を保管し，W開発において納税手続は適正に行われるであろうと信頼していたものと認められる。他方，Bは，既に同年9月末の時点で，本件売買代金が予定以上に高額になったことから，脱税によって納税費用を圧縮する意思を持っており，原告から交付される3億2000万円の相当部分を他に流用する意思があったし，3億2000万円の納税資金のうち1億6000万円については，既に同年10月上旬には，Aが受領した直後に，資金繰りに流用するため交付を受けることをAと約していた事実や証拠によれば，本件特約締結当時において，Bには，本件特約等を履行する意思はなかったものと認められる。他方，Aは，同年9月末の時点で，Bから団体を通じて納税手続をする旨を告げられており，額までは知らなかったにせよBが脱税をしようとしていることを認識していたし，既に同年10月上旬には，Bとの間で，前記の通り1億6000万円を受領直後にBに交付することを承諾している。以上によれば，Bは，本件特約に従って，3億2000万円を正規の租税ないし納税費用に必要な支出をする意思もないのに，これあるように装って，原告との間で本件特約を締結し，一部情を知っているが巨額の脱税を予定しているとまでは知らないAに右金員を交付させ，更に，平成3年12月3日1億6000万円を，平成4年3月10日ころ1億6000万円をそれぞれAから交付を受けたものである。

　したがって，Aが右金員を受領した時には既に，BにおいてゆくゆくC

はその金員をAから交付を受け、本件特約外の用途に費消する意思すなわち不法領得の意思を有していたのであるから、右各金員の占有の始めから自己のものとする意思であり、右各金員は委託信任関係に基づくBの占有にあるものではない。よって、Bの行為は、詐欺に該当することは格別、横領に該当するものではないと言うべきである。

よって、争点1については、その余の点について判断するまでもなく、原告の主張は理由がない。

2. 原告の修正申告に重加算税を賦課することの適否
(1) Bらの隠ぺい又は仮装について

Bらは、認定事実のとおり不正な確定申告をしており、確定申告書及びお尋ね兼計算書のこれらの虚偽の売買代金及び必要経費の記載は、仮装に該当する。

(2) 原告にBらの隠ぺい又は仮装について認識があったかどうかについて

被告、原告は、和歌山税務署に提出する前の申告書を見ているし、Aから同和団体を通じて申告することを聞いているから、Bらの隠ぺい又は仮装について認識があったと主張し、証拠によれば、原告が、平成5年10月28日、検察官による取調べにおいて、Aの事務所において、長期譲渡所得を3億円足らず、所得税額を約6800万円と記入した確定申告書を見た上で、Aから同和団体を使って申告するので低額である旨説明を受け、所得税を脱税することになることは分かっていたが、右確定申告書に押印した旨を供述していること、及び、Aが、同月28日及び同年12月8日の検察官による取調べ並びに同年11月25日の大阪国税局収税官吏の質問調査において、それぞれ、原告に対し申告はW開発により同和の団体を通じてしてもらうことになっていると告げていた旨供述していることが認められる。しかし、証拠によれば、原告は、同年12月8日、大阪国税局収税官吏の質問調査において、前記検察官の取り調べの際初めて確定申告書を見たのであり、確定申告書の住所氏名の記載及び押印も原告によるものではなく、印影は原告が例年使用していた印鑑によるものとは異なる旨供述していること、同月14日、検察官による取調におい

第 3 章　賦課実体関係　317

て，確定申告書は見たことがなく，署名押印もしていない，平成 5 年になって，AからW開発が同和を使って申告したと聞いた旨供述していること，平成 3 年度の原告の確定申告書の原告名義の記名押印が，原告の署名並びに平成 3 年度の修正申告書，検察官作成の調書及び大阪国税局収税官吏作成の質問てん末書に押印されている原告の印影と異なることが認められる。以上によれば，原告の平成 5 年10月28日の前記供述は，確定申告書には原告が日常使用している印鑑とは異なる印章が押捺されていること並びに原告がその他の検察官又は大阪国税局収税官吏の取調べ及び当裁判所においても一貫して確定申告書は見たことがないと供述していることに照らすと，採用できず，他に原告が金額の記入された確定申告書を見たことやその他確定申告の内容を知っていたと認めるに足りる証拠はない。

(3) 原告に申告代行者（Bら）の選任監督について注意義務があるか及び右注意義務違反があるかどうかについて

　原告は，W開発との間で，本件特約を結んだ上，正しい納税額を上回る資金 3 億2000万円をBらに交付，委託しており，この後は原告はむしろ正しい納税額を上回る金員を納税用として委託したのであるから，Bらに対する監視監督義務はないと主張する。しかし，重加算税は，納税義務違反の発生を防止し，徴税の実を挙げるため違反者に対して課される行政上の措置であり，代理人等の第三者を利用することによって利益を享受する者は，それによる不利益をも甘受すべきであるとの原則が適用されるというべきであるから，第三者に納税資金を預託して申告手続を委ねた場合には，その受任者において，国税の課税標準等又は税額等の計算の基礎となるべき事実の全部又は一部の隠ぺい又は仮装が行われた以上，その受任者及び復代理人ないし履行補助者の行為を含めて，その選任及び監督について納税者に過失がないと認められる場合を除き，重加算税の賦課要件を充足するものというべきであり，単に第三者との間でその一切の責任において申告納税する旨合意し，税理士を通じて納税に十分な額の金員を交付したからといって，右選任，監督の義務が消

滅すると解すべきではなく，一切の事情を考慮して，右義務違反となる過失の存否を検討すべきである。

　証拠によれば，原告は，本件売買については，仲介人が，売主の手取りを基に税金や仲介人の手数料等の費用は，買主の責任において行わせる「何にも知らず」という売買方式である意識であり，原告の手取り7億円をもらえばそれでよいと思っており，各種の手続は全てAに任せており，後のことは特に関心がなかったこと，本件特約について念書を交わしているが，これもAに言われて署名したものであり内容もあまり理解していないこと，平成3年11月29日に売買代金の決算が行われて納税資金3億2000万円がAに交付された後は右資金がいつどのように交付されたのかAやW開発に報告を求めていないし，報告を受けてもいないこと，例年は，Aからその年の確定申告書について説明を受けた上で，原告自身が右申告書に押印していたのに，平成3年度分については，Aの事務所に領収証等を持参したのみで確定申告書を確認の上押印することをしなかったこと，納税資金として3億2000万円を用意していることはAから聞くなどして知っていたのにこれより著しく低額の納税通知書を受領しながら，Aに対し，分割かなと確認したのみで，Aから明確な返答を得ることなく，確定申告の内容を確認することもなかったこと，所得税は原告の妻が管理する通帳からの引き落としとなっており，その通帳を確認すれば，以後引き落としはなく分割納付になっていないことが容易に判明したこと，平成5年初めころにはAからW開発が同和団体を通じて申告した旨を聞いており，確定申告が適正に行われたかどうかに疑問をもってしかるべきであったことが認められ，これらの事実によれば，結局，原告は，本件売買にかかる確定申告手続につき，Aに任せきりであり，納税義務者本人としての監督義務の懈怠があったというべきであり，また，確定申告後も，確定申告が適正に行われていないことは容易に判明したのであるから，修正申告をするなど，適正な納税手続をすべきであったのにこれを怠っており，原告には，納税手続の代行者であるBらの選任監督につき過失があったというべきである。

以上によれば，Ｂらは，原告の確定申告について隠ぺい又は仮装を行っており，この効果は原告に及ぶというべきであるから，本件修正申告分についてされた重加算税賦課決定は適法である。
3. 更正処分分に重加算税を賦課することの適否
　原告は，更正処分分についての重加算税賦課決定は，原告の平成５年12月22日付修正申告が隠ぺい又は仮装に基づかないものであるから，その要件がないと主張する。しかし，原告は，大阪地方検察庁及び大阪国税局査察部が，所得税法違反として，原告に対する強制調査に着手した後，Ａと前後して検察官の取調を受けて初めて，本件売買について修正申告したい旨供述し，その後になって右修正申告をしたものであり，右修正申告は，申告にかかる国税についての調査があったことにより当該国税について更正があるべきことを予知してされたものであるというべきである。本件のように，申告について更正があるべきことを予知して修正申告がされた場合に，右修正申告にも過誤があり，更に更正がされた場合には，修正申告により納付すべき税額と更正により納付すべき税額の双方を国税通則法68条１項所定の過少申告加算税の額の計算の基礎となるべき税額として重加算税を賦課すべきものと解すべきである。なぜなら，同条項は，同法65条５項の適用がある場合を除き同条１項の規定に該当する場合において，納税者の納税申告書が隠ぺい又は仮装に基づくときは，過少申告加算税の額の計算の基礎となるべき税額について重加算税を賦課すると規定し，申告について更正があるべきことを予知してされた修正申告として同法65条５項に該当しない場合は，修正申告により納付すべき税額について重加算税が賦課されることは明らかであるところ，たまたま修正申告に隠ぺい又は仮装によらない過誤があり，修正申告により納付すべき税額が圧縮されている場合に，本来修正申告すべきであった更正された税額について重加算税を賦課することができないとすることは不合理であるからである。
　以上によれば，Ｂらが原告の確定申告について隠ぺい又は仮装を行い，その効果が原告に及ぶことは前記２のとおりであるから，本件更正処分

についてされた重加算税賦課決定は適法である。
4. 国税通則法61条1項1号所定の延滞税の額の計算となる期間の特例の適用の有無

　Bらは認定事実のとおり不正な確定申告をしており，確定申告書及びお尋ね兼計算書のこれらの虚偽の売買代金及び必要経費の記載は，偽りその他不正の行為にも該当する。

　Bらの偽りその他不正の行為の効果が原告に帰すべきことは前記2(1)ないし(3)と同様であり，しかも，原告は，前記3記載のとおり更正があるべきことを予知して修正申告をしたものであるから，修正申告分及び更正処分いずれも国税通則法61条1項1号所定の特例が適用されない。

イ　貸倒損失（貸倒性の認定）

【119】　最　高　裁　平成10年5月26日第三小法廷判決
　　（平成8年（行ツ）第177号・所得税更正処分等取消請求上告事件）

【当事者】
　上　告　人（控訴人・原告）　　○○○○
　被上告人（被控訴人・被告）　　竜ヶ崎税務署長

【判示事項】
　貸倒れとなった貸付金等の必要経費算入の可否及びその時期並びに土地取引に関して受領した金員の性質等

【事案の概要と争点】
　本件は，年報8号整理番号【104】の上告審である。

【判　旨】
　本判決は，①訴外A及びBに対する貸付金のうち，抵当権によって担保されていなかった部分は，昭和57年中に貸倒れになったものというべきで，その金額は昭和57年分の必要経費に算入すべきであり，右金額に対する昭和57年分の利息は収入金額に算入することができない，②債務者の名義が訴外C建設とされている貸付金は，訴外Dないしその関係者がC建設名義で上告人からの借入れを企てたものと推認され，その事実関係を了知して

いるＤが行方不明となり，事実関係の追及ができなくなった昭和57年の段階で貸倒れになったものというべきであるとして，上告人の昭和57年分の所得税につき，右の限度で上告人の請求を認容，その余の請求をいずれも棄却した原審（東京高裁平成8年4月23日・年報8号383ページ，一審水戸地裁平成7年3月17日判決・年報7号343ページ，）の判断を是認して，上告を棄却した。

ウ　家事関連費
【114】　大阪高裁　平成10年1月30日判決（　303ページ参照）

(8)　必要経費の特例
ア　親族に支払う対価（所得税法56条）
【26】　最　高　裁　平成10年6月16日第三小法廷判決（　70ページ参照）

【120】　高松高裁　平成10年2月26日判決
（平成9年（行コ）第6号・所得税更正処分等取消請求控訴事件）
【当事者】
控訴人（原告）　○○○○
被控訴人（被告）　徳島税務署長
【判示事項】
所得税法56条適用の可否
【事案の概要と争点】
本件は，年報9号整理番号【126】の控訴審である。
【判　旨】
本判決は，控訴人の請求を棄却した原審（徳島地裁平成9年2月28日判決・年報9号395ページ）と同旨の判示をして，控訴を棄却した。

【121】　最　高　裁　平成10年11月27日第二小法廷判決
（平成10年（行ツ）第146号・所得税更正処分等取消請求上告事件）

【当事者】
　　上告人（控訴人・原告）　○○○○
　　被上告人（被控訴人・被告）　徳島税務署長
【判示事項】
　所得税法56条適用の可否
【事案の概要と争点】
　本件は，整理番号【120】の上告審である。
【判　旨】
　本判決は，原審（高松高裁平成10年2月26日判決・本書321ページ，一審徳島地裁平成9年2月28日判決・年報9号 395ページ）の判断を是認し，上告を棄却した。

イ　事業廃止（所得税法63条）　※

ウ　社会保険診療報酬（租税特別措置法26条）　※

エ　給与所得者の特定支出（所得税法57条の2）　※

(9)　譲渡所得の必要経費
ア　取　得　費
【122】　福岡高裁宮崎支部　平成10年3月24日判決
　　　　（平成9年（行コ）第5号・所得税更正処分取消等請求控訴事件）
【当事者】
　　控訴人（原告）　○○○○
　　被控訴人（被告）　宮崎税務署長
【判示事項】
　譲渡した土地の取得費の多寡
【事案の概要と争点】
　本件は，年報9号整理番号【129】の控訴審である。

【判　旨】
　本判決は，控訴人の請求を棄却した原審（宮崎地裁平成9年7月14日判決・年報9号406ページ）と同旨の判示をして，控訴を棄却した。

【123】　大阪高裁　平成10年5月26日判決
　　　（平成9年（行コ）第13号・所得税更正処分等取消請求控訴事件）
　【当事者】
　　　控訴人（原告）　　○○○○
　　　被控訴人（被告）　生野税務署長
　【判示事項】
　　不動産譲渡所得から控除できる取得費及び譲渡費用の範囲，修正申告をする機会の必要性
　【事案の概要と争点】
　　本件は，年報9号整理番号【128】の控訴審である。
　【判　旨】
　　本判決は，控訴人の請求を棄却した原審（大阪地裁平成9年2月28日判決・年報9号402ページ）の理由説示を次のとおり一部付加・訂正するほか，これを引用して控訴を棄却した。
1.　本件譲渡収入に係る控訴人主張の取得費及び譲渡費用について
(1)　譲渡所得の金額は，当該所得に係る総収入金額から当該所得の基因となった資産の取得費及びその資産の譲渡に要した費用の額の合計を控除し，その残額の合計額から譲渡所得の特別控除額を控除した金額とするものとされ，（所得税法（以下「法」という。）33条3項），右の取得費は，原則として，その資産の取得に要した金額並びに設備費及び改良費の額の合計額とされている（法38条）。
　　譲渡所得に対する課税は，資産の値上がりによりその資産の所有者に帰属する増加益を所得として，その資産が所有者の支配を離れて他に移転するのを機会にこれを清算して課税する趣旨のものであることからすれば，右の「資産の取得に要した金額」とは，当該資産の取得の対価及

び取得に直接要した費用であることを要し，「資産の譲渡に要した費用の額」（譲渡費用）とは，資産の譲渡のために直接要した費用及び当該資産の譲渡価額を増加させるため当該譲渡に際して支出した費用であることを要するものと解される（最判昭和47年12月26日・民集26巻10号2083頁参照）。

(2) 本件譲渡収入は，法58条1項が適用される本件契約によって取得した資産の一部である本件持分の譲渡によるものであるから，その譲渡所得の金額の計算上控除される取得費は，法58条5項，所得税法施行令168条により，控訴人が昭和41年7月ころから有していた借地権の取得費及びその譲渡に要した費用のうち本件共有持分に対応する額並びに本件持分の取得に要した経費ということになる。

① 控訴人は，まず，本件契約当時の本件建物等の残存価格が，本件譲渡収入にかかる譲渡所得の計算上，控除されるべき取得費に該当すると主張する。

しかし，前記のとおり本件持分は法58条1項の規定の適用を受けて取得された資産であり，これを譲渡した場合に控除される取得費は，法58条5項，令168条により，控訴人が昭和41年7月ころから有していた借地権の取得費及びその譲渡に要した費用のうち本件持分に対応する部分並びに本件持分の取得に要した経費の額を加算した金額とされている。

そして，本件建物等の残存価格が本件契約により放棄した借地権の取得費に当たらないことは明らかである。また，本件契約当時，本件土地上に控訴人主張の本件建物等が存在したことを認めることのできる的確な証拠がないし，仮に，本件契約当時，何らかの残存価格を認めることのできる建物等が存在したとしても，右残存価格を譲渡費用と認めることもできないことは，後記撤去・整地費用についての判断と同様である。

したがって，いずれにしても，この点の控訴人主張は理由がない。

② 次に，控訴人は，本件建物等の撤去・整地費用が取得費に該当すると主張する。そして，原審における控訴人本人尋問において，前記事実に沿う供述をし，これを裏付ける証拠としてA作成の控訴人宛て687万円

の領収書を提出し，A作成の陳述書，Gの陳述書にもこれに沿う供述記載がある。

しかし，検証証拠によるも，本件契約締結（昭和57年3月）以前の昭和50年3月4日及び昭和54年9月11日当時，本件土地上に控訴人主張の鉄柱，門柱及びフェンスが存在したことを確認することができないし，昭和50年3月4日当時，本件土地の南側部分に建物が存在していたことは認められるものの，昭和54年9月11日当時の建物とは形状が異なり，この間にその形状が変えられたか，又は別の建物に立て替えられた可能性が高く，その同一性は疑わしい。

また，右各写真によると，昭和50年3月4日当時には控訴人主張の温室の存在を確認できるものの，本件契約締結以前の昭和54年9月11日時点ではすでに右温室は存在せず，本件契約の2年以上前に撤去されていたことが明らかであり，控訴人主張の事務所についても，昭和41年に建築されたバッティングセンターの打球場の建物の一部であるといえるかについても疑問がある。そして，控訴人主張の事務所及び温室はいずれも未登記であり，その設置時期，設置費用，構造，撤去時期を明確に立証する的確な証拠がない。

更に，証拠には「解体及び整地」との記載はあるが，工事場所，内容等の具体的明細の記載もないし，作成日付の記載すらもなく，その工事時期，場所及び工事内容を明らかにすることができない。なお，原審における控訴人の供述によると，本件契約以前にも，本件土地及びその付近において控訴人所有の建物等の撤去や移動等が行われていることが窺われ，証拠の費用がこれらの工事に要したものであった可能性も十分に考えられ，証拠も原審における控訴人の供述以上の証拠価値を認めることはできない。

のみならず，控訴人は，原審段階の当初，撤去・整地時期は昭和60年1月ころであり，撤去・整地費用は公社への本件持分の譲渡に要した費用であると主張し，その後被控訴人から，公社への譲渡以前に撤去・整地が行われているのであれば譲渡費用にはならないはずであるとの指摘

を受け，主張を訂正した経緯がある。

　以上のとおり，控訴人主張の本件建物等の存在と撤去・整地費用については，これを認めることができない。なお，本件契約当時，本件土地上に何らかの建物等が存在し，本件契約締結に際し控訴人が撤去・整地したとしても，控訴人自身が原審において，本件契約締結に際し，Nから取壊しを依頼されたわけでもなく，教育事業に協力するということで自ら解体・整地したと供述しているところであって，右費用を資産を譲渡するために通常，直接必要な費用，すなわち譲渡費用と認めることはできないものというべきである。

　したがって，この点の控訴人の主張も理由がない。

③　そうすると，本件譲渡収入に係る取得費として，前記の借地権の取得費などその他立証された額はないから，租税特別措置法31条の4第1項（措置法基本通達31-4-1）により，本件譲渡の金額6520万円の100分の5に相当する額である326万円が本件譲渡収入から控除すべき取得費と認められる。

(3)　次に，控訴人主張の譲渡費用について判断する。控訴人は，公社から買取証明書の交付を受けるための交渉に要した接待費や交通費，土産代等諸々の費用を挙げて，これらが本件譲渡収入に係る譲渡所得の算定に当たって控除すべき譲渡費用である，と主張するが，本件譲渡収入から控除すべき法33条3項所定の「その資産の譲渡に要した費用の額」とは，控訴人が本件持分を公社に売却するのに要した費用というべきところ，右買取証明書は，本件持分の売却があった後にそれを証明する書面にすぎず，売却が完了した後に右書面の交付を受けるための控訴人主張の費用が本件持分を売却するために要した費用といえないことは明らかである。

2.　次に，控訴人は，被控訴人が昭和57年分の所得税の更正処分を取り消すと同時に本件各処分を行ったのは，昭和60年分の所得税の申告の際，本件譲渡収入につき申告する機会を控訴人から奪ったもので，本件各処分は違法であるとの趣旨の主張もするが，被控訴人が当初判断していた

ように，前記6520万円が本件契約に係る交換差金であるとすれば，本件譲渡収入自体が存在せず，したがってこれに係る譲渡所得も発生しないこととなるが，控訴人は，本件契約は法58条1項の適用がある等価交換であるとして昭和57年分の所得税の申告をしていたもので，そうであれば，前記6520万円は本件譲渡収入として昭和60年分の所得税の申告をしなければならないのは当然のことであるのに，昭和61年3月15日に行った昭和60年分の所得税についての確定申告の際にはこれを申告しておらず，またその確定申告期間中にもその後においても右金員の取得について他の何らの申告もしていない。そして，被控訴人が本件契約について税務調査を開始したのは，控訴人の右確定申告がされ，その確定申告期間が経過した後であるから，控訴人自身，その本人尋問において公益事業への譲渡なので申告を要しないと思っていたとしか供述できないように，右確定申告の際，控訴人に本件譲渡収入に係る譲渡所得の申告の妨げとなる事情は全くなかったというほかはない。

右事実関係の下で，被控訴人が，従前の方針を変更して，昭和57年分の所得税についての更正処分及び重加算税の賦課決定処分を取り消す際に，改めて控訴人に対し修正申告の機会を与えなかったとしても，何ら違法な点はなく，本件各処分が違法であるとはいえないことは明らかである。

なお，控訴人は，商工会に加入する在日本朝鮮人の税金問題については，昭和51年10月に商工会と日本国税庁の間で，すべての税金問題は商工会と協議し解決する等を内容とする本件5項目合意がなされており，本件各処分は右合意に違反する旨主張する。

しかし，国税当局が，いかなる団体あるいはその会員に対しても，特定の取扱いをしあるいはそれに関する合意をするということはあってはならないことであるし，また本件では，このような合意のなされた事実を認めることのできる的確な証拠もなく，右合意成立を前提とする控訴人の主張は理由がない。

イ 譲渡費用

【123】 大阪高裁 平成10年5月26日判決（323ページ参照）

(10) 損益通算
【124】 東京地裁 平成10年2月24日判決
（平成8年（行ウ）第146号・所得税更正処分等取消請求事件）
【当事者】
原告 ○○○○
被告 立川税務署長
【判示事項】
所得税法69条1項適用の可否
【事案の概要と争点】
本件は，原告の平成3年分ないし同5年分の所得税について，被告が，原告が購入し訴外観光会社に賃貸しているリゾートホテルの一室は，所得税法施行令178条1項2号に規定する「生活に通常必要でない不動産」に該当するから，本件建物に係る不動産の所得の計算上生じた損失を損益通算することはできないとしてした更正処分等の適否が争われた事案である。
　主たる争点は，本件建物が，生活に通常必要でない不動産に当たるか否かにあった。
【判　旨】
　本判決は，次のとおり判示して原告の請求を棄却した。
1. 所得税法（以下「法」という。）69条2項により，生活に通常必要でない資産に係る所得の計算上生じた損失の金額は，競走馬の譲渡に係る譲渡所得の金額の計算上生じた損失の金額について限定的に損益通算が認められているほかは，損益通算の対象とならないものであるが，これは，生活に通常必要でない資産に係る支出ないし負担は，個人の消費生活上の支出ないし負担としての性格が強く，このような支出ないし負担の結果生じた損失の金額について，損益通算を認めて担税力の減殺要素として取り扱うことは適当でないとの考え方に基づくものと解される。

ところで，法施行令 178 条 1 項 2 号は，「通常自己及び自己と生計を一にする親族が居住の用に供しない家屋で主として趣味，娯楽又は保養の用に供する目的で所有するものその他主として趣味，娯楽，保養又は鑑賞の目的で所有する不動産」を生活に通常必要でない資産として規定しており，家屋その他の不動産については，その主たる所有目的によって，当該不動産に係る所得の計算上生じた損失が損益通算の対象となるか否かが決せられることとなるところ，原告は，右の主たる所有目的の認定に当たっては，当該所有者の主観的な意思を最優先すべきであるとの趣旨の主張をしている。

　しかしながら，個人の主観的な意思は外部からは容易には知り難いものであるから，一般論として，租税法上の要件事実の認定に当たり，客観的事実を軽視し，個人の主観的な意思を重視することは，税負担の公平と租税の適正な賦課徴収を実現する上で問題があり，適当でないというべきである。のみならず，法 69 条 2 項が生活に通常必要でない資産に係る所得の計算上生じた損失について損益通算を認めていないのは，その資産に係る支出ないし負担の経済的性質を理由とするものであるところ，このような支出ないし負担の経済的性質は，本来，個人の主観的な意思によらずに，客観的に判定されるべきものであることからすると，法施行令 178 条 1 項 2 号の要件該当性を判断する上でも，当該不動産の性質及び状況，所有者が当該不動産を取得するに至った経緯，当該不動産より所有者が受け又は受けることができた利益及び所有者が負担した支出ないし負担の性質，内容，程度等の諸般の事情を総合的に考慮し，客観的にその主たる所有目的を認定するのが相当である。

　したがって，原告の前記主張は採用することができない。

2. 本件建物が，通常原告又は原告と生計を一にする親族が居住の用に供しない家屋であることは当事者間に争いがなく，本件においては，専ら，本件建物が主として趣味，娯楽又は保養の用に供する目的で所有するものであるか否かが問題となるが，争いのない事実に基づき原告の本件建物の所有目的について検討するに，本件建物は，著名なリゾート地に所

在し，充実した設備を有するいわゆるコンドミニアム形式のリゾートホテルの一室であり，そのオーナーとなることによって，客室料金の負担なしで宿泊が可能になるなどの種々の利用上の利益があるものであって，実際に，本件係争各年において，原告又は原告の指定する者が本件建物を利用していることにかんがみれば，原告が本件建物を保養の用に供する目的をもって所有していたことは明らかである。

そこで，進んで，保養の用に供する目的が本件建物の主たる所有目的であったか否かについて検討するに，本件係争各年において，原告が本件建物を所有することにより受け又は受けることができた利用上の利益は，客室料金の負担なしで年何回でも本件建物に宿泊することができるほか，本件ホテル及びタワー内の各種スポーツ施設の特別料金での利用，本件ホテル及びタワー内のオーナー専用施設の利用，ゴルフ場の利用面での優遇，スキー場の無料リフト券の提供といったオーナーの特典を享受でき，充実した内容となっていたのに対し，本件係争各年において，本件建物をA観光に貸し付けることによる原告の家賃収入は，原告がA観光に支払う管理費の2割にも達せず，減価償却費，借入金利子，租税公課等を含めた年間約800万円から約1000万円の経費全体と比較するとその1割にさえ遠く及ばない金額であった。右の事実に加えて，本件建物の性質及び状況を客観的にみるならば，原告の主張するような不況の影響による本件ホテルの一般客の利用の低迷があるとしても，本件建物の貸付けによる金銭的収入の獲得は，本件建物の利用による利益の享受と比較して副次的なものとみざるを得ず，原告は，本件係争各年において，本件建物を主として保養の用に供する目的で所有していたと認めるのが相当というべきである。

原告は，本件建物を貸し付けることによる家賃収入が得られるほか，これを所有することによる節税効果に着目し，また，将来の値上がり益をも見込んで本件建物を購入したのであって，主として保養の用に供する目的で本件建物を所有していたものではない旨主張し，本人尋問において，これに沿う供述をしているところ，A観光による本件ホテルの購

入希望者等に対する説明又は勧誘の際には，合理的な節税対策となる点が強調されていたことからすると，原告が本件建物の購入を決定するに当たり，その節税効果に着目していたことは，これを認めるに難くないところである。

　しかしながら，原告は，5700万円もの代金を支払って本件建物を取得し，その後においても，管理費等として年間約630万円から760万円の費用を負担しなければならないところ，本件建物を所有することが節税対策として有効であるといっても，右の節税効果というのは，本件建物の管理費等の費用（減価償却費を含む。）のうち本件建物の貸付けによる家賃収入を超える部分が法69条1項の適用により損金として原告の他の各種所得の金額と通算され，それだけ原告の各年分の納付すべき税額が減少し，納付すべき税額の減少分だけ本件建物の所有のために要する多額の費用の一部を補うことができるというものであって，資産の運用によって損失が生ずることに伴う副次的経済効果にすぎない。法施行令178条1項2号に規定する生活に通常必要でない不動産に該当するかどうかは，客観的にみて当該不動産の本来の使用，収益の目的が何かによって判断すべきものであり，右のような節税効果が得られるかどうかは，その本来の使用，収益の目的が何かによって決せられるべきものと解されるから，本来の使用，収益の目的が何かを判断するに当たって，右節税効果が得られるかどうかを主要な判断要素として考慮すべきものとすることは本末転倒の議論であって相当でないというべきである。本件建物の貸付けによる家賃収入がその所有に要する費用の負担と比較して著しく少額であることは前記認定のとおりであり，右の観点からすれば，原告が右節税効果に着目して本件建物を取得したものとしても，本件建物の主たる所有目的が本件建物の貸付けその他による経済的利益の獲得であると認めることは到底できない。

　また，原告は，本件建物の値上がり益も見込んで本件建物を取得したともいうが，それは，原告の主観的な意図にとどまるものであり，原告がこれを転売目的で取得したことを客観的に裏付ける証拠はなく，右の

ような主観的な意図の存在によって，本件建物の主たる所有目的が影響を受けることはないというべきである。

　前示のとおり，法施行令178条1項2号の要件該当性を判断する上では，所有者の主観的な意思ないし意図によらずに，客観的に当該不動産の主たる所有目的を認定すべきであり，本件において，原告が本件建物を取得，所有している目的が主観的には原告主張のとおりであったとしても，このことは，本件係争各年において，原告が主として保養の用に供する目的で本件建物を所有していたとの前記認定を妨げるものではないというべきである。

　本件においては，他に，本件係争各年において原告が主として保養の用に供する目的で本件建物を所有していたとの前記認定を左右するに足りる証拠はない。

3. したがって，本件建物は，通常自己及び自己と生計を一にする親族が居住の用に供しない家屋で主として保養の用に供する目的で所有するものと認められるから，法施行令178条1項2号に規定する生活に通常必要でない不動産に該当するというべきである。

(11) 所得控除～雑損控除，医療費控除，税額控除
【125】　岐阜地裁　平成10年3月18日判決
　　　　（平成8年（行ウ）第9号・所得税更正処分取消請求事件）
【当事者】
　　原告　○○○○
　　被告　岐阜南税務署長
【判示事項】
　　青色事業専従者に対する給与の支払いの有無，所得税法72条1項適用の可否
【事案の概要と争点】
　　本件は，不動産仲介業及び織物加工業を営む原告の平成3年分及び同4年分の所得税について，被告税務署長がした更正処分等の適否が争われた

事案である。

　主たる争点は，①青色事業専従者に対する給与の支払いの有無，②原告の先物取引に係る損失が所得税法72条1項に規定する損失に該当するか否かにあった。

【判　旨】

　本判決は，次のとおり判示して，原告の請求を棄却した。
1. 本件仕入帳の記載が現実の金銭の支払い等を反映しておらず，専従者給与として必要経費に算入される上限の金額に合わせて記載されたに過ぎないことが推認され，また，右仕入帳がいつごろ，どのようにして作成されたのかも不明であるといわざるを得ず，他に原告がA及びBに対し給与等を支払ったことを証する帳簿等は存しないことから，原告からA及びBに何らかの金員が交付されていたとしても，その実体は，生活費ないし小遣いの支給に過ぎないものと認めるのが相当であって，専従者給与としての支払はなかったというべきである。

　これに対して，原告本人は，Aに対しては原告名義の口座から給与を引き出す権限を与えており，引き出して受領した金員が給与である，Bに対しても金を渡している旨供述しているが，Aによる右口座からの現金の引き出し等の状況は，給与の支払いとみるには余りにも不定期に不定額が引き出されていること，日常の買い物の決済や信販会社への支払いも同口座を用いて行われていることといった事情に照らせば，結局，Aは家計の賄いのために右口座を管理し，適宜，自らが自由に使う金銭も引き出していたとみるのが相当であって，引き出した金銭は給与にはあたらないと認めるのが相当である。

　そして，Bに対する給与の支払いとして原告が主張するところも，老親に対して小遣いや生活費を渡しているものに他ならず，これが給与の支払いにあたらないことは明らかであり，被告が原告主張の専従者給与の金額を事業所得の計算上必要経費に算入しなかったことは適法である。
2. 「災害又は盗難若しくは横領」は，課税行政の明確性，公平性の観点から，限定列挙であり，かつ，ここにいう「横領」は刑法上の横領罪と

同一のものであると解するのが相当である（最高裁判所平成2年（行ツ）第8号・平成2年10月18日第一小法廷判決・税務訴訟資料181号96頁参照）。

　そこで，本件取引がCらD社の関係者による横領行為と認められるか否かについてみるに，回答書などに署名等をした経過に関する原告の供述は極めて不自然であるほか，原告の明示の拒絶を無視してまで買付をしたCがわざわざ取引成立を知らせる電話をかけてきたとするなど，原告の前記供述は矛盾，誇張を含んだ不合理なものといわざるを得ず，到底信用することはできない。

　平成4年1月7日の白金250枚の無断売付ないし平成3年12月19日の仕切拒否についても，これらを認めるに足りる証拠はない。同日の取引状況が記載された報告書や通知書を見ていながら，何ら異議をとどめた様子が窺われないばかりか，他の取引を注文する旨記載した回答書を返送しているのであるから，むしろ，原告主張の無断取引や仕切拒否はなかったと認められる。

　その他本件取引について，CらD社の従業員が委託の趣旨に背いて，原告から預かった委託証拠金を使用するなどして横領し，もって，原告に損失をもたらしたと認めるに足りる証拠はないから，原告の本件取引による損失について雑損控除の適用を認めなかったことは適法である。

【126】　大阪地裁　平成10年4月21日判決
　　　（平成9年（行ウ）第4・5・6号・所得税更正処分等取消請求事件）

【当事者】

　　原告　○○○○

　　被告　枚方税務署長

【判示事項】

　　老人福祉法28条1項の措置費徴収金の医療費控除の可否

【事案の概要と争点】

　　本件は，原告の平成5年分ないし7年分の所得税について，被告がした

更正処分及び過少申告加算税の賦課決定処分の適否が争われた事案である。

主たる争点は，原告の母が特別養護老人ホームに入所したことにより老人福祉法28条の規定に基づいて支払った，いわゆる措置費徴収金が，所得税法73条及び同法施行令207条に規定する医療費控除の対象に該当するか否かにあった。

【判　旨】

本判決は，次のように判示して，原告の訴えの一部を却下しその余の請求を棄却した。

1. 証拠によれば，裁決は同年3月1日付けでされ，同年4月1日右裁決書謄本が原告に送達されたことが認められ，原告は，この点について何らの具体的な主張立証もしないから，右裁決書謄本が送達されたころに原告は右裁決があったことを知ったものと推認される。

    そして，原告が平成9年1月30日に本訴を提起したことは記録上明らかであるから，本件訴えのうち，平成5年分及び平成6年分の所得税に係る各更正処分及び過少申告加算税の各賦課決定の取消しを求める訴えは，行政事件訴訟法14条4項，1項に定める出訴期間経過後に提起された不適法な訴えであるというべきであり，却下を免れない。

2. そこで，以下においては，平成7年分の所得税に係る更正処分及び過少申告加算税の賦課決定処分が適法であるか否かについて判断する。

(1) まず，本件徴収金が医療費に当たるかどうかを検討する。

(一) 医療費控除の対象となる医療費について，所得税法73条は，医師又は歯科医師による診察又は治療，治療又は療養に必要な医薬品の購入その他医療又はこれに関連する人的役務の対価のうち通常必要であると認められるものとして政令で定めるものをいうもの，と定め，これを受けて所得税法施行令207条は，右の対価とは，①医師又は歯科医師による診察又は治療，②治療又は療養に必要な医薬品の購入，③病院，診療所又は助産所へ収容されるための人的役務の提供，④あん摩マッサージ指圧師，はり師，きゅう師，柔道整復師による施術，⑤保健婦，看護婦又は准看護婦による療養上の世話，助産婦による分べんの介助の対価のうち，

その病状に応じて一般的に支出される水準を著しくこえない部分の金額とする旨を定めている。

(二) ところで, 特別養護老人ホームは,「65歳以上の者であって, 身体上又は精神上著しい障害があるために常時の介護を必要とし, かつ, 居宅においてこれを受けることが困難なもの」を入所対象者として, これを養護することを目的とする老人福祉施設である (福祉法 5 条の 3, 11条 1 項 2 号, 20条の 5)。すなわち, 特別養護老人ホームは, 右のような者に入浴, 排せつ, 食事等日常生活を営むために必要な介護を家庭における家族あるいは扶養義務者に代わって行う施設として福祉法上位置付けられているのであって, 入所者に対し医療行為を行うことを目的とするものではない。

(三) そして, 市町村は, 必要に応じて, 特別養護老人ホームの入所対象者を当該地方公共団体の設置する特別養護老人ホームに入所させ, 又は当該地方公共団体以外の者の設置する特別養護老人ホームに入所を委託する措置を採らなければならず (福祉法11条 1 項 2 号), 右措置すなわち入所に係る費用 (措置費) は市町村が支弁する (同法21条 2 号)。ただし, 当該市町村の長は, その支弁に係る費用について, 入所者又はその扶養義務者から, その負担能力に応じてその全部又は一部を措置費徴収金として徴収することができることとされている (同法28条 1 項)。

右のように, 措置費徴収金については, 入所者が特別養護老人ホームにおいて受けるサービスの内容とは直接には関係なく, 入所者又はその扶養義務者の負担能力に応じて定められるいわゆる応能負担の原則が採られている。これは, 老人ホームの入所者及びその扶養義務者は一般的に負担能力を有していること, 老人ホームに入所すれば日常生活に必要なほとんどのサービスが受けられることから, 在宅の要介護老人と負担の均衡を図る必要があること, 入所者の主体的な利用意識を高めることなどの理由から政策的に定められたものである。このように, 措置費徴収金は, 入所者が特別養護老人ホームにおいて受けるサービスの内容とは直接に関係がなく, 個々の入所者が受けるサービスの対価とみること

はできない。

　そして，証拠によれば，福祉法26条1項により国庫負担の基準となる措置費は，「老人保護措置費の国庫負担について」（昭和47年6月1日厚生事務次官通知・厚生省社第451号）により，事務費，生活費，移送費，葬祭費から構成され，右事務費中には医師人件費（常勤医師又は非常勤医師）が費目に掲げられていることが認められる。ただ，右の国庫負担の基準となる措置費には個々の入所者に対する医療の対価に該当する項目は含まれておらず，しかも，証拠によれば，右通知において定められている特別養護老人ホームの個々の入所者に係る措置費の支弁額は，当該入所者が現実に受けるサービス内容とは無関係に右基準に従い一律に算定されていて，この額が措置費徴収金の上限とされていることが認められる。

　また，証拠によれば，特別養護老人ホームの医務室において診療を受けた場合，措置費徴収金とは別途に入所者に対して右診療に係る医療費（自己負担額）が特別養護老人ホームから請求される扱いになっており，原告においても，KがRホーム診療所において受けた診療について，措置費徴収金とは別個に医療費（自己負担額）を支払っていることが認められる。

　このようにみてくると，措置費徴収金は，特別養護老人ホームにおいて入所者が受けるサービスに対応する対価たる性質を有するものと観念することはできないというべきで，仮に，特別養護老人ホームの入所者に対するサービスの中に所得税法施行令207条所定の前記①ないし⑤に該当するものがあるとしても，同条所定の「対価」たる要件を欠く。

㈣　以上によれば，本件徴収金は，所得税法73条2項，同法施行令207条に該当する余地はなく，医療費には当たらないというべきである。

㈤　なお，原告は，老人保健施設は，入所者の受ける医療，看護及び介護の実態において特別養護老人ホームの場合とほとんど差異がなく，現実には両施設のいずれかに入所するかについて入所者の側に選択権はないにもかかわらず，老人保健施設の利用料は医療費控除の対象とされる旨

主張する。

　しかし，特別養護老人ホームへの入所が行政庁による入所措置に基づくものであるのに対して（福祉法11条1項2号），老人保健施設への入所は，入所申込者と老人保健施設との直接の契約に基づくものであり（「老人保健施設の施設及び設備，人員並びに運営に関する基準」（昭和63年厚生省令第1号）13条），入所者が老人保健施設から受けるサービスの対価のうち，食費及び特別な療養室の提供により必要となる費用，おむつ代，理美容代その他の日常生活に要する費用の範囲内において入所者が直接同施設に利用料を支払う（同省令25条及び老人保健法施行規則23条の2の2，なお，入所者が老人保健施設から受ける右以外の医療の費用については，保健法46条の2により，市町村長が老人保健施設療養費を支給することとされている。）こととされており，このように両施設の費用負担の仕組みが異なり，措置費徴収金と老人保健施設における利用料とはその性質を異にするものといわなければならない。

(2)　次に，原告は，請求原因7の更正処分において被告が医療費として認めた額以外にも，平成7年中に4万3974円の医療費をそれぞ支払っている旨主張する。

　しかし，所得税法 120条3項1号，同法施行令 262条1項2号は，医療費控除の適用を受けようとするときは，確定申告に際し，所得税法73条2項に定める医療費についてこれを領収した者の領収を証する書類を確定申告書に添付して提出し，又は確定申告書の提出の際に提示しなければならない旨定めており，同年分の所得税の確定申告に際し，原告が右の支出について右に規定する「領収を証する書類」を被告に提出ないし提示したことを認むべき証拠はない。のみならず，本訴において原告が右主張を立証するものとして提出した証拠も右書類に該当するものとはいえない。したがって，原告主張の額が医療費控除として総所得金額から控除されるべきであるとの原告の主張は失当である。

3.　また，証拠及び弁論の全趣旨によれば，Kが平成7年中にRホーム診療所において医師の診療を受けたことにより老人保健制度による公的負

担分として合計35万3720円の医療費が保険医療機関である同診療所に対して支払われていることが認められるところ，右医療費は原告が支払ったものではないから，所得税法73条により総所得金額から控除される医療費には当たらないことは明らかである。右医療費は，原告の本件徴収金の支払いとは無関係であるから，原告が本件徴収金を支払ったからといって，原告が医療費を支払ったものとは到底評価し得ない。したがって，原告の主張は理由がない。

(12) 資産所得の合算課税 ※

(13) 源泉徴収

【66】 千葉地裁 平成10年3月25日判決 （183ページ参照）
【160】 名古屋地裁 平成10年4月13日判決 （430ページ参照）
【143】 神戸地裁 平成10年9月30日判決 （384ページ参照）

【127】 横浜地裁 平成10年3月30日判決
（平成8年（行ウ）第5号・納税告知処分等取消請求事件）
【当事者】
原告　有限会社○○○○
被告　川崎南税務署長
【判示事項】
国内源泉所得の徴収義務者該当性
【事案の概要と争点】
本件は，被告が，原告が大韓民国（以下「韓国」という。）の財団法人（以下「協会」という。）との契約に基づいて協会に金員を支払う際には，国内源泉所得の支払をする者として所得税の源泉徴収義務を負うとしてした原告に対する源泉所得税の納税告知処分の適否が争われた事案である。

主たる争点は，原告が協会から日本国内において人的役務の提供を受ける対価として右金員を支払っている者として所得税法212条1項の源泉徴

収義務を負うことになるのか，単に，原告は協会のために出入国管理及び難民認定法（以下「入管法」という。）上の代理業務を行う者として「所得に対する租税に関する二重課税の回避及び脱税の防止のための日本国と大韓民国との間の条約」（以下「日韓租税条約」という。）4条(5)にいう「独立の地位を有する代理人」に該当し，協会が同項により「他方の締結国内の恒久的施設を有しない」こととなる結果，原告が右金員の支払について源泉徴収義務を負わないことになるかにあった。

【判　旨】

本判決は，次のように判示して原告の請求を棄却した。

1. 原告の業務の実態について

(1) 外国人芸能人の本邦受入れに当たっては，第1に外国人芸能人が「興行」の在留資格で認められる公演の実施によって相応の対価が得られる程度の演劇等に関する能力・資質を有していること，第2に外国人を招へいする機関が外国人芸能人の興行に係る管理能力を有していること，第3に外国人芸能人が実際に出演する施設に舞台装置や客席が十分に備えられている等，外国人芸能人による興行活動が十分に行われる程度の規模・実績を有していることなどが必要とされる。入管法7条1項2号の基準を定める省令は，これら申請人に係る要件，招へい機関に係る要件，出演先施設及び報酬に係る要件を細かく規定している。そして，外国人が本邦で興行活動を行おうとする場合，在留資格認定証明書の申請を代理人として行える者は，当該外国人を招へいする本邦の機関又は当該外国人が所属して芸能活動を行うことになる本邦の機関の職員であり，申請に当たっては，通常，外国人芸能人と招へい機関との間の契約書，招へい機関と出演先との間の契約書，職業芸能人としての実績に関する文書，出演先に関する文書等を入国管理局に提出することが必要とされる。

原告は，海外芸能人の招へい等を目的とする有限会社であるが，本件において，韓国の芸能人が本邦に入国するに際し必要とされる右の書類，すなわち，在留資格認定証明書の交付の代理申請をするほか，原告と芸

能人との間の契約書及び原告と出演先のクラブ等との間の出演に関する契約書を作成し，自己の名前で，出演先のクラブ等に対し出演料の請求をし，領収書を発行している。また，原告は，クラブ等の出演先ごとの売上帳や出演先ごとの協会に対する支払総額を記載した帳面を作成しており，さらに，入国管理局あるいは被告に対し，クラブ等から受領した出演料を売上げとして計上した決算報告書を法人税の確定申告書に添付して提出している。

(2)　右に対し，原告は，これらの書類は，入管法上，必要ということで，入国管理局に提出するために作成されたものであるなど，原告の業務の実態とは異なる旨主張する。すなわち，原告は，「原告の業務は，協会の要請を受け，芸能人の出入国の手続の代行を行うもので，協会から役務の提供として芸能人の派遣を受けるのは，クラブ等の出演先であり，原告はクラブ等と契約することはない。原告は，協会に代行してクラブ等から出演料を集金し，そこから手続代行に係る手数料を引いた残りを協会に渡しているにすぎない。平成元年12月ころ，韓国の芸能人の来日が再開されたが，給料未払い等のトラブル防止のために，芸能人とクラブ等の直接の契約ができなくなった。しかし，韓国側では，出演先の調査，選択ができないために，原告のように，協会の手続の代行を行う業者が必要になったものである。現在では，税務当局に対しては，クラブ等に対する売上げでなく，手数料を原告の収入として申告している。」旨主張し，証人Aは，既ねこれに沿う供述をする。また，現在，原告の顧問税理士である証人Bも，原告の業務は，自らタレントを抱えたいわゆる芸能プロダクションではなく，サービス代行業務であり，したがって，その売上げは，出演料ではなく，手数料であるから，原告は本件において源泉徴収義務を負わないかのような供述をする。そして，確かに（本件係争年分に係るものではないが），原告が平成7年7月18日に被告に提出した平成6年5月1日から同7年4月30日までの事業年度の確定申告書に添付された決算報告書の「販売費及び一般管理費」の欄には，原告がもっぱら入国管理局に提出するために作成したという同年度の確

定申告書添付の決算報告書における同欄に記載された「タレント料, タレント手数料, タレント衣装代」等の記載がなく, また, 前者の損益計算書の売上高欄には原告のいう「手数料収入」だけが記載されている。なお, 平成6, 7年の原告の元帳, 売上帳及び経費帳には, 原告のクラブ等に対する日々の売上金額, その中から原告がそのつど韓国の協会に支払った金額, さらに前者から後者を差し引いた金額が記載されるなどしている。そして, これらによれば, 原告の前記主張が一部, 裏付けられるかのようである。

(3) しかし, 他方, 証拠によれば, 原告の業務の実態について, 以下のような事実が認められる。

原告と芸能人の出演先であるクラブ等の関係については, 原告は, 協会が一応選んだタレントに, 原告の代表者等が, そのつど, 面接する等して, その選別をしており, 原告は, クラブ等が入管法の規定する基準を満たすかどうかを調査し, 韓国の芸能人の日本滞在中の身元保証をし, 生活状況等の管理もしている。原告は, 出演料名目でクラブ等から(原告宛)支払を受ける際に源泉徴収された所得税額について, 法人税額から当該源泉徴収された所得税の額を控除するとともに, 控除しきれなかった金額について被告に対し, 還付の請求をしている。

次に原告と協会及び芸能人との関係については, 原告は, 韓国の芸能人と直接取引することはなく, 協会と取引しており韓国内において, 協会に紹介された道具屋や衣装屋に対し, 韓国の芸能人が使用する道具代, 衣装代を支払っている。原告と協会との間には, 原告が主張する「手数料」についての一定の定めはなく, クラブ等からの入金額について, その都度, 原告の取り分を決めており, それは, 協会の取り分や道具屋等への支払額によって変動する。また, 原告は, そのほか, 協会に対し, 芸能人1人に対し, 1万円の手数料を(逆に)支払っている。

(4) 右(3)によれば, 原告は, 結局, 自己の計算と責任において, 韓国の芸能人を選別しているものというべきであり, 原告が最終的に取得する「手数料」なる金員は, 単なる協会の業務の代行による, いわゆる手数

料とはとうてい認め難く，それは，クラブ等から受領した売上金額から協会に対する支払総額を差し引いたものとして，原告の粗利益ともいうべきものと認められる。

そして，以上の(1)及び(3)で認定した事実を総合考慮すると，仮に入管法上の要請から，協会ないし韓国芸能人，クラブ等の出演先，原告という三者の法的関係が，必ずしもその実態を反映していないところがあるとしても，少なくとも，原告は，協会から芸能人の派遣を受け，これを原告が出演契約を締結したクラブ等にあっせんし，クラブ等から出演料を得るなどした上，協会に対し，芸能人派遣の対価を支払っているものと認めるのが相当である。なお，前記認定の事実によれば，確かに，原告は，専属の芸能人を抱えた芸能プロダクションではない。しかし，所得税法は，内国法人に対し「政令で定める芸能人の役務の提供を内容とする事業に係る当該役務の提供に関する報酬又は料金」（所得税法174条10号）の支払いをする者を源泉徴収義務者と規定しており（同法212条3項），「芸能人の役務の提供を内容とする事業に係る当該役務の提供に関する報酬又は料金」とは（不特定多数の者から受けるものを除き）芸能人の役務の提供に関して受ける対価たる性質を有する一切のものをいうと解されるから，その報酬又は料金には，他の者に芸能人の出演のあっせんをすること等により受ける対価が含まれることは明らかというべきである。

右認定に反する前記証人A，同Bの供述は，前掲(1)，(3)の各証拠に照らし，にわかに採用することができない。なお，その後，原告が被告に対し提出した法人税の確定申告書に添付した決算報告書において，「販売費及び一般管理費」の欄に「タレント料」等を記載していないことや売上げとして原告のいう「手数料」を計上していること等については，右確定申告書自体，本件係争年分に係るものではない上，この点をさておいても，法人税の課税上，これらの点が原告の収入ないし経費をどのように捉えるかの問題とはなり得るとしても，本件において，原告が源泉徴収義務を負う者かどうかという判断における前述のような原告の業

務の実態の認定を直ちに左右するものではないというべきである。
2. 日韓租税条約にいう「恒久的施設」について

　原告は，協会からの要請を受け，芸能人の日本における出入国の手続代行を行う独立した地位を有する代理人であるから，日韓租税条約4条(5)の規定により，協会の恒久的施設には当たらず，したがって，協会は，所得税の支払義務を負わず，原告は協会の所得について源泉徴収義務を負わない旨主張する。しかし，原告の義務の実態は前記認定のとおりであるから，右のような独立した代理人とはいえないばかりか，そもそも，日韓租税条約4条(4)(a)は，法人等が他方の締約国内において，代理人を通じて，つまり，代理人の行為により事業を行う場合，代理人といういわば人的施設の特色に着目して，これを，恒久的施設を有するとしたのに対して，(4)(b)は，法人等が他方の締約国内において提供する役務に着目したものであり，提供する役務の特質から，恒久的施設を有するものとしたものであって，同条(5)は，右のうち，(a)の規定を射程とする確認規定であり，その趣旨は，従属的な代理人は恒久的施設とするが，本来の独立的な代理人等は，恒久的施設としないことを明らかにした規定であると解されることからすると，協会は日本において「恒久的施設」を有するものと解されるから，本件において，協会が所得税の支払いを免れることにはならない。

3. 本件処分の根拠について

　以上によれば，原告は，外国法人である協会から韓国芸能人の派遣を受け，これを原告が出演契約を締結したクラブ等に出演させること（芸能人のあっせん）を主たる業務としているものであり，原告が出演契約を締結したクラブ等において舞踊等の人的役務の提供を受け，その対価を協会に支払っているものと認められる。

　そうすると，協会は，所得税法5条4項及び7条1項5号により，本件金員について，国内源泉所得として所得税の支払義務を負い，本件金員の金額を課税標準とし，これに100分の20の税率を乗じて計算した金額が協会に対する所得税の額となる（所得税法178条，179条）。

外国法人に対し国内において所得税法161条2号の国内源泉所得の支払いをする者は，その支払いの際，その国内源泉所得について所得税を徴収し，その徴収の日の属する翌月10日までに，これを国に納付しなければならないから，原告は，国内源泉所得である本件金員について，その支払いに係る金額につき源泉徴収する義務がある（所得税法212条1項，6条）。

そして，以上によれば，本件納税告知処分及び本件賦課決定処分の根拠は，被告主張のとおりであるものと認められるから，本件処分は適法である。

【128】 東京高裁 平成10年11月16日判決

（平成10年（行コ）第84号・納税告知処分等取消請求控訴事件）

【当事者】

控 訴 人（原告）　有限会社〇〇〇〇

被控訴人（被告）　川崎南税務署長

【判示事項】

国内源泉所得の徴収義務者該当性

【事案の概要と争点】

本件は，整理番号【127】の控訴審である。

【判　旨】

本判決は，控訴人の請求を棄却した原審（横浜地裁平成10年3月30日判決・本書339ページ）の判断を維持し，控訴を棄却した。

【129】 東京高裁 平成10年12月15日判決

（平成4年（行コ）第133号・源泉所得税納税告知処分取消等請求控訴事件）

【当事者】

控 訴 人（被告）　東村山税務署長承継者四谷税務署長

被控訴人（原告）　〇〇〇〇株式会社

【判示事項】
特許紛争に基づき米国法人が受領する和解金の国内源泉所得該当性
【事案の概要と争点】
本件は、年報4号整理番号【134】の控訴審である。
【判　旨】
本判決は、被控訴人の請求を一部容認した原判決（東京地裁平成4年10月27日判決・年報4号389ページ）を相当とし、次のとおり判示して控訴を棄却した。
1. 所得税法の規定及び日米租税条約
(1) 所得税法は、非居住者及び外国法人に対しては、我が国に源泉のある所得（国内源泉所得）に対してのみ課税することとしている。これは、諸外国においても一般的に採用されている形態の制度であるといわれる。

所得税法161条は、「この編において「国内源泉所得」とは、次に掲げるものをいう。」と定め、10余の項目を掲げ、同条7号は、次のとおり定める。

「国内において業務を行なう者から受ける次に掲げる使用料又は対価で当該業務に係るもの

イ　工業所有権その他の技術に関する権利、特別の技術による生産方式若しくはこれらに準ずるものの使用料又はその譲渡による対価」
(2)ア　ところで、所得税法162条によれば、我が国が締結した二重課税防止のための条約に所得税法161条と異なる定めがある場合には、条約の定めるところによるとされているので、右所得税法と関連する条約について検討する。

イ　「所得に対する租税に関する二重課税の回避及び脱税の防止のための日本国とアメリカ合衆国との間の条約」（日米租税条約）は、一方の締結国（例えば米国）の居住者が他方の締結国（例えば我が国）内の源泉から取得する使用料に対しては、双方の締約国（米国及び我が国のいずれも）が租税を課することができるとしているものであり、また、いずれの国の源泉から取得する使用料であるかについては、使用料の根源と

なる財産・権利の使用地を所得源泉地とするいわゆる使用地主義を採っているものということができ，これらの点において所得税法161条と趣旨を異にするものではないということができる。

　そして，日米租税条約14条(3)は，特許権その他これに類する財産若しくは権利あるいはノウ・ハウの使用の対価として支払われた金員は，日米租税条約の使用料に当たるとしているのであり，したがって，前記所得税法161条7号イの規定と同趣旨を定めたものということができる。

ウ　そうすると，所得税法161条7号イの規定は日米租税条約によって修正されていないのであるから，所得税法162条の適用はなく，結局，米国の法人に係る所得税法161条7号イ所定の国内源泉所得に対しては，所得税法161条に従って，我が国が源泉所得税を課すことができる。

2.　所得税法161条7号イの国内源泉所得該当性について

(1)　国内源泉所得課税の趣旨等

ア　所得税法161条7号イは，外国法人が，

①(ｱ)　国内において業務を行う者から，

　(ｲ)　その業務に係るものとして

②(ｳ)　ⅰ「工業所有権その他の技術に関する権利」，ⅱ「特別の技術による生産方式」若しくはⅲ「これらに順ずるもの」の

　(ｴ)　「使用料」の支払を受けた場合，又は「譲渡の対価」を受けた場合には，右支払を受けた金額は，国内源泉所得になるとする。

イ①　まず，右①(ｱ)についてみると，認定事実によれば，被控訴人は，我が国内に本店及び支店を有し，我が国において本件プリンター等を製造し，我が国内において販売するとともに，主として米国子会社を通じて米国及び中南米に，また（子会社を通じてかどうかは不明であるが）その他の外国に輸出，販売しているものと認められる。そうすると，被控訴人自体は，主として国内において業務を営む者ということができるが，子会社を含めた全体としてみると，米国その他国外においても業務を営む者である。

　したがって，次に①(ｲ)の点，すなわち本件金員が被控訴人の我が国

における業務（以下「国内業務」ともいう。）に係るものかどうかを検討すべきことになるが，そのためには，②の本件金員の性格が検討されなければならない。

② 次に，②についてみると，本件金員が「譲渡の対価」ではなく「使用料」であることは，ほぼ当事者間に争いがないから，本件金員が所得税法161条7号イのⅰ「工業所有権その他の技術に関する権利」，ⅱ「特別の技術による生産方式」，ⅲ「これらに準ずるもの」のいずれかに該当するか，また，そのいずれに該当するかを検討すべきである。

ウ そして，右の点の検討のためには，外国法人に対する課税制度の趣旨等も踏まえながら，本件契約の解釈及び本件金員をめぐる客観的状況を基に本件金員の性格を認定判断し，それが所得税法161条7号イの右ⅰないしⅲのいずれかの使用料に該当するかどうか，及びそれが被控訴人の国内業務に係るものか，国外業務に係るものかを判断すべきこととなる。

ところで，所得税法162条の規定からすると，右の所得税法161条7号イの解釈と，日米租税条約における国内源泉性の解釈とは整合性を保持すべきこととなるところ，日米租税条約6条(3)では，「一方の締約国内（例えば日本国内）における権利等の使用又は使用の権利につき，当該使用料が支払われ…る場合に限り…当該一方の締約国内（例えば日本国内）の源泉から生ずる所得として取り扱う。」とされ，使用地主義が採られており，所得税法161条7号イもこれと趣旨を異にするものではないと解されているから，所得税法の「国内業務関連性」の検討は，日米租税条約の「財産又は権利の使用された地」を明らかにすることに通じるものである。

(2) 本件金員の性格

ア① 本件契約の2条では，「ロイヤルティを支払うことを条件として」，A社が被控訴人に対して，本件米国特許権に基づき，本件プリンター等を（我が国を含む）世界中で製造し（A），かつ，米国で販売すること等（B）のライセンスを許諾するとしているから，本件金員は，右A及

びBの対価としての性格を有するものと解することができる（本件米国特許権とAの我が国等における製造のライセンス許諾との関係については，後にイで検討する。）。

　また，本件契約6条によると，被控訴人が米国内での販売の目的で輸出入するために販売した本件プリンター等について，ロイヤルティを支払うべきこと及びその算出方法が明示されているから，右Bの点（米国における販売等のライセンス許諾）が本件金員の対価とされていることは明らかである。

②　また，本件契約4条は，発行日以前に発生した本件米国特許権の侵害についてのすべてのクレームから，被控訴人と関連会社等を開放・免責し，発行日以前に米国に輸入・販売された本件プリンター等についていかなる行政上又は司法上の訴訟を提起しないとしており，他方，本件契約における被控訴人の主要な負担は本件金員の支払であるから，右解放・免責等も，実質的には本件金員の対価とみることができる。そして，右解放・免責は，主として前記Bの米国における販売等のライセンス許諾と関係するものということができる。

③　さらに，本件契約5条aでは，A社は，1988年（昭和63年）11月17日（本件契約締結の5年後）までに出願するあらゆる国における特許（外国対応特許を含む。しかし，本件米国特許権を除く。）について，被控訴人に対し，本件プリンター等の製造・販売等を理由として何らの主張をしないこと（特許の不主張）を約しており，他方，本件契約における被控訴人の主要な負担は本件金員の支払であるから，本件金員は，実質的には，右特許権不主張の対価の意味をも有すると解される。

　もっとも，本件契約5条は，aとbが対をなし，A社と被控訴人が相互に特許権不主張を約束しているので，5条aの定めるA社が本件米国特許権に基づき本件プリンター等について被控訴人に対して何らの主張をしない旨の約束と，同条bの定める被控訴人が被控訴人の有する特許権に基づき本件プリンター等の製造・販売等についてA社に対して何らの主張をしない旨の約束とが対応し，5条aと本件金員とは対価関係に

ないようにみられなくもない。しかし，本件紛争の発端及び実質は，A社が同社の有する本件米国特許権が侵害されたと主張したことにあり，被控訴人が被控訴人の特許権が侵害されたと主張したことによるものではないから，実質的な意義を有するのは５条ｂよりも５条ａである（被控訴人は，５条ｂは，本件契約後に被控訴人が技術を開発して特許を取得することを懸念したＡ社が設けたものと推測しているが，右は推測の域を出ない。）。そして，本件契約全体における双方の義務ないし負担を対比すると，本件金員の支払は，広義では，５条ａに基づくＡ社の特許権不主張との対価関係にあるものというべきである。

　しかし，本件契約２条（ライセンス許諾）や６条（ロイヤルティ及び数量の決定）と対比すると，５条の特許権不主張は，２条のライセンス許諾に比べ，本件金員の対価としての性格は相対的に小さいと認められる。

イ　右のように，本件金員の対価としては，右アの①ないし③が含まれるが，①のライセンス許諾には，米国における販売等のライセンスの許諾（前記Ｂ）のほかに，我が国を含むすべての国における製造等のライセンス許諾（前記Ａ）が含まれ，②の開放・免責は，専ら米国における販売（Ｂ）に関するものであり，③の特許権不主張には，我が国等における製造に関する面（Ａ）と，米国における販売に関する面（Ｂ）とが含まれている。

　ところで，特許権は属地的なものであり，本件米国特許権は米国においてのみ効力があるものであって，被控訴人が米国以外で本件プリンター等を製造しても，その国における対応特許権に触れることはあっても，本件米国特許権に触れることはないはずであるから，本件米国特許権に基づき世界中で本件プリンター等を製造するライセンスを許諾する（前記Ａ）ということは，矛盾を含むものである。

①　被控訴人の主張について

　被控訴人は，右の矛盾について，世界中での製造のライセンス許諾（Ａ）のうち米国以外における製造のライセンス許諾は，本件ロイヤル

ティの対価とはなっていないとし，Aの文言を入れたのは，米国における販売等のライセンス許諾（B）を引き出すためのいわば枕詞として必要であったことと，被控訴人の米国以外における製造が米国内における本件米国特許権に対する寄与侵害あるいは幇助侵害に該当するとされるおそれがあるから，被控訴人がそれを免れ得るために設けたものであると主張する。

しかし，本件契約2条の右の部分を単なる枕詞とは理解しにくいし，また，同条には寄与侵害の防止といった文言はなく，寄与侵害の防止を示唆する表現もされていないから，同条を被控訴人主張のように読むことは困難である。

② 控訴人の主張について

他方，控訴人は，A社が被控訴人に対し我が国等における製造のライセンスを許諾したことは，本件出願権の使用の許諾等を意味するか，A社の技術の導入を認めたものであると主張するので，検討する。

(7) 本件出願権について

(一) A社は　我が国において，本件米国特許権に係るものとして，昭和50年7月1日に特許出願をし（もっとも，右特許出願に係る発明が本件米国特許発明の重要部分をカバーしていたか，その一部にすぎなかったかについては，争いがある。），右特許出願について，本件契約締結以前の昭和51年3月3日に出願公開がされ，本件契約締結後の昭和59年9月13日に出願公告がされ，その後昭和63年1月14日に至り特許権設定の登録がなされ，我が国においても特許権が発生した。

本件契約締結の時点では，右特許出願は，出願公開されてはいたが，出願公告されていなかったところ，特許法65条の3（現在の65条）1，2項によると，特許出願人は，出願公開があった後に，ⅰ発明の内容を記載した書面を提示して警告をしたときは，その警告後出願公告前に業としてその発明を実施したものに対し補償金の支払を請求することができ，ⅱ警告をしない場合でも，出願公開がされた発明であることを知って業として発明を実施した者に対し補償金の支払を請求することができ

るが，右補償金請求権は，出願公告があった後でなければ行使することができないとされている（なお，被控訴人は，右補償金請求権行使のためには，さらに，模倣されたことが要件となると主張する。）。

また，特許出願が出願公告されると，特許出願人は，業として特許出願に係る発明を実施する権利を専有することになる（特許法52条1項）。

さらに，出願された発明が将来特許を得れば，特許権に基づき，出願に係る発明を専有する権利を得ることになり（特許法68条），他の者に対して差止めその他の権利を得ることになる。

そうすると，特許出願人は，出願公開の段階においても，一定の要件の下に前記補償金請求権を取得しており，また，将来出願公告さらには特許を得る可能性に関する利益を有することになる。その意味で，これらを本件出願権と呼ぶことができる。

ところで，右のとおり，特許出願は，出願公開されても，一般には，その存在を知ることが困難であるため，補償金請求のために出願人による警告を要件としたものであるが，被控訴人は，A社からのITC提訴後，右出願公開の事実について調査することは十分可能であったし，被控訴人の本件契約担当者の中には，右出願公開の存在を知っていた者がいた。

(二) A社が米国で特許出願をしてから約1年後に我が国においても本件米国特許権の対応特許について特許の出願をしたことは，A社が，本件米国特許権に対応しその内容をなす技術は我が国においても有用で価値があると考え，我が国においても特許を取得することを目指していたことの証左であると考えられる（ただし，A社は，当時，被控訴人等の日本企業に対し，本件出願権に基づき補償金請求をしていなかったばかりか，前記警告もしていなかった。）。

他方，被控訴人としても，本件契約5条aの特許権不主張の合意を得ることは，我が国で本件プリンター等を製造し続けても，A社から補償金請求権の行使を受けないこと，将来成立し得るA社の我が国における対応特許権に触れないことにおいて，客観的には一定の利益があったも

のと考えられる（もっとも，被控訴人は，A社による補償金請求権の行使等を強くおそれていたとは認め難い。また，本件プリンター等の許諾台数の定め方等に照らすと，被控訴人は，A社の我が国における対応特許権の対立をやや先と予想したためか，これをそれほどおそれていたとも認め難い。）。

㈢　そうすると，本件契約交渉において，本件出願権について実際に具体的な協議がされたとは認められないけれども，本件契約5条a（特許権不主張）において，A社が本件契約の5年後までに出願するあらゆる国における特許権（本件米国特許権を除く。）について被控訴人に対して何らの主張をしないことを定めたのは，我が国においても，本件出願権による補償金請求権等を行使しないこと，本件出願権が将来特許として成立した場合においてもこれに基づいて何らの主張もしないことを約束したものとみることができる。

　本件契約2条においては，「許諾特許（本件米国特許権）に基づき」我が国等における製造のライセンスを許諾するとしているだけであるが，5条aと合わせると，結局，被控訴人は，本件金員を支払うことにより，我が国等においてA社から何らの主張も受けないで本件プリンター等を製造する自由ないし利益をも得たことになる。

　そして，本件契約における被控訴人の主要な負担は本件金員の支払であるから，本件金員は，実質的には，右のような自由ないし利益を被控訴人に与えることの対価としての面があることは否定し難い。そして，右の面に着目する限り，本件金員は，所得税法161条7号イの「工業所有権その他の技術に関する権利……の使用料」とみることもできるというべきである（もっとも，認定した本件における実情からすると，本件金員の対価としての意味合いの点においては，本件出願権にかかわらず被控訴人が我が国等における製造を事実上容認されること（A）は，本件米国特許権による米国内の販売等のライセンスの許諾（B）に比べて，相対的に比重が小さかったことは否定できない。）。

(ｲ)　技術導入（技術使用の許諾）について

(一) また、本件米国特許権に基づき我が国等において本件プリンター等を製造するライセンスを許諾するという本件契約２条の前記内容を矛盾なく理解するためには、被控訴人がＡ社から、本件米国特許権に対応しその内容をなす技術に基づき、我が国を含む世界中で本件プリンター等を製造することを許諾されたものと理解することもできなくはない。

被控訴人は、大蔵大臣及び通商産業大臣あてに「技術導入契約の締結に関する届出書」を提出し、本件契約の概要を報告した。右届出は、外国為替及び外国貿易管理法（平成３年法律第40号による改正前のもの）29条１項に基づくものであり、右表題は、同条項にいう「工業所有権その他の技術に関する…使用権の設定」等を意味するものであって、導入する技術を本件米国特許権としている点を含め、ほぼ本件契約の内容を記載したものであるが、本件米国特許権に対応する技術を導入したこと又は右技術の使用の許諾を受けたことを記載したものとみることができる。

そうすると、本件金員は、右のような技術に関する権利又はこれらに準ずるものの使用の対価として支払われたものと解することもでき、これは、所得税法161条７号イの「工業所有権その他の技術に関する権利、特別の技術による生産方式若しくはこれらに準ずるものの使用料」に当たるものと解することも可能である。

(二) これに対し、被控訴人は、技術には公開されている技術と公開されていない技術があるが、ノウハウ等の公開されていない技術と異なり、公開されている技術は公共のものであり、特許権で保護されていない限りだれでも自由に無償で利用することができるものであるから、これを使用した場合いかなる意味においても使用料が発生することはあり得ないものであり、また、特許ライセンスは、特許権者が特許権の効力たる排他権を発動しないという不作為義務を相手方たる被許諾者に対して負担することを意味し、ライセンシーから特許権者に支払われるロイヤルティはこの不作為義務に対する対価であるのに対し、技術ライセンスの場合はまさに技術の使用の対価であって、特許ライセンスと技術ライセン

スとは異なると主張する。

　確かに，特許に対応する技術であれば，特許権による保護以外にはないとも考えられる。しかしながら，一般に公開されているといないとにかかわらず，技術はそれ自体財産的価値のあるものであって，特許権（対応特許）で保護されない限り財産的価値が全くないものということは相当でなく，産業上価値のある技術を使用させ，これに対して対価として使用料を徴求することはあり得るところである。そして，所得税法161条7号イは，「これらに準ずるもの」と規定することにより包括的な定めをしているから，右のような場合には，その使用料は所得であって，これに対して課税することができるものと考えられる（もっとも，本件においては，被控訴人は，本件契約の前後を通じてA社から新たな技術を学んで受け入れたとは認められず，被控訴人の技術によって製造していたものについて，A社の本件米国特許権に対応する技術によるクレームを受けないことになったにとどまると認められる。）。

(ｳ) 前記のとおり，本件契約の2条は，明らかに，被控訴人が世界中で本件プリンター等を製造するライセンスを許諾すると定めており，右の定めは被控訴人の主張する寄与侵害，幇助侵害との関係で挿入したとは考えにくいから，被控訴人が我が国において本件プリンター等を製造することのできる地位も許諾され，これも含めたものが，本件ロイヤルティを条件に発生するとされている以上，本件金員との対価関係を否定することは困難である。また，外国対応特許も含めた特許権不主張の点も広義では本件金員の対価となっており，これには我が国における製造に関する面を含むものである。

　そして，A社による許諾の根拠は，本件出願権とみることもできるし，控訴人の主張するような右の技術であるとみることも可能であるというべきである。

ウ　本件金員の性格は以上のとおりであるが，結局において，その対価には，我が国等における製造のライセンス許諾，我が国における製造について特許権を主張されないこと等の我が国における製造に関する面（A）

と，米国における販売のライセンスの許諾，米国における販売に関するクレームからの開放，米国における販売等に対する特許権不主張の面（B）の双方の面を含むとみることができる。
(3) 国内源泉所得性（国内業務関連性・使用地）
ア　我が国で製造することの許諾等に対する対価について
① 以上のとおり，被控訴人は，我が国において，本件出願権又は右許諾された技術を使用して本件製品を製造し得るとされたのであるから，その使用料とみ得る部分は国内源泉所得になる可能性があるといわなければならない。
② なお，本件契約6条aには，前記のとおり，「本契約の下で行われる支払は，本契約書に基づく，被控訴人に関するITC訴訟の終結と，許諾特許（本件米国特許権）に関する両当事者間の未解決のすべての紛争の解決に対する対価である。したがって，日本の源泉課税は支払う必要はない。支払は，日本の源泉税の控除なしに行われるものとする。」との条項がある。

しかし，契約条項に源泉課税を支払う必要はないと定められているからといって，課税当局において源泉課税をすることができなくなるものではなく，客観的にみて，我が国の国内源泉所得に該当する場合には，我が国における課税の対象となるものである。

また，本件契約6条aに定めるとおり，本件金員がITC訴訟の終結の対価としての側面があることは否定できないが，それは，ITC訴訟の終結の際に支払われるという形式的側面に着目してのことであって，その実質は，前記のとおりA社が被控訴人に対し本件プリンター等を世界中で製造し，米国で販売等することを許諾する対価であるというべきであり，このことは，同条にITC訴訟の終結の対価である旨と合わせて，「許諾特許に関する両当事者間の未解決のすべての紛争の解決に対する対価である。」と明記されていることからも明らかである。

控訴人は，逆に，本件契約6条aの右条項の存在も踏まえ，2条において許諾の対象たる特許に本件米国特許権しか掲げず本件出願権を明示

しなかったのは，日本における源泉使用の認定を回避し，源泉所得税の課税を回避するためであったと主張する。確かにＡ社に源泉所得税の課税を回避しようとの意向があったことはうかがえるが，本件契約6条ａの源泉課税不要の条項をもって，本来源泉所得税の納税義務があることを認識しながら故意にこれを免れるために設けた条項とまでは認められないし，本件契約の2条で許諾の対象として本件出願権を明示しなかったことも，日本における課税を回避するために意識的に除外したものとは断定できない。

イ　米国で販売することの許諾等の対価について

　他方，前記(2)イウで判示したとおり，本件金員の対価には，被控訴人が米国において本件プリンター等を販売することの許諾，米国におけるクレームからの開放，米国における販売に対する特許権不主張等に基づく利益（前記Ｂ）が含まれることも明らかである。

　そして，これら米国で販売すること等の対価としての部分は，被控訴人の国内業務に係るものとはいえず，国外業務に関するものであり，また，その権利（本件米国特許権）の使用地が米国であって我が国ではないことは，明らかである。

ウ　本件契約の理解及び国内業務関連性（使用地の所在）について

①　そして，我が国における製造の対価と米国における販売の対価とが明確に区分できる場合には（前記の解釈によれば，第三国における製造等の対価も含まれることになるが，ここでは右の2つに類型化することとし，第三国における製造等はしばらく措く。），我が国における製造に対する使用料の部分のみが国内源泉所得となるものと解される。

　右の両者が明確に区分できない場合は，裁量的に按分することも考えられないではない。しかし，日米租税条約6条(3)は，「当該財産又は権利の一方の締約国内における使用又は使用の権利につき，当該使用料が支払われ…る場合に限り，当該一方の締約国内の源泉から生ずる所得として取り扱う。」と定め，所得税法161条7号イの「当該業務に係るもの（使用料）」も同一に解すべきであるから，右のような裁量的な按分

課税は原則として予定されていないと考えられる。

　そうすると，我が国における製造の対価が使用料の主要部分であると認め得る場合には，我が国が使用料全体について課税した上で，日米租税協議にゆだねることも許され得ると考えられるが，そうでなく，対価の主要部分が国内業務に係るものと認められずむしろ国外業務に係るものと認められる場合，いいかえると，我が国を使用地とするものと認められずむしろ米国を主たる使用地とするものと認められる場合には，我が国が当該外国法人に対し課税し得る根拠を見いだすことは困難というべきである。

② そこで，本件契約において，本件金員が主としていずれの対価であるかについて検討する。

(ｱ) 認定事実からすると，次の事実を指摘することができる。

㈠ 本件契約の内容は，いわばグローバルな解決をめざしているようにもみえるが，そもそも本件紛争は，被控訴人が米国における本件プリンター等の販売を拡大し，Ａ社がこれを防ごうとしてＩＴＣに提訴したことに端を発するのであり，Ａ社の関心は，米国内における販売シェアの維持ないしそれによる利益の確保の点にその中心があったことは明らかである。被控訴人としても，我が国で製造した本件プリンターの主たる販売先は米国であったから，米国への輸入を差し止められることを最も懸念して，急遽本件契約（和解）の締結に至ったものであって，現に本件契約の締結により，ＩＴＣ訴訟は終結をみたのである。

㈡ 本件契約２条において，許諾の対象となるライセンスとしては米国特許権のみを明示し，また，ライセンスの許諾の対象として，全世界における製造とともに米国における販売等が明記されているところ，Ａ社の有する本件米国特許権によって直接差し止めることができるのは，右米国における販売等のみである。

㈢ 本件契約６条にかける本件金員（ロイヤルティ）の算定にあっては，本件プリンター等の米国向け販売の品種，金額について，本件米国特許権の各クレームに対する違反ごとにパーセンテージを乗じて算定するも

のとし，それに基づいて，過去の分も将来の分も計算されている。

　この点につき，控訴人は，まず，本件契約6条はITC向けに作成された色彩があると指摘する。確かにその面がないとはいえないが，A社の主たる関心は米国における販売の利益確保にあったといえるから，右算定方法は，そのようなA社の利益に一致していて，不自然さは乏しい。

　控訴人は，次に，6条全体をみると，主眼は一時金たる本件金員にあり，算定方法は一時金の額を定めるための便法にとどまると主張する。本件金員のうち19万ドルの性格は，本件契約上明示されていないものの，57万ドルが将来のロイヤルティの前払いとされていることと対比すると，過去の分のロイヤルティ又は損害賠償とみられるところ，これにつき，A社は23万ドルを提示し，被控訴人が19万ドルを反対提案して，A社が被控訴人の提案を受け入れたものであり，被控訴人の側の計算では過去の米国での販売分に対するクレーム違反としては相当低い金額であったというのである。また，将来分のロイヤルティも一定額（57万ドル）が前払とされ，しかも原則としてその返還は認められないこととされており，右前払分の額自体は特に明確な根拠のあるものではない。そうすると，確かに本件金員の金額の決定には便法としての面がないわけではないが，将来のロイヤルティが前払一時金に達した後は前記算定方法に従って発生し続けるのであるから，右算定方法を全くの便法とみることはできないし，6条はライセンス許諾を定めた2条等に符合しているのであって，本件金員の額が米国における販売量に対応して算定された事実を軽視することはできない。

　控訴人は，さらに，6条c，7条によると，算定の基礎となる正味販売価格は，被控訴人のインボイス価格等を基礎としているから，むしろ日本国内での製造及び米国への輸出までの使用を基礎としたものであると主張する。確かに，6条aでは，ロイヤルティの基礎となるものは「米国内での販売等の目的で米国に輸出入するために被控訴人が販売した本件プリンター等」とされていて，直接には被控訴人から米国子会社への販売を対象とし，7条によれば，その価格もインボイス価格，FO

Ｂ被控訴人工場渡し，あるいはＦＯＢ空港渡しなどとされている。しかし，本件契約２条と合わせてみると，本件契約６条が米国内での販売等のための品種・数量に対応してロイヤルティを決定するものであることは明らかであり，その基礎となる正味販売価格を７条のようにして定めることにしたにとどまると解されるから，控訴人の指摘する右の点をもって，ロイヤルティの算定が日本での使用を基礎としたものと理解するのは相当でない。また，６条ａによると，米国外への積換えのために保税で米国に入ったものは除かれているから，ロイヤルティの対象が米国への輸出入・米国における販売であることは間違いのないところと考えられる（まして，前記正味販売量の額の算定方法の点が，日本における製造量を基準としてロイヤルティを決定するものでないことはいうまでもない。）。

(四)　また，Ａ社と被控訴人の間では，本件契約締結後に被控訴人が米国に販売できる数量の点が契約交渉における重要な争点となり，プリンターについては50万台，タイプライターについては無制限として合意に達したものであること（本件契約２条）も，本件金員の主要な対価が米国における販売の点にあることを裏付けるものである。

(五)　さらに，本件契約８条は，被控訴人が米国に輸出した本件プリンター等の数量等について報告義務を課しており，この点も，本件金員の主要な対価が米国における販売の点にあることを裏付けている。

(イ)　以上①ないし⑤の事実によると，本件金員の主要部分は，米国における販売の対価であると認めるのが妥当である。

　すなわち，前記のとおり，本件金員は，我が国等における製造の許諾の面（Ａ）と，米国における販売等に対する許諾の面（Ｂ）の双方を含み，両者はほぼ重なり合うような関係にあるともみられるが，本件金員の対価としては，Ｂの面が直接的，具体的，明示的であるのに対し，Ａの面は間接的，抽象的なものにとどまるということができるから，本件金員の主要部分は，米国における販売の対価の面（Ｂ）にあるというべきである。

③　本件金員の支払主体について

　ところで，本件プリンター等を米国に輸入し販売していのは被控訴人とは別個の法人である被控訴人の米国子会社であり，被控訴人は，本件プリンター等を我が国で製造し，右米国子会社に販売していたものであるから，形式的には，本件米国特許権を実施するのは，本件プリンター等を米国に輸入し販売する被控訴人の米国子会社であって，被控訴人ではないことになる。他方，本件金員の支払義務を負ったのは被控訴人であり，しかも，被控訴人は米国子会社の負担すべき使用料を負担したとして寄付金課税の税務処理を行っていないのであるから，本件金員が被控訴人の米国における販売の対価であることに疑問が残らないではない。

　しかしながら，本件金員が，被控訴人及びその関連会社が米国内で販売することの対価でもあることは，本件契約の条項上明らかである。そして，本件において被控訴人が使用料を支払ったのは，両会社が親子会社として経済的に一体をなしていることによるものと認められるのであって，このことから，本件金員の対価が，被控訴人の日本国内における製造のみであると結論づけるのは相当でなく，その旨の控訴人の主張は採用し難い。

④　いわゆる製造根源説について

　また，控訴人は，特許の本質は，製品を販売するところにあるのではなく，物を製造するところにあるから，使用料の対価としても製造を主たるものと考えるべきであると主張する。

　特許権の実施とは，物の生産から最終消費に至るまでの間の製造，使用，販売等の各段階における特許発明の使用行為であり，通常，製造と販売の双方の段階で実施されていると考えられる。

　しかし，特許権の許諾を受けた者の所得は，製品を製造したときではなく，これを販売したときに実現し，その実現した所得に対して課税されるのであり，また，特許権者が損害を被るのは，製品が販売されたときであることからすれば，少なくとも所得課税の観点からみた場合，重視すべきは製造ではなくむしろ製品の販売であるともいうことができる。

したがって，当該契約の内容を離れて，一般的に，特許の本質が製造にあるから，製造地をもって使用料に係る所得の源泉地あるいは特許等の使用地であると結論づけることには疑問があるというべきであり，むしろ，当該契約内容によって決すべきものと考えられる。

⑤ 行政慣行について

　控訴人は，国際的な課税については関係国の解釈適用に差異が生じ得るものであり，所得税法の解釈適用については我が国に権限があるところ，我が国に特許権利者の出願権があり，その許諾を得て我が国で製造する場合に，国内源泉所得として課税するのが確立した行政慣行となっていると主張する。

　しかし，控訴人が確立した行政慣行として主張する昭和59年の個別通達（昭59直審2－21）は，本件と同時期にA社が支払を受けた金員に関するものであり，本件納税告知当時確立した行政慣行であったとはいい難いし，その他に確立した行政慣行とまでいえるものがあるとは断定できない。また，日米租税条約の解釈適用に両国に差異が生じ得ること，そのために協議が予定されていること，我が国税務署が国内源泉所得に対する課税権を有することは明らかであるが，行政慣行が法令ないし条例に優先することはあり得ないし，法令の解釈適用においても，行政慣行はひとつの参考となるにとどまるものと考えられる。

⑥ 以上の検討によれば，本件契約においては，米国内における販売を重視しており，本件金員の対価の主要部分は，米国内における本件プリンター等の販売のライセンスの許諾であると認められる。そうすると，本件金員を所得税法161条7号イの国内業務に係るものとみることはできず，また，日米租税条約における使用地が我が国であると認めることもできない。

エ　ひるがえって，再び制度全体についてやや大局的にみてみると，日米租税条約によれば，我が国に源泉を有する所得については，日米双方が課税できるものであって，米国の課税権を排除しているわけではない。また，双方の課税権が衝突した場合には協議の場も設けられている。さ

らに，所得税法の税率も特別法で減縮されている。このような制度の下では，本件のように，本件米国特許権に対応した出願権，あるいはその内容をなす技術の使用の許諾がされ，国内の業務に用いられて製造された製品が米国に輸出・販売され，その全体に関連して外国法人が国内業者から使用料の支払を受けた場合には，支払業者の属する我が国がその全額につき課税することを許し，二重課税のおそれがあるとすれば，日米租税協議にゆだねればよいと考えられないでもない。

しかしながら，外国法人の所得に対し我が国が課税できるのは，国内源泉所得に限られており，かつ，日米租税条約では，一方の締約国（我が国）の源泉から生ずる所得として扱うためには，一方の締約国（我が国）における財産・権利の使用につき使用料が支払われる場合に限ると限定的に規定している。

そうすると，本件契約を客観的，合理的に解釈した場合に，本件金員は直接的，具体的，明示的には米国における販売（権利の使用）の対価と認められ，換言すると，本件金員の主要な部分が米国における販売の面の対価であると認められる以上，我が国に源泉を有する所得であるとは認めがたく，また，我が国を財産・権利の使用地であると認めることも困難である。したがって，結局において，我が国が課税することの根拠は薄弱であるといわなければならない。

3. まとめ

そうすると，被控訴人がＡ社に対して支払った本件金員が所得税法161条7号イの国内業務に係る使用料に当たり外国法人Ａ社の国内源泉所得であることを前提に，被控訴人がその源泉徴収納付義務を負うとして，控訴人が被控訴人に対してした本件各納税告知は，適法であるとは認められないというべきである。

したがって，本件各納税告知中，特例法3条1項の適用によって減縮された税額に係る部分を除く部分は，適法であるということはできない。

以上の検討によれば，本件各納税告知（Ａ社に対する国内源泉所得に係る所得税について，被控訴人にした納税告知）は，減額還付に係る部

分を含め，適法ということはできないから，これを前提とした本件不納付加算税賦課決定は，その全部について適法とは認められない。

控訴人は，日米租税条約に関する租税届出書及び還付請求はA社が行うものであり，還付金もA社が受領するものであるから，右還付によって納期限に発生した被控訴人の納税義務に消長はなく，本件不納付加算税賦課決定は適法であると主張するが，右のとおり本件各納税告知は全体として違法であるから，控訴人の主張は採用できない。

⒁ 同族会社の行為又は計算の否認

【130】 大阪高裁 平成10年4月30日判決
（平成9年（行コ）第36号・所得税更正処分等取消請求控訴事件）

【当事者】
控訴人（原告）　　○○○○
被控訴人（被告）　城東税務署長

【判示事項】
所得税法 157条適用の可否

【事案の概要と争点】
本件は，年報9号整理番号【167】の控訴審である。

【判旨】
本判決は，控訴人の請求を棄却した原審（大阪地裁平成9年7月18日判決・年報9号 509ページ）の理由説示を一部付加・訂正するほか，これを引用して控訴を棄却した。

【131】 最高裁 平成10年5月26日第三小法廷判決
（平成10年（行ツ）第25号・所得税更正処分等取消請求上告事件）

【当事者】
上告人（控訴人・原告）　　○○○○ほか1名
被上告人（被控訴人・被告）　刈谷税務署長

【判示事項】

所得税法157条1項（同族会社の行為計算否認）適用の可否

【事案の概要と争点】

本件は，年報9号整理番号【139】の上告審である。

【判　旨】

本判決は，上告人の請求を棄却した原審（名古屋高裁平成9年10月23日判決・年報9号 437ページ，一審名古屋地裁平成9年1月31日判決・年報9号 418ページ）の判断を是認し，上告を棄却した。

【132】　東京高裁　平成10年6月23日判決

（平成8年（行コ）第125号・所得税の更正処分取消等請求控訴事件）

【当事者】

控訴人（原告）　○○○○ほか2名

被控訴人（被告）　船橋税務署長

【判示事項】

所得税法157条1項（同族会社の行為計算否認）を適用した更正処分の適法性

【事案の概要と争点】

本件は，年報8号整理番号【114】の控訴審である。

【判　旨】

本判決は，控訴人の請求を棄却した原審（千葉地裁平成8年9月20日判決・年報8号 413ページ）の理由説示を次のとおり一部付加・訂正するほかこれを引用して，控訴を棄却した。

同族会社の行為・計算の否認は，実質的に公平な課税を行うために所得を適正に把握しようとする制度であり，かつ，現実になされた相互に関連し一応整合性を有する一連の行為・計算を否認して，別の行為・計算に引き直すものであるから，現実になされた行為・計算の一部のみを取り上げて否認するのは必ずしも妥当ではなく，これと必然的に関連する他の部分をも否認して計算をし直すことが妥当な場合が多いと考えられる。

もっとも，同族会社の行為・計算を否認するに当たり，関連するすべて

の事項を否認して計算をし直すことは，相当の困難を伴う。本件の場合においても，前記管理料をもってA商事の収入とすることは一応できると考えられるが，これをどのように控訴人ら各人の給与・配当等に計算し直すかなどについては，当該同族会社の定款等その他種々の要因をも考慮せざるを得ないから，給与・配当の算定に相当の困難が伴うことは否定できない。そうとすると，同族会社の行為・計算の否認の結果，株主等に対する課税額等において著しく苛酷になるのであれば別として，そうでなければ，本件のような一定の箇所についての行為・計算の否認も，これをもって直ちに違法と断ずることは困難な面があるといわざるを得ない。そして，本件と基本的に同一の問題について，福岡地方裁判所平成4年5月14日判決（同裁判所平成元年（行ウ）第27号）の判決は，課税庁の否認及び役員報酬を考慮しない措置を是認し，右判決は，控訴審において控訴棄却となり，最高裁平成6年6月21日第三小法廷判決（最高裁平成5年（行ツ）第74号）においても，原判決に違法の点はないとして上告が棄却されているので，最高裁判所もこのような扱いを是認したものと考えられる。

⒂ その他

【133】最　高　裁　平成10年3月13日第二小法廷判決
　　　　（平成8年（行ツ）第156号・所得税の更正処分取消等請求上告事件）

【当事者】
　　上　告　人（控　訴　人・原　告）　　○○○○
　　被上告人（被控訴人・被告）　　　国，国税不服審判所長，広島南税務署長

【判示事項】
　　国に対する戦争賠償立替支払金の不当利得返還請求権の有無及び右請求権に基づく税額控除（税の減免）の可否等

【事案の概要と争点】
　　本件は，年報8号整理番号【115】の上告審である。

【判　旨】
　　本判決は，原判決（広島高裁平成8年3月27日判決・年報8号 420ペー

ジ，一審広島地裁平成7年5月18日判決・年報7号 501ページ）の判断を維持し，上告を棄却した。

2 法人税

(1) 納税義務者 ※

(2) 課税所得の範囲 ※

(3) 事業年度・納税地 ※

(4) 所得の帰属

【134】 広島高裁 平成10年7月16日判決
　　　（平成8年（行コ）第3号・更正処分等取消請求控訴事件）

　　【当事者】
　　　控訴人（原告）　　有限会社○○○○
　　　被控訴人（被告）　広島東税務署長

　　【判示事項】
　　　墓地造成・分譲の事業主体の認定，租税特別措置法63条適用の可否，預かり保証金の譲渡収益からの控除の適否，一括譲渡特例適用の可否及び錯誤による経費計算方法取消しの可否

　　【事案の概要と争点】
　　　本件は，年報8号整理番号【116】の控訴審である。

　　【判　旨】
　　　本判決は，控訴人の請求を棄却した原審（広島地裁平成8年7月30日判決・年報8号422ページ）の判断を維持し，控訴を棄却した。

【135】最　高　裁　平成10年10月27日第三小法廷判決
　　　（平成9年（行ツ）第73号・法人税更正処分等取消請求上告事件）
　　【当事者】
　　　上　告　人（控訴人・原告）　　〇〇〇〇株式会社
　　　被上告人（被控訴人・被告）　　蒲田税務署長
　　【判示事項】
　　　事業所得の帰属，経費の認定，仮装隠ぺいの有無等
　　【事案の概要と争点】
　　　本件は，年報8号整理番号【122】の上告審である。
　　【判　　旨】
　　　本判決は，上告人の請求を一部認容し，その余の請求を棄却した原審（東京高裁平成8年11月27日判決・年報8号 460ページ，一審東京高裁平成7年5月24日判決・年報7号 289ページ）の判断を維持し，上告を棄却した。

⑸　益金の額
ア　収益発生の認定
　【14】　那　覇　地　裁　平成10年2月18日判決（　31ページ参照）
　【163】　大　分　地　裁　平成10年3月3日判決（ 433ページ参照）
　【237】　宇都宮地裁　平成10年4月15日判決（ 696ページ参照）
　【165】　名古屋高裁金沢支部　平成10年11月30日判決（ 446ページ参照）
　【168】　大　阪　地　裁　平成10年12月18日判決（ 451ページ参照）

【136】仙　台　地　裁　平成10年1月19日判決
　　　（平成7年（行ウ）第10号・法人税更正処分等取消請求事件）
　　【当事者】
　　　原告　　株式会社〇〇〇〇
　　　被告　　仙台中税務署長
　　【判示事項】

売買契約書記載以外に支払われた代金の帰属

【事案の概要と争点】

本件は，名産菓子の製造及び販売業を営む原告の平成3年4月1日から同4年3月31日までの事業年度の法人税及び同事業年度の法人臨時特別税について，被告がした更正処分及び重加算税賦課決定処分の適否が争われた事案である。

主たる争点は，原告所有不動産売買において契約書記載の代金に加えて支払われた，原告の代表取締役Oを支払名義とする別途支払金が，売買代金の一部として原告に支払われたものか，立退料としてOに支払われたものかにあった。

【判　旨】

本判決は，次のとおり判示して，原告の請求を棄却した。

1. 本件別途支払金の性質及びその帰属について

(1) 本件売買契約書の締結と同日で作成された本件確約書の記載内容からすれば，原告及びJは，本件借地権の売買代金額を仙台市からの通知に従った額に表向き変更したようにしながら，実際は，当初原告から最低限の金額として呈示された総額11億3400万円を支払うこととし，そのうち1600万円は，建物の代金として支払うこととしたところ，その余の9338万3000円については，どのような支払名目にするか右時点では決まっていなかったものの，両当事者とも差額が売買代金の一部であると認識していたので，Jが原告に支払う義務があることさえ確認しておけば足りるため，本件売買契約書の締結時点では支払名目を決めることをしなかったもので，原告もJも，本件別途支払金が本件不動産の売買代金の一部と認識していたことがうかがわれる。そして，このような取扱いが，国土法ひいては税法上虚偽の届出をする結果となり当事者ともに不都合であることを認識していたからこそ，これを秘密事項とすることを約したものと認められ，他にこれを秘密としなければならないような必要性は見当たらない。仮に，原告が主張するように，原告とJが当初からOに立退料を支払う必要性を認識していたとすれば，本件届出書に本件借

家権の存在を記載するのが自然である上，わざわざ本件確約書で本件別途支払金の性質について後日協議して定めるといった不明確な定め方をするはずはない。もっとも，Jは，本件別途支払金について「移転費用」と記載したO個人名義の領収証を特に異議を述べずに受領し，右記載に従った経理処理を行ったことがうかがわれる。しかし，H証言によれば，本件不動産の売買に関する交渉の当初から原告の責任でOを本件建物から退去させることが前提となっており，現に本件売買契約書においても，その旨が明記されていた上，本件土地一帯の開発のため他に買収した不動産についても借家人が居住していた例はあるが，Jから借家人に立退料を支払ったことはないというのであるから，先のような対応，処理は，Jとしても，本件別途支払金の授受が国土法の潜脱となることを認識していたため，これを取り繕う便宜上したにすぎないと認めるのが相当であるから，これをもって，真実Oに対する立退料として本件別途支払金を支払ったものと見ることはできない。

(2) 次に，原告とOとの間で，立退料支払の合意が真実あったかについて見るに，本件別途支払金が真実Oに対する立退料であれば，O個人が右金員を資金として本件マンションを購入するのが通常と思われるにもかかわらず，原告が，本件マンションの買主の名義をO個人としながらも，実際には原告の所有に属するものとして，Oに賃貸するという取扱いをしていること自体，原告がその責任でOを立ち退かせるという本件売買契約書の約定を前提とした上，本件別途支払金は，Oではなく原告に帰属すると認識していたためであると考えられる。

加えて，本件では，本件マンションへの移転の前後でOに立退料の支払を受けるべき損失が実際上生じたとは認め難く，この観点からも，原告とOとの間に立退料支払の合意があったとは認められない。すなわち，本件マンションの購入に当たっては，購入代金の返済のための住宅ローンの返済を初め，その内装工事，火災保険，不動産登記手続，固定資産税及び都市計画税等すべてを原告が負担しており，Oに賃貸するに当たっては敷金や権利金等も取っていない。また，原告代表者によれば，O

が本件マンションに移転するときの家財道具類の運搬は，タンス等を専門業者に依頼したほかは原告の従業員を利用したり友人の手伝いにより行ったというのであるから，移転距離が近いこともあり経費はさほどかからなかったことが推認されるし，Oとその家族が右移転によって特段生活に不都合を来したような事情もない。

(3) 以上のとおり，OとJないし原告との間で，Oに立退料を支払うとの合意が真実存在していたとは認められないし，本件マンションの購入等の措置に加えて，Oが本件建物から立ち退くことについて金銭的補償をしなければならないような事情も見当たらない。したがって，本件別途支払金は，Oに対する立退料として支払われたものと認めることはできず，Jが原告に対して支払った本件不動産の売買代金の一部として支払われたものであり，原告らは，これがOに対する立退料であるかのように仮装したものにすぎないと認めるのが相当である。

2. してみれば，本件別途支払金が本件売買代金の一部であることを前提として，これを原告の所得としたうえ，損金に算入しないこととし，さらに原告の確定申告書の提出が，税額等の計算の基礎となるべき事実を隠ぺい又は仮装し，隠ぺい又は仮装に基づき納税申告書を提出したものと判断して被告が行った本件各処分は，いずれも適法というべきである。

【137】 前橋地裁　平成10年5月29日判決
（平成5年（行ウ）第3号・法人税青色申告承認取消処分取消等請求事件）

【当事者】
原告　有限会社〇〇〇〇
被告　富岡税務署長

【判示事項】
土地売買協力金受領の有無等

【事案の概要と争点】
本件は，製材業，建築業及び不動産取引業を営む原告の昭和62年4月1

第 3 章　賦課実体関係　373

日から同63年3月31日までの事業年度以降の法人税について被告がした青色申告承認取消処分並びに同事業年度の法人税について被告がした更正処分及び重加算税の賦課決定処分の適否が争われた事案である。

　主たる争点は，原告及び原告とその代表者が同じである訴外A建設の訴外Bゴルフに対する土地売却に関し，①同土地（以下「本件譲渡土地」という。）を含めBゴルフが経営する予定のゴルフ場用地の買収を請け負ったI社から同業務を受託した訴外C社から原告が協力金名下での金員4203万円余（以下「本件協力金」という。）を含む5800万円を受領したか否か，②原告が，本件譲渡土地の代替地として，C社から訴外D社，訴外E及び訴外Fが所有していた土地7筆（以下各土地を「本件取得A土地」のようにいい，本件取得AないしG土地を併せて「本件取得土地」という。）を無償で取得したか否かにあった。

【判　旨】
　本判決は，次のとおり判示して，原告の請求を認容した。
1.　原告が本件協力金を含む現金5800万円を受領したかについて
(1)　被告は，原告とA建設等が作成した承諾書（以下「本件承諾書」という。）に記された合意に基づいて，昭和62年10月26日，本件譲渡土地の買収を担当したC社従業員G，H及びI社副部長Jが原告代表者宅の応接間に臨み，Jが持ち運んだ現金5800万円を原告代表者に交付したと主張する。
(2)　本件承諾書について
ア　本件承諾書③項（以下「本件条項」という。）には，売買及び代替地取得契約の条件として「造成等諸条件の合意をしたのでその代価として貴社（Bゴルフ及びI社）は，当社（原告及びA建設）宛全金額として金5800万円也を決済することとする」と記載されているところ，原告は，本件承諾書の署名が原告代表者のものであることは認めるものの，同人が右署名をした当時，本件承諾書の原本には本件条項が記載されていなかったと主張し，原告代表者もこれに沿い，本件条項が記載されていなかったか，少なくとも金額部分の記載がなかったとの供述をしている。

イ 本件承諾書は，Bゴルフの税務調査の際に，同社がその事務所に保管していた原告に対する5800万円の支払証明書に写しの状態で添付されていたところを発見されたものであるが，Bゴルフは，右写しをGから入手したものであり，本件承諾書の各条項の配列状況からすれば，本件条項の3行部分，あるいは「金5800万円」との部分が欠落しているままでは不自然なものとなり，原告代表者が署名した当時，本件条項や金額の記載がなかったという原告代表者の供述もそのままには受け取りにくい。

ウ しかしながら，本件承諾書及び本件条項については，次の点を指摘することができる。

　　（略）

エ 右ウに指摘した点にかんがみると，前記イの点を考慮しても原告代表者が本件承諾書の原本に署名した当時，本件条項（少なくとも金額）が記載されていたことについては疑問を拭えず，本件承諾書の写しのみをもってしては，原告がC社から5800万円の支払を受ける旨の合意が存在していたものと認定することはできない。

(3) 被告は，右現金の授受が行われた10月26日から平成元年2月20日までの約1年4か月間に，原告の帳簿上の資産並びに原告及び原告代表者の関係者名義の資産が合計4995万5926円も増加していると指摘して，原告代表者が現金5800万円を受領した事実が裏付けられると主張するが，右4995万円余のうち，本件譲渡土地等の代金分の1596万9664円を原告の資産の増加と主張する点については，それが原告の帳簿上の数額を捉えて資産の増加というにすぎず，受領した現金5800万円による財産の取得を主張するものでないから，直ちに5800万円の受領の裏付けとなるとは解し難いし，資産の増加を基礎づけるものとしての個々の財産の取得は，その取得資金の調達が右現金以外からはあり得ないことを前提にしてこそ意味を持つものであるところ，被告は，原告代表者及びその関係者の年間の貯蓄可能性を論議するにとどまり，同人らが右財産の取得以前から有する資産の内容や，それを運用して取得した可能性を否定する主張，立証はなく，右財産の取得が右現金以外から調達された可能性を示す証

拠もあることなどを踏まえると，前記資産の増加がいまだ現金5800万円の受領を裏付けるものとはいい難い。

結局，原告代表者が現金5800万円を受領した事実を認めるに足りる証拠はないといわざるを得ない。

2. 原告が本件取得土地を無償で取得したかについて

(1) 被告は，Ｃ社が本件取得土地の代金を負担することにより，原告がこれを無償で取得したとして，原告には右土地代金の合計額である5220万円相当の受贈益が発生したと主張するものであるが，その主たる根拠は，原告は，Ｃ社から本件譲渡土地等の代金のみならず本件協力金をも含んだ現金5800万円を受領したのであり，これとは逆の金銭の支払い，すなわち，原告がＣ社に本件取得土地と本件譲渡土地等の代金の差額を支払うことはあり得ないという点にある。

(2) しかしながら，既に前記1．において判示したとおり，原告がＣ社から現金5800万円を受領した事実は認めるに至らない。

そして，以下に判示するとおり，原告の主張する本件差額金の支払いの事実については，これを認めることができる。

ア　原告は，Ｃ社との間で，本件譲渡土地等の代金を合計1596万9664円とし，本件取得土地のそれを合計3300万円として，その差額である本件差額金をＣ社に支払って本件取得土地を取得したと主張するものであるが，本件差額金の支払いの経過について次のとおり主張し（略），原告代表者もこれに沿う供述をしている。

イ　そこで，以上の原告の主張及びこれに沿う原告代表者の供述について検討すると，10月26日，原告が本件差額金と同額の小切手を用意していた点，翌27日，原告が右小切手を現金化していた点については，証拠上明らかに認定できる事実と整合しており，また，本件譲渡土地の所有権移転登記が本件取得ＡないしＤ土地のそれよりも遅れた理由について整合的に理解することができるし，右各土地の所有権移転登記手続きを行ったＱ司法書士事務所の受付カードにみる受付順序とも整合して理解することができる。

してみると，本件差額金の支払経過に関する原告代表者の供述は，具体性があり，かつ，客観的事実にも符合する自然なものであって，信用性が高いというべきである。

3. 原告の本件事業年度の帳簿書類の記載について

本件青色申告承認取消処分は，原告がC社から無償で取得した土地の取得代金相当額を収益に計上せず，また，C社から右土地に係る造成代金（協力金）として得た収益を計上せずに事実を隠ぺいして申告したことを処分の基因となる事実（法人税法127条2項の通知に係る理由附記）としてなされたものであるところ，以上に認定したとおり，右処分の基因となる事実は認められない。

【138】 神戸地裁 平成10年6月3日判決

（平成4年（行ウ）第38・39号・法人税更正処分等取消請求事件）

【当事者】

原告　○○○○合資会社ほか1名

被告　神戸税務署長

【判示事項】

本件土地譲渡に係る収益計上時期，損金算入の適否，税務調査手続の適否

【事案の概要と争点】

本件は，不動産管理業を営む原告X_1社及び建売，土地売買業を営む原告X_2社の昭和64年1月1日から平成元年12月31日までの事業年度に係る法人税について，被告がした更正処分及び過少申告加算税賦課決定処分の適否が争われた事案である。

主たる争点は，本件土地譲渡に係る収益計上時期，X_1主張の損金算入の適否，本件税務調査手続の適否にあった。

【判　旨】

本判決は，次のように判示して，原告らの請求を棄却した。

1.(1) 本件各土地の譲渡収益の計上時期についての判断

ア　本件売買契約書の内容にかんがみれば，右契約書により本件各土地をU社に売り渡す売買契約が締結されたと認められる。原告らは，本件売買契約書と同日付で本件覚書，本件売買予約契約書，本件確認書が作成され，これらによれば，本件各土地と建物とを一体として売却されていることが確約されていると主張するが，証拠によれば，これらは原告ら側で用意したものにU社が署名押印したものであること，これらを作成したのは税務上の理由であったこと，本件確認書によれば，本件売買は本件売買契約書及び本件覚書に基づいて履行されることが確認され，本件覚書には，建物の請負契約を締結した時期に，既に締結ずみの土地のみの売買契約を土地建物一体契約に変更して再契約を締結するとされていることからも，本件各土地について売買契約がなされたことが裏付けられる。加えて，①本件売買契約書において定められたとおりの期日である平成元年7月28日において，U社から原告X_2に対して残金の支払がされ，本件各土地の所有権移転登記がU社に対してなされたうえ，本件各土地の固定資産税に関する精算がなされていること，②U社が同日以降本件各土地に根抵当権を設定し，駐車場として賃貸していること，③S社の担当部長が，平成元年11月ころX_2の企画部長から本件各土地の所有者はU社であると説明された旨供述していることからすると，平成元年7月28日に本件各土地がU社に対し譲渡され，かつ，引き渡されたと認められ，原告X_2に対し支払われた合計46億3484万円がU社に返還されている訳でもないことをも考え合わせれば，本件事業年度において本件各土地の譲渡収益が実現していると認めるに十分である。

　そして，原告X_1と原告X_2との間において本件売買価額のあん分について特段の合意があったと認められない以上，原告X_1所有土地の売買価額に相当する分は所有者である原告X_1の収益として発生したというほかないから，原告X_1は右相当分の金額の預け金債権を原告X_2に有していたというべきである。原告X_1及び原告X_2の譲渡収益の金額は，本件売買契約書において本件各土地の売買代金額が単位面積当たりの単価に地積を乗じて算出されていることからすると，売買価額46億

3484万円を，原告X_1所有土地と原告X_2所有土地のそれぞれの地積（仮換地によるもの）であん分して算出するのが合理的であり，原告X_1については35億0029万0525円の譲渡収益が，原告X_2については11億3454万9474円の譲渡収益がそれぞれ本件事業年度において実現したというべきである。

イ　また，証拠及び弁論の全趣旨によれば，原告X_2は，昭和61年5月22日にA土地を取得し，同年6月3日にB及びCの各土地を取得したことが認められるから，前記の原告X_2所有土地の譲渡は，租税特別措置法（昭和63年法律第109号による改正前のもの）63条2項及び7項に規定する短期所有に係る土地の譲渡に該当すると認められる。

ウ　原告らは，本件土地建物売買契約書及び本件和解の存在を根拠に，本件事業年度において本件各土地の譲渡収益は実現していなかった旨主張するが，①これらはいずれも本件事業年度の法定申告期限を経過した後に作成又は合意されたものであること，②原告X_2に対し支払われた合計46億3484万円がU社に返還されて経済的成果が失われている訳でもないことに照らすと，本件土地建物売買契約書及び本件和解の存在によって前記の結論は左右されないというべきである。

(2)　原告X_1の無権代理の主張について

原告X_1は，本件売買契約書は，原告X_2が原告X_1から授与された代理権の範囲を超えて締結したものであると主張する。しかしながら，以下の理由により，右主張は採用できない。

ア　まず，本件合意書によれば，原告X_1は，原告X_2に対し，本件各土地上に建物を新築したうえで右各土地と建物を売却するという事業に関する包括的な代理権を授与したと認められる。そして，①土地建物一体の売買契約という表現は，土地及び建物を同一の買主に売却することを意味すると解されるが，当然に土地及び建物の所有権の移転時期が一致しなければならないことを意味するとは解されないこと，②本件売買契約書により本件各土地の売買が行われているものの，同じ日に締結された本件覚書には本件各土地上の新築建物の請負契約が締結された時期に

右売買を土地建物一体契約に変更して再契約を締結する旨の条項があるのであるから，本件各土地上に建物を新築したうえで土地と建物を売却するという共同事業の目的を達することができることを合わせ考えると，本件売買契約の締結が原告X_2の右代理権の範囲を超えてなされたものということはできない。

イ　原告X_1は，本件土地建物売買契約書の存在及び本件別訴において無権代理の主張をしていることを根拠に本件各土地の売買による所有権移転時期と本件新築建物のそれとが一致しなければならないという限定が加えられていた旨主張するが，いずれも後記の税務調査並びに本件課税処分がなされた後に生じた事実であることに照らすと，右各事実は前記アの判断を左右するに足りない。

2.(1)　本件事業年度における損金算入の可否を本件立退料についてみると，本件立退請負契約書において，本件旧建物の入居者の立退に要する全ての費用は原告X_2及びK社が負担する旨取り決められていることに照らすと，本件立退料を原告X_1の損金に算入することはできない。

(2)　さらに，ある費用を損金の額に算入するには，当該事業年度終了の日までに，当該費用に係る債務が成立し，少なくともその金額を合理的に見積もる必要があると解されるから，当該費用の金額の見積もりが可能な程度に債務の内容が特定していることが必要である。

　これを本件についてみると，本件立退料，本件解体費用，本件引越費用及び本件仲介手数料はすべて原告X_2が支出しているが，これらについては，前記のとおりの合意のみが原告らの間でなされているだけで，原告X_1が具体的にどの費用につきいくら負担するかについての定めはなく，前記のような帳簿処理がなされていることにかんがみると，本件事業年度の終了の日までに原告X_1の立替金債務の額を合理的に見積もることはできないといわざるを得ない。また，原告X_1が主張する立退委託手数料についてみると，その額は，原告X_1が負担する費用の額が確定することが前提になっているものの，右費用の額が本件事業年度において合理的に見積もることができないことは右に判示したとおりであ

るから，結局原告X_1が原告X_2に対して負担する立退委託手数料債務の金額を本件事業年度の終了の日までに合理的に見積もることもできないといわざるを得ない。

(3) 以上のとおりであるから，原告X_1が主張する費用はすべて本件事業年度の損金に算入することはできない。

3.(1) 前記の事実並びに本件立退請負契約書によれば，原告X_1は本件事業年度においてその業務を原告X_2に委託した営業実体のない会社であると認められるから，原告X_2に対する帳簿書類等の調査の実施により，原告X_1の営業活動に係る帳簿書類等の調査を実質的に行ったとみることができる。してみると，X_1に対する本件課税処分には，法人税法130条1項に違反する瑕疵があったとは認められない。

(2) 公示送達の方法で送達を行った点について

ア 国税通則法14条1項は，同法12条の規定により送達すべき書類について，その送達を受けるべき者の住所および居住が明らかでない場合には，その送達に代えて公示送達をすることができる旨規定している。

イ これを本件についてみると，証拠によれば，①X_1に対する本件課税処分の当時には，原告X_1の社屋，事務所等はその商業登記簿上の本店所在地に存在しなかったこと，②X_1の代表者Mの所在を確認するため，本件確定申告書に記載されたMの住所地に国税局の職員を派遣した結果，転居しているとのことであったので，右転居先に数回にわたり赴いたり電話をかけたりしたが，平成2年4月17日付けで電話の利用休止届が出されるなどし，結局M本人と接触することができず，右転居先において居住していることの確認ができなかったこと，③M個人の確定申告書からMが報酬を得ていることが明らかとなった会社にMの所在を電話で確認したが，その回答は所在不明というものであったことが認められる。

ウ 以上のような事実関係に加え，Mは大韓民国にほとんどいる旨のHの証言を考え合わせると，国税通則法12条の規定により送達すべき書類の送達を受けるべき者の住所および居所が明らかでない場合に該当するというべきである。したがって，X_1に対する本件課税処分を公示送達の

方法で送達したことに違法な点はない。

4.(1) 原告X_2は，税務調査の実施の日時場所の事前通知，調査の目的内容の具体的な告知がなかったことを違法であると主張する。

　しかしながら，質問検査に際し，調査の目的内容の具体的告知及び調査実施日時の事前通知は，質問検査を行ううえでの法律上一律の要件とされているものではなく，本件においては，右告知及び通知を行わなかったことにつき税務職員の合理的な裁量の範囲を超えたものというべき事情は認められないから，原告X_2の前記主張は採用できない。

(2) 原告X_2は，原告代表者の不在を理由に当日の調査を断ったにもかかわらず，国税局職員が平成2年4月3日の調査において午後6時まで原告X_2の執務室等にいた事実を違法であると主張する。

　証拠によれば，X_2の副社長 I が国税局職員に対し，N社長が不在であるから後日調査に来て欲しい旨申し入れ，これに対し国税局職員がN社長と連絡が取れるまで待たせて欲しい旨述べたことが認められる。

　しかしながら，①国税局職員が，できる限り調査を速やかに終えるために，被調査者の前記のような申入れに対し前記認定のようなことを述べて説得し了解を得ようとすること自体は全く許されないものではないこと，②前記の抗議の際に午後6時まで執務室にいたことについての抗議をしていないことからすれば，I 及び H が証言するほどに I が前記のような申入れを強く繰り返した訳ではなく，かえってN社長と連絡がつくのを待機していたにすぎないこと，③午後6時というのも特段遅い時刻でもないことを考え合わせると，国税局職員が原告X_2の執務室に午後6時までいたことについて，社会通念に照らして著しく不当な対応であったということはできない。したがって，原告X_2の前記主張は採用できない。

(3) 原告X_2は，調査の初日において，国税局職員が，I らに対し，自らの調査のことを特別調査と説明したことが違法である旨主張する。

　しかしながら，I らが，N社長の承諾がない限り帳簿類の提示はできないと国税局職員の要請を拒絶したことは前記認定のとおりであるから，

特別調査という言葉を用いたことによって、Iらの意思が制圧されたとはいえないし、そのような目的でなされたと認めるに足りる証拠もないから、国税局職員の右説明が社会通念に照らして著しく不当なものということはできない。したがって、原告X₂の前記主張を採用することはできない。

(4) 以上の他、前記の事実関係に、税務調査の方法として、社会通念に照らして著しく不当というべき点は見当たらないし、そのような事実を認めるに足りる証拠はない。したがって、X₂に対する本件課税処分の手続に違法な点はない。

【139】 最高裁 平成10年10月13日第三小法廷判決

（平成8年（行ツ）第29号・法人税更正処分等取消請求上告事件）

【当事者】

上告人　〇〇〇〇株式会社（旧商号〇〇〇〇株式会社）

被上告人　神戸税務署長

【判示事項】

訴えの利益の有無、輸出業における収益計上基準

【事案の概要と争点】

本件は、年報7号整理番号【138】の上告審である。

【判旨】

本判決は、原審（大阪高裁平成7年9月21日判決・年報7号529ページ、一審神戸地裁平成6年9月28日判決・年報6号464ページ）の判断を維持し、上告を棄却した。

【140】 東京高裁 平成10年10月28日判決

（平成9年（行コ）第191号・法人税更正処分等取消請求控訴事件（甲事件）・贈与税決定処分等取消し請求控訴事件（乙事件））

【当事者】

控訴人（甲事件・原告）　　株式会社〇〇〇〇

第 3 章　賦課実体関係　383

　　　（乙事件・原告）　○○○○
　被控訴人（甲事件・被告）　京橋税務署長
　　　（乙事件・被告）　武蔵野税務署長
【判示事項】
　株式売買契約についての要素の錯誤の存否及び錯誤無効の主張の可否等
【事案の概要と争点】
　本件は，年報 9 号整理番号【144】の控訴審である。
【判　旨】
　本判決は，控訴人らの請求を棄却した原審（東京地裁平成 9 年11月25日判決・年報 9 号 444ページ）の判断を維持して，控訴を棄却した。

【141】　福岡高裁　平成10年10月29日判決
　　　（平成 9 年（行コ）第16号・法人税更正処分等取消請求控訴事件）
【当事者】
　控訴人（原告）　○○○○株式会社
　被控訴人（被告）　大分税務署長
【判示事項】
　タクシー営業権の譲渡の有無
【事案の概要と争点】
　本件は，年報 9 号整理番号【143】の控訴審である。
【判　旨】
　本判決は，控訴人の請求を棄却した原審（大分地裁平成 9 年10月28日判決・年報 9 号 441ページ）と同旨の判示をして，控訴を棄却した。

イ　収益の計上時期

【142】　東京高裁　平成10年 7 月 1 日判決
　　　（平成10年（行コ）第176号・法人税更正処分等取消請求控訴事件）
【当事者】
　控訴人（原告）　株式会社○○○○

被控訴人（被告）　新宿税務署長

【判示事項】

収益の計上時期

【事案の概要と争点】

本件は，年報9号整理番号【146】の控訴審である。

【判　旨】

本判決は，控訴人の請求を一部認容した原審（東京地裁平成9年10月27日判決・年報9号449ページ）の判断を維持し，控訴を棄却した。

【143】　神戸地裁　平成10年9月30日判決

（平成7年（行ウ）第29号・法人税更正処分等取消請求事件）

【当事者】

　　原告　株式会社○○○○

　　被告　明石税務署長

【判示事項】

訴えの利益の有無，解決金の収益計上時期，仮装事実の有無，納税告知処分の適否

【事案の概要と争点】

本件は，菓子製造販売及び不動産の売買並びに仲介業を営む原告の平成2年4月1日から平成3年3月31日までの事業年度の法人税及び消費税について，被告がした更正処分等の適否と平成2年7月10日から平成5年1月11日までの源泉徴収に係る所得税についてした納税告知処分等の適否が争われた事案である。

主たる争点は，土地取引に係る解決金の収益上時期，訴外会社への支払が架空原価の計上に当たるか否か及び原告代表者個人による資金の流用事実の存否にあった。

【判　旨】

本判決は，次のように判示し，原告の請求を棄却した。

1.　収益計上時期

(1) 認定事実のとおり、本件解決金として、平成2年5月31日に22億2500万円が、原告代表者Aの意思に基づいて作られたO銀行T支店のA名義の口座に入金され、原告が右金員を受領したといえること、右口座の預金通帳をBが一時保管することについても原告代表者の同意があったこと、本件解決金のうち原告の分配金が右金額であることは本件契約の日の約1か月前に6名の当事者間で合意されていたこと等が認められ、これらの事実によると、平成2年5月31日に右22億2500万円は、確定的に原告に帰属したものというべきである。

(2) したがって、原告が平成4年3月期の帳簿書類に計上した20億2500万円について、法人税法上の収益帰属年度は本件事業年度であり、消費税法上の課税売上の課税期間も本件課税期間と認めるのが相当である。

2. 仮装事実の有無について

認定事実のとおり、N産業は、所轄税務署長に一度も納税申告書を提出したことがなく、平成元年12月から平成2年7月ころまで解散された状態にあり、A名義の普通預金口座から10億円の入金があった同年6月13日当時、事業活動を行っていた形跡がないこと、税務係官らによる調査の際に、原告は右10億円の原価性について再三説明を求められ、その後の面接でも追及されたが、何ら具体的な説明をせず、根拠となる資料も提出しなかったことが認められる。

また、原告が右10億円を本件契約に係る原価として支払ったのであれば、具体的な支払の趣旨、内容やN産業と本件契約との関係について、容易に主張、立証をすることができると考えられるにもかかわらず、本件訴訟において、原告は何ら主張、立証をしていない。

そうすると、右10億円は本件契約に係る原価とは認められず、実体のない法人であるN産業に対する支払として、原価に架空計上されたというべきである。

3. 10億円のAに対する貸付事実の有無

(1) N産業名義の普通預金口座に入金された10億円について、原告が原告代表者であるAに対して貸し付けたものいえるかを検討する前提として、

右10億円をAが個人的に流用したかを判断する。

　A名義の普通口座に入金された金銭のうち，N産業名義の口座に入金された右10億円が原告に帰属し，これをAが個人的に流用したと認めるには，これをAが何らかの形で使用したことが積極的に立証されるか，少なくともそれを推認するに足りる事実が立証されることが必要であると解される。

　そこで検討すると，前記のとおり，N産業名義の普通口座に入金された10億円は，もともと原告に帰属した20億2500万円から振り込みされたものであるうえ，原告は同族会社でありその代表者であるAは原告の財産を自由に管理，処分できる立場にあったこと，AがN産業名義の右口座の預金通帳の写しを所持していたこと，N産業は右入金の当時，解散された状態にあり経済活動を行っていなかったと認められること，Aが右10億円の支払の趣旨について税務調査の際に合理的な説明をしていないこと等の事情からすると，N産業名義の口座に入金された10億円は，原告ないしAが自由にできるものであった可能性が高いと認められる。また，右入金の当時，Aは，C及びDとともに和歌山県H町のゴルフ場開発に着手しており，株式会社Eの株式，H町の土地の買収及びゴルフ場開発，ハワイの物件の購入資金として多額の金銭を必要としていたこと，A又はF名義で購入したH町の土地のうち別表4＜略＞No.⑤ないし⑩，No.⑮ないしNo.⑱の土地については，N産業名義の口座に右10億円が入金された日から数か月以内に売買契約が行われており，No.①，No.⑪ないしNo.⑭については右入金に近接した日に売買がなされている（うちNo.⑬，No.⑭の登記は入金後である。）ことが，それぞれ認められる。さらに，原告は，本件訴訟においても右10億円の支払の趣旨について合理的な理由となる事実を主張，立証していない。

　そうすると，右10億円は，AがHにおけるゴルフ場の用地買収及び開発等の資金を賄うため，Aが実体のない法人であるN産業の口座を利用して入金した上で，何者かを通じてこれを引き出し，ゴルフ場用地買収及び開発等の資金として個人的に使用したものと推認するのが相当であ

(2) してみると，Aは，実質的には原告に帰属する10億円を個人的に流用したものであるから，右金員は原告がAに対し貸し付けたものと評価するのが相当である。

したがって，Aに対し，10億円の利息相当額の経済的利益を供与したと解した上で，平成2年6月分として300万円，同年7月ないし平成4年12月分として各月500万円の経済的利益について，原告が徴収すべきAの源泉徴収の所得税を法定納期限までに納付しなかったとして納税告知処分を行ったものであるから，右処分は適法である。

【144】 大阪高裁 平成10年12月28日判決
（平成9年（行コ）第63号・青色申告承認取消処分取消等請求控訴事件）
【当事者】
控訴人（原告）　○○○○株式会社
被控訴人（被告）　大淀税務署長
【判示事項】
青色申告承認取消事由の該当事実の有無，更正通知書における理由附記の要否，売買取引による損益の帰属及び計上時期
【事案の概要と争点】
本件は，年報9号整理番号【16】の控訴審である。
【判旨】
本判決は，控訴人の請求を棄却した原審（大阪地裁平成9年11月27日判決・年報9号41ページ）と同旨の判示をして，控訴を棄却した。

ウ 収益の額の計算

【152】 東京高裁 平成10年11月26日判決（ 414ページ参照）

【145】 大阪高裁 平成10年3月10日判決
　　　　（平成9年（行コ）第28号・法人税更正処分等取消請求控訴事件）

【当事者】
　控訴人（原告）　　○○○○株式会社
　被控訴人（被告）　上京税務署長

【判示事項】
　譲渡価額認定の適否，隠ぺい・仮装行為の有無

【事案の概要と争点】
　本件は，年報9号整理番号【148】の控訴審である。

【判　旨】
　本判決は，控訴人の請求を棄却した原審（京都地裁平成9年4月18日判決・年報9号 463ページ）と同旨の判示をして，控訴を棄却した。

【146】 神戸地裁 平成10年10月28日判決
　　　　（平成2年（行ウ）第21号・法人税更正処分取消等請求事件）

【当事者】
　原告　㈲○○○○
　被告　神戸税務署長

【判示事項】
　輸出取引先の認定，売買金額の認定

【事案の概要と争点】
　本件は，家庭用電気製品等の輸出業を営む原告と電機製品等の輸出業を営み，原告に権利義務が承継された有限会社T商会（以下「原告ら」という。）が，アフガニスタン国に商品を輸出する際に，中間買主である訴外香港法人のOT社と取引をした（以下「本件取引」という。）として同社への売却代金を所得金額として法人税の確定申告をしたのに対し，被告が右アフガニスタン国への商品輸出は直接に現地買主を売先としてなされたものであるから現地買主への売却代金が所得金額であるとして，右金額の差額（以下「本件差額」という。）を所得金額に算入する更正処分及び

過少申告加算税賦課決定処分を行ったことの適否等が争われた事案である。

主たる争点は，輸出取引先の認定，売買金額の認定等にあった。

【判　旨】

本判決は，次のように判示して，原告の請求を一部認容した。
1.　本件取引の買主は現地買主かＯＴか。
(1)　先行事件との関連について

　　証拠及び弁論の全趣旨によれば，先行事件に係る取引（以下「前回取引」という。）においては，ＰＴが中間買主として介在していたかが争われていたが，先行事件の第１審及び第２審の各判決は，前回取引の態様及びこれに対する原告らやＰＴの関与の状況，見積送り状の性質，原告らの取引相手に関する認識，ＰＴの営業実体等を総合して考慮し，前回取引の買主はＰＴではなく現地買主である旨認定し，右判決は確定したこと，ＰＴとＯＴは，ともに香港において原告代表者の弟であるＫが経営しており，事務所も同一場所にあり，経営内容もさしたる違いがないこと，前回取引においてＰＴが果たしていた役割と本件取引においてＯＴが果たしていた役割は同様のものであることが認められる。

(2)　売買契約書，保険料請求書，送り状について

ア　証拠及び弁論の全趣旨によれば，以下の事実が認められる。

(ｱ)　日本における輸出業者の多くが輸出取引において利用する海上保険は，その保険金額を売買代金の 110パーセントとするものである。

(ｲ)　①本件取引の中には，売主を原告，買主を（ＯＴではなく）現地買主とする売買契約書が存在するものが多数ある。また，右各売買契約書に記載された売買代金額は，右各取引に対応する保険料請求書に記載された保険金額を 1.1で除した金額とほぼ一致する。

②　本件取引の中には，売主を原告，買主をＯＴとする売買契約書も存在するが，右各売買契約に記載された売買代金額は，右各取引に対応する保険料請求書に記載された保険金額を 1.1で除した金額とほぼ一致するものの，右各取引についての売上計上額は右各売買代金額ではなく，その９割ないし９割５分とされている。

③ 前回取引の中には，海上保険金額を1.1で除した金額と売買契約書に記載された売買代金額が一致しているものが多くあった。
(ｳ) 本件取引の中には，売上計上額と同一の金額が記載された送り状があるものがある。しかし，証拠として提出された送り状の中には，単価の欄に手書きで書き込みがされたものもあり，右手書きで書き込みされた単価に輸出数量を乗じた金額は，保険料請求書記載の保険金額を1.1で除した金額ないしは売買契約書記載の売買代金額とほぼ一致する（ただし，うち一件については保険料請求書も売買契約書も提出されていない。）。なお，先行事件の判決において，送り状記載の金額が前回取引の売買代金額である旨の原告の主張は認められなかった。
イ また，原告は，保険金額につき，本件のような三国間貿易では現地買主の買受額を基準にするのが自然である旨主張するが，右主張事実を前提にしても，中間買主が保険料の負担を全く負わないとは考え難く，売主と中間買主との間では保険料負担についての合意がなされるものと推認することができるところ，本件において原告とＯＴとの間に右のような合意があった旨の主張はなく，右合意の存在を認めるに足る証拠もない。
(3) ＯＴ介入の必要性について
ア 具体的な理由の主張立証のないこと
　証拠及び弁論の全趣旨によれば，本件で問題となっている事業年度において，原告らがＯＴを介入させずに現地買主と直接行った取引が多数あり，また，当初はＯＴを介さずに現地買主と直接売買交渉をしていたことが認められる。
　したがって，ＯＴが本件取引の買主であるというためには，原告らが現地買主の代金支払能力の有無を，いつ，どのように判断し，ＯＴを介入させることにしたのかについて，具体的な理由が主張立証されてしかるべきであるのに，原告は，アフガニスタンが政治的，経済的に不安定な国であるという一般的抽象的事由を挙げるのみであり，このことが直ちにこの具体的な理由に当たるとはいえず，他に具体的な理由を認める

に足りる証拠もない。
　イ　代金不払いの危険が極めて少ない場合にもＯＴが介入していること
(7)　証拠及び弁論の全趣旨によれば，以下の事実が認められる。
　　　電信為替または電話送金（テレグラフィック・トランスファー）は，貿易取引で為替を組むときに，買主が自国の銀行に為替を組んでもらい，当該銀行が為替を組んだことを売主の銀行に電信で通知して，売主が売主の国の銀行から現金を受領するという送金方法であり，このような送金方法によれば，売主は，船積み前に売買代金を安全確実に全額入手できることになる。また，買主が信用状を開設した場合にも代金の支払いが確保される。
(イ)　また，証拠によれば，本件取引の中には，全額前払い，電信送金による前払い，全額電信送金，電信送金又は信用状による支払い，電信による信用状又は全額前払いといった内容の取引が多数あることが認められる。
(ウ)　右のような取引においては，代金不払いの危険は極めて少ないといえるのであるから，このような場合にまでＯＴが介入する合理的理由を認めることはできない。
(4)　ＯＴの営業実体について
ア(7)　証拠及び弁論の全趣旨によれば，ＯＴの経営者Ｋは，原告の代表取締役Ｈの弟で，原告らの役員であるＳの叔父であることが認められ，原告らとＯＴが密接な関係にあるものと推認することができる。
(イ)　証拠及び弁論の全趣旨によれば，先行事件において，原告は自らの主張を裏付けるためにＰＴの帳簿を平成３年５月20日に書証として提出したことが認められるが，本件においてはＯＴの帳簿類は提出されていない。ＯＴの帳簿はＰＴの帳簿と同じようなものである旨のＳの証言，前記(7)の原告らとＯＴとの関係からみて原告らが本件取引についてＯＴの帳簿類の提出を求めればＯＴはこれに応じるであろうこと，先行事件における前記書証提出時にはすでに本件訴訟でＯＴが本件取引の買主であるかどうかが問題となっていたことなども併せて考慮すると，ＯＴは

本件取引についてOTの帳簿類を作成していなかった疑いが強いといえる。
(ウ) 以上によれば、OTは、原告らから独立した営業実体を持っていないとの疑いが極めて強い。
イ 他に、OTが独立した営業主体を有する根拠として原告が主張する事実を肯認すべき証拠はなく、原告の右主張は採用することができない。
(5) 香港の課税事情について
　証拠及び弁論の全趣旨によれば、本件取引当時香港が事業所得に対する課税を軽減している地域であり、原告らも本件取引当時その旨認識していたことが認められる。そうすると、本件取引における買主がOTだとすれば、本件差額を香港に所在するOTの利益にすることにより原告らへの課税額を軽減することができるのであるから、前記(1)ないし(4)の認定事実を併せて考慮すると、原告らが、本件取引から生じた所得に対する課税額を軽減させるために、OTが本件取引の買主であると主張している疑いが強い。
(6) まとめ
　以上のことを総合して考慮すると、本件取引の買主は、OTではなく、現地買主であるというべきである。
2. 本件取引の売買金額はいくらか。
(1) 本件取引の買主がOTではなく現地買主であること、日本における輸出業者の多くが輸出取引において利用する海上保険は、その保険金額を売買代金の110パーセントとするものであること、本件取引に係る海上保険金額を1.1で除した金額と売買契約書に記載された金額とがほぼ一致すること、送り状の単価の欄に手書きで書き込みがされた単価に輸出数量を乗じた金額は、保険料請求書記載の保険金額を1.1で除した金額ないしは売買契約書記載の売買代金額とほぼ一致すること、前回取引においてPTが果たした役割と本件取引においてOTが果たしている役割は同様のものであること、前回取引においても海上保険金額を1.1で除した金額と売買契約書に記載された売買金額とが一致しているものが多

かったこと，先行事件において送り状記載の金額が前回取引の売買代金額である旨の原告の主張は認められなかったことは前述のとおりであり，これに，一般的には売買契約の内容を明らかにするものは売買契約書であること，売買代金の決定は単価に数量を乗じることによってなされることが多いことなども考慮すると，本件取引における売買代金額は，①売買契約書が証拠として提出されている場合は，それに記載された代金額，②売買契約書が提出されていない場合は，送り状に手書きで書き込みされた単価に輸出数量を乗じた金額，③売買契約書も単価が手書きで書き込みされた送り状も証拠として提出されていない場合は，保険料請求書に記載された保険金額を1.1で除した金額であると認めるのが相当である。

(2) 以上の方法により認定した本件取引の売買代金額は，別表3＜略＞の売買代金額欄記載のとおりであり，売上計上漏れの金額（円）は，次の算出式により同表の⑤売上計上漏れ金額欄記載のとおりになる（取引時の1米ドル当たりの円の為替レートが同表の④欄記載のとおりであることは弁論の全趣旨から認められる。）。ただし，売買代金額及び申告額を円建てで算定した取引については，売買代金額と申告額との差額が売上計上漏れ金額になる。

　　｛（算出式）（売買代金額（米ドル）－原告主張額（米ドル）｝
　　　　　×（売上計上時の1米ドル当たりの円の為替レート）

(3)ア　右に基づき算定した売上計上漏れ金額は，T商会の昭和61年9月期分を除いて，被告が本件処分で認定した額と一致するか，これを超えている。

イ　しかし，T商会の昭和61年9月期については，算定した売上計上漏れ金額767万4388円は，被告が本件処分で認定した額767万5074円を下回っており，これに基いて算定すると，右事業年度の所得金額は，次の算定式からマイナス3505万4591円になる。

　　（算定式）所得金額＝申告所得額＋売上計上漏れ金額
　　　　　　　　　　　＝△42,728,979＋7,674,388

$$= \triangle 35,054,591$$

したがって、右事業年度に係る処分について、右金額から算定される所得金額を超える部分について取り消されるべきである。

ウ　また、Ｔ商会の昭和63年9月期の売上計上漏れ金額 515万5236円は本件処分で被告が認定した額を上回っているが、同事業年度の繰越欠損金額の当期控除過大額（Ｔ商会の昭和61年9月期の売上計上漏れ金額と同額）767万4388円は本件処分で被告が認定した額を下回っている。

結局、昭和63年9月期の所得金額は、次の算定式から1195万5664円と算定され、被告が認定した額を下回っている。したがって、右事業年度に係る処分については、右算定された所得金額を超える部分については取り消されるべきである。

（算定式）所得金額＝申告所得額＋売上計上漏れ金額＋繰越欠損金額の
　　　　　　　　　当期控除過大額－未納事業税認容額
$$= 0 + 5,155,236 + 7,674,388 - 873,960$$
$$= 11,955,664$$

3. 本件差額が損金として課税対象外となるか。

原告は、ＯＴが現地代理店やアフガニスタン商工会議所に手数料を支払ったり、売買代金を立替払いしており、本件差額は、その手数料として相当なものであるから、損金に算入されるべきで課税対象にならないと主張する。しかしながら、ＯＴなどの取引に対して、幾らの手数料を支払い、それが正当なものであることについて、具体的に主張立証されていない。原告らは、証拠を提出するが、これらの作成日付は、1983（昭和58）年7月25日ないし1985（昭和60）年2月16日となっており、本件で問題となっている事業年度に関する文書ではないから、これをもって原告の主張を裏付ける証拠となしえない。のみならず、証拠によれば、本件取引の中にはアフガニスタン以外の国に輸出している取引も存することが認められるが、これらのアフガニスタン以外の国の業者との取引について、アフガニスタンの代理店や商工会議所が介入すべき理由はない。

よって，原告の主張は失当であり，採用することができない。
4. まとめ
　以上によれば，本件差額は本件取引における売買代金額に含まれるべきものであるから，これを売上計上漏れとして所得金額に含めて課税対象にした本件処分のうち，原告の昭和61年9月期及びT商会の昭和62年9月期の処分は適法である。しかし，T商会の昭和61年9月期及び昭和63年9月期に係る各更正について，それぞれ，所得金額マイナス3505万4591円，1195万5664円を超える部分は，T商会の所得を過大に評価したものであるから違法であり，また，昭和63年9月期に係る加算税の賦課決定のうち右所得金額に対応する部分も違法である。

(6) 損金の額
ア　損金性の認定～貸倒損失・債権償却
【138】 神戸地裁　平成10年6月3日判決（ 376ページ参照）

【147】 高松高裁　平成10年1月27日判決
　　　（平成9年（行コ）第9号・法人税更正処分等取消請求控訴事件）
　【当事者】
　　控訴人（原告）　　有限会社○○○○
　　被控訴人（被告）　松山税務署長
　【判示事項】
　　土地売却の際に支払った金員の損金算入の可否
　【事案の概要と争点】
　　本件は，年報9号整理番号【154】の控訴審である。
　【判　旨】
　　本判決は，控訴人の請求を棄却した原審（松山地裁平成9年5月16日判決。年報9号 479ページ）と同旨の判示をして，控訴を棄却した。

【148】 松江地裁 平成10年6月17日判決
　　　　（平成8年（行ウ）第2号・法人税更正処分等取消請求事件）
【当事者】
　　原告　○○○○株式会社
　　被告　石見大田税務署長
【判示事項】
　　損金算入の適否
【事案の概要と争点】
　　本件は，石材及び砂利の採取等を業とする原告の平成2年1月1日から同年12月31日までの事業年度の法人税について，被告がした更正処分及び無申告加算税賦課決定処分の適否が争われた事案である。
　　主たる争点は，訴外F有限会社の訴外N株式会社に対する債務を原告が代位弁済したことについて，右代位弁済額を原告の採石料として損金の額へ算入することの適否にあった。
【判　旨】
　　本判決は，次のとおり判示して，原告の請求を棄却した。
1. 当事者間に争いのない前提事実に証拠及び弁論の全趣旨を総合すると，次の事実を認めることができる。
(1) 本件採石場において島根県知事から採石法33条による岩石の採取計画の認可を受け，利用していた訴外A株式会社が昭和57年9月に破産宣告を受けた後，訴外M株式会社はA社の採石事業を代行しながら，A社の債務の弁済及び本件採石事業を継続するために必要な支払を手形の振出しによって行い，同社の従業員はM社が雇用するという形をとっていたが，社会保険の関係でトラブルが生じたため，昭和58年4月にF社を設立し，同社がA社の従業員を引き継いで雇用し，昭和59年夏ころから自ら手形を振り出して，本件採石事業を継続するために必要な前記支払を行うとともに，M社が振り出していた前記手形を順次F社振出の手形に切替えていった。
(2) A社はいずれ本件採石事業を再開する意向であったことから（島根県

知事による本件採石場における岩石採取計画の認可及び出雲市との公有林採石契約は，A社の破産宣告後現在に至るまでA社の名義で更新されている。）強制和議を提供し，昭和59年12月に認可された。そして，M社が業務代行から次第に手を引きF社が代行業務のかなりの部分を行うようになっていた昭和60年1月1日，F社はA社との間で，①A社が採石法の業者登録及び3年ごとに更新される採取計画の認可を受けて有していた本件採石場において岩石を採取できる権利（以下「本件採掘権」という。）をF社に使用させること，②F社は，本件採掘権の使用料として，適時，A社の債務を代位弁済すること，の2点を内容とする採掘権使用契約（以下「本件採掘権使用契約」という。）を締結し，以後，F社がM社の代行業務を引き継ぐとともに，A社に対する採掘権使用料の名目で，売上の中から適時右和議債務を含むA社の債務を弁済することとした。しかし，F社は，右A社の債務及び自らの債務の返済負担に加え売上不振が重なったため高利金融や融通手形による資金繰りを繰り返し，そのため負債額がさらに増加し，昭和63年1月には事実上倒産した。

(3) F社の事実上の倒産により同社での本件採石事業の続行が不可能となったので，原告が直ちにF社の従業員及び本件採石事業を引き継ぎ，F社は債権者との返済交渉及びこれに基づく負債整理に専念することとなった。ただ，原告がF社の本件採石事業を引き継ぎ，ひいてはA社が本件採石事業を再開するためには，F社及びA社の債務が弁済されることが必要不可欠であったので，原告は，売上の中から右債務の弁済資金を採掘権使用料の名目で随時F社に支払うこととし，この関係を書面化するため，昭和64年1月1日，F社との間で，①原告とF社は，相互の利益と発展のために業務を提携することとし，双方，信義に基づき誠実にこれを実行する，②F社は，その有する採石権の使用権及び133万2718トンの数量の範囲内での砕石の生産と販売に関する権利を原告に使用させることを認める，③原告の販売に際して，原告がF社の名称を使用することを認める，④本件採掘権の使用料は，年間6000万円とし，原告は

F社に対してその都度支払い、昭和64年12月31日までに支払を終わるものとする、⑤本契約は有効期間を1年間とし、期間満了1か月前に終了の意思表示なきときは、さらに1年間自動延長するものとする、との内容の業務提携契約（以下「本件業務提携契約」という。）を締結し、原告が採掘権使用料として年間6000万円をF社に支払い、F社はその中から自らの債務及びA社の債務を弁済していくこととした。

(4) F社は、昭和63年8月1日、「F社の昭和63年8月1日現在のN社に対する未払金（金銭消費貸借の未払金及び部品代）は2750万4437円であり、これらは昭和64年度内を目処に完済することとする。」旨が記載され、原告とともに署名捺印した「未払いに関する契約書」と題する書面をN社に差し入れたが、N社は、F社が右債務を履行しないため、平成元年、F社を被告として右債務の履行を求める訴えを提起し、①F社はN社に対し2502万4058円の支払義務があることを認めること、②F社代表取締役及びA社代表取締役が利害関係人としてF社の右債務を連帯保証すること、③F社及び右利害関係人両名は、右金員を連帯して毎月分割して支払うこと、④N社はF社に対するその余の請求を放棄すること等を内容とする訴訟上の和解が成立した（これに基づくF社の債務を以下「本件和解債務」という。）。

(5) 原告は、F社のN社に対する本件和解債務の代位弁済として、平成2年4月27日から同年12月28日にかけて計7回、それぞれ10万円ずつ合計70万円を支払った。そして、平成2年12月31日付で、本件和解債務の額から右既払額の一部である10万円を控除した2492万4058円を、本件係争事業年度の総勘定元帳の「採石料」勘定に「A社プラント修理」として計上するとともに、同額を同総勘定元帳の「平成2年損益計算」中の「採石料」欄に計上し、さらに、本件確定申告書添付の損益計算書附属製造原価報告書の「採石料」欄にも同額を計上した。これとは別に原告は、本件業務提携契約に基づく本件係争事業年度の採掘権使用料6000万円（本件採掘権使用料）を、本件係争事業年度の総勘定元帳の「平成2年損益計算」中の「採掘権使用料」欄に計上し、同額を本件確定申告書

添付の損益計算書附属製造原価報告書の「採掘権使用料」欄にも計上した。

(6) 本件業務提携契約の締結後，原告からの採掘権使用料を原資とする債務の弁済が続けられ，Ａ社の前記和議債務は平成９年９月ころに完済されたが，Ｎ社に対する本件和解債務をはじめ取引先・金融機関等に対する債務の弁済は現在も続けられている。現時点における原告からの採掘権使用料を原資とする債務の弁済額は，Ａ社の和議債務を含め合計６億円以上に達している。

2.(1) 前記認定によれば，本件採石料のうち現実に支払われたのは60万円であり，かつ，これはＦ社の債務を原告が代位弁済したものであるから，原告としては，右60万円をＦ社に対する立替金ないし仮払金として資産に計上すべきである。そして，Ｆ社は，昭和63年１月に事実上倒産し営業活動を停止したものの，本件業務提携契約に基づき原告から毎年6000万円の採掘権使用料の支払を受け，これを原資に現在に至るまで各債権者に債務の弁済を継続しており，その額は現時点で合計６億円以上に達するという事実に照らすと，原告としては，将来，Ｆ社から現実の支払を受けるか又は採掘権使用料の支払債務と相殺することによってＦ社に対する右60万円の求償金債権を回収することが可能であると認められる。そうすると，本件係争事業年度の決算期において，Ｆ社の資産状況，支払能力等からみて右60万円の求償金債権の全額が回収できないことが明らかになったとはいえず，また，原告がＦ社に対する求償金債権を放棄した事実を認めるに足りる証拠もないから，右60万円の求償金債権を本件係争事業年度において貸倒処理することはできないというべきである（法人税基本通達９－６－１，同９－６－２参照。）。

(2) また，本件採石料のうち現実に支払われていない2432万4058円は，あくまでＦ社の債務であって，これを現実に弁済しない段階で直ちに損金の額に算入する余地はないというべきである。また，仮に原告が右債務を保証又は連帯保証した事実があったとしても，それだけでは直ちに損金の額に算入することはできないことも明らかである（法人税基本通達

9－6－2注書参照）。

3. 原告は，本件採石料は採掘権使用料として支払う旨を主張し，原告代表者も，昭和64年1月1日付「業務提携契約書に関する覚書」と題する書面（以下「本件覚書」という。）を根拠に，採掘権使用料は年度により6000万円を上下変動することが予定されており，本件採石料は採掘権使用料として支払った旨供述する。

(1) 本件覚書には，原告代表者本人の供述するとおり，本件業務提携契約に定める採掘権使用料の6000万円は一応の目標額であり，支払が6000万円以下であっても6000万円以上であっても，契約の金額を固守することなく原告の代位弁済した金額を採掘権使用料とする旨が記載されている。しかし，①本件業務提携契約書には「採掘権使用料は年間6000万円とする」旨定めながら，同日付の本件覚書においてこれと矛盾抵触するかのような条項を設けること自体不自然であること，②仮に本件業務提携契約の締結当時に本件覚書が存在していたとすれば，採掘権使用料として当初から6000万円に本件採石料を加えた金額を計上するのが自然であると考えられるところ，前記認定のとおり，原告の本件係争事業年度の総勘定元帳には本件採石料と本件採掘権使用料がそれぞれの科目に別個に計上され，本件確定申告書添付の損益計算書附属製造原価報告書にも採掘権使用料として6000万円のみが計上されており，さらに証拠によれば，原告が平成4年7月1日に被告に提出した翌事業年度の法人税の確定申告書添付の損益計算書附属製造原価報告書にも採掘権使用料として6000万円のみが計上され，右製造原価報告書に添付された採掘権使用料についての説明書には，「採掘権使用料6000万円は，倒産したF社に支払い，F社は債務弁済及び出雲市に対する採掘料他の経費に充てている。そのようにしないと，請求人（原告）の営業の持続が困難なためである。」と記載されていることがうかがわれること，③仮に本件業務提携契約の締結当時に本件覚書が存在していたとすれば，本件更正及び本件賦課決定に先立つ税務調査の段階で本件覚書を被告に提出してその存在を主張するのが自然であるとも考えられるところ，右証拠によれば，本件覚書

は原告の異議申立後の平成5年10月26日になって初めて異議審査庁たる被告に提出され、しかも、本件確定申告書を作成した税理士は、異議審理の調査担当者に対して、本件確定申告書を作成する際には本件覚書の存在を知らなかった旨述べていることが認められること、④本件覚書の作成時期につき、原告代表者の供述はあいまいであること、⑤本件業務提携契約書の第4条は「本契約は、有効期間を1年間とし、期間満了1か月前に終了の意思表示なきときはさらに1年間自動延長するものとする。」と定め、本件覚書の第3条も、「昭和64年1月1日の業務提携契約書の第4条で1年間契約とあるが、更新の際にこの覚書もさらに自動延長するものとする。」と定めているところ、原告は、昭和64年1月1日、平成2年1月1日、平成3年1月1日及び平成4年1月1日付の各業務提携契約書を保存していながら、業務提携契約に関する覚書については本件覚書しか存在しないことなどの事情に照らすと、本件覚書は、本件業務提携契約当時はもちろん本件確定申告書の作成時にも存在していたものとは認め難く、むしろそれ以後に作成されたものと推認し得る。

そうすると、本件業務提携契約において合意された採掘権使用料は年間6000万円であると認められるから、本件採石料が採掘権使用料として支払われたものと認めることはできない。よって、原告代表者の前記供述は採用し得ない。

(2)　そして、前記認定のとおり、原告がＦ社に支払う採掘権使用料は、結局、原告が本件採石事業を継続するために必要不可欠であるところのＦ社及びＡ社の債務の弁済資金として支払われるものであり、その限りでは本件採石料と実質的に目的・性質を同じくするものではあるが、本件業務提携契約において年間6000万円を採掘権使用料として支払う旨合意されたのであるから、仮に法人税法上これを採掘権使用料として損金の額に算入することが認められるとしても、その額は年間6000万円の範囲内に止まる。

したがって、原告の支払うＦ社の債務の弁済資金のうち6000万円を超える部分（本件採石料）については、前記判示のとおり、その本来の性

質上立替金若しくは仮払金などとして処理されるべきものであって，法人税法上これを損金の額に算入することはできないと解される。

(3) よって，本件採石料の損金の額への算入を否認した本件更正は適法である。

また，原告が法定申告期限を経過した平成4年8月31日に本件確定申告書を被告に提出したことは前提事実のとおりであり，かつ，本件更正が適法であることは前記判示のとおりであるから，これらを前提とする本件賦課決定も適法である。

【149】 最高裁 平成10年10月8日第一小法廷判決

（平成10年（行ツ）第110号・法人税更正処分等取消請求上告事件）

【当事者】

上告人（控訴人・原告）　　有限会社○○○○

被上告人（被控訴人・被告）　東京上野税務署長

【判示事項】

仲介手数料支払事実及び隠ぺい・仮装行為の有無等

【事案の概要と争点】

本件は，年報9号整理番号【159】の上告審である。

【判　旨】

本判決は，上告人の請求を棄却した原審（東京高裁平成9年12月25日判決・年報9号 496ページ，一審東京地裁平成9年3月28日判決・年報9号 476ページ）の判断を維持し，上告を棄却した。

【150】 大阪地裁 平成10年10月16日判決

（平成8年（行ウ）第103～107号・法人税更正処分取消等請求事件）

【当事者】

原告　㈱○○○○

被告　北税務署長

【判示事項】

映画フィルムを介在させた金融取引であるとして減価償却費の損金算入を否認したことの適否，受取利息認定の適否，更正通知の理由附記の適否
【事案の概要と争点】
　建売・土地売買業を営む原告の平成元年10月期ないし同5年10月期の各事業年度の法人税，平成3年10月期の法人臨時特別税及び平成4年10月期の法人特別税の更正処分及び過少申告加算税の賦課決定処分の適否が争われた事案である。
　主たる争点は，原告が組合員となっているAによるいわゆるフィルムリース取引が，映画フィルムを介在させたいわゆる金融取引であると認定して減価償却費の損金算入を否認したこと，支払利息と同額の受取利息があると認定したことの適否，及び更正の理由附記の不備の有無にあった。
【判　旨】
　本判決は，次のとおり判示して，原告の請求を棄却した。
1．更正の理由附記の不備の有無について
　　証拠及び弁論の全趣旨によれば，本件更正に係る更正通知書には，処分の対象のほか，調査の結果，本件映画の実質的な所有者がAではなくBであると認められることから，原告が損金の額に算入した本件映画の減価償却費は，損金の額に算入することができないものであること，原告が損金の額に算入したH銀行に対する支払利息についても，AのH銀行からの借入金元利返済合計金額がBからの特定の配給収入等として回収されることが保証されていると認められることなどから，右支払利息と同額を貸付金の受取利息の計算上漏れとして益金の額に加算したことなど，原処分庁の認定及び判断過程が具体的に記載されていることが認められ，これらの記載内容は，処分庁の判断の慎重，合理性を担保してその恣意を抑制するとともに，更正の理由を相手方に知らせて不服申立ての便宜を与えるという理由附記制度の趣旨，目的に十分沿ったものということができる。
2．被告の主張について
(1) 被告の主張する本件の経過の事実は，当事者間に争いがない。

(2) そこで，右事実を前提として，本件取引の内容につき検討する。
　ア　本件配給契約について
　　本件配給契約によれば，Bは，本件映画の管理，使用収益及び処分に関するほとんど完全な権利を行使をすることができるもの（なお，Bが破棄することのできる本件映画に関するプリント及びその他のフィルムからは，Aの負担で作成されたネガティブ等は除くものとされているが，そもそもAにネガティブ等を作成する機会があったとは考えられない。）とされている一方，Aは，本件映画の所有者として本来であれば有していてしかるべき諸権利の行使を全く認められていないことが明らかである。とくに，Bの裁量と選択により，第三者（第二次配給者）に対して本件配給契約上の地位を譲渡することができ，又は，本件配給契約上の権利を譲渡もしくは許諾することができるものとされていること，第三者からの権利侵害についても，Aは，Bに対し，必要な措置を取る権限を全面的にゆだねていること，Aは，Bに契約不履行等があった場合でも，金銭上の損失の回復を求めることができるのみで，本件配給契約を終了させるなどBが有する諸権利を奪うことはできないものとされていることなどを考えると，結局のところ，Aは，本件映画に関して，Bから金銭の支払を受ける権利のみを有しているにすぎないものと認められる。これらの点からすると，本件配給契約をもって，AからBに対する本件映画の単なる賃貸・配給契約とみることはできないものというべきである。
　イ　第二次配給契約について
　　Bは，前記のとおり，その裁量と選択により，第三者（第二次配給者）に対して本件配給契約上の地位を譲渡することができ，又は，本件配給契約上の権利を譲渡もしくは許諾することができるものとされているところ，右約定に基づきBは，第二次配給契約によって，本件映画に係る配給権をCに譲渡したものである。右契約によれば，Bが本件映画に関して有しているとされた前記の諸権利については，本件映画の制作者であり，最初の著作権者であるCが最終的にこれらを行使できることにな

ウ 本件オプション契約について

　本件オプション契約によれば，Bは，クラスAオプションを行使することにより，本件映画に関するAのすべての権利等を，クラスBオプションを行使することにより，組合員のAに対する権利等をそれぞれ取得することができるものとされており，しかも，これらのオプションの行使はBの判断によってすることができること，クラスAオプションの行使によっても，BのAに対する一定の金員の支払義務は失われないこととされている。

エ H銀行に対する借入元利金の返済について

　本件融資契約によれば，Aは，H銀行から，本件映画の購入資金として63億7463万5012円を借り入れ，これに年率6.5パーセントで月複利による利息（なお，利息の計算に当たっては，1年を360日とし，実際に経過した日数で計算するものとされており，また，右借入金の返済日は，借入日から7年目に当たる日であるとされている。）を付して同銀行に返済すべきものとされている。

　ところで，本件配給契約及び本件オプション契約によれば，Bは，Aに対し，保証支払額91億7904万1563円を支払うほか，BがクラスAオプションを行使した場合にはフィックスト支払額として，Aが延長オプションを行使した場合には延長アドバンス額として，少なくとも8億5615万9085円を支払うこととされていて，これらの合計額（100億3520万0648円）は，AがH銀行に返済すべき借入元利合計金に合致することが認められ，しかも，J銀行との間における本件保証契約によれば，Bが右金員の支払をしないときは，右契約に基づきJ銀行がその支払をすることとされている。

　これらによれば，Aは，不履行の危険を負担することなく，H銀行に対する借入元利金の返済ができるものとされていることが認められる。

オ 当事者間に争いのない事実のほか，証拠及び弁論の全趣旨によれば，本件売買契約における本件映画の代金は，85億6159万0850円であること，

Aは，本件融資契約により，H銀行から63億7463万5012円を借り入れ，右借入金に組合員からの出資金合計26億円2105万円を加えた合計金（89億9568万5012円）をもって右代金の支払をしていること（なお，右合計金と代金との差額は，D及びH銀行に対する手数料支払に充てられている。），Cは，第二次配給契約に基づき，右借入金相当額をBに支払っていることが認められる。これらの事実及び前記認定事実によれば，結局，本件取引により，Cは，本件映画に関する諸権利を失わない反面，Aの組合員による出資金相当額からD及びH銀行に対する手数料相当額を差し引いた残額（本件売買契約による代金相当額の約25パーセントに相当する。）を取得したにすぎないものと認められる。

カ　Aの結成に係る本件組合契約，AがEから本件映画を買い入れる旨の本件売買契約，AとBとの間における本件配給契約は，いずれも同じ平成元年5月19日付で締結されており，このことからすれば，Aには，本件映画に関する諸権利を行使する機会は当初から全く与えられていなかったものと認められる。

(3)　弁論の全趣旨によれば，原告は，土地建物の管理，賃貸，売買及び仲介等を業とする会社であって，本件取引以前には映画の制作，配給等に関与した事実がないものと認められることに加え，当事者間に争いのない事実のとおり，原告は，組合員は映画興行の相対的成功度によって決まる受領金額と課税上の優遇措置とによって投資収益を得ることができる旨記載のある本件説明書に基づく説明を受けて，Aに参加することを決定したこと，本件取引に関する各契約書は，本件組合契約書を除きいずれも英文のものしかなかったことからすると，原告は，映画興行による利益と減価償却費の損金計上等によって生ずる課税上の利益を得ることを目的として，単に資金の提供のみを行う意思のもとにAに参加したものであり，Aを通して本件映画を所有し，その使用収益等を行う意思は有していなかったものと推認するのが相当である。

(4)　そこで，本件課税分の内容につき判断する。

ア　原告が平成元年10月期ないし平成4年10月期の各年度における申告所

得金額の計算に当たり，被告の主張記載の各金額を本件映画の減価償却費として損金の額に算入していることは，原告において明らかに争わないところである。

　しかしながら，右(2)，(3)で述べた諸点を総合すれば，本件取引は，その実質において，原告がAを通じ，Cによる本件映画の興行に対する融資を行ったものであって，Aないしその組合員である原告は，本件取引により本件映画に関する所有権その他の権利を真実取得したものではなく，本件各契約書上，単に原告ら組合員の租税負担を回避する目的のもとに，Aが本件映画の所有権を取得するという形式，文言が用いられたにすぎないものと解するのが相当である。そうであるとすれば，原告が本件映画を減価償却資産に当たるとして，その減価償却費を損金の額に算入したことは相当でなく，右算入に係る全額が償却超過額になるものというべきである。

イ　また，原告が平成元年10月期ないし平成5年10月期の各年度における申告所得金額の計算に当たり，AのH銀行からの借入金のうち，原告のAに対する出資割合に応じた3億3550万7105円を長期借入金として計上していることは，原告において明らかに争わないところである。しかしながら，H銀行に対する右借入元利金の返済については，Aは，B又はJ銀行からその全額に相当する金員の支払を受けることができることとされているのであるから，右借入金から生ずる借入利息に相当する金額を，受取利息として益金の額に算入すべきものである。

ウ　被告の主張する本件課税処分の適法性のその余の事実は，原告において明らかに争わないから，これらを自白したものとみなす。

3.　以上によれば，本件課税処分は適法であり，原告の請求はいずれも理由がない。

【151】　大阪地裁　平成10年10月28日判決

　　（平成8年（行ウ）第86〜90号・法人税更正処分等取消請求事件）
【当事者】

原告　〇〇〇〇㈱
被告　北税務署長承継人名古屋中税務署長

【判示事項】

従業員の横領による損失計上の可否，仮装・隠ぺいの有無，処理理由差替えの可否

【事案の概要と争点】

本件は，青色申告の承認を受けて遊技場業を営む原告の平成元年１月期ないし同５年１月期の各事業年度の法人税，消費税，平成４年１月期の法人臨時特別税及び平成５年１月期の法人特別税について，訴訟承継前の被告がした各更正処分及び重加算税の賦課決定処分の適否が争われた事案である。

主たる争点は，原告会社の経理事務職員による売上金着服横領に伴う損失計上の可否及び仮装・隠ぺいの有無，処理理由差替えの可否等にあった。

【判　旨】

本判決は，次のように判示して，原告の請求を一部認容した。

1.　平成２年１月期のゲームセンター収入の除外額について

被告は，平成２年１月期の確定申告の際，Ａゲームの売上460万2600円（消費税込）が除外されている旨主張する。

しかしながら，右売上除外の事実を認めるに足りる証拠はなく，かえって，証拠及び弁論の全趣旨によると，原告は，ゲームセンターＢ，Ａゲーム，Ｃパチンコ店等の店舗を経営し，これら店舗毎にコード番号を付してその売上額をコンピューター入力していたこと，Ａゲームは，平成元年７月12日に460万2600円の売上を上げ，右売上は，Ａゲーム売上明細表及び振替伝票に記載されて原告に報告されたが，これを現金出納簿に転記する際，誤ってＣパチンコのコード番号が記載されたこと，このため，右売上は，仕訳帳上，Ｃパチンコの売上として記載され，平成２年１月期の確定申告の際にも，Ｃパチンコの売上に含めて計上されるに至ったこと，一方，同日のＣパチンコの売上は，2219万3700円であって，仕訳帳上，Ａゲームの右売上とは別個に計上されていることが認められ，

右認定事実によると，Aゲームの右売上は，平成2年1月期の確定申告において申告済みであることが明らかである。
　そうすると，平成2年1月期のAゲームの売上除外に関する被告の主張は，採用することができない。
2．本件訴訟における処分理由の差替えの適否について
(1)　一般に，更正処分の取消訴訟における実体上の審判の対象は，当該更正処分によって確定された税額の適否であって，更正理由の適否ではないから，更正処分における課税庁の認定等に誤りがあったとしても，これにより確定された税額が総額において租税法規によって客観的に定まる税額を上回らない限り，当該更正処分は適法であると解される。
　もっとも，青色申告に対する更正処分については，処分庁の判断の慎重さ，合理性を担保してその恣意を抑制するとともに，処分の理由を相手方に知らせて，不服申立ての便宜を与える趣旨から，理由を附記しなければならないものとされているけれども，かかる理由附記制度の趣旨・目的は，理由附記の不備が更正の取消事由とされ，その不備は後日の裁決等による理由附記によっても治癒されないものと解することによって十分担保され得るのであって，理由附記制度が，右のような趣旨・目的を超えて，更正処分の取消訴訟における主張制限の効果まで有するものと解すべき法令上の根拠は存在しないといわざるを得ない。また，白色申告に対する更正処分の場合であっても，これに対する異議決定や裁決については，同様の趣旨から理由の附記が要求されているにもかかわらず（国税通則法84条4項，5項，101条1項），白色申告に対する更正処分の取消訴訟においては，異議決定等に附記された理由に拘束されず，理由の差替えが許されるものと解されているところ（最高裁昭和39年（行ツ）第65号同42年9月12日第3小法廷判決・集民88号387頁参照），これとの均衡を考えると，青色申告に対する更正処分についてのみ，理由の差替えが許されないものと解することは困難というほかない。
　そうすると，青色申告に対する更正処分の取消訴訟においても，少なくとも被処分者に格別の不利益を与えるものでない場合は，処分理由の

差替えが許されるものというべきである（最高裁昭和52年（行ツ）第62号同56年7月14日第3小法廷判決・民集35巻5号901頁参照）。

(2) そこで，本件において，被告の主張する理由の差替えが許されるかどうかについて検討する。

　証拠によれば，平成2年1月期の法人税の更正通知書には，更正の理由として，「ゲームセンターBの売上139万2700円及びAゲームの売上460万2600円が売上から除外されているので，当期の所得金額に加算し」旨附記されていることが認められるところ，本件記録によれば，被告は，平成9年11月25日の本件口頭弁論期日において，原告から提出された証拠を検討した結果，本件各更正の理由に記載された本件売上除外等以外に，平成元年1月期にDゲームの売上及び「Eリース原告取り分」の合計614万8300円，平成2年1月期に「Eリース原告取り分296万1500円，平成3年1月期に「Eリース原告取り分」92万7915円，平成4年1月期にEリース原告取り分」71万1900円，平成5年1月期にスロットルFの売上100万円がそれぞれ申告から除外されていることが初めて判明したとして，原告に対して右各売上除外の事実を認めるかどうか釈明を求めたこと，これに対し，原告は，平成10年2月4日の本件口頭弁論期日において，右各売上除外の事実を認める旨述べたこと，これを受けて，被告は，同年5月13日の本件口頭弁論期日において，仮にAゲームの売上除外が存在しないとしても，平成2年1月期には，これとは別に，右「Eリース原告取り分」の売上除外が存在するのであるから，平成2年1月期の法人税に係る本件更正は，右「Eリース原告取り分」の売上除外額296万1500円とゲームセンターBの売上除外額139万2700円の合計額435万4200円（消費税込）を超えない限度で，適法である旨主張するに至ったことが明らかである。

　右事実によると，被告の追加主張に係る平成2年1月期の売上除外の事実は，原告が本件訴訟で提出した書証によって初めて判明したものであって，原告自身，本件訴訟において右売上除外の事実を自白しているのであるから，被告に右追加主張の提出を許しても，原告が本件更正を

争うについて格別の不利益を与えるものでないことが明らかである。

　そうすると，前記(1)に説示したところに従い，本件訴訟において処分理由の差替えは許されるものというべきである。

3. 本件売上除外等に係る横領損失の有無及びその損金計上時期について

(1)　原告は，本件売上除外等に係る売上金は，Gが横領したものであるから，右横領によって本件売上除外等に係る売上金相当額の損失を被った旨主張し，証拠によると，Gは，昭和51年10月頃から，原告の系列会社であるH産業株式会社に勤務して原告の経理事務に従事し，遅くとも上司であるIが退職した平成2年1月以降，①出納簿の入金額を改竄する，②出納簿に記載すべき売上額の一部を除外する，③出納簿に架空仕入を計上するという不正な経理処理を繰り返し，売上金の一部を横領してきたこと，右不正経理は，平成5年10月に行われた税務調査の際に発覚し，その結果，平成6年2月25日，本件各更正が行われるに至ったこと，原告は，平成8年10月12日，Gに対して昭和63年頃から平成5年1月末までの間の横領による損害の賠償金として2億9105万7495円の支払を求める民事訴訟（以下「別件民事訴訟」という。）を名古屋地方裁判所に提起したこと，右訴訟において，Gは，横領の事実は認めるが，損害額は知らない旨答弁し，平成9年4月25日，原告の請求を全部認容する判決が言い渡されたこと，その後，Gは，同年7月17日，同裁判所において，平成4年8月31日頃から同年11月2日頃までの間に，25回にわたって合計約1120万円を着服横領したとして，懲役1年8月の実刑判決の言渡しを受けたことが認められるのであって，右認定事実によると，Gが本件売上除外等に係る売上金をすべて横領したものと考えられなくもないが，他方，右各証拠を仔細に検討すると，Gが本件売上除外等に係る売上金の一部を横領したことは明らかであるものの，その全額を横領したものとまで推認することは困難であるといわざるを得ず，本件売上除外等に係る売上金がすべてGによって横領されたものであることを前提とする原告の主張は，そのまま採用することができない。

(2)　さらに，この点をしばらく措くとしても，本件売上除外等に係る売上

金相当額を本件各事業年度の損金に算入することは許されないというべきである。

ア 一般に、横領行為によって損害を被った法人は、横領者に対して右損害に相当する金額の損害賠償請求権を取得するのであるから、右損害を生じた事業年度には、右損害を損金に計上するとともに右損害賠償請求権を益金に計上すべきであって、右損害賠償請求権が債務者の無資力その他の事由によって実現不能であることが明白になったときに始めて損金として処理すべきであるものと解される（最高裁昭和40年（行ツ）第107号同43年10月17日第一小法廷判決・集民92号 607頁参照）。

これに対し、原告は、不法行為による損害賠償請求権は、商取引上の債権とは異なり、その内容が抽象的で未確定なものであるから、相手方との合意、裁判上の和解又は判決等によって債権の存在及び額が客観的に明らかになったときに初めて確定するのであり、右時点で益金に算入すれば足りる旨主張する。

しかしながら、法人税法は、収益を計上すべき事業年度を決するについて、所得税法と同様、原則として発生主義のうちの権利確定主義を採用しているのであって、右にいう権利の確定とは、法律上その権利を行使することができるようになったことをいうものと解されるところ、横領という不法行為による損害賠償請求権についても、通常の金銭債権と特に異なる取扱をすべき理由は存在しないから（前掲最高裁判決参照）、法律上権利行使が可能となったとき、即ち、横領という不法行為によって損害賠償請求権が発生したときに、右権利が確定し、これを当該事業年度の収益に計上すべきものというべきである。

イ もっとも、右に説示した同時両建（損益両建）による損益計上の方法によっても、横領による損害賠償請求権が取得当初から明白に実現不能の状態にあった場合には、直ちに当該事業年度の損金として算入することを妨げられないものというべきである（前掲最高裁判決参照）。

しかし、前記(1)認定の事実のよると、Gの不正経理は、本件各事業年度経過後の平成5年10月に行われた税務調査の際に発覚したものであっ

て，原告は，右発覚後，さらに3年も経過した平成8年10月12日になってGに対して横領による損害の賠償を求める別件民事訴訟を提起したにすぎず，その後，Gは，平成9年7月17日に至って，平成4年8月31日頃から同年11月2日頃までの間に，25回にわたって合計約1120万円を着服横領したとして，懲役1年8月の実刑判決の言渡しを受けたというのであるから，Gに対する損害賠償請求権は，取得当初から明白に実現不能の状態にあった，ないしは本件各事業年度の間において実現不能が明白になったものとは認められないというべきである。

したがって，本件売上除外等に係る売上金相当額を本件各事業年度の損金として算入することは許されない。

ウ　そうすると，仮に本件売上除外等に係る売上金がすべてGによって横領されたものであるとしても，本件各事業年度に，右横領による損失に対応する損害賠償請求権を益金に計上すべきであるから，この関係においては，本件各事業年度の所得金額に変動はなく，本件各更正は適法というべきである。

4.　本件各重加算税賦課決定の適法性について

認定事実によると，本件各事業年度の確定申告は，いずれも課税標準又は税額等の計算の基礎となるべき事実を隠ぺい又は仮装し，その隠ぺい又は仮装したところに基づき行われたものというべきである。

この点に関し，原告は，Gによる隠ぺい・仮装行為を知らなかったのであるから，本件各重加算税賦課決定は違法である旨主張する。

しかしながら，国税通則法68条に規定する重加算税は，同法65条ないし67条に規定する各種の加算税を課すべき納税義務違反が課税要件事実の隠ぺい又は仮装という不正な方法によって行われた場合に，違反者に対して課される行政上の措置であって，故意に納税義務違反を犯したことに対する制裁としての刑罰ではないから（最高裁昭和43年（あ）第712号同45年9月11日第2小法廷判決・刑集24巻10号1333頁参照），従業員を自己の手足として経済活動を行っている法人においては，隠ぺい・仮装行為が代表者の知らない間に従業員によって行われた場合であっ

ても，原則として，法人自身が右行為を行ったものとして重加算税を賦課することができるものというべきである。

本件においては，Gは，決算や確定申告に関わる帳簿・資料の作成を任されていた主要な経理職員であって，その隠ぺい・仮装行為は，長期間にわたって行われ，これによる本件売上除外等の額も多額に上り，容易に発見できるものであったにもかかわらず，原告は，Gに対して経理処理を任せ切りにして，何らの管理・監督もしないまま放置してきたものであるから，原告に対して重加算税を賦課することは，適法というべきである。

【152】 東 京 高 裁　平成10年11月26日判決
　　　（平成10年（行コ）第88号・法人税更正処分等取消請求控訴事件）
【当事者】
　　控 訴 人（原告）　　株式会社〇〇〇〇
　　被控訴人（被告）　　宇都宮税務署長
【判示事項】
　　仮装・隠ぺい行為の有無，土地と建物を一括譲渡した場合の土地譲渡代金の算出方法，仲介手数料の対価性の有無等
【事案の概要と争点】
　　本件は，整理番号【237】の控訴審である。
【判　旨】
　　本判決は，控訴人の請求を棄却した原審（宇都宮地裁平成10年4月15日判決・本書696ページ）の判断を維持して，控訴を棄却した。

イ　損金の計上時期

【153】 名古屋高裁　平成10年7月15日判決
　　　（平成10年（行コ）第1号・法人税更正処分取消請求控訴事件）
【当事者】
　　控 訴 人（原告）　　〇〇〇〇株式会社

被控訴人（被告）　豊田税務署長
【判示事項】
金型の売上げの一部を益金から減算することの適否
【事案の概要と争点】
本件は，年報9号整理番号【158】の控訴審である。
【判　旨】
本判決は，控訴人の請求を棄却した原審（名古屋地裁平成9年12月24日判決・年報9号491ページ）と同旨の判示をして，控訴を棄却した。

【154】　宇都宮地裁　平成10年7月23日判決
（平成9年（行ウ）第10号・法人税更正処分等取消請求事件）
【当事者】
原告　有限会社○○○○
被告　大田原税務署長
【判示事項】
過去の事業年度に計上漏れとなっていた簿外債務を前期損益修正損として損金に計上することの適否。
【事案の概要と争点】
酒類販売を業とする原告の平成3年5月期及び同5年5月期の法人税について，被告がした更正処分等の適否が争われた。
主たる争点は，過去の事業年度に計上漏れとなっていた簿外債務を前期損益修正損として損金に計上することの是非にあった。
【判　旨】
本判決は，次のように判示して，原告の請求を棄却した。
1.(1)　企業会計原則は，企業会計の実務の中に慣習として発達したものの中から，一般公正妥当と認められたところを要約したものとされているから，企業会計原則に従った会計処理は，原則として一般に公正妥当と認められる会計処理の基準に適合するものということができる。
　企業会計原則によれば，費用を「その発生した期間に正しく割当てら

れるように処理」すべきとして，発生主義による費用認識を定めている（企業会計原則・第2損益計算書原則1Ａ）。また，企業会計においては，各期間における損益を正確に計算，確定するとが課題となっているため，収益とそれを生み出すのに要した費用とは，同一の会計年度に計上されなければならず，企業会計原則は，「1会計期間に属するすべての収益とこれに対応するすべての費用」を損益計算書に記載して経営成績を表示させることとしており（企業会計原則・第2損益計算書原則1），費用と収益との間に，個別的対応ないしは期間的対応があることを求めている（いわゆる費用収益対応の原則，期間対応の原則）。

(2) 右にいう期間損益の計算において，発生主義による費用認識を採る以上，費用等の計上にあたって予測の要素が伴うこととなり，実際に支出した費用等との間には，不可避的に誤差が生じることになるところ，この誤差は，前期損益計算における費用等の修正として，後の期間（当期）の費用として計上せざるを得ない。これが前期損益修正であって，この誤差の額に相当する損益部分は，特別損益（期間外損益）を構成する。

したがって，前期損益修正損とは，前期において予測に基づいていったん計上したものの，当期に確定的に発生ないし確認された金額との間に生じた差額を特別損失として計上し，修正を行うものということになる。

企業会計原則は，前期損益修正損について，これを特別損失の1項目として表示する旨を規定し（企業会計原則・第2損益計算書原則6），企業会計原則注解12は，前期損益修正損の内容として，①過年度における引当金の不足修正額，②過年度における減価償却費の不足修正額，③過年度におけるたな卸し資産評価の訂正額をあげている。

また，企業会計原則に基づく財務諸表の記載形式を規定した財務諸表等規則は，95条の5において，前期損益修正損を特別損失の1項目として掲記することとし，財務諸表等規則取扱要領は，前期損益修正損として，④減価償却累計額の修正と認められる額，⑤引当金の追加計上額，⑥前期以前に計上された費用の訂正に相当する額をあげている。

さらに，株式会社の貸借対照表，損益計算書，営業報告書及び付属明細書に関する規則42条は，前期損益修正損について，特別損益の部に，内容を示す適当な名称を付した科目を設けて記載しなければならないとしている。

(3) ところが，原告が主張する前期以前に発生した計上漏れの費用等の額というのは，発生時に計上すらしていなかった費用等について，新たに計上するものであって，前記①ないし③，又は④ないし⑥のいずれにも該当しないのであり，このことは，原告自身の認めるところでもある。

　もっとも，法人税法22条4項は，前述のとおり，企業が会計処理において実際に用いている基準ないし慣行のうち，一般に公正妥当と認められないもののみを課税所得金額の計算上認めないこととし，法令に別段の定めのあるものを除いては，原則として企業の会計処理を尊重するという基本方針を定めたものであって，現に法人が行った計算が，同法の企図する公平な所得計算という要請に反するものでない限りは，課税所得の計算上もこれを是認することとしたものであるから，原告が行った計算が，企業会計原則等に合致しない場合であっても，それが一般に公正妥当と認められない場合でなければ，直ちに排斥することはできない。

(4) しかしながら，原告が行った計算は，前期以前に発生した計上漏れの費用等について，その後の事業年度に前期損益修正損として計上して損金に算入するというものであるから，前述の前期損益修正損の趣旨，内容に合致しないばかりか，企業会計原則で定める発生主義，費用収益対応の原則及び期間対応の原則と明らかに背反するものといわざるを得ない。

2. 以上のとおりであるから，原告主張の前期損益修正損の額を，本件各事業年度の損金に算入することはできないところ，原告は，この点を除く被告の所得金額の計算については明らかに争わないから，原告の本件各事業年度に係る所得金額は，被告主張のとおりになることが認められる。

【155】 東京高裁　平成10年11月26日判決

（平成10年（行コ）第137号・法人税更正処分等取消請求控訴事件）

【当事者】
　控訴人（原告）　有限会社○○○○
　被控訴人（被告）　大田原税務署長

【判示事項】
過去の事業年度に計上漏れとなっていた簿外債務を前期損益修正損として損金に計上することの適否

【事案の概要と争点】
本件は，整理番号【154】の控訴審である。

【判　旨】
本判決は，控訴人の請求を棄却した原審（宇都宮地裁平成10年7月23日判決・本書415ページ）の判断を維持し，控訴を棄却した。

ウ　損金の額の計算

【156】 大分地裁　平成10年1月27日判決

（平成8年（行ウ）第1号・法人税更正処分等取消請求事件）

【当事者】
　原告　○○○○株式会社
　被告　中津税務署長

【判示事項】
原告による本件土地等の取得価額の多寡

【事案の概要と争点】
本件は，原告の平成3年4月1日から同4年3月31日までの事業年度の法人税について，被告がした更正処分及び重加算税賦課決定処分の適否が争われた事案である。

主たる争点は，原告が有限会社Cに9500万円で譲渡した本件土地及び建物の取得価額は，9000万円，7000万円のいずれかにあった。

【判　旨】

第3章　賦課実体関係　419

本判決は，次のとおり判示して，原告の請求を棄却した。
1. 証拠によれば，以下の事実が認められる。
(1) 不動産仲介業者であるKは，Iから，同人の妻の弟であるUが賃貸用の飲食店ビルを建設するための物件を入手したいとしてその仲介を依頼されたことから，Uに対し，Mが所有していた本件土地等を紹介し，MとUは，Kの仲介により，MがUに対して本件土地等を代金7000万円で売り渡す旨の売買契約を締結し，Mは，Uから手付金1300万円を受領した。その後，Uが，飲食店ビルを経営する計画を中止したため，Uに代わって原告が本件土地等を購入することになり，Mと，原告の取締役であるTが，K，原告の経理事務担当者であるG，原告代表者Nが別途経営する会社の社員であるSらの立会いの下で，本件土地等の売買契約を締結した（以下「本件契約」という。）。その際，Tは，Mに対し，右代金の支払のために，O銀行B支店振出の額面7000万円の自己宛小切手を交付し，これと引き換えに，Mは，Tに対し，7000万円の領収書を交付した。右代金決済後，MとTは，代金額を7000万円とする売買契約書及び本件土地等の所有権移転登記手続に必要な書類を作成した。これらの一連の取引終了後，T及びGは，M宅を出た。その直後ころ，Mは，待機していたH銀行D支店のAに右小切手を渡し，Aは，これを同銀行E支店に持ち込み現金化する手続をするとともに，同銀行D支店に連絡して，右同日付けで同支店のMの普通預金口座に7000万円を入金する処理をし，さらに，同日付けでそのうちの1300万円を出金する処理をした。また，Mは，同じく待機していたIに対し，同日，1300万円を前記手付金の返還のために交付するとともに，Kに対し，仲介手数料として，右売買代金額を前提にした場合の法定額である216万円を支払った。
(2) 原告の平成2年4月1日から平成3年3月31日までの事業年度の貸借対照表に添付された固定資産内訳書には，本件土地等の期末現在高として，7073万7800円（内73万7800円については登録手数料等の諸費用。）が計上されている。
(3) その後，平成3年6月14日，原告は，有限会社Cに9500万円で本件土

地等を売り渡した。

2. ところで、原告は、本件売買契約の売買代金は7000万円ではなく、裏契約の2000万円を加えた9000万円が実際の売買代金である旨主張し、証拠、証人の証言及び原告代表者本人尋問の結果中にはこれらに沿う部分も存在する。しかし、右各証拠は、いずれも原告の代表者本人と原告の現在あるいは元従業員の陳述を内容とするものであって、客観性に乏しい上、これらの証拠を総合すれば、原告は、本件土地等の買取を打診された際に、原告主張のような裏契約を結ぶと、将来、本件土地等を他に売却した場合に自分の方に税金が課せられる不利益を考えていったんは断ったとしながら、裏契約であることの証拠を全く残すこともしないまま、結局、裏契約締結により得られる具体的な利益も判然としない状況で裏契約に応じたことになり、極めて不自然というほかない。また、原告は、平成2年10月19日、O銀行B支店の原告名義の普通預金口座にF株式会社から9000万円が振込入金され、そのうち、7000万円をO銀行B支店振出の保証小切手とし、残りの2000万円を現金で出金していることを本件土地等の売買代金が9000万円であったとする根拠としており、Mが本件契約時に、Kに200万円余りと、Iに1300万円を支払った際の原資は、原告がMに渡した現金2000万円でしかあり得ないと主張する。確かに、証拠上、本件契約日と同日に、Fから原告名義の普通預金口座に9000万円が振り込まれ、同日、その内の7000万円を小切手により、残りの2000万円を現金によりそれぞれ出金されたことが認められる。しかし、原告が2000万円を現金で出金していても、その現金が本件契約の売買代金としてMに渡されたとただちに認められるわけではない上に、認定事実によれば、Mは、右同日、額面7000万円の小切手を現金化して自己名義の普通預金口座へ入金処理するとともに、その内から1300万円を出金処理している事実に照らしても、右2000万円と代金決済との関連性は明らかではないのであるから、右各証拠が、本件契約の代金が7000万円であったことを認定する妨げになるとは解されない。さらに、認定したとおり、不動産取引の仲介業者で、本件契約を仲介したKは、売買代金額

が7000万円であることを前提とした法定の仲介手数料である216万円をMから受領しているのであり，このことは，右売買代金額が7000万円であったことを裏付けているというべきである。

3. 以上のとおり，認定事実及び判示内容に照らせば，原告の本件土地等の取得価額は7000万円であったと解するのが相当であり，これを前提とした本件更正に違法はない。また，争いのない事実及び証拠によれば，原告は，決算期末である平成4年3月31日付けで本件土地等の価額を2000万円増額する振替伝票を起票し，譲渡原価の計算において，過大に仮装した取得価額9000万円を基に計算した金額9073万7800円を譲渡原価として申告していたのであるから，これにつき国税通則法68条1項に規定する「課税標準等又は税額等の計算の基礎となるべき事実の全部又は一部を隠ぺいし，又は仮装し，その隠ぺいし，又は仮装したところに基づき納税申告書を提出していたとき」に該当するとして，重加算税の賦課決定をした本件賦課決定に違法はない。

【157】 最 高 裁 平成10年2月10日第三小法廷判決
（平成9年（行ツ）第167号・法人税更正処分取消請求上告事件）
【当事者】
　上　告　人（控　訴　人・原　告）　　株式会社○○○○
　被上告人（被控訴人・被告）　　　　　千種税務署長
【判示事項】
　土地の譲渡原価の多寡，法人税に係る刑事処分と更正処分の併存の可否
【事案の概要と争点】
　本件は，年報9号整理番号【162】の上告審である。
【判　旨】
　本判決は，上告人の請求を棄却した原審（名古屋高裁平成9年6月6日判決・年報9号501ページ，一審名古屋地裁平成8年12月6日判決・年報8号517ページ）の判断を維持し，上告を棄却した。

【158】 千葉地裁　平成10年6月25日判決
（平成9年（行ウ）第4号・法人税更正処分等取消請求事件）

【当事者】
原告　○○○○株式会社
被告　船橋税務署長

【判示事項】
租税特別措置法63条の3第2項2号及び同法施行令38条の合憲性，課税権の濫用の有無

【事案の概要と争点】
主に土地建物の仲介を業とする原告の平成3年5月期及び同4年5月期の法人税について，被告税務署長が，原告の短期所有土地譲渡利益金額の算定上，譲渡経費を概算法で算出した結果に基づいてした更正処分等の適否が争われた。

主たる争点は，①租税特別措置法（以下「措置法」という。）63条の3第2項2号の規定は憲法84条に違反するか否か，②超短期所有土地譲渡利益金額の算出に当たり，収益の額から控除すべき経費額の計算について，概算法を原則とする措置法施行令38条の4第6項の規定は，憲法29条に違反するか否か，③課税権の濫用の有無にあった。

【判旨】
本判決は，次のように判示して，原告の請求を棄却した。
1. 本件で，措置法63条の3第2項2号が政令に委任している事項は，超短期土地所有に係る土地譲渡利益金額算出のための収益金額，経費額等の計算方法であって，政令の規定により新たに課税要件，課税手続を加えるものではなく，収益金額，経費額等の計算方法という細目的事項について個別的，具体的に委任しているに過ぎないのであるから，租税法律主義に反するものと認めることはできない。

また，原告は，経費額の計算に関し，措置法では概算法と実額配賦法のいずれを原則とするかを規定せず，措置法施行令において規定していることをもって，租税法律主義に反する旨主張するが，委任にある程度

の裁量を伴うことは，その本質上当然のことであって，法が個別的，具体的事項に関し，政令に委任した場合には，その範囲内で内閣の裁量により政令を規定し得べきものと解するのが相当である。

　本件では，前述のとおり，経費額の計算方法という個別的事項を政令に委任しているのであるから，内閣はその裁量で概算法あるいは実額配賦法のいずれかを原則とすると規定できるのであって，措置法自体で経費額の計算方法の原則を規定しないことをもって租税法律主義に反するものとはいえない。

2. 土地譲渡利益の計算上控除することのできる経費額の計算方法について，措置法施行令38条の4第6項は，いわゆる概算法によることを原則とするものと定め，他方，同条の4第8項は，法人が経費額のうち当該土地の譲渡等に係る部分の金額を合理的に計算して法人税申告書に記載した場合には，例外として，実額配賦法によることができる旨定めている。

　右各規定の趣旨は，土地の譲渡等のために直接又は間接に要した額として譲渡に係る土地等の保有のために要した負債利子の額並びに土地の譲渡等のために要した販売費及び一般管理費の額を計算するためには，土地等の取得から譲渡に至る全期間にわたって集計する作業を要するものであり，実際上はかなり難しいものであるので，実績値に基づいて法人税を申請するとした際の納税者の負担加重を考慮し，原則として概算法によって算定することとし，法人が合理的な配付基準により実績値を計算した場合には実績値の選択を認め，その場合には法人税申告書に実績値を記載して申告することとしているものである。

　したがって，かかる趣旨からすると，経費額の計算方法について概算法を採用することは，租税制度として合理的であるといえる。

　また，経費額の計算について，実額配賦法によって計算した場合より概算法で計算した場合の方が，控除すべき経費額が小さくなり，結果として法人税額が多額になる場合があるとしても，経費額の計算につき納税者の負担軽減をはかるという概算法の趣旨からすれば，必ずしも不合

理とはいえず，また，概算法によるか，実額配賦法によるかは任意に選択できるのであるから，概算法を原則として規定したことをもって，憲法29条に違反するものとはいえない。

3. 原告は，昭和53年以降，法人税の確定申告期限後1週間位してから明細書を提出していたが，船橋税務署は，右明細書を受理し，明細書に基づく実額配賦法により経費額を算出するという運用をなしていたにもかかわらず，平成4年5月期及び同5年5月期の確定申告にあたっては，申告期限の1週間後に提出した明細書を受理しなかったとして，本件各課税処分は課税権を濫してなしたものであっていずれも無効であると主張する。

しかしながら，証拠によれば，原告が，平成4年5月期及び同5年5月期の明細書を作成していたこと，右明細書が確定申告期限までに船橋税務署に提出されなかったことはいずれも認められるものの，原告の昭和63年5月期から平成3年5月期までの法人税の確定申告に際しては，「課税土地譲渡利益金額」欄及び「同上に対する税額」欄に金額の記載がない確定申告書を提出していることが認められるところ，課税土地譲渡利益金額が0円である場合に明細書を提出する必要はないこと，また，右利益金額があり，納付すべき法人税があれば確定申告の内容の修正措置を講ずべきところ，原告がそのような措置を講じたことをうかがわせる証拠はなく，更に，船橋税務署においては，納税者から書類提出の申出がある場合には全て受領していることが認められることなどからすると，昭和53年以降，原告が確定申告期限後に明細書を提出し，それを船橋税務署が受理した上，実額配賦法による経費額の計算をして法人税額を算出していたとするNの陳述書の記載，証人Nの証言及び原告本人尋問の結果は，いずれもにわかに信用することはできず，他に右事実を認めるに足る証拠はない。

よって，原告の課税権濫用の主張は，その前提となる事実が認められないから，その余の点について検討を加えるまでもなく，採用することができない。

4. 以上によれば，被告が，原告の土地譲渡収益に係る経費額の算出について概算法を用いて算出したことは正当であり，原告の平成4年5月期の法人税額は1億6803万6100円に，同5年5月期の法人税額は62万4300円となるから，右金額の範囲内でなされた本件各更正処分（但し，平成5年5月期については，平成7年11月29日付異議決定で一部取り消された後のもの）はいずれも適法であり，したがって，これらの金額を前提としてなされた本件各賦課決定処分もまた適法である。

エ　資産の評価　※

オ　役員の報酬・賞与及び退職給与等

【159】　仙台高裁　平成10年4月7日判決
　　　　（平成8年（行コ）第5号・法人税更正処分等取消請求控訴事件）
　【当事者】
　　控訴人（原告）　　有限会社〇〇〇〇
　　被控訴人（被告）　郡山税務署長
　【判示事項】
　　平均功績倍率法を用いて算出した過大な役員退職金の適否
　【事案の概要と争点】
　　本件は，年報8号整理番号【137】の控訴審である。
　【判　旨】
　　本判決は，次のとおり判示して，控訴人の請求を一部認容した原審（福島地裁平成8年3月18日判決・年報8号 520ページ）の判断を変更し，控訴人の請求を更に一部認容した。
1. 認定事実によれば，昭和62年7月1日付で控訴人が支出した本件退職金9100万円は，控訴人の会社処理上給料手当勘定に一括計上されており，Aの遺族においても死亡退職金として相続財産に含めて相続税の申告をしているのであるから，その全額が役員退職給与に当たるというべきである。もっとも，その金額の決定に当たっては，控訴人はK税理士に相

談していること，9100万円という金額自体積算であることがうかがわれるものであることからすると，本件退職金は，証人Kが証言するとおり，基本退職金2000万円に，業務上の死亡であることによる特別加算退職金2000万円，業務上の事故死に対する給付金5000万円，葬儀費用負担金100万円を加算して算定されたものと認定すべきであり，税務調査の当時K税理士が調査担当者に対しその内訳の説明をしなかったのは，その説明を求められなかったか，あるいは質問の趣旨についての行き違いなどから，説明の機会が得られなかったものと推認される。

　そうすると，本件退職金については前記のような趣旨の金額が含まれていると認められるが，前記の本件退職金の会計処理及び相続人における相続税申告の内容に鑑みると，これらは本件退職金の金額及び積算するに当たり，退職の事情として考慮された諸事情についての事項ごとの内訳にすぎないものと解すべきである。したがって，本件退職金については，その全額が法36条の役員給与に該当するというべきであるので，本件においては，右金額について，法人税法施行令（以下「令」という。）72条に従い，前記の退職の事情を考慮しつつ，その過大性の有無を検討すべきである。

2.　法36条は，法人役員に対する退職給与が，使用人に対するそれと異なり益金処分たる性質を含んでいる場合があることにかんがみて，一般的に相当と認められる金額に限って収益を得るための必要な経費とし，右金額を超えて不相当に高額である部分は益金処分として損金算入を認めないとした趣旨であり，これを受けて令72条が，当該役員の業務従事期間，退職の事情，同種事業を営む法人の役員退職給与の支給状況等に照らして，右の相当性を判断すべきものとして定めているところ，そのための具体的な判断方法として，同種かつ同程度の事業規模を有する法人の役員退職給与の支給事例を抽出して，これらの支給額が当該役員の最終報酬月額に役員在職年数を乗じた金額にいかなる係数を乗じたものかを求め，この係数を比較して判断するといういわゆる功績倍率法が原則として合理的な判定手法であることについては控訴人においても当然の

前提としている。そして，前示した本件退職金の性質を吟味した結果，そのうちで固有の退職給与にあたる部分を評価するために功績倍率法を用いることは，右趣旨に沿うものとして合理的であり，控訴人の主張する形式的適用との非難はあたらないというべきである。そこで，本件退職金につき功績倍率法によりその相当性を判断することとし，被控訴人主張の功績倍率による相当額算定の合理性の有無につき検討する。

(1) まず，その基礎とされた比較法人の調査，抽出とその結果に基づいて算出された功績倍率の妥当性はどうかというに，証拠によれば，被控訴人は，仙台国税局長からの通達に基づき，控訴人を所轄する郡山税務署管内から，被控訴人主張のような基準に従って比較法人を抽出したところ，その結果は別表1（略）のとおりであったことが認められ，右抽出基準自体は，いずれも控訴人の実情を反映させたものであるから，相応の合理性を肯認することができる。しかし，結果として抽出された対象は4法人5事例にとどまり，これによって判明した功績倍率は1.30から3.18までの約2.45倍もの幅があることからすると，右の功績倍率の平均値である2.30に基づいて算出された相当額については，類似法人の平均的な退職金額であるということはできるとしても，それはあくまでも比較的少数の対象を基礎とした単なる平均値であるのにすぎないので，これを超えれば直ちにその超過額がすべて過大な退職給与に当たることになるわけではないのは当然であり，したがって，被控訴人主張の右平均功績倍率に依拠して算定された金額をもって，これのみが合理性を有する数値であるとするのには無理がある。そして，右比較法人は相当の合理性を有する基準によって抽出されたものであるところ，そのうちの功績倍率の最高値3.18を示している法人については，平均値との開差も1.38倍程度であることからして特異な値とは解されず，また，その支給額が過大であるとして被控訴人においてこれを否認ないし更正したとの証拠もないので，本件においては右法人の功績倍率こそが有力な参考基準となるものと判断する。

以上によれば，本件において退職給与の相当額算定の基礎となる功績

倍率としては，3.18を採用すべきである。
(2)　Aの最終報酬月額が50万円であることは当事者間に争いがない。

　　もっとも，証拠によれば，A及び控訴人の取締役のBの報酬額の推移は，Aについては従来月額1万円から5万円前後で推移していたのが，退職の3か月前に突如月額50万円に大幅な増額となっているのであり，このことからすると，右最終報酬月額に至った経緯については疑問を差しはさむ余地もあるが，それが事後的な作為の結果であると認めるに足りる証拠はないだけでなく，むしろ，以前が低きにすぎたきらいなしとしないほか，証人Kの証言によれば，昭和61年9月に7階建てのビルディングが完成し，賃料収入の増加が見込まれていたとのことであるので，必ずしも首肯できないものではない。また，右のような報酬月額の推移に鑑みると，最終功績倍率に基づく退職給与の相当額算定の基礎としては，退職前の一定期間の報酬月額の平均額を採ることも考えられなくはないが，Bについては同事業年度については月額45万円の報酬が支給されていること，被控訴人においても右金額を算定の基礎としていることであるので，右報酬月額については，そのまま本件における相当退職給与額算定の基礎とする。

(3)　以上によれば，本件における退職給与の相当額は，最終報酬月額50万円に，在職年数11と功績倍率3.18を乗じた1750万円（10万円単位に切上げ）となる。

3.　本件は，業務上の死亡による退職であるところ，そのような事情を考慮して退職金につき弔慰金としての趣旨で加算を行うことは税法上も是認すべきであると解されるので，Aに対する退職給与に対する右事情に基づく加算の相当額について検討する。

　　弔慰金については，労働基準法上，業務上死亡した労働者の遺族に対しては平均賃金の1000日分の遺族補償をしなければならないとされていること（同法79条），相続税法3条1項2号により相続により取得したものとみなされる退職手当金等の給与には，弔慰金等は，被相続人が業務上死亡したときは普通給与の3年分に相当する金額は相続財産に含め

ないが，これを超える金額は退職手当等に含まれるものとして運用されている（相続税基本通達3－20）ことからすると，右の程度の金額については弔慰金として相当な額であるとの社会通念が存在し，これを前提にこれらの規定，通達が置かれていると解されるので，本件においても，最終報酬月額の3年分に相当する1800万円が弔慰金として相当な金額であると認められる。そして，Aの遺族に対しては本件退職金のほか，弔慰金は支給されていないところ，同様の趣旨で退職給与につき右金額を加算して支給することは相当と認められる。

4. 本件では，業務上の死亡であることから葬儀費用の一部負担の趣旨で更に本件退職金に 100万円が加算されている。葬儀費用については，法人の役員等の死亡によってその費用を負担した場合，社葬とすることが社会通念上相当と認められるときには，社葬のために通常要する金額の限度で損金算入が認められているところ，本件において控訴人は社葬を行っていないけれども，業務上の事故死であることを考慮すると，葬儀費用を一部負担することにより弔意を示すことは社会通念上相当と認められる。もっとも，前記相続税基本通達上の「弔慰金等」のうちには，葬祭料をも含むものであることから，前記の額の弔慰金のほかに葬祭料として金額を加算することの相当性につき問題の余地もあるが，労働基準法上は前記の遺族補償のほか葬祭料の支払が義務付けられている（同法80条）のであり，また，本件における前記のような事情を考慮すると，前記の葬祭料のほか，なお葬儀費用の一部負担の趣旨加算を行うことは相当であり，その額は労働基準法上は平均賃金の60日分とされていることをも考慮すると，本件退職金に加算された 100万円の額も相当と認められる。

5. 以上判示したところによれば，本件退職金の相当額は3650万円と認められ，これを超える5450万円について損金算入を否認すべきである。したがって，本件更正処分及びこれに伴う過少申告加算税賦課決定処分中，右判示の金額を超えて否認し，或いはその否認に基づいて賦課した部分はその限度で取消を免れない。

【160】 名古屋地裁 平成10年4月13日判決

（平成5年（行ウ）第59号・源泉所得税債務不存在確認請求事件）

【当事者】

原告　株式会社○○○○

被告　国

【判示事項】

原告代表者へ流出した簿外資金の性質

【事案の概要と争点】

本件は，原告から原告代表取締役への源泉徴収の対象となる給与所得の支払がないにもかかわらず，訴外税務署長が源泉所得税の納税告知及び同税の不納付加算税賦課決定通知をしたと主張する原告が，被告国に対し，右債務の不存在の確認を求めた事案である。

主たる争点は，原告から原告代表取締役への給与（役員報酬）の支払の有無にあった。

【判　旨】

本判決は，次のとおり判示して，原告の請求を棄却した。

1. 本件納税告知処分の適法性
(1) B税務署長は，原告が架空外注費等を計上することにより得た金員のうち，Aに対する貸付金となるべき額に係る利息相当額を，原告からAに対する経済的利益の供与すなわち役員報酬であると認定したうえで，原告に対し，給与所得（役員報酬）に係る源泉所得税の納税告知処分を行ったものである。
(2) Aの平成元年11月期から同3年11月期までの本件係争各年度の個人（世帯）支出総額と同年分の個人（世帯）収入総額との差引額は，一応，簿外資金として得たものと考えるのが相当であり，B税務署長は，当該各年度の個人（世帯）支出総額のうち個人（世帯）収入総額を超える額を代表者勘定と認定し，また，昭和62年11月期及び昭和63年11月期については，架空賃金の額から，右架空賃金に係る源泉所得税等の額を差し引いた金額を代表者勘定と認定した。

そして、B税務署長は、原告が所得を隠して簿外資産を作った目的は、会社の簿外資産を増大させることにより、会社の規模を拡大することに主眼があり、将来的には原告への返済が予定されていたものであって、永続的にAに帰属させる趣旨ではなかったと認められるとして、右流出金を、原告からAに対する貸付金と認定し、本件係争各期に発生した貸付金額を、「各期発生貸付金」欄記載の額であると認定した。

(3) 本件においては、原告から代表者に対する流出金を算定し、これをもって、代表者に対する貸付金と認定していることになるが、流出金額とその帰属年度が特定できれば、課税対象としては十分特定できるのであるから、個々の消費貸借契約の日時等を特定する必要はないというべきである。

(4) 貸付金の利率

B税務署長は、原告のAに対する右貸付金の利率を、年10パーセントと認定したが、貸付金の利率というものは、元来、貸借の理由、貸主と借主との関係、貸主の貸付資金捻出の手段、借主の借金を必要とする度合、借主の返済能力等当該貸付けの行われる個別的、具体的事情のいかんによって大きく左右されるものであるから、経済的合理人を基準としても、その具体的な利率を一義的に明確に定め得るものではない。

本件係争年度当時、銀行等正規の金融機関が実際に行っていた貸付利率はおおむね年5パーセントないし8パーセント程度であったが、銀行等の金融機関が貸付けを行う場合、借主の返済意思及び能力を慎重に審査した上、手形、定期預金、不動産等の確実な担保を提供させるのが通常である。したがって、これとの対比において、本件貸付けのように、慎重な審査及び確実な担保の受入れなくして金銭を貸し付ける場合の利率は、右利率より相当高いものとなるのが通常と考えられる。

しかしながら、他面、本件の場合、Aが原告の役員であるという特殊な関係があり、かかる貸主と借主との間の特殊な関係が利率に影響することも明らかである。すなわち、一般に、企業がその役員又は従業員等の内部者に融資を行う場合、当該内部者に対する福利厚生という見地か

ら，外部の金融機関ないし高利貸し等から同一の事情の下で借り入れる場合に比べ，若干低利で融資するのが通常である。

　以上のことから，本件の場合は，慎重な審査及び確実な担保の受入れがないという点で銀行金利よりは高率であるが，原告の内部者が借主であることから高利貸しの利率より若干低い利率が，通常の利率であると認められ，年10パーセントという利率は妥当なものであるということができる。

　したがって，本件貸付金の利率を年10パーセントと認定してなした本件処分は適法である。

2. 源泉所得税に係る重加算税の賦課決定処分の適法性

　前記のとおり，本件納税告知処分は，架空外注費等の計上によって捻出した簿外資金をもってした利息相当額の経済的利益の供与（役員報酬）に対する追徴税額の納税告知であるので，右追徴税額に対し，国税通則法68条3項（重加算税）の規定に基づき，不納付加算税に代えて，重加算税の賦課決定処分を行ったことは，適法というべきである。

【161】　最　高　裁　平成10年6月12日第二小法廷判決
　　　（最高裁平成8年（行ツ）第138号・法人税更正処分等取消請求上告事件）

【当事者】
　上告人（控訴人・原告）　　○○○○株式会社
　被上告人（被控訴人・被告）　新宿税務署長

【判示事項】
　法人税法22条2項の資産の譲渡該当性，譲渡益相当額を損金不参入としたことの適否

【事案の概要と争点】
　本件は，年報8号整理番号【138】の上告審である。

【判　旨】
　本判決は，上告人の請求を棄却した原審（東京高裁平成8年3月26日判

決・年報8号526ページ、一審東京地裁平成6年11月29日判決・年報6号508ページ)の判断を維持し、上告を棄却した。

カ 寄付金・交際費等

【162】 最 高 裁 平成10年1月22日第一小法廷判決
(平成5年(行ツ)第167号・法人税更正処分取消請求上告事件)
【当事者】
上告人(控訴人・原告) ○○○○株式会社
被上告人(被控訴人・被告) 平塚税務署長
【判示事項】
会員制の中古車オークションにおける抽選会の景品購入費の交際費該当性等
【事案の概要と争点】
本件は、年報5号整理番号【136】の控訴審である。
【判　旨】
本判決は、上告人の請求を棄却した原審(東京高裁平成5年6月28日判決・年報5号469ページ、一審横浜地裁平成4年9月30日判決・年報4号486ページ)の判断を維持して、上告を棄却した。

【163】 大 分 地 裁 平成10年3月3日判決
(平成4年(行ウ)第8号・法人税更正処分等取消請求事件)
【当事者】
原告 ○○○○株式会社
被告 大分税務署長
【判示事項】
タクシー営業権譲渡の有無、不動産売買代金額及び譲渡時における時価の多寡
【事案の概要と争点】
本件は、タクシー業を営む原告の平成元年4月1日から同2年3月31日

までの事業年度の法人税について，被告がした更正処分並びに過少申告加算税及び重加算税の賦課決定処分の適否が争われた事案である。
　主たる争点は，①原告から訴外株式会社Tに対するタクシー営業権の譲渡の有無，②訴外Uに対する不動産売買代金額の多寡及び③右不動産の譲渡時における時価の多寡にあった。

【判　旨】
　本判決は，次のとおり判示して，原告の請求を棄却した。
1．原告から株式会社Tに対する営業権の譲渡の有無について
(1)　争いのない事実に，証拠及び弁論の全趣旨を総合すれば，以下の事実が認められる。
　　原告は，一般乗用旅客自動車運送事業及び同事業に附帯する一切の業務を目的とする，いわゆるタクシー業を営む株式会社であり，Tは，大分県下のタクシー会社6社を構成会社とし別府市に拠点を置く「Hタクシーグループ」に属する株式会社であり，医薬品，食品，雑貨等の輸出入及び販売並びに不動産販売等を目的としていたが，昭和58年3月ころまでは実質的な経済活動をほとんど行っておらず，平成元年8月まで法人税の確定申告もしていなかった。
　　昭和58年5月まで原告（旧商号Kタクシー株式会社）の代表取締役であったAは，原告を売却しようと考え，昭和58年3月ころ，友人のBに対し，売却先は大分県以外の業者に限るとの条件を付けた上で，売却方の仲介を依頼するとともに，できればB自身に原告を買い取ってもらいたい旨申し入れた。これに対し，Bは，タクシー一台当たりの価格を100万円ないし150万円，右会社が所有するタクシーの台数を30台程度として，買収価格を5，6千万円程度と判断し，Aに対し右金額を伝えたが，Aの希望売却価格が1億円を超えていたため，資金調達の目処が立たず，自ら原告を買い受けることを断念し，原告の買収の仲介をしようと考え，Uに対し，原告を買収する話をしたところ，Uは，Tにおいて買い受けることを前提に，右買収に積極的な姿勢を示し，Bに対し，仲介手数料として200万円を支払うことを約束した上で，同人にAとの

交渉を一任した。もっとも，Bは，直接Tが買い受けることになると，大分県以外の業者に限るとの前記条件に反し，Aの承諾が得られないであろうと考え，表面上はあくまでB自身が買い受ける形で交渉を続けることにした。その結果，Bは，Aとの間で，原告を1億3950万0100円で買い受けること，買収後もAを右会社の役員として2年間雇用し，その間，給料として手取月額40万円を保証することで合意した。昭和58年3月10日，Bは，Tから右買収の手付金として現金500万円を預かった上，これをAに支払った。

同年5月2日，Bは，Tから右買収の残代金として小切手と現金で合計1億3450万0100円を預かった上，これをAに支払った（もっとも，原告の決算書には，右譲渡代金の計上がなく，その税金の申告もされなかった。）。これと引換えに，Aは，Bに対し，原告の会社印，原告所有名義の不動産権利証，株式譲渡承認請求書，株券等を交付し，Bは，即日，これらをTに交付し，Tは，原告の株式を100パーセント保有する株主となった。なお，右買収に際し，Tは，道路運送法39条1項の「一般自動車運送事業の譲渡及び譲受」についての運輸大臣の認可を受けていない。なお，Tは，原告を買収する資金として，1億5000万円を銀行から借り入れた。

ところで，原告は，原告の株式並びに営業権及び車両を取得したTが，まず，同年5月ころ，Bが原告の実質的支配を開始した同年4月1日に遡って，車両の売買契約書を原告との間で作成し，次に，買い取った同車両の賃貸借契約書も，同様に日付を遡らせて作成した等と主張する。しかし，原告が，昭和59年9月ころ，被告所属の調査担当係官に提出した自動車売買契約書に添付された自動車内訳明細書には，昭和58年5月2日時点では存在しない同年7月20日から同年9月28日までの間に登録された自動車3台が記載されているから，右各契約書は，いずれも，同年9月28日以降の時期に，Uらの関係者によって日付を遡らせて作成されたものと認められる。そして，右売買契約書の目的とされた営業用車両について，原告からTへの所有者等登録事項の変更はされていない。

また，Tは，賃貸したとする車両の管理に係る記録等を有しておらず，右車両賃貸借契約書6条で，「貸借物件の使用中の修繕又は造作，改造をなす場合は甲（T）の承諾を得る事」と規定されているにもかかわらず，車両の修繕等に関する記録を有していない。
　原告は，平成元年3月14日開催の臨時株主総会において，「当社が有している一般乗用旅客自動車運送事業の営業権及びこれに関する資産，負債をHタクシー（設立発起人代表U）に譲渡する。」旨の議案を満場一致の決議をもって可決した上，同会社との間で，同日付け一般乗用旅客自動車運送事業の譲渡譲受契約を締結した。そして，原告及びHタクシーは，同年4月20日付けで，九州運輸局長に対し，右譲渡譲受についての認可申請書を提出し，同局長は，同年7月4日付けで，右申請（認可申請車両台数28台）を認可した。なお，右申請書に添付された「譲渡及び譲受価格の明細書」には，右譲渡譲受代金1000万円の内訳として，事業用自動車，計器機器等の営業用財産の価格の記載はあるが，営業権についての記載はない。

(2)　ところで，道路運送法4条1項は，「一般自動車運送事業を経営しようとする者は，運輸大臣の免許を受けなければならない」と規定し，同法39条1項は，「一般自動車運送事業の譲渡及び譲受は，運輸大臣の認可を受けなければ，その効力を生じない」として運輸大臣の認可が営業権の譲渡及び譲受の私法上の効力発生要件である旨規定し，さらに，同条3項は6条を準用し，右認可に当たって，運輸大臣は同条1項各号に掲げる基準に適合するかどうか審査しなければならないとされている。そして，同法4条1項の規定に違反して一般旅客自動車運送事業を経営した者には刑事罰（1年以下の懲役もしくは200万円以下の罰金又はこれらの併科）が科される（同法128条1号）から，認可を受けないでタクシー事業を譲り受けることは，右刑事罰を受ける危険を犯すことになる。

(3)　さらに，前記(1)の認定事実によれば，Tは，道路運送上，タクシー事業の譲受の効果が生じるために必要とされる運輸大臣の認可を受けてい

ないばかりか，後日，営業権及び事業用自動車等の所有権が原告に属することを前提として，Tに対して右営業権等を譲渡しているのであるから，原告からTへの営業権の譲渡及び営業用自動車の譲渡は，いずれも仮装されたものであるといわなければならない。なお，原告は，仮に営業権の譲渡が私法上無効であるとしても，課税上は，現実にその経済的成果が収受されていれば，その実質的担税力に応じて課税されるのであり，無効な行為により生じた経済的成果が，その行為の無効であることに起因して失われた場合に限って更正の請求が認められる旨主張するが，本件においては，そもそも右譲渡行為自体が仮装である以上，それに伴う経済的成果が生ずることもないから，右主張は前提を欠くものであって，失当である。

2. 本件物件の売買代金額が3500万円，5000万円のいずれかについて

⑴ 争いのない事実に，証拠及び弁論の全趣旨を総合すれば，以下の事実が認められる。

ア 原告は，本件物件を所有し，事業用自動車28台を使用して一般旅客自動車運送事業を経営していたが，平成元年3月14日，運送事業に関する権利義務，事業用自動車，機械器具，その他の什器備品（土地建物以外の全財産）をHタクシーに譲渡する旨の契約を締結し，同年7月4日，右譲渡について九州運輸局長の認可を受けた。

原告は，平成元年6月28日，本件物件をUに売り渡し，同日，原告から手付金として300万円を受領した。そして，同年7月10日，同物件について，原告からUへの所有権移転登記がされ，原告は，同月17日，Uから右売買残代金として3200万円を受領した。なお，原告は，同月20日限りで営業を廃止した。

イ 原告は，被告から，滞納国税の納付について再三督促されたが，これに応じなかったため，被告の担当者が，原告の公簿上の財産を調査したところ，不動産は右のとおり，すべてUに移転されており，他に処分可能な財産は見当たらなかった。そこで，国税徴収官Cは，原告の代表取締役Nとの面接を申込んだ結果，NがHタクシーグループの副会長であ

った原告の代表取締役Dとともに大分税務署に来署したため、Kの上司であった同署の統括国税徴収官のYがこれに応対した。その際、Yは、Nらに対し、このままでは滞納処分を行わざるを得ないから、滞納している税金の納付計画書とともに売買契約書も持参する旨を指示した。その翌日の同月17日、N及びDが税理士とともに再び大分税務署に来署し、本件土地の売買代金は3400万円であると申し出て、平成元年6月28日付け乙土地契約書の写しを提出した。なお、その際、Nらは、Cに対し、本件物件の売買に係る契約書は乙土地契約書のみであり、売買代金の授受は終了しているので、原告はUに対して債権を有していないと申し立てた。その後も、原告は前記国税を納付せず、右滞納が短期間に完納される見込みがなかったため、同月29日、熊本国税局に対し、徴収の引継ぎを行った。

ウ　他方、県税事務所長は、平成元年10月19日、原告に対し、昭和59年4月1日から昭和63年3月31日までの4事業年度に係る法人県民税及び法人事業税についての更正処分を行い、同日、右決定書を交付した。しかし、右更正処分を受けた後も、原告は、納税の督促に対し、国税に対する不服を申し立てており、その結果待ちであることを理由に納税しなかった。

県税事務所のEは、C同様、売買価額3400万円の乙土地契約書の提示を受けると共に、売買価額100万円の乙建物契約書の提示も受けた。また、Nから、右売買価額について、路線価より単価が多少安くなっており、代金の授受及び所有権移転登記手続が終了しているとの説明を受けた。

(2)　右(1)の認定事実によれば、乙土地契約書及び乙建物契約書は、本件譲渡に係る契約書として作成されたものであり、本件物件の売買代金額は、3500万円であると解するのが相当である。

3.　本件物件の本件譲渡時の時価について

(1)　証拠によれば、以下の各事実が認められる。

ア　本件物件は、駅の南西方直線距離約1.4キロメートル、バス停留所か

ら徒歩約2分のところに位置し，平成元年6月28日当時，近隣地域は，住宅環境，接近関係等が良好であることから住宅地として発展しつつあった。本件物件のうち，一土地南西側が幅員4メートルの舗装道路に接し，間口約28メートルの概ね長方形状の区画であって，公簿上の面積（958平方メートル）を有し，二土地は道路を挟んで一土地に接し，北東側が幅員4メートルの舗装道路及び南東側が幅員4メートルの舗装私道に接面する角地で，間口約16メートルの概ね長方形状の区画であって，公簿上の面積（167.74平方メートル）を有し，三土地は共有土地（持分4分の1）で，道路として利用されており，公簿上の面積（222平方メートル）を有し，4建物及び5建物は昭和46，7年に一土地上に建築された建物である。

イ　G鑑定は，右アの本件物件の面積，接近関係等を考慮して，最有効の用途として，一土地につき中層建物の敷地，二土地につき住宅の敷地，三土地につき現況利用と判断した上，土地については，取引事例比較法（間接法）及び収益還元法を適用し，地域標準地を本件物件付近の幅員5メートルの公道に等高に接面する中間地に間口15メートル，奥行20メートル，面積300平方メートル程度の画地とし，取引事例比較法（間接法）による比準価格を1平方メートル当たり8万8000円，収益還元法による収益価格を7万3200円とそれぞれ査定し，賃料の選択，要因分析等全般にわたって再検討するとともに，好景気に伴い売り手市場で強含みである不動産市場の動向を勘案の上，比準価格を3パーセント程度下方修正した価格を重視し，平成元年6月28日現在で，本件物件の属する地域の標準地価格を1平方メートル当たり8万5300円と査定した。同鑑定は，これを基礎として，対象物件の街路条件，画地条件等の個別的要因の比較検討を行い，一土地については幅員4メートル公道に接面していることによる3パーセントの減価，奥行長大の点で7パーセントの減価（奥行長大がやや劣るということから2パーセント減価，形についても不整形でやや劣るということから5パーセント減価）をして，一土地の更地価格を1平方メートル当たり7万6800円と査定し，また，一土地は，

タクシーの営業所及び住宅の敷地に供されているが，①当面有効に活用されていること，②建物評価に際して十分な減価修正を行っていること，③取り壊して更地化が容易であること等から，建付減価を不要と判断した上で，右7万6800円に地積を乗じた7357万4000円（千円未満切り捨て。以下同じ。）をその時価とし，二土地については接面道路の関係で3パーセント減価，角地である点で5パーセント増価とし，これを差し引き2パーセント増価の修正を加えて，1平方メートル当たり8万7000円とし，これに地積を乗じた1459万3000円と査定し，三土地については公衆用道路敷であり，また，共有である点を考慮し，90パーセント減価の1平方メートル当たり8500円とし，これに地積及び持分割合を乗じた47万1000円と査定し，また，本件建物を含む一土地上の建物については，原価法により再調達原価を求め，この価格に耐用年数に基づく方法（定率法）と観察減価法を併用して，減価修正を行い，一土地上の建物（木造瓦葺平屋建の未登記建物を含む。）の合計額を212万8000円と評価し，その結果，本件物件（右未登記建物を含む。）の評価額を，合計9076万6000円と査定している。

(2) 右G鑑定は，本件物件の状況，位置及び近隣地域の概要の把握，さらに，評価額の算出過程やその手法において，特に不合理，不都合な点が見当たらないから，同鑑定の前記評価額をもって本件物件の本件譲渡時における時価と解するのが相当である。

4. 以上によれば，営業権は，原告からHタクシーが譲り受けたものであって，Tが原告から営業権を譲り受けたことはない。したがって，原告のTに対する729万0333円の営業権使用料の支払は，虚偽の契約書等により仮装計上されたものであり，その実質は原告のTに対する贈与であり，寄付金に該当するとして，損金算入限度超過額を所得金額に加算した本件課税処分に違法はない。また，原告は，Hタクシーに営業権を譲渡したことになるところ，前記1.(1)で認定した原告とHタクシーとの間の右譲渡譲受契約の内容に照らせば，譲渡価額の中には営業権の価額は含まれないと解されるので，営業権は無償で譲渡されたとみるべきであ

る。そして，証拠によれば，昭和58年当時，Ｔの取締役であったＮは，別件訴訟（当庁平成3年（行ウ）第2号法人税更正処分等取消請求事件）において，Ｔが原告を買収したことを前提として，営業権をタクシー1台当たり500万円と見積もった旨証言していることからすると，平成元年当時の営業権の価格がタクシー1台当たり300万円の28台分である8400万円を下回ることはないとする被告の主張は理由がある。したがって，右営業権相当額はＨタクシーに対する寄付金に該当するとして，損金算入限度超過額を所得金額に加算した本件課税処分に違法はない。さらに，前記2.及び3.で検討したところによれば，本件譲渡価額は3500万円であるのに対し，本件物件の時価は9076万6000円であったのであるから，その差額を法人税22条2項の益金として，原告の所得に加算した本件課税処分に違法はない。そして，原告は，Ｔが営業権を所有していないにもかかわらず，営業権の賃貸借を内容とする実体のない営業権リース契約書に基づき，営業権使用料の支払を仮装し，これを損金に算入して所得金額を過少に申告していたものであるから，これを国税通則法68条1項に規定する「課税標準等又は税額等の計算の基礎となるべき事実の全部又は一部を隠ぺいし，又は仮装し，その隠ぺいし，又は仮装したところに基づき納税申告書を提出していた」ことに当たるとして，過少申告加算税に代えて重加算税の賦課決定をした本件課税処分に違法はない。また，更正処分により納付すべき税額の計算の基礎となった事実が，更正前の税額の計算の基礎とされていなかったことについて，正当な理由があるとは認められないから，国税通則法65条1項により，過少申告加算税の賦課決定をした本件課税処分に違法はない。

【164】 仙台高裁秋田支部 平成10年6月29日判決
（平成5年（行コ）第3号・法人税更正処分等取消請求控訴事件）
【当事者】
控 訴 人（原告）　　協同組合○○○○
被控訴人（被告）　　秋田南税務署長

【判示事項】

訴えの利益，寄付金該当性

【事案の概要と争点】

本件は，年報5号整理番号【135】の控訴審である。

【判　旨】

本判決は，次のとおり判示して，更正処分の取消しを求める訴え及び第二賦課決定処分の取消しを求める訴えを却下し，その余の請求を棄却した原判決（秋田地裁平成5年5月21日判決・年報5号467ページ）を変更し，更正処分の取消しを求める訴え及び第一賦課決定処分の取消しを求める訴えを却下し，控訴人のその余の請求を棄却した。

1. 本件訴えの適法性について
(1) 控訴人は，本件更正処分についても取消しの利益があると主張するが，本件更正処分によって更正された納付すべき法人税額については，その後の本件再更正処分により，差引法人税額こそ73万5000円減少しているが，土地譲渡利益金に対する税額403万2600円が賦課されたことにより，全体として345万3200円増額したいわゆる増額再更正がなされており，これにより右再更正以前の更正，決定等は，増額再更正の処分内容としてこれに吸収されて一体となったと解され，本件の法人税課税処分に不服のある控訴人としては，本件再更正処分の取消しを求めれば足りるのであって，控訴人には，もはや本件更正処分の取消しを求める法律上の利益はないというべきであるから，控訴人の本件更正処分の取消しを求める訴えは不適法であり，却下されるべきである。なお，控訴人は，本件更正処分によってなされた課税標準の額は，本件再更正処分によって減額されているから，本件再更正処分は減額再更正である旨主張するが，本件再更正処分によって納付すべき税額は増額されているのであるから，控訴人の権利利益の保護のためには，本件再更正処分の取消請求のみを認めれば足りるのであって，控訴人の主張は理由がない。
(2) 原判決は，第一賦課決定処分の取消しを求める訴えを適法とし，第二賦課決定処分の取消しを求める訴えを不適法であるとしているが，過少

申告加算税，重加算税などの加算税は，本税が確定された後に，右確定された本税をもとに算出されるものであるから，加算税の賦課決定処分取消しの訴えの利益は，本税についての更正処分等の訴えの利益に付随するものというべきであるところ，前記のとおり，本件再更正処分により増額再更正がなされた結果，控訴人としては，本件再更正処分の取消しを求める利益はあるが，本件更正処分の取消しを求める利益はなくなっているのであるから，控訴人としては，本件再更正処分に基づいてなされた第二賦課決定処分のみについて取消しを求めれば足りるのであり，本件更正処分に基づいてなされた第一賦課決定処分については取消しを求める利益はないというべきであり，以上によれば，控訴人の第二賦課決定処分の取消しを求める訴えは適法であるが，第一賦課決定処分の取消しを求める訴えは不適法であり，却下されるべきである。

2. 本件再更正処分及び第二賦課決定処分（ただし，いずれも本件裁決により減額された部分を除く。）の適法性について

(1) 第二弁済行為にかかる金額について

認定したところによれば，第二弁済行為は，右弁済にかかる各債務の債権者と控訴人の間に何ら法律関係がなく，したがって，法律上控訴人には何らの支払義務がないにもかかわらずなされたものであることが明らかであり，法律上は，控訴人の販売会社に対する無償供与として，当時の法人税法（以下「法」という。）37条所定の「寄付金」に該当することが明らかである。

(2) 本件不請求行為にかかる金額について

認定した事実経過によれば，控訴人は，特段の事情のない限り，本件不請求行為にかかる金額について，右各債務の相連帯保証人であるＴらに対して，その負担部分に応じた求償をなし得るのであり，右負担部分は特段の合意のない限りは，各自平等となるものであるところ，控訴人は，右金額について，Ｔらに対して，求償権の行使を一切していないことが明らかであり，被控訴人は，右控訴人の態度（本件不請求行為）をもって，Ｔらに対する負担部分に応じた求償権の放棄であると認定し，

Tらに対して右負担部分に相当する価額の贈与ないしは無償供与がなされたものとして，右価額を「寄付金」と認定した上で，本件再更正処分をしたところ，控訴人は，控訴人と販売会社及びTらとの関係に照らして，販売会社の債務は最終的には控訴人が責任を負うのが当然であり，右各関係者間でもその旨の合意がされていたから，Tらの負担部分は零であり，そもそも控訴人にはTらに対する求償権はないと主張する。しかしながら，そもそも，控訴人と販売会社の間において，販売会社の債務についてすべて控訴人が最終的に責任を負うとの合意がされたことを認めるに足りないことは前記のとおりである。

なお，販売会社の連帯保証人ないしは物上保証人である控訴人とTらの間において，各自の負担部分について特段の合意がされることはあり得ることではあるものの，Tらは，いずれも販売会社の役員であって，販売会社の経営責任を負うべき立場にあり，販売会社の経営状況いかんによって直接に利益不利益を被る立場にあるから，そのような地位にあるTらが販売会社の債務につき連帯保証をするのは，いわば当然のことである（そうであるからこそ，金融機関等の販売会社の債権者も，Tらの連帯保証を要求しているのである。）のに対し，控訴人は，法律上は販売会社と別個の法人格を有し，資本の提携もないのであるから，法律的には，販売会社が融資を受けることにより利益を受けるのは，控訴人ではなく，Tらであり，Tらにこそ，販売会社の債務を連帯保証しなければならない理由があり，控訴人にはないといわねばならない。にもかかわらず，控訴人は，控訴人とTらの間で，Tらの負担部分を零とする合意がなされたと主張するが，極めて不自然であるといわねばならないし，Tらの販売会社における前記地位に照らせば，真実，控訴人が主張するような合意がされたとすれば，これは，控訴人から見れば，販売会社の債務についての相連帯保証人であるTらの負担部分についての事前の包括的な免除の合意であるから，実質的には，控訴人からTらに対する贈与ないしは無償供与であると解するほかない。してみると，本件不請求行為が，右控訴人の主張する合意に基づくものであったとしても，

これにかかるTらの負担部分に応じた金額が寄付金に該当することは明らかである。

(3) まとめ

以上によれば，本件再更正処分（ただし，本件裁決により減額されたもの）及び第二賦課決定処分は，すべて適法になされたものであるというべきである。

3. 以上によれば，原判決は，本件更正処分の取消しを求める訴えを却下し，本件再更正処分の取消しを求める請求を棄却した部分は相当であるが，第二賦課決定処分の取消しを求める訴えを却下し，第一賦課決定処分の取消しを求める訴えを適法としてこれにつき本案判断した点については相当でないから，原判決を一部変更する。

なお，当審においては，原審が不適法却下した第二賦課決定処分の取消しを求める訴えについて適法であると判断しながら，これを原審に差し戻すことなくそのまま本案判断することにした。すなわち，本件訴訟は，控訴人において，その解散に伴う清算所得に対する法人税の課税処分及びこれに付随する加算税の課税処分を争うものであるところ，右各課税処分の適法性に関しては，原審から当審に至るまで，被控訴人の主張する控訴人の清算所得の数額が正当である否か（具体的には，被控訴人において，本件各負担行為にかかる金額を寄付金と判断し，残余財産の価額に含めたことが正当であるか否か）のみが唯一の争点となっており，このため，第一賦課決定処分及び第二賦課決定処分のいずれの適法性についても，右争点の判断によって決着がつくのであり，それゆえ，右争点については，原審においても当事者双方の攻撃防御が尽くされ，原判決も，適法であるとした第一賦課決定処分の取消しを求める訴えにかかる請求の当否（すなわち，第一賦課決定処分の適法性）を判断するにあたって，当然に右争点についての判断をしているのである。このように，第一審が誤って適法な訴えを不適法却下した場合であっても，同時に右第一審において，別の訴えにかかる請求の当否を判断するに当たり，右誤って不適法却下された訴えにかかる請求の当否を判断するのに

必要な争点と全く同じ争点が審理され，右争点について第一審判決中で判断がなされているような場合には，控訴審において，右誤って不適法却下された訴えについて第一審に差し戻すことなく直ちに本案判断したとしても，実質的には当事者の審級の利益を侵害しないものというべきである。したがって，原審が不適法却下した第二賦課決定処分の取消しを求める訴えについて，これを原審に差し戻すことなくそのまま本案判断することにしたものである。

【165】 名古屋高裁金沢支部　平成10年11月30日判決
　　（平成8年（行コ）第4号・法人税更正処分取消請求控訴事件）
【当事者】
　　控　訴　人（被告）　　金沢税務署長ほか2名
　　被控訴人（原告）　　○○○○株式会社ほか4名
【判示事項】
　　上場株式の評価方法，代表者を同じくする会社間での上場株式の取引における，受贈益・寄付金該当性
【事案の概要と争点】
　　本件は，年報8号整理番号【124】の控訴審である。
【判　旨】
　　本判決は，次のとおり判示して，被控訴人の請求を一部認容した原審（金沢地裁平成8年7月19日判決・年報8号 470ページ）の控訴人らの敗訴部分を取り消した上，被控訴人らの請求のうち，訴え却下に係る請求を除く請求をいずれも棄却した。
1.　本件株式の実質的帰属主体について
　　当裁判所も，本件株式は被控訴人ら各社がその名義のとおり実質的にも取得していたものであって，被控訴人X_1社のみに帰属するものではないと判断する。
(1)　証拠によれば，遅くとも昭和62年4月以降の訴外A社の株式（以下「本件株式」という。）の被控訴人グループ各会社の取得は，被控訴人

X₁社のA社に対するM＆A（merger and acquisition 企業の合併・買収）の目的によるものであったことを認めることができる。

　しかしながら，本件株式取得の目的がX₁社によるM＆Aであるからといってそのことから直ちに本件株式がX₁社に帰属することにはならない。すなわち，M＆Aは直接にはX₁社の利益のみを追求して行われるものであるとしても，間接的に利益を受ける他の関連各社がこれに協力することも当然であるし，被控訴人らグループ全体として本件株式を確保することができれば足りるわけで，関連各社が名を貸すことにとどまらず株主となることも不合理ではないから，必ずしもX₁社が実質的所有者である必要はない。

(2)　認定事実すなわち，①被控訴人ら各社はそれぞれに実体を有する法人であって，各別の営業活動をするとともに，以前から株式の売買も行っていた，②各会社名義で本件株式を購入し，購入した本件株式は各会社名義ごとに区別して管理されていた，③購入のためには被控訴人ら各社の自己資金も充てられ，逆に売却代金がすべて本件株式取得目的の借入金の返済に充てられたわけではない，④購入のためにX₁社などから資金を借り入れている被控訴人ら各社もあるが，この場合でも通常の被控訴人ら各社間の借り入れの場合と同様の扱いがされ，返済にあたっては被控訴人ら各会社間の通常の借り入れの場合と同様の利率による利息を付された，⑤会計帳簿上も「借入金」「貸付金」として処理され，被控訴人ら各社に帰属するものとして申告がされた等の事実のほか，なによりも被控訴人ら関連各社間において本件相対取引を含む本件株式の譲渡が行われたこと自体を総合すると，本件株式は被控訴人ら各社がその名義のとおり実質的にも取得していたものであって，X₁社のみに帰属するものではないと判断すべきである。

2.　資産の低額譲渡と法人税法22条2項にいう収益の額について
　　法人税法22条2項に規定する内国法人の各事業年度の所得の金額の計算に当たっては，譲渡時における適正な価額より低い対価をもってする資産の低額譲渡も同条項にいう有償による資産の譲渡に該当することに

なるが，この場合にも，当該資産には譲渡時における適正な価額に相当する経済的価値が認められるのであって，たまたま現実に収受した対価がそのうちの一部のみであるからといって適正な価額との差額部分の収益が認識され得ないものとすれば，右条項が収益の発生原因となることを認めている資産の無償譲渡の場合との間の公平を欠くことになる。したがって，右規定の趣旨からして，資産の低額譲渡の場合において益金の額に算入すべき収益の額には，当該資産の譲渡の対価の額のほか，これと右資産の譲渡時における適正な価額との差額も含まれるものと解するのが相当である（最高裁判所平成7年12月19日第三小法廷判決・民集49巻10号3121頁参照）。

3. 本件株式の適正価額について

そこで，本件株式の譲渡時（本件各相対取引時）の適正価額（以下「時価」ともいう。）についてみると，本件株式（A航測の株式）は東京証券取引所（以下「東証」ともいう。）の第2部上場株式であるから，特段の事情がない限り，上場された東京証券取引所における株価をもって自由競争の原理によって形成された適正価額と認めるのが相当であり，控訴人らは被控訴人ら各社の所得金額の算出に当たって益金算入等の基礎として本件各取引日の終値を用いたものである。

被控訴人らは，本件各取引については被控訴人X₁社のM&A目的のためにした相対取引であること等を理由として，証券取引所における株価ではなく現実に各当事者が取引をした譲渡価額（東証の終値より概ね200円引き）を適正な時価とみるべき特段の事情がある旨主張するが，本件各取引が被控訴人X₁社のM&A目的のためになされたことは被控訴人らの内部事情に過ぎず，そのことは取引の対象とされた本件株式の客観的な交換価値自体に影響を与えるものではないから，これをもって右取引当時の証券取引所の株価が適正時価であることを否定する理由にはならないというべきである。のみならず，本件各取引において現実の譲渡価格を決定した理由については，証券会社の担当者のアドバイスを得て同族会社である被控訴人各社の代表取締役であったBの一存で東証

株価の 200 円引き程度の値段にしたという以上の事情はうかがえず，手数料がかからないこと，取得希望先が確実に取得できること，大量の株式の放出によって市場を混乱させないためである等の理由は被控訴人らが本件において相対取引をした理由としては十分理解できるものの，相対取引の譲渡価額を東証株価より 200 円も下げることにした合理的な理由にはならないといわざるを得ない。

また，Ａ航測の株式の東証株価が昭和 62 年 6 月以降急に値上がり傾向となり，同年 9 月にかけての値動きも相当激しかったことは否定できないが，右市場株価の上昇と変動は被控訴人がＭ＆Ａ目的のもとで大量にＡ航測の株式を買い占めている状況下において自由競争によって形勢されたものというほかないのであるから，右の程度の値動きがあったからといって，そのことによって，右の東証株価がＡ航測の会社の実勢と乖離した不当な高額になったとまでいうことはできず，控訴人らが被控訴人ら各社の所得金額算出に当たって益金算入等の基礎とした本件各取引日における東証の終値が適正時価であることが否定されるものではない。

キ その他

【66】　千葉地裁　平成 10 年 3 月 25 日判決（183 ページ参照）
【237】　宇都宮地裁　平成 10 年 4 月 15 日判決（696 ページ参照）

【166】　大分地裁　平成 10 年 3 月 24 日判決

（平成 9 年（行ウ）第 8 号・更正処分等取消請求事件）

【当事者】
原告　有限会社〇〇〇〇
被告　大分税務署長

【判示事項】
借地権の原価の多寡

【事案の概要と争点】
本件は，原告の平成 2 年 10 月 24 日解散の清算所得に係る法人税について，

被告がした更正処分及び無申告加算税賦課決定処分の適否が争われた事案である。

主たる争点は，原告所有建物を，原告に帰属する右建物の借地権部分とともに第三者に売却したことについて，右借地権の原価は原告主張額（3650万円），零円のいずれかにあった。

【判　旨】

本判決は，次のとおり判示して，原告の請求を棄却した。

1. 争いのない事実に，証拠及び弁論の全趣旨を総合すれば，以下の事実が認められる。
(1) 原告の解散前の代表取締役であり，清算人であるAは，平成4年5月19日，原告が所有していた本件建物を2700万円，Aが所有していた本件土地を7300万円（内訳は，Aに帰属する底地部分が3650万円，本件建物の所有者である原告に帰属する本件借地権が3650万円。）で訴外有限会社Dらに売却した。
(2) 本件建物は，原告が，昭和50年6月に新築し，本件譲渡時まで原告の本店事務所及びAら家族の居住の用に供されていた。また，本件土地は，昭和57年10月，Aが祖父から相続により取得し，本件建物の敷地として使用されていた。
(3) 原告は，本件建物の敷地として本件土地を借り受けるに際し，Aに対して権利金等を支払っておらず，また，被告に提出された原告の各事業年度の法人税確定申告書に添付されている決算報告書の貸借対照表の資産の部には，借地権の計上はない。
2. ところで，清算中の法人が土地等を譲渡した場合，その譲渡の収益に係る原価の額は，租税特別措置法施行令38条の4第5項5号に「残余財産の確定直前における土地等の帳簿価額」と規定されているところ，前記1.(3)で認定した事実によれば，本件借地権の帳簿価額は零円であると解される。
3. 以上によれば，本件借地権の原価は零円であり，また，原価をもとに計算される間接経費も零円となるので，本件借地権に係る課税土地譲渡

利益金額は3650万円となる。したがって，右譲渡利益金額に平成6年法律第22号による改正前の租税特別措置法62条の3第1項の税率10パーセントを適用して，課税土地譲渡利益金額に対する税額365万円を算出した本件課税処分に違法はない。そして，原告は，法人税法104条1項に定める法定申告期限（平成4年6月19日）を経過した平成7年12月15日に申告書を提出したものであって（当事者間に争いがない。），右期限内に申告書の提出がなかったことについて，国税通則法66条1項ただし書に規定する「正当な理由がある」とは認められないから，無申告加算税の賦課決定をした本件課税処分に違法はない。

【167】 福岡高裁 平成10年4月17日判決

（平成9年（行コ）第3号・法人税更正処分等取消請求控訴事件）

【当事者】
控　訴　人（原告）　　○○○○株式会社
被控訴人（被告）　　大分税務署長

【判示事項】
タクシー営業権及び営業用自動車の譲渡の有無及び隠ぺい・仮装行為の有無

【事案の概要と争点】
本件は，年報9号整理番号【152】の控訴審である。

【判　旨】
本判決は，原告の請求を棄却した原審（大分地裁平成9年2月4日判決・年報9号473ページ）の判断を維持し，控訴を棄却した。

【168】 大阪地裁 平成10年12月18日判決

（平成8年（行ウ）第140，141号・法人税更正処分取消請求事件）

【当事者】
原告　○○○○㈱
被告　阿倍野税務署長

【判示事項】

映画フィルムを介在させた金融取引であるとして減価償却費の損金算入を否認したことの適否，受取利息認定の適否

【事案の概要と争点】

パチンコ・不動産取引業を営む原告の平成元年9月期及び同2年9月期の各法人税について，被告がした更正処分及び過少申告加算税の賦課決定処分の適否が争われた事案である。

主たる争点は，映画フィルムを介在させたいわゆる金融取引であると認定して減価償却費の損金算入を否定したこと，支払利息と同額の受取利息があると認定したことの適否にあった。

【判　旨】

本判決は，次のように判示して，原告の訴えを一部却下し，その余の請求を棄却した。

1. 本件課税処分の適法性に関する被告の主張について
(1) 被告の主張する本件の事実経過の事実は，当事者間に争いがない。
(2) そこで，右事実を前提として，本件取引の内容につき検討する。

ア　本件配給契約について

本件配給契約の内容からすると，本件映画の配給を委託されたBは，本件映画の管理，使用収益及び処分に関するほとんど完全な権利を行使することができるとされている一方，本件映画の所有権を有するとされる映画投資事業組合であるAは，本件映画の所有者であれば本来有していてしかるべき諸権利の行使を全く認められていないことが明らかである。特に，Bは，その裁量と選択により，第三者（第2次配給者）に対して本件配給契約上の地位を譲渡することができ，又は本件配給契約上の権利を譲渡若しくは許諾することができるものとされていること，第三者からの権利侵害についても，AはBに対し，必要な措置を採る権限を全面的に与えていること，Aは，Bに契約違反があった場合でも，救済としては金銭上の損失の回復を求めることができるのみで，本件配給契約を終了させるなどBが有する諸権利を取り消す権利は一切有しない

ものとされていることなどを考えると，結局のところ，Aは，本件映画に関して，Bから金銭の支払を受ける権利のみを有しているにすぎないものと認められる。したがって，本件配給契約をもって，本件映画のAからBに対する単なる賃貸・配給契約とみることはできないというべきである。

イ 第2次配給契約について

Bは，前記のとおり，その裁量と選択により，第三者（第2次配給者）に対して本件配給契約上の地位を譲渡することができ，又は本件配給契約上の権利を譲渡若しくは許諾することができる旨Aとの間で合意しているところ，Bは，右合意に基づき，第2次配給契約によって，Aから許諾された本件映画に係る配給権をC及びDに譲渡したものである。右第2次配給契約によれば，Bが本件映画に関して有しているとされた前記の諸権利は，本件映画の製作者であり，最初の著作権者であるC及びDが最終的にこれらを行使できることになったものと認められる。

ウ 本件オプション契約について

本件オプション契約によれば，Bは，クラスAオプションを行使することにより，本件映画に関するA等のすべての権利等を，クラスBオプションを行使することにより，組合員のAに対する権利等をそれぞれ取得することができるものとされており，しかも，これらのオプションはBの一存で行使することができ，また，クラスAオプションの行使によって本件配給契約が終了しても，Aに対するBの一定の金員の支払義務は消滅しないこととされている。

エ E銀行に対する借入元利金の返済について

本件融資契約によれば，Aは，E銀行から，本件映画の購入資金として71億9030万2500円を借り入れ，これに年率5.5パーセントで月複利による利息（1年を360日，1月を30日として計算するものとされている。）を付して借入日から7年目に当たる返済日までに同銀行に返済すべきものとされている。

一方，本件配給契約及び本件オプション契約によれば，Bは，Aに対

し、保証支払額96億4107万9225円を支払うほか、BがクラスAオプションを行使した場合にはフィックスト支払額として、Aが延長オプションを行使した場合には延長アドバンス額として、少なくとも9億1660万1625円を支払うこととされていて、これらの合計額105億5768万0850円は、AがE銀行に返済すべき借入元利金合計金に合致することが認められ、しかも、AとF銀行との間における本件保証契約によれば、Bが右金員の支払をしないときは、同契約に基づきF銀行がその支払をすることとされている。

したがって、Aは、不履行の危険を負担することなく、E銀行に対する借入元利金の返済ができるものとされているというべきである。

オ　C及びDの立場について

前記事実のほか、証拠及び弁論の全趣旨によれば、本件売買契約における本件映画の代金は、91億6601万6250円であり、G及びHを通じて最終的にC及びDがこれを取得していること、Aは、本件融資契約により、E銀行から71億9030万2500円を借り入れ、右借入金に組合員からの出資金合計23億0320万円を加えた合計額94億9350万2500円をもって右代金の支払をしていること（なお、右合計額と本件映画の代金との差額は、J及びE銀行に対する手数料支払等の諸費用に充てられている。）、C及びDは、第2次配給契約に基づき、右借入金相当額をBに支払っていることが認められる。これらの事実及び前記イによれば、結局、本件取引により、C及びDは、本件映画に関する諸権利を失わない反面、Aの組合員による出資金相当額から諸費用相当額を差し引いた残額（本件売買契約による代金相当額の約21.6パーセントに相当する。）を取得したにすぎないものと認められる。

カ　Aによる本件映画に関する諸権利行使の機会について

Aの結成に係る本件組合契約、AがGから本件映画を買い入れる旨の本件売買契約、AとBとの間における本件配給契約は、いずれも同じ平成元年9月27日付で締結されており、このことからすれば、Aには、本件映画に関する諸権利を行使する機会は当初から全く与えられていなか

(3) 証拠及び弁論の全趣旨によれば、原告は、パチンコ及び不動産賃貸等を業とする会社であって、本件取引以前には映画の製作、配給等に関与したことはないものと認められることに加え、原告は、投資家が投資によって得る損益は映画興行の相対的成功度で決まる変動レンタル料の組合受領金額と課税上の優遇措置とによって生ずる旨記載のある本件説明書に基づく説明を受け、主として本件映画の減価償却費等の経費処理による法人税の負担軽減の利益を得るため、Aに参加することを決定したこと、本件取引に関する各契約書は、本件組合契約書を除きいずれも英文のものしかなかったことからとすると、原告は、映画興行による利益と減価償却費の損金計上等によって生ずる課税上の利益を得ることを目的として、単に資金の提供のみを行う意思のもとにAに参加したものであって、Aを通して本件映画を所有し、その使用収益等を行う意思は有していなかったものと推認するのが相当であり、本件取引は、その実質において、原告がAを通じてC及びDによる本件映画の興行に対する融資を行ったものであって、Aないしその組合員である原告は、本件取引により本件映画に関する所有権その他の権利を真実取得したものではなく、単に、原告ら組合員の租税負担を回避する目的のもとに、本件各契約書上Aが本件映画の所有権を取得するという形式、文言が用いられたにすぎないと解するのが相当である。

(4) そこで、被告の主張する本件課税処分の適法性につき判断する。

ア 本件映画の減価償却費の損金参入の否認の点について

原告が平成元年9月期及び平成2年9月期における各申告所得金額の計算に当たり、被告の主張する各金額を本件映画の減価償却費として損金の額に算入していることは、原告において明らかに争わないところである。

しかしながら、本件取引は、その実質において、原告がAを通じて、C及びDによる本件映画の興行に対する融資を行ったものであって、Aないしその組合員である原告は、本件取引により本件映画に関する所有

権その他の権利を真実取得したものではなく、単に、原告ら組合員の租税負担を回避する目的のもとに、本件各契約書上Aが本件映画の所有権を取得するという形式、文言が用いられたにすぎないから、原告が本件映画は減価償却資産に当たるとして、その減価償却費を損金の額に算入したことは相当でなく、右算入に係る全額が償却超過額になるものというべきである。

　イ　E銀行からの借入金から生ずる借入利息と同額の受取利息の計上漏れとの点について

　　計上が平成元年9月期及び平成2年9月期における各申告所得金額の計算に当たり、AのE銀行からの借入金のうち、原告のAに対する出資割合に応じた4億4939万3906円を長期借入金として計上し、これらを生ずる各期の借入利息27万4630円、2534万2020円を当期の支払利息として損金の額に算入していることは、原告において明らかに争わないところである。

　　しかして、前記(2)エに説示したところによれば、E銀行からの右借入金については、Aは、B又はF銀行からその借入元利合計金全額に相当する金員の支払を受けることとされているのであるから、支払利息として損金の額に算入した右借入利息に相当する金額を、受取利息として益金の額に算入すべきものである。

　ウ　その余の適法性に関する事実について

　　被告の主張する本件課税処分の適法性のその余の事実は、原告において明らかに争わないから、これらを自白したものとみなす。

　　以上によれば、本件課税処分は適法であって、原告の請求はいずれも理由がない。

(7)　同族会社の行為又は計算の否認（法人税法132条）

　【169】　東京高裁　平成10年4月28日判決

　　　　（平成8年（行コ）第160号・法人税更正処分等取消請求控訴事件）

　　【当事者】

控訴人（原告）　○○○○株式会社ほか1名
被控訴人（被告）　新宿税務署長

【判示事項】
更正の理由の差替えの可否，行為計算否認の規定の該当性，所得の帰属主体，訴えの利益

【事案の概要と争点】
本件は，年報8号整理番号【4】の控訴審である。

【判　旨】
本判決は，控訴人X_1の請求を棄却し，控訴人X_2の訴えの一部を却下しその余の請求を認容した原審（東京地裁平成8年11月29日判決・年報8号15ページ）の判断を維持し，控訴を棄却した。

(8) 課税・計算の特例

【52】　千葉地裁　平成10年3月25日判決（157ページ参照）

【170】　徳島地裁　平成10年5月29日判決
　　　（平成6年（行ウ）第15号・法人税更正処分取消等請求事件）

【当事者】
原告　○○○○株式会社
被告　徳島税務署長

【判示事項】
租税特別措置法施行令（平成3年政令第88号により改正前のもの）38条の5第11項及び同令38条の4第25項1号イの適用の適否

【事案の概要と争点】
本件は，製材業を営む原告の昭和64年1月1日から平成3年12月31日までの3各事業年度に係る法人税について，被告税務署長がした更正処分の適否が争われた事案である。

主たる争点は，租税特別措置法施行令（平成3年政令第88号により改正前のもの）38条の5第11項及び同令38条の4第25項1号イの適用の適否に

あった。

【判　旨】

本判決は，次のとおり判示して，原告の請求を棄却した。

1. 租税法律主義違反について
(1) 租税特別措置法（以下「措置法」という。）63条2項にいう「（土地等の）取得」につき，同法にはその意義を規定したいわゆる定義規定はないが，税法理論における借用概念の法理に従って，私法上，土地等の所有権の取得とみられるあらゆる場合が含まれ，購入という典型的な場合にみならず，合併又は現物出資による土地等の受入れによる土地等の取得の場合も含まれると解すべきである。したがって，措置法63条2項は，法人が吸収合併により土地等を受け入れた場合にも「（土地等の）取得」があったものとして，合併による受入日から引き続き所有していた期間に応じて土地譲渡益重課をする建前であると解される。

　　しかしながら，合併により受け入れた土地等の資産の総価額に占める割合が大きい場合は，合併が土地取得を目的としてされることがあり，右のような場合には法人の土地投機による地価の値上がり阻止を目的とする土地重課制度を適用するのが相当である。そこで，措置法施行令38条の4第25項1号イ，ロは，右の趣旨を踏まえ，合併により受け入れた土地等の「取得の日」につき，原則として，当該合併に係る被合併法人が当該土地等を取得した日とするが，その有する資産の総価額のうちに占める土地等の価額の合計額の割合が70パーセント以上である被合併法人との合併により受け入れた土地等については，当該土地等の取得を目的とする合併とみなして，土地等の取得日の引継ぎを否定し，合併による受け入れの日としたものである。

(2) このように，同条項は，前記のとおりその趣旨は是認できるし，70パーセントを基準にしたことも裁量の範囲内であるから，問題になる余地はない。原告は，同条項が適用される結果，本来課税対象とならない合併前の土地のキャピタルゲインまでが土地譲渡益重課の対象になると主張するが，土地譲渡益重課の対象は土地譲渡益であり土地のキャピタル

ゲインではないし，結果的に原告主張のような不利益が生じることがあるとしても，それは適正な課税目的が達成されることによる反射的な効果にすぎないというべきである。このように，同条項は，本来課税の対象とならなかったものについて新たに課税をするものであるとは解されず，課税要件（課税物件）の細目を委任したにとどまるから，白紙的委任との非難もあたらず，何ら租税法律主義に反するものではない。

2. 被合併法人Aの有する資産の価額の総額に占める土地等の価額の合計額の割合が70パーセント以上であるかについて

(1) まず，Aが有する資産の価額のうちに占める土地等の価額の合計額の割合が70パーセント以上であるか否かを判断するに当たって基準とすべき土地の価額は，合併時の時価，すなわち，自由な取引が行われるとした場合におけるその取引において通常成立すると認められる価格（正常な取引価格）である。

(2) そこで，本件合併時点における本件各土地の時価を検討する。

ア Bによる鑑定は，不動産の鑑定評価に当たって最も一般的に用いられる標準地評価法によるものであり，具体的には，不動産の価格形成要因には一般的要因，地域要因，個別的要因の三つがあるところ，一般的要因及び採用した資料地（取引事例地，収益事例，基準地ないしは公示地）と取引事例及び評価対象地等の近隣地域の想定した標準地（想定標準地）それぞれの地域要因，個別的要因等を分析してこれを点数化し，これを利用して，①取引事例地の取引価格に事情補正，時点修正，取引事例地の個別的要因の標準化補正を施した上，地域要因及び想定標準地の個別的要因の比較に基づく補正を加えて評価対象地の属する近隣地域内の想定標準地の比準価格を求め（取引事例比較法），②収益事例に前同様の補正・修正等を加え，評価対象地の属する近隣地域内の想定標準地の収益価格を求め（収益還元法），③基準地価格ないしは公示価格に時点修正，個別的要因の標準化補正を施した上，基準地ないしは公示地と評価対象地の属する近隣地域内の想定標準地との地域要因及び個別的要因の比較に基づく補正を加えて評価対象地の属する近隣地域内の想定標準地

の基準地価格ないしは公示価格を規律とする価格を求めた上，以上の三価格を勘案し，評価対象地の属する近隣地域内の想定標準地の標準価格を求め，次に，評価対象地の個別的要因を分析した右想定標準化との個別格差率を求め，その両者から評価対象地である本件各土地の本件合併時点における更地としての時価を求めたものである。

イ 次に，本件合併時点における本件各土地の利用状況につき，倉庫（現実には右倉庫が貸駐車場として利用されていた。），貸駐車場及び事務所として使用される建物，貸駐車場として使用される建物が存在することを確認したが，右の各建物は，木材置場として建築された建物の内部を線で区画し，その区画を多数の者に駐車スペースとして賃貸していたものであり，右の各区画は，「障壁等によって他の部分と区別され，独占的排他的支配が可能な構造・規模を有するもの」ではなく，したがって，右の各区画は借家法にいう建物には該当しないから（最判昭4・2・6・2民集21巻6号1433頁），右の各区画の駐車場契約はもとより，右の各建物自体についてもこれが賃貸されているわけではないから，いずれについても借家法の適用はないとし，その敷地である本件各土地を貸家建付地として評価しなかった上，土地の鑑定評価上，地上建物が貸駐車場として利用されていても，通常の場合，これを理由とする評価減は特にしないことになっており，かつ，貸駐車場として使用されている地上建物は，低層で老朽化しており，到底各土地の有効利用がされている状況にはないので，前記の更地としての正常価格から右地上建物の取壊費用を控除して，本件合併時における同目録記載の各土地の時価を求めたものであり，その結論は，首肯できるものである。

(3) よって，本件合併時においてAが有していた資産の価額のうちに占める土地等の価額の合計額の割合は70パーセントを超えるから，本件土地売買は，いずれも短期所有土地譲渡益重課の対象となる。

3. 譲渡利益金額の算出にあたって控除される土地譲渡等のために要した経費の額について

譲渡利益金額の算定に当たって「土地譲渡等のために直接または間接

に要した経費の額」として控除されるのは、「その譲渡に係る土地等の保有のために要した負債の利子の額」並びに「土地の譲渡等のために要した販売費及び一般管理費の額」とされ、右の計算は概算法により行うべきものとされている（措置法施行令38条の4第6項）が、法人が右経費の額につき、当該事業年度においてした土地の譲渡等のすべてについて支出するこれらの経費の額のうち当該土地の譲渡等に係る部分の金額を合理的に計算して法人税申告書（修正申告書を除く）に記載した場合には、当該計算した金額をもって当該土地の譲渡等に係る右各経費とすることができるとされている（措置法施行令38条の4第8項）。ところが、証拠によれば、原告は、本件各事業年度に係る法人税の確定申告書において、譲渡等に係る経費について、合理的に計算したいわゆる実額計算の記載をしていない。そして、法人税基本通達（措置法関係）63(4)－5（概算法による場合の譲渡経費）では、「法人が販売費及び一般管理費の額の計算につき概算法（措置法施行令38条の4第6項の規定の適用を受ける場合におけるその計算方法をいう。以下同じ。）による場合には、たとえその土地等の譲渡のために直接要した仲介手数料、広告費等の額が明らかであっても、概算法により計算した金額以外にこれらの金額を別途に控除することはできないことに留意する。」とされ（平成3年12月25日付課法2－4（例規）による改正前のもの）、さらに、同通達63(4)－19〔更正決定の場合の経費の計算方法〕では、「措置法63条1項の適用につき税務署長が決定又は更正をする場合には、同条第2項に規定する経費の額は、次に掲げる区分に応じ、それぞれ次によることに留意する。(1) 決定の場合（法人税申告書の提出はしているが、措置法63条1項に関する事項について申告をしていない場合を含む。）概算法により計算する。」とされている。

　右によれば、本件譲渡利益金額の算出に当たっては、概算法によるべきであると解すのが相当であるから、原告の主張は採用できない。

(9) そ の 他 ※

3　相続税・贈与税

(1)　相　続　税
ア　相続財産の範囲

【190】　名古屋地裁　平成10年2月6日判決（519ページ参照）

【193】　最　　高　　裁　平成10年2月26日第一小法廷判決（531ページ参照）

【195】　千　葉　地　裁　平成10年4月23日判決（533ページ参照）

【171】　大阪高裁　平成10年2月20日判決

（平成9年（行コ）第26号・相続税更正処分等取消請求控訴事件）

【当事者】
　控訴人（原告）　　○○○○ほか2名
　被控訴人（被告）　西宮税務署長

【判示事項】
　相続財産の範囲

【事案の概要と争点】
　本件は，年報9号整理番号【173】の控訴審である。

【判　旨】
　本判決は，控訴人らの請求を棄却した原審（神戸地裁平成9年4月28日判決・年報9号521ページ）と同旨の判示をして，控訴を棄却した。

【172】　千　葉　地　裁　平成10年2月25日判決

（平成8年（行ウ）第2号・相続税更正処分等取消請求事件）

【当事者】
　原告　　○○○○

被告　松戸税務署長

【判示事項】

租税特別措置法70条1項及び相続税法12条1項3号適用の可否

【事案の概要と争点】

　本件は，幼稚園の経営を目的とする学校法人A学園を主宰し，また，個人でもC幼稚園及びD幼稚園を営む原告の平成2年12月2日相続開始に係る相続税について，被告がした更正処分等の適否が争われた事案である。

　主たる争点は，租税特別措置法（以下「措置法」という。）70条1項又は相続税法12条1項3号の適用の可否にあった。

【判　旨】

本判決は，次のとおり判示して原告の請求を棄却した。

1. 措置法70条1項適用の可否

　　当事者間に争いのない事実と認定した事実を総合すると，原告もA学園も平成3年5月24日に本件各土地について贈与契約締結の意思があったものとは認められず，同日にされたものは将来の寄附の予約にすぎなかったものであり，実際の寄附は本件相続税の申告書の提出期限後である平成6年2月4日（仮登記の本登記の日）又は同年3月22日にされたものと認めるのが相当であるから，措置法70条1項の適用はない。

2. 相続税法12条1項3号適用の可否

(1) 認定した事実によれば，本件建物及び本件土地3は本件相続開始当時その全体について学校教育法施行規則2条1項2号に基づく園地園舎等の届出がされていた一方，F及び原告の子らが本件建物の一部に居住し生活していたのであるから，原告は，その事業に係る施設を原告の親族等に対して利用させていたものであり，原告が行う事業に関し特別利益の供与及び行っていたものというべきである。

　　この点に関し，原告は，原告はF及び子らに対して扶養義務を負っているから本件建物の居宅部分をこれらの者が居住の用に供しても特別利益を供与したことにならない旨主張するが，本件建物をC幼稚園の施設として届け出た以上，原告は本件建物以外の建物を家族の居住の用に供

すべきものであるから，扶養義務があるからといって右事実が特別利益の供与に当たらないとはいえない。

(2) そうすると，その余の点について判断するまでもなく，原告は相続税法施行令2条ただし書，1号により，本件相続に係る財産につき相続税を課されない公益事業を行う者には該当せず，本件各土地について相続税法12条1項3号（以下「本件規定」という。）の適用を受ける余地はない。

これに対し，原告は，本件建物及び本件土地3と全く関係なく設置されているD幼稚園の園地である本件土地4～8については相続税法12条1項3号（以下「本件規定」という。）の適用がある旨主張する。しかし，相続税法施行令2条は本件規定にいう「宗教，慈善，学術その他公益を目的とする事業を行う者」の範囲を定めた規定であり，非課税とされる財産の範囲を定めた規定ではないから，原告が相続税法施行令2条ただし書，1号により，本件規定にいう「公益事業を行う者」に該当しない以上，本件相続に係る財産のすべてについて本件規定の適用の要件を欠くものというほかない。したがって，原告の右主張は採用できない。

【173】 最　高　裁　平成10年2月27日第二小法廷判決
（平成9年（行ツ）第222号・相続税更正処分取消等請求上告事件）

【当事者】
上告人（原告・控訴人）　○○○○
被上告人（被告・被控訴人）　千葉東税務署長

【判示事項】
無記名有価証券の相続財産該当性

【事案の概要と争点】
本件は，年報9号整理番号【175】の上告審である。

【判　旨】
本判決は，上告人の請求を棄却した原審（東京高裁平成9年6月12日判決・年報9号525ページ，一審千葉地裁平成8年7月15日判決・年報8号

560ページ）の判断を維持し，上告を棄却した。

【174】 大阪地裁　平成10年5月22日判決
（平成8年（行ウ）第156号・相続税更正処分決定取消請求事件）

【当事者】
　原告　○○○○
　被告　枚方税務署長

【判示事項】
　被相続人名義の土地が相続財産に含まれるか，相続税の更正の請求額を超えない部分の取消しを求める訴えの利益の有無

【事案の概要と争点】
　本件は，平成2年12月21日相続開始に係る原告の相続税の更正の請求について，被告がした，右更正の請求を一部だけ認めた減額更正処分の適否が争われた事案である。
　主たる争点は，被相続人名義の本件土地が相続財産に含まれるか否かにあった。

【判　旨】
　本判決は，次のとおり判示して，原告の訴えを一部却下するとともにその請求を一部認容し，その余の請求を棄却した。
1.　認定の諸事実，すなわち，被相続人Sがいったん原告に売却した土地を他へ処分したため，Sと原告との間で，代わりの土地として本件土地を原告に譲り渡す話になったこと，原告は昭和47年ころから本件土地を耕作し，固定資産税の一部も負担していたこと，Sは生前，本件土地を代替地として原告に譲渡した旨，あるいは，本件土地を原告に売却した旨記載のある書面を作成しているほか，本件土地を原告に譲渡した旨などを周囲の者に話していたこと，原告はSに対し本件土地の登記名義の移転を要求し，Sも右手続をする義務のあること自体は否定していなかったことなどの諸点に照らせば，Sは原告に対し，昭和47年ころ，本件土地を贈与したものと認めることができる。

2.(1) 原告は，本件更正のうちその余の点については明らかに争わず，前記認定事実によれば，別表（省略）の「当裁判所の認定額」欄記載のとおり，本件相続税の原告に係る課税価格は1億9204万1000円，納付すべき税額は4469万8000円となるから，本件更正のうち右範囲を超える部分は違法である。

(2) もっとも，原告は，主位的請求として，本件更正のうち課税価格1億7074万9000円，納付すべき税額3820万7700円を超える部分を取り消す旨の申立てをしているが，原告は，更正後の課税価格1億7630万4000円，納付すべき税額3997万6900円として更正の請求を申し立てているのであって，更正の請求が，納税者の側から自己の利益に申告を是正する唯一の方法として法定されている以上，本件の相続税のうち更正の請求額を超えない部分については，納税者の側からはもはやこれを是正する途はなく，納税額は申告により確定しているものというべきである。

【175】 水戸地裁　平成10年6月30日判決
（平成8年（行ウ）第10号・処分取消請求事件）

【当事者】
原告　○○○○

被告　水戸税務署長

【判示事項】
取得土地の取得原因

【事案の概要と争点】
本件は，平成3年に本件不動産を遺贈によって伯父から取得したとして相続税の納税申告をしていたが，真実は，本件不動産は昭和51年に原告の父から相続によって取得したものであるとして，右申告につき原告が行った更正の請求に対して，被告税務署長がした更正すべき理由がない旨の通知処分の適否が争われた事案である。

主たる争点は，本件不動産は，原告の祖父死亡時に原告の父が相続したものであったか否かにあった。

【判　旨】

本判決は，次のとおり判示して，原告の請求を棄却した。

本件のあらゆる証拠を総合的に考慮しても，なお，原告の祖父から原告の父が本件土地を相続する旨の遺産分割協議があったと認めることができないのであるから，結局，原告の父から本件土地を相続したとする原告の主張を認めることはできない。

【176】　前橋地裁　平成10年7月17日判決
（平成8年（行ウ）第10号・相続税決定処分等取消請求事件）

【当事者】
原告　○○○○
被告　館林税務署長

【判示事項】
相続税決定処分及び無申告加算税賦課決定処分の適否

【事案の概要と争点】
本件は，昭和63年3月16日相続開始に係る原告の相続税について，本件不動産が被相続人である亡Aの遺産に属するとしてなした被告の相続税決定処分及び無申告加算税の賦課決定処分の適否が争われた。

主たる争点は，本件不動産の帰属認定に当たり，①本件不動産の買主・共有物分割合意等の有無，②取得時効の効果が本件課税処分に与える影響にあった。

【判　旨】
本判決は，次のように判示して，原告の請求を棄却した。

1. 本件不動産の買主，本件共有物分割合意等
(1) 本件不動産の買主が亡Aであったことは，証拠及び弁論の全趣旨により認められる。すなわち，①本件売買による所有権移転登記が亡Aを所有者としてなされ，これが亡Aの死亡まで変更されていないこと，②本件売買の代金が亡A名義の預金口座から支払われていること，③亡Aも本件売買の後，本件不動産に居住していること等の事実から，特段の事

情なき限り推定できる。

(2) そこで，右特段の事情の有無及び亡Aが本件売買の買主であり本件不動産が同人の所有に属したとしても，その後原告の所有になったとして原告の主張する本件共有分割合意，本件持分贈与及び本件不動産贈与等の存否について検討する。

① 亡Aが相続により取得した不動産（以下「S不動産」と言う。）につき同人から2分の1の持分を贈与されたとの原告本人の供述については，これを亡A名義にした後原告名義としていないこと，その売却も全て亡A名義で行い，代金の処理も亡Aのものとして処理していること及び右原告の供述を裏付ける的確な証拠のないことに照らし，原告の供述のみでは右贈与の事実を認めることはできない。

② 次に，B陳述書及びC陳述書につき検討する。

右各陳述書には，亡AがS不動産を売却して本件不動産を購入するまでの間，亡A，原告及び原告の夫が，長方形の土地を購入して2つに分割し，一方を亡A所有の土地とし，他方を原告夫妻所有の土地とすることを計画しており，適当な物件が見つからず，計画が実現しなかった旨の記述があり，原告の主張に沿う内容となっている。

しかし，右事実は，新たに取得した土地を亡Aと原告夫妻で2分するとのものに過ぎず，その際の亡Aと原告らの法的処理に触れるものでなく，右取得した段階での贈与，資金の貸与，交換等色々な処理も考えられるところであり，右各陳述書の内容から直ちにS不動産が亡Aと原告の共有であったと推論することもできない。

また，亡Aが最終的に本件不動産を選び，それを自己単独名義とした理由について，B陳述書の中では触れられていないし，C陳述書では，原告主張事実と矛盾する内容となっているなどし，結局本件不動産は亡A単独名義とされたこと等既に判示の事実に照らし，右証拠が本件売買の買主が亡Aであることの前記推定を妨げるものということはできない。

また，右各陳述書の記述並びに原告本人の供述中には，亡Aが，本件不動産取得の際に，「私は死んで家を持っていくわけでないから，お金

のほうをもらう」と述べたとの部分もある。

　しかしながら，亡Aが望んで現金を取得したのであれば，新宿不動産の売却代金の残りがどう処理されたかについても，亡Aと原告間で明らかになっていてしかるべきところ，原告は，売却代金のうち1000万円が差し引かれ，本件預金が4300万円となった経緯及び本件預金が全て引き出され，その後どうしたかについても，把握しておらず，また，亡Aは，後になって，同人の三男に，原告に2000万円位預けている等と述べていること等からすると，右各陳述書や原告本人の供述部分もにわかに措信しがたい。

(3)　以上のとおりであるから，本件売買の買主は亡Aであり，本件不動産は，亡Aが単独で購入したとの前記認定を妨げる特段の事情を認めることのできる証拠はないこととなり，その後，亡Aと原告の合意により，本件不動産が原告所有に帰したとの，本件共有物分割合意，本件持分贈与及び本件不動産贈与については，これを認めることのできる的確な証拠もないと言わざるを得ない。

2.　取得時効について

(1)　原告は，自己が本件不動産を時効取得したことにより，本件不動産は占有開始時（昭和43年7月6日又は昭和51年7月）に遡って亡Aの所有物ではなくなるから，本件不動産が亡Aの遺産に属するとした本件課税処分は違法であり，取り消されるべきであると主張する。

(2)　そこで検討するに，抗告訴訟における行政処分の適否の判断は，その行政処分に対する司法判断の事後審査性という基本的性格から，処分時を基準にしてすべきであり（処分時説），これは，課税処分においても異なることはない。したがって，一定の課税処分がされた後，新たな事情が発生して，課税処分が前提として法律状態が遡及的に変動・覆滅した場合でも，そのような事由の発生を理由として課税処分の取消しを求めることはできない。

　そして，時効の効果としての権利の得喪及び変更は，時効期間の経過により確定的に生ずるのではなく，時効利益享受の意思表示たる援用を

まって確定的に効果が生ずるのであるから，原告による本件不動産の時効取得の効果が確定するのは，原告が，本件不動産の所有者である亡Ａあるいは亡Ａの承継人に対して，時効援用の意思表示をした時であり，その効果が時効の起算日に遡るに過ぎない。

　よって，原告による本件不動産の時効取得が本件課税処分の取消事由となりうるのは，原告が同処分迄に時効援用の意思表示をした場合に限られる。

(3)　したがって，原告の主張のうち，原告が，平成9年6月6日の本件第4回口頭弁論期日において，被告に対し，時効援用の意思表示をしたこと及び原告が，原告以外の子供達に対し，平成9年7月10日到達した書面によって，時効援用の意思表示をしたことを理由とするものは，その余につき判断するまでもなく，いずれも理由がない。

(4)　さらに，原告は，原告以外の子供達に対し，昭和63年9月21日ころ到達した書面によって，時効援用の意思表示をしたと主張し，書証を提出するが，右書証には，「右不動産（本件不動産）は，昭和43年7月当時，通知人（原告）が自己の所有として購入したものであります。（中略）以来通知人は20年余りに亘り，右不動産を自己のものとして占有使用してきているのであります。従って，右不動産は，亡母（Ａ）の遺産ではなく通知人の固有財産でありますから，此の段しかと御通知申し上げると共に，改めて貴殿の御理解を得たく，ここに本通知書を差上げる次第です。」と記載されているところ，右は，原告が本件不動産を購入し，引き続いて占有してきたことを通知しているものに過ぎず，右記載をもって，時効の利益を享受する旨の意思表示と認めることはできないと言わざるを得ない。

　他に，原告の右主張を認めるに足りる証拠はない。

(5)　以上のとおりであるから，原告主張の本件不動産の時効取得の主張は，本件課税処分の違法事由として肯定できない。

3.　結論

　したがって，本件不動産が亡Ａの遺産に属するとしてなした本件課税

処分は適法であり，原告の請求はいずれも理由がない。

【177】高松地裁　平成10年7月28日判決
　　　（平成8年（行ウ）第4号・相続税更正処分取消請求事件）
【当事者】
　　原告　○○○○
　　被告　丸亀税務署長
【判示事項】
　　相続財産の範囲（土地の帰属）
【事案の概要と争点】
　本件は，原告の平成5年5月12日開始にかかる相続税について，被相続人に帰属しない土地を誤って相続財産に含めて申告していたとして，原告が更正の請求をしたのに対し，被告がした更正すべき理由がない旨の通知処分の適否が争われた事案である。
　主たる争点は，本件土地の帰属にあった。
【判　旨】
　本判決は，次のとおり判示して，原告の請求を認容した。
1.(1)　前提となる事実及び証拠によれば，次の事実が認められる。
　第1次相続に関する本件被相続人ら名義の昭和46年12月20日付け遺産分割協議書には，Aの相続財産のうち乙土地及びその地上建物等を本件被相続人が取得する旨定められており，本件被相続人は，昭和46年12月23日，相続を原因として乙土地の所有権移転登記を経由した。そして，本件被相続人は，乙土地につきM農協のために昭和47年1月18日に極度額700万円，同年6月14日に極度額2000万円の各根抵当権を設定して借り入れをし，同月16日，右借入金のうち1000万円をBに送金した。
　本件売買契約について作成された同月20日付け土地売買契約証書には，売渡人C，買受人本件被相続人，売買代金903万7500円と記載され，本件被相続人が甲土地の買主となっており，また，本件売買契約に基づく移転登記についても，本件被相続人の署名と実印がある白紙の所有権

移転登記委任状を使用して，同年7月5日に本件被相続人に対して移転登記がなされている。

　これらの事実によれば，本件被相続人は自ら資金を借り入れ，これをBに送金したうえ，Bを使者ないし代理人として本件被相続人のために甲土地を購入させたとの可能性も一応存する。

(2)　しかしながら，認定事実によれば，Bが東京都区内の自宅の立退きを求められていた昭和47年ころ，本件被相続人は，いわゆる本家としてAの相続財産を管理し，相続財産の一つである乙土地が間近に買収され，その資金が入手できることを前提に，Aの相続財産の事実上の分配金としてBに1000万円を送金したこと，Bは右金員を原資として自己のために甲土地を購入して，甲土地をBら所有の建物の敷地として占有利用してきたほか，これを担保としても提供するなど，甲土地を自己所有地として扱ってきたこと，Bは甲土地の権利証等を自ら保管し，その固定資産税等を負担してきたこと，Bは本件被相続人から多額の贈与税がかかると言われて登記名義を同人名義にしたにすぎず，甲土地が本件被相続人の土地であると考えていなかったことが認められる。これに対し，本件被相続人が，本件売買契約後，甲土地の所有者として行動していたことをうかがわせる証拠はない。

　これらの事実を総合的に考慮すれば，本件売買契約における甲土地の買主はBであったというべきであり，前記(1)記載の事実は右認定を左右するものではない。

2.　被告は，本件被相続人が甲土地の購入資金を贈与したにもかかわらず，同土地を自己名義とすることによりBの贈与税の脱税に加担したのであるから，本件被相続人を包括承継した原告が，甲土地はBの固有財産であるとして本件更正請求権を行使し本件相続の課税を免れることは，権利の濫用ないし信義則違反にあたり許されないと主張する。

　ところで，本件被相続人がBに送金した1000万円が贈与であったか（A遺産の分配金であったか。）については，送金前後になされたAの遺産分割協議が成立していることと密接な関連があるところ，右遺産分

割協議の成否は別個の大問題であって，本件の解決のためにさらに審理を尽くして遺産分割協議の成否を判断する必要はないというべきである。すなわち，仮に，被告主張のとおり，右1000万円の送金が贈与にあたるとしても，右1.のとおり，甲土地が本件被相続人名義で登記されたのは，本件被相続人がBに対し贈与税について助言をし，Bがこれに従ったためであり，原告が右登記について関与したことをうかがわせる証拠はない。したがって，単に原告が相続により本件被相続人の地位を包括承継したというだけでは，原告が本件相続につき甲土地がBの固有財産であると主張（更正請求）することが権利濫用や信義則違反になるとは解し難く，右1000万円が贈与であると仮定しても被告の右主張は失当である。

【178】 奈良地裁 平成10年11月25日判決
（平成9年（行ウ）第18号・相続税更正処分等取消請求事件）
【当事者】
　原告　○○○○ほか2名
　被告　奈良税務署長
【判示事項】
被相続人名義の土地及び貯金等の相続財産該当性
【事案の概要と争点】
本件は，平成5年1月12日相続開始に係る原告らの相続税について，被告がした更正処分及び過少申告加算税の賦課決定処分の適否が争われた事案である。

主たる争点は，被告が相続財産と認定した被相続人名義の本件土地及び貯金等が原告X_1固有の財産か否かにあった。
【判　旨】
本判決は，次のように判示して，原告の請求を棄却した。
1. 本件各土地の相続財産性について
(1) 証拠と弁論の全趣旨によれば，次の事実が認められる。
㈠ 本件土地1及び4は，昭和23年7月2日自作農創設特別措置法（以下

「自創法」という。）16条の規定による売渡（以下「売渡処分」という。）を原因として，本件土地1については昭和25年3月7日付けで，本件土地4については同月10日付けでそれぞれ被相続人名義に所有権移転登記が経由された。

本件土地2，3及び7について，昭和22年12月2日売渡処分を原因として，昭和25年2月8日付けで被相続人名義に所有権移転登記が経由された。

分筆前のN県I郡I町字H 632番3の土地（以下「632番3の土地」等と地番のみで示す。）は，昭和23年7月2日売渡処分（以下被相続人を売渡の相手方としてなされた売渡処分を総称して「本件売渡処分」という。）を原因として，昭和25年3月10日付けで被相続人名義に所有権移転登記が経由され，その後，632番3，5，6の各土地に順次分筆された。

分筆前の 629番3及び633番2の土地は，昭和60年12月24日，632番3の土地との交換を原因として，同月26日付けで被相続人名義に所有権移転登記が経由された，本件土地5は，分筆前の 629番3の土地に，633番2及び632番5の土地を合筆した土地である。

被相続人は，Fから分筆前のN県I郡I町N3丁目163番の土地（以下「163番の土地」という）の一部を賃借していたが，平成2年10月15日に右賃貸借契約を合意解約した。本件土地6は，分筆前の 163番の土地から分筆された土地であるが，平成3年1月28日交換を原因として，同年2月18日付けでFから被相続人名義に所有権移転登記が経由された。

(二) 本件土地1ないし4及び7及び分筆前の 632番3の土地の各農地台帳には，本件売渡処分当時の耕作者は被相続人であり，売渡の相手方は被相続人である旨の記載がある。右農地台帳上，耕作者の氏名がNからT（被相続人）に訂正されているものがあるが，戸籍上，被相続人の親族にNという氏名の者が存在していた跡はない。

(三) 原告X₁は，昭和15年5月18日生で，本件売渡処分があった昭和22ないし23年当時，7ないし8歳であった。

(2) 売渡処分の無効について

原告らは，本件売渡処分が無効であると主張するが，本件売渡処分当時，原告X₁が自創法16条1項に定める当該農地につき耕作の業務を営む小作農で自作農として農業に精進する見込みのあるものであったと認めるべき証拠はなく，前認定の事実によれば，被相続人に当該農地を売り渡した本件売渡処分に重大かつ明白な瑕疵があるとは考えられない。
　したがって，被相続人は，本件売渡処分により本件土地1ないし4及び7並びに分筆前の632番3の各土地の所有権を取得したというべきである。

(3) 時効取得について

㈠　前記認定事実のほか，証拠によれば，次の事実が認められる。

① 被相続人の妻Aは，昭和15年にBと結婚し，Bの戦死後の昭和21年にBの弟である被相続人と結婚した者であり，Bや被相続人が徴兵されている間，農業に従事し，これをAの弟のCが手伝っていた。
　原告X₁は，昭和22年ないし23年ころ7，8歳で，学校から帰宅後，麦踏みを手伝う程度であり，1人前に耕作や採り入れの仕事をするようになったのは成人してからであった。

② 新農家台帳には，昭和41年の農業への従事状況として，被相続人については，従事の程度は基幹で，自家農業への従事日数150日，兼業への従事日数150日，原告X₁については，従事の程度は補助で，自家農業への従事日数80日と記載され，被相続人ら作成の農地法3条の規定による許可申請書には，平成2年10月ころの農業への従事状況として，被相続人については155日，原告X₁については60日とされている。
　また，被相続人は，平成2ないし平成4年分につき，各年20数万円の農業収入がある旨記載した農業所得明細をN税務署長・I町長宛てに提出している。

③ 被相続人は，平成2年10月15日，農業経営の拡大目的で，Dから3筆の田畑を賃借することとし，農地法3条の規定による許可申請書をH町農業委員会に提出したり，Fからの農地の賃貸借契約につき，平成2年10月15日，I町農業委員会へ農地法20条6項による合意解約の通知をし

たりしたが，原告X₁は，右書面の作成，提出に関与していなかった。

④ 本件各土地については，原告X₁が原告X₂及び原告X₃を被告として持分移転登記請求訴訟を提起し，被告らが請求原因事実を争わなかったため，和解又は判決により，平成7年9月5日付けで平成5年1月12日相続を原因として原告ら3名に対して持分各3分の1とする所有権移転登記がなされた上，同日付けで昭和35年5月18日時効取得を原因として，原告X₁に対して，原告X₂及び原告X₃の各持分全部移転の登記がなされているが，右時効取得の起算日とされている昭和35年5月18日は原告X₁が成人した日である。

㈡ 原告らは，原告X₁が昭和22ないし23年の本件売渡処分時に本件1ないし4及び7並びに分筆前の632番3の各土地の占有を開始した旨主張する。

前記認定によれば，本件売渡処分によって右各土地の所有権を取得したのは被相続人であったこと，被相続人の妻AはBらが徴兵されている間，農業に従事していたこと，原告X₁は，本件売渡処分があった昭和22年ないし23年ころ7，8歳であり，農業の簡単な手伝いをする程度で，耕作の業務を営んでいたとは認められず，1人前に耕作等をするようになったのは成人してからであったことが認められる。

右事実によれば，原告X₁が本件売渡処分時に右各土地の占有を開始したとは認めることはできない。また，原告らは，原告X₁自身のみならず，その母A，前々戸主のMらも，本件売渡処分が原告X₁に対してされたものであると確信していた旨主張するが，前記認定の事実からすれば，このような事実を認めることはできない。

㈢ 原告らは，さらに，原告X₁が成人した昭和35年5月18日の時点で右各土地の占有を開始した旨主張する。しかし，前認定の事実によれば，原告X₁の占有は，被相続人の補助者としてのそれに止まるものであり，本件全証拠によっても，原告X₁が成人した昭和35年5月18日の時点で右各土地の占有を開始したとは認められず，また，その占有の態様が他主占有から自主占有に転換したなどという主張も立証もない。

㈣ 以上によれば，原告X₁が本件土地1ないし4及び7並びに分筆前の632番3の各土地を時効取得したとは認められない。

(4) 分筆前の163番の土地の賃借人について

前記(1)㈠及び(3)㈠③に認定した事実，ことに，分筆前の163番の土地の賃貸借契約を被相続人が解除していることなどに照らせば，分筆前の163番の土地は被相続人がFから賃借していたことが認められる。

この点，原告らから，賃貸人であるFの原告X₁宛の分筆前の163番の土地の賃料を4ないし6年分まとめて受領した旨の領収書が証拠として提出されているけれども，原告X₁が同土地の賃借人であったことを裏付ける証拠としては不十分で，他にこれを裏付ける証拠もない。

(5) 以上のとおり，本件各土地は，被相続人の死亡の時，被相続人に帰属していたことが認められる。

2. 普通貯金，共済の相続財産性について

前記争いのない事実等によれば，本件普通貯金及び本件共済は，被相続人の死亡の時，被相続人名義であったことが認められ，反証がない限り，名義人のものであると推定すべきであるところ，本件では原告らから有効な反証がないから，本件普通貯金及び本件共済は，被相続人の死亡の時，被相続人に帰属していたと推定される。

3. 以上の事実関係によれば，別表1（省略）「本件相続財産」記載の財産は，原告らが取得した相続財産であるというべきであり，別表2（省略）の計算により，原告らが納付すべき税額は，同表記載のとおりとなる。

右金額は，いずれも本件各更正（ただし，いずれも平成8年10月7日付け異議決定による一部取消後のもの）と同額であるから，本件各更正は適法であり，これに伴う本件各賦課決定も適法である。

イ 課税時期 ※

ウ 税額の計算

【179】 最 高 裁 平成10年2月26日第一小法廷判決

（平成9年（行ツ）第206号・相続税更正処分等取消請求上告事件）

【当事者】

上 告 人（原告・控 訴 人） ○○○○ほか2名

被上告人（被告・被控訴人） 練馬東税務署長

【判示事項】

訴えの利益の有無，租税特別措置法69条の3（小規模宅地等についての相続税の計算の特例）の適用の可否

【事案の概要と争点】

本件は，年報9号整理番号 179の上告審である。

【判　旨】

本判決は，上告人の請求を棄却した原審（東京高裁平成9年5月22日判決・年報9号 539ページ，一審東京地裁平成8年6月21日判決・年報8号 574ページ）の判断を是認して，上告を棄却した。

【180】 大 阪 高 裁 平成10年4月14日判決

（平成7年（行コ）第65号・相続税更正処分取消請求控訴事件）

【当事者】

控 訴 人（被告） 堺税務署長

被控訴人（原告） ○○○○

【判示事項】

平成8年改正前の租税特別措置法69条の4の適用の可否及び右規定廃止に伴い講じられた経過措置適用の可否

【事案の概要と争点】

本件は，年報7号整理番号【168】の控訴審である。

【判　旨】

本判決は，次のとおり判示して，被控訴人の請求を一部認容した原審（大阪地裁平成7年10月17日判決・年報7号 657ページ）の認容部分を取

消し，被控訴人の請求を棄却した。
1. 争点①について

　本件控訴は，原裁判のうち本件更正処分の一部を取り消した原裁判主文2項の取消し及び右取消しに係る部分の被控訴人の請求の棄却及び求めるものであるから，本来，争点①については，判断する必要はないのであるが，念のため以下の判断を示す。

　すなわち，更正をすべき理由がない旨の処分は，更正の請求に対する単なる棄却処分ではなく，更正処分に準ずるものであり，その後に当初申告額を増額する内容の更正処分がなされた場合，後の更正処分に吸収された消滅するものと解される。したがって，本件更正をすべき理由がない旨の処分の取消しを求める訴えの利益を欠くものとして却下すべきである。

2. 争点②，③について
(1) 相続税法22条の趣旨及び運用
ア　相続税法によれば，相続税は，相続又は遺贈により取得した財産の価額の合計額を課税価格とするものであり（同法11条の2），その財産の価額は，時価による評価が困難な財産を除いては，当該財産の取得の時，すなわち相続時における時価によることとされており（同法22条，時価主義の原則），ここにいう時価とは，当該財産の客観的な交換価値，すなわち不特定多数の独立した当事者間の自由な取引において通常成立すると認められる価額と解される。この時価主義の原則は，相続税が相続又は遺贈を原因として取得した財産に担税力を認めて課される税であるから，その相続時における時価，すなわち通常の取引価格の合計を課税価格とすることが最もその趣旨にかなうという理由によるものである。

イ　もっとも，相続税の課税対象となる財産は多種多様であり，これら各財産の通常の取引価格は必ずしも一義的に確定されるものではないことから，国税庁においては，相続税財産評価に関する基本通達（昭和39年4月25日付直資56，直審（資）17国税庁長官通達。なお，平成3年12月18日付課評2-4・課資1-6により改正されたが，右改正前後を通じ

たものを，以下「評価基本通達」という。）を定め，内部的な取扱いを統一するとともに，これを公開し，納税者の申告・納税の便に供し，もって申告及び課税事務の公平，迅速で円滑な運用に資することとしているところであり，社会的に，この基本通達における財産評価の方法には一応の妥当性が認められていることは，当裁判所に顕著である。

　評価基本通達のこのような性格や妥当性に照らすと，相続税に係る財産の評価に当たっては原則として同通達によるべきものということができる。しかしながら，同通達に従って課税価格を算定することが負担の実質的公平を損なう等著しく不合理な結果になると認められる特段の事情がある場合には，同通達によらず，他の適正，妥当な合理的と認められる方法により評価すべきものと解される。

ウ　ところで，相続税法22条にいう時価とは，評価基本通達によれば，相続又は贈与により財産を取得した日において，それぞれの財産の現況に応じ，不特定多数の当事者間で自由な取引が行われる場合に通常成立すると認められる価額をいうこととして，右アの時価の外面の概念を明らかにした上で，その価額は，この通達の定めによって評価した価額によるものと定めている。

　評価基本通達においては，土地の評価のうち，宅地の評価は，原則として，市街地的形態を形成する地域にある宅地については，その宅地の面する路線に付された路線価を基準とする方式により，その他の宅地については，土地の固定資産評価額に地域ごとに定められた一定の倍率を乗じる方式によることとされている。

　この路線価及び倍率（以下「路線価等」という。）は，従来，前年の7月1日時点を評価時点とし，売買実例価額，地価公示価格，精通者意見価格等を基として，地価公示価格と同水準の価格の70パーセント程度を目途に定められていたが，このように路線価等の水準が地価公示価格に比べてある程度低い水準に定められていたのは，評価の安全性等の見地から，一律に客観的な取引価格が認識できないという土地の特性や年間を通じた地価の変動等を考慮したことによるものである（なお，平成

4年分からは，評価時点が当年1月1日時点に，地価公示価格に対する評価割合の目途も80パーセント程度に，それぞれ改められている。）（当裁判所に顕著である。）。

(2) 本件特例の新設とその趣旨

ア　右のように，路線価等が本来地価公示価格に比べて低い水準にあったことに加え，その基準時点（前年の7月1日時点）との時間的な隔たりがあることから，昭和60年代からの全国的な地価の上昇傾向の中，特に都市部を中心とする地価の急騰地域においては，実勢価格と路線価等による評価額との間には相当の開差が生じ，この減少に着目して，借入金により不動産を取得することにより将来の相続税の負担の回避を図る事例が見受けられるようになり，税負担の公平の見地から看過し得ない問題となっていた。すなわち，相続税の課税価格は，右の方法で不動産を取得した場合，借入金は債務として全額控除されることとなる一方，取得した不動産は路線価等による評価額で評価されるため，右借入金額と右不動産の評価額との差額は他の相続財産から控除されることになり，不動産を取得しなかった場合に比べて相続税の課税価格がその分減少し，相続税負担が軽減される結果となるのであり，このことは，借入れによらずに手持現金や他の金融資産の売却等により不動産を取得する場合にも同様の結果が生ずるのである。

　このように相続税負担回避のために不動産を取得することは，右のとおり税負担の公平の見地から問題であるのみならず，都市部における地価高騰の一因となっているという指摘もされていたことから，不動産の実勢価格と路線価等による評価額との乖離に基づく租税負担回避行為を抑制して税負担の公平を図り，合わせて総合土地対策の一環として借入金により投機目的で土地を購入する，いわゆる土地の仮需要を抑制して土地の適正な供給につながるため，昭和63年12月税制改正（昭和63年法律109号所得税法等の一部を改正する法律）によって本件特例が新設され，昭和63年12月31日以後に相続又は遺贈により取得した財産に係る相続税に適用されることになった。

イ 本件特例を定めた旧措置法69条の4は，被相続人が相続開始前3年以内に取得等をした土地建物等について，その相続税の課税価格に算入すべき価額は，被相続人の居住の用に供されていた土地建物等を除き，相続開始時における時価によるとする相続税法22条の規定にかかわらず，右取得価額とする旨規定している。

なお，本件特例において，相続開始前3年以内の不動産の取得を対象としているのは，相続税負担回避行為は通常相続開始前3年以内に行われることが多いと考えられることによるものであり，税負担回避の目的の有無にかかわらず原則として一律にその取得価額をもって課税価格と定めたのは，当該不動産の取得価額は現実の売買価額であるから当該不動産の実勢価格を反映しているものであり，右実勢価格を大幅に上回ることは通常あり得ないこと，税負担回避の目的があるか否かの判断は実際上困難であるのみならず，右目的の有無によって税負担回避の効果において異なるものではないことによるものである。

ウ 以上によれば，路線価等の水準が本来実勢価格より若干低い水準にあるとはいえ，路線価等は毎年見直されていることから，相続税負担の面で看過し得ないほどの不公平が生じるような自体は通常は起こり得ないにもかかわらず，短期間における地価の急騰という異常な社会経済減少の出現により，評価基本通達に基づく不動産の路線価等による評価額がその通常の取引価格すなわち本来の相続税法22条にいう「時価」を的確に反映することができないという実態を生じるに至り，その乖離に着目して，金融資産又は借入金により，実勢価格と相続税評価額の乖離の著しい不動産を相続開始直前に取得することによって相続税の課税価格を圧縮し，このようにして相続税の負担を回避する事例が見受けられるようになり，税負担の公平の見地から看過し得ない事態に立ち至ったことから，税負担の実質的公平を図るため，相続税の課税価格の圧縮を図ろうとする相続税負担回避行為を無意味とする方法として，本件特例を設け，その圧縮額を相続税の課税価格に加えることとしたものであるが，これは取りも直さず，相続税法22条の時価主義の原則によらずに被相続

人による取得価額を相続税の課税負担に算入するという手法で、評価基本通達に定める路線価等による評価額に代わる合理的な評価額として被相続人による取得価額を採用したものとみることができる。

(3) 本件特例の廃止とこれに伴う本件経過措置の制定

ア　いわゆるバブル経済が崩壊し、地価抑制策が功を奏したこととも相まって、平成2年を頂点として地価の異常な高騰は終息し、その後は一転して地価の下落が始まり、今後は逆に実勢価格と路線価等による評価額との開差が縮まり、一部地域では前者が後者を下回るほどに地価が急落し、その後も地価はやや下落ないし横ばいの状況で推移した。そして、本件特例は、その適用件数が年々減少し、平成7年においては大幅に減少するなどその存在意義が次第に失われてきたとみられるようになり、これを反映して、「平成8年度の税制改正に関する答申」（平成7年12月）においても、廃止の方向で検討することが適当であると指摘された。このような課税状況や右指摘等を踏まえ、平成8年度の税制改正において、改正措置法（平成8年法律第17号租税特別措置法の一部を改正する法律）により、本件特例が廃止されるとともに、附則19条において、本件経過措置が講じられ、平成3年1月1日から平成7年12月31日までの間に開始した相続又は遺贈に係る相続税に適用されることとして、平成8年4月1日から施行された。

イ　本件経過措置を定めた附則19条は、平成7年12月31日以前に開始した相続に係る相続税については、原則として従前の例によるものとし、本件特例の規定に従い、従来の課税関係を維持するが、相続により財産を取得した個人が、平成3年1月1日から平成7年12月31日までの間に相続により取得した本件特例対象土地等を有する場合には、その者の各種の税額控除の額を控除する前の相続税の金額は、本件特例の適用を受けた本件特例対象土地等について、その特例の適用がないものとした場合におけるその相続人に係る相続税の課税価格に相当する金額に100分の70の割合を乗じて算出した金額である本件経過措置適用後の算出税額と、この本件経過措置を適用する前の相続税額とのいずれか少ない金額とす

る旨規定している。

　これは，右のとおり，平成2年を頂点として地価の異常な高騰は終息した後は一転して地価が急落し，実勢価格と路線価等による評価額との開差が縮まるばかりか，一部地域では前者が後者を下回る状況が生じたことから，平成3年1月1日以降に開始した相続に本件特例をそのまま適用し，取得価額をもって課税価格とすれば，相続開始時の資産価値を基準とする限り，不動産の相続については，他の資産により同額の資産価値の財産を相続した場合に比べて税負担が過大となり，本件特例によって課税の実質的公平を図ろうとしたこととは逆の意味での課税の不公平が生じる事態も生まれてきたため，このような税負担が過大となる事態を救済し，課税の実質的公平を図ることを目的として，相続税額の上限を画して本件特例の適用による課税に制限を設けたものといえる。

(4) 本件相続と本件特例及び本件経過措置の適用

ア　Aは，本件土地（いずれも現況宅地）を平成2年3月から同年9月までの間（いずれも相続開始前3年以内）に合計21億8032万3998円で購入取得した（措置法施行令40条の2第3項によって取得価額に算入される造成費を含めると，取得価額は22億4862万3998円であり，Aはこのほか同土地上の建物も取得している。）。そして，Aが平成3年8月7日に死亡したところ，被控訴人を含む3人の法定相続人のうちの1人である被控訴人が，Aがした平成2年1月22日付け遺言公正証書により，Aの遺産の全部を相続して取得した。

イ(ｱ)　被控訴人は，平成8年5月31日，同年9月2日及び同月30日に控訴人に対して行った各更正の請求について，右各更正の請求は，被控訴人が本訴控訴審における口頭弁論期日において裁判所から被控訴人に対し本件経過措置に基づく更正の請求をするようにとの訴訟指揮がなされたものと誤信し，その旨の錯誤に陥った結果行ったものであるから，無効である旨主張する。

　確かに，本件の当審審理中に本件経過措置を講じた改正措置法が成立して同年4月1日から施行されたため，その前後の当審口頭弁論期日に

おいて，裁判長から被控訴人訴訟代理人対し本件経過措置に基づく更正の請求をするのか否かについて質問したところ，被控訴人訴訟代理人は，右質問がされたことをもって裁判長から被控訴人に対し本件経過措置に基づく更正の請求をするようにとの訴訟指揮がなされたものと誤信し，このため，被控訴人は，同年5月31日，控訴人に対し，納税者が本件経過措置に基づいて行う更正の請求に使用するために被控訴人において作成した用紙である「経過措置の適用の有無の判定表兼税額等の計算書の付表」を使用するなどして本件経過措置の内容に沿った税額等の計算をして，取得財産の価額42億1587万3733円，右のうち本件土地の取得価額22億4862万3998円，本件土地の相続開始時の価額（路線価等による評価額）8億0271万8223円，債務控除額18億0557万1456円，課税価格24億1030万2000円，課税価格に算入された本件土地の取得価額を相続開始時の価額（路線価当による評価額）に置き換えて再計算した課税価格に相当する金額9億6439万2000円，相続税額6億7507万7200円とする更正の請求を行い，その後も右誤信したまま，本訴請求と矛盾しないように整合性を合わせるという見地から同年9月2日及び同月30日にそれぞれ更正の請求を行ったが，その後本訴口頭弁論終結に至るまでに，控訴人に対し，同年5月31日，同年9月2日及び同月30日に行った各更正の請求について申告内容に誤りがあったため取り下げる旨を記載した取下書を提出した。

右の経過に照らすと，被控訴人は，弁護士である被控訴人訴訟代理人などとともに検討した上で自らの意思で右各更正の請求を行ったものではあるが，当審口頭弁論期日において裁判長から本件経過措置に基づく更正の請求をするようにとの訴訟指揮がされたものと誤信しなかったならば，被控訴人としては，あえて平成5年2月5日に相続税額5億5663万0500円として行った更正の請求よりも不利益といえる相続税額6億7507万7200円とする更正の請求を平成8年5月31日に行う法律上の利益はないとの判断もあり得るから，合理的に判断すると（もっとも，控訴人が職権で被控訴人に対し本件経過措置に基づいて本件相続に係る本件

更正処分についての減額再更正処分をするか否か、及び本件訴訟の帰すうは、被控訴人には事前に明らかではないから、右の減額再更正処分が行われず、かつ、本件訴訟において被控訴人に不利益といえる判決がされる事態を慮って右の減額再更正処分を求めて更正請求をしておくことも考えられ、その場合には右更正請求をする利益がないとはいえないのではあるが、そのことも含めて被控訴人が右更正請求をするに至った事情の全体を総合的かつ合理的に検討、判断すると）、被控訴人において、右の誤信がなかったとすれば本件訴訟を取り下げることなく維持していることと矛盾することにもなりかねないような平成8年5月31日の更正の請求とこれに整合性を合わせるための更正の請求をするようなことはなかったであろうと認められ、かつ、このことは控訴人にも容易に認識できたものと認められるところであり、したがって、被控訴人には平成8年5月31日の更正請求並びにその後の同年9月2日及び同月30日の各更正の請求及び行ったことにはいずれも要素の錯誤があったといえる。

そうすると、被控訴人の右各更正の請求は無効というべきである。

(イ) そして、控訴人は、平成5年8月13日、本件特例の規定に従い、相続税の課税価格に算入すべき価額を、本件土地については被相続人の取得価額とし、かつ、造成価額を取得価額に加算して、課税価格24億1030万2000円、納付すべき税額14億3181万円とする本件更正処分を行い、また、改正措置法施行後の平成8年7月2日、本件経過措置に基づき、課税価格相当額については本件特例の規定に従って24億1030万2000円と算出した上、納付すべき税額については本件特例を適用した場合の金額よりも低い本件経過措置適用後の算出税額である6億7385万2900円とする更正処分及び加算税の額を零円とする変更決定処分である本件再更正処分を行い、本件更正処分の税額の一部を取り消した（減額再更正処分により更正処分の税額の一部取消しが行われたものと解するのが相当であることについては、最高裁昭和52年（行ツ）第12号同56年4月24日第二小法廷判決・民集35巻3号672頁参照）。

なお、(イ)のとおり、被控訴人が平成8年5月31日に行った更正の請

求は錯誤により無効ではあるが，右の無効は，右更正の請求に対応して行われた本件再更正処分の効力に何ら影響を及ぼすものではない。すなわち，更正の請求は，納税申告をした者等が一定の要件の下にその申告内容等を自己に有利に是正することを求めて課税庁の是正権の発動を促す行為であり，課税庁は更正の請求の有無にかかわらず，国税通則法70条2項に基づき職種による減額更正を行うことが可能であることから，右更正の請求に対して減額更正処分がされた場合においても，当該更正の請求がこれに対してされた減額更正処分の前提要件となるとはいえないというべきだからであり，このことは，課税庁が更正の請求を認めない場合に更正すべき理由がない旨の通知処分をする義務があることと矛盾するものではない。

ウ 右のとおり，控訴人は，本件再更正処分により本件更正処分の一部を取り消して減額変更し，本件相続に係る被控訴人の相続税額を本件経過措置適用後の算出税額である本件更正処分の税額（6億7386万2900円）とする処分を行ったのであるから，本件相続に係る相続税更正処分の適法性の有無については，本件再更正処分の税額を算出した根拠である本件経過措置中における附則19条3項中の，相続税額は，土地等については本件特例の規定の適用がなく，かつ，建物等については本件特例の規定の適用があるものとした場合における相続税の課税価格に相当する金額に100分の70の割合を乗じて算出して金額とする旨の規定部分（以下，「本件課税規定部分」という。）を適用することができるか否か，すなわち，本件課税規定部分の憲法適合性及び右規定部分及び本件相続に適用することの憲法適合性を検討すべきものであり，かつ，これをもって足りるというべきである。なお，仮に，本件特例の適用に基づく本件更正処分が無効であるとすると，本件再更正処分は控訴人が平成5年3月16日に行った通知処分による税額の一部を取り消したものとなるから，本件相続に係る相続税更正処分の適法性については，やはり本件更正処分が拠るところの本件課税規定部分を適用することができるか否かを検討すべきこととなる。

エ ところで，被控訴人は，本件課税部分をその一部とする本件経過措置を附則の形式で規定したことが憲法84条，31条に違反する旨主張する。しかし，附則が本則を施行するための細目的な内容を定める法形式であるとしても，このような附則も立法府である国会において法律として制定された以上，憲法84条に定める租税法律主義にいう法律ではないということはできないし，規定を本則により定めるか附則により定めるかは本来技術的な事柄にすぎないから，本則で定めるべき創設的事項を附則で定めたからといって，そのこと自体で法律が適正手続の保障を定める憲法31条に違反するとまではいえないというべきである。

また，控訴人は，本件相続について本件相続後に制定された本件経過措置を適用することは憲法84条，31条に違反する旨主張する。しかし，前記のとおり，本件経過措置は，その内容において本件特例の適用による課税に制度を設けたものであるから，新たな課税方法ないしは課税制度を創設したものとはいえず，仮に，本件特例が税負担が過大であるため国民の財産権を侵害し，あるいは課税に実質的不公平といえる事態を生じさせるなどの問題をはらむものとして憲法29条1項，2項，14条1項に違反するため，又は本件相続に適用することが憲法の右条項に違反するため，新たな課税方法ないし課税制度を創設したものとみるべきであるとしても，そのような憲法違反を回避するために相続税額の上限を画し，かつ，課税の実質的公平を図るために本件特例の適用による課税に制限を設け，実質的に納税者に有利に遡及適用することにしたといえるものであって，国民の財産権を遡及的に侵害するものではないから，憲法84条及び憲法31条に違反するとはいえないというべきである。

オ そうすると，本件相続に本件課税規定部分を適用することができるか否かは，本件課税規定部分が，被控訴人が主張するような憲法14条1項及び29条1項，2項に違反するか否かに係ることとなる。

ところで，租税は，今日では，国家の財政需要を充足するという本来の機能に加え，所得の再分配，資源の適正配分，景気の調整等の諸機能をも有しており，国民の租税負担を定めるについて，財政・経済・社会

政策等の国政全般からの総合的な政策判断を必要とするばかりでなく，課税要件等を定めるについて，極めて専門技術的な判断を必要とすることも明らかである。したがって，租税法の定立については，国家財政，社会経済，国民所得，国民生活等の実態についての正確な資料を基礎とする立法府の政策的，技術的な判断にゆだねるほかなく，裁判所は，基本的にはその裁量的判断を尊重せざるを得ないものというべきである。そうであるとすれば，相続税の課税要件については，その立法目的が正当なものであり，かつ，当該立法において具体的に採用された区別の態様，課税標準や税率等の課税要件が右目的との関連で著しく不合理であることが明らかでない限り，その合理性を否定することができず，これを憲法14条1項，29条1項，2項の規定に違反するものということはできないものと解するのが相当である（最高裁昭和55年（行ツ）15号同60年3月27日大法廷判決・民集39巻2号247頁参照）。

カ 右の見地から，本件課税規定部分が憲法14条1項の規定に違反するものか否かについて検討する。

　相続税法は，相続税について，相続取得した財産を相続取得した時における時価で評価した当該財産の合計価額から債務及び葬式費用の合計額を控除した残額（22条，13条）である相続税の課税価格から遺産に係る基礎控除額を控除し（15条），その残額に係る各相続人等の取得金額に所定の超過累進税率を適用して（16条）相続税の総額を計算した上で，各相続人等につきその取得財産に応じて納付すべき相続税額を算出する（17条）などと規定するのに対して，本件課税規定部分は，相続により財産を取得した個人が，平成3年1月1日から平成7年12月31日までの間に相続により取得した本件特例対象土地等又は建物等を有する場合に，その者の各種の税額控除の額を控除する前の相続税の金額を，本件特例の適用を受けた本件特例対象土地等について本件特例の適用がなく（すなわち，本件特例対象土地等についても相続税法22条により原則として相続取得した時における時価で評価した価額を課税価格とする。），かつ建物等について本件特例の適用があるものとした場合（すなわち，建

物等については原則として被控訴人が取得に要した金額等から建物等の取得の日から相続開始の日までの期間に係る定額法による原価償却費の額を控除した額を課税価格とする。）におけるその相続人に係る課税価格に相当する金額に，相続税法15条に規定する遺産に係る基礎控除額を控除しないで，100分の70の割合を乗じて算出した金額とするものであるから，本件課税規定部分は，相続取得した財産中に本件特例対象土地等又は建物等を有する者とこれを有しない者とを，建物等の課税価格，遺産に係る基礎控除の有無，税率において区別するものであることは明らかであるが，被控訴人は，右区別のうち遺産に係る基礎控除の有無，税率についての区別を憲法14条1項に違反すると主張するものである。

　憲法14条1項は国民に対しての合理的な理由なくして差別することを禁止することを定めるものである（最高裁昭和25年（あ）第292号同年10月11日大法廷判決・刑集4巻10号2037頁，同昭和37年（オ）第1472号同39年5月27日大法廷判決・民集18巻4号676頁参照）。そして，前記のとおり，本件特例は，地価の急激な高騰による租税負担回避行為を阻止することを目的として昭和63年に立法されたものであるところ，当時の情勢に照らすと，右立法は時機にかなったもので，その目的も極めて正当であり，かつ，当該立法において具体的に採用された課税要件も，その目的との関連で著しく合理性を欠くことが明らかであるとまではいえないものであったが，平成2年を頂点として地価の異常な高騰が終息した後は一転して地価が急落し，実勢価格と路線価等による評価額との開差が縮まるばかりか，一部地域では前者が後者を下回る状況が生じたことなどもあって，右の租税負担回避行為が減少するのに応じて本件特例の適用件数も年々減少したため，本件特例は平成8年度の税制改正において将来に向かって廃止され，しかし，その一方で，平成3年1月1日以降に開始した相続に本件特例をそのまま適用して取得価額をもって課税価格としたままとするならば，相続開始時の資産価値を基準とする限り，不動産の相続については，他の資産により同額の資産価値の財産を相続した場合に比べて税負担が過大となり，本件特例によって課税の

実質的公平を図ろうとしたこととは逆の意味での課税の不公平を来したようにもみえる事態を放置することとなるため，このような税負担が過大ともみえる事態を救済し，課税の実質的公平を図ることを目的として，本件特例を廃止するのに伴い，本件経過措置を設けて相続税額の上限を画し，本件特例の適用による課税を制限したものであり，しかも，本件課税規定部分は，相続開始時における遺産の時価額を下回るように課税価格の100分の70に相当する金額を相続税額とするものであるから，本件経過措置及び本件課税規定部分の立法目的は正当性を有するものというべきである。そして，右目的との関連において，本件課税規定部分が具体的に採用する前記の相続税法上の措置と区別すること，すなわち，遺産に係る基礎控除を設けていないこと，及び税率を一律に100分の70としたことについては，所詮，立法政策の問題であって，相続税の性格又は憲法14条1項の規定からは，遺産に係る基礎控除を設けることや，税率を一律に100分の70とせずに取得金額所定の超過累進税率とすることが当然に要求されるものではない。なお，本件課税規定部分に係る100分の70の税率は，相続税法18条が，同法17条の規定により算出した相続税額に，当該相続税額の100分の20に相当する金額を加算した金額とする場合において，その金額が課税価格の100分の70に相当する金額を超える場合には，当該100分の70に相当する金額にとどめる旨を規定していることとも整合性を有するものであり，相続税法が予定している負担水準と合致させたものといえる。もっとも，相続に本件課税規定部分が適用されるためこれが採用する右の区別した措置に基づいて相続税額を算出した場合には，このような区別をせずに相続税法上の措置に基づいて相続税額を算出した場合と比べて，必然的により多額な相続税額が算出される結果となるが，本件課税規定部分が適用される相続については，被相続人の居住の用に供されていた土地等又は建物等や，収用，換地，相続，遺贈，時効等により取得した土地等が本件特例対象土地等の範囲に含まれていないこと，及び本件課税規定部分を適用して算出した相続税額よりこの本件経過措置を適用する前の相続税額の方が低い場

合には本件課税規定部分の適用がないことからすれば，相続税法上の措置に基づいて，すなわちその相続財産をその中に含まれる本件特例対象土地等を含めて相続税法22条に従い相続取得した時における時価で評価して算出しても，事実上多額な課税価格が算出されることになり，このため右基礎控除額の相対的に少額といえるものとなる上，相続税法16条が定める各相続人等の取得金額に区分して適用される累進税率も事実上相当高率になるのであり，しかも本件課税規定部分自体も本件特例対象土地等を相続税法22条に従い相続取得した時における時価で評価した価額を課税価格とする（附則19条3項）のであるから，本件課税規定部分により算出される相続税額が相続税法22条，13条ないし18条等の規定により算出される相続税額との対比において著しく乖離して相当性を欠くような差を生じることになるものではないと考えられる。

　したがって，本件課税規定部分が14条1項に違反するものということはできない。

キ　次に，本件課税規定部分が憲法29条1項，2項の規定に違反するか否かについて検討する。

　前記オ，カ記載のとおり，課税要件の定立については，立法機関である国会の裁量に委ねるほかないのであるが，本件経過措置及び本件課税規定部分の立法目的は正当性を有するものというべきであり，また，右目的との関連において，本件課税規定部分が具体的に採用する措置，すなわち，遺産に係る基礎控除を設けていないこと，及び税率及び一律に100分の70としたことは，所詮，立法政策の問題であって，相続税の性格又は憲法29条1項の規定からは，遺産に係る基礎控除及び設けることや，税率を一律に100分の70とせずに取得金額所定の超過累進税率とすることが当然に要求されるものではないこと，また，本件課税規定部分は相続開始時における遺産の時価額を下回るように課税価格の100分の70に相当する金額を相続税額とするものであるが，右100分の70の税率は既に現行の相続税法に規定されているものと同じでこれと整合性を有するものであることを総合すると，本件課税規定部分が国民の財産権を

侵害し，憲法29条1項に違反するものとはいえない。また，財産権の内容を公共の福祉に適合するように法律で定めることを規定する憲法29条2項に違反するものでもない。

したがって，本件課税規定部分は憲法29条1項，2項に違反するものではない。

以上のとおり，本件課税規定部分は憲法84条，憲法31条，14条1項及び29条1項，2項に違反するものではないところ，本件課税規定部分を本件相続に適用することが憲法の条項に違反するといえる事情は認められない。

(5) 本件相続に係る課税価格及び納付すべき税額

ア 以上によれば，本件相続に係る被控訴人の納付すべき税額の算定は，本件課税規定部分に従うべきことになる。

イ 本件土地について本件相続に係る課税価格に算入すべき価額は，本件特例及び適用した場合におけるAの購入価額ではなく，相続税法22条及び適用した場合における被控訴人の相続取得した時における時価となるが，その時価及び評価基本通達の定めに従い路線価等により評価する方法によって算出すると，別表3（略）記載のとおりとなる。

もっとも，相続税法22条により相続取得した時における時価は評価基本通達の定めに従った路線価等により評価しなければならないものではなく，他の適正，妥当と認められる方法により評価したところに基づく合理的な価額とすることもできるものであるが，被控訴人は，本件土地の課税価格は別表2（略）の「更正の請求額」欄記載の金額によるべきものと主張し，右主張に沿う証拠として，いずれも被控訴人の依頼に基づいて不動産鑑定士Bが作成した鑑定評価書7通を提出するところ，右鑑定評価書は，本件相続開始時である平成3年8月7日時点における本件土地の更地の評価額を別表2の「更正の請求額」欄記載のとおり鑑定評価したとする内容のものである。しかし，別表2記載の番号1，2，3及び5の各土地については，いずれもAが購入取得後，その地上に賃貸居宅又は賃貸共同住宅を新築し，被控訴人は，これらの賃貸居宅又は

賃貸共同住宅とともに相続取得したものであるが、これらの各土地の相続取得時における時価は、課税価格を求めるためのものであるから、控えめかつ公平に評価すべきものであり、現に控訴人が別表3の「利用区分」欄記載のとおり貸家建付地として評価していることを考慮すると、貸家建付地として評価するべきものであって、更地としての評価額をもって相続財産の時価というべきものかについては疑問があり、そうすると、その鑑定価額が路線価等による評価額よりも適正、妥当と認められる方法により評価したところに基づく合理的な価額であるとまではいえないというべきである。また、別表2記載の番号4、6及び7の各土地については、いずれも自用地と認められるから、被控訴人が相続取得した時点においては更地の評価額を相続財産の時価というべきであるが、右鑑定評価書による評価額は、路線価等による評価額と比べて別表2記載の番号4の土地が約0.99倍、別表2記載の番号6の土地が約1.10倍、別表2記載の番号7の土地が約1.13倍にすぎないものである上、土地の時価が一義的なものではなくやや幅のある相対的なものであり、右鑑定評価の過程もいずれも近隣及び同一需給圏内のものとはいえ本来個別性の強い4件の取引事例と平成3年7月の大阪府の時価調査価格及び比準対象とした取引事例法による試算価格、当該地域と類似の地域における賃貸不動産の収益事例一例を比較対象とした収益還元法による試算価格に基づく一応の検討を経たものにすぎないことからすると、右の程度の差異は右の幅の範囲内にある程度の差異に止まるものといえるのであり、そうすると、別表2記載の番号4、6及び7の各土地に関する限り、右鑑定評価書による評価額が、それ自体を採用できないとまでいえないものの、路線価等による評価額よりも適正、妥当と認められる方法により評価したところに基づく合理的な価格であるということもできないというほかない。

なお、別表2記載のとおり、被控訴人は、平成5年2月5日、控訴人に対し、本件土地の価額を右鑑定評価書による評価額として更正の請求を行っており、しかも本件土地のうち別表2記載の番号4の土地以外の

各土地の鑑定価額，すなわち更正請求における相続取得財産の価額は路線価等による評価額よりも高いのであるが，相続税について採用されているところの納付すべき税額を第一次的には納税者のする申告により確定させるものとする申告納税主義のもとにおいても，相続税の課税価格の算定の前提となる個々の相続取得財産の価額についてまで納税者が自らこれを確定するべきものということはできないから，右のとおり本件土地のうち別表2記載の番号4の土地以外の各土地の価額をその鑑定価額として算入しなければならないものではないというべきである。

ウ　被控訴人は，本訴において，本件土地に係る部分を除いては，本件更正処分及び本件差異更正処分の違法事由を主張せず，本訴における控訴人主張の額も争わないなどの弁論の全趣旨によれば，本件土地以外の資産及び債務等の評価額については控訴人主張のとおりの額と認められる。

エ　以上により，本件相続に係る課税価格と納付すべき税額を本件課税規定部分に従い算出すると，別表1（略）記載の「再更正処分欄」欄の「取得財産の価額」欄から右の各額欄のとおりであり，課税価格は24億1030万2000円（ただし，課税の計算の基礎となる課税価格相当額は9億6264万7000円），納付すべき税額は6億7385万2900円となる。

3．本件更正処分及び本件再更正処分の適法性

そうすると，本件更正処分は，それに基づき納付すべき税額の一部が本件再更正処分によって取り消されることにより，被控訴人の本件相続に係る課税価格を24億1030万2000円（ただし，課税の計算の基礎となる課税価格相当額は9億6264万7000円），納付すべき税額を6億7385万2900円とする処分となったものであり，適法な処分ということができる。

【181】　東京地裁　平成10年4月30日判決
　　（平成6年（行ウ）第301号・相続税更正処分等取消し請求事件）
【当事者】
　原告　○○○○
　被告　向島税務署長

【判示事項】

租税特別土地法（平成4年改正前）69条の3の適用の可否

【事案の概要と争点】

本件は，原告の平成2年5月9日相続開始に係る相続税について，被告がした更正処分等の適否が争われた事案である。

主たる争点は，相続税の課税価格の計算上，租税特別措置法（平成4年改正前のもの。以下「措置法」という。）69条の3（小規模宅地等についての相続税の課税価格の計算の特例。以下「本件特例」という。）の適用の可否（事業用宅地に当たるか否か。）にあった。

【判　旨】

本判決は，次のとおり判示して，原告の請求を棄却した。

1. 本件特例にいう「事業」の意義について直接定めた規定は存在しないが，所得税法上の「事業」と別異に解すべき理由はないから，租税法の解釈の統一性，法的安定の確保の要請から，所得税法上の「事業」と同じ意義に解すべきである。所得税法上も，「事業」の意義について定義した規定はなく，結局，法の趣旨及び社会通念に照らして解するほかはないが，所得税法上の「事業」とは，自己の計算と危険において独立して営まれ，営利性，有償性を有し，かつ反復継続して遂行する意思と社会的地位とが客観的に認められる業務をいうものと解されている（最高裁判所昭和56年4月24日第二小法廷判決・民集35巻3号672頁参照）ところであり，本件特例にいう「事業」についても右と同じ意義に解するのが相当である。

2.(1) 本件特例にいう事業用宅地と認められるためには，当該被相続人が行っていた行為が，相続開始の直前における客観的な状況からみて，営利性，有償性を有していたと認められることが必要である。

そして，本件のように，宅地の購入代金を銀行などから借り入れた上，購入に係る当該宅地を他に賃貸する場合においては，地代収入はもちろん，その増額の見込み，権利金等の授受の有無，金額，その維持管理にかかる費用，貸付けをした試算の減価償却費，固定資産税その他の必要

経費を総合的に判断して，相当な対価を受領していて現実に利益を上げているか，仮に利益を上げていないとした場合においても，客観的にみて事業として利益を上げることを志向していると認められるか否かといった観点から判断すべきである。その際，不動産賃貸事業の性質上，借入金等が莫大となり，当初は利益が生じないことは往々にしてあるが，このような場合に相当な対価を受領していないとしてすべて営利性を欠くと断ずるのは本件特例の趣旨及び社会通念に照らして妥当ではないというべきである。すなわち，単に一時的に収支のみをとらえるのではなく，それが客観的にみて事業として将来において利益を上げることを志向していると認められるか否かといった点を含めて判断しなければならないというべきである。

(2) 認定事実に証拠及び弁論の全趣旨を併せれば，本件各貸付けについては，将来にわたって毎年3億6700万円ないし3億7400万円程度の支出超過が継続し，利益を生じることはまず見込めない状況にあったものと認められる。

本件各貸付けのこのような収支の状況等に照らせば，本件被相続人において，客観的にみて事業として将来において利益を上げることを志向して本件各貸付けを行っていたものとは認められないから，本件各貸付けが営利性，有償性を有するものと評価することは到底できない。

(3) したがって，本件各貸付けは，その余の点について判断するまでもなく，本件特例にいう「事業」に当たらず，本件各土地は，本件特例にいう事業用宅地には当たらないものというべきである。

3.(1)① 本件相続開始当時における課税実務上，相続開始の直前において，被相続人の有する宅地でその同族会社の事業の用（その法人により他に貸し付けられていた場合には，その貸付けが個人によって行われていたものとした場合に事業として行われていたと認められるときに限る。）に供されていたものについては，本件特例の適用上，被相続人等の事業用宅地に当たるものとして取り扱われることとなっていた（措置法通達69の3－6）。

右通達は，被相続人の有する宅地が法人の事業の用に供されている場合において，その法人の発行済株式の総額又は出資の金額の10分の5以上のものを被相続人等が所有しているときは，その宅地の利用関係を単なる貸借の関係とみるよりは被相続人等が提供しその法人と一体となって事業を行っているとみる方が我が国の中小同族会社の実態に合っていると考えられることに照らし，合理性を有するものである。

② 本件相続開始の直前において，本件被相続人の同族会社であるＡ地所が本件各建物を所有し，本件各土地がその敷地として利用されていたこと，日本橋の建物がＣ及び本件賃借人に，神田の建物２がＤ開発に対しそれぞれ賃貸されていたことは当事者間に争いがない（日本橋の建物についての本件賃借人との賃貸借契約は，Ａ地所が同建物を取得したことにより，本件賃借人と従前の所有者との賃貸借契約に関する賃貸人の地位を引き継いだものである。）。したがって，Ａ地所のＣに対する日本橋の建物の賃貸借，Ｄ開発に対する神田の建物２の賃貸借がそれぞれＡ地所にとって本件特例にいう「事業」に当たると評価できるならば，措置法通達69の3－6により日本橋の土地及び神田の各土地のうち神田の建物２の敷地部分はそれぞれ本件被相続人の事業の用に供されていたものと評価できることになる。

そこで，右各賃貸借がＡ地所にとって「事業」に当たるものと評価できるか否かを検討する。

(2) 日本橋の建物について

① 平成元年12月28日にＣと本件被相続人との間で締結された日本橋の建物の売買契約及び日本橋の土地の売買契約の双方において，売主であるＣは右各契約締結時から8か月以内，すなわち平成2年8月28日までにその費用と責任において，日本橋の建物の2階ないし4階部分の全賃借人を退去させる旨の本件特約があり，その期間内に全賃借人を退去させられない場合は，売主は買主に対し違約金として1億5000万円を支払う旨の合意があり，本件特約違反が日本橋の建物の売買契約の解除原因となることはもちろん，日本橋の土地の売買契約の解除原因となることま

で，その契約書に明記されていたこと，また，右各契約書上，日本橋の物件は，その契約日と同日である平成元年12月28日までに，地上権，抵当権，質権，先取特権等権利を阻害するものをすべて抹消し，買主に引き渡した上，所有権移転登記申請をしなければならないとされていた。

このように，日本橋の建物は，空き家として本件被相続人に対し引き渡されるものとされていたのであるから，本件相続開始（平成2年5月9日）の直前において，A地所は，同建物の賃借人との間の賃貸借契約を営利を目的として長期的に継続することなどは全く考えておらず，単に明渡し交渉が成立するまでの間やむなくその賃貸借契約を継続させていただけであり，A地所は右賃貸借契約を近く消滅させることを前提に行動していたことは明らかである。

したがって，A地所が行っていた日本橋の建物の賃貸は，「事業」の要件である継続性を有するものとは認められない。

② また，A地所は，平成2年2月ころ，Cとの間で，日本橋の建物の2階ないし4階部分の明渡し交渉を行わせ，明渡しまでの間同建物を管理させるという趣旨で，各賃借人の家賃その他電気，水道料金の集金を含めた同建物の管理を委託する旨の業務委託契約を締結し，また右業務委託契約の趣旨を実効あらしめるため，平成2年4月20日付けの賃貸借契約により，同建物の1階部分をCに対し，月額賃料30万円，期間2年間の約定で賃貸したが，明渡し交渉が進展しないため，その後も2年間ごとに契約を更新している。

これと，右①で述べたように，日本橋の物件の売買契約書上，同物件は，その契約日と同日である平成元年12月28日までに，地上権，抵当権，質権，先取特権等権利を阻害するものをすべて抹消し，買主に引き渡した上，所有権移転登記申請をしなければならないとされており，日本橋の建物は，空き家として本件被相続人に対し引き渡されるものとされていたことを併せて考えると，Cとの間の右賃貸借契約は，本件相続開始の直前に右契約が締結された時点では，本件賃借人に対する明渡し交渉が無事終了するか，あるいは本件特約違反によって日本橋の物件の

売買契約が解除されるまでか，いずれかまでの期間とすることを予定した一時的なものであったと認められる（このことは，原告自身認めるところでもある。）。

そうすると，A地所のCに対する右賃貸は，本件特例にいう「事業」の要件である継続性を有するものとは認められない。（なお，同建物の1階部分のみであるとはいえ，A地所が本件被相続人に対して支払う地代（月額300万円）に比べ，賃料があまりに低料すぎ，客観的にみて営利を目的とするものともいえない。）

③ 以上によれば，日本橋の建物の賃貸借は，A地所にとって「事業」に当たるものとは評価できず，A地所が日本橋の建物を賃貸していることをもって，日本橋の土地が本件特例にいう事業用宅地に当たると評価することはできないというべきである。

(3) 神田の建物2について

① A地所が神田の各建物を取得した平成2年2月当時，右各建物は既に空き家の状態であったこと，A地所は，平成2年2月22日付けで，神田の建物2をD開発に対し賃貸する旨の契約を締結したこと，そして，右建物は，本件相続開始時においては，D開発が使用していたこと，本件被相続人は，神田の各土地を購入したその日である平成2年2月22日に，右各土地を月額賃料390万円でA地所に対し貸し付けたこと，この賃貸借契約においては，賃貸期間は同日から平成32年2月21日までの30年間とされていたものの，他方，右土地を当時から存在していた神田の建物2そのものの敷地としてのみ使用し，その他の目的には使用しないこと，賃借人は，賃貸借契約が終了し又は途中解約された場合には，無償で賃貸人に対し神田の土地を返還することがそれぞれ合意されていたこと，Cは，平成2年2月22日，A地所との間で，Fビル株式会社が所有していた神田の土地3及び神田の建物3並びに神田の土地4について，平成3年8月31日までにCが神田の建物3の入居者をすべて退去させて同建物をA地所に対し引渡し可能となった場合に，その効力が生じる旨の本件停止条件付売買契約を締結したこと，本件被相続人，A地所及びCは，

平成2年2月22日，平成3年8月末日までにCが神田の土地3及び4，神田の建物3を取得し，本件被相続人及びA地所に対し所有権移転登記手続をすることができず，かつ，同建物の入居者の立退きを完了してその引渡しを行うことができないときは，Cが神田の物件をその購入代金に年7.5パーセントの利息を付した代金で買い取る旨，売買予約契約を締結することを約諾する旨の覚書を締結したこと，ただし，神田の建物1は当時既に老朽化しており，右覚書においては，神田の建物が滅失しているときは，本件被相続人が予約完結権を行使しても，同建物について売買契約が成立しないことを確認する旨がわざわざ特記された。

　右の経過からすれば，神田の建物2の賃貸借は，本件相続開始の直前までにおいては，本件被相続人は，神田の各土地については，平成3年8月末までに本件角地を取得した時点で，一緒に更地とする積もりであったものと推認され，神田の建物2の賃貸借は，少なくとも本件相続開始直前までにおいては，神田の土地3及び4を取得できるまでを期間とする一時的なものとして予定されていた，換言すれば，本件停止条件付売買契約の停止条件が成就するか，不成就に終わるかが判明するまでの暫定的なものとして予定されていたものと推認することができ，これを覆すに足りる確たる証拠はない。

　したがって，神田の建物2の賃貸借には，「事業」といえるための要件である継続性が認められないというべきである。

② 　以上によれば，神田の建物2の賃貸借は，A地所にとって「事業」に当たるものということはできず，A地所が神田の建物2を賃貸していることをもって，同土地が本件特例にいう事業用宅地に当たると評価することはできない。

【182】　東 京 地 裁　平成10年9月24日判決
　　（平成9年（行ウ）第80号・相続税の更正すべき理由がない旨の通知処分取消請求事件）
【当事者】

原告　○○○○
被告　北沢税務署長

【判示事項】

　租税特別措置法69条の4（相続開始前3年以内に取得等した土地等又は建物等についての相続税の課税価格の計算の特例）の合憲性及び適用の可否

【事案の概要と争点】

　本件は，原告の平成5年7月11日相続開始に係る相続税についての更正の請求に対し，被告がした更正すべき理由がない旨の通知処分の適否が争われた事案である。

　主たる争点は，租税特別措置法（平成8年法律第17号による改正前のもの。以下「措置法」という。）69条の4（相続開始前3年以内に取得等した土地等又は建物等についての相続税の課税価格の計算の特例。以下「本件特例」という。）の合憲性及び適用の可否にあった。

【判　旨】

　本判決は，次のとおり判示して，原告の請求を棄却した。
1.　本件不動産に本件特例を適用することがその趣旨，目的を逸脱し，違法，違憲となるか否かについて
(1)　本件特例は，不動産の相続税評価額と実勢価格との乖離を利用した相続税の負担回避行為に適切に対処し，税負担の公平を確保することをその立法目的とするものであるが，措置法69条の4第1項及び第2項の規定の文言をみれば，本件特例は，被相続人による土地等又は建物等の取得等が相続税の負担回避を目的としたものであるか否かを問うことなく，その取得等が相続開始前3年以内に行われたものについては，被相続人の居住の用に供されていた土地等又は建物等，措置法33条1項に規定する収用等に伴い取得した同項に規定する代替資産その他政令で定める土地等又は建物等に該当するもの（以下「適用除外不動産」という。）を除き，一律に，その取得価額により相続税の課税価格を計算することとしていることは明らかである。

また，適用除外不動産については，措置法69条の4第1項及び第2項において定めるもののほか，同法施行令40条の2第2項がこれを具体的に定めているところ，従前所有していた不動産の買換資産として取得した土地等又は建物等については，これらの規定において適用除外不動産とはされていない。

　したがって，本件特例に関する措置法及び同法施行令の規定を前提とすれば，亡Aが相続税の負担回避を目的として本件不動産を取得したものではなく，また，本件不動産が本件借地権付き建物の買換資産として取得されたもので，その取得について資産の借入れ等が存在しなかったとしても，これらの事実は，本件不動産に対する本件特例の適用の有無を左右するものではないというべきであり，本件不動産に本件特例を適用して課税することが憲法30条に違反するものでないことも明らかである。

(2)　次に，措置法が，憲法14条，29条に違反するか否かについて検討する。

　憲法14条1項は，法の下の平等を保障しているが，同項は，国民に対して絶対的な平等を保障したものではなく，合理的理由のない差別をすることを禁止したものであって，国民各自の事実上の差異に相応してその法的取扱いを区別することは，その区別が合理性を有する限り，何ら右規定に違反するものではない。また，憲法29条1項は，私有財産制を保障するとともに国民の個々の財産権を基本的人権として保障しているが，同条2項は，立法府が社会全体の利益を図るために財産権を加えることを認めているところである。

　ところで，租税は，国家の財政需要を充足するという本来の機能に加えて，所得の再配分，資源の適正配分，景気の調整等の諸機能をも有しており，国民の租税負担を定めるに当たっては，財政・経済・社会政策等の国政全般からの総合的な政策判断を必要とするばかりでなく，課税要件を定めるについても極めて専門技術的な判断を必要とするものである。それゆえ，租税法の定立については，国家財政，社会経済，国民所得，国民生活等の実態についての正確な資料を基礎とする立法府の政策

的，技術的な判断にゆだねざるを得ないものである。したがって，裁判所は，租税法の規定が法の下の平等を定めた憲法14条1項及び財産権を保障した憲法29条に違反するか否かを判断するに当たっては，基本的には立法府の裁量的判断を尊重し，その立法目的が正当なものである場合には，その立法による具体的な規定内容が右目的との関連で著しく不合理であることが明らかでない限り，当該立法が憲法の右各条項に違反するということはできないと解するのが相当である。

　右の観点から，本件特例についてみてみるに，本件特例の立法目的は，不動産の相続税評価額と実勢価格との乖離を利用した相続税の負担回避行為が横行している状況下において，これに適切に対処し，税負担の公平を確保することにあるところ，公平な税負担は租税法の基本原則というべきものであり，本件特例の立法目的は正当なものということができる。

　本件特例の規定内容についてみれば，本件特例は，被相続人による土地等又は建物等の取得等が相続税の負担回避を目的としたものであるか否かを問うことなく，その取得等が相続開始前3年以内に行われたものについては，適用除外不動産に該当しない限り，一律に取得価額により課税することを定めるものであるが，仮に相続税の負担回避の意図がない場合であっても，相続財産を不動産の形に変えた者とそうでない者との間で相続税の負担の公平を図る必要があるのみならず，相続税の負担回避の意図があったか否かを外部から判断することは必ずしも容易なことではないから，租税法の定立に当たって，その適用要件を形式的客観的なものとすることはやむを得ないことであり，加えて，本件特例においては，被相続人の居住の用に供されていた土地等又は建物等については適用を除外するなどして，税負担が過酷となることがないような配慮がされていることをも考慮すると，本件特例の規定内容がその立法目的との関連で合理性を欠くものということはできない。

　なお，措置法69条の4第1項は，いかなるものを適用除外不動産とするかについて，その一部を政令に委任しているが，同法施行令40条の2

第2項は，その規定内容にかんがみれば，その委任の範囲内で制定されたものということができ，右施行令において，従前所有していた不動産の買換資産として取得した土地等又は建物等を，適用除外不動産に含めていないことをもって，その委任の趣旨に反するものということはできない。

したがって，措置法が被相続人による土地等又は建物等の取得等が相続税の負担回避を目的としたものであるか否かを問うことなく，その取得等が相続開始前3年以内に行われたものについては，適用除外不動産に該当しない限り，一律に本件特例の適用対象としていること，さらには，措置法及びその委任を受けた同法施行令が従前所有していた不動産の買換資産として取得した土地等又は建物等を適用除外不動産として規定していないことが，それ自体として，憲法14条，29条に違反するということはできない。

もっとも，被相続人が不動産を取得した後，その時価が大幅に下落した場合において，本件特例を形式的に適用すると，個人の相続税の負担がその個人が相続等により取得した財産の相続開始時の時価と対比して過大となり，相続税課税の趣旨を逸脱するものと判断される場合もあり得，その場合には，本件特例を形式的に適用して課税を行うことの憲法の右各条項との適合性について，別の考慮を要するが，本件不動産に本件特例が適用されることを前提として本件相続税の税額を計算すると，その税額は3541万1600円となるところ，仮に本件不動産について本件特例の適用がないものとしても，本件相続税の課税価格は1億1000万円を超えるものと認められ，右税額と右課税価格を対比してみれば，原告の負担する相続税が本件相続により取得した財産の相続開始時の時価と対比して過大となり，相続税課税の趣旨を逸脱するものということができないことは明らかである。

(3) したがって，本件不動産に本件特例を適用することが措置法に違反し，ひいては，憲法14条，29条，30条に違反するとの原告の主張は採用することができない。

2. 亡Aが本件相続開始前3年以内に本件不動産を取得したものと認められるか否かについて

(1) 認定事実によれば，本件売買契約においては，本件不動産の所有権は，売買代金全額の支払が行われたときにB社から亡Aに移転し，その所有権移転と同時に引渡しも行われるものと合意されていたところ，本件売買契約が締結された平成2年6月11日には，売買代金の総額1億3135万円の約5パーセントに当たる650万円の手付金が支払われたに止まっており，その後，同年7月31日に売買代金の残金1億2485万円が支払われ，同日，亡Aを所有者とする本件土地の所有権移転登記手続及び本件建物の保存登記手続が行われたことからすれば，亡Aは，右の売買代金の残金が支払われた平成2年7月31日に本件不動産の所有権を確定的に取得したと認めるのが相当である。

(2) したがって，本件不動産は，被相続人である亡Aが本件相続の開始日である平成5年7月11日の前3年以内に取得したものとして，本件相続税の課税価格の計算に当たっては本件特例が適用になるものというべきである。

3. 本件通知処分の適否について

(1) 本件相続税の課税価格の計算に当たって，本件不動産に本件特例が適用になるとすると，本件相続により原告が取得した財産のうち土地及び家屋の価額が，それぞれ別表3（略）及び別表4（略）記載のとおりとなる。

(2) そして，右の価額を前提として，本件相続税の課税価格及び税額を計算すると，その課税価格は1億7740万4000円，税額は3541万1600円となるところ，原告については，平成8年法律第17号による改正法附則19条3項により減額されるべき金額はない。

(3) そうすると，本件相続税の課税価格は1億7740万4000円，納付すべき税額は3541万1600円となり，右各金額は，原告の申告に係る課税価格及び納付すべき税額と同額であるから，原告の更正の請求に対して更正すべき理由がないとした本件通知処分は適法というべきである。

【183】 名古屋地裁　平成10年11月11日判決
（平成9年（行ウ）第3号・相続税更正処分取消請求事件）

【当事者】
　原告　○○○○ほか4名
　被告　千種税務署長

【判示事項】
　相続税法14条（控除すべき債務）1項該当性

【事案の概要と争点】
　本件は，原告らの平成5年2月27日相続開始に係る相続税について，被告がした更正処分の適否が争われた事案である。
　主たる争点は，原告らの被相続人が連帯保証していた本件保証債務が，相続税法14条（控除すべき債務）1項の規定する「確実と認められる」債務に該当するか否かにあった。

【判　旨】
　本判決は，次のように判示して，原告の請求を棄却した。
1. 相続税法（以下「法」という。）13条及び14条1項によれば，相続税の計算に際して課税価格から控除されるべき金額は，被相続人の債務で相続開始の際に現に存するもののうち，相続人の負担に属する金額で，確実と認められるものに限られる。そして，法14条1項にいう「確実と認められる」債務とは，債務が存在するとともに，債権者による請求その他により，債務者につきその債務の履行が義務づけられている債務であり，存在及び履行の確実な債務である。
　　保証債務は，債権者と保証人との間に生じ，主たる債務者がその債務を履行しない場合に，主たる債務者に代わって，その債務を履行するという従たる債務であるから，被相続人の保証債務が相続された場合でも，将来現実にその債務が履行されるか否かは不確実である。そして，仮に，将来その保証債務が履行された場合でも，その履行による損失は，法律上は主たる債務者に対する求償権の行使によって補てんされ得る。従って，保証債務は原則として「確実と認められる」債務には当たらないが，

例外的に，相続開始の現況において，主たる債務者が資力を喪失するなどその債務を弁済することができない状態にあるため，保証人がその債務を履行しなければならない場合で，かつ，主たる債務者に求償しても返還を受ける見込みがない場合には「確実と認められる」債務であるとして債務控除の対象になるというべきである。

2. 本件相続開始の現況において，A社がその債務を弁済することができない状態にあり，保証人である被相続人Cや相続人である原告らがその債務を履行しなければならず，かつ，A社に求償しても返還を受ける見込みがなかったことが客観的に認められるかについて判断すると，A社は，本件相続開始前後を通じて，元金や金利の返済を怠ることなく続けており，相続開始前に銀行との取引規模が縮小したようなことはなく，相続開始後は，新規融資を受けたり，まとまった返済をしている。返済が遅滞していないため，各金融機関がA社に催告をするようなことはなく，また，各金融機関は，Cに対しても，債務を履行するよう催告したことはなかった。また，本件相続開始当時，A社は事業が不振で縮小傾向にあり，Cからの建物の賃借保証金の返還を受けるなどして資金繰りの援助を受けてきており，本件相続後には原告X_3から多額の貸付を受けるなどしているが，役員報酬を含め人件費に未払いはなく，平成5年6月期において2億円を超える売上げがあり，平成8年6月期においても1億円を超えており，その事業は継続されている。

以上の事実からすると，本件相続開始当時にA社が借入金の返済能力を欠く状態であったということはできない。よって，A社を主たる債務者とする保証債務を確実な債務ということはできず，相続財産から控除することはできない。

3. 次に本件相続開始の現況において，B社がその債務を弁済することができない状態にあり，保証人であるCや相続人である原告らがその債務を履行しなければならず，かつ，B社に求償しても返還を受ける見込みがなかったについて判断すると，B社は，本件相続開始前後を通じて，元金や金利の返済を怠ることなく続けており，相続開始前及び相続開始

後平成7年9月ころまでは，銀行との取引規模が縮小したようなことはなかった。返済が遅滞していないため，各金融機関がB社に催告をするようなことなく，また，各金融機関は，Cに対しても，債務を履行するよう催告したことはなかった。また，役員報酬支払延期の事実に関しては，平成元年2月期以降，役員報酬が未払いで決算期末に残っていたことはないから，B社についての相続開始前後における財産状況，売上げや人件費の支払状況，銀行取引状況，Cや原告らからの資金の借受状況，役員報酬の支払状況等からすると，本件相続開始当時にB社が借入金の返済能力を欠く状態であったということはできない。よって，B社を主たる債務者とする保証債務を確実な債務ということはできず，相続財産から控除することはできない。

4. 以上によれば，本件保証債務は，本件相続開始時において，保証人がその債務を履行しなければならず，かつ，主たる債務者に求償しても返還を受ける見込みがなかったとはいえないから，「確実と認められる債務」には当たらず，本件保証債務を控除しなかった被告の本件更正処分に違法はない。

(2) 贈 与 税
ア 贈与の認定

【140】 東 京 高 裁　平成10年10月28日判決　（382ページ参照）

【184】 大 阪 地 裁　平成10年1月21日判決
　　　（平成8年（行ウ）第65号・贈与税決定処分取消等請求事件）
　【当事者】
　　　原告　○○○○
　　　被告　東税務署長
　【判示事項】
　　　贈与の有無，取得時効の成否
　【事案の概要と争点】

本件は，被告税務署長が平成6年1月31日付けで原告に対してした平成4年分贈与税の決定処分及び無申告加算税の賦課決定処分の適否が争われた事案である。
　主たる争点は，真正な登記名義の回復を原因とする原告への所有権移転登記を了した本件土地について，被告が贈与により取得したものと認定したことの適否及び時効取得の成否にあった。

【判　旨】
　本判決は，次のとおり判示して，原告の請求を棄却した。
1.　本件土地を買い受けた者は，原告か原告の兄Aか。
(1)　原告は，本件土地の購入代金中の120万円の支払に充てられたC印刷所の昭和33，34年度分の収益は，原告に帰属すると主張するところ，所得が何人の所得に帰するかは，何人の勤労によるかではなく，法律上何人の収支計算の下に行われるかによって決定すべきものであり，個人の行う事業により得た収益は，当該事業の経営方針の決定について支配的影響力を有するものと諸般の事情から認められる者に帰属すると解するのが相当である。
　これを本件についてみると，昭和32年にAを事業主，原告を事業専従者，すなわち従業員として開始されたC印刷所の事業形態は，Aが病気療養中であった昭和33，34年の間においても，基本的な変化は見られず，実質上もAが事業主であったものと認められる。
(2)　また，原告は，本件建物は自己が建築したものであり，建築直後から2階部分に居住して，以後Aの承諾なく本件建物の増改築を行ってきたと主張する。
　しかしながら，本件建物の建築費用は全額C印刷所の収益から支払われたものであって，これにその余の事実をも併せると，本件建物は，AがC印刷所の事業所及び原告の住居に充てるために建築したものであり，原告は，昭和60年に贈与を受けるまでは，その2階部分をAから無償で借り受けていたものと推認することができる。そうすると，原告が本件建物に居住し，その主張の増改築を施した事実が認められるとしても，

前記(1)の結論を左右するには足りないというべきである（親族間で居住用の建物の使用貸借が行われた場合において，借主である居住者が自己の費用で修理又は小規模の増改築をすることは不自然とはいえない。）。

2. 本件土地の時効取得の成否

原告は，昭和36年12月14日（本件建物の完成時）を起算点とする本件土地及び建物の時効取得を主張するが，前記1.(2)で説示したように，原告は，右のころから本件建物の2階部分を使用貸借により占有していたものというべきであるから，本件土地及び建物に対する原告の占有は他主占有ということになり，したがって，原告の主張は，その余の点について判断するまでもなく，理由がないことになる。

3. 以上によれば，本件土地は，平成4年7月15日付けでAから原告に贈与されたものということができるから，本件処分は適法である。

【185】 東京高裁 平成10年8月19日判決
（平成9年（行コ）第207号・贈与税等課税処分取消請求事件）

【当事者】
　控訴人（原告）　○○○○
　被控訴人（被告）　芝税務署長

【判示事項】
　不動産取得資金の贈与の有無

【事案の概要と争点】
　本件は，年報9号整理番号【183】の控訴審である。

【判　旨】
　本判決は，控訴人の請求を棄却した原審（東京地裁平成9年12月18日判決・年報9号559ページ）の理由説示を付加・訂正するほかこれを引用するとともに，控訴人の控訴審での新たな主張に対し，次のとおり判示して，控訴を棄却した。

1. 本件売買契約は，訴外Aが控訴人のために本件不動産を購入する旨の約束に基づき，実行されたものであり，実質的買主は控訴人であること

が認められ，本件売買契約締結と同時に売買代金等が控訴人名義で支払われている以上，Aから控訴人に対し，本件売買代金相当額の金員が贈与されていたことが認められる。したがって，控訴人の，単なる名義貸し，贈与無効又は書面によらざる贈与として取り消されたとの主張は認められない。
2. 贈与税の負担に関する事柄が本件売買代金相当額の金員の贈与契約の要素となったことはなく，右契約に際し，動機が表示されたものでもないから，控訴人の右契約時の意思表示に要素の錯誤はない。
3. 本件贈与契約に，合意解除の事実はない。

【186】 大阪地裁 平成10年11月25日判決
　　　（平成10年（行ウ）第18号・贈与税決定処分等取消請求事件）
【当事者】
　　原告　○○○○
　　被告　西淀川税務署長
【判示事項】
贈与事実の有無，相続税の修正申告による贈与税納付義務消滅の成否，無申告加算税賦課決定の適法性
【事案の概要と争点】
本件は，原告の平成5年分贈与税について，被告がした決定処分及び無申告加算税の賦課決定処分の適否が争われた事案である。
主たる争点は，①贈与事実の有無，②相続税修正申告による贈与税納付義務消滅の成否及び③無申告加算税賦課決定の適法性にあった。
【判旨】
本判決は，次のように判示して，原告の請求を棄却した。
1. 本件贈与の有無について
認定事実によると，原告は，平成5年2月1日にA所有の土地の売却代金を源資とする同人名義の定期預金が解約されて出金された現金2000万円を，同月3日原告名義の定期預金として預け入れたもので，以来，

右定期預金を自己の判断で管理・運用していたばかりか，本件修正申告に際しては，自ら本件贈与の事実を認め，これを前提とする修正申告に及んだというのであるから，原告がAから本件贈与を受けたことは明らかというべきであって，右認定を左右するに足りる証拠はない。

2. 相続税の修正申告による贈与税納付義務消滅の成否について

　原告は，相続税法19条1項の趣旨にかんがみると，贈与税の申告が行われなかった場合であっても，相続税の申告に当たって，相続開始前3年以内に被相続人から贈与された財産の価額が相続税の課税価格に加算されているときには，当該贈与税財産に対する課税手続は終了し，当該贈与について贈与税を課すことは許されなくなるものと解すべきところ，原告は本件修正申告の際，本件贈与により取得した2000万円を相続税の課税価格に加算したものであるから，本件贈与について贈与税を課すことは許されない旨主張する。

　しかしながら，相続税法19条1項は，相続又は遺贈により財産を取得した者が当該相続の開始前3年以内に当該相続に係る被相続人から贈与により財産を取得している場合における課税価格及び納付税額の計算方法を定めたものであって，相続税又は贈与税の確定手続について何ら規定するところではなく，相続税及び贈与税については，相続税法27条，28条にそれぞれ別個の申告納税手続が定められているのであるから，相続税の申告に当たって，相続開始前3年以内に被相続人から贈与された財産の価額を相続税の課税価格に加算したからといって，これによって贈与税の課税手続が終了し，当該贈与について贈与税を課すことが許されなくなると解する余地はないというべきである。

　したがって，この点についての原告の主張は，採用することができない。

3. 本件無申告加算税賦課決定の適法性について

　原告は，本件修正申告の際，本件贈与により取得した2000万円を相続税の課税価格に加算したのであるから，これによって贈与税の申告を行ったものと解すべきであり，本件無申告加算税賦課決定は違法である旨

主張する。

　しかしながら，前記2.で説示したとおり，相続税及び贈与税については，それぞれ別個の申告納税手続が定められているのであって，相続税の申告をもって贈与税の申告と解する余地はないから，この点についての原告の主張も，採用の限りではない。

イ　課税時期

【195】千葉地裁　平成10年4月23日判決（533ページ参照）
【189】東京高裁　平成10年5月28日判決（518ページ参照）

【187】　名古屋地裁　平成10年9月11日判決
（平成9年（行ウ）第7号・贈与税決定処分取消請求事件）

【当事者】
　　原告　〇〇〇〇
　　被告　千種税務署長

【判示事項】
　贈与の時期

【事案の概要と争点】
　本件は，原告の平成5年分の贈与税について，被告がした更正処分の適否が争われた事案である。
　主たる争点は，原告が父親から贈与された本件不動産の贈与の時期が，原告が公正証書に基づき本件不動産の登記済証の交付を受けた昭和60年か，所有権移転登記がされた平成5年かにあった。

【判　旨】
　本判決は，次のように判示して，原告の請求を棄却した。
1.(1)　本来，不動産の贈与の場合，所有権移転登記を経由するのが所有権を確保するためのもっとも確実な手段である。したがって，贈与が行われたにもかかわらず何らかの事情により登記を得られないときや登記のみでは明らかにできない契約内容などが存在するときに，あえて公正証

書を作成する意義があるものと解される。

(2) しかしながら、本件公正証書記載の贈与契約は、公正証書作成日に贈与がなされ、不動産の引渡義務の履行も即日終了したことになっており、贈与に係る特段の負担などの記載もないのであって、典型的な贈与契約であるから、登記のみでは明らかにできない契約内容は認められない。

(3) また、Aと原告との間で贈与が行われたにもかかわらず登記をすることができなかったことをうかがわせる事情も認められない。

(4) したがって、本件公正証書記載の贈与であれば、本来、所有権移転登記をすれば足りるものであり、あえて公正証書を作成する合理的な必要性はなかったものと認められる。

2. 本件公正証書記載のとおり昭和60年3月14日に贈与されたとすると、贈与税の法定納期限は昭和61年3月15日であるところ、本件登記手続がなされたのは平成5年12月13日であるから、本件登記手続は、本件公正証書記載の贈与時期を基準にすれば、贈与税の徴収権が時効消滅した後になされたことが認められる。

Aは、本件公正証書を作成しながら、所有権移転登記をしなかったのは、金融業をしていたころ、税務問題のセミナーで、公認会計士から、「不動産の売買や贈与については、取引を完結した後で、登記をしないでおいて、ある程度の年数がすぎると不動産取得税や贈与税がかけられなくなる。そのためには、売買や贈与による者の引渡を済ませ、そのことを公正証書にしておけばよい。」という説明を聞いたことがあり、本件不動産の贈与税を「節税」しようと考えたためであったとしている。

以上の事実からすると、本件公正証書は、将来原告がAから本件不動産の所有権移転登記を受けて、被告が本件不動産の贈与の事実を覚知しても、原告が贈与税を負担しなくても済むようにするために作成されたものであることが認められ、本件公正証書に、本件不動産の贈与時期が、昭和60年3月14日と記載されていることをもって、直ちに、同日、Aが原告に対し、本件不動産を贈与したと認定することはできない。

3. ところで、本件公正証書は、右に認定したような目的で作成されたも

のであるが，証拠によれば，本件公正証書の作成は，Aが積極的に行ったと認められること，原告が，本件公正証書を利用して贈与税を脱税し，公訴時効期間内に起訴された場合には，罰金以上の刑に処せられ，その結果原告が有している歯科医師の免許を取り消され，又は停止される可能性があり（歯科医師法7条2項，4条），そのことを原告は十分に認識できたはずであること，そのような危険性を犯してまで，本件公正証書を右に認定したような目的で作成する動機は原告に認められないことからすると，原告は，少なくとも本件公正証書作成当時は，本件公正証書の作成目的が，将来原告がAから本件不動産の所有権移転登記を受けて，被告が本件不動産の贈与の事実を覚知しても，原告が贈与税を負担しなくても済むようにするために作成されたものであったということを知らなかったものと認められ，本件公正証書の存在のみをもってしては，本件贈与が昭和60年3月14日になされたと認定することはできない。

4. Aは，本件公正証書を，贈与税の負担回避のために作成したのであり，本件公正証書作成時において，Aとしては，本件公正証書記載の贈与日時から贈与税の徴収権が時効消滅するまでは，本件不動産の登記名義を原告に移転する意思はなかったものと認められ，本件不動産の登記名義をいつ移すかということは，専らAの意思にかかっていたものと認められる。

　したがって，本件登記手続時まで，原告が，本件不動産を担保に供したり，他人に譲渡することは事実上不可能な状況にあったわけであり，本件不動産を自由に使用・収益・処分しうる地位にはなかったものであり，原告の本件不動産に対する使用管理状況等の点からも，直ちに本件公正証書作成時ころに，贈与があったとは認められない。

5. Aが原告に対し，本件公正証書作成時期に本件不動産を贈与する動機は薄弱であり，原告が，決して少額ではない贈与税の負担をしてまで，本件公正証書作成当時に，本件不動産の贈与を受ける動機は認められない。

　原告が，昭和60年3月14日に贈与を受けたと認識していたのであれば，

贈与税の税額は多額であるから，その納付をどのようにするかについてAと相談したはずであるのに，原告とAでそのような話し合いがなされた形跡は認められないことからすると，原告には贈与を受けたという認識がなかったということになる。

6.　原告は，少なくとも本件公正証書作成時においては，本件公正証書が，贈与税負担回避のために作成されたものであるということは知らなかったものと認められるところ，本件公正証書には，原告の請求があり次第Aが所有権移転登記をする義務があるとの記載があったにもかかわらず，原告は，本件登記手続時まで，一度もAに登記を移転するよう請求すらしなかったことが認められ，本件公正証書は，将来原告が帰化申請する際に，本件不動産を原告に贈与しても，贈与税の負担がかからないようにするためにのみ作成されたのであって，Aに本件公正証書の記載どおりに本件不動産を贈与する意思はなかったものと認められる。他方，原告は，本件公正証書は，将来，本件不動産を原告に贈与することを明らかにした文書にすぎないという程度の認識しか有しておらず，本件公正証書作成時に本件不動産の贈与を受けたという認識は有していなかったものと認められる。

　よって，本件公正証書によって，Aから原告に対する書面による贈与がなされたものとは認められず，書面によらない贈与によるものということになるが，書面によらない贈与の場合にはその履行の時に贈与による財産取得があったと見るべきである。そして，不動産が贈与された場合には，不動産の引渡し又は所有権移転登記がなされたときにその履行があったと解されるところ，本件においては，原告は本件不動産に従前から居住しており，本件登記手続よりも前に，本件不動産の贈与に基づき本件不動産の引渡しを受けたというような事情は認められないから，本件登記手続がなされたときをもって本件不動産の贈与に基づく履行があり，その時点で原告は，本件不動産を贈与に基づき取得したと見るべきである。

【188】 名古屋高裁　平成10年12月25日判決
（平成10年（行コ）第34号・贈与税決定処分取消請求控訴事件）

【当事者】
　　控　訴　人（原告）　　○○○○
　　被控訴人（被告）　　千種税務署長

【判示事項】
　　贈与の時期

【事案の概要と争点】
　　本件は，整理番号【187】の控訴審である。

【判　旨】
　　本判決は，控訴人の請求を棄却した原審（名古屋地裁平成10年9月11日判決・本書・514ページ）の理由説示を一部訂正するほかこれを引用して，控訴を棄却した。

ウ　税額の計算

【189】 東京高裁　平成10年5月28日判決
（東京高裁平成9年（行コ）第192号・贈与税決定処分等取消請求控訴事件）

【当事者】
　　控　訴　人（原告）　　○○○○
　　被控訴人（被告）　　武蔵野税務署長

【判示事項】
　　土地の譲渡時期，相続税法7条の該当性

【事案の概要と争点】
　　本件は，年報9号整理番号【184】の控訴審である。

【判　旨】
　　本判決は，原告の請求を棄却した原審（東京地裁平成9年11月28日判決・年報9号563ページ）の判断を維持し，控訴を棄却した。

(3) 財産の評価

【65】　神戸地裁　平成10年3月18日判決（179ページ参照）

【3】　神戸地裁　平成10年4月8日判決（7ページ参照）

【190】　名古屋地裁　平成10年2月6日判決
　　　　（平成7年（行ウ）第45号・相続税更正処分等取消等請求事件）

【当事者】
　　原告　○○○○
　　被告　昭和税務署長

【判示事項】
租税特別措置法69条の3適用の当否

【事案の概要と争点】
　本件は，原告の平成4年3月26日相続開始にかかる相続税について，被告がした更正処分等の適否が争われた事案である。
　主たる争点は，いわゆるバブル崩壊後，路線価により原告の相続不動産を評価したことの適否，等価交換方式売買契約中に相続が開始した土地につき，売買代金債権として評価したことの適否，及び相続土地につき租税特別措置法69条の3（以下「本件特措法」という。）を適用しなかったことの当否にあった。

【判　旨】
　本判決は，次のように判示して，原告の請求のうち，本件特措法の適用を求める部分について認容し，その余の請求を棄却した。

1.(1)　相続税は，相続財産を相続又は遺贈により取得した財産としており，何を相続税の課税財産とみるかは，原則として，民法等の一般私法の定めるところに基づいて，私法上の法律関係を前提として判断されるものである。しかしながら，相続税が財産の無償取得により生じる担税力の増加を課税の根拠としていることからすると，相続財産が何であるかを判断する際には，単に形式的な法律的観点ないし私法上の法律関係のいかんにとらわれることなく，相続税課税上の妥当性，相当性という観点，

言い換えれば経済的実質という観点からもされるべきである。

(2) 本件契約上は，本件土地と本件建物持分の2つの売買契約が存在するかのようにも思える。しかし，本件契約条件によれば，本件土地と本件建物持分のそれぞれの所有権の移転は，建物竣工後15日以内のA及びB社の定めた日に行うものとし，同時にA及びB社は互いに相手方に対して，売買物件の所有権を移転しかつ引き渡すこととされ，AとB社は，本件建物持分引渡時に，本件土地及び本件建物の各売買代金債務を対等額にて相殺すること，Aは，B社に対し，相殺差額金3億9376万0400円を支払うこととされていることからすると，Aは，本件契約のどの段階においても，およそ本件代金請求権を行使して，その代金相当額の現金を取得する余地はなかったことが認められる。他方，本件契約が2つの売買契約という形式をとったのは，AがB社に支払う右相殺差額の適正な価格を算出するためのものにすぎないと解される。したがって，本件契約の実質は交換契約と解するのが相当である。

以上より，本件代金請求権が相続財産であるとの被告の主張は採用することができない。

(3) 証拠によれば，Aは，本件契約締結日に，205番土地及び207番2土地に根抵当権者をC社とする極度額6億6000万円の根抵当権を設定し，D社から金3億3000万円を借り入れ，本件契約条項に基づき，B社に対し，本件契約の相殺差額金の一部として契約時に金1億1000万円を，建物上棟時である平成4年3月25日に金1億1000万円を，それぞれ支払ったこと，本件契約条項には，AがB社に対し，担保提供をする義務を負うことが定められていたが，実際，Aは，平成4年3月10日の根抵当権設定契約に基づき，債務者をB社とする極度額2億5000万円の根抵当権を207番2土地に設定し，同年4月10日付で根抵当権設定登記をしていることが認められる。また争いのない事実等によれば，本件建物の工事は，平成3年7月20日に，着工し，平成4年3月末日当時，その工事の進捗率は55パーセントであったことが認められる。

本件契約の実質は交換契約であると解すべきであり，Aは，本件土地

をもって本件建物持分を取得することができる地位にあったと解されるところ，右認定事実からすると，本件契約は本件相続時において相当程度履行過程にあったと解され，Aの右地位も相当程度確実になっていたと解される。そうだとすれば，たとえ本件契約上，本件土地の所有権移転時期に特約があり，相続時における私法上の法律関係としては，本件土地の所有権がAに残っているとしても，もはやその経済的実質は本件建物持分のうち本件土地と等価で交換される部分（以下「本件建物等価交換部分」という。）の引渡請求権を確保するための機能を有するにすぎないものであったと解される。

　したがって，本件契約に係る積極的相続財産は，本件土地所有権ではなく，本件建物等価交換部分の引渡請求権であると解するのが相当である。

2.(1)　証拠によれば，本件契約で売買代金として定められた本件土地及び本件建物持分の価額は，AとB社との間で，本件契約時において，適正な価額として了解されたものであったことが認められること，完成後においても本件建物の価額が下落したとは認められないことからすると，本件建物等価交換部分の引渡請求権の相続時における時価は，本件契約における本件土地の代金額と同じ6億0423万9600円と認められる。

(2)　相続税法（平成4年法16号による改正後のものであって，平成6年法23号改正前のもの。以下同じ。）22条にいう時価とは，不特定多数の当事者間で自由な取引が行われる場合に通常成立すると認められる価額であると解される。

　被告は，契約対象外土地を路線価により評価しているが，路線価は，その宅地の価額が，概ね同一と認められる一連の宅地に面している不特定多数の者の通行の用に供される道路ごとに設定されるもので，その路線に面する一連の宅地のうち①ほぼ中央に位置し，②共通の地勢にあって，③その路線だけに面しているもの（一方路線）で，かつ，④標準的な間口距離及び奥行距離を有する形又は正方形のものについて，地価公示法に基づいて国土庁が実施する地価公示による公示価格，売買実例価

額及び不動産鑑定士等の精通者意見価額を基として国税局がその路線ごとに評価した1平方メートル当たりの価格である（評価通達14）。そして，右のような路線価の設定方法自体は，客観的交換価値を反映し得る適正なものというべきである。

　また，路線価は，毎年1月1日を評価時点とし，評価上の安全を考慮して公示価格水準の概ね80パーセント程度により評価されていること，公示価格は，都市計画区域内で標準的な土地を選定し，当該標準地について2人以上の不動産鑑定士又は不動産鑑定士補の鑑定評価を求め，国土庁に設置された土地鑑定委員会がその結果を審査し必要な調整を行って，毎年1回1月1日時点の正常な価格を判定し，公示するものであることが認められる。右のような公示価格の設定方法は原則として毎年1月1日の時点における客観的交換価値としての時価を評価する根拠としての合理性を有するというべきであり，右のようにして設定された具体的な路線価は原則として，当該年間の客観的交換価値としての時価を評価する根拠としての合理性を有するというべきである。平成4年の1月から3月までの短期の地価動向によれば，名古屋市中区の商業地の平均で5パーセントほど地価が下落したにすぎないことが認められ，名古屋市名東区において，時価の下落率が住宅地よりも高い商業地で見ても，平成4年の平均下落率は18.7パーセントであり，地価公示の標準値の変動率は，最低 17.58パーセントから最高 19.91パーセントとなっているにすぎないことが認められる。

　右事実からすれば，1年間の4分の1も経過していない平成4年3月26日のA死亡時点において，契約対象外土地及びN町土地の地価が同年1月1日の時点と比較して20パーセント以上も下落したとは認められない。

　したがって，被告が路線価により契約対象外土地及びN町土地の評価をしたことは適法である。

(3)　そして，契約対象外土地は，普通商業・併用住宅地区に所在する一方路線に面する土地で平成4年の正面路線価が 226万円であるところ，奥

行距離が27.41メートルあることから奥行価格補正（同補正率0.97）すべき土地に当たることが認められ，同土地の路線価評価額は，正面路線価に奥行価格補正率及び相当地積358.85平方メートルを乗じた金額7億8667万0970円となる。

　また，N町土地は，普通住宅地区に所在する一方路線に面する土地で正面路線価が41万5000円であるところ，奥行きに応じた調整等の必要がないため，同土地の路線価評価額は，正面路線価に地積202.84平方メートルを乗じた価額8417万8600円となることが認められる。

3.(1)　契約対象外土地は，Aが死亡した平成4年3月26日の時点において，既に本件貸駐車場業が廃止され，本件建物が建築中であったのであるから，「相続開始の直前において事業の用に供されていた宅地」との法の文言に直ちに該当するということはできない。

　しかし，そもそも本件特措法に，事業の用に供されていた宅地が含められているのは，個人事業者等の円滑な事業承継を可能とするためである。即ち，個人事業者等の経営者が死亡した場合に，通常の取引価格を基礎とする評価額をそのまま適用することは，当該宅地が相続人等の生活基盤維持のために欠くことのできないものであって，その処分について相当の制約を受けることが通常であることとの実情に合致しないこととなるからである。

　したがって，本件特措法の文言では，事業の用に供されていた宅地等は，「相続の開始の直前において」存在していなければならないが，このような本件特措法の趣旨からすれば，相続の開始の直前においてはたとえ当該宅地が事業の用に供されていなくても，相続の開始の以前において事業をしていたが，相続の開始の直前においてはたまたま事業を中断していて，相続後も再び事業を再開することが認められる場合には，右要件に該当するものとして，その適用を認めるべきである。

　なお，被告は，相続後に再び事業を再開するか否かを現実に相続人が事業を承継した点に求めると主張している。確かに，本件特措法の趣旨からすれば，そのように解釈することの合理性が認められるが，被相続

人が相続直前に当該宅地を事業の用に供していれば，相続人が現実に事業を承継したか否かを問うことなく，本件特措法が適用されることとの均衡からすると，そのように解するのは妥当でなく，相続後に再び事業を再開するか否かは，あくまでも相続時点においてそのような態度が被相続人に認められるか否かによって決するべきである。

　そこで，以下では，本件貸駐車場業は事業に当たるか否かを検討し，事業に当たるとすれば，相続時点において，Aに事業を再開する態度が認められるか否かを検討する。

(2) 本件貸駐車場業は事業にあたるか

ア　事業とは，一般的には，自己の計算と危険において営利を目的とし対価を得て継続的に行う経済活動であると解されるが，当該活動が本件特措法にいう事業に当たるか否かを判断するに当たっては，法に定義規定がない以上，社会通念によって，実質的に判断すべきである。そして，本件特措法が，特に事業用宅地を居住用宅地に比し高い割合の評価減を行うことができるようにしているのは，事業用宅地については，事業が雇用の場であるとともに取引先等と密接に関連しているなど事業主以外の者の社会的基盤として居住用土地にない制約を受ける面があることなどに配慮したからと解されることからすると，その判断要素には，当該活動が人の社会的活動といい得るものであることを前提に，規模の大小，営利性・有償性の有無，継続性・反復性の有無，自己の危険と計算における企業遂行性の有無，その取引に費やした精神的肉体的労力の程度，人的・物的設備の有無，その取引の目的，その者の職歴・社会的地位・生活状況などの諸点を総合して，社会通念上事業といい得るか否かを検討する必要があると解される。

イ　争いのない事実によれば，Aは，自ら直接的に本件駐車場業に携わってきたのであり，このような経済活動が社会的活動に当たることは明らかであり，本件貸駐車場業は，事業の前提条件を満たしている。また，Aは，本件貸駐車場業を有償で約17年間行ってきているのであるから，営利性・有償性・継続性・反復性も優に認められ，また，その開始に当

たっては，敷地を駐車場として適切に使用できるよう，当時においてはそれなりの設備と評価しうる建築物等を設けるなどの投資も行っているのであるから，自己の危険と計算における企業遂行性も認めることができる。

ウ　以上の事実を総合勘案すると，Aは，本件貸駐車場業によって，社会通念上事業といい得る程度に自己の計算と危険において営利を目的とし対価を得て継続的に行う経済活動を行っていたものと認められるので，本件貸駐車場業は事業に当たると解される。

(3)　相続時点において，Aに事業を再開する態度が認められるか

　　証拠によれば，Aが取得する本件建物の用途は事務所であって，いわゆるテナントビルであること，Aはそれを他人に賃貸することを企画していたこと，B社を通じて本件建物建築途中から貸借人の募集を行い，実際にAが取得する部分である本件建物2階部分についてE，B社及びAとの間で貸室転貸借予約契約書が交わされていることが認められる。

　　他方，本件建物完成後，Aの相続人である原告が本件建物の引渡を受けていないことが認められるが，これは，原告が融資銀行から追加融資を拒絶されたことと，本件相続による相続税の負担により，原告が本件契約に基づく相殺差額金2億966万4100円を支払えなくなったからであるという専ら相続後の事情によるものであって，相続時点においては，Aに事業を再開する態度があったことが認められる。

(4)　以上より，Aの本件貸駐車場業は事業に当たり，Aは，相続の直前においては事業を中断していたものの，相続時において事業を再開する態度が認められるのであるから，契約対象外土地を評価するに当たっては，本件特措法を適用すべきである。

【191】最　高　裁　平成10年2月12日判決
　　（平成9年（行ツ）第236号・相続税更正処分取消請求上告事件）

【当事者】

　　上告人（控訴人・原告）　　○○○○

被上告人（被控訴人・被告）　麹町税務署長
【判示事項】
バブル崩壊後の価格下落に伴う相続土地の評価額の多寡
【事案の概要と争点】
本件は，年報 9 号整理番号【188】の上告審である。
【判　旨】
本判決は，上告人の請求を棄却した原審（東京高裁平成 9 年 6 月 26 日判決・年報 9 号 577 ページ，一審東京地裁平成 9 年 1 月 23 日判決・年報 9 号 567 ページ）の判断を是認し，上告を棄却した。

【192】　東 京 地 裁　平成10年 2 月24日判決
　　　　（平成 8 年（行ウ）第148号・課税処分取消請求事件）
【当事者】
　　原告　○○○○ほか 3 名
　　被告　京橋税務署長
【判示事項】
相続宅地の評価に当たっての路線価の時点修正の要否
【事案の概要と争点】
　本件は，原告らの平成 4 年12月 9 日相続開始に係る相続税について，被告がした更正処分の適否が争われた事案である。
　主たる争点は，本件相続宅地の評価に当たり，路線価の時点修正を行うべきか否かにあった。
【判　旨】
　本判決は，次のとおり判示して，原告の請求を棄却した。
1．相続税における財産評価について
(1)　相続税法（以下「法」という。）22条は，相続，遺贈又は贈与により取得した財産の価額は，特別の定めのある場合を除き，当該財産の取得の時における時価によるべき旨を規定している。そして，右の時価とは，当該財産の取得の時において，その財産の現況に応じ，不特定多数の当

事者間で自由な取引が行われる場合に通常成立すると認められる価額，換言すれば，当該財産の取得の時における客観的な交換価値をいうものと解される。

(2)　証拠及び弁論の全趣旨によれば，相続税における財産評価については，課税実務上，国税庁長官が財産評価の一般的な規準を評価通達によって定め，さらに，これに基づき国税局長が財産評価の具体的な規準を評価規準として定め，各個の財産の評価は，評価通達及び評価規準によって定められた画一的な評価方法によって行われていること，評価通達においては，市街地的形態を形成する地域にある宅地については，原則として，その宅地の面する路線に付された路線価を基とし，奥行価格補正等の画地調整を施して計算した金額によって評価する路線価方式が採用されていること（同通達11，13），路線価は，宅地の価額がおおむね同一と認められる一連の宅地が面している路線ごとに設定するものとされ，路線価の価額は，売買実例価額，地価公示法による公示価格，精通者意見価格等を基として，その路線に面する標準的な画地の一平方メートル当たりの価額として国税局長が評定するものとされていること（同通達14），路線価については，従来から，評価の安全性等を考慮して，公示価格の評価水準と比較して低めに定められていたが，平成四年分以降の路線価は，毎年１月１日を価格時点として，同日を価格時点とする公示価格の評価水準の原則として80パーセントとなるよう価額決定がされていること，評価通達には，当年の路線価と比較して翌年の路線価が上昇又は下落した場合において，路線価の時点修正を行うことができるとする規定はなく，課税実務上，原則として，同一年内に開始した相続については，その時期いかんにかかわらず，同一の路線価を基にして評価することとされていることが認められる。

(3)　課税実務上，相続財産の評価について右のような画一的な評価方法が採られているのは，各種の財産の客観的な交換価値を的確に把握することは必ずしも容易なことではなく，これを個別に評価する方法を採ると，その評価方式，基礎資料の選択の仕方等により評価額に格差が生じるこ

とを避け難く，また，課税庁の事務負担が重くなり，課税事務の迅速な処理が困難となるおそれがあることなどから，あらかじめ定められた評価方式により画一的に評価する方が，納税者間の公平，納税者の便宜，徴税費用の節減という見地からみて，合理的であるという理由に基づくものと解される。そして，右の理由とされているところは，公平な税負担と効率的な租税行政の実現という観点からみて首肯できるものであり，法も，相続財産の評価について右のような画一的な評価方法を採ることを許容しているものと解される。

2. 路線価の時点修正の要否について

(1) 評価通達に路線価の時点修正に関する規定のないことは，前示のとおりであるが，原告らは，路線価が法22条にいう相続財産評価のための時価であり，その価額は当年1月1日現在のものであるから，地価が下落した場合には，同月2日以降は路線価が時価を上回ることになるから，当然に路線価の時点修正が行われるべきである旨主張する。

しかしながら，前示のとおり，法22条にいう時価とは，当該財産の取得の時における客観的な交換価値をいうものであり，これに対し，路線価は，市街地形態を形成する地域にある宅地について画一的評価を行うための基となる価額であって，その価額は，評価の安全性等を考慮して，一般的に土地の時価に近接して価格水準を示すものと考えられている公示価格（地価公示法によれば，公示価格，すなわち，標準地の「正常な価格」とは，標準地について，自由な取引が行われるとした場合におけるその取引において通常成立すると認められる価格をいうものであり（同法2条2項参照），右の「正常な価格」とは，法22条にいう時価と同義のものと解される。）の評価水準よりも低額に定められているものである。

したがって，路線価そのものが法22条にいう時価の価格水準を示すものでないことは明らかであり，原告らの前記主張は，その前提において失当というべきである。

(2) 原告らは，地価が下落した場合において，路線価の時点修正を行わな

いと，相続が開始した時期によって，路線価が公示価格の評価水準よりも低く定められていることによって得られる評価上の利益に差が生じ，公平の理念に反する旨主張する。

しかしながら，原告らがいう右の評価上の利益は，課税当局が評価の安全性等を考慮して路線価を低めに定めていることによって得られる事実上の利益にすぎず，法律上保護された利益とはいえないものであり，また，相続開始時期いかんによってその受ける評価上の利益の程度に差異が生じたとしても，それは，相続財産について，その時価の範囲内で画一的評価を行うことによって生ずるやむを得ない結果というべきであって，そのことによって納税者間の公平が害され，その評価が違法なものとなるわけではないというべきであるから，地価が下落した場合には，下落の程度いかんにかかわらず当然に路線価の時点修正が行われるべきであるとする原告らの主張は独自の見解というべきであり，採用することができない。

3. 本件宅地の評価について

(1) 前示のとおり，平成4年分以降の路線価は，評価の安全性等を考慮して，公示価格の評価水準の原則として80パーセントとなるよう価額決定がされているものであり，評価通達の定める奥行価格補正等の画地調整の方法にも特段不合理な点は見当たらないから（原告らも評価通達の定める画地調整の方法の合理性については争っていない。），通常は，評価通達の定める路線価方式によって評価した土地の価額は，法22条にいう時価の範囲内のものになるものと解される。しかしながら，土地の評価の基礎とされた路線価の価格時点以降において地価が大幅に下落し，右路線価を基に評価した土地の価額が当該土地の相続開始時の時価を上回ることになるなどの特別の事情がある場合には，評価通達の定める路線価方式による評価について一定の修正を施す必要性が生ずるものというべきである。

(2) そこで本件において，本件各路線価の価格時点以降において時価が大幅に下落し，本件各路線価を基に評価した本件宅地の価額が本件宅地の

相続開始時の時価を上回るなど被告がした本件宅地の評価を修正すべき特別の事情があるかどうかについて検討する。

本件宅地の面する各路線の平成5年分の各路線価は，平成4年分の各路線価（本件各路線価）と比較して，正面路線価は22.06パーセント，北側の側方路線価は19.09パーセント，南側の側方路線価は21.34パーセント，裏面路線価は26.38パーセントそれぞれ下落している。本件相続が開始したのは平成4年12月9日であるが，右の各路線価の下落率に照らすと，本件宅地の時価は本件各路線価の価格時点である平成4年1月1日から本件相続開始時までに20パーセント前後下落したことが推認できるから，本件各路線価が評価の安全性等を考慮して平成4年1月1日の時点で公示価格の評価水準の80パーセント程度に定められていたとしても，本件各路線価を基に評価した本件宅地の価額は，本件相続開始時における本件宅地の時価を超える可能性があると認められる。

しかしながら，証拠によれば，被告指定代理人Aは，平成4年1月1日から平成5年12月31日までの期間に契約が締結された12の取引事例を収集し，このうち建ぺい率，容積率が本件宅地と異なる物件，取引対象が借地権又は低地である物件又は特殊条件下で取り引きされた物件のいずれかに該当するものを除き，右のいずれにも該当しない六つの取引事例を抽出したこと，そして，同人は，右各取引事例における一平方メートル当たりの売買価格につき，本件宅地と建ぺい率及び容積率が同一の近隣の地価公示標準地2地点の公示価格の下落率の平均値を月数であん分して計算した時点修正を用いて本件相続開始時点までの時点修正をし，右各取引事例の土地と本件宅地の一平方メートル当たりの相続税の評価額の価格差に基づき場所的修正を行い，右各取引事例の土地の価格に比準して本件相続開始時における本件宅地の価格を求めたところ，その比準価格はいずれも本件各路線価を基に評価した本件宅地の更地としての価額を上回っていたことが認められる。そして，右の被告指定代理人による価格調査は，収集した取引事例の範囲，比較の対象とする取引事例の抽出基準，本件宅地の比準価格を求める際の時点修正及び場所的修正

の方法等の点において合理的なものと認められる。

　右価格調査の結果にかんがみれば，本件各路線価の価格時点から本件相続の開始時までの地価の下落率が前記認定のとおりであるとしても，本件各路線価を基にして評価した本件宅地の価額が本件相続開始時点の本件宅地の時価を超えるものとまではいうことができず，他に本件において被告がした本件宅地の評価を修正すべき特別の事情のあることを認めるに足りる証拠はない。

⑶　したがって，本件各路線価を基に評価した価額である4億1742万1870円をもって本件宅地の更地としての価額とすることは，時価評価の原則を求めた法22条の規定に違反するものではないというべきである。

【193】最高裁 平成10年2月26日第一小法廷判決

　　（平成8年（行ツ）第202号・相続税更正処分取消請求等上告事件）

【当事者】

　控　訴　人（原告）　　○○○○

　被控訴人（被告）　　川崎北税務署長

【判示事項】

　相続財産の範囲及び相続した賃貸マンションに空室がある場合の評価等

【事案の概要と争点】

　本件は，年報8号整理番号【158】の上告審である。

【判　旨】

　本判決は，上告人の請求を棄却した一審（横浜地裁平成7年7月19日判決・年報7号693ページ）の判断を維持して控訴を棄却した原審（東京高裁平成8年4月18日判決・年報8号607ページ）の判断を是認して，上告を棄却した。

【194】東京高裁 平成10年3月30日判決

　　（平成8年（行コ）第169号・相続税更正処分取消等請求控訴事件）

【当事者】

控訴人（原告）　〇〇〇〇
被控訴人（被告）　雪谷税務署長

【判示事項】
取引相場のない株式の評価方法の適否

【事案の概要と争点】
本件は，年報8号整理番号【153】の控訴審である。

【判　旨】
本判決は，控訴人の請求を棄却した原審（東京地裁平成8年12月13日判決・年報8号 579ページ）の理由説示に次のとおり一部付加・訂正したほか，これを引用して，控訴を棄却した。

控訴人は，評価通達が昭和39年に定められた際の趣旨及び昭和53年に改正された趣旨がその主張のようなものであることを前提に，本件相続の結果発行済み株式の5パーセントをわずかに超える株式を取得するに至ったにすぎず会社の経営につき何ら支配力を有しない株主である控訴人につき配当還元方式を適用しないことは公平を失し日本国憲法14条に違反する旨を主張するが，証拠によっても，評価通達の右制定，改正の趣旨が控訴人主張のような点に限定されていたとは認めることができず，したがってその主張は前提を欠き採用することができない。

次に控訴人は，裁判所の関与した遺産分割の結果に基づく他の相続人との不均衡を問題にし，これに基づく日本国憲法14条違反を主張する。しかし，その主張によれば遺産分割は家庭裁判所，高等裁判所の審判，決定の手続を経たというのであるから，それ自体公平にされたことは制度上明らかというべきである。そして控訴人については，たまたま既に同一会社の株式を有していたことから，右のような遺産分割の結果，取得した株式と合わせると，課税の前提としての資産評価上，$S_1 + S_2$方式によることが合理性を有するとされたものであって，他の相続人との間にその主張のような不均衡があるからといって，課税上著しく公平を欠くということはできない。

【195】 千葉地裁 平成10年4月23日判決
（平成5年（行ウ）第21号・相続税更正処分等取消請求事件）

【当事者】
原告　○○○○ほか3名
被告　市川税務署長，江戸川北税務署長

【判示事項】
相続財産の範囲及び相続不動産の評価の適否等

【事案の概要と争点】
本件は，訴外Aの死亡に伴う原告らの昭和63年5月11日相続開始に係る相続税について，被告Y₁税務署長がした更正処分等並びに被告Y₁税務署長が原告X₁に対してした昭和60年分の贈与税の決定処分等及び被告Y₂税務署長が原告X₂ないしX₄に対してした贈与税の決定処分等の適否が争われた事案である。

主たる争点は，①相続開始前にAが売買契約を締結し，相続開始後に売買代金が決済され，Aへの所有権移転登記が経由されたB土地の評価を売買価格で行うことの適否，②原告らをその判定の基礎とする同族会社C社が管理を行っているD土地について，C社の借地権の及ぶ範囲，③D土地について広大宅地減価をすべきか否か，④E土地について，C社の借地権が設定されているか否か，⑤F土地について，借地人組合との長期紛争があることを考慮して大幅な減価をすべきか否か，⑥F土地の賃料について借地人が供託した供託金の還付請求権の相続財産該当性，⑦G土地の相続財産該当性，⑧相続債務とされるAの滞納税の範囲，⑨C社が無償でAから借地権の設定を受けたことにより同社の出資持分を有する原告らがAから無償で利益を得たとして，被告税務署長らがした相続税法9条に基づく贈与税の決定処分等の適否に関し，右借地権設定の時期がいつにあった。

【判　旨】
本判決は，次のように判示して原告らの請求をいずれも棄却した。
1. B土地について
(1) 認定事実によれば，B土地を目的とする売買契約は契約締結後残代金

完済前にAが死亡して相続開始となったものであるところ、当該売買契約によれば所有権移転時期は代金完済時とされているから、手付金しか支払われておらず代金の大部分の支払は未了の状態であった相続開始時には、B土地の所有権は被相続人に移転していなかったということになり、被相続人が有していた権利として相続財産（遺産）を構成するものは買主としての地位であって、具体的には右B土地につき未払代金（契約による中間金と残金）の支払と引換えに所有権の引渡を受ける請求権（債権的権利）であった、といえる。

(2) 次に、右B土地の所有権引渡請求権の評価額は、未払代金債務を除けば、右請求権の行使により取得すべき右B土地の価格というべきである。そして、本件では、B土地の価格については、当該売買代金額が正常な取引価格ではなかったとはうかがえず、契約から相続開始時までは約1か月しか経過しておらず、その間に価格変動があった様子もうかがえないし、売買の目的物が土地であって購入により直ちに中古品価格に低下するという性質のものでもないから、当該売買代金額相当額とするのが適当であるといえる。

そうすると、Aの遺産（原告らの相続財産）となる右B土地の売買契約に基づく所有権引渡請求権の評価額は、未払代金債務を除けば、売買代金額相当額である9億0500万円と評価でき、これを遺産分割で原告X_3が単独で相続取得したことになり、これは相続税等の課税における被告Y_1税務署長の評価と同額である。

なお、相続開始時に存した右未払代金債務9億0200万円については、その後約定の期日までに完済されているが、Aの遺産（原告らの相続財産）額の計算においては、相続開始時の被相続人の債務となっているものとみられる。

(3) これにつき、原告らは、本件では売主が巨額の違約金特約（2割）等で売買契約の履行せざるを得ない状況にあること等を考慮すれば、課税の公正な適用の見地からも、右B土地の所有権は売買契約締結と同時に被相続人に移転していたと扱うべきであって、相続財産を構成するもの

は土地所有権自体ということになり，これに応じた評価（路線価による評価）をすべきである，と主張する。

　しかし，売買契約による所有権移転時期については，右(1)のとおり解されるのであって，税法上これと別に解する根拠はないし，右Ｂ土地につき所有権評価額としてもその引渡請求権の評価額（未払代金債務は除く。）としても，右(2)のように評価する限り本来は評価額に差異が生ずるものとはならないはずのものである。また，土地所有権自体の評価の場合には，本件の場合のように当該土地につき直近の売買契約に基づく評価ではないことがほとんどであるから，直近の売買契約の代金額よりも低く評価されることがあったとしても，それは当該売買契約の代金額によらず，時間が経過した取引事例や他の場所の取引事例との比較を基本とする評価方法に伴う許容される誤差の範囲内の問題に過ぎず（路線価による評価もそのような評価の簡便な手法といえる。），当然に土地所有権自体の評価の方が売買契約の代金額より低いものであるとはいえない。かえって，売買する土地の評価額が売買前後で変動する事情がないのに土地所有権の評価額を売買契約の代金額より低く評価することとすれば，売買契約をすることにより計算上は直ちに代金額（買主はその額相当の債務の増加あるいは資金の減少となる。）と土地所有権の評価額の差額だけ財産が減少することになって，不合理であるといえる。

　そして，本件では，右Ｂ土地の価格とこれによる所有権引渡請求権の評価額が売買契約代金額とすることが適当であるのは右(2)のとおりであって，これを覆すに足りる事情・証拠は見出せないから，右Ｂ土地についての評価に関する原告らの右主張は採用できない。

2.　Ｄ土地について

(1)　借地権について

ア　Ｃ社は，Ａから，Ｄ土地につき，第三者に一時使用として賃貸して収益を上げることも含めた管理一切を委ねられておりその内容は所有者の権限を代行するに近いものであったとみられる。

　そして，右Ｄ土地につき，ＡとＣ社の間では，売買契約書や土地賃貸

借契約書が取り交わされているけれども、その対価（代金・賃料）といえるものが支払われた形跡はなく、これらの契約書はC社が右D土地を所有者の権限を代行するに近い形で管理する為の便宜上のものであったとみられるから、AとC社の間で当該契約書にあるような土地売買・賃貸借があったということはできない。

しかし、C社が昭和60年7月に本件土地甲の西半分（5768㎡）に2階建の事務所・店舗、平家建車庫を建築して、この建物と土地部分を第三者に賃貸し、これにつきAが黙示の承認をしていたとみられることについては、当該土地部分につき、C社がAから右建物所有の為の土地の借地権の設定を無償で受けたものということができる。

イ　そうすると、右D土地については、相続開始当時は、本件土地甲の西半分（5768㎡）につきC社の借地権の負担があり、その余の土地（部分）につきC社の借地権の負担はなかったが、第三者の前記一時使用の土地賃借権の負担があった、といえるから、この権利関係に基づき、右D土地について相続開始時の時価を算定すべきことになる。

(2) 広大宅地減価について

右D土地（本件土地甲・乙・丙）は、いずれも宅地としては広大ではあるけれども、当該地域の当時の土地利用状況からみれば、宅地としてよりも、工場敷地、資材置場、駐車場等として、右D土地の程度の広さで利用されている方が多いといえるもので、むしろ広大なことによって利用価値が生じているともいえるものであって、宅地としては広大であるからといってその利用価値が減少するような事情は見出せないから、右D土地の評価をするにつきN国税局長通達に沿った特段の減価を要する事情があるとはいえない。

(3) D土地の評価について

そうすると、右D土地については、相続開始時点での評価額に関し、広大宅地減価を要する土地ではないし、C社の借地権（建物使用目的）の負担による減価を要するのは本件土地甲の西半分（5768㎡）だけであり、その他の土地（部分）にはC社の借地権が存在したとはいえないけ

れども，第三者の賃借権（一時使用目的）が存することから，相続税法23条に従った5パーセントの減価をすべきことになる。そして，被告Y_1税務署長が本件更正処分等において行った右D土地の評価は，その他の評価の基礎となる価格や評価方式については，相続税の通常の評価基準に基づき行ったものといえるから，他に特段の問題が見出せない本件では，同被告による評価は合理性を有するものでこれによる評価額は時価を上回る額ではない，と推定される。（なお，国税不服審判所長の裁決では，D土地につきこれと異なる評価をしているが，それはC社の借地権が本件土地甲全体に及ぶとして評価したことによるもので，右被告による評価に疑義を生じさせるものではない。）

　これによれば，右D土地の相続開始時点での評価額を，計37億9589万0515円（本件土地甲の西半分5768㎡につき建物所有目的借地権の4割，及び，D土地の残り全体につき一時使用賃貸権分の5分の各減価済）とした被告の算定額は，時価を上回るものではないと推認できる。

3.　E土地について

(1)　E土地につき，C社は，Aから委ねられて，貸駐車場に供して収益を上げて公租公課の負担をして，その管理を行っていたとみられる。そして，AとC社の間では土地賃貸借契約書が取り交わされているけれども，賃料の取決めも定かではなくこれが支払われた形跡はなく，C社の会計処理上も土地使用権を資産として計上した処理をしていない等の事情からすると，AとC社の間で当該契約書にあるような土地賃貸借があったということはできない。

(2)　そうすると，E土地には相続開始時点で評価額に影響を与えるようなC社の借地権が存在したとはいえないところ，当該土地の評価の基礎となる価格や評価方式については，被告Y_1税務署長が相続税の通常の評価基準に基づき行ったものといえるから，その他に特段の問題が見出せない本件では，同被告による評価は合理性がありこれによる評価額は時価を上回るものではない，と推定される。

4.　F土地（貸地）について

(1) 借地人組合との紛争による減価について

　F土地は長年に渡って借地人組合との紛争が継続しているといえるけれども，供託された賃料額は著しく低廉とはいえない水準であるから，右紛争状態があるからといって直ちに借地の底地の価額を通常の水準より更に減額すべきものとはいえない。なお，F土地につき，借地人組合との右紛争により被相続人の管理費用がかさむことは考えられないではないが，本件では，当該費用がどの程度かさむのかは不明である上，右底地割合において，これらの事情がある程度考慮されていることがうかがえるところでもある。

　そうすると，F土地の借地人組合との紛争状態は，相続開始時点でF土地（底地）の評価額を通常の借地権付土地の評価から更に減額するほどの特別の事情があるとまではいえないところ，当該土地の評価の基礎となる価格や評価方式については，被告Y₁税務署長が相続税の通常の評価基準に基づき右紛争状態をある程度考慮して行ったものといえるから，その他に特段の問題が見出せない本件では，同被告による評価は合理性がありこれによる評価額は時価を上回るものではない，と推定される。

(2) 供託金の帰属について

　相続開始時に，F土地の借地人によるAに対する供託金として総額1億1704万2169円が存したものといえるところ，これについて，原告らは，借地人らに対し契約解除による明渡請求をしていて，借地人らに対する請求権が賃料か使用損害金か定まらないので供託金の還付を受けられないと主張して，相続財産からは除外すべきである旨の主張をする。

　しかし，Aは，借地人らに対し，賃貸借契約の解除の有無に従って賃料相当額の使用損害金か賃料かの同額の請求権を有し，他方，借地人らは賃料相当額と自ら考える額をAに対し供託し続けていたのであるから，Aが異議を留めて右供託金還付請求権を行使して供託金を取得するのに，本件で何らかの支障があったとはみられない。したがって，Aに右供託金につき還付請求権を有しその行使に支障がなかったのであるから，こ

れを相続財産から除外する理由はなく，原告らのこの点についての主張は採用できない。

そうすると，Aの有していた右供託金1億1704万2169円の還付請求権は，同額で原告らの相続財産となり，これにつき特に分割協議をした形跡のない本件では，法定相続分に従って原告らが各4分の1ずつ相続により取得したことになる。

5. G土地について

G土地は，Aが家督相続で取得したものであって，これをQが譲り受けたり時効取得したりしたことをうかがわせる事情は，本件では見出せないから，G土地が，原告らの相続財産（被相続人の遺産）であったことは明らかであるところ，これについて，原告らは，G土地はPが時効取得を援用すれば同人の所有となることが明らかであるから相続財産に含めるべきではない，と主張するけれども，QやPの右土地の占有が自主占有でないことは明らかである上，Pが取得時効を援用する意思を有していないとみられるから，原告らの右主張は採用できない。

そうすると，G土地は原告らの相続財産であるところ，被告Y_1税務署長によるその評価額1億8193万5072円は，相続税の通常の評価基準に基づき行ったものであり，本件では他に特段の問題が見出せないから，合理性があるものであってこれによる評価額は時価を上回るものではない，と推定される。

6. 公租公課について

Aの租税債務について，被相続人が昭和58年，59年，60年の所得税及び住民税の各本税の支払をしておらず，これにより相続開始の時点までに，計5億5682万0220円の本税・加算税・延滞税が発生していたこと，本件更正処分とその賦課決定処分において，被告Y_1税務署長が右租税債務を相続債務としたが，相続開始以降の延滞税分は相続債務としなかったこと，が認められるところ，これにつき，原告らは，相続開始以降に発生した延滞税も相続債務に計上すべきであると主張する。

しかし，相続開始後の延滞税分は，相続開始時点には存しなかった債

務であり，相続人である原告らが相続債務であるAの租税債務を納付しなかったことにより発生したものであって，原告ら相続人の責に帰すべき事由により生じたものであることは明らかであって，これを相続債務とすることはできない。

したがって，これについての原告らの右主張は採用できない。

そうすると，被相続人の租税債務（昭和58年，59年，60年の所得税及び住民税の各本税・加算税・延滞税）については，相続開始時点で発生していた税額5億5682万0220円の限度で相続債務として計算すべきであるといえるから，本件更正処分及びその賦課決定処分において右限度で相続債務とし相続開始以降の延滞税分は相続債務としなかった被告Y_1税務署長の計算は正当であるといえる。

7. 相続税額について

(1) 相続税の計算の基礎となる財産等とその評価額

原告らの当該相続税に関する被告Y_1税務署長による本件更正処分とその賦課決定処分（国税不服審判所長の裁決による一部取消後のもの。）においては，同被告が相続税の算定の基礎となる相続財産・相続債務とその評価に関して相続税の通常の評価基準に基づき行ったものといえるところ，原告らが本件で主張する右1ないし6の点は，右各検討のとおり，いずれも原告らの主張を採用できず，これらの点に関する同被告による相続財産・相続債務の判定はいずれも正当で相続財産の評価額も時価を上回るものではない，といえる。

また，本件更正処分とその賦課決定処分においては，原告らが本訴で主張する右1.ないし6.以外の相続財産・相続債務及びその評価額は，原告らの申告した相続財産・相続債務とその評価額に基づいたもの（弁論の全趣旨）といえる。

(2) そうすると，原告らが被相続人の遺産相続したことによる相続税及びその加算税についての本件更正処分及び賦課決定処分については，本件の主張立証を前提とする限りは，原告らの為に取消すべき違法は見出せない，といえる。

8. 贈与税について

　被告Y₂税務署長（但し，X₁につき被告Y₁税務署長）は，C社が昭和60年7月23日に被相続人から本件土地Aの一部についての借地権を無償で取得したと認定し，右借地権無償取得により原告らのC社に対する出資の価額が増加するから，その限度で被相続人から原告らへの贈与を受けたことになるとして，原告らに対し，平成2年12月25日付で贈与税決定処分（本件決定処分）及び無申告加算税賦課決定をした。そして，D土地の借地権に関しては，C社が昭和60年7月に本件土地甲の西半分（5768㎡）に自己所有建物を新築して第三者に賃貸した際に，Aから無償の借地権（右建物所有の為のもの）の設定を受けたものと認められる。

　そうすると，C社が昭和60年7月に右建物を新築した際に，Aから本件土地Pの西半分（5768㎡）につき右無償の借地権を取得したことによって，原告らのC社に対する出資持分の評価額が無償で増加して，原告らは当該持分評価の増加額相当の利益を被相続人から無償で取得したといえるもので，これは相続税法9条所定のみなし贈与に該当する。

(1) 贈与税

ア　被告らは，右各処分において，原告らがAから受けた無償の利益（相続税法9条所定のみなし贈与）の額について，C社が無償取得した借地権（本件土地甲の西半分の建物所有目的による借地権）を相続税評価基準に基づき2億9112万2496円，借地権取得後のC社の出資一口を2万1061円と各評価し，右取得前の出資一口を簿価に基づき0円と評価のうえ，原告らの各持分口数を乗じた額の差額を増加額として，X₁1263万6600円，その他の原告ら各1684万8800円と算定している。

イ　そして，右C社の借地権無償取得による原告らのみなし贈与額については，被告らの右アの計算は，相続税評価基準に基づく一応の合理性を有するものとみられ，この計算自体に対しては原告らも特段の異議を述べていないとみられること，及び，右借地権取得によるC社の出資持分一口当りの資産純増加額は，右借地権の相続税評価額から法人税（57％）分を控除して全出資持分数（3000口）で除すると4万1727円と試算され

ること等からすれば，被告らの右アの算定額は当時の時価を上回るものではなかったと推認される。

ウ　なお，C社の出資持分一口の評価額を，被告らが本訴で主張する方式に準じて，C社の貸借対照表を基礎にして，無償取得した借地権評価額2億9112万2496円を資産に加え，土地・建物の各評価額を相続税評価に基づく額（土地1億2487万8273円，建物109万8900円）と訂正した上で，被告ら主張の類似業種比準額3864円，借地権取得前の評価額2678円を用いて，借地権取得後の評価額を算定すると，1万8072円となって，右アにおける被告らの算定を下回ることになるけれども，被告らの本訴で主張する方式自体が時価を上回るものではないとする簡略な算定方式であることからすれば，右方式による評価額が被告らの右アの評価額をある程度下回るとしても，右イの事情に照らせば，被告らの評価額が当時の時価を上回るものとなっているとはいえない。

【196】　東京地裁　平成10年5月13日判決
（平成7年（行ウ）第213号・所得税更正処分等取消請求事件）

【当事者】
原告　〇〇〇〇ほか1名

被告　東京上野税務署長，浅草税務署長

【判示事項】
不動産譲渡の譲渡収入金額の多寡，租税特別措置法69条の4が適用される土地等の取得価額の認定の適否

【事案の概要と争点】
本件は，訴外相続人A及び原告X₁の不動産譲渡に係る同人らの平成元年分の所得税及び平成2年5月10日A死亡により開始した原告らの相続税について，被告らがした更正処分等の適否が争われた事案である。

主たる争点は，当該不動産譲渡の譲渡収入金額の多寡及び租税特別措置法（平成8年改正前）69条の4（相続開始前3年以内に取得した土地等に係る評価の特例，以下「本件計算特例」という。）が適用される土地等の

取得価額の認定の適否にあった。
【判　旨】
　本判決は，次のとおり判示して，原告らの請求を一部認容した。
1. (1)　契約の内容は契約当事者の自由に決し得るところであるが，契約の真実の内容は，当該契約における当事者間の合理的意思，経過，前提事情等を総合して解釈すべきものであるところ，本件取引の経過に照らせば，亡Aらにとって，本件譲渡資産を合計7億3313万円で譲渡する売買契約はそれ自体で亡Aらの経済目的を達成させるものではなく，代替土地の取得と建物の建築費用等を賄える経済的利益を得て初めて，契約の目的を達成するものであったこと，他方，B社にとっても，本件取得資産の売買契約はそれ自体で意味があるものではなく，右売買契約によって亡Aらに代替土地を提供し，本件譲渡資産を取得することにこそ経済目的があったのであり，本件取得資産の代価は本件譲渡資産の譲渡代金額から亡Aらが希望した経済的利益を考慮して逆算されたものであることからすれば，本件取引は本件取得資産及び本件差金と本件譲渡資産とを相互の対価とする不可分の権利移転合意，すなわち，B社において本件取得資産及び本件差金を，亡Aらにおいて本件譲渡資産を相互に相手方に移転することを内容とする交換（民法586条）であったというべきである。
    (2)　本件譲渡土地は，取引の事情によっては，国土利用計画法（以下「国土法」という。）による不勧告通知に係る金額以上での価額で評価されるという事態も生じ得る土地であったといえるが，国土法の勧告は権利移転の予定対価の額が近傍類地の取引価格等を考慮して政令で定められるところにより算定した相当な対価に照らして著しく適性を欠く場合等にされるものであり（国土法24条1項），勧告の不遵守に対しては公表という不利益が予定されている（国土法26条）のであるから，正常な取引においては，勧告額を無視した取引は期待し得ないものというべきである。そうすると，本件においては，勧告通知に係る金額をもって適正な価額と推認することができるというべきであり，本件譲渡土地の更地

価格は不勧告通知に係る更地金額（1平方メートル当たり 772万6999円）とすることが相当である。

また、本件取得土地も本件譲渡土地とほぼ同様の価格要素を有しており、本件譲渡土地の価額を1平方メートル当たり 772万6999円と解すべきことは右にみたとおりであり、本件取得土地をＣ社が昭和63年8月に取得した際の単価は1平方メートル当たり 756万2277円であり、Ｂ社が平成元年3月にこれを取得した際の単価は1平方メートル当たり846万9000円であったことからすると、本件取得土地の価額は、本件取引当時において少なくともＣ社の購入価額を超えるものであったと推認することができる。また、乙土地に対する賃借権（以下「本件取得借地権」という。）についても、乙土地が甲土地と一体利用すべき土地であること及びＢ社が本件取得借地権を取得した代価の額に照らして、乙土地の単位面積当たりの価額は少なくとも本件取得土地のそれと同様であると解することに合理性があるというべきであるから、右Ｃ社の購入価額に係る単価を前提として、借地権割合を 0.7として計算すれば、本件取得借地権の価額は少なくとも1億4070万円と比準することができる。

この点につき、原告らは、本件取引が対価的バランスのとれたものであることを理由に、本件取得資産の価額は本件譲渡資産の代金額から本件差金の額を控除した金額、すなわち、本件取得資産の代金額と一致すると主張するが、これは当事者間で主観的な対価的バランスがとれていたことをもって直ちに客観的な価額の等価性と代置するものであって、本件において、かかる前提を採用することができないことは、次に説示するとおりである。また、原告らは、公示地価との対比において本件取得資産の時価は4億5000万円余となると主張し、これに沿う証拠を提出するが、参照すべき地価公示地の存する範囲内には本件譲渡土地も存するところ、原告らの公示価格からの試算額は原告らが適切であるとする本件譲渡土地の不勧告通知に係る額とも乖離すること、公示価格は評価基準時前の資料によらざるを得ないために実勢価格の変動に遅れる傾向は否めず、原告らも指摘するとおり、本件取引当時はいわゆるバブル経

済の中で地価の騰貴が進行していたというのであって，公示価格は取引価格の時価よりも低額となっていたことが推認できることからすると，本件取得土地の近隣公示地価から算定した金額をもって直ちにその時価であったと認めるには足りない。また，本件取引における本件取得資産の売買契約代金は，それ自体の価格要素から決定したものではなく，国土法の制約の下にあった本件譲渡資産の代価から本件差金の額を考慮して算定されたものであり，かかる契約代金をもって，その時価と認定する根拠とすることはできないというべきである。

(3) 本件取引は，地上げの目的達成のため本件譲渡資産の取得が必須であるという事情下にあるＢ社と本件譲渡資産の譲渡を希望する事情が存しないという亡Ａらとの間で，換言すれば，地上げの目的達成による経済的利益との関係で市場価値を超えた価額で本件譲渡資産を取得することに経済的合理性を有するＢ社側と，単なる等価交換では本件取引に係る有形，無形のさまざまな負担の見合いがとれないとし，これらの諸負担に相当する対価を取得して初めて譲渡の意味が生ずる亡Ａらとの間で，市場価値としてはほぼ等価と解される本件譲渡資産と本件取得資産の相互的な権利移転に加えて本件差金の授受が行われたものである。すなわち，周辺土地の地上げという経済目的の下に本件譲渡土地を評価するＢ社にとっては，本件取引が本件譲渡資産をその時価以上で取得することも経済的な合理性を有すると認識したものであり，他方，亡Ａらにとっても，本件譲渡資産とほぼ等価といえる本件取得資産の取得に加えて本件差金をもって譲渡の対価とすることは，本件取引の経過に照らして経済的な合理性を有すると認識し得たものということができる。

したがって，本件取得資産及び本件差金と本件譲渡資産とは本件取引当事者間において対価性を有し，かつ対価的なバランスを有していたということができる。しかし，右の意味での対価的バランスとは，譲渡資産についての売手市場価格という本件取引の個別事情の下での経済的合理性を意味するものであって，客観的時価としての等価性を意味するものではないことはいうまでもない。この点につき，原告ら及び被告はそ

れぞれの立場から本件取引が対価的なバランスを有していたこと，あるいは独立当事者間の取引においては一般に対価なバランスが推認されるべきことを前提とする立論を展開する。しかし，本件譲渡資産又は本件取得資産の時価そのものについて争いがあることは，本件当事者の主張に照らして明らかであり，対価的なバランスなる観念も各当事者の時価算定を基礎づける事情にすぎず，かつ，対価的なバランスといった評価的概念について裁判所の認定を拘束する自由が成立するものではないのであって，各当事者がそれぞれの立場から対価的バランスなる用語を用いているとしても，本件取得資産と本件譲渡土地とに客観的等価性があることについて自白が成立したり，これが裁判所の認定を拘束したりするものではない。

2. 所得税関係

(1) 本件譲渡資産の譲渡の対価

ア 所得税法36条1項は，金銭以外の物又は権利その他経済的な利益をもって収入とする場合の収入金額は，その金銭以外の物又は権利その他経済的な利益の価額とする旨を規定し，同条2項は，金銭以外の物又は権利その他経済的な利益の価額は，当該物若しくは権利を取得し又は当該利益を享受する時における価額によるものと規定している。右価額とは一般に適正と承認され得る時価ということができるから，不動産については，正常な取引において形成されるべき客観的交換価格によるべきである。

イ 前記説示のとおり，亡Aらは，本件取引を介して，本件譲渡資産の対価として，本件取得資産に相当する経済的利益及び本件差金を取得したことになるところ，甲土地及び乙土地の更地としての時価は1平方メートル当たり少なくとも756万2277円をもって相当するから，右金額に基づいて本件取得資産の価額を7億7820万円と算定し，これに本件差金の額を合算した10億7733万円をもって本件譲渡資産の譲渡収入金額とした被告主張を是認することができる。

これによって，被告の主張する課税根拠に従えば，所得税関係の各更

正に違法はなく，また，右各更正により納付すべき税額に照らして，右各更正に係る各過少申告加算税の賦課決定にも違法はないというべきである。

3. 相続税関係

(1) 本件取引への本件計算特例の適用

　相続税法22条は，相続等により取得した財産の価額は，当該財産の取得の時における時価によるべき旨を規定しているが，本件計算特例によれば，個人が相続によって取得した財産で当該相続の開始前3年以内に被相続人が取得した土地等（土地及び土地上の権利）について相続税の課税価格に算入すべき価額は，相続税法22条の規定にかかわらず，当該土地等の取得価額として政令で定めるものの金額によるものとされ，租税特別措置法施行令（以下「令」という。）40条の2第3項は，右政令で定める取得価額の金額を，土地等にあっては，当該土地等の取得に要した金額及び改良費の額の合計額としている。

　すなわち，本件計算特例においては，当該財産の相続開始時の時価ではなく，その取得時において取得のために要した金額をもって課税価格に算入すべき価額としているのであり，右に規定された「取得」とは，対価の種類を問わないから，交換によって取得した場合も，右計算特例の適用を受けるものと解すべきである。そして，交換とは金銭の所有権ではない財産権を相互に移転する合意であり，契約の内容から「取得に要した金額」を直接確定することはできないが，本件計算特例が不動産の実勢価額と相続税評価額との乖離に基づく相続税の負担回避問題に対処するために設けられたことに照らせば，交換における「取得に要した金額」とは，当事者間の価額に関する思惑に拘束されることなく，資産取得のために現実に出捐された資産の時価，すなわち交換譲渡資産の客観的時価をいうものと解すべきである。

　このように解する限り，本件計算特例の趣旨は明確であり，課税要件の確定に欠けるところはないというべきであり，不動産の交換契約において取得の対価として給付された譲渡不動産の価格の認定について複数

の方法があるとしても、これは事実認定に付随する不確定性そのものであり、そのことのゆえに課税要件が明確性、一義性を欠くに至るものではない。また、本件取得資産及び本件差金の対価として給付された本件譲渡資産の価額について被告の主張に変遷があることは、被告にとっての問題の困難性をうかがわせる事情であるとしても、課税要件たる「取得の対価の額」なる概念の明確性、一義性を損なうものではない。

　この点につき、原告らは、負担付贈与の場合には、通達により、負担に相当する部分についてのみ本件計算特例が適用され、その余の部分には本件計算特例の適用が除外され一般の相続税評価によることになる（租税特別措置法通達69の4－11）のに、措置法69条の4第1項、令40条の2第2項5号によれば、相続税法7条に規定する著しい低額譲受けとして贈与とみなされる場合の土地等には全面的に本件計算特例の適用がないとする被告主張の不均衡を主張する。確かに、法人からの贈与は贈与税の課税対象とはならないが（相続税法21条の3第1項1号、所得税法9条1項15号）、相続税法7条の文言は贈与者を個人に限定していないから、法人からの低額譲渡でも相続税法7条の文言に該当する土地等については本件計算特例の適用は排除されることになる。しかし、低額譲渡についても対価関係にある部分について本件計算特例を適用するとの説が想定できないものではなく、また、贈与によって取得した財産については取得の対価がないが故に本件計算特例を適用することはできないが、負担付贈与にあっては少なくともその負担に対応する部分の取得には取得の対価を観念することができ、一方、譲渡による取得として本件計算特例の対象となるべきものであっても、著しい低額譲渡であって相続税法上贈与とみなされる場合には、私的法律関係を配慮しつつ課税の公平を図るために本件計算特例の適用の対象から除外するというものであって、経済的には同様の財貨の移転であっても、それぞれ異なる私法関係を前提として本件計算特例との調整を図るものであるから、両者の取扱いに差異が生ずることが本件計算特例の明確性、一義性を損なうものではなく、いわんや、交換による資産の取得について本件計算特

例を適用することを違法ならしめるものではない。

(2) 亡Aが本件取得資産の取得に要した金額

既に検討したとおり、本件譲渡土地の更地価格は国土法の不勧告通知に係る1平方メートル当たり772万6999円とすることが相当であるから、亡Aらは7億3313万7665円の出捐をもって、本件取得資産及び本件差金を取得したことになり、改良費の支出はない。したがって、本件取得資産の取得に要した金額は、右金額から本件差金2億9913万円を控除した4億3400万7665円となり、借地権割合を0.7として、右金額を按分すると、本件取得土地価額は3億5553万6569円、本件取得借地権価額は7847万1096円となり、亡A取得資産の取得価額は、本件取得土地の4分の3である2億6665万2426円に本件取得借地権価額を合算した3億4512万3522円であり、相続財産としては、これに乙土地の底地権価額1606万7610円を合算した3億6119万1132円が甲土地の亡A持分及び乙土地の取得に要した金額となる。

この点につき、被告は、交換における取得資産の取得に要した金額とは交換譲渡資産の価額であり、交換譲渡資産の価額とは交換譲渡資産につき当事者間で客観的に実現した価額であるとし、本件においては、本件取得資産の価額及び本件差金の額の合計額と本件譲渡資産の価額が対価的均衡を有することを前提に、本件譲渡資産の実現価額は本件取得資産の価額及び本件差金の額との合計額であり、本件取得資産の取得に要した金額は、本件譲渡資産の実現価額から本件差金の額、すなわち、本件取得資産の適正時価をもって、本件取得資産の取得に要した金額であるとする。

確かに、相互に売り急ぎ、買い急ぎという事情のない正常取引を想定した場合には、交換譲渡資産と交換取得資産は時価の等価性を有するものと推認することができる。しかし、本件取引がかかる事案でないことは既に認定したとおりであるから、右立論は、本件取引において各当事者において認識した対価的なバランスを直ちに時価の等価性と同視している点において採用できず、また、交換譲渡資産の時価を算定するのに、

当事者が対価的なバランスを有すると考えた実現価額という極めて主観的な評価に置き換えている点において採用することができないというべきである。そして、その立論の結果も、結局は、交換取引においては、交換譲渡資産の実現価額は交換取得資産の時価であるとし、相続税の課税価格に算入すべき価額を、取得した土地等の相続開始時の時価（相続税法22条）に代えて当該土地等の取得時の時価とするに等しく、本件計算特例の文理に沿わず、また本件計算特例における取得の対価、すなわち、取得のために現実に出捐した財貨の金額とは乖離することになるのである。そして、時価の等価性が保持されていない具体的取引において右の立論を適用するときは、交換譲渡資産の時価から算定した交換取得資産の時価も客観的時価であり、他方、交換取得資産の時価から算定した交換譲渡資産の時価も客観的時価であるという循環論に陥るのである。

　なお、被告は、取得資産につき異常な高値で取引が成立した場合、売買なら代金額によるのに、交換だと交換譲渡資産の時価の限度でしか課税価格に算入されないのでは公平に反するとするが、右立論が、交換については異常な高値に相当する部分については対価性を否定するという趣旨であれば格別、相互の対価性を肯定する限り、代金10億円で売買取得した時価7億円の土地等を相続税の課税価格において10億円と評価することと比して、時価10億円の土地等をもって交換取得した時価7億円の土地等を相続税の課税価格において10億円と評価することはなんら公平を害するものではなく、かえって、交換取得した土地等の価額を正常取引の範囲内であるとして7億円と評価したり、代金4億円で売買取得した時価7億円の土地等は4億円と評価するが、時価4億円の土地等をもって交換取得した時価10億円の土地等は10億円と評価することの方が公平を害するものというべきである。もっとも、特殊な事情にあったとしても、時価7億円の土地等を時価4億円で取得したがゆえに、取得のために要した金額を4億円とすることは、不動産の実勢価額と相続税評価額との乖離に基づく相続税の負担回避に対処するという本件計算特例の予想しない事態といえるが、本件計算特例はそもそも時価を考慮しな

いで，その取得の対価を算定基礎とする特例であり，他方，著しい低額での資産取得については，本件計算特例の適用を排除することができるというのであるから，たまたま特殊の事情から，7億円の不動産を4億円で取得した場合でも本件特例の適用があるとする以上，当該土地等を取得するために現実に出捐した財貨の額によるほかないのである。

(3) 原告らの納付すべき相続税額について

亡Aの所得税関係の各更正及び各過少申告加算税賦課決定に違法がないことは既に説示したとおりであり，その余の点については争いがないので，被告の主張に従って原告らの各相続税額を計算すると，原告らの確定申告に係る課税価格及び各相続税額を超えないから，これに関する原告らの請求はいずれも理由があり，本件相続税に係る各更正及び賦課決定はいずれも違法として取り消すべきである。

【197】 東京地裁 平成10年5月29日判決

(東京地裁平成7年(行ウ)第304号・相続税更正処分等取消請求事件)

【当事者】

原告　○○○○

被告　麹町税務所長

【判示事項】

相続株式の評価方法

【事案の概要と争点】

本件は，原告の平成4年9月1日相続開始に係る相続税について，被告がした更正処分の適否等が争われた事案である。

主たる争点は，本件相続に係る株式(取引相場のない株式)を財産評価基本通達(平成5年改正前のもの，以下「評価通達」という。)に基づき評価したことの適否にあった。

【判旨】

本判決は，次のとおり判示して，原告の請求を棄却した。

1. 相続により取得した財産の価額は、特別の定めのあるものを除き、当該財産の取得の時における時価により評価される（相続税法（以下「法」という。）22条）。ここにいう「時価」とは、相続開始時における当該財産の客観的交換価値をいい、右交換価値とは、それぞれの財産の現況に応じ、不特定多数の当事者間において自由な取引が行われる場合に通常成立すると認められる価額であって、いわゆる市場価格と同義であると解するのが相当である。
2. 本件株式を評価通達の定めに従い土地保有特定会社の株式として純資産価額方式により評価することの適否について
(1) 相続財産の客観的交換価値といっても、必ずしも一義的に確定されるものではないことから、課税実務においては、相続財産評価の一般的基準が評価通達によって定められ、これに定められた画一的な評価方式によって相続財産の時価、すなわち客観的交換価値を評価するものとしている。これは、相続財産の客観的な交換価値を個別に評価する方法を採ると、その評価方式、基礎資料の選択の仕方等により異なった評価額が生じることを避け難く、また、課税庁の事務負担が重くなり、回帰的かつ大量に発生する課税事務の迅速な処理が困難となるおそれがあることなどからして、あらかじめ定められた評価方式によりこれを画一的に評価する方が、納税者間の公平、納税者の便宜、徴税費用の節減という見地から見て合理的であるという理由に基づくものであり、したがって、相続財産の価格は、評価通達によって評価することが著しく不適当と認められる特段の事情がない限り、評価通達に規定された評価方法によって画一的に評価するのが相当である。
(2) 評価通達は、上場株式及び気配相場のある株式とそれ以外の取引相場のない株式とを区別し、前者については取引価格によって評価し、後者については、評価会社の規模、性格、株主の実態等に応じて別の評価方法を定めているところ、次に述べるとおり、評価通達の定める取引相場のない株式の評価方法は合理的なものであり、したがって、右評価方法によらないことが正当として是認され得るような特別の事情がある場合

を除き，取引相場のない株式は右評価方法により評価するのが相当である。

ア　すなわち，上場株式及び気配相場等のある株式のように大量かつ反復継続的に取引が行われている場合には，多数の取引を通じて一定の取引価格が形成され，右取引価格は，市場原理を通じてまさに当事者間の主観的事情が捨象された当該株式の価値を客観的に反映しているものと考えられる。したがって，当該取引価格は原則として株式が客観的に有する交換価値として確立したものということができる。しかしながら，取引相場のない株式については，そもそも上場株式のように，大量かつ反復継続的な取引は予定されておらず，また，取引事例が存在するとしても，その数がわずかにとどまるにすぎない場合には，当事者間の主観的事情に影響されたものでないことをうかがわせる特段の事情がない限り，当該実例価格は，売買当事者間の主観的事情を離れた当該株式の客観的交換価値を反映したものとは評価できないというべきである。それゆえ，評価通達は，上場株式及び気配相場等のある株式と取引相場のない株式とを区別して，前者についてのみ取引価格によって評価することとしているものと解されるのであり，右区別は合理的である。

イ　そして，我が国において，取引相場のない株式は，株式の圧倒的多数を占めており，その発行会社の規模は上場会社に匹敵するものから，個人企業と変わらないものまで千差万別であって，会社の株主の構成をみても，いわゆるオーナー株主といわれる株主のほか，従業員株主などの零細な株主が存在していることから，評価通達は，これらの実態を踏まえ，取引相場のない株式の価額について，合理的，かつ，その実態に即した評価を行うため，評価会社をその事業規模に応じて大会社，中会社，小会社に区分し，それぞれの会社の株式の評価に適用すべき原則的評価方式を定めるとともに，零細な株主に代表される「同族株主以外の株主等が取得した株式」については，原則的評価方式に代えて，特例的評価方式である配当還元方式により評価することとしているのである。

ウ　ところで，ある種の財産（たとえば土地，株式）については，その財

産についての評価額と実際の取引価額との間に開差を生じさせることになり，右開差がこれを利用した租税回避行為の原因にもなっていることから，課税の公平の観点から，そのような開差の是正とともに，より株式取引の実態に適合するように評価の一層の適正化を図る目的で，平成2年8月3日付直評12・直資2-203をもって評価通達の一部改正が行われた。すなわち，評価会社の資産の保有状況，営業の状態等が一般の会社と異なる会社保有特定会社，土地保有特定会社，開業後3年未満の会社等，開業前又は休業中の会社，清算中の会社の各株式については，「特定の評価会社の株式」として特別な評価方法により評価することとし，その具体的な評価方法を評価通達189－2ないし189－5において定めた。右のうち，土地保有特定会社の株式の評価は純資産価額方式によることとされている。

　土地保有特定会社の株式について評価通達が純資産価額方式を採用した趣旨は，土地保有特定会社の保有する資産の大部分が土地であることから，当該会社の資産性に着目し，その保有する土地等の価値を株価に反映させることにある。評価会社の資産の大部分が土地である場合には，当該評価会社はいわば「土地の固まり」，すなわち土地そのものであるとみなすことができ，また，しばしば，その会社の所有する土地の価格に着目して会社の身売り（株式の売買）が行われるなど租税回避行為に利用されるという実情があることにかんがみれば，右のような会社の株式の評価に当たって，当該会社の資産性すなわち土地保有の状況に着目して純資産価額方式を適用するものとした右評価通達の定めを不合理なものということはできない。

　なお，証拠によれば，昭和63年度における業種別の会社の土地保有割合の状況をみると，最も高いものは「映画・娯楽業」（資本金5000万円以上1億円未満）の33.7パーセントであったことが認められ，このことと，措置法32条2項で，評価会社の保有する資産のうちに占める短期保有土地の割合が70パーセント以上であれば，その会社の株式を譲渡したとしても，これを当該会社の保有している土地の譲渡とみなして土地重

課税を課すこととしている趣旨とを併せ考慮すれば，評価通達が，大会社の場合，土地等の価額が総資産の価額に占める割合が70パーセント以上であるか否かを土地保有特定会社に該当するか否かの判断基準としているのは妥当というべきである。

(3) そこで，評価通達に従い本件株式を評価すると，次のとおりとなる。

ア　A社は，卸売業以外の業種を営む会社であり，本件相続開始の直前期末における総資産価額（帳簿価額によって計算した金額）は，15億6919万0962円であり，したがって，同会社は，評価通達 178に定める「大会社」に該当する。

イ　同会社の本件相続開始の直前期末における貸借対照表に記載された各資産をそれぞれの資産の種類に対応する評価通達の定めるところにより評価した場合の各資産の価額の合計額は92億0197万4000円であり，そのうち土地等の合計額は80億9581万9000円であって，総資産価額に占める土地等の価額の割合は88パーセントになるから，同会社は土地保有特定会社に該当する。したがって，本件株式の評価に当たっては，評価通達189(2)，189－3に従い，純資産価額方式によって評価すべきである。そして，純資産価額方式により，A社の1株当たりの純資産価額を算出すると，17万7870円となる。

ウ　原告とその同族関係者の有する株式の合計数は同会社の発行済株式の50パーセント未満であると認められるから，評価通達189-3本文後段が適用により，A社の一株あたりの純資産価額17万7870円に 100分の80を乗じると，その一株当たりの相続税評価額は14万2296円となる。そして，これに本件株式数8000を乗じて算定すると，本件株式の相続税評価額は11億3836万8000円となる。

3. 本件売買価格をもって本件株式の本件相続開始当時における時価とみるべきであるとする原告の主張について

(1) ところで，取引相場のない株式については，上場株式のような大量かつ反復継続的な取引は予定されておらず，また，取引事例が存在するとしても，その数はわずかに止まり，その売買実例における価格は通常

売買当事者間の主観的事情を離れた客観的交換価値を反映したものとは評価できないものであることからすれば，前記1.で説示したとおり，一般的には，その評価は，評価通達に従って行うほかないというべきである。もっとも，取引相場のない株式であっても，当事者間の主観的事情に影響されず，株式の客観的交換価値を正当に評価した上で成立した適正な売買実例が存在する場合には，右売買実例における価額をもって適正な時価と評価することは可能であり，評価通達も，右のような適正な売買実例が存在する場合にこれより株式の評価をすることを排除するものではないと考えられる。

(2) そこで，本件売買が，当事者間の主観的事情に影響されず，株式の客観的交換価値を正当に評価した上で成立した適正な売買実例であり，本件売買価格が本件相続開始当時のその客観的交換価値を示すものといえるものかどうかについて検討すると，本件売買は本件相続開始の約7か月後に行われたものであるが，その間にバブルの崩壊による地価の急激な下落があったこと，本件売買には，売買価格の決定に主観的事情・個人的事情等の要素が強く影響していたと認められることからすれば，本件売買価格が本件相続開始当時における当事者間の主観的事情等を離れた本件株式の客観的な交換価値を反映したものであるとは認められないというべきである。したがって，原告の前記主張は理由がない。

4. 取引相場のない非上場株式の評価は適切な取引事例のない場合にはすべて配当還元方式によるべきであるとする原告の主張について

　原告は，取引相場のない非上場株式の評価は，適切な取引事例のない場合にはすべて配当還元方式によるべきである旨主張する。

　しかしながら，我が国において，取引相場のない株式は，株式の圧倒的多数を占めており，その発行会社の規模は上場会社に匹敵するものから，個人企業と変わらないものまで千差万別であって，会社の株主の構成をみても，いわゆるオーナー株主といわれる株主のほか，従業員株主などの零細な株主が存在していることから，評価通達は，これらの実態を踏まえ，取引相場のない株式の価額について，合理的，かつ，その実

態に即した評価を行うため，評価会社をその事業規模に応じて大会社，中会社，小会社に区分し，それぞれの会社の株式の評価に適用すべき原則的評価方式を定めるとともに，零細な株主に代表される「同族株以外の株主等が取得した株式」については，原則的評価方式に代えて，特例的評価方式である配当還元方式により評価することとしているところ，取引相場のない株式については，会社の規模，性格，株主の実態等に応じて適切な評価方法により評価を行うべきであり，この観点から，評価通達の右の定めは合理性を有するものであること，また，土地保有特定会社の株式については，評価通達に従い純資産価額方式により評価するのが相当であると考えられることは前記1に説示したとおりである。一方，配当還元方式は，多種多様な株価の決定要素のうち配当金のみを基準とする評価方式であるため，評価の適正もそれだけ担保し難い。しかも，その評価・計算の基礎となる配当額については客観的な支払基準が存在しないため，会社が配当額を決定するに当たり経営者の恣意が介入しやすく，実際にもこれが介入する場合が多い。さらに，個人事業者の場合には，個々の資産，負債を基に相続税の課税価格が算出されるのであり，これと課税の権衡を図る必要性がある。これらの点を考慮すれば，配当還元方式は，例外的な必要方法として限定的に用いられるべきものというべきである。

　しかも，原告の主張によれば，本件株式を配当還元方式で評価すると，本件相続開始当時の時価は合計600万円となるにすぎないことになるが，本件相続開始から約7か月が過ぎ，株価が相当程度下落していると思われる平成5年4月2日に行われた本件売買においてさえ，本件株式は合計6億3000万円で売買されているのであり，このように価格が大幅に乖離することについて合理的な理由は認められず，このことは，本件株式の評価を配当還元方式によって行うことが妥当でないことを示すものというべきである。

5. 本件株式の評価に当たり評価通達によらないで評価することが合理的であると認められる特別の事情があるとする原告の主張について

(1)　前記2(1)で説示したとおり，取引相場のない株式について評価通達に定める評価方法は合理的であり，かかる評価方法によらないことが正当として是認され得るような特別な事情がある場合を除き，取引相場のない株式については，評価通達に基づき評価するのが相当である。

(2)　原告は，同族株主に該当するか否かについては，支配従属関係を考慮し，実質的に判断するべきであり，全体の約3分の1を保有するにすぎない原告側の保有株式（本件株式）は，過半数を超えるBグループの株主の前では，およそ支配プレミアムを持ち得ない株式であって，原告は配当のみによって利益を受ける非支配株主にすぎないから，本件株式は配当還元方式による評価になじむものである旨主張する。

　　　しかしながら，取引相場のない株式の発行会社の場合，会社によって株主間の経営権をめぐる対立状況，派閥の構成，個人的な思惑等は千差万別であるところ，ありとあらゆる事情を的確に把握して評価に反映させて，実質的に同族会社に該当するかどうかを判断すべきものとするのは，課税庁等に極めて困難な作業を求めるものであって，納税者の便宜，徴税費用の節減という見地からみて妥当性を欠くというべきであるし，支配従属関係を考慮して実質的に同族株主に当たるか否かを判断するということになるとすれば，同族株主とするか否かの基準が極めてあいまいになるだけではなく，評価を行う者によって異なった評価がされるおそれがあり，その評価に課税権者の恣意が介入し，課税の公平を欠くおそれすらあるといえるのであって，これらの点を考慮すれば，評価通達が「同族株主」の範囲を形式的に支配従属関係が及ぶとされる一定範囲の者とし，画一的に同族関係者の範囲を定めることとしているのは，回帰的かつ大量に発生する課税事務上の迅速な処理の要請及び課税の公平の観点からむしろ合理的であるというべきである。

(3)　原告は，A社の主たる業務が従来から現在に至るまでガソリンスタンドであってその状態は変わっていないのに，被告が，一時的に異常に高騰した地価を前提として，A社の総資産価額に占める土地の価額の割合が88パーセントだとして同会社を土地保有特定会社と認定したのは，そ

の後のバブル崩壊等の経済変動を見る限り土地の評価が高きに失したためであって誤りであり、バブル経済の沸騰とその後の崩壊に伴う土地価額の乱高下についてA社は何ら関与していないのであるから、評価通達189との対比及び公平の観点から、本件においては、そのような価額上昇はなかったものとして土地保有特定会社の判定を行うべきである旨主張する。

　しかしながら、法22条は、相続により取得した財産の価額は、相続開始時の時価によると規定しているから、A社が土地保有特定会社に該当するか否かを判定する基準時は、本件相続開始当時であり、たとえそれ以後に地価が下落したとしても、そのことが右判定に何ら影響しないときは当然である。しかも、バブル経済による地価の上昇とはいえ、それが全体的な地価の上昇であり、その高騰した価格で土地取引等が行われたことは公知の事実であるから、そのような高騰した地価がその当時における客観的な交換価値であったといわざるを得ない。そして、かかる地価の高騰は、評価会社が土地保有特定会社と認定されることを避けるために評価会社の資産構成をことさら変動させた場合（評価通達189参照）とは明らかに異なり、経済前提の動向の中の一つの現象であるから、そのような高騰した地価を基に時価を評価しても何ら公平の原則に反するものではない。

(4)　原告は、課税当局においては、バブル経済の変動という何人にも予測し難い急速な変動を考慮して、評価通達に定める土地保有特定会社に該当するか否かの判定基準を相当程度上昇させ、あるいは、バブル経済の崩壊による地価下落を盛り込んで、右変動を的確に土地の評価額に反映させるなどし、A社を土地保有特定会社を評価しないで課税処分を行うべきである旨主張する。

　しかしながら、そもそも課税基準時である相続開始時における時価を算定するのに当たって、相続開始後に生じた事情を相続開始時に遡って考慮すべきではないから、相続開始後の地価の下落を土地の評価額にあらかじめ盛り込んだり、相続開始後の地価の下落を相続開始当時の客観

的な交換価値の把握に当たって考慮したりする余地はないものである。

　また，土地保有特定会社の株式について評価通達が純資産価額方式を採用した趣旨は，土地保有特定会社の保有する資産の大部分が土地であることから，当該会社の資産性に着目し，その保有する土地等の価値を株価に反映させることにあること，評価会社の資産の大部分が土地である場合には，当該会社はいわば，「土地の固まり」，すなわち土地そのものであるとみなすことができ，また，しばしば，その会社の所有する土地の価格に着目して会社の身売り（株式の売買）が行われるなど租税回避行為に利用されるという実情があることにかんがみれば，右のような会社の株式の評価に当たって，当該会社の資産性すなわち土地保有の状況に着目して純資産価額方式を適用するものとした右評価通達の定めを不合理なものということはできないこと，土地保有特定会社とされる基準となる土地保有率を70パーセントとする評価通達の定めが合理的であることは，前記2.に説示したとおりであるところ，右評価通達の規定の趣旨からすれば，土地が高騰している場合に，土地保有特定会社に該当するか否かを判定するに当たってその高騰分を土地の評価に反映させないように配慮すべき必要性は認め難く，本件相続開始当時，バブル経済によって地価が高騰していたからといって，土地保有特定会社に該当するか否かの判定基準を大会社の場合右70パーセントから相当程度上昇させる必要があったということはできない。

6.　以上の次第で，本件株式は評価通達189(2), 189-3に従い純資産価額方式により行うべきであり，そうすると，前記2.(3)記載のとおり，本件株式の相続税評価額は，一株当たり14万2296円，合計で11億3836万8000円となる。そして，これとその余の争いがない金額を基にして本件相続に係る原告の相続税を計算すると，課税価額7億9583万2000円，納付すべき税額1億1071万7700円となるところ，本件更正処分は，これと同額であるから適法である。

【198】 最 高 裁　平成10年6月25日第一小法廷判決
　　　（平成9年（行ツ）第130号・課税処分取消請求上告事件）
　【当事者】
　　上　告　人（控訴人・原告）　　〇〇〇〇ほか1名
　　被上告人（被控訴人・被告）　　北沢税務署長
　【判示事項】
　　租税特別措置法69条の3の適用の可否等
　【事案の概要と争点】
　　本件は，年報9号整理番号【186】の上告審である。
　【判　旨】
　　本判決は，上告人の請求を棄却した原審（東京高裁平成9年2月26日判決・年報9号 572ページ，一審東京地裁平成8年3月22日判決・年報8号 602ページ）の判断を是認し，上告を棄却した。

【199】 東 京 高 裁　平成10年7月29日判決
　　　（平成10年（行コ）第48号・課税処分取消請求控訴事件）
　【当事者】
　　控　訴　人（原告）　　〇〇〇〇ほか3名
　　被控訴人（被告）　　京橋税務署長
　【判示事項】
　　相続財産の評価に当たり，路線価を基礎に算出した評価額を時点修正することの要否
　【事案の概要と争点】
　　本件は，本書整理番号【192】の控訴審である。
　【判　旨】
　　本判決は，控訴人の請求を棄却した原審（東京地裁平成10年2月24日判決・本書 526ページ）と同旨の判示をして，控訴を棄却した。

【200】 福島地裁　平成10年9月28日判決
（平成7年（行ウ）第8号・相続税の更正決定等処分取消請求事件）

【当事者】
　　原告　○○○○ほか1名
　　被告　郡山税務署長

【判示事項】
　　相続財産の評価の適否

【事案の概要と争点】
　本件は，平成4年8月13日相続開始に係る原告らの相続税について被告がした更正処分等の適否が争われた事案である。
　主たる争点は，減額更正処分による一部取消後の本件処分における原告らの本件相続財産（本件土地1ないし9）の評価が相続税法22条（評価の原則）に違反するか否かにあった。
　本判決は，次のとおり判示して，原告らの請求を棄却した。

【判　旨】
1. 相続税法22条の「取得の時の時価」の意義
　　相続税法は，相続税の課税価格は相続によって取得した財産の価額の合計額であるとし（11条の2），相続によって取得した財産の価額は，当該財産の取得の時における時価であるとしている（22条）。そして，右にいう「取得の時」とは，具体的には被相続人または遺贈者の死亡の日をいい，「時価」とは，当該財産の客観的な交換価値のことであって，不特定多数の当事者間の自由な取引において通常成立すると認められる取引の価額を意味すると解される。したがって，相続による財産の取得後に何らかの理由によってその価値が低落した場合にも，課税価格に算入されるべき価額は，相続時における当該財産の時価であると解される。また，減額更正による一部取消後の本件各処分における本件土地の評価が，本件相続時における本件土地の客観的交換価値を上回らないのであれば，右の本件各処分には，本件土地について相続税法22条の「時価」を上回る評価をした違法はないことになる。

ただ，右のような意味での客観的な交換価値は，必ずしも一義的に確定しうるものではなく，相続の発生の都度これを個別的に評価するほかないものとすれば，評価方法の違いや取引事例の欠如等によって，事案ごとに異なる評価額が生じる結果となって，租税負担の公平を害するおそれがあり，かつ，大量の課税事務を処理すべき課税庁に過大な負担と費用を強いることになるから，課税庁が準拠すべき一般的で簡便な評価方法を定め，これによって課税実務を運用することは，当該評価方法の合理性が認められる限り適法であると解すべきである。そして，国税庁長官が定める財産評価基本通達及びこれに基づき各国税局長が定める評価基準は，財産評価基本通達の概要に摘示したそれらの趣旨及び内容に照らして，右の合理性の認められる評価方法を定めたものというべきである。もとより，このような財産評価基本通達や評価基準は，法規としての性格を有するものでないから，納税者はこれによらず，適正な時価を主張することができることはいうまでもないが，納税者の適格な主張がない場合には，右財産評価基本通達及び評価基準の合理性が認められる限り，右財産評価基本通達及び評価基準によって評価した価額に基づき課税処分を行うことができるものというべきである。
2. ところで，財産評価基本通達は，前記のとおり路線価を基準として土地を評価すべきものと定めているところ，原告らは本件土地の評価については平成4年の路線価を基準とすべきでないと主張するので，この原告の主張について判断する。
(1) 認定事実及び証拠等によれば，本件土地が存在する地区又はその近隣の地区内の平成4年中の土地売買実例の代金額がいずれも同年の路線価を上回っていたこと，本件土地が存在する地区又はその近隣の地区に所在地のある平成4年度及び平成5年度の基準地価格又は公示価格が同地点の平成4年度の路線価を上回っていること，財産評価基本通達に定める路線価は，毎年1月1日を評価時点として，公示価格，売買実例価額及び不動産鑑定士等の精通者意見価格を基に，公示価格の80パーセント程度の評価水準により評価されていることが認められるところ，これら

の事情によれば，本件土地の本件相続発生時の価格について平成4年の路線価を基に評価することにより，本件土地の時価を上回る評価をすることになるとは認められない。

(2) これに対して，原告らは，被告が本件土地を平成4年の路線価を基準として評価したことは，バブル経済によって上昇した路線価を基準として，バブル経済の崩壊により本件相続時には下落していた本件土地の価額を評価したこととなる点で失当である旨主張する。

証拠によれば，本件土地の平成5年の路線価はいずれも平成4年の路線価を下回ったこと，本件土地の存在する地区及びその近隣の地区に存在する公示価格等が平成4年から平成5年にかけて最大15パーセント下落したことが認められ，K市の本件土地の存在する区域及びその近隣区域には，平成4年1月から同年12月までの間，合計15件の土地取引事例があり，そのうち4件の取引価格が路線価を下回ったことがうかがわれる。

しかし，証拠及び認定に係る事実によれば，平成4年から平成5年への路線価の下落率はそれが大きい土地で約7パーセント，小さい土地では約2パーセントに過ぎないこと，公示価格等は最大15パーセント下落したといっても，前記認定のように路線価は公示価格等の80パーセント程度の評価水準で評価されており，右の下落率はいずれも右の評価水準の範囲内であること，仮に，証拠記載の各取引が全て行われていたとしても，同取引15件中11件までは同年の路線価を上回る価格により取引されたこと，残りの4件中1件は地積が狭いことから通常の価格として評価の参考に供することが適切とは言い難いこと，右15件の取引土地の地目，利用状況が不明であって，これらを仲値として評価することはできないことが認められ，これらの事情をも併せ考慮すれば，右の各事実をもって，前記(1)の判断を覆すまでには足りない。

また，本件土地の存在する地区又はその近隣の地区の売買実例や公示価格等の動向は認定判断のとおりであり，これをも併せ考慮すれば，本件相続時の本件土地の価格算定の基準として平成4年の路線価を用いる

ことを不相当とすべき理由は何ら存在しない。

3.(1) 本件土地を平成4年の路線価を基準として財産評価基本通達により評価した場合の評価は、当事者間に争いがないところ、原告らの主張は、財産評価基本通達の定める内容が次のような点で違法であると主張する趣旨であるとも解される。

ア 原告らは本件土地を収益還元法によって評価すべきであるのに、財産評価基本通達がそのように定めていないことは違法であると主張する。

　しかしながら、収益還元法により不動産の価値を正確に評価するためには、対象不動産が将来生み出すであろうと期待される純収益を算定するために予測される諸要素を的確に把握すること及び収益還元率を正しく定めることが不可欠の要件であるところ、これらには、①土地の価額に見合う収益の算定が困難であること、②経営者の能力、財産状態により収益の額が左右されること、③還元利回りの算定が困難なこと等の問題があると解されることから、収益還元法を直ちに土地の評価基準として採用することはできない。したがって、財産評価基本通達が収益還元法に基づいて土地の評価の基準を定めていないからといって、これを理由に直ちに評価の基準として合理性を欠くとか相当でないとは認められない。原告らの右主張は失当である。

イ また、原告らは、市街地農地の評価に際して、都市計画法上の規制及び農地法上の制限による評価減を無視すべきでないと主張し、財産評価基本通達が右評価減を評価していない点が不合理であり相当でないと主張する。

　しかし、証拠及び弁論の全趣旨によれば、本件土地のうちの市街地農地は、都市計画法の規定による市街化区域内に存在しており、農地転用についての届出をすれば宅地化が可能な土地であることが認められることから、右の土地の市場価格は、農業収益を目的とした価格よりも宅地転用可能地価格として成立すると認められること、財産評価基本通達は、市街地農地の評価について、その農地が宅地であるとした場合の価額からその農地を宅地に転用する場合において必要と認められる造成費想定

の金額を控除した金額を基準として算定するものと定めていること，右価格算定法に格別不相当な点はないこと等を併せ考慮すると，原告らの右主張のように，財産評価基本通達が市街地農地について都市計画法等の制限等による評価減を考慮しない不合理な評価基準を定めているものとは認められない。

4. 以上によれば，被告の減額更正による一部取消後の本件各処分における本件土地の評価は，本件土地について平成4年の路線価を基に財産評価基本通達に基づいて評価したものであるところ，右認定判断のとおり，本件土地の本件相続時の時価を算定するに当たって，財産評価基本通達に基づき，平成4年の路線価を基準として評価したことは相当であって，具体的な評価の過程も相当であるので，相続税法22条に違反するとは認められない。また，本件土地以外の本件相続財産の評価等が適正であることについては当事者間に争いがない。したがって，被告が右本件各処分において算定した原告らが本件相続により取得した課税価格等は相当であると認められる。

【201】 福島地裁 平成10年9月28日判決
（平成7年（行ウ）第14号・相続税の更正決定等処分取消請求事件）

【当事者】
原告　〇〇〇〇
被告　郡山税務署長

【判示事項】
相続財産の評価の適否

【事案の概要と争点】
本件は，平成4年10月31日相続開始に係る原告の相続税について被告がした更正処分及び更正すべき理由がない旨の通知処分（以下，併せて「本件処分」という。）の適否が争われた事案である。

主たる争点は，異議決定後の本件処分における原告の本件相続財産（本件土地1ないし6）の評価が相続税法22条（評価の原則）に違反するか否

かにあった。

【判　旨】

本判決は，整理番号【200】と同旨を判示して，原告らの請求を棄却した。

【202】　東京地裁　平成10年9月29日判決
　　　（平成8年（行ウ）第24号・相続税更正処分取消請求事件）

【当事者】

原告　〇〇〇〇

被告　葛飾税務署長

【判示事項】

相続財産の評価の適否

【事案の概要と争点】

本件は，平成4年3月20日相続開始に係る原告の相続税について，被告がした更正処分等の適否が争われた事案である。

主たる争点は，本件相続に係る有限会社に対する出資を評価するに当たり，財産評価基本通達（以下「評価通達」という。）185及び186-2を適用して，出資1口当たりの純資産価格の計算上，法人税等相当額を控除すべきか否かにあった。

【判　旨】

本判決は，次のとおり判示して，原告の請求を棄却した。

1. 相続により取得した財産の価額は，特別の定めのあるものを除き，当該財産の取得の時における時価により評価される（法22条）。ここにいう「時価」とは，相続開始時における当該財産の客観的交換価値をいい，右交換価値とは，それぞれの財産の現況に応じ，不特定多数の当事者間において自由な取引が行われる場合に通常成立すると認められる価額であって，いわゆる市場価格と同義であると解するのが相当である。

2. 評価通達について

(1)ア　（【197】事件判示2(1)と同様であるので省略する。）

イ　しかしながら，評価通達に定められた評価方式によるべきであるとする趣旨が右のようなものであることからすれば，評価通達に定められた評価方式を画一的に適用すると，かえって，実質的な租税負担の公平を害することが明らかな場合には，別の評価方式によることが許されると解されるべきであり，このことは，評価通達6において「この通達の定めによって評価することが著しく不適当と認められる財産の価額は，国税庁長官の指示を受けて評価する。」と定められていることからも明らかというべきである。

　すなわち，相続財産の価額の評価に当たっては，特別の定めのある場合を除き，評価通達に定める方式によるのが原則であるが，評価通達によらないことが相当と認められるような特別の事情がある場合には，他の合理的な時価の評価方式によることが許されるものと解するのが相当である。

(2)　(【197】事件判示2(2)と同様であるので省略する。)

ア　(【197】事件判示2(2)アと同様であるので省略する。)

イ　評価通達は，我が国における会社組織の実態を踏まえ，取引相場のない株式の価額について，合理的，かつ，その実態に即した評価を行うため，評価会社をその事業規模に応じて大会社，中会社，小会社に区分し，大会社においては類似業種比準方式を，小会社においては純資産価額方式を，中会社においてはその併用方式を，それぞれの会社の株式の評価に適用すべき原則的評価方式として定めるとともに，零細な株式に代表される「同族株主以外の株主等が取得した株式」については，原則的評価方式に代えて，特例的評価方式である配当還元方式により評価することとしているのである。

　思うに，上場会社に匹敵するような大会社の株式は，上場会社の株式の評価との均衡を図る必要があることから，類似業種比準方式を採用するのが合理的であると認められる。これに対し，個人企業とそれほど変わるところがない小会社の株式は，個人企業者の財産評価との均衡を図ることが合理的であり，しかも，そもそも株式は，会社資産に対する割

合的持分としての性質を有し，会社の所有する総資産価値の割合的支配権を表象したものであり，株主は，株式を保有することによって会社財産を間接的に保有するものであり，当該株式の理論的・客観的な価値は，会社の総資産の金額を発行済株式数で除したものと考えられることに照らし，純資産価額方式を採用することは極めて合理的であると認められる。さらに，その中間にある中会社の株式の評価に当たっては，類似業種比準方式と純資産価額方式を併用した方式によって評価することは，以上に述べたことに照らし，合理的であると認められる。また，零細な株式に代表される「同族株主以外の株主等が取得した株式」については，株主の持株割合が低下すると会社に対する支配権が希薄になり，配当を受けることが株式の保有により把握する権利の主たる要素となる反面，その割合が上昇すると会社に対する実質的支配権が増大するという実態があることから，そのような株式の時価を評価するための例外的な評価方式として，配当還元方式によって評価することも，そのような事情をしん酌した合理的な課税上の1つの措置であると認めることができる。

ウ 純資産価額方式において法人税等相当額を控除する趣旨

ところで，純資産価額方式において評価会社の資産の相続税評価額と負債との差額から法人税等相当額を控除する趣旨は，以下のようなものであると認められる。

すなわち，個人が株式の所有を通じて会社の資産を間接的に所有している場合と個人事業主として直接に事業用資産を所有する場合とでは，その所有形態が異なることからその処分性等におのずと差があるといえる。すなわち，例えば，評価会社が，被相続人の個人的な資質や能力に依存していたいわゆるワン・マン会社であって，相続の開始によって事業の継続が不可能になる場合や相続人が会社の資産を自己のために自由に利用あるいは処分したい場合には，会社を解散，清算することにより被相続人が所有した株式数に見合う財産を手にするほかないところ，その場合に，法人に清算所得（いわゆる含み益）があった場合には，その清算所得に対して法人税等が課されるため，個人事業者が直接に事業用

資産を所有している場合に比して，その法人税等相当額分だけ実質的な取り分が減少するということができる。そうすると，このような株式の評価に当たって，個人が株式の所有を通じて会社の資産を間接的に所有している場合と個人事業主として直接に事業用資産を所有する場合とで，両者の事業用財産の所有形態を経済的に同一の条件の下に置き換えた上で評価の均衡を図る必要がある。純資産価額方式において法人税等相当額を控除するのは，かかる配慮に基づくものである。したがって，本件通達が純資産価額方式において評価会社の資産の相続税評価額と負債との差額から法人税等相当額を控除するものとしているのは，合理的なものと認められる。

エ(ア) ところで，評価通達の取扱いは，相続税の性格を考慮して評価の安全性を図ること，課税の公平のために評価の統一を図ること，納税者の便宜のため簡便な評価方法によることなどを理念とするものであるが，これらの評価の安全性，統一性，便宜性等にかたよることになると，ある種の財産（たとえば土地，株式）については，その財産についての評価額と実際の取引価額との間に開差を生じさせることになり，右開差がこれを利用した租税回避行為の原因にもなっていることから，課税の公平の観点から，そのような開差の是正とともに，より株式取引の実態に適合するように評価の一層の適正化を図る目的で，平成2年8月3日付け直評12・直資2－203をもって評価通達の一部改正が行われた。すなわち，評価会社の資産の保有状況，営業の状態等が一般の会社と異なる株式保有特定会社，土地保有特定会社，開業後3年未満の会社等，開業前又は休業中の会社，清算中の会社の各株式については，「特定の評価会社の株式」として特別な評価方法により評価することとし，その具体的な評価方法を評価通達189－2ないし189－5において定めた。右のうち，開業後3年未満の会社の株式の評価は純資産価額方式によることとされている。

(イ) 開業後3年未満の会社の株式について評価通達が純資産価額方式を採用した理由は，以下のようなものであると認められる。

すなわち，類似業種比準方式は，標本会社として採用されている上場会社に匹敵する評価会社について，配当，利益及び純資産価額（簿価）という3つの比準要素により，業種別の上場会社の平均株価に比準して評価会社の株価を算定する評価方法であり，このような評価方法により適正に株価を算定するためには，評価会社が，標本会社である上場会社と同様に正常な営業活動を行っていることが前提条件となるところ，開業後3年未満の評価会社は，その経営状況や財務指標が未だ安定的でなく，類似業種比準方式により適正に株価を算定することを期し難いことから，同方式によって評価することは妥当でない。また，配当還元方式は，多種多様な株価の決定要素のうち配当金のみを基準とする標価方式であるため，評価の適正もそれだけ担保し難いこと，その評価・計算の基礎となる配当額については客観的な支払基準が存在しないため，会社が配当額を決定するに当たり経営者の恣意が介入しやすく，実際にもこれが介入する場合が多いこと，さらに，個人事業者の場合には，個々の資産，負債を基に相続税の課税価格が算出されるのであり，これと課税の権衡を図るという観点からみても，配当金のみを基準とする配当還元方式は適切な評価方法とはいえないことから，同方式は，配当を受けることが株式の保有により把握する権利の主たる要素となるような例外的な場合の評価方法として限定的に用いられるべきものであり，それ以外の場合にこの方式を用いることは妥当でない。これに対し，純資産価額方式は，そもそも株式は，会社資産に対する割合的持分としての性質を有し，会社の所有する総資産価値の割合的支配権を表象したものであり，株主は，株式を保有することによって会社財産を間接的に保有するものであり，当該株式の理論的・客観的な価値は，会社の総資産の価額を発行済株式数で除したものと考えられることからして，取引相場のない株式の評価の原則的な評価方法といいうるものであり，右に述べたことに照らし，開業後3年未満の会社の株式の評価に当たり，純資産価額方式に従って評価することは合理的であると認められる。

オ　合名会社，合資会社及び有限会社に対する出資の価額は，取引相場の

ない株式の評価に関する定めに準じて計算した価額によって評価することとされている（評価通達194）ところ，一般に，合名会社，合資会社及び有限会社に対する出資について取引相場というものが形成されておらず，取引相場のない株式との類似性が高いことからして，右通達の定めは合理性があるということができる。

3. 本件出資の時価の評価

本件出資は本件被相続人のA社に対する出資であるところ，本件相続開始当時において，A社はその開業後3年を経過していなかったこと，仮に本件出資の時価の評価に当たり評価通達をそのまま適用した場合には，純資産価額方式（評価通達185）によって評価され，課税時期における各資産を評価通達に定めるところにより評価した価額の合計額から課税時期における各負債の金額の合計額及び法人税等相当額を控除した金額を課税時期における発行済株式総数で除して計算することとなることは，当事者間に争いがない。

被告は，本件出資の時価を評価するに当たり，評価通達に定める純資産価額方式を基礎とし，法人税等相当額を控除しないで評価すべきである旨主張し，これに対し，原告は，本件通達をそのまま適用して法人税等相当額を控除すべきである旨主張するので，以下この点について判断する。

(1) 本件通達が純資産価額方式において法人税等相当額を控除する趣旨は，前記2.(2)ウ記載のとおりであり，したがって，純資産価額方式に従って株式等を評価するに当たっては，評価通達によらないことが相当と認められるような特段の事情がない限り，法人税等相当額を控除して計算したものが，当該株式等の「時価」（法22条）に当たると解するのが相当である。

しかしながら，本件通達が純資産価額方式による評価において右のような配慮をしているのは，被相続人から事業用資産を直接に相続した場合とその間接的所有形態である株式を相続した場合とで，その評価の均衡を図る必要があるとの考慮に基づくものであり，そのような評価の均

衡を図る必要性と関係なく，純資産価額方式による評価の際に理論上当然にその配慮がされるべきものとする趣旨ではないというべきである。本件通達が法人税等相当額を控除することとしていることを利用し，ことさらに評価差額を人為的に作出して相続税の軽減を図り，しかも，当初から会社を解散した場合の清算所得に対する課税が予定されていないような場合においては，本件通達を形式的，画一的に適用し，法人税等相当額を控除するとすることは，本件通達の趣旨に沿わないのみならず，このような計画的な行為を行うことのない納税者との間での租税負担の公平を著しく害し，また，富の再分配機能を通じて経済的平等を実現するという法の立法趣旨に反する著しく不相当な結果をもたらすというべきである。したがって，このような場合においては，評価通達によらないことが相当と認められるような特別の事情があると解するのが相当であり，純資産価額方式によって株式等を評価するに当たって，法人税等相当額を控除しないで計算したものをもって当該株式等の「時価」（法22条）とみるのが相当である。

(2) 認定した事実関係の下では，本件相続開始時点における本件出資の時価の評価に当たり，本件通達を形式的，画一的に適用し，法人税等相当額を控除すると，本件出資に関する一連の行為を行う前後において本件被相続人の直接又は間接に所有する財産の価値にはほとんど変動がなく，また，吸収合併後に存続するＡ社が解散した場合に清算所得が生ずることは想定されていないにもかかわらず，本件一連の行為がなされたことにより，それがされない場合と比較して大幅に相続税額が軽減されることになるのであって，本件通達の趣旨に沿わないのみならず，このような計画的な行為を行うことのない納税者との間での租税負担の公平を著しく害し，また，富の再分配機能を通じて経済的平等を実現するという法の立法趣旨に反する著しく不相当な結果をもたらすというべきであり，その意味で本件においては，本件通達をそのまま適用しないことが相当と認められるような特別の事情があるというべきである。したがって，本件出資の評価に当たっては，本件通達に定める評価方法を形式的に適

用することなく，純資産価額方式を基本としつつ，法人税等相当額を控除しないで評価するのが相当である。

この点に関し，原告は，本件出資の評価に当たり，評価通達6を適用するには，国税庁長官の指示が必要であるところ，被告が右指示があったことを明らかにしないことは憲法31条に規定する適正手続の保障に違反する旨主張する。しかしながら，評価通達6によれば，評価通達の定めによって評価することが著しく不適当と認められる財産の価額は，国税庁長官の指示を受けて評価することとされているが，右にいう国税庁長官の指示は，国税庁内部における処理の準則を定めるものにすぎないというべきであり，右指示の有無が，更正処分の効力要件となっているものでないことは明らかである。したがって，右指示がなかったからといって，右通達の定めに従ってされた更正処分等が憲法31条に違反し違法となることはないというべきである。なお，証拠によれば，平成5年10月ころ，国税庁から各税務署長に対し，本件のような場合には，評価差額に対する法人税等相当額の控除をしない旨の事務連絡がされていることが認められるところ，これは，評価通達6にいう「国税庁長官の指示」と解することができるものである。

(3) 原告は，課税実務においては，時価を求めるための一般的基準として評価通達が定められており，本件においても，評価通達をそのまま適用すべきである，本件通達は，法人税等相当額を控除するについて，会社設立の経緯等の要件は一切付しておらず，本件更正処分は，明定されていない要件を恣意によって付すものであって違法である，また，仮に別の評価方法によることが許されるとしても，その方法は合理性を有しなければならない旨主張する。

しかしながら，評価通達によらないことが相当と認められるような特別の事情がある場合には，他の合理的な時価の評価方式によることが許されると解されるのであって，この理は，評価通達6に定められているとおりである。

そして，株式等の理論的・客観的な価値は，会社の純総資産の価額を

発行済株式数で除したものと考えられるから，純資産価額方式は株式等の評価方法として高い合理性を有するものであり，法人税等相当額を控除する必要性が認められない特殊な事情がある場合に，法22条に規定する時価の概念に沿った評価通達に定める純資産価額方式を基本とし，法人税等相当額を控除しないという点についてのみ計算方法を変更し，これによって株式等の評価を行うことには合理性があるというべきである。

この点に関する原告の主張は失当である。

(4) 原告は，本件通達による法人税等相当額の控除の制度は，長期間にわたり継続的，一般的に適用されてきたものであり，このことにより右制度に対する国民の一般的信頼が形成され，いわゆる行政先例法あるいは納税者間に定着した法的確信になっているものであり，したがって，本件通達による法人税等相当額の控除を認めない本件更正処分は，右行政先例法に反するものであり，ひいては租税法律主義に違反するものである旨主張する。

しかしながら，通達は，上級行政機関がその権限に基づき下級行政機関ないしその職員に対し，法令の解釈や運用等に関して発する行政組織内部の命令にすぎず，国民の権利義務を直接に定める法規の性格を有するものではないと解されるところ，仮に，評価通達あるいはこれに含まれる本件通達に従った取扱いが反復的継続的に行われ，その取扱いに対して国民の一般的信頼が形成され，納税者間に定着するに至ったとしても，これによってその取扱いが法規としての効力を有することになるということは到底できず，他に原告主張のような行政先例法が成立しているとすべき事情を認めるに足りる証拠はない。のみならず，本件においては，前示のとおり，評価通達によらないことが相当と認められるような特別の事情があるというのであるから，本件通達をそのまま適用しないからといって，それが評価通達に従った取扱いに対する国民の一般的信頼を裏切るものということもできない。原告のこの点に関する主張は失当である。

【203】 千葉地裁 平成10年10月26日判決
（平成7年（行ウ）第30号・相続税更正処分等取消請求事件）

【当事者】
　　原告　○○○○ほか11名
　　被告　市川税務署長

【判示事項】
　①不整形宅地に係る相続税評価額の適否，②建築中の家屋の評価方法，③理由付記の要否

【事案の概要と争点】
　本件は，平成2年1月11日相続開始に係る原告らの相続税について，被告がした各更正処分等の適否が争われた。
　主たる争点は，①不整形地の評価の適否，②租税特別措置法69条の3（小規模宅地等についての相続税の課税価格の計算の特例）適用の有無，③建築中の家屋の評価方法，④本件各処分の理由付記の要否にあった。

【判　旨】
　本判決は，次のように判示して，原告の請求を棄却した。
1．本件係争宅地の評価について
(1)ア　相続税法22条は，相続財産の価額は，特別に定める場合を除き，当該財産の取得の時における時価によることと規定しており，いわゆる時価主義を採用しているが，右にいう「時価」とは，相続開始時における財産の現況に応じ，不特定多数の当事者間で自由な取引が行われる場合に通常成立すると認められる客観的な交換価値をいうものと解される。
　　しかし，相続税法では，特別に定めのあるもの以外の財産については具体的な評価方法を規定しておらず，また，財産の客観的交換価値は必ずしも一義的に確定されるものではないことから，課税実務上は，特段の事情がある場合を除き，財産評価の一般的基準としての評価通達の規定に基づく統一的，画一的な評価方法によって相続財産の評価を行っており，それによれば，市街地的形態を形成する地域にある宅地の評価は路線価方式によることとされ，本件係争宅地についても被告はこれによ

第3章 賦課実体関係　577

りその評価を行っており，原告らも，本件係争宅地の評価を評価通達の定めにしたがって路線価方式で行うこと自体については，特に争うものではないと解される。

イ　また，評価通達は，評価すべき当該宅地が不整形である場合には，その不整形の程度，位置及び地積の大小に応じ，近傍の宅地との均衡等を考慮して，路線価から100分の30の範囲内において相当と認める金額を控除した価額によって評価することとしている。これは，宅地の形状が悪いこと等により宅地としての機能を十分に発揮できず，その利用価値が減少することを宅地の評価額の算定に当たって考慮する趣旨であり，したがって，宅地の形状が，完全な正方形ないし矩形でなくても，その宅地の地積が宅地として有効利用することのできる広さを有し，宅地の有効利用に格別の支障を生ぜしめない程度の不整形にとどまる場合にはこれによる補正をする必要がないというべきである。また，宅地の形状が同一でも，その地積が大きければ有効利用するための制約を受ける程度も少なくなると考えられることから，不整形地の評価額の算定にあたっては，不整形地の形状だけでなく，不整形の程度，位置及び地積の各要素を考慮してなされるべきである。

ウ　ところで，評価通達に定める不整形地補正は，100分の30の範囲内で相当と認められる金額を控除すると規定するだけで，具体的な算定基準が定められていない。これは，評価対象である宅地の形状が多種多様であることにかんがみ，一律にその経済的価値の減少割合を算出することが困難なため，個々の不整形地についてその価値の減少していると認められる範囲内で補正することとしているものと考えられる。そこで，課税実務上は不整形地について，仮に売買されたとして取引価格に対してどの程度の影響を与えるか，過去の類似事例で適用された不整形地の補正率がどの程度のものであったか，鑑定評価があった場合どの程度の補正率が適用されているのか，国土庁による土地価格比準表ではどの程度の補正率が適用されるのか等，経験則に従って不整形地補正率を決定していたが，課税の公平，簡素化の観点から，平成4年3月3日，本件情

報が公表され，不整形地補正率の算定を統一的に行うこととされた。本件情報によると，不整形地補正率の算定にあたっては，単に宅地の形状だけでなく，当該宅地の存する地区や不整形の程度，位置，地積の大小等の諸要素を考慮してこれを行っている。

　原告らは，本件情報が定める不整形地補正率による減額補正が従前の実態と比較して低額にすぎるとして，その内容の合理性を争い，また平成4年3月3日に公表された本件情報をその以前に開始した本件相続に適用するのは不当であるというのであるが，評価通達，評価基準，そして本件情報のいずれも，要するに相続財産たる宅地の時価評価の方法に関するものであることからすれば，それが時価評価の方法として合理的で有効なものと認められるか否かが問題であって，右に述べたように本件情報が，従前，不整形地補正率を経験則に従って決定していたのを，課税の公平，簡素化の観点からその算定を統一的に行うために公表されたものであることに照らしても，それが単に本件相続の開始後に公表されたものであるとの一事をもって，これに依拠して行われた被告による本件係争宅地の評価が直ちに違法ということはできない。

(2)　本件係争宅地の不整形地補正及び評価額について

　そこで，次に被告が主張する本件係争宅地に係る不整形地補正率の算出方法及び評価額の合理性について検討すると，証拠によれば，本件AないしD土地の形状は，宅地としての有効利用に大きな支障を与えるものとはいえないところ，被告は，本件情報の地積区分表及び不整形地補正率表により，それぞれ不整形地補正を減額しており，これ以上さらに減額する必要があるということもできないから，本件AないしD土地についての被告の評価額は合理的に算定されたものであり，その時価を上回るものではないと認められる。

　また，本件E土地は，普通住宅地区にあり，その形状から，標準的な画地といえる宅地であり，宅地としての有効利用に支障を与えるものとはいえないところ，被告は，本件情報の地積区分表及び不整形地補正率表によっても不整形地補正率は1.00となることから，不整形地補正をし

ていないが，前記のとおり，不整形地による減額は，単に不整形地の形状だけでなく，不整形の程度，位置，地積等の諸要素を考慮し，宅地としての有効利用に影響を与えるものかどうかによってこれを行うこととしており，単に整形地でないということのみをもって必ず減額補正をしなければならないというわけではないから，本件E土地についての被告の評価額は合理的なもので，時価を上回るものでもないと認められる。

2. 本件F土地に対する租税特別措置法69条の3の適用の有無について
(1) 租税特別措置法69条の3（昭和63年法律第109号による改正後，平成4年改正前のもの）は，被相続人若しくは当該被相続人と生計を一にしていた親族の事業の用に供されていた宅地等で，大蔵省令で定める建物若しくは構築物の敷地の用に供されているものがある場合には，相続税の課税価格の計算上，政令で定める小規模宅地等の範囲について一定割合の減額を施す旨規定しているが，これは，事業の用に供されていた宅地のうち必要最小限の部分については，相続人等の生活基盤の維持や個人事業の承継のため欠くことができないことや，事業が雇用の場であり取引先等と密接に関連しているなど処分面での制約があることを考慮し，特に事業用宅地の評価に当たって居住用宅地に比し高い割合の減額を行うことができるようにしたものと解される。原告らは，個人の生活基盤の保護に重点を置いてこれを解釈すべきであると主張するが，本件特例はあくまでも事業性という要素を介してその保護を図るものというべきである。

ところで，本件特例における「事業」及び「構築物」の概念について，租税特別措置法は特に定義規定を設けていないから，その解釈に当たっては，税法体系及び本件特例の趣旨等に照らし，社会通念によって判断すべきであり，このような観点からすれば，本件特例にいう「事業」に該当するか否かは，所得税法上の事業の意義と同様に，営利性・有償性の有無，継続性・反復性の有無，自己の危険と計算における企業遂行性の有無，その取引に費やした精神的・肉体的労力の程度，人的・物的設備の有無，その取引の目的，その者の職歴・社会的地位，生活状況等を

総合考慮し，社会通念上事業といいうるか否かによって判断するのが相当であり，また，本件特例にいう「構築物」に該当するか否かも，右と同様の観点から，事業性を認識しうる程度に人的・物的な資本投下がなされた，ある程度堅固な施設であり，かつ，その施設上において，その施設を利用した事業が行われているようなものであることを要すると解すべきである。そこで，次に，亡Aによる本件F土地の貸付けが社会通念上事業に該当するか，本件F土地が構築物の敷地の用に供されているものであるかについて検討する。

(2) 証拠を前提に判断すると，スーパーマーケットの顧客用駐車場用地として訴外Bに貸付けられた本件F土地の契約期間は1年間の短期とされており，期間満了後必要があれば当事者間の協議で契約を更新でき，事実上本件賃貸借契約は現在まで継続されてはいるものの，当事者間では求められればいつでも明け渡さねばならない旨の認識があり，また，亡Aは本件F土地の貸付けに際し必要最小限の設備を施したのみで，容易に撤去して原状回復が可能であり，その後の管理や補修は専らBが行っており，地代の支払も銀行振込で，亡A自身は特段管理のために労力を費やしていないのであって，亡Aの収入の多くがこのような駐車場用地の賃料収入であったとしても，本件F土地の貸付けをもって社会通念上事業の用に供されていたということはできない。この点，「租税特別措置法の取扱いについて」通達（平成元年5月8日付直資2－208）69の3－4は，自己の責任において他人の物を保管する有料駐車場等については，原則として事業用宅地等に該当するとし，有料駐車場等が事業用宅地に該当するか否かの判断に当たって，自己の責任において他人の物を保管するものか，あるいは単に場所を提供しているにすぎないかを判断基準としているが，これによってみても，前記のような本件F土地の施設，管理の状況等にかんがみれば，自己の責任において他人の物を保管しているとは到底いえず，本件F土地は単に場所を提供しているものにすぎず，事業用宅地には該当しないというほかない。

さらにまた，本件F土地上にはコンクリート舗装等特段の措置は講じ

られておらず，砂利が敷かれた程度で地面は露出しており，フェンス等の設備も簡易なものであって，その施設の維持管理についても専ら借主がその負担において行っているなど，特段の人的・物的な資本投下がされているとは認められず，必要なときはいつでも容易の原状回復のうえ他に転用できるものであることなどからすれば，事業性を認識しうる程度に資本投下がされた構築物の敷地の用に供されているということもできない。したがって，被告が本件F土地について本件特例を適用しないで評価していることは適法といえる。

3. 本件建築中の家屋の評価について

(1) 評価通達によれば，家屋の価額は，原則として，1棟の家屋ごとに評価することとし，その評価方法は，当該家屋の固定資産評価額に所要の調整をして算出するが，課税時期において現に建築中の家屋の価額については，当該家屋の費用現価の100分の70に相当する金額によって評価することとしている。そして，右費用現価とは，課税時期までに投下された建築費用の額を課税時期の価額に引き直した額の合計額をいうものと解される。

また，証拠によれば，被告は，本件相続開始時までに亡Aから本件各建築中の家屋の建築工事の請負人である訴外C及び設計・監理業務等の受託者である訴外Dに支払われた金額をもとに，その70パーセントの金額をもって，本件各建築中の家屋の評価額としたことが認められる。

(2) ところで，相続財産の評価が時価によるべきことは前述したとおりであり，そのためには売買実例価額によることが最も望ましいのであるが，財産の種類によっては，必ずしも売買実例価額に基づいて財産評価をすることが適当でないものや，そもそも売買実例価額に基づき評価することが困難な財産も存在する。そこで，課税実務上は，売買実例価額に基づく評価方法の他，調達価額等による方法，再構築価額等による方法，投下資本をもとにする方法，商品，製品等のように販売価額をもとにする方法，原材料等のように仕入価額をもとにする方法，特許権，商標権のように複利現価による方法等，当該財産の性質に応じた種々の評価方

法に従って財産評価を行っている。

　そして、建築中の家屋は未完成品であるため市場性に乏しく売買実例価額を求めることが困難であり、これに代わる販売価額や仕入価額を求めることも困難であるのに対し、建築のため投下された資本の金額は把握可能であることから、評価通達では、建築中の家屋の評価に当たっては、当該家屋の建築のために投下された資本の額をもとに評価するものとしたうえ、建築中の家屋は市場性が乏しく未完成であること、また、建築中の家屋が滅失・毀損した場合には、その損失は所有者である被相続人に帰し、被相続人の責に帰すべからざる事由により完成引渡が不能となった場合でも、支出済みの費用を被相続人が負担しなければならない等、完成前でも建物建築に支障が生じた場合の危険を被相続人が負担していることを考慮し、評価の安全性の面から投下資本の30パーセントを控除して、その70パーセントをもって評価額としている。

　原告らは、完成後の家屋の価額が投下資本の額を下回ることがあり、本件でも、本件家屋について投下された資本の額は本件建物の固定資産評価額を上回っているから、投下資本に基づいて建築中の家屋の評価を行うことは不合理であり、完成後の固定資産評価額に基づいて評価すべきであると主張する。しかしながら、建築中の家屋の評価について投下資本をもとにする評価通達は、前記のとおり評価の対象となる資産の性質に応じた評価方法であり、課税の公平、簡便化、統一的な財産評価、課税事務の運営の見地からすれば、合理性を有すると認められ、また、相続財産の評価は、相続開始時における時価によるべきことは前述したとおりであり、右相続開始時に建築中である家屋について相続開始時にはいまだ明らかになっていない完成後の家屋の価額に基づいて評価することは、非現実的のみならず相続財産評価の原則に反することになり、家屋の完成が課税時期から相当程度隔たるような場合には、完成後の家屋の価額が明らかになるまでは当該家屋の評価ができない等の支障も生じることとなる。そして、固定資産税における固定資産評価は、家屋の場合は再構築価額を基準として評価するものとされており、建築中の家

屋と完成後の家屋についての評価方法がそれぞれ異なる以上，投下資本額による評価額が固定資産評価額と異なることがあるのは当然であり，完成後の家屋の固定資産評価額が投下資本の額を下回る場合があるからといって，その評価方法の合理性が失われることはないというべきである。しかも，いまだ建築中であることに伴う危険をも考慮して，その70パーセントにとどめていることをも考慮すると，被告が本件建築中の家屋の価額について，前述のように投下資本に基づいて評価していることは適法といえる。

4. 理由付記の必要性について

更正通知書の記載事項についての一般原則を定めている国税通則法28条2項は，更正の理由を更正通知書の記載事項として掲げておらず，他方，所得税法は 155条2項において，法人税法は 130条2項において，それぞれ青色申告書に係る更正については，更正通知書にその更正の理由を付記しなければならないと規定している。その趣旨は，青色申告の前提要件である帳簿の記帳がかなり細かく規制されていることにかんがみ，帳簿の記載を無視して更正されることのないよう税務官庁による更正の正当性と合理性を明らかにし，納税者に納得のいく納税をさせるとともに，不服申立てをすべきかどうかの判断資料を与えようとするものである。すなわち，所得税法は，青色申告提出承認のあった所得については，その計算を法定の帳簿書類に基づいて行わせ，その帳簿書類に基づく実額調査によらないで更正されることのないよう保障している関係上，その更正にあたっては，特にそれが帳簿書類に基づいていること，あるいは帳簿書類の記載を否定できるほどの信憑力のある資料によったという処分の具体的根拠を明確にする必要があり，かつ，そうすることが妥当であることから，青色申告書に係る更正について，更正通知書に更正理由の付記を義務づけたものと解され，この趣旨は，法人税法 130条2項による理由付記についても同様であると解される。したがって，所得税法 155条2項，法人税法 130条2項は，国税通則法28条2項の例外規定として特に定められたものというべきである。しかるに，相続税

に係る更正についてはそのような特段の事情は認められず，相続税法においても，更正通知書に理由を付記しなければならない旨の規定はないことからすれば，相続税の更正通知書には理由付記の必要はなく，更正通知書に更正の理由を付さなかったことをもって本件各更正処分が違法となるものではない。

【204】 東京地裁　平成10年10月30日判決
（平成8年（行ウ）第27号～第29号・相続税更正処分取消請求事件）

【当事者】
　　原告　○○○○ほか1名
　　被告　渋谷税務署長

【判示事項】
　相続財産の評価の適否

【事案の概要と争点】
　本件は，平成3年4月10日相続開始に係る原告らの相続税について，被告がした更正処分等の適否が争われた事案である。
　主たる争点は，本件相続に係る株式の1株当たりの評価について，相続税財産評価に関する基本通達（以下「評価通達」という。）189(2)及び189－3を適用したことの当否及び評価額の多寡にあった。

【判　旨】
　本判決は，次のとおり判示して，原告らの請求を一部認容し，その余の請求を棄却した。
1．本件株式1株当たりの時価の評価方法について
(1)　相続により取得した財産の価額は，特別の定めがあるものを除き，当該財産の取得の時における時価により評価されるが（法22条），右「時価」とは，相続開始時における当該財産の客観的な交換価値，すなわち，それぞれの財産の現況に応じ，不特定多数の当事者間において自由な取引が行われる場合に通常成立すると認められる価格をいうと解すべきである。

もっとも，本件株式のように取引相場のない株式にあっては，そもそも自由な取引市場に投入されておらず，自由な取引を前提とする客観的価格を把握することは困難であるから，法22条に規定する時価は株式の価額の形成要素を勘案して評価するほかなく，右評価の方法が合理性を有する限り，それによって得られた評価額をもって「時価」と推認することができるものというべきである。

(2) 証拠及び弁論の全趣旨によれば，次のとおり認められる。

　株式の価額を決定する要素としては，事業の種類，将来性，市場占有率，資本系列等もあるが，具体的に数量化して把握することができる要素としては，株式１株当たりの収益（利益）金額，配当金額及び純資産価額の３つが重要な役割を果たしていることから，取引相場のない株式の評価については，右の３要素のいずれかに着目した評価方法が採られており，純資産価額方式，配当還元方式のほか収益還元方式が考えられるところである（純資産価額方式における純資産の評定方法には帳簿価額（簿価）によるものと処分価格（時価）によるものがあるが，株式の時価の評定という観点からは，処分価格（時価）によることが合理的と解される。）。また，これらの株式の価額形成要素の個々に着目することなく，事業内容，事業規模，株式の流通性が類似する会社があるときは，その会社の株式価額に比準して株式価格を求める比準方式がある。

　これらの各方式には，それぞれ長短があるが，比準方式は，比準するに足りる程に類似する公開会社が存するときは，総合的な評価として妥当な方式ということができるが，公開会社の株式の価額は，経営と所有の分離を前提とした会社の株式について一般投資家の存在を前提として形成される市場価額であるから，比準方式の妥当性を維持するためには，評価会社の規模が公開会社と同程度であること及び所有と経営が分離していることが必要であろうし，また，市場における株式の価額は，利益又は配当の見込みのみならず，これを前提とした株式の価額の見込みに敏感に反応するものであるから，類似性の判定基準として規模，事業の種類のほかにいかなる要素を取り込むかも問題となるところである。

また，収益還元方式，配当還元方式及び純資産価額方式は，いずれも株式の価額形成要素のうちの1要素のみに着目する評価方法であり，他の要素を考慮しないという欠点がある上，収益還元方式は将来収益の評定に難があり，配当還元方式は配当を継続して行っている会社であることが前提となるが，配当の多少は経営方針とも関連するところから，経営に関与し得る株主の株式の価額を評定する方式としては，その客観性が乏しいという難がある。結局，株式が会社資産の持分としての性格を有することからすると，理論上は，純資産価額方式が株式の価額の評価に関する基本的方式であるということができる。もっとも，純資産価額方式は，個々の財貨として評価した価額の合計額を株式総数で除して1株当たりの金額を求めるものであり，事業に供されることによって各資産から生ずる収益を考慮しない欠点があるが，評価会社の事業が順調に遂行され，一般投資効率を超える収益を上げている場合には，事業継続中の企業全体を一体評価した資産の価額は処分価額の合算である純資産価額を超えることが予想されるし，利益が少ないか赤字体質である場合には，処分価額による純資産価額方式がより一層妥当することになるから，純資産価額方式は，少なくとも会社の経営に対し支配的地位を有する株主の保有する株式については，その最低限度の価額を把握する方式ということができる。

(3) 評価通達は，評価会社の規模を大，中，小に分かち，上場会社に匹敵するような大会社の株式は，上場会社の株式の評価との均衡を図ることが合理的であるので，原則として，類似業種比準方式により評価し，その経営実体において個人企業に近い小会社の株式は，会社経営と所有の分離もなく，株式の流動性も少ないことから純資産価額方式により評価することとし，その中間にある中会社の株式については，大会社の評価方式と小会社の評価方式を併用して評価するものとして，事業規模に応じた原則的評価方式を定めている。また，一部の同族株主により会社の経営がされている場合には，それ以外の従業員株主などが株式を保有する利益は配当への期待にあることを考慮して，これらの同族株主以外の

株主については配当還元方式が採用されている。そして，土地は，減価償却資産に属せず，市場価格の変動によって帳簿価格との間に含み益（損）を生ずる固定資産であるから，資産の大部分が土地である土地保有特定会社の株式の価額については，その資産内容が重要な要素となることを否定できないが，会社の事業経営に影響力を有せず，株式保有の利益が単に配当取得にある者も想定されることから，所有する株式の発行済株式数に占める割合によって会社の事業経営に対する支配力の差異を考慮した調整を行い，会社の事業経営に対する影響力を有する同族株主については純資産価額に応じた株式の価額が最低限度の価額を示すものとして，その株式の評価を純資産価額方式によることとしているものということができる。

　以上によれば，取引相場のない株式の評価として，評価通達の規定するところは，会社資産の割合的持分という株式の性質に応じた純資産価額方式を基礎として，会社の規模による修正，資産内容による修正及び株式取得者の事業経営への影響力に伴う株式取得利益の大小を考慮したものであり，かかる基準は一般的合理性を有するものであって，土地保有特定会社の同族株主の株式を純資産価額方式により評価することは合理的なものといえる。

(4)　認定事実によれば，本件会社は，大会社に該当するが，資産の76パーセントを土地が占める土地保有特定会社に該当し，本件相続開始日現在，発行済株式総数の70パーセントを本件相続人らが有しており，本件相続人らは会社経営に影響を有する中心的な同族株主であったから，以上説示したところに照らして，評価通達に定める純資産価額方式により本件株式を評価することは，合理的であるというべきである。

2.　本件株式の評価に係る純資産価額方式の適用について

(1)　固定資産税・都市計画税について

　争いのない事実等によれば，本件会社の平成3年4月10日現在の未納固定資産税及び都市計画税は合計2億8279万7000円であることが認められるところ，被告の採用した純資産価額方式の適用に当たっては，評価

時点以前に賦課期日のあった右固定資産税及び都市計画税の合計2億8279万7000円を未納公租公課として負債の部に計上すべきとされているから、本件株式の評価に当たっても、右金額を負債の部に計上すべきである。

したがって、本件株式の評価に係る純資産価額方式には、右の点についての違法がある。

(2) 貸倒債権について

原告らは、A社及びB社に対して有する債権の一部が回収不能であり、右回収不能金額を控除すべきであるとするが、その根拠とするところは、要するに、本件相続開始日（平成3年4月10日）の後の事情に照らせば、本件相続開始日においても、右各債権は、回収不能であり、貸倒債権であったと評価すべきであるとするところにある。

ところで、金銭債権については、債権者に債権を回収する意思があり、債務者にこれに応ずる意思があれば、破産等によって弁済が禁止されたものでない限り、債務者に十分な資力がなくても、直ちに、債権の回収が不可能となるものではないところ、原告らの主張によっても、本件相続開始日当時、右各債権は本件会社の貸付金に計上されていたというのであり、また、それ以前にA社又はB社が、右各債権の回収に応じる意思がないことを明確にしたというものでもないから、右各債権が本件相続開始日現在において貸倒債権に該当するとする原告らの主張は失当というべきである。

(3) 本件株式1株当たりの価額について

右によれば、評価通達に定める純資産価額方式により算定した本件株式1株当たりの価額について、被告がした評価は別表（略）9の1中負債の部に未払の固定資産税額及び都市計画税額合計2億8279万7000円が欠けていた点を除き、その根拠及び算出方法に誤りはないと認められる。そこで、右未払の固定資産税額及び都市計画税額を負債の部に加えて、同様の方法により本件株式の1株当たりの価額を算出すると、本件株式の課税時期現在の1株当たりの純資産価額は、13万2414円となるので、

右金額が本件株式の1株当たりの価額であると認められる。
　以上によれば，本件各処分には，本件株式の評価につき，本件会社の未納固定資産税及び都市計画税を控除しないで過大に評価した違法があるので，原告らの本訴請求は，その限度で理由があるから認容し，その余はいずれも理由がないので棄却する。

【205】　東京地裁　平成10年10月30日判決
　　　　（平成9年（行ウ）第67号・相続税更正処分等取消請求事件）
【当事者】
　原告　〇〇〇〇
　被告　蒲田税務署長
【判示事項】
　相続財産の評価の適否
【事案の概要と争点】
　本件は，平成3年11月12日相続開始に係る原告の相続税について，被告がした更正すべき理由がない旨の通知処分の適否が争われた事案である。
　主たる争点は，相続した土地の評価方法の適否（訴外A社の借地権の存否）にあった。
【判　旨】
　本判決は，次のとおり判示して，原告の請求を棄却した。
1. 更正の請求は，納税者の提出した納税申告書に記載した課税標準等又は税額等の計算が国税に関する法律の規定に従っていなかったこと又は当該計算に誤りがあったことにより，納税申告に係る税額が過大である場合等に，納税者が納税申告の是正を求める申立てであるが，申告納税方式による国税に係る税額は，その後に更正がされない限り納税者の納税申告のとおり確定するものであること，納税申告の前提となった事実関係及びそれを誤りであるとする事実関係は更正の請求をする納税者が熟知することであることからすれば，更正の請求を理由なしとする通知処分の取消請求訴訟において，更正の請求に係る事実関係は納税者たる

原告において主張，立証すべきものと解すべきものである。したがって，本件においては，原告において，本件土地部分につき，建物所有を目的とする賃借権が設定されたことを立証すべきものである。

2. 原告が本件土地部分に建物所有を目的とする賃借権が設定されたことの根拠として指摘する点につき，検討する。

(1) A社が，被相続人Bとの間で，本件土地部分につき，少なくとも，A社が営んでいる空瓶販売業のための空瓶置場として利用することができる内容の賃貸借契約を締結していることは，本件通知処分に当たり，被告もこれを認めているところである。ところで，A社が設立される前，C社が本件土地部分において空瓶販売業を営んでいた当時は，空瓶販売業に用いる建物としては，D建物が存したのみであるとの事実に照らせば，右当時においては，D建物の敷地以外の土地部分については，空瓶を野積みして，空瓶置場として用いていたものと推認することができる。そうすると，A社が，それまでC社が本件土地で営んでいた空瓶販売業を引き継ぐ目的で設立されたものであり，本件土地部分を空瓶販売業を営むために使用することが予定されていたということはできる。しかし，当時，D建物の所有権がA社に帰属していたと認められず，右にみた本件土地部分の使用形態は建物所有を目的とするものではないから，右事実から，本件土地部分につき，建物所有を目的とした賃借権の設定がされたということが推認できるものではない。

(2) A社がBに対して，毎月賃借料を支払っていたことも，BとA社との間に土地の賃貸借契約関係が存在していたことを示すものではあっても，右賃借権が，建物所有を目的としていたとの結論を直ちに導くものではないというべきである。この点につき，原告は，A社がBに支払っていた賃借料は，BがE神社から借り受けている借地の地代やBが第三者に建物所有を目的として貸し付けている土地の地代と比べて，相当な金額であるとするが，A社は，Bが影響力を有する同族会社であって，A社がBに対して支払う賃借料は，会社であるA社の経費とすることにより，同族内にA社の利益を留保するという性格を有するという面も否定でき

ないのであるから，そのようなA社とBとの間で合意された賃借料の額が，第三者との間の建物所有を目的とする借地契約に基づく地代と比べて相当な額であるということから，直ちに，建物所有を目的とする賃借権が設定されたとの結論を導くことはできないものというべきである。

(3) 次に，原告は，A社がF建物を建築したことを前提に，Bがそれに異議を唱えていないことを原告主張の借地権が設定されていることの根拠として挙げているが，F建物については，建築確認，建築施工業者からの代金請求，建築施工業者に対する代金の支払，所有権保存登記がいずれもG名義でなされており，特に，所有権保存登記は，昭和57年10月にF建物が完成した後ずっと未登記であったものを，本件相続開始日である平成3年11月12日に至って初めて，G名義で経由されたものであり，A社における建物を借方，Gからの借入金を貸方とする振替伝票が作成されたのはGがA社の代表取締役に就任した後の平成4年3月31日，A社が真正な登記名義の回復を原因として所有権移転登記を経由したのは同年7月24日になってからであることに照らせば，Gが個人としてF建物を建築したと推認することができ，そもそも，F建物完成当時の所有権がA社に帰属していたと認めるには足りないというべきである。また，仮にF建物を建築したのがA社であるとしても，F建物がBが影響力を有する同族会社であるA社によって使用されることが予定されていたことに加え，F建物は，鉄骨の柱にストレートの屋根を葺いたもので，周囲には，隣地との境界部分に目隠しを設置するのみで，壁を特に設けないという簡易な造りであり，建築費総額が421万5000円であることが認められるのであるから，これらの点に照らせば，本件土地部分にA社の建物所有を目的とする賃借権の設定がされていなかったとしても，Bが異議を唱えなかったことが不自然であるということはできないから，F建物建築に当たりBが異議を唱えなかったことをもって，直ちに，原告主張の賃借権が設定されていたとの結論を導くことはできないものというべきである。

(4) また，原告は，A社がH建物を建築していることをも原告主張の賃借

権が設定されていることの根拠として挙げているが，A社は，当初，D建物を取り壊した跡地にH建物を新築する計画を立て，その旨工事業者であるI社に指示していたところ，同社に対して，当時，癌で入院中のBから，D建物の解体及びその跡地への建物新築工事を中止するよう求める電話があったため，A社は，H建物敷地の場所にH建物を建築するように計画を変更して，建築に至ったという経緯が存することが認められるのであって，右事実に照らせば，A社においてH建物をH建物敷地に建築したことをもって，本件土地部分全体につき，原告主張のような賃借権が設定されていたとの結論を導くことはできないものというべきである。

(5) なお，被告も，H建物敷地については，借地権割合を減価した評価を行っているが，右の評価は，H建物敷地につき，借地権設定の合意が存在していたことを理由とするものではなく，課税実務の取扱い上，A社につき，借地権の認定課税が行われるべきであるとされたことの反射的帰結によるものであるから，被告が，H建物敷地につき，借地権割合の減価を行って評価をしていることをもって，本件土地部分に原告主張のような賃借権設定の合意が成立していた根拠とすることはできない。

3. 以上によれば，原告が，A社とBとの間に，本件土地部分につき，建物所有を目的とした賃借権設定の合意が成立したとの原告主張の根拠として挙げる事実は，いずれも採用することができず，これらを総合しても，なお，右原告主張を認めるに足りないものというべきであり，また，被告が法人税の申告において，C社あるいはA社の計算を否認していなかったとしても，相続税につき，原告の更正の請求を判断する段階で，その後に判明した事情をも加味してD建物についてのA社の所有権を争うことが禁反言の法理に触れるものではないことは言をまたないところであるから，本件各土地につき，減価割合を2.5パーセントとする旨の本件申告における記載に基づいて，所定の減価を行って算定した価格の範囲内の課税価格を前提としてなされた本件通知処分に違法は存しないものというべきである。

(4) そ の 他

【190】 名古屋地裁　平成10年2月6日判決（519ページ参照）

【206】 最　高　裁　平成10年4月10日第二小法廷判決

（平成10年（行ツ）第33号・相続税更正処分取消請求上告事件）

【当事者】

上　告　人（控　訴　人・原告）　　○○○○
被上告人（被控訴人・被告）　　板橋税務署長

【判示事項】

共同相続人間で相続税の不公平があることが更正処分の違法事由となるか否か

【事案の概要と争点】

本件は，年報9号整理番号【193】の上告審である。

【判　旨】

本判決は，上告人の請求を棄却した原審（東京高裁平成9年9月30日判決・年報9号 598ページ，一審東京地裁平成9年2月18日判決・年報9号 594ページ）の判断を是認し，上告を棄却した。

【207】 東京高裁　平成10年7月23日判決

（平成9年（行コ）第149号・債務不存在確認請求控訴事件）

【当事者】

控　訴　人（原告）　　○○○○ほか1名
被控訴人（被告）　　国

【判示事項】

延滞税納付義務の有無等

【事案の概要と争点】

本件は，年報9号整理番号【194】の控訴審である。

【判　旨】

本判決は，控訴人らの請求を棄却した原審（東京地裁平成9年9月30日

判決・年報9号598ページ）の判断を維持し，控訴を棄却した。

【208】　前橋地裁　平成10年8月28日判決
　　　（平成7年（行ウ）第5号・所得税更正処分等取消請求事件）
【当事者】
　　原告　○○○○ほか2名（亡○○○○承継人）
　　被告　伊勢崎税務署長
【判示事項】
　納税義務者が死亡した場合の更正決定の期間制限
【事案の概要と争点】
　本件は，亡Aの亡父（昭和63年12月30日死亡）の昭和61年ないし同63年分所得税について，被告がした更正処分等の適否が争われた。
　主たる争点は，納税義務者が死亡した場合，死亡した者の国税の更正決定は，相続の承認・放棄の熟慮期間内になされなければならないか否かにあった。
【判旨】
　本判決は，次のとおり判示して，原告の請求を棄却した。
1.　本件調査の違法に起因する本件課税処分の違法について
(1)　原告らは，本件調査の結果の通知が相続の承認・放棄の熟慮期間内になされなかったために，原告らの父Aが相続放棄をする機会を失ったとして，それが本件課税処分の取消事由（憲法30条，84条，31条違反等）となる旨主張する。
(2)　そこで，租税法律主義（憲法84条，30条）の見地から，まず，租税確定手続についての主要な法源であり，国税の確定に関する基本的事項を定めた国税通則法の規定内容をみるに，①納税義務者が死亡した場合，その租税債務に関する税務調査を，その相続人の相続の承認・放棄の熟慮期間内に終えなければならないとの規定は存在しない（税務署長の更正処分と決定処分（以下「更正又は決定」という。）について定めた同法24条及び25条は，「その調査により」更正又は決定を行う旨規定して

いるに過ぎず，更正又は決定の手続を定めた同法28条も，税務署長による更正通知書又は決定通知書の送達の時期を限っていない。）のみならず，②却って，同法は，租税法上の法律関係の早期安定にも配慮して，国税の更正についての除斥期間を法定申告期限から2年間（70条1項），国税の決定についての除斥期間を法定申告期限から5年間（同条3項），偽りその他不正の行為によりその全部若しくは一部の税額を免れる等した場合の除斥期間を各法定申告期限から7年間（同条5項）と一律に定め，右除斥期間内においては，更正又は決定のための調査を行いうることを当然の前提にしていると解されるのである。

このほか，所得税等の納税義務者が死亡した場合に，その相続人に係る相続の承認・放棄の熟慮期間内に税務調査を終え，その結果を通知しなければならないという明文規定は現行法上見当たらない。

そして，課税庁には，法律で定められたとおりの税額を徴収する義務がある（租税法律主義の一内容である合法性の原則）ことから，被告としては，除斥期間等の問題がない以上，Aの父Bの所得税に関する課税要件に関して調査を行い，適正な税額を確定しなければならなかったと言える。してみれば，本件課税処分は法律に従ってなされているものであり，憲法30条，84条，31条に反するということはできない。

2. 本件課税処分の憲法違反等について

原告らは，Aに相続税額以上の所得税を負担させる本件課税処分は，国税通則法5条1項の解釈を誤ったものであり，憲法29条等に反すると主張する。

しかしながら，本件では，Bの法定相続人らは，Bの相続について前橋家庭裁判所に相続放棄の申述をし，A以外の者についてはこれが受理されたが，Aは，申述を取り下げ，単独の相続人となったものであり，AはBの納税義務を承継すると言わざるを得ない。

これに対し，原告らは，Aによる相続財産の処分行為は錯誤に基づくものであり，民法921条1号に該当せず，また，Aの相続放棄の申述の取下げは，前記裁判所の勧告の結果やむなく行ったものであるから，A

は国税通則法5条1項の相続人に当たらないと主張する。しかし,相続放棄は,その申述の受理が家事審判事項とされ,家庭裁判所による右申述の受理によってのみすることができ,右申述べの受理を申し立て,これを却下された者は,家事審判法及び同規則の定めるところにより即時抗告によってのみこれを争うことができるものとされている。原告らの主張する相続財産の処分行為が錯誤に基づくものである等の点は,右相続放棄の申述受理の審判手続において(申立てが却下された場合にはその不服申立てをして)主張すべきものであり,右事由をもって本件課税処分の違法を主張することはできない。Aは,自ら相続放棄の申述を取り下げ,申述受理の審判を求めることを断念しているのであるから,Bの相続人としての立場を拒否することはできない。このことは,右取下げが家庭裁判所の勧告によりなされたとしても異なるところはない。

また,Bの承継人たるAに対してなされる本件課税処分が,Aの納める相続税額に限定されなければならないとの点については,そのような限定は現行法上何らの根拠がなく,租税実体法に定められた課税要件が適法に確定された以上,当該納税義務者の相続人に対し,相続税額を超える租税債務を承継させても,憲法29条により保障された財産権を侵害することはないし,憲法30条,31条,84条に反することのないことは言うまでもない。

【209】 東 京 地 裁　平成10年12月25日判決

(平成9年(行ウ)第66号・相続税更正処分等取消請求事件)

【当事者】

原告　○○○○

被告　中野税務署長

【判示事項】

租税特別措置法(平成8年法律第17号による改正前)69条の4の適用の可否

【事案の概要と争点】

本件は，原告の平成2年3月17日開始に係る相続税について，被告がした更正処分及び過少申告加算税の賦課決定処分の適否が争われた事案である。

主たる争点は，本件相続税の課税価格の計算に当たり，租税特別措置法（平成8年法律第17号による改正前のもの。以下「措置法」という。）69条の4（相続開始前3年以内に取得等をした土地又は建物等についての相続税の課税価格の計算の特例。以下「本件特例」という。）を適用することが違法，違憲となるか否か及び被相続人Aの本件土地の取得時期にあった。

【判　旨】

本判決は，次のとおり判示して，原告の請求を棄却した。
1. 本件不動産について本件特例を適用することが行政法規不遡及，遡及課税立法禁止の原則に反し違法，違憲となるか否かについて
(1) 行政法規をその効力発生前に終結した過去の事実に適用することは，法治主義に反し，一般国民の生活における予測可能性，法的安定性を害するものであって，原則として許されないものと解される。このことは租税法規の場合にも当然妥当するものである。すなわち，過去の事実や取引を課税要件とする新たな租税を創設し，あるいは過去の事実や取引から生ずる納税義務の内容を納税者の不利益に変更するいわゆる遡及立法は，現在の法規に従って課税が行われるとの一般国民の信頼を裏切り，その経済生活における予測可能性や法的安定性を損なうことになるのであって，その合理性を基礎づける特段の根拠がない限り，租税法律主義を定める憲法84条の趣旨に反し，許されないものと解される。
(2) 原告は，本件特例は，相続税の課税価格に算入すべき土地等の価格について，相続開始時における路線価等による時価評価の原則の例外を設け，右価格を路線価等による評価額を超える取得価額とする旨の規定であって，納税義務の内容を納税者の不利益に変更するものであるから，本件不動産の取得が本件特例の効力発生ないし納税者が本件特例の創設を最も早く予測できた日である本件中間答申の日の前に終結していたの

であれば，本件不動産について本件特例を適用することは，行政法規不遡及，遡及課税立法禁止の原則から許されない旨主張する。

しかしながら，租税法規不遡及，遡及課税立法禁止の原則は，過去の事実や取引を課税要件とする新たな租税を創設し，あるいは過去の事実や取引から生ずる納税義務の内容を納税者の不利益に変更するいわゆる遡及立法を許さないとする趣旨のものである。そして，相続税において，納税義務を生じさせる過去の事実に当たるのは，被相続人の死亡等及びこれらに伴う財産の取得という事実であると解される（相続税法1条）。

したがって，本件特例の効力発生前に被相続人が死亡したことにより財産を取得した相続人に課される相続税について，本件特例を適用するという場合は，行政法規不遡及，遡及課税立法禁止の原則に反することになり許されないと解されるが，本件特例の効力発生前ないし本件中間答申の日の前に被相続人が一定の財産を取得したという事実は，相続税法における納税義務を生じさせる過去の事実には該当しないのであって，相続人に課される相続税の課税価格の算定に当たって，右財産に本件特例を適用することが直ちに行政法規不遡及，遡及課税立法禁止の原則に反するということにはならないというべきである。

(3) 本件特例は昭和63年12月31日以後に相続が開始したものについて適用されることになるところ，本件相続は平成2年3月17日に開始しているから，本件特例の施行日以降に相続が開始していることは明らかであり，本件相続に係る課税価格の算定に当たって，本件不動産に本件特例を適用することが行政法規不遡及，遡及課税立法禁止の原則に反するとは到底いうことができない。

2. 亡Aが本件相続の開始前3年以内に本件土地を取得したものと認められるか否かについて

(1) 本件特例は，被相続人が相続開始前3年以内に取得又は新築をした土地等又は建物等（適用除外不動産を除く。）に限って，その適用対象とするものである。そして，本件特例に係る「取得等の日」とは，被相続人が当該土地等又は建物等に対する実質的な支配を有するに至り，その

財産権を確定的に取得したと認められる日をいうものと解するのが相当である。

(2) 本件売買契約（以下「本件契約」という。）においては，本件土地の所有権は，売買代金全額の支払が行われたときにBから亡Aに移転し，その所有権移転と同時に引渡しも行われるものと合意されていたところ，本件契約が締結された昭和61年3月3日に手付金5000万円が支払われ，その後本件契約に従い順次売買代金の中間金が支払われていき，昭和62年3月31日に内金4億4820万円が支払われ，同年4月1日，同年3月31日売買を原因として亡Aに対する所有権移転登記がされていること，亡AとBとの間では，本件契約に従い，本件土地の固定資産税等の公租公課は，昭和62年3月末日をもって清算されており，亡Aは，本件土地の昭和62年度分の固定資産税等のうち，9か月分を負担していること，Bと同人から本件土地を賃借していたC社との間では，BがC社に対し同年3月31日まで本件土地の明渡しを猶予する旨の合意が成立しており，C社はBに対し同日までの賃料相当損害金の支払をしていること，本件土地につき駐車場の造成工事が完成し，亡Aが実際に本件土地の利用を開始したのは同年7月初旬であることからすれば，亡Aは，清算金を除く売買代金の支払が完了した同年3月31日に本件不動産の所有権を確定的に取得したものと認めるのが相当である。

(3) 以上のとおり，本件土地は，被相続人である亡Aが本件相続の開始日である平成2年3月17日の前3年以内に取得したものと認められるから，本件相続税の課税価格の計算に当たっては，本件土地に本件特例を適用すべきものというべきである。

4 間接税

(1) 消費税

【15】 徳島地裁 平成10年3月20日判決（ 38ページ参照）
【285】 大阪地裁 平成10年11月24日判決（828ページ参照）

【210】 東京地裁 平成10年3月27日判決
（平成8年（行コ）第230号・消費税更正不処分通知処分取消請求事件）

【当事者】
　原告　株式会社〇〇〇〇
　被告　神田税務署長

【判示事項】
　消費税法30条1項適用の可否，信義則違反の有無

【事案の概要と争点】
　本件は，医薬品の卸売業を営む原告の平成5年10から同6年9月までの課税期間に係る消費税について，被告がした更正すべき理由がない旨の通知処分の適否が争われた事案である。
　主たる争点は，消費税法30条1項の適用の可否（帳簿類のうち仮名仕入れに係る部分の同法30条7項の法定帳簿該当性）及び信義則違反の有無にあった。

【判旨】
　本判決は，次のとおり判示して，原告の請求を棄却した。
1.(1) 消費税法（平成6年法律第109号による改正前のもの。以下「法」という。）30条1項は，事業者の課税仕入れ（法2条1項2号）に係る

消費税額の控除を規定するが，右規定は，法6条により非課税とされるものを除き，国内において事業者が行った資産の譲渡等（事業として対価を得て行われる資産の譲渡及び貸付け並びに役務の提供をいう。法2条1項8号）に対して，広く消費税を課税する（法4条1項）結果，取引の各段階で課税されて課税が累積することを防止するため，前段階の取引について生じた消費税額を控除することとしたものである。その際，課税仕入れに係る適正かつ正確な消費税額を把握するため，換言すれば真に課税仕入れが存在するかどうかを確認するために，法30条7項は，同条1項による仕入税額控除の適用要件として，当該課税期間の課税仕入れに係る帳簿等を保存することを要求している。また，消費税法施行令（平成7年政令第341号による改正前のもの。以下「令」という。）50条1項は，法30条10項の委任に基づいて，同条1項の規定の適用を受けようとする事業者について同条7項に規定する帳簿等を整理し，当該帳簿についてはその閉鎖の日の属する課税期間の末日の翌日から2か月を経過した日から7年間，これを納税地又はその取引に係る事務所，事業所その他これらに準ずるものの所在地に保存しなければならないと規定する。右のような法30条7項の趣旨並びに令50条1項において帳簿の保存年限が税務当局において課税権限を行使しうる最長期限である7年間とされていること及び保存場所も納税地等に限られていることからすれば，法及び令は，課税仕入れに係る消費税額の調査，確認を行うための資料として帳簿等の保存を義務付け，その保存を欠く課税仕入れに係る消費税額については仕入税額控除をしないこととしたものと解される。

(2) そして法30条8項が「前項に規定する帳簿とは，次に掲げる帳簿をいう。」と規定していることからすれば，同条7項で保存を要求されている帳簿とは同条8項に列記された事項が記載されたものを意味することは明らかであり，また，前記(1)において説示した同条7項の趣旨からすれば，右記載は真実の記載であることが当然に要求されているというべきである。

なお，法30条8項の記載事項が単に一般的記帳義務の内容を規定する

ものにすぎないとすれば，法30条中に規定する理由はないというべきであるし，課税仕入れに関する一般的な記帳義務の内容は法58条及び令71条に規定されているのであって，法30条8項を法58条に基づく一般的な記帳義務の記載内容を定めたものと解することはできない。

(3) 原告は，法人税の場合には，仮名仕入れであっても損金と認められ得ることをもって，消費税においても，課税仕入れの存在が認められれば，仮名仕入れであっても仕入税額控除が認められるべきであると主張するが，法人税の場合には，費用収益対応の見地から，当該事業年度の収益に対応する売上原価の存否及び範囲（法人税法22条1項，3項）が調査の対象とされ，右対応関係が認められる場合に損金とされるのに対し，消費税の仕入税額控除においては，そのような対応関係の有無及び範囲が問題となるのではなく，消費税が取引の各段階で課税されて課税が累積することを防止するため，前段階の取引について生じた消費税額を控除することとし，その際，課税仕入れに係る適正かつ正確な消費税額を把握するため，換言すれば真に課税仕入れが存在するかどうかを確認するために，適用要件として，当該課税期間の課税仕入れに係る帳簿等を保存することを要求しているのであって，その目的を異にしているのであるから，右原告の主張は採用することはできない。

(4) さらに，原告は，課税仕入れの真否を調査確認するためにその相手方の真実の氏名又は名称が記載要件とされているのであれば，住所の記載も要件とされるはずであると主張する。確かに，適切な課税及び徴税に納税者の協力が不可欠であることはいうまでもないが，適切な課税及び徴税に有効であるからといって不利益な効果を伴わせて納税者にどこまでの協力を義務付けるかは，当該課税の対象に係る取引の実情，納税者の負担，課税庁における人的，物的な調査能力，一般的に収集が可能と想定される資料の内容等といった諸事情を考慮して決すべき立法問題である。したがって，課税仕入れの相手方の氏名又は名称に加えて住所，所在地をも記載させることは記載事項の真否を確認する上で便宜であることは否めないが，それを欠くが故に，帳簿に記載された課税仕入れの

相手方の氏名又は名称が真実であるかどうかを確認することができないというものではなく，取引に際して交付を受ける納品書，請求書，領収書等又は納税者の協力を得るなど他の方法によって記載の真実性を確認することも可能であり，法30条8項も，事業者に過大な事務負担を強いることがないようにとの見地から住所の記載を要件としなかったにすぎないというべきであるから，原告の主張は失当である。

(5) 原告は，仮名記載の帳簿等では仕入税額控除を認めないとすると，二重課税となり違法であると主張するが，仕入税額控除を認めない場合には課税が累積することは原告主張のとおりである。しかし，原告が負担する消費税の納税義務は原告の行った課税取引により生じるものであって，仕入先の行った課税取引に係る消費税とはその原因を異にするから，同一原因による課税が重複するものではない。

そして，仕入税額控除が認められない場合に生じる課税の累積は，法の予定するところであり，次に説示するとおり，これを違法というべきものではない。

(6) 原告は，右のような解釈を租税法律主義違反であると主張するが，法30条7項は，課税仕入に係る適正かつ正確な消費税額の把握が要求されることから真に課税仕入れに係る消費税が存在するかどうかを確認するため設けられた規定であって，右立法目的を達成するために仕入税額控除に係る帳簿等の保存を仕入税額控除の要件とすることも一つの合理的な方法というべきである。そして，課税仕入れに係る適正かつ正確な消費税額を把握する手段として，右以外のものも考えられなくはないが，課税仕入れに係る相手方の特定を求めることが少なくとも右立法目的に沿うものであることは明らかであり，また，災害その他やむを得ない事情により法30条8項所定の事項を記載した法定帳簿の保存をすることができなかったことを当該事業者において証明した場合には，仕入税額控除が可能とされていること（法30条7項ただし書）に照らせば，法30条8項所定の事項を記載した法定帳簿の保存を義務付けるという方法も，右立法目的の達成のために必要かつ合理的なものということができる。

したがって，法30条7項ただし書の場合に該当せず，右の証明もしなかった事業者が結果的に仕入税額控除を受けられなくなることがあるとしても，これをもって違法であるということはできない。

そして，前記のとおり，法定帳簿の記載事項のうち法30条8項1号イの「氏名又は名称」は「真実の氏名又は名称」を意味するから，右規定が租税法律主義，課税要件明確主義の要請に反しないことは明らかである。

(7) 本件帳簿は，市販の納品書に仮名の仕入先名及び仕入金額を原告代表者が記載し，収入印紙を貼付した本件納品書から本件仕入帳に転記するという方式で作成されており，法30条7項で保存が要求されている法定帳簿に該当しないことは明らかであって，原告には法30条1項の適用はないというべきである。

2.(1) 租税法律関係において，信義則の適用があるのは，納税者間の平等，公平という要請を犠牲にしてもなお当該課税処分に係る課税を免れしめて納税者の信頼を保護しなければな正義に反するといえるような特別の事情が存する場合に限られる。そして，右事情が存するかどうかの判断に当たっては，少なくとも，税務官庁が納税者に対し信頼の対象となる公的見解を表示したことにより，納税者がその表示を信頼しその信頼に基づいて行動したところ，後に右表示に反する課税処分が行われ，そのために納税者が経済的不利益を受けることになったものであるかどうか，また，納税者が税務官庁の右表示を信頼しその信頼に基づいて行動したことについて納税者の責めに帰すべき事情がないかどうかという点の考慮が不可欠である（最高裁判所昭和62年10月30日第3小法廷判決・判例時報1262号91頁）。

(2) これを本件についてみるに，前記のとおり，法定帳簿に課税仕入れの相手方の真実の氏名又は名称を記載すべきことは法30条7項，8項の文理自体から明らかであるところ，被告が原告に対し，法定帳簿における相手方の氏名又は名称の記載が真実でない場合であっても仕入税額控除に関する規定が適用されるという公的見解を積極的，明示的に表明した

という事実を認めるに足りる証拠は存しない。そして、仮に平成4年までは、仮名仕入取引に係る税額には仕入税額控除が認められない旨の被告の公的見解が積極的に明らかにされたことがなく、税務調査においても右のような見解に基づく税務指導がなされたことがなかったとしても、これをもって税務官庁が原告に対し法定帳簿の仮名記帳に係る課税仕入れについて仕入税額控除が認められるとの公的見解を表示したとか又は表示したのと同視することはできない。

(3) したがって、仮に原告が仮名記帳に係る課税仕入れについて仕入税額控除が認められると信じたとしても、そもそも被告による公的見解の表明があったといえない以上、右信頼は租税法律関係における納税者間の平等、公平という要請を犠牲にしてもなお保護しなければ正義に反するといえるようなものではないことは明らかである。

【211】 東京高裁 平成10年4月21日判決

（平成9年（行コ）第186号・消費税更正処分取消請求控訴事件）

【当事者】

控　訴　人（原告）　　株式会社〇〇〇〇

被控訴人（被告）　　浜松東税務署長

【判示事項】

有償支給原材料加工後における消費税の課税標準

【事案の概要と争点】

本件は、年報9号整理番号【199】の控訴審である。

【判　旨】

本判決は、控訴人の控訴審における新たな主張について、次のとおり判示したほかは、原告の請求を棄却した原審（静岡地裁平成9年10月24日判決・年報9号614ページ）の判断を維持し、控訴を棄却した。

1. 控訴人は、本件部品の取引の形式は売買であるが、その実質は売買ではなく、部品の所有権は移転しないから、契約の形式と実質を切り離して検討し、採用されている形式を除外してもなお実質的にも売買である、

あるいは所有権が移転していると認められるかどうかが判断されなければならないと主張する。

　しかし，通常は，形式は実質を反映するものであって，両者は不即不離の関係にあるから，売買の形式がとられているということは，特段の事情のない限り，当該取引が売買であることを意味するものというべきである。したがって，控訴人のいう形式であっても，これを全く無視することはできないのであって，原判決が，その認定する以下の事実，すなわち，部品の取引に関する契約書の文言，Ａ社等３社が完成品の納入のない部品については決算の在庫に計上していないこと，Ａ社等３社が控訴人に対し支給部品代金に消費税を加算して請求し，控訴人が完成品代金に消費税を加算してＡ社等３社に請求していることを含めて，部品の取引が売買に当たるかどうかを判断していることは，相当というべきである。

　控訴人は，本件部品はメッキ加工の対象物であって，注文主から供給されてメッキ後に再び注文主に戻されることが予定されており，控訴人がこれを使用・収益・処分することは全く予定されていないことを重視すべきであると主張する。しかし，本件部品の取引がこのような形態のものであるからといって，その取引が売買ではありえないとはいえない。必ずしも売買という法的形式を採用しなくともその目的を達することができるといい得るにすぎない。

　また，控訴人は，本件における部品の単価は，対価とは認められず，その取引は売買とはいえないと主張する。しかし，対価が客観的な時価相当額でなければ売買とはいえないということはないのであって，何らかの事情によりこれと異なる代金額が定められることはしばしばみられるところである。本件において，Ｂ社及びＣ社から支給される部品の単価は，製造原価を下回っているが，これは，原判決の認定するとおり，支給部品の単価は主として部品の紛失等の自己があった場合に加工業者が負担する損失の基準としての意味を有するにすぎないものであり，しかも事故はほとんどないことによるものである。したがって，部品の単

価がこのように定められているからといって，直ちにその取引が売買ではないということはできない。
2. 控訴人は，A社等3社は控訴人に支給した部品を「自己の資産として」管理していると主張するので検討する。
(1) A社について

　証拠によれば，控訴人とA社との間の購買基本契約書には控訴人主張のような条項があることが認められるが，A社が，支給する部品の所有権がA社に留保されていようがいまいが，控訴人によるメッキ加工の品質が適正に保たれるような方策を講ずること，具体的には，支給材の保管状況，メッキ加工の作業状況等が適切な行われることを担保するために，立ち入り検査等をすることは当然であるから，このような条項があることは，必ずしも支給される部品の所有権が控訴人に移転せず，A社がこれを自己の資産とて管理していることを意味するものではない。支給した部品の廃却，転用，譲渡等を禁止する条項も，むしろ控訴人に所有権が移転するからこそ，このような行為を禁止する条項が必要になるというべきである。

　証拠によれば，A社から納入される部品には受領書・納品書・納入ロット票が付いており，品番・納入指示数・納入場所等が記載されていることが認められるが，控訴人は支給された部品にメッキ加工をした上でA社に納入するのであるから，A社によるこのような事項についての指示があることは当然であって，この事実はA社が支給した部品を自己の資産として管理していることを裏付けるものではない。

　証拠によれば，A社は，毎月，「有償支給材料売上明細表」及び「検収明細表」を作成して毎月の支給材料及び検収品の明細を集計していること，部品にはA社が「手配品番」を付していることが認められるが，このような集計や品番による特定は部品を売却して所有権を移転した場合にも必要になるのであって，この事実は何らA社が控訴人に支給した部品を自己の資産として管理していることを示すものではない。

(2) B社について

証拠によれば，B社の支給する部品には「材料支給伝票」が付いており，この伝票には部品番号・部品名・数量等が記載されていることが認められる。また，他の証拠によれば，B社は，毎月，「支払案内票」を作成してその月の控訴人への支払額を通知していることが認められる。しかし，これらの措置は，控訴人に部品を支給し，控訴人に部品のメッキ加工に関する代金を支払う以上は当然のことであって，部品をB社が自己の資産として管理していることを裏付けるものではない。

　また，証拠によれば，B社は，控訴人に支給した原材料の数量とメッキ加工して納入された数量の出入りをコンピューターで管理し，控訴人に残っている数量を管理していること，年2回，控訴人から在庫についての報告を求めていることが認められる。しかし，証拠によれば，前者は，工程管理の必要，すなわち，B社への注文主に納期までに納入するために，控訴人の在庫ないし控訴人への支給が必要な数量を知る必要があるからであり，後者は，メッキ加工に失敗し，補修もできない部品の数を知るためであることが認められ，いずれもB社が部品を自己の資産として管理していることを示すものとはいえない。

(3) C社について

　証拠によれば，C社から控訴人に部品が納入される際に添付されている納品書には，品目番号・品目名称・指定数量・納入指定期限・納入場所等が記載されていることが認められる。また，証拠によれば，控訴人はC社に対し，毎月，支給された部品の在庫を報告していることが認められる。しかし，これらの事実は，直ちにC社が支給した部品を自己の資産として管理していることを示すものではない。

　以上のとおり，A社等3社は，控訴人に支給した部品を自己の資産として管理しているものと認めることはできない。

　なお，消費税法基本通達5－2－16の解説が，「形式的に有償支給の形態を採るものの，原価による支給であり，当該支給原材料の受払い，数量管理等を行っている場合」をもって直ちに「自己の資産として管理しているとき」に当たるとしているものではなく，この場合は資産の譲

渡があったものとして取り扱うかどうかについて疑問が生じるとしているにすぎず,「仮払金又は未収金とする経理その他を通じてその支給に係る原材料を支給する事業者が自己の資産としての受払い,数量管理等をしているとき」に限り「その原材料の有償支給は,資産の譲渡に該当せず,したがって,消費税の課税の対象にはならないのである。」としていることは,右通達の文言自体からして明らかである。

【212】 大 阪 地 裁　平成10年8月10日判決
　　　（平成7年（行ウ）第25号・賦課決定処分取消等請求事件）
【当事者】
　原告　○○○○
　被告　堺税務署長ほか1名
【判示事項】
　控除対象仕入税額の適否,消費税法30条7項の帳簿書類等の「保存」の意義
【事案の概要と争点】
　電気工事業を営む原告の平成3年1月1日から平成3年12月31日までの課税期間の消費税の更正処分及び右課税期間の消費税に係る無申告加算税の賦課決定処分の適否並びに右各処分についての裁決の適否が争われた事案である。
　主たる争点は,本件控除対象仕入税額の適否及び消費税法30条7項の帳簿書類等の「保存」の意義にあった。
【判　旨】
　本判決は,次のように判示して,原告の請求を棄却した。
1. 原告の主張（仕入れに係る消費税額の控除）について検討する。
⑴　法30条7項は,同条1項の規定を適用しない場合の要件（仕入税額控除の不適用要件）を定めたものではあるが,帳簿又は請求書等の保存は専ら事業者側の事情であるから,その反対解釈として,租税実体法上の仕入税額控除のための要件を定めたものと解すべきであり,本件のよう

な更正処分取消訴訟においては，課税期間内に具体的に課税仕入れがあった事実に加えて，右の課税仕入れに係る同条8，9項所定の記載事項の要件を充たした帳簿又は請求書等を右訴訟の違法判断の基準時である更正処分時まで保存していた事実，又は災害その他やむを得ない事情によりその保存をすることができなかった事実を事業者が主張・立証したときに限り，仕入税額控除をすべきことになると解すべきである。そして，事業者の主張・立証責任に属する右の保存とは，具体的な要件事実としては，少なくとも原則的には，その文言どおり，事業者が，帳簿又は請求書等を所持・保管していたことを意味し，その期間については，法施行令50条1項，租税特別措置法，同法施行令により定められた保存期間の始期（以下「保存期間の始期」という。）からそれぞれ全期間にわたって所持・保管を継続することを意味すると解すべきである。従って，帳簿又は請求書等に該当する書面をそれぞれの保存の始期の後に事業者が取得したとしても，保存の要件を欠くことになるといわざるを得ない。ただし，右の帳簿又は請求書等が右の訴訟に書証として提出されて更正処分時にも存在したことが主張・立証されれば，通常，右の意味の保存の事実が事実上推認される場合が多いものと考えられる。

なお，原告は，仕入税額控除を認めないと実質的には二重課税となって法が定めるわが国の消費税の本来的性格に反するので，その要件としても，できるだけ課税仕入れの事実の立証の問題として扱うようにすべきであり，帳簿又は請求書等の保存の意味についてもこれを厳格に解すべきではないとの趣旨の主張もする。

しかし，原告が負担する消費税の納税義務は原告の行った課税取引により生じるものであって，仕入先の行った課税取引に係る消費税とはその原因を異にするもので，仕入税額を控除しなかったとしても，同一の原因による課税が重複するわけではないし，そもそも，仕入税額控除が認められない場合に生じる課税の累積は，当初から法の予定するところである。

(2) 次に，被告らの反論について検討する。

法30条7項, 10項, 法施行令50条1項が帳簿又は請求書等の保存を事業者に要求したのは, 課税仕入れに係る消費税額の確認を行うためであるが, その確認の主体は, 法でこの点に関する規定が置かれていない以上, 課税庁のみに限られると解すべき根拠はなく, 裁決庁もあり得るし, 最終的には, 取消訴訟等が係属する裁判所も当然に予定されているといわなければならない。仮に被告らの主張のように解すると, 税務調査の際に帳簿又は請求書等の提示を事業者が拒絶した事実が主張・立証されると, その一事で, 課税仕入れの事実の有無やそれに係る帳簿又は請求書等の所持・保管の事実について裁判所の司法判断を経ないまま, 仕入税額控除が認められないことになるが, 法30条1項や7項, それに法の他の規定からも, そのような法的効果を導く解釈を採ることは無理である。また, 実体法上の課税要件は明確でなければならないところ, 法30条7項は「保存しない場合」と規定しているのみで, その他法においても同条10項に基づく法施行令においても, 通常の保存の文言どおりの意味を超えて課税庁側への提示が租税実体法上の効果に結び付くことをうかがわせるような規定は一切存在しない。のみならず, 税務調査の態様も様々であって, 臨場や連絡が数回にわたることもあり, 提示の拒否と評価され得る態様もまた様々であって, 単に, 税務調査の際に提示を拒否したといっても, 実体法上の課税要件としての具体的な要件事実としては甚だ明確性を欠くものといわざるを得ない。結局のところ, 税務調査の際の事業者の手続上の義務違反を被告らの主張のように租税実体法上の消極的課税要件に結び付けるための法の規定が明らかに欠けているのである。

　そして, 当裁判所の右の判断のように解したとしても, 事業者が税務調査の際に提示を拒否し, そのために課税庁が仕入税額控除の要件である課税仕入れに係る帳簿又は請求書等の保存の事実を認識できなければ, 課税庁としては仕入税額控除はできないものとして更正処分等を当然にせざるを得ないものであり, 事業者としては, その事態は甘受するほかない。むしろ, 事業者は, そのような事態を避けるため自ら積極的に帳

簿又は請求書等を課税庁に提示する場合も多いものと考えられる。これに対して，事業者は，何らかの理由で税務調査による検査を拒絶した場合には法68条の罰則をもって対処されることがあり，実際には帳簿又は請求書等を所持・保管しており，仕入税額の控除を実現したい場合には，更正処分の後の異議申立て，審査請求，さらには更正処分取消訴訟を提起することによる負担を負うことになる。そして，右の各手続において右の帳簿又は請求書等であるとする書証が提出されて処分当時にそれらを事業者が所持・保管していたことを証明した場合には，異議庁，裁決庁それに裁判所は，提示を拒否したことの一事でもって仕入税額控除を否定するのではなく，提出された請求書等に該当するとされる書面を慎重に検討し，果たして法30条8項，9項所定の事項が記載されているのか，それを事業者が保存期間の始期から継続的に所持・保管していたのかどうか，そもそも，課税仕入れの事実があったのかどうかについて審理し，そのいずれもが肯定される場合には，仕入税額控除を認め，これを認めなかった更正処分を取り消す判断をすることになる。ただし，実際には，税務調査の際に課税庁が確認できなかった帳簿又は請求書等が後に提出されても，それが法30条8項，9項所定の要件や所持・保管の要件を充たさないと判断されたり，課税仕入れの事実自体が認めるに足りないと判断されて，結局，仕入税額控除が認められない場合もあり得る。以上のような結果は，決して不合理とは考えられない。

　なお，被告らは，青色申告の承認取消しの要件の判断として，青色申告者が備付けを義務付けられている帳簿書類について税務調査の際に提示を求められたにもかかわらずこれを拒否した場合には，所得税法150条1項1号や法人税法127条1項1号所定の右要件である帳簿書類の備付け，記録又は保存が大蔵省令で定めるところに従って行われていない場合に該当するとの判断が下級審の裁判例であることを挙げる。しかし，そもそも，青色申告の承認の取消によりその特典がなくなるという法律効果と消費税における仕入税額控除が受けられないとの法律効果は異なるし，右の場合が青色申告の承認の取消し事由に該当しないとすると，

課税庁としては，帳簿の内容を認識できないため帳簿の内容に基づく更正処分をすることも（所得税法155条，法人税法130条），推計課税をすることもできなくなる（所得税法156条，法人税法131条）という不合理な結果となるのに対し，事業者が課税仕入れに係る帳簿又は請求書等を税務調査の際に提示しない場合には，前判示のとおり，課税庁としては，仕入税額控除を否認して更正処分をせざるを得なくなるだけである点が異なる。いずれにしても，両者を同一に論じることはできない。

被告らの反論は採用することができない。

(3) 本件においては，課税仕入れに係る法30条8項の帳簿を保存していたとの原告の主張はないので，以上の判断の下に，課税仕入れの事実があったかどうか，そして，本件請求書等が課税仕入れに係る法第30条9項所定の請求書等に該当するかどうか，その所持・保管があったのかどうかについて検討する。

ところで，法30条9項1号は，同条7項の請求書等とは，事業者に対し課税資産の譲渡等を行う他の事業者が，当該課税資産の譲渡等につき当該事業者に交付する請求書，納品書その他これらに類する書類で，(イ)書類の作成者の氏名又は名称，(ロ)課税資産の譲渡等を行った年月日（課税期間の範囲内で一定の期間内に行った課税資産の譲渡等につきまとめて当該書類を作成する場合には，当該一定の期間），(ハ)課税資産の譲渡等に係る資産又は役務の内容，(ニ)課税資産の譲渡等の対価の額（当該課税資産の譲渡等に係る消費税額に相当する額がある場合には，当該相当する額を含む。），(ホ)書類の交付を受ける当該事業者の氏名又は名称，以上の各事項（以下「法定事項」という。）が記載されているものをいうと規定する。この法定事項は，課税仕入れに係る適正かつ正確な消費税額を容易に把握し，真に課税仕入れが存在するかどうかを確認するために必要な事項として定めたものであり，法施行令附則14条の規定に照らしても，そのうち1つでも完全な記載を欠くならば本来は請求書等に該当しないといわなければならない。もっとも，その記載事項の内容は，他の資料によってその内容が明確に特定される場合もあり

得るし，常に右請求書等に該当する1つの書面だけにすべての法定事項が完全に記載されていなくても，他の書類によって法定事項が補完される場合もあり得ると解する余地もあるが，そのように解するとしても，右の趣旨からすると，少なくとも，補完するための右の書類も請求書等と同様に事業者の相手方が作成したものであり，かつ，法定の保存期間の始期から継続して保存（所持・保管という通常の意味）している必要があるというべきであり，保存期間の始期の後に事業者が課税仕入れの相手方からその作成に係る右の保管のための書類を取得し，以後これを所持・保管していても，全期間にわたる継続した所持・保管の要件を欠くというべきである。そして，本件においては，保存期間の始期は，法施行令50条1項，租税特別措置法（平成4年法律第14号による改正前のもの）86条の4第2項，同法施行令（平成4年政令第87号による改正前のもの）46条の3により，平成4年4月1日となる。

2.(1) 以上のとおりであるから，原告の納付すべき消費税額は，原告の課税標準額に対する消費税額である145万5600円から，課税仕入⑤に係る消費税額として3万4419円及び限界控除税額である55万6965円を控除した86万4200円になるというべきであり（100円未満の端数の切捨てについては通則法119条1項），この範囲内でされた本件更正処分は適法である。

(2) また，争いのない事実によれば，本件課税期間に係る消費税の確定申告書の提出期限は平成4年3月31日であるところ（法45条，租税特別措置法86条の5第1項），原告が本件課税期間に係る消費税の確定申告書を提出したのは，平成4年10月5日であり，原告が消費税の確定申告期限内に確定申告書を提出しなかったことは明らかであり，原告が期限内に申告書を提出しなかったことについて，通則法66条1項ただし書きに規定する「正当な理由」があると認めるに足りる証拠もない。

そうすると，本件更正処分に基づいてされた本件賦課決定処分も適法である。

(3) 本件裁決については，本件更正処分及び本件賦課決定処分は前判示の

とおり適法であり，本件裁決に至る審査請求の手続にも違法がないと認められるから，いずれにしても，右両処分についての審査請求を棄却した本件裁決は適法である。なお，原告が主張する本件裁決の違法事由は，本件更正処分が，その処分時においては課税庁側が帳簿又は請求書等の保存が確認できなかったものとして仮に適法であるとしても，被告審判所長は，裁決時には右保存を確認できたから，その意味で裁決固有の違法事由があるとの趣旨にも解されるが，裁決庁である被告審判所長は，本件更正処分及び本件賦課決定処分が客観的に違法かどうかを右各処分の処分時において判断すべきであるから，右の趣旨の主張としても，結局，裁決固有の瑕疵（行訴法10条2項参照）の主張には当たらず，主張自体理由がない。

【213】 津 地 裁 平成10年9月10日判決
（平成6年（行ウ）第9号・消費税更正処分等取消請求事件）
【当事者】
　原告　㈱○○○○
　被告　津税務署長
【判示事項】
　控除対象仕入税額の適否，消費税法30条7項の帳簿書類等の「保存」の意義
【事案の概要と争点】
　コーヒー豆卸売業を営む原告の平成2年4月期ないし平成4年4月期の各課税期間の消費税の更正処分と平成3年4月期及び平成4年4月期の各課税期間の消費税に係る過少申告加算税の賦課決定処分の適否が争われた事案である。
　主たる争点は，消費税法30条7項の帳簿等の「保存」の意義並びに提示拒否に係る「正当理由」の有無にあった。
【判　旨】
　本判決は，次のように判示して，原告の請求を棄却した。

1. 法30条7項の意義
(1) 現行消費税の基本構造
　　現行消費税は，消費行為を課税対象とする税（広義の消費税）の一種であり，広義の消費税のなかでは，以下のような位置づけを有している。
　　まず，広義の消費税は，あらゆる消費行為に課税する一般消費税と，特定物品の消費行為についてのみ課税する個別消費税とに分類され，さらに，取引の全ての段階の消費行為に課税する多段階税と，特定の段階の消費行為についてのみ課税する単段階税に分かれる。また，多段階税は，取引の各段階で課せられた税負担がそのまま累積する累積税と，前段階で課せられた税負担が次の段階で控除される非累積税とに分類され，さらに非累積税は，累積を排除する方法によって，インボイス（伝票）方式と帳簿方式に分かれる。
　　これに対し，現行消費税は，課税対象を，国内において個人事業者及び法人が行った資産の譲渡等としているから（法2条1項4号，同4条1項），多段階型・一般消費税であり，取引前者の税負担を原則として排除することとしているから，（法30条1項，税制改革法10条2項），基本的には非累積税である。また，法は，帳簿等を保存しない場合には仕入税額控除をしないとしているから（法30条7項），累積排除につき帳簿方式を採用している。
(2) 法30条7項の法的効力－「帳簿等を保存しない場合」にも仕入税額控除が認められる余地があるか。
　　法は，30条1項において仕入税額控除を定め，30条7項において，課税仕入れの税額控除に係る帳簿等を保存しない場合には，同項但書の宥恕規定に該当する場合を除き，30条1項を適用しないと規定している。そして，法30条7項の法的効力について，原告は，非累積税たる消費税の本質に照らせば，同項は限定的に解釈されるべきであって，同項は，帳簿等を全く保存しないで，かつ，他に当該納税者の課税仕入額を合理的に推認する手段が全く存在しないような場合に限っての規定であると主張する。

しかし，法30条7項の文言に照らせば，同項は，帳簿等の保存を仕入税額控除の要件とし，帳簿等の保存がない場合には，仮に客観的に課税仕入れが存在しても仕入税額控除は認めないとする趣旨であると解するのが自然であり，原告主張のとおりに解釈することは文言上困難である。また，法30条7項は，但書において宥恕規定を設けているところ，同項を原告主張のとおりに解すれば，但書の宥恕規定がどのような趣旨で設けられているのか説明できないのであって，かかる条文解釈はとり得ない。これに対し，原告は，現行消費税が非累積税であることを強調するが，現行消費税が非累積税であっても，一定の方式によって把握された累積額だけを排除するとの規定をおくことも可能なのであるから，非累積税であることから原告主張の解釈が導かれるわけではない。

したがって，法30条7項は，帳簿等の保存を仕入税額控除の要件とし，仕入税額の証明手段を法定の帳簿等に限定していると解すべきであって，納税者が法定の帳簿等を保存していない場合には，他の証拠資料によって課税仕入額を合理的に推認することができる場合であっても，仕入税額を控除することは認められない。

(3) 法30条7項にいう「帳簿等を保存しない場合」の意味

ア 次に，原告は，仮に「帳簿等の保存」が仕入税額控除の要件であるとしても，法30条7項にいう「帳簿等を保存しない場合」とは，単に物理的に帳簿等を保存しない場合を意味するに過ぎないから，税務調査で帳簿等を提示しなくとも，不服申立手続や訴訟手続きで保存が立証されれば，法30条7項は適用されないと主張する。これに対し，被告は，法30条7項にいう「帳簿等の保存」とは物理的保存では足りず，税務職員の適法な提示要求に対して提示しうる状態で保存していることが必要であるから，税務調査において正当な理由なく帳簿等の提示を拒否した場合には，法30条7項にいう「帳簿等を保存しない場合」に該当すると主張する。

イ(ｱ) そこで検討するに，消費税法は申告納税制度を採用しているので（法42条，45条等），原則として納付金額は納税者のする申告によって

確定し，申告がない場合又は申告にかかる税額が税務署長等の調査したところと異なる場合には，税務署長が更正・決定等の処分を行うことによって確定する（国税通則法24条，25条）。そして，申告納税制度は，大量の納税者の申告に対し，税務職員が効果的に調査を行うことによって，適正な税収を確保しようとする制度であるから，税務職員による調査は，正確性を維持しつつも，数多くの申告内容を迅速に確認するものでなければならない。

ところで，消費税の場合には，他の税目に比べ，大量反復性を有しているため，簡単に調査しうる確実な証拠によって，迅速に調査を行うことができなければ，税務署長等は，広い範囲の申告内容を確認することができず，適正な税収を確保できない恐れがある。また，消費税の場合には，消費者からの預り金的性質を有するから，納税者の益税とならぬよう，特に正確な税額確定が要求されるところ，証拠方法を確実な証拠に限定しなければ，大量・迅速な処理が要求される税務調査において，その正確性を十分担保することができない。そこで，法30条7項は，仕入税額の証明手段を帳簿等に限定することにより，税務署長等が，帳簿等という簡単に調査しうる確実な証拠に基づいて仕入税額を確認できるようにし，それによって，正確かつ迅速に，広い範囲の申告内容を確認することを可能にしようしたものである。すなわち，法30条7項は，効率的な税務調査を実現することにより，申告納税制度を採用する消費税法のもとで適正な税収を確保しようとした規定であると考えられる。

以上の法30条7項の趣旨に照らせば，同項にいう帳簿等は，税務署長等が申告内容の正確性を確認するための資料として保存が要求されているものであるから，同項は，右帳簿等が税務調査に供されることを予定し，税務職員が税務調査として帳簿等の提示を求めたときは，納税者はこれに応じることを当然の前提としているというべきである。

(イ) また，法30条7項が，税務調査における帳簿等の提示を予定していることは，他の条文の規定からもうかがうことができる。すなわち，消費税法施行令50条1項は，法30条7項に規定する帳簿又は請求書等を整理

し，当該帳簿についてはその閉鎖の日の属する課税期間の末日の翌日，当該請求書等についてはその受領した日の属する課税期間の末日の翌日から2月を経過した日から7年間，これを納税地又はその取引に係る事務所，事業所その他これらに準ずるものの所在地に保存しなければならないと規定している。そして，右にいう7年間とは，課税庁が課税権限を行使しうる最長期間である7年間（国税通則法70条5項参照）とまさに符合するのであり，帳簿等が税務調査において利用されることを前提とした規定であるとして初めて理解しうる。言い換えれば，右条文は，帳簿等が税務調査の資料として利用されることを前提にその保存期間を規定しているのであって，不服申立手続や訴訟手続で帳簿等が利用されることは念頭においていない。また，帳簿等を納税地等において整理して保存しなければならないとされている点も，税務調査において税務職員が帳簿等の内容を確認することを前提とした規定であると理解するのが自然である。

(ウ) 以上によれば，法30条7項にいう「帳簿等の保存」とは，単なる客観的な帳簿等の保存と解すべきではなく，税務職員による適法な提示要求に対して，帳簿等の保存の有無及びその記載内容を確認しうる状態におくことを含むと解するのが相当である。これを納税者の側から見ると，税務調査において帳簿等の提示を拒否した納税者は，仕入税額控除を受けることができないこととなるが，帳簿等を適正に保存さえしていれば，納税者が税務調査においてそれを提示することは極めて容易であり，その機会も十分に与えられるのであるから，敢えて課税処分がなされた後に帳簿等の提出権を認めなければならない合理的理由はない。したがって，納税者が税務職員による適法な提示要求に対して，正当な理由なくして帳簿等の提示を拒否したときは，後に不服申立手続又は訴訟手続において帳簿等を提示しても，これによって仕入税額の控除を認めることはできないというべきである。

ウ これに対し，原告は以下のとおり反論するが，原告の主張する各根拠は，いずれも採用することができない。

(7) 原告は，税務調査・不服申立手続・訴訟手続という税額確定の手続全体を考慮すれば，不服申立手続や訴訟手続で帳簿等を提出して，帳簿等の保存を立証することも当然に許されるはずであり，法30条7項を税務調査における仕入れ税額の確認のための規定と解するのは余りに税務署サイドに偏った見方であると主張する。しかし，以下に述べるとおり，原告の右主張は，税務署長等による申告内容の確認を不可能にするものであって不合理であるうえ，右主張によれば，法30条7項がいかなる趣旨で設けられたのか合理的に説明できないことになるのであるから，かかる解釈は到底採用することができない。

すなわち，税務署長は，申告納税制度を採用する消費税法のもと，納税者の申告内容を確認し，不正申告等に対しては課税処分を行うことにより，適正な税収を確保すべき職責を負っている。そして，申告内容の正確性を確認するためには，判断資料を入手することが必要不可欠であるから，税務署長等は，質問検査権を行使して，課税要件事実の存否に関する資料を入手しうることが制度上当然の前提である。

これを消費税の仕入税額控除について考えるに，法30条は仕入税額控除の要件として，①客観的な課税仕入れの存在と②法定帳簿等の保存を要求しているが，帳簿等は納税者の支配下にある資料であるから，納税者が任意にこれを提出しなければ，税務職員は②の要件の存否を判断することができず，ひいては，帳簿等の記載内容によって認定すべき①の要件の存否についても判断することができない。法は，68条において，調査拒否に対する罰則（10万円以下の罰金）を設けてはいるものの，仮に税務職員に対する帳簿等の提示がなくとも仕入税額控除が認められるということになれば，納税者のなかには，罰金を課される危険を冒してでも税務職員に対する帳簿等の提示を拒否し，事後の手続で改竄・偽造した帳簿等を提示することによって，不正な利益を得ようとする者が現れかねないのであって，同条の罰則のみで，調査段階での提示を強制することは困難である。

すなわち，税務職員に対する帳簿等の提示を不要とする原告の解釈に

立てば，税務署長等は，申告内容の正確性を担保すべき職責を負っているにもかかわらず，課税要件事実の存否に関する資料の入手が何ら担保されていないことになるのであって，そのような解釈が，右に述べた申告納税制度と相容れないことは明らかである。また，原告の解釈によれば，法30条7項は，仕入税額の証明手段を帳簿等に限定したことによって，かえって，税務署長等による申告内容の確認を困難にしたことになるが，適正な税収確保のために設けられた条項によって徴税が妨げられるという結論は明らかに不合理であって，条文解釈としてはとりえない。

　また，原告は，法30条7項を税務調査における仕入税額の確認のための規定と解するのは余りに税務署サイドに偏った見方であると主張するが，不服申立手続や訴訟手続きは，大量・迅速な処理が要求される税務調査とは異なり，税務署長と納税者が1対1の関係で証拠等を出し合い，慎重な審理を経て結論を出す手続であるから，法30条7項が，不服申立手続や訴訟手続における仕入税額の確認のために，仕入税額の証明手段を帳簿等に限定したとは考えられない。すなわち，原告の右主張によれば，結局，法30条7項がどのような趣旨で仕入税額の証明手段を帳簿等に限定したのか合理的に説明しえないのであって，かかる主張は採用することができない。

(イ) 次に，原告は，「保存」が「提示」を前提としていると解するのは，拡張解釈であって，租税法律主義に違反すると主張する。しかし，前記イの解釈は，法30条7項の立法趣旨に照らし，同項が当然の前提としていることを明らかにしたに過ぎないから，その文理に反したり拡張解釈をしたりするものではない。また，原告は，提示拒否の場合に仕入税額控除が認められないとすれば，税務職員の主観的な判断により法30条7項の適否が左右される危険性があると主張するが，納税者が帳簿等の提示を拒否したかどうかは，最終的には訴訟手続で裁判官が事実認定すべき問題であるから，法30条7項の適用が税務職員の主観的判断に委ねられているとはいえず，右批判はあたらない。加えて，原告は，提示拒否という概念は不明確であって，課税要件たる要件事実として不適当であ

ると主張するが，所得税法150条1項1号では，提示拒否は青色申告承認取消事由に該当するという解釈が採られ（東京高等裁判所昭和59年11月20日判決・行裁例集35巻11号1821頁参照），現に多くの裁判例で，提示拒否の有無について事実認定が行われているのであるから，提示拒否という概念が課税要件たる要件事実として不明確であるとは考えられない。

(ウ) また，原告は，帳簿等の提示がない場合に仕入税額控除を否認するとなると，否認された部分は二重課税となってしまい，累積排除を旨とする消費税の本質に反すると主張する。しかし，前記1のとおり，法30条7項は，「帳簿等を保存しない場合」には仕入税額控除をしないと定めているのであるから，仮に「保存」を物理的保存とする原告の解釈に立ったとしても，帳簿等の物理的保存がない場合には仕入税額控除は認められず，税の累積は生じうる。すなわち，仕入税額控除が認められない場合に生じる税の累積は，そもそも法30条7項の予定するところであるといえるから，原告の右主張が原告解釈の根拠となっているとはいいがたく，これを採用することはできない。

(エ) さらに，原告は，「保存」が「提示」を前提にしているのならば，法30条7項は税の執行に関する規定ということになるから，実体規定たる法30条のなかに位置づけられるはずがないと主張する。しかし，前記イの解釈によれば，法30条7項は，税務職員の適法な提示要求に対し，納税者が正当な理由なく帳簿等の提示を拒否した場合には，仕入税額控除の否認という実体的効果が生じることを規定した条文ということになるから，法30条7項が実体規定たる法30条のなかに位置づけられていることが不整合であるとはいえない。原告の右主張は採用することができない。

エ　以上によれば，法30条7項にいう「帳簿等の保存」とは，単なる物理的保存ではなく，税務職員の適法な提示要求に応じて，税務職員が帳簿等の保存状況及びその内容を確認しうる状態におくことを含んでいると解されるから，納税者が正当な理由なく帳簿等の提示に応じなかった場

合には，法30条7項にいう「帳簿等を保存しない場合」に該当し，納税者は法30条1項による仕入税額控除を受けることができない。

　ただし，仕入税額控除の否認が納税者に対して重い税負担をもたらすことに照らせば，納税者が帳簿等の提示を拒否したかどうかを認定するにあたっては，一定の慎重さが要求されるべきであり，一時点のみの提示拒否を捉えて，安易に法30条7項を適用することは相当でない。提示拒否理由として法30条7項を適用するためには，税務調査の全過程を通じて，税務職員が，帳簿等の提示を得るために社会通念上当然に要求される程度の努力を行ったにもかかわらず，納税者から帳簿等の提示を受けることができなかったと客観的に認められることが必要である。

2.　本件各処分の適法性

　認定事実によれば，本件調査にあたったＡら被告係官は，8月下旬から11月下旬まで3か月間，原告会社に4回臨場し，原告会社の代表者であるＢ及び原告の関与税理士であるＣには7回電話をかけるなどして，調査への協力要請や日程調整に努め，さらにＢに対しては，帳簿等の提示を拒否すれば消費税の仕入税額控除が否認されることを2回にわたって教示したことが認められる。しかし，Ｂは被告係官の右説得にもかかわらず，身分証明書のコピーを執拗に要求し，コピーをさせることが調査の先決問題であるとの態度を示し続けたのであるから，これ以上説得を続けても帳簿等の提示を受けることができなかったことは客観的に明らかである。そして，税務職員の身分証明書の提示について定めた消費税法62条4項は，身分証明書を納税者に見せることを定めるのみであって，納税者にコピーをさせることまで要求するものではないから，Ｂが身分証明書のコピーを要求して帳簿等の提示を拒否したことは，提示拒否の正当理由にはあたらない。

　したがって，以上によれば，Ｂは，被告係官が適法な税務調査において，帳簿等の保存及びその内容を確認するために社会通念上当然に要求される程度の努力を行ったにもかかわらず，正当な理由なくして帳簿等の提示を拒否し，税務職員に対して帳簿等を確認しうる状態に置かな

ったことが認められるから，法30条7項にいう「事業者が当該課税期間の課税仕入れ等の税額の控除に係る帳簿又は請求書等を保存しない場合」に該当するというべきである。

【214】 高松地裁 平成10年9月28日判決
（平成8年（行ウ）第1号・消費税課税処分取消請求事件）

【当事者】
　　原告　有限会社○○○○
　　被告　土庄税務署長

【判示事項】
　消費税法30条適用の可否

【事案の概要と争点】
　本件は，魚介類の販売等を営む原告の平成4年期分及び同5年期分の消費税について被告がした更正処分の適否が争われた事案である。
　主たる争点は，消費税法（平成6年法律第109号による改正前のもの）30条適用の可否（帳簿類に仕入先として「氏」または「通称」のみの記載で足りるか否か）にあった。

【判　旨】
　本判決は，次のとおり判示して，原告の請求を棄却した。
1. 判取帳記載の氏等は，消費税法30条8項1号イ所定の「氏名又は名称」に当たるかについて
(1) 消費税法30条の趣旨について
ア　消費税は，国内において事業者が行った資産の譲渡等に対して広く課税する多段階課税であり（消費税法4条1項），税の累積を避けるために前段階税額控除方式を採用して課税仕入れに係る消費税額を控除することとし（同法30条1項），その性質が付加価値税であることを明らかにしている。また，消費税法は，申告納税制度を採用して（同法42条，45条）事業者が税額を算定するに必要な資料に基づいて適正な申告による納税を行うことを根幹としているが，他方，事業者はこれに関する

帳簿書類等を課税庁が課税権限を行使しうる最長期間である7年間にわたり納税地等において保存しなければならないとする（同法58条，同法施行令71条2項，50条1項）とともに，税務署職員等において事業者に対し帳簿書類等の提示を求める質問検査権を行使して（同法62条）事業者の申告の正確性を確認できることとし，適正な納税が行われるよう配慮している。

　さらに，消費税法は，事業者が仕入税額控除に係る帳簿又は請求書等を保存していない場合，当該課税仕入れに係る消費税額については仕入税額控除規定を適用しないものとし（同法30条7項），右にいう「帳簿」ないし「請求書等」の記載事項を法定している（同条8項，9項）。

　このように，消費税法が，事業者の帳簿書類等保存義務及び税務署職員等の質問検査権等に加えて，法定の帳簿等の保存を要求している趣旨は，法定の帳簿等によって仕入税額の信頼性，正確性が担保されない限りその控除を認めないというのであるから，単に税務署職員等による税務調査の端緒を提供することを目的とするにすぎないものということはできないのは明らかであり，むしろ，事業者においてその仕入れに係る法定の帳簿又は請求書等を保存させることにより，当該仕入取引が仕入税額控除の対象となる課税仕入取引に係るものであることを立証させるところにあると解される。

イ　帳簿に記載すべき課税仕入れの相手方の「氏名又は名称」（同法30条8項1号）について

(ｱ)　消費税法30条8項1号は仕入税額控除のための帳簿の記載事項として，①課税仕入れの相手方の氏名又は名称，②課税仕入れを行った年月日，③課税仕入れに係る資産又は役務の内容，④課税仕入れに係る支払対価の額を掲げている。前記(1)アで述べた同条7項の趣旨からすれば，これらの記載の程度としては，事業者の仕入取引につき課税仕入取引であるかどうかが帳簿の記載自体から明らかで，これにより控除対象仕入税額を算定できる程度の記載が必要であると解される。

(ｲ)　ところで，消費者からの預り金的な性格を有する消費税については特

に正確な税額の把握が求められるところ，課税仕入に係る消費税は前段階の取引に係る消費税として，前段階の取引の相手方が誰であるかが特定されて初めて課税庁は事業者から提示された帳簿等に記載されている課税仕入に係る消費税額が正確か否かを確認することができる。また，控除対象仕入税額の算定が事業者の自己記帳による帳簿によって行われる場合は，課税仕入れの相手方から交付される請求書等（同条9項1号）による場合に比べて，控除対象仕入税額の信頼性，正確性の点についての疑念が生じやすいところである（なお，平成6年法律第109号による改正後の消費税法30条7項では，仕入税額控除の適用要件が，「帳簿又は請求書等」の保存から「帳簿及び請求書等」の保存に改められた。）。そこで，消費税法は，事業者に課税仕入れに係る取引の内容（同法30条8項1号ロないしニ）のみならずその相手方の氏名又は名称（同号イ）を帳簿に記載させることにより，仕入税額控除の対象となる課税仕入れの相手方及びその内容を特定させて，仕入税額控除の信頼性，正確性を担保しようとしたものであると解される。したがって，課税仕入れの相手方の氏名又は名称の記載は，相手方を特定できる程度の記載が必要であり，かつ，それで十分であるというべきである。

そして，取引の相手方の特定の方法としては，個人については氏名により，法人については名称（民法34条，37条2号，39条）ないし商号（商法63条2号，148条，166条1項2号，有限会社法6条2号）によるのが一般的であるから，消費税法30条8項1号イは，課税取引の相手方が個人である場合には「氏名」を，法人その他の団体である場合には「名称」（商号）を記載することとしたものであると解される。

もっとも，前記のとおり，「氏名又は名称」を記載する趣旨は相手方を特定するためであるから，これに代えて「取引先コード等の記号，番号等」の表示による取扱いが認められており（基本通達11-6-1(1)イ），屋号等による記載であっても，周知性を有しそれのみで相手方を特定しうるもの（通称）である場合や，氏名又は名称を示す仕入先一覧表等により対応関係が明らかである場合，住所又は電話番号等の記載に

第3章　賦課実体関係　627

より相手方が特定できる場合には，法定の記載を充たすものといえる。
(2) 本件における判取帳の氏等の記載について
ア　相手方の特定について
(ｱ) 本件取引の相手方に関する記載は判取帳における「Ａ」「Ｂ」「Ｃ」「Ｄ」等相手方の「氏」らしき記載があるが，これらが消費税法30条8項1号イにいう「氏名」に当たらないことは明らかである。そして，税務調査の段階で提示された本件帳簿等につき，判取帳以外に相手方の「氏名」を明らかにする記載はなく，本件処分時において判取帳以外に相手方の氏名又は名称に関する記載のある帳簿書類等が保存されていたことについては主張も立証もない。

　なお，原告は，判取帳記載の氏等の一部につき特定の潜水漁業者のグループを指す「名称」であると主張するが，消費税法30条8項1号イの「名称」は法人その他の団体の名称ないし商号を意味するものと解されるところ，取引内容一覧表及び判取帳によれば，判取帳記載の氏等のうち「Ａ」以外はすべて個人を指し，「Ａ」はＥらからなるグループを指すが，その顔触れは随時変動するので個別の取引のメンバー及び人数を特定することができないと認められるところ，そのような少人数からなる極めて流動的なグループが社会経済上その構成員（右取引内容一覧表によれば各構成員自身もグループとの取引と同一日に個人として個別に原告と本件取引を行っていることが認められる。）とは別個独立の存在として法人その他の団体に準ずる取引主体となるとは認めがたく，本件取引の相手方としては，個別の取引の相手方である個人の「氏名」を記載すべきである。したがって，判取帳記載の氏等はいずれも消費税法30条8項1号イにいう「名称」には当たらない。
(ｲ) また，原告は，右規定にいう「氏名又は名称」は屋号その他の通称でも足りるところ，判取帳記載の氏等は通称であり，相手方の特定としては十分であると主張し，原告代表者もこれに沿うかの如き供述をする。

　なるほど，右(1)イ (ｳ)で述べたとおり，消費税法30条7項，8項1号の趣旨からすれば，必ずしも正式な「氏名又は名称」ではない屋号等で

あっても，周知性がありそれのみで相手方を特定しうるようなもの（通称）については，その記載をもって法定記載事項を充たすものと解しうる。

そこで，本件の判取帳簿記載の氏等がそれのみで相手方を特定できるほどの周知性を有する通称にあたるかどうかにつき検討するに，①原告代表者自身，本人尋問において示された本件取引に関するメモ記載の「A」に対応する潜水漁業者の名前についての質問に対し，当該メモでははっきりわからないが「A」という潜水漁業者である旨回答していること，②取引一覧表によれば，判取帳記載の氏等の中には同一の氏等でありながら事業年度により別の潜水漁業者を指すものがあると認められること，及び③同証拠によれば，判取帳は同一の潜水漁業者について複数の種類の氏等を使用している場合があると認められることからすれば，判取帳記載の氏等が当該記載のみで相手方を特定できるほどの周知性を有する通称であるとは言い難く，他に右記載が相手方を特定するに足る的確な証拠もないから，この点に関する原告の右主張は採用できない。

イ 本件取引の実態と「氏名又は名称」の記載の程度について

(ｱ) 原告は，浜における現金決済という本件取引の実態にかんがみれば，「氏名又は名称」を帳簿に記載することは事実上不可能ないし著しく困難であり，氏等しか記載できないのもやむを得ないから，本件においては右記載をもって消費税法30条8項1号イ所定の記載要件を充たしているものというべきであると主張する。

仮に，事業者の事業形態により帳簿に相手方の氏名又は名称を記載することが事実上困難である場合には記載の程度が緩和されるものと解することができ，かつ，本件取引の実態が原告主張のようなものであるとしても，①原告において取引一覧表のとおり一部を除き本件取引の相手方の「氏名」を明記できること，②原告代表者は本人尋問において，原告と取引のある潜水漁業者は10ないし15人程度でいずれも顔なじみの者である旨供述していること，③判取帳等の記載は浜での取引終了後に補充することが通常可能であると考えられることからすると，原告が本件

取引の相手方の「氏名又は名称」を判取帳に記載することが格別困難であるとは言えず，原告の右主張は採用できない。
(イ) また，原告は，本件取引の事業形態は，消費税法施行令49条により課税仕入れの相手方の「氏名又は名称」の記載の省略が認められている再生資源卸売業に類似するので，これに準じてその記載の省略や簡易な記載が認められるべきであると主張する。

　再生資源卸売業につき右記載の省略が許されているのは，その通常の事業形態として課税仕入れの相手方が不特定かつ多数の一般消費者であり個々の取引額も少額であるため，個々の課税仕入れの相手方の氏名又は名称の記載を求めることは酷であるためであると解される。これに対し，取引内容一覧表及び原告代表者の供述によれば，本件取引の相手方は右(ア)のとおり10人ないし15人程度の特定の潜水漁業者にすぎず，反復継続して取引をしている者であると認められるのであるから，その氏名又は名称を記載することが格別困難であるとは言えない。したがって，本件取引は再生資源卸売業に類似する事業にはあたらないから，相手方の氏名又は名称の記載の省略ないし簡略化を認めるべき根拠はない。

(3) 以上のとおり，本件における判取帳の記載は消費税法30条8項1号イ所定の課税仕入れの相手方の「氏名又は名称」の記載を欠き，また，本件処分時においては判取帳以外に本件取引の相手方の氏名又は名称を記載した同条7項所定の帳簿ないし請求書等の保存はなく，また，右保存がないことについての「やむを得ない事情」（同条項但書）があると認めるにも足りないから，本件取引につき同条1項の仕入税額控除の適用はない。

2. 本件訴訟提起後に作成された取引内容一覧表により，本件取引につき仕入税額控除制度を適用することができるかについて

　行政処分の取消しを求める訴えは，行政庁の第1次判断権の行使による行政処分が違法であったかどうかを裁判所が事後的に審査するものであるから，行政処分の適法性の判断にあたっては，当該行政処分がなされた当時の法律及び事実状態を基礎とすべきである（最判昭和27年1月

25日民集6巻1号22頁，同昭和34年7月15日民集13巻7号1063頁参照）。

したがって，本件訴訟提起後に作成された取引内容一覧表により仕入税額控除のための帳簿の法定記載事項が補充されたからといって本件処分の適法性が左右されるものではなく，この点についての原告の主張は失当である。

3. 被告の調査担当者の調査活動が調査義務に違反するものであったかどうかについて

(1) 課税の累積を回避するための仕入税額控除制度は付加価値税たる消費税法の性質に根ざすものであるが，消費税法30条7項ないし9項が，課税仕入れに係る帳簿又は請求書等の保存を仕入税額控除の適用要件とし，右帳簿又は請求書等の記載事項を法定している趣旨からすれば，右法定記載事項である相手方の氏名又は名称等は，保存されている帳簿又は請求書等の記載自体から明らかでなければならない。そうすると，税務署職員等は，課税仕入れに係る帳簿又は請求書等の記載に不備がある場合，その記載の不備を補完するような帳簿書類等の保存の有無については，事業者に質問したりその提出を促すなどして十分な調査を行うべきであるが，かかる帳簿書類等の保存が認められない以上は，さらなる調査により記載の不備を補完すべき義務はないものと解するのが相当である。

(2) 本件においては，税務調査において提示された本件帳簿等につき判取帳の記載以外に本件取引の相手方に関する記載はないことは前記のとおりである。本件の調査担当者においては，本件取引の相手方を特定するに足りる記載のある帳簿又は請求書等の保存がなければ仕入税額控除の適用がないことを説明して本件帳簿等以外に消費税法30条7項所定の帳簿又は請求書が保存されているかどうかにつき調査を尽くすべきではあるが，本件処分時において判取帳以外に相手方の氏名又は名称に関する記載のある帳簿書類等が保存されていたとは認められないので，これらの保存がない以上，本件取引の取引現場に赴いて相手方の氏名又は名称につき調査するなどして判取帳の記載の不備を補完すべき義務はない。

なお，原告は，調査担当者が原告に対し，相手方を特定しないと仕入

税額控除の適用がないことを説明しておらず，この点につき具体的な説明，指導があれば，調査段階において取引内容一覧表と同様の一覧表を作成して相手方を特定することが可能であったと主張するが，消費税法の求めている帳簿書類は，仕入税額控除の正確性，信頼性を確保するために取引段階で作成し保存すべきものであって，税務調査段階に至って作成すれば足りるというべきものとは解されないから，右説明，指導の有無は本件処分の適法性を左右するものではない。

【215】 東京高裁 平成10年9月30日判決

（平成9年（コ）第128号・消費税更正処分取消請求控訴事件）

【当事者】

控訴人　○○○○株式会社

被控訴人　神田税務署長

【判示事項】

法定帳簿該当性，信義則の適用の有無

【事案の概要と争点】

本件は，年報9号整理番号【201】の控訴審である。

【判　旨】

本判決は，控訴人の請求を棄却した原審（東京地裁平成9年8月28日判決・年報9号 626ページ）と同旨の判示をして，控訴を棄却した。

【216】 東京地裁 平成10年9月30日判決

（平成6年（行ウ）第229号・所得税更正処分等取消請求事件）

【当事者】

原告　○○○○

被告　東村山税務署長

【判示事項】

推計の必要性・合理性，実額主張の成否，課税売上額及び仕入税額控除の要否

【事案の概要と争点】

本件は、建築工事の請負業を営む原告の昭和63年分ないし平成2年分の所得税及び平成2年分消費税について、被告がした更正処分及び決定処分の適否が争われた事案である。

主たる争点は、所得税について推計課税の必要性・合理性及び実額主張の成否並びに消費税について消費税法（平成6年法律第109号による改正前のもの。以下「法」という。）30条7項に規定する「保存」の意義にあった。

【判　旨】

本判決は、次のとおり判示して、原告の請求を棄却した。

1. 推計課税の必要性について

当事者間に争いのない事実、証拠及び弁論の全趣旨によれば、被告所部職員Aは、平成3年5月10日に、原告宅に赴いて不在票による調査協力を促して以来、平成3年5月18日、Aの不在中に、忙しいので5月中にまた連絡する旨の原告又は原告の妻からの電話があっただけで、その後は原告から連絡はなく、原告による調査に対する具体的な協力が全く得られなかったことから、Aはやむを得ず原告の取引先等に対して調査を開始したものであること、原告は右調査が行われていることを取引先等から連絡を受けて知ったが、その後も、平成4年1月27日に至るまで、Aに対して一切連絡をとることはなかったこと、Aは平成3年9月から同年11月中の午前8時から午後6時までの間に合計20回程度にわたり原告宅に電話をかけたがいずれも不在であったこと、Aが原告の工事現場に原告を訪ねた際にも原告は、知り合いに相談すると述べるだけであり、その後もAに対して何らの連絡もしていなかったことが認められるところ、このような状況の下では、被告において、原告の所得金額を実額をもって把握することは不可能であるというべきであるから、被告が、原告の取引先等に対する調査によって把握した取引金額を基礎として原告の本件各年分の所得金額を推計したことには、その必要性があったということができる。

2. 推計の合理性について

　認定事実によれば，原告の売上金額及び一般経費を算出する目的で被告が選定した比準同業者の選定基準は，業種の同一性，事業所の近接性，事業規模の近似性等の点において同業者の類似性を判別する要件として合理的なものであって，また，右同業者の選定に当たって被告の恣意が介在する余地も認められない。そして，右比準同業者は，いずれも青色申告者であって，その申告が確定していることに照らすと，その仕入金額等の算出根拠となる資料の正確性も担保されているというべきである。なお，青色申告者であるか否かは，申告方式の問題であって，業種又は業態の差異により区別されるものではないから，原告が青色申告者でなかったとしても，所得税算定の基礎となる収支状況の正確性が法定の帳簿書類等で担保されている青色申告者から比準同業者を選定することには合理性がある。

　そして，選定された同業者の数は，昭和63年分につき30名，平成元年分につき27名，平成2年分につき22名分であり，そのいずれも同業者の個性を平均化するに足りる選定件数であると解される。

　以上によれば，仕入金額に平均売上原価率及び平均特前所得率を適用して原告の本件各年分の事業所得を推計することは合理性があると認めることができる。

3. 実額主張について

(1) 被告の主張する推計課税に対して，原告は，本件各年分の事業所得金額について，本件所得税各更正における金額を下回る実額を主張する。

　ところで，推計課税に対して，原告が実額による課税をすべき旨を主張する場合には，原告は収入又は支出の一部についてではなく，その収入金額と必要経費の全部についての実額及び必要経費が収入金額に対応するものであることについて立証する必要があることはいうまでもない。そして，この場合，収入金額についていえば，原告は，その主張する収入金額が原告の当該係争年分のすべての取引から生じたすべての収入であることを立証する必要があるというべきである。

(2) 収入金額　本件全証拠によっても，原告主張の本件各年分の売上金額について，これを実額と認めるに足る証拠がなく，したがって，原告においては，事業所得に係る総収入金額を立証したということはできないから，更に原告において実額と主張する必要経費について判断するまでもなく，原告の実額主張は理由がないというべきである。

4. 本件消費税処分の適法性
(1) 課税売上額について

　消費税の課税標準である課税売上額は，納税者の協力を得られず，個々の資産の譲渡等に関する信頼し得る調査資料を欠くために個々の実額からの課税売上額を確定することができないときは，課税庁は，必要な調査から判明した事実に基づき課税売上額を認定することが妨げられるものではなく，認定の基礎とされた事実が真実であり，当該事実から課税売上額を認定する方法が合理的であるときは，これをもって，課税売上額と是認し得るものというべきである。

　この点を本件についてみると，既に認定説示したとおり，所得税に関して被告が採用した推計方法は，その基礎とされた事実が真実と認められ，その方法も合理的と認められるものであり，他方，原告が実額であると主張する売上金額をもって課税売上げの実額と認めることはできず，本件全証拠によっても，課税売上げの総額を個々の資産の譲渡等の実額に基づいて確定するには足りないというべきであるから，本件課税期間における消費税を含む課税売上額は，原告の平成2年分の所得推計における総収入金額と同様の方法で算定した7390万4909円ということができ，課税標準たる課税売上額は，右金額に103分の100を乗じた7175万2000円（通則法118条1項によって1000円未満の端数を切り捨てたもの。）と認められる。

(2) 法30条7項の意義

㈠　大量反復性を有する消費税の申告及び課税処分において，迅速かつ正確に，課税仕入れの存否を確認し，課税仕入れに係る適正な消費税額を把握するために，法30条7項は，当該課税期間の課税仕入れに係る法定

帳簿又は法定請求書等を保存しない場合には，同条1項による仕入税額控除の規定を適用しないものとしているが，この法定帳簿，法定請求書等の保存について，法の委任を受けた令50条1項が保存年限を税務当局において課税権限を行使しうる最長期限である7年間とし，保存場所を納税地等に限定し，その整理を要求していることからすれば，法及び令は，主として課税仕入れに係る消費税額の調査，確認を行うための資料として法定帳簿又は法定請求書等の保存を義務づけ，その保存を欠く課税仕入れに係る消費税額については仕入税額控除をしないこととしたものと解される。

㈡　右の点に照らせば，法30条7項に規定する保存とは，法定帳簿又は法定請求書等が単に存在しているということだけではなく，法及び令の規定する期間を通じて，定められた場所において，税務職員の質問検査権に基づく適法な調査によりその内容を確認することができる状態での保存を継続していることを意味するというべきである。換言すれば，法30条7項にいう保存とは，適法な提示要請があれば直ちにこれを提示できる状態での保存を意味することになる。そして，この意味での保存の有無は課税処分の段階に限らず，不服審査又は訴訟の段階においても，主張，立証することが許されるものというべきである。

㈢　このように，法30条7項に規定する保存とは，適法な提示要請に応じて提示することができる状態での保存をいうものと解すべきであるから，消費税に関する課税処分の取消しを求める訴訟において，法定帳簿又は法定請求書等が提出されている場合には，これらを「保存しない場合」には該当しないものと推認することができるが，その場合であっても，法定帳簿又は法定請求書等の保存期間における税務職員の質問検査権に基づく調査における適法な法定帳簿，法定請求書等の提示要請に対して，納税者が正当な理由なくその提示を拒否し，そのため，税務職員がその内容を確認することができなかったという事情が認められるときには，逆に，その当時において法定の要件を満たした状態での法定帳簿，法定請求書等を保存しなかったことを推認することができるから，法30条7

項の「保存しない場合」に該当するものとして仕入税額控除は認められないことになる。もっとも、提示の拒否があったと認められるか否かの判断は、税務当局が行う調査の過程を通じて社会通念上当然に要求される程度の努力を行ったか否か、納税者の言動等の事情を総合考慮してされるべきであることはいうまでもない。

(3) 本件における法30条7項の適用

(一) 本件において、原告は、法定請求書等に該当するものとして書証を提出しており、弁論の全趣旨に照らして、当該書証以外に法定帳簿、法定請求書等として検討すべきものは保存されていないことが推認される。

そこで、本件においては、まず、原告が法定請求書等に該当するとして提出した各書証について検討することとする。

(二) ところで、法定帳簿、法定請求書等の記載要件は、大量かつ反復して行われる消費税に係る申告、課税事務を円滑ならしめるという法30条7項の趣旨に照らし、当該帳簿又は当該請求書等自体の記載から形式的に判断されるべきである。

この点、原告は、取引の各段階で課税されて税負担が累積することを防止するため、前段階の取引に係る消費税額を控除することとしたという仕入税額控除の趣旨からして、形式的記載要件の記載がなく、又は記載が不明確な場合であっても、他の資料や当該帳簿ないし請求書等の他の記載事項の内容からその内容を推認することができる場合には、これを適法な法定帳簿、法定請求書等と認めるべきであると主張するが、仕入税額控除の要件として形式的記載要件を具備した法定帳簿、法定請求書を必要とした法の趣旨に照らし、これを採用することはできない。したがって、当該法定請求書等の記載のみでは課税資産内容が不明な場合や課税資産の譲渡等を特定することができない場合には法30条9項1号ロないしハの記載を欠いているというべきである。

(三) 原告が法定請求書等に該当するとして提出した書証が、法30条9項1号規定の形式的記載要件を具備しているか否かの点については、別表21の1ないし3（略）に記載のとおりであり、右形式的記載要件のすべて

を満たしているのは，甲第8号証の3の11の後に添付されている各請求書，甲第14号証の2の2の領収証，同号証の5の2の納品書，同号証の7の7の2枚目の領収証のみである（以下右各書証に係る文書を「要件該当請求書等」という。）。

(4) 本件消費税処分の適法性

　右によれば，要件該当請求書等以外の請求書等に係る課税仕入れについては，法定帳簿，法定請求書等を「保存しない場合」に該当するものと認められるが，要件該当請求書等に係る課税仕入れについては，それが真正に成立したことが認められ，かつ，調査段階における提示拒否の事実が認められる等の事情が無い限り，法定帳簿，法定請求書等を「保存しない場合」には該当しないということができる。

　ところで，課税標準額7175万2000円に消費税率100分の3（法29条1項，通則法118条1項）を乗じると215万2560円となるから，これを右課税標準額に対する消費税額としたことは適法であるところ，要件該当請求書等に係る仕入れ金額の合計額は96万1732円であり，これに係る消費税額は2万8011円となるものの，右課税標準額に対する消費税額からこれを控除しても212万4549円となり，本件消費税決定における限界控除前の税額は右の金額を下回る179万5890円であるから，要件該当請求書等の真否及びこれに係る提示拒否があったか否かを問うまでもなく，右金額から限界控除税額8180円を控除した178万7700円をもって納付すべき税額とした本件消費税決定は適法ということができ，これに伴い行われた本件消費税賦課決定も適法というべきである。

【217】 大分地裁　平成10年12月22日判決
　　（平成8年（行ウ）第3号・消費税更正処分等取消請求事件）
【当事者】
　原告　有限会社○○○○
　被告　別府税務署長
【判示事項】

消費税法4条1項にいう「資産の譲渡」の該当性

【事案の概要と争点】

本件は，電子部品組立製造業を営む原告の平成2年11月1日から同3年10月31日までの課税期間の消費税について，被告がした更正処分等の適否が争われた事案である。

主たる争点は，訴外M社から支給された原材料（以下「支給材」という。）のみを用いて電子部品の組立加工をし，そのすべての製品をM社に納入していた（以下「本件取引」という。）ところ，①M社から原告に対する原材料の支給は有償支給であるか否か，②M社が原告に対して支給した原材料を自己の資産として管理しているといえるか否かにあった。

【判　旨】

本判決は，次のとおり判示して，原告の請求を棄却した。

1. 本件更正処分の適法性について

(1) 平成7年12月25日付課消2－25消費税法基本通達（以下「新通達」という。）は，外注先業者が発注元業者から現材料等の支給を受けて加工等を行った製品を納入している場合について，外注先業者にとって，課税売上高に算入される「資産の譲渡等の対価の額」は，原則として，①製造販売契約の方式により原材料等の有償支給を受けている場合は，加工等を行った製品の譲渡の対価の額，②賃加工契約の方式により原材料等の無償支給を受けている場合は，加工等に係る役務の提供の対価の額にそれぞれよる旨定める（1－4－3）とともに，有償支給に係る原料等について，その支給をした事業者が自己の資産として管理しているときには，資産の譲渡に該当しない旨定め（5－2－16），その注書きとして，発注元業者が有償支給に係る原材料等を自己の資産として管理している場合，外注先業者にとっては，原材料等の有償支給は課税仕入に該当せず，また，加工等を行った製品の納入に際して収受すべき金銭のうち，原材料等の有償支給に係る金額を除いた金額が資産の譲渡等の対価に該当する旨規定している。

新通達は，本件課税期間及び本件更正処分等よりも後に制定されたも

のであるが，昭和63年12月30日付国税庁長官発消費税法取扱通達（以下「旧通達」という。）後の質疑応答等を踏まえて，旧通達を廃止して制定されたものであり，消費税法の立法趣旨に照らし，合理性が認められるから，ある取引が消費税法にいう「資産の譲渡等」に該当するか否かは，新通達の基準によって判断すべきである。

　そうすると，まず，当該取引が，製造販売契約の方式により原材料等の有償支給を受けているものか，賃加工契約の方式により原材料等の無償支給を受けているものかを判断し，前者に該当すれば，原則として「資産の譲渡等の対価の額」は加工等を行った製品の譲渡の対価の額であると解すべきであるが，前者に当たる場合でも，発注元業者が原材料等を「自己の資産として管理しているとき」には，「資産の譲渡等の対価の額」は，加工等を行った製品の納入に際して収受すべき金銭のうち，原材料等の有償支給に係る金額を除いた金額とすべきである。そして，発注元業者が原材料等を「自己の資産として管理しているとき」とは，発注元業者が，当事者間で譲渡があったものと認識している場合は別として，発注元業者が原材料を外注先等に払い出した場合に仮払金又は未収金に計上し，その原材料を使用した製品，半製品が納入される都度，その使用に見合う原材料部分の仮払金又は未収金を消却するという経理処理その他を通じて支給材の受払い，数量管理等を行い，最終的な未使用分の材料について，返還を受けるか又はその分の対価を授受している場合又は支給材の品質管理や効率的使用等の観点から，形式的に有償支給の形態を採るものの，原価による支給であり，当該支給材の受払い，数量管理等を行っている場合はこれに該当し，原材料の有償支給は「資産の譲渡等」には当たらず，したがって，外注先においては，「資産の譲渡等の対価の額」は，加工等を行った製品の納入に際して収受すべき金銭のうち，原材料等の有償支給に係る金額を除いた金額と解するのが相当である。

(2)　そこで，まず，本件で，M社から原告への原材料の支給が有償支給か否かにつき検討すると，認定事実によれば，M社は，本件取引について，

原告に支給材を供給する場合，原告に支給材を引き渡した段階で，会計帳簿上，売掛金として処理し，また，M社が原告から電子部品の納入を受けた場合は買掛金として処理しており，M社は，原告に対して支給材を供給するにあたって，支給材の代金に消費税額を加算した金額を支給材の売買代金として請求し，原告は，支給材を加工した電子部品をM社に納入するにあたって，電子部品の代金に消費税額を加算した金額を電子部品の売買代金として請求しているのであり，右各売買代金の決済は，原告のM社に対する電子部品の売買代金債権等とM社の原告に対する支給材の売買代金債権等とを対当額で相殺する方法によって行われている。

そうすると，本件取引に基づく，原告のM社への電子製品の納入取引は，製造販売契約の方式をとっていることは明らかであり，また，相殺による決済により，原告及びM社が互いに対価的意義を有する出捐をしているから，本件取引におけるM社の原告に対する支給材の支給は，有償支給であるといわざるをえない。

したがって，本件取引は，「製造販売契約の方式により原材料等の有償支給を受けている場合」に該当する。

(3) 次に，M社が，支給材を「自己の資産として管理」しているか否かを検討すると，M社は原告の実際在庫高を把握しているわけではなく，また，本件取引においては，争いのない事実等のとおり，有償支給材の所有権の移転時期が代金が支払われた時となっていること，支給材に係る火災保険契約をM社が締結していること，原告が，M社との間で，本件取引上支給材を帳簿及び保管において他と区別する約定となっていること及び個々の支給材に品番が付されていること等の諸事情が認められるが，これらは，いずれもM社が，支給材の売掛代金債権を保全するための措置であり，M社は支給材の供給を売掛金として処理し，これによりM社の棚卸資産が減少することとなることをも考慮すれば，M社が原告に有償支給する支給材について，M社がその受払いや数量管理等をしているとは認められない。また，M社は，本件取引において，在庫補償として，原告に対して実際在庫に相応する金員を支払っているが，これは，

支給材のうち，電子部品の原材料として未だ使用されていないものがある場合には，下請代金支払遅延等防止法4条2項1号の規定に抵触することを避けるためのものであるから，これをもって，M社が数量管理等をしているとは解されず，最終的な未使用分の材料について返還を受けるか又はその分の対価を授受している場合にも当たらない。さらに，電子部品の売買代金と有償支給材の売買代金とが相殺により決済されているが，相殺である以上，対価的意義を有する出捐を伴うのであって，対価的意義を有する出捐を伴わない「原材料を使用した製品，半製品が納入される都度その使用に見合う原材料部分の仮払金又は未収金を消却する」という経理処理とは質的に異なる。

したがって，本件取引において，M社は，支給材を「自己の資産として管理」しているとは解されない。

(4) 以上によれば，本件取引に基づく，原告からM社に対する電子部品の納入は，消費税法4条1項の「資産の譲渡」に該当し，本件課税期間における消費税の課税売上高は，原告のM社に対する電子部品の販売価格の合計額になり，別表2（略）の更正額欄記載のとおりとなるから，本件更正処分は適法である。

2. 本件賦課決定処分の適法性について

(1) 国税通則法65条4項にいう正当な理由とは，①税法の解釈に関して，申告当時に公表されていた見解が，その後改変されたり，②災害又は盗難等に関し，申告当時に損失とすることを相当としたものが，その後予期しなかった保険金等の支払を受け，又は盗難品の返還を受けた場合等，申告当時に適法と認められた申告が，その後の事情の変更により納税者の故意又は過失に基づかないで当該申告額が過少となった場合等，真にやむを得ない理由があると認められる場合をいうと解される。

そこで検討するに，税務相談の際に，別府税務署員が，本件取引が課税売上に該当する旨の指導を怠ったことを認めるに足りる証拠はない。また，本件課税に係る税務調査において，係員は，本件取引につき消費税の課税標準の捉え方に疑問がある旨を原告に説明した上，反面調査等

を実施した結果に基づいて過少申告であると判断するとともに、原告に対して修正申告の指導をしているのであるが、原告は、自己の見解に固執して右修正申告に応じなかったものである。そうすると、右の各事情をもって、本件更正処分の基礎となった事実が、本件更正処分前の税額の計算の基礎とされていなかったことについて、原告に正当な理由があるとは解されない。

したがって、同条1項及び2項の規定により行われた本件賦課決定処分は適法である。

(2) 酒　　税

【47】　盛 岡 地 裁　平成10年1月30日判決　（147ページ参照）

【48】　大 津 地 裁　平成10年2月16日判決　（150ページ参照）

【218】　広 島 地 裁　平成10年1月21日判決
　　　　　（平成8年（ワ）第1266号・損害賠償請求事件）

【当事者】
　原告　○○○○ほか3名
　被告　国

【判示事項】
　酒類販売場移転許可処分の違法性、法律上の利益侵害の有無

【事案の概要と争点】
　本件は、H税務署長がした訴外Ⅰに対する酒類販売場の移転許可処分（以下「本件許可処分」という。）は、Ⅰによる虚偽申請か、酒類販売業免許等取扱要領（以下「本件取扱要領」という。）の要件違反等により却下されるべきところ、H税務署長が形式的審査によりこれを許可したものであり、Ⅰの移転場所の付近（直線距離で340ないし950メートル）で酒類販売を業とする原告らは、本件許可処分により売上減少の損害を被ったとして、国に対し損害賠償を求めた事案である。

　主たる争点は、原告らの法律上の利益侵害の有無及び本件許可処分の違

法性にあった。

【判　旨】
本判決は，次のとおり判示して原告らの請求を棄却した。
1. 法律上の利益欠如の主張について

　　被告は，本件許可処分の違法性の有無にかかわらず，原告らが法律上の利益を侵害されることなく，原告らが侵害されたと主張する利益は反射的利益にすぎないものであるから，本件国家賠償請求はそれ自体失当として棄却されるべきである旨主張するが，いわゆる反射的利益論は，行政処分の取消訴訟（抗告訴訟）上の訴えの利益の判定基準であるところ，行政処分の取消訴訟と国家賠償訴訟とは，もとより制度の趣旨並びに要件，効果を異にする別個の訴訟類型であって，国家賠償訴訟では違法行為と損害との間に相当因果関係が肯認されるをもって足りるものというべきである。

　　ところで，本件において問題となる酒税法16条は，同法9条に定める酒類販売場の免許制度の一環として設けられたものであるところ，酒類販売業の免許制度が酒税の確実な徴収とその税負担の消費者への円滑な転嫁を確保すること（最高裁平成4年12月15日第3小法廷判決・民集46巻9号2829頁），すなわち，酒類販売業者の経営の安定と酒類の需給の均衡維持を通じて「酒税の保全」を図ることを基本目的としていることから，酒類販売場の移転についても，右目的を達成するため，所轄税務署長の許可を要することとし，同法16条2項において，検査取締上及び酒類の需給の均衡維持上の見地から移転許可の拒否事由が定められているのである。

　　そうすると，原告らは，本件許可処分の名あて人ではないけれども，本件申請をしたIと競業関係にある酒類販売業者として，違法な本件許可処分により売り上げが減少したことによる被害を被ったとして本件国家賠償の請求をしているのであるから，酒類販売業者の経営の安定という観点を重視する右酒税法の趣旨，目的に照らせば，原告らの主張する右損害（売上減少により被った不利益）を目して，一概に酒税法が保護

することを意図した利益ではないと断ずることはできない。

2. 本件許可処分の違法性の有無

(1) 酒類販売移転申請における許可基準について

　酒税法16条の文言が極めて概括的，抽象的であること及び酒税の確実な徴収とその税負担の消費者への円滑な転嫁を確保するため，酒類の製造及び販売業について免許制度を採用した酒税法の趣旨（前掲最高裁平成4年12月15日第3小法廷判決）からすれば，法は，その具体的運用にあたっては，酒税徴収を現実に担当する行政庁の専門技術的な裁量にゆだねているものと解される。

　そこで，右具体的運用を定めたのが本件取扱要領であり，その中では，酒類販売場移転申請を許可するには，①移転先が酒類の製造場，酒類の販売場又は酒場，料理店等と同一の場所にないこと，②移転先が同一販売地域内である場合は，直近の酒類販売場との距離基準（本件では100メートル以上）を充足していること，③移転後の酒類販売場の面積が著しく増加するといえないこと，またその判断は，面積基準（酒類販売場の面積が100平方メートル以上増加する場合で，かつ，増加後の面積が300平方メートル以上になること）によって決すること，④申請者の直近1年間の酒類販売量が数量基準を充足していること（本件では9キロリットル）がそれぞれ必要であることを規定している。

(2) 違法性の判断基準について

　本件取扱要領における前記各規定は，酒税法10条9号及び11号の規定の文言及び同法における免許制度の趣旨等に照らして，同法及び免許制度の趣旨を具体化するものとして，法がゆだねた裁量権を逸脱，濫用する不合理なものと認めるべき事情は見あたらないから，酒類販売場移転申請に対する所轄税務署長の許可の違法性を判断するに当たっては，所轄税務署長において，申請書記載事項の内容及び移転申請拒否事由を具体化した本件取扱要領規定事由の該当性等について通常払うべき注意義務を尽くした審査を行った結果，酒類販売場移転の要件を充足することを確認してこれを許可する以上，特に不合理な審査，判断を行った等の

特段の事情が認められない限り，右許可に裁量権を逸脱，濫用した違法はないものというべきである。

(3) 本件申請に対する審査について

認定事実によれば，酒類販売場移転申請書記載事項の内容及び本件取扱要領規定事由の該当性につき，本件係官らにより，通常払うべき注意義務を尽くした審査がなされ，その結果，酒類販売場移転の要件を充足するものとして本件許可処分がなされたことが認められる本件においては，他に特段の事情が認められない限り，本件許可処分につき被告の裁量権を逸脱，濫用した違法なものと認めることはできないというべきである。

また，本件全証拠を総合しても，被告の裁量権の逸脱，濫用をうかがわせる特段の事情は認められれないから，本件許可処分に対する原告らの違法性に関する主張はいずれも理由がない。

したがって，H税務署長が本件申請を許可したことについて，国家賠償の原因，根拠となる過失ないし違法性があるとすることはできないから，原告らの本件請求は理由がない。

【219】 福島地裁 平成10年2月16日判決
(平成6年（行ウ）第2号・免許拒否処分取消請求事件)

【当事者】
原告　有限会社○○○○

被告　白河税務署長

【判示事項】
酒税法9条1項及び10条11号の合憲性

【事案の概要と争点】
本件は，原告がした酒税法（以下「法」という。）9条に基づく酒類販売業免許申請に対し，被告が「販売地域における酒類の需給の均衡を破り，ひいては，酒税の確保に支障を来すおそれがあると認められ，酒税法10条11号に該当する」としてした同免許拒否処分の取消しを求めた事案である。

主たる争点は、酒販免許制度を定めた法9条1項及びその要件を定めた法10条11号の合憲性にあった。

【判　旨】

本判決は、次のとおり判示して、原告の請求を棄却した。

1. 平成元年6月10日付け間酒3－295国税庁長官通達の別冊「酒類販売業免許等取扱要領」が定められている免許枠を確定する方法としてのいわゆる人口基準の合理性について

　　免許取扱要領における認定基準は、酒類の販売場数と酒類の消費数量の地域的需給調整の見地から、小売販売地域の格付ごとにあらかじめ設定された基準人口を用いて算出された基準人口比率に基づき、年度内の免許枠を確定するというものであって、その基準人口は、昭和62年度当時における一般酒類小売業者の経営の実態を参酌して定められたものであり、一定地域における酒類の消費が当該地域に居住する人口と密接な関係を有していると考えられることからすれば、一定の小売販売地域の人口を基準に需給要件を判断することとした右認定基準の内容は、後記認定の本件規制の目的を達成するための方法として合理性を有しており、本件免許拒否処分当時の一般酒類小売業者の経営の実態が右昭和62年の時点と大きく異なっていることがうかがわせる事情も認められないことによれば、本件免許拒否処分当時においてもなお合理性を失っていなかったと認めることができる。

2. 本件免許拒否処分の根拠

　　証拠及び弁論の全趣旨によれば、Ａ市は小売販売地域のＢ地域に格付され、同市の基準人口は1000人となり、したがって、同市の基準人口比率は4万5653人を1000人で除した46となることが認められる。右時点におけるＡ市の一般酒類販売業者は61であることが認められることから、平成4年度の同市の一般酒類販売免許枠には空きがなかったことが認められる。

　　右の事実は免許取扱要領の定める免許を付与しない要件に適合する事実であり、前1説示のとおり、免許取扱要領の認定基準は酒類販売にお

ける需給調整のために合理的なものであると認められることから，本件免許拒否処分は法9条1項，10条11号の要件に適合する処分であると認められる。

　したがって，本件免許拒否処分の適法性は，法9条1項，10条11号が憲法22条1項に違反するかどうかにかかると解される。

3. 酒販免許制度及び法10条11号の憲法適合性について

(1) 憲法は国会への民意の反映を妨げ，国会による立法を通じた解決を阻害する民主主義の過程の制約を帰結する国家行為については裁判所の審査を広く認めているものと解されるが，職業の自由のごとき民主主義の過程を構成しない国民の権利と国政上の利益との調整については国会の立法による解決にゆだね，国会の広い立法裁量を認めている趣旨であると解される。ただ，職業の自由に対する規制措置は事情に応じて各種各様の形をとるため，その憲法22条1項適合性を一律に論ずることはできず，具体的な規制措置について，規制の目的，必要性，内容，これによって制限される職業の自由の性質，内容及び制限の程度を検討し，これらを比較衡量した上で慎重に決定すべきものである。そして，その合憲性の司法審査に当たっては，規制の目的が公共の福祉に合致するものと認められる以上，そのための規制措置の具体的内容及び必要性については，立法府の判断がその合理的裁量の範囲内にとどまる限り，立法政策上の問題として，これを尊重すべきであるが，右合理的裁量の範囲については，事の性質上おのずから広狭がありうる。ところで，一般に許可制は，単なる職業活動の内容及び態様に対する規制を超えて，狭義における職業選択の自由そのものに制約を課すもので，職業の自由に対する強力な制限であるから，その合憲性を肯定し得るためには，原則として，重要な公共の利益のために必要かつ合理的な措置であることを要すると解される。

(2) また，憲法が我が国の政治制度として議会制民主主義を採用し，財政民主主義を採用していることから，国家という国民により構成される共同体の財政運営は国民の代表者で構成される国会を通じて行われるべき

であると解される。したがって，租税法の定立については，国家財政，社会経済，国民所得，国民生活等の実態についての正確な資料を基礎とする立法府の政策的，技術的な判断にゆだねるほかはなく，裁判所は，基本的にはその裁量的判断を尊重せざるを得ないものというべきである。

(3) 以上のことからすると，租税の適正かつ確実な賦課徴収を図るという国家の財政目的のための職業の許可制による規制については，その必要性と合理性についての立法府の判断が，右の政策的，技術的な裁量の範囲を逸脱するもので，著しく不合理なものでない限り，これを憲法22条1項の規定に違反するものということはできないと解される。

(4) 法は，酒類には酒税を課するものとし（1条），酒類製造者を納税義務者と規定し（6条1項），酒類等の製造及び酒類の販売業について免許制を採用している（7条ないし10条）。これは，酒類の消費を担税力の表われであると認め，酒類についていわゆる間接消費税である酒税を課することとするとともに，その賦課徴収に関しては，いわゆる庫出課税方式によって酒類製造者にその納税義務を課し，酒類販売業者を介しての代金の回収を通じてその税負担を最終的な担税者である消費者に転嫁するという仕組みによることとし，これに伴い，酒類の製造及び販売業について免許制を採用したものである。

認定の事情に照らせば，酒税法が酒販免許制度を採用したのは，酒税の確実な徴収とその税負担の円滑な消費者への転嫁を確保する必要に基づくものと解され，右制度により酒販業者の既得権益が保護されるのは副次的ないし反射的な効果に過ぎないと解するのが相当である。

加えて，酒税は，本来，消費者にその負担が転嫁されるべき性質の税目であること，酒販免許制によって規制されるのが，そもそも致酔性を有する嗜好品である性質上，販売秩序維持等の観点からもその販売について何らかの規制が行われてもやむを得ないと考えられる商品である酒類の販売の自由にとどまることをも考慮すると，本件免許拒否処分当時においてなお酒販免許制度を存置すべきものとした立法府の判断が，政策的，技術的な裁量の範囲を逸脱するもので，著しく不合理であるとま

では断定しがたい。

(5) もっとも，右のような職業選択の自由に対する規制措置については，当該免許制の下における具体的な免許基準との関係においても，その必要性と合理性が認められるものでなければならないことはいうまでもないところである。

そこで，本件免許拒否処分の理由とされた法10条11号の免許基準について検討するに，同号は一定地域内における酒類に対する需要が，当該地域における酒類販売業者の濫立による過当競争を防止するため，需給要件の認定判断を通じて酒類販売業への新規参入を一定限度で制限し，もって酒類販売業者の経営が安定的に行われることを確保することにより，酒税収入の確保を図ろうとしたものであって，酒販免許制を採用した前記の趣旨，目的に照らし，不合理ということはできないし，その規定が不明確で行政庁の恣意的判断を許容するようなものと認めることもできないから，法9条1項，10条11号の規定による本件規制が租税法定立についての立法府の政策的，技術的な裁量の範囲を逸脱し，著しく不合理であるということができず，したがって，法9条1項，10条11号の酒販免許制度及び酒販免許の付与要件が憲法22条1項に違反するものとは認められない。

(6) これに対し，原告は酒販免許制度及び法10条11号の憲法22条1項の適合性について主張しているので判断する。

ア 原告は，酒販免許制度及び法10条11号の憲法22条1項の適合性について必要最小限度の原則に照らして審査すべきであると主張する。

確かに，酒販免許制度及び法10条11号の規制は職業の自由に対する酒税の確保という租税政策的見地からの規制であり，その内容は確かに納税義務者や課税要件等といった酒税制度の根幹に係わる部分ではなく，酒税の確保という比較的手段的な側面についての規制であるといえなくもない。しかし，酒販免許制度及びその免許付与の要件を定める法10条11号は，酒税制度の基本をなしている庫出課税方式と密接に関連するものとして定められたものであり，租税制度の根幹をなすものとそれ以外

のものとの区別が明確とはいえない中で，前者と後者とを異なる基準で審査すべきであるとすることは判断の明確性を欠くとのそしりを免れないし，酒販免許制度が制約する自由は致酔性を有する酒類の自由であることに照らせば，右の憲法22条1項についての適合性を必要最小限度の原則によって審査すべきものと解することはできない。

イ 原告は，酒販免許制度によって酒税の滞納率に差異は生じておらず，酒販免許制度は酒税の転嫁を強制する制度でもない上，酒税が酒販免許制度が導入されたころのような国税収入全体に占める重要性を失っているので，酒販免許制度を存置している合理性も必要性も存在しないし，酒税と同程度の重要性を有するたばこ税又は揮発油税について営業免許制度が採用されなくても，たばこ税又は揮発油税の滞納等の税収の確保の上で不測の事態を生じていないことから，酒税の確保について酒販免許制度を採用することに合理的な関連性が存在するとはいえない旨主張する。しかし，証拠によれば，酒税の滞納率は同じく間接税である物品税の滞納率よりも著しく低いことが認められ，また，酒税の滞納率が酒販免許制度の採用によって低下したと認めるに足りないものの，酒税の滞納率の推移が酒販免許制度による影響を受けていないとまでは認められない。また，本件免許拒否処分当時において，酒税は国税収入の3.4パーセントを占めており，その割合は国税のうち第5位の地位にあること，酒税収入総額自体は昭和57年度以降金1兆7000億円を上回っており，相当高額の収入が安定的に得られており，酒税は国税収入の中で依然として重要な地位を占めていると認められる。

他方，弁論の全趣旨によれば，国内たばこのたばこ税の納税義務者は日本たばこ産業株式会社のみであり，たばこ事業法により，大蔵大臣の許可を受けた小売定価以外での販売が禁止されていること，日本たばこ産業株式会社と小売販売業者との結びつきは歴史的経緯から密接であること，揮発油の製造業者である石油精製業者は少数の大企業（石油元売13社）であるところ，揮発油の販売業者である各ガソリンスタンドが製品の卸しや出資によって系列化され，製造業者と密接な関係を有してい

ること，また，ガソリンスタンドについては揮発油販売業法による事前登録制が採用されており，その販売場には一定の有資格者を置くことが必要であって，しかも，ガソリンスタンドの出店のためには用地，設備のために多額の資金を必要とし，確実な資金的基盤を必要とすること等，たばこ業界及び揮発油業界における販売業者と製造業者との間の関係や流通過程，販売の態様等の各事情には，酒類販売業界とは異なる事情が存在することがうかがわれ，これらの事情を考慮すれば，原告の主張は，課税環境の異なる税目について同一の取扱を主張するものであって，酒販免許制度等を存置している立法府の判断が著しく不合理であると直ちには認められない。

したがって，原告の右主張は失当である。

ウ　原告は，酒販免許制度は致酔性飲料である酒類の販売に伴う弊害を防止するために合理的な関連性を有する制度ではないので，憲法22条1項に違反する旨主張するが，酒販免許制度は致酔性飲料である酒類の販売に伴う弊害を防止することを主たる目的とした制度ではないから，原告の右主張はその前提を欠き失当である。

エ　原告は，被告が，酒造業界，酒販業界と一体となって，酒販免許制度を死守するために，酒販免許制度に異議を唱え酒類販売の自由化を主張してきた原告代表者を狙い撃ちにして徹底的につぶす目的から，免許取扱要領上，申請受理の日の翌日から2か月間内にされるべきところ，右の日から9か月以上経過した後に，本件免許拒否処分を行ったので，同処分は免許取扱要領に違反し，違法であると主張する。

しかしながら，原告主張の被告が原告代表者を狙い撃ちにしてつぶす目的で本件免許拒否処分を行ったことを認めるに足りる証拠は存在しない。

また，確かに，法9条1項，10条11号の酒販免許制度が，同条項の要件を備えた特定人について，その者の酒類販売業への参入を阻止するために利用されたとすれば，そのような右制度の運用は違法となる他，右特定人の職業の自由を侵害するものとして違憲の瑕疵を帯びることがあ

りうる。しかしながら、本件においては、前示のとおり、原告は、法及びこれに基づく免許取扱要領等の定める免許要因を具備しておらず、他方、法及びこれに基づく免許取扱要領等の定める免許要件は合憲かつ適法であると認められる。したがって、本件免許拒否処分が違憲、違法な運用によるものではないと認められる。加えて、酒販免許取扱要領には、酒販免許の申請がなされた場合において、税務署限りで処理するものについては、申請書類を受理した日の翌日から起算して最大限2か月の期間内に右申請を処理する旨の原則が定められているものの、この免許事務の処理期間を経過したことのみをもって、直ちに本件免許拒否処分が違法になるとは認められない。よって、結局、原告の右各主張はいずれも失当である。

(7) したがって、法9条1項、10条11号は憲法22条1項に違反せず、酒税法の右各条項の趣旨に適合した免許取扱要領に基づく本件免許拒否処分に原告主張の瑕疵はなく、右処分は適法であると認められる。

【220】 福島地裁 平成10年2月16日判決
（平成6年（行ウ）第4号・免許拒否処分取消請求事件）

【当事者】
　原告　○○○○株式会社
　被告　郡山税務署長

【判示事項】
　酒税法9条1項及び10条11号の合憲性

【事案の概要と争点】
　本件は、原告がした酒税法（以下「法」という。）9条に基づく酒類販売業免許申請に対し、被告が「販売地域における酒類の需給の均衡を破り、ひいては酒税の確保に支障を来すおそれがあると認められ、酒税法10条11号に該当する」としてした同免許拒否処分の取消しを求めた事案である。
　主たる争点は、酒販免許制度を定めた法9条1項及びその要件を定めた法10条11号の合憲性にあった。

第3章 賦課実体関係 653

【判　旨】
　本判決は，福島地裁平成10年2月16日判決（整理番号【219】・本書645ページ）と同旨の判示をして，原告の請求を棄却した。

【221】　仙台高裁秋田支部　平成10年3月2日判決
　　　（平成9年（行コ）第4号・酒類販売業免許移転拒否処分取消請求控訴事件）
　【当事者】
　　控　訴　人（被告）　　湯沢税務署長
　　被控訴人（原告）　　亡○○○○控訴承継人○○○○ほか2名
　【判示事項】
　　酒類販売業免許の一身専属性及び相続人の法律上の利益の有無
　【事案の概要と争点】
　　本件は，酒類販売業者であるＡ（原審係属中に死亡）が，営業不振のため，その販売場があった土地建物を訴外人に売却すると同時に訴外Ｂ社と営業譲渡契約を締結したが，Ｂ社の酒類販売業免許申請が拒否されたことから，右営業譲渡契約を合意解約し，自己の酒類販売業免許（以下「本件免許」という。）について酒税法16条1項に基づき，Ｂ社の経営するスーパーマーケット内への酒類販売場の移転許可申請をしたところ，Ａの申請に係る酒類販売場は，既に酒類販売場として存在しておらず，長期間酒類の販売を行っていないことから，継続して酒類の販売業を行う酒類販売場としての機能を有していないこと及び移転先における経営についての健全性が認められないなどとして控訴人が右許可申請を拒否した（以下「本件拒否処分」という。）ため，その取消しを求めた事案である。
　　主たる争点は，本件免許を，Ａの死亡によってその相続人が承継することの可否及び承継できないとした場合に被控訴人らの本件拒否処分の取消しを求める法律上の利益の有無にあった。
　【判　旨】
　　本判決は，次のとおり判示して，法16条1項にいう販売場は，移転しよ

うとする販売場が現実に存在していることまでも必要とするものではなく，Aには営業継続の意思があったとしてAの請求を認容した原判決（秋田地裁平成9年7月18日判決・年報9号662ページ）を取り消し，訴訟終了宣言をした。

1. 本件拒否処分は，Aが申請した本件免許についての酒類販売場移転許可申請に対する拒否処分である。

　酒税法9条，19条1項及び2項の各規定によれば，酒類販売業者の相続人が右申告によって相続の時において受けたものと見なされる免許は，あくまでも相続人自身の新規免許であって，被相続人が有していた免許を相続によって承継するものではないことが明らかで，本件免許はAの一身専属のものであり，Aの死亡によってその相続人が承継することはできないものであるから，本件免許についての酒類販売場の移転許可申請の拒否処分の取消しを求めるAの地位をAの相続人が承継することもないというべきであり，本件訴訟は，Aの死亡により当然に終了したものというべきである。

　被控訴人らは，被控訴人X₁が酒税法19条1項の相続申告をなしたにもかかわらず，控訴人が被控訴人X₁に対し「相続適格通知書」を交付しないことから，控訴人において被控訴人X₁が酒税法19条2項による免許取得を争うことが予想されるとして，被控訴人らには，本件拒否処分の取消しを求める法律上の利益があると主張するが，被控訴人X₁が酒税法19条2項により新規免許を取得したか否かと，本件拒否処分の適否とは，法律上無関係である。さらに，被控訴人らは，被控訴人X₁の免許にかかる酒類販売場の所在地はA死亡時の販売場所在地となるから，販売場所在地を決するためにも，被控訴人らには本件拒否処分の取消しを求める法律上の利益があると主張するが，仮に，本件拒否処分が取り消されたとしても，本件拒否処分が違法であったという判断が確定するだけであって，その確定によって法律上Aのために販売場移転の効力が生ずるものではないから，被控訴人X₁は，Aの相続が開始した時点においては，販売場移転の許可がない状態の本件免許について前記酒税法

19条の申告を行い，Aの免許と同じ内容の免許を取得すると解さざるを得ないのであり，当然に右免許にかかる販売場は，従前の本件免許の販売場ということになる。したがって，被控訴人X_1の免許にかかる販売場所在地を決するために本件拒否処分の適否の判断を求める法律上の利益があるとの前記被控訴人の主張は理由がない。また，販売場の移転の許可不許可は，免許を有する特定の個人（もしくは法人）についてなされるものであるから，被控訴人X_1が，販売場を移転して営業するためには，同人自身が，改めて自己の免許について販売場の移転許可を取得しなければならないのであり，本件拒否処分の効力と，被控訴人X_1の免許についての販売場移転許可申請の可否とは，法律上無関係であるというべきである。

以上によれば，結局，被控訴人X_1を含む被控訴人らには，本件拒否処分の取消しを求める法律上の利益はないというべきである。

2. 以上の次第で，本件訴訟は，原審口頭弁論終結前である平成9年6月23日にAが死亡したことによって当然に終了したものであり，これを看過してなされた原判決は当然に無効なものであるが，形式的に判決が存在する以上，原判決を取り消したうえ，訴訟終了宣言をするのが相当である。

【222】 静岡地裁 平成10年3月12日判決
（平成6年（行ウ）第2号・処分取消等請求事件）

【当事者】
原告　〇〇〇〇株式会社
被告　静岡税務署長

【判示事項】
酒税法9条1項及び10条11号の合憲性等

【事案の概要と争点】
本件は，原告の平成3年9月30日付け酒類販売業免許申請に対し，酒税法10条11号に該当するとして，被告が平成4年7月2日付けでした拒否処

分の適否が争われた事案である。

主たる争点は，酒税法9条1項による酒類販売業免許制度（以下「酒販免許制度」という。）及び同法10条11号の規定の合憲性，同号該当事実の有無等にあった。

【判　旨】

本判決は，次のとおり判示して，原告の請求を棄却した。

1.　酒販免許制度の合憲性について

(1)　酒販免許制度の合憲性審査基準

租税法の定立については，国家財政，社会経済，国民所得，国民生活等の実態についての正確な資料を基礎とする立法府の政策的，技術的な判断に委ねるほかはなく，裁判所は，基本的にはその裁量的な判断を尊重せざるを得ないものというべきである（最高裁昭和60年3月27日大法廷判決・民集39巻2号247頁参照）ところ，租税の適正かつ確実な賦課徴収を図るという国家の財政目的のための職業の許可制による規制については，その必要性と合理性についての立法府の判断が，右の政策的，技術的な裁量の範囲を逸脱するもので，著しく不合理なものでない限り，憲法22条1項に違反するものということはできない（最高裁平成4年12月15日第3小法廷判決・民集46巻9号2829頁参照）。

これに対し，原告は，酒販免許制度の定立に立法府の裁量判断は認められない旨主張する。しかし，職業の自由のような社会経済活動は公共の利害に影響するところが大きく，社会経済の実態やその変遷に伴ってその規制の態様も複雑にならざるを得ず，他方，租税法の定立にあたっては政策的，技術的な判断が必要とされることなどにかんがみると，その規制の目的が公共の福祉に合致するものと認められる以上，課税のための職業の自由に対する規制措置としてどのような定めをするかという判断は，立法府の合理的な裁量判断にゆだねられているというべきである。しかも，本件のような規制措置によって制約される活動は，致酔性を有する嗜好品である種類の販売の自由であることからしても，原告の主張するような厳格な基準によって，酒販免許制度の審査をしなければ

ならないということはできない。
(2) 酒販免許制度の合憲性について
㈠ 酒販免許制度の趣旨
　酒税法は，酒類の消費を担税力の表れであると認め，酒類について，いわゆる間接消費税である酒税を課するとともに，いわゆる移出課税方式によって酒類製造業者にその納税義務を課し，酒類販売業者を介しての代金の回収を通じて，その税負担を最終的な担税者である消費者に転嫁するという仕組みをとっている。このような仕組みにおいては，酒類販売業者は，納税義務者である酒類製造業者と最終的な担税者である消費者の中間に位置して，両者の間の税負担の適正かつ円滑な転嫁を仲介する重要な役割を担っているということができる。そこで，酒税法は，酒税の確実な徴収とその税負担の消費者への適正かつ円滑な転嫁を確保する必要から，納税義務者である酒類製造業者だけでなく，酒類販売業者についても免許制を採用したものである。
㈡ 酒販免許制度の必要性と合理性
　酒税は，沿革的に見て国税全体に占める割合が高く，これを確実に徴収する必要性が高い税目であるとともに，酒類の小売価格に占める割合も高率であることからすれば，酒税法を改正し（昭和13年法律第48号），酒税の納税義務者とされた酒類製造業者による，酒類の販売代金の回収を確実にさせ，消費者への酒税の適正かつ円滑な転嫁を実現し，酒税の適正かつ確実な賦課徴収を図るという国家の財政目的のため，酒販免許制度を採用したことには，その必要性と合理性があったというべきである。そして，酒販免許制度によって規制される酒類は，前記のとおり，致酔性を有する嗜好品である性質を有しており，その性質からして販売秩序の維持及び過度な消費の抑制等の観点から，生活必需品等の販売の自由とは異なった何らかの規制が行われても止むを得ない性質をそれ自体有するものと解され，酒販免許制度は，このような性質を有する酒類の販売の自由に対する規制に止まっているものである。
㈢ 以上によれば，本件処分当時においてなお，酒販免許制度を存置すべ

きものとした立法府の判断が、その政策的、技術的な裁量の範囲を逸脱し、著しく不合理であるとまでは断定し難い。

(四) 原告の主張について

原告は、酒販免許制度の立法目的は、移出課税方式の導入による実質的な増税に対する酒造業界の反対を懐柔することと統制経済体制の確立にあった（原告は、これが既得権者の保護を目的としていたという。）旨主張するが、酒販免許制度が採用されたのは、酒税の適正かつ確実な賦課徴収の確保という国家財政上の目的のためであって、移出課税による酒税の賦課徴収の仕組みを十分に機能させるためには、その採用が必須であったと認められたからであるというのが相当である。

仮に、原告主張のように、移出課税方式の導入による実質的増税に対する酒類製造業者の反対の事実があったとしても、それらは立法当時の背景事情の一つに過ぎないというべきである。

2. 酒販免許基準（酒税法10条11号）の合憲性について

酒税法10条11号は、酒類販売業の免許の付与に需給均衡の維持を要件とする旨を定めている。これは、一定地域内における酒類に対する需要量が当該地域に存在する販売場の数に関わりなくほぼ一定していると考えられることから、当該地域において酒類製造業者が乱立し、過当競争が生ずれば、経営が不安定となって酒類販売業者による酒類販売代金の回収が困難となり、これによって酒類製造業者の経営の不安定を招き、その結果、酒税の徴収に支障を生ずるおそれがあるので、これを防止するため、需給要件の認定判断を通じ酒類販売業への新規参入を一定限度で制限し、酒類販売業者の経営が安定的に行われることを確保することによって酒税収入の確保を図ろうとしたものである。したがって、需給要件は、既に認定した酒販免許制度の制度趣旨からして合理的なものということができ、また、右要件が、不明確で行政庁の恣意的判断を許すようなものであるとも認め難い。

そうすると、右の規定を採用した立法府の政策的、技術的な判断がその裁量の範囲を逸脱し、著しく不合理であるということはできず、右規

定が憲法22条1項に違反するということはできない。
3. 本件処分の適法性について
(1) 本件通達における認定基準の合理性について

　酒販免許基準に関する具体的な判断の基礎となる内部的な基準としての昭和53年6月17日付間酒1－25国税庁長官通達及び平成元年6月10日付間酒3－295国税庁長官通達「酒類の販売業免許等の取扱いについて」の別冊「酒類販売業免許等取扱要領」並びに同日付間酒3－296国税庁長官通達「一般酒類小売業免許の年度内一般免許枠の確定基準について」（以下，併せて「本件通達」という。）における認定基準は，酒販免許制度が，酒税の保全と致酔性を有する酒類の管理上，社会的に重要な役割を担うものであることなどから，経済社会の変化に即応し，必要な場合には一定の要件のもとに酒類販売業者に免許を付与することができるようにするとともに，制度運営の透明性及び公平性を確保することを旨として定められているもので，右通達は，一定地域における酒類消費の実情が，その地域に居住する人口と密接な関連性を有すること，各地域の人口は毎年公表され，客観性が担保されていること，したがって人口基準は，税務署長の認定判断の透明性や公平性を確保し易いことなどを勘案し，一定地域の人口を基準にその地域内での酒類販売業者の免許枠を定め，その枠内で免許を付与するという人口基準をとったものと認められる。

　そして，本件通達に定める基準人口は，昭和62年度における免許付与の実情についての全国的な実態調査に基づくものであり，それに基づいて地域の類型ごとに現状の酒類売上金額を維持するために必要な人口を推算して設定されたものであることが認められる。

　以上によれば，一定の小売販売地域ごとの人口を基準にして免許付与の要件を定め，その需給の均衡を判断することとした本件通達における認定基準は，酒販免許制度の適正な運用のための合理的な基準であるということができる。

(2) 本件処分と酒類の需給の均衡について

本件申請地にかかる小売販売地域であるＢ市の小売販売地域の格付けは，Ａ地域（基準人口1500人）であり，同市の基準人口比率は314となる。しかし，同年8月31日時点における同市の一般酒類小売業免許場数は既に328場あったから，認定基準によると，本件処分当時において，一般酒類小売業の年度内一般免許枠はなかったことが明らかである。そして，本件申請地所在の地区について認定基準にいう年度内特例免許枠を設けるべき特段の事情も認められない。

　これに対し，原告が本件免許申請をしたため，被告は，認定基準に基づき本件申請地において申請にかかる酒販免許を付与した場合，当該販売地域における酒類の需給の均衡を破り，ひいては酒税の確保に支障をきたすおそれがあると判断して本件処分をしたものである。

　そうすると，本件処分は，本件通達の認定基準に従ってなされたものと認められ，他に右処分を違法とすべき事情は認められないから，右処分は適法というべきである。

　また，原告は，本件処分について，酒類の安売りを敢行する原告を差別的に取扱うものであると主張するが，既にみたとおり，本件処分は，本件通達に従ってなされたものであり，原告主張の事実を考慮しても，本件において恣意的な処分があったと認めることはできない。

　さらに，原告は，本件処分には申請から9か月経過してなされた違法があると主張するが，右処分において，その主張する程度の期間の経過があったからといって直ちに右処分を違法とすることはできず，原告の右主張は失当である。

【223】　最　高　裁　平成10年3月26日第一小法廷判決
　　　（平成6年（行ツ）第76号・酒類販売業免許申請に対する拒否処分取消等請求上告事件）
【当事者】
　　上告人（控訴人・原告）　　有限会社○○○○
　　被上告人（被控訴人・被告）　春日部税務署長

【判示事項】
　酒類販売業免許制度の合憲性
【事案の概要と争点】
　本件は，上告人が酒税法10条10号に該当する（経営基礎薄弱）として，被上告人が上告人の酒類販売業免許申請を拒否した処分の適否が争われた事案である。
　主たる争点は，酒税法9条1項による酒類販売業免許制度及び経営の基礎が薄弱であると認められる場合には同免許を与えないことができるとする同法10条10号の規定が職業選択の自由を保障する憲法22条一項に反するか否かにあった。
【判　旨】
　本判決は，上告人の請求を棄却した一審（浦和地裁平成5年2月8日判決・年報5号574ページ）の判断を維持して控訴を棄却した原判決（東京高裁平成5年12月21日判決・年報5号593ページ）の判断を是認し，上告を棄却した。

【224】　東　京　高　裁　平成10年5月26日判決
　　　（平成9年（行コ）第5号・酒類販売業免許拒否処分取消請求控訴事件）
【当事者】
　　控　訴　人（原告）　　生活協同組合○○○○
　　被控訴人（被告）　　相模原税務署長，戸塚税務署長，藤沢税務署長
【判示事項】
　酒類販売業免許制度及び酒税法10条11号の合憲性，いわゆる員外利用許可を受けていないことを理由とする免許拒否処分の適否等
【事案の概要と争点】
　本件は，年報8号【172】の控訴審である。
【判　旨】
　本判決は，控訴人の請求を棄却した原審（横浜地裁平成8年12月25日判

決・年報8号 651ページ）の判断を維持し，控訴を棄却した。

【225】 最 高 裁 平成10年7月3日第二小法廷判決
（平成6年（行ツ）第111号・酒類販売業免許申請に対する拒否処分取消請求上告事件）

【当事者】
　　上　告　人（被控訴人・原告）　　有限会社○○○○
　　被上告人（控　訴　人・被告）　　氏家税務署長

【判示事項】
酒税法10条10号及び11号該当性等

【事案の概要と争点】
　本件は，上告人の昭和63年1月9日付け酒類販売業免許申請に対し，被上告人が，上告人の経営の基礎が薄弱であるとともに上告人に右免許を付与した場合には上告人の店舗周辺の小売販売地域における酒類の需給の均衡を破るおそれがあるとして，酒税法10条10号及び11号に基づいてした拒否処分の適否が争われた事案である。
　主たる争点は，右各号該当事実の有無にあった。

【判　旨】
　本判決は，次のように判示して，上告人の請求を認容した一審判決（宇都宮地裁平成4年7月15日判決・年報4号 577ページ）を取り消した上で上告人の請求を棄却した原判決（東京高裁平成6年1月27日判決・年報6号 549ページ）を破棄し，原審に差し戻した。

1. 酒類販売業につき免許制が採られているのは，酒税の納税義務者とされた酒類製造者のため，酒類の販売代金の回収を確実にさせることによって消費者への酒税の負担の円滑な転嫁を実現する目的で，これを阻害するおそれのある酒類販売業者を酒類の流通過程から排除することとして，酒税の適正かつ確実な賦課徴収を図るためであると解される。そして，右免許の要件を定めた法10条は，同条各号の一に該当するときは免許を与えないことができると規定しているが，これは，右免許制が憲法

22条1項の保障する職業選択の自由に対する規制措置であることにかんがみ，酒類製造者において酒類販売代金の回収に困難を来すおそれがあると考えられる場合を限定的に列挙して，免許の申請がそれらのいずれかに該当すると認められる場合に限って免許を与えないことができるものとし，それらに該当するとは認められない場合には申請どおり免許を与えなければならないものとする規定であるというべきである。本件で問題となる酒税法（以下「法」という。）10条10号及び11号の規定を酒類販売業の免許の関係においてみると，10号は，物的，人的，資金的要素に欠陥があって申請者自身の経営の基礎が薄弱であると認められるため，酒類製造者において酒類販売代金の回収に困難を来すおそれがある場合を規定したものと解され，また，11号は，申請者の参入により酒類の需給の均衡が破れる結果酒類販売業者の経営の基礎が危うくなると認められるため，酒類製造者において酒類販売代金の回収に困難を来すおそれがある場合を規定したものと解される。これらの規定は，前記の立法目的に沿う合理的なものということができるが，以上に述べたところからすれば，「経営の基礎が薄弱である」（10号），「酒類の需給の均衡を維持する必要がある」，「免許を与えることが適当でない」（11号）という抽象的な文言をもって規定されている免許拒否の要件を拡大して解釈適用するときは，右の立法目的を逸脱して，事実上既存業者の権益を保護するため新規参入を規制することにつながり，憲法の前記規定に違反する疑いを生ずるといわなければならないのであって，あくまで右の立法目的に照らしてこれらの要件に該当することが具体的事実により客観的に根拠付けられる必要があるものと解すべきである。

2. 右の見地に経って，本件の事実関係に基づき，まず，本件申請が法10条10号に該当すると認められるか否かについて検討する。

(1) 上告人は，大手のコンビニエンスストアのグループであるA社のフランチャイズ店であるところ，その本件処分当時までの経営実績は，創業当初の第1期事業年度（約5箇月間）に49万9192円，第2期事業年度に117万8049円の損失金をそれぞれ計上したが，第3期事業年度には10万

6364円、第4期事業年度（4箇月間）には180万8631円の利益金をそれぞれ計上し、第2期事業年度末現在で167万7241円あった未処理損失金も第4期事業年度において解消されたというのである。上告人の売上高が第2期事業年度においては2億0682万7190円であったことからすれば、右の同期損失金の売上高に占める割合はわずか0.57パーセントにすぎないのであり、右のように創業期において若干の損失金が出ることは何ら異常なこととは考えられない上、その後、上告人の売上高は着実に伸びているということができる。これら事実に基づけば、上告人が免許取得後5日以内に免許取得についての指導等を委託した訴外B社に対して顧問料残額650万円の支払をしなければならない契約を締結していることなど原審の確定したその余の事実関係を考慮しても、本件処分当時において上告人の経営の基礎が薄弱であると断定することはできなかったものといわなければならない。

　原審は、第3期事業年度以降の業績の回復は、上告人代表者Cから賃借している店舗の賃借料及びCとその妻Dの役員報酬を減額したことによるものであることを問題としているが、上告人はC及びDによる小規模の同族会社であり、減額後の金額が社会常識に照らして不相当なものであるとまでは解されないのであって、経営安定のためCやDの同意の下にこのような措置を採ることも何ら異常なことではないから、帳簿上の粉飾ではなく、現実にこのような措置が採られた以上、このような措置を採らなかったならば経営が不安定であったであろうということを過大に考慮すべきではない。原審は、右の賃借料及び役員報酬の減額をし、第4期事業年度において短期決算を組んだのは、上告人において酒類販売業免許の取得を目的として作為的に上告人の経営状況が良好であるような体裁を整えるためにしたものであることがうかがわれると判示しているが、右減額等があくまで免許取得のための一時的な方便であり、免許取得後は再びこれらを増額して赤字経営に逆戻りするおそれがあるとまで認定するものではない。これらによれば、原審の挙げる点は、上告人の経営が順調とまではいえないというにとどまり、その基礎が薄弱で

あると断ずる根拠としては不十分というほかはない。
(2) 次に、本件申請において上告人の取締役とされていたEが市県民税を滞納していたという事実は、実際には同人が上告人の経営に関与したことはなく今後も関与することは予定されていないとみられる以上、上告人の経営の基礎が薄弱であることの根拠となるものではないといわざるを得ない。被上告人には同人が名目的取締役であることが分からなかったということは、被上告人に落ち度がなかったことを意味するにとどまり、右判断を左右するものではない。

　なお、上告人が取扱要領の定める基準を形式的に充足させるためEを名目的取締役に就任させて本件申請を行ったことは、上告人の遵法精神に一定程度疑問を抱かせる事実ということができるが、更に進んで上告人の経営の基礎が薄弱であって酒類製造者において酒類販売代金の回収を図ることに困難を来すおそれがあることまでを根拠付けることは、困難であるというほかはない。

(3) 以上によれば、原審の確定した事実関係の下においては、本件処分当時、上告人が法10条10号に該当するとは断定することはできず、同号に該当することを理由に免許を拒否することは許されないものというべきである。

3. そこで、さらに、前記の見地に立って、本件申請が法10条11号に該当すると認められるか否かにつき検討する。

(1) 本件処分当時における酒類販売業免許等取扱要領（以下「取扱要領」という。）は、免許を与えるのは小売基準数量要件又は基準世帯数要件のいずれかを充足する場合に限ることとした上、そのただし書（以下「本件ただし書」という。）において、これらのいずれかを充足する場合でも、酒類の需給均衡を破り、ひいては酒税の確保に支障を来すおそれがあると認められる場合は免許を与えないものとする旨定めている。前述したところによれば、右のような取扱要領の定め方が同号の趣旨に沿うものであるかどうかには、問題があるが、小売基準数量要件及び基準世帯数要件自体には、相応の合理性があるものと考えられるから、こ

れらのいずれかを充足する場合，とりわけ需給のバランスを直接的に示す小売基準数量要件を充足する場合には，それでもなお酒類の需給均衡を破るおそれがあることが具体的事実により客観的に根拠付けられて初めて，同号に当たるということができるものと解するのが相当である。本件ただし書きの定めは，極めて一般的抽象的であり，運用指針としての意義に乏しいが，右のような例外的な場合には免許を与えないことができることをいう趣旨に理解するほかないものというべきである。

(2) 本件申請は，小売基準数量要件を充足し，基準世帯数要件は満たさないものの，免許後一場当たり世帯数が 187 世帯となるというのであるから，基準世帯数である 200 世帯を大きく下回るものではない。したがって，それでもなお酒類の需給均衡を破るおそれがあることが具体的事実により客観的に根拠付けられない限り，本件申請が法10条11号に該当するとは断定し得ないものというべきである。

原審は，本件申請に係る小売販売地域における酒類の消費量は頭打ちとなっており，同販売地域の世帯数の推移も横ばいであること，既存業者7者のうち4者は零細業者であって，既存業者の経営状態は必ずしも良好とはいえないことなどから，上告人に免許を与えることは酒類の需給の均衡を破るものと被上告人が判断したことに合理性があるとしている。しかし，本件処分時において小売基準数量要件を充足しており，酒類の消費量や世帯数が今後大幅に減少するというのではないことからすれば，特別の事情が認められない限り，今後も既存業者の経営はおおむね成り立ち得ると推測される。そして，零細とされる4者の販売数量は右地域における小売基準数量を下回ってはいるものの，取扱要領の定める小売基準数量は，右地域と同様の市制施行の市街地（B地域）においては24キロリットルとされているが，町制施行の市街地（C地域）においては，その半分の12キロリットルとされており，その程度の販売数量でも十分経営が成り立つものと想定されていること，同様に取扱要領の定める基準世帯数は，B地域においては 200 世帯であるが，C地域においては 150 世帯とされていること，そもそも申請者をも加えた販売業者

の販売数量の平均値が小売基準数量を上回るという小売基準数量要件を充足しても半数以上の既存業者は小売基準数量を下回る可能性があるのであり、そのことを根拠に需給の均衡が破れるというのであれば、小売基準数量要件は意味をなさないことになること、右の4者が酒類の販売以外にいかなる営業をしているのかは明らかとされておらず、その総体としての経営状況が良好ではないのか否かが不明であることにかんがみれば、原審の確定した事実のみをもって酒類の需給の均衡が破れるものと即断することはできないものというのが相当である。

(3) 以上によれば、原審の確定した事実関係の下においては、本件処分当時、本件申請が法10条11号に該当すると断定することはできないというべきである。

4. 以上のとおりであるから、原審の確定した事実関係の下において、本件申請が法10条10号及び11号に該当するとして免許を拒否した本件処分に違法はないとした原審の判断には、右各条項の解釈適用を誤る違法があり、右違法は判決に影響を及ぼす事が明らかである。したがって、その余の点につき判断するまでもなく、原判決は破棄を免れない。そして、本件申請が法10条11号に該当するか否かについては、前記4者の総体としての経営状況等を含め、本件申請が小売基準数量要件を充足するにもかかわらず、なお酒類の需給均衡を破るおそれがあるというべき具体的な事由があるかどうかにつき更に審理を尽くして判断する必要があるから、本件を原審に差し戻すこととする。

【226】最高裁 平成10年7月16日第一小法廷判決
（平成8年（行ツ）第88号・酒販免許不許可処分取消請求上告事件）
【当事者】
　上告人（控訴人・原告）　○○○○株式会社ほか1名
　被上告人（被控訴人・被告）　葛飾税務署長ほか1名
【判示事項】
　酒類販売免許制度の合憲性等

【事案の概要と争点】

本件は，上告人らの酒類販売業免許申請及び販売場移転に対し，被上告人らが，酒税の保全上酒類の需給の均衡を維持する必要があるため酒類の販売免許を与えることが適切でないとしてした右申請の拒否処分の適否が争われた事案である。

主たる争点は，酒税法9条1項，10条11号による酒類販売免許が，職業選択の事由を認めた憲法22条1項に違反するか否かにあった。

【判旨】

本判決は，上告人の請求を棄却した原審（東京高裁平成7年12月27日判決・年報7号732ページ，一審東京地裁平成7年3月24日判決・年報7号722ページ）の判断を是認し，上告を棄却した。

【227】最高裁 平成10年7月16日第一小法廷判決

（平成8年（行ツ）第264号・酒類販売業免許不許可処分取消請求上告事件）

【当事者】

上告人（控訴人・原告）　〇〇〇〇株式会社

被上告人（被控訴人・被告）　立川税務署長

【判示事項】

酒類販売免許制度の合憲性，免許拒否要件の該当性

【事案の概要と争点】

本件は，上告人の酒類販売業の新規免許申請に対し，被上告人が，右免許を許可することは，販売地域における酒類の需給の均衡を破りひいては酒税の確保に支障を来すおそれがあり，酒税法10条11号に該当するとしてした拒否処分の適否が争われた事案である。

主たる争点は，酒税法9条1項，10条11号による酒類販売免許制度が，職業選択の自由を認めた憲法22条1項に違反するか否か，及び酒税法10条11号の免許拒否要件の該当性にあった。

【判旨】

第3章 賦課実体関係　669

本判決は、上告人の請求を棄却した原審（東京高裁平成8年9月11日判決・年報8号641ページ、一審東京地裁平成8年2月15日判決・年報8号626ページ）の判断を是認し、上告を棄却した。

【228】最高裁 平成10年7月16日第一小法廷判決
　　（平成9年（行ツ）第97号・処分取消請求上告事件）

【当事者】
　上　告　人（控　訴　人・原告）　　○○○○株式会社
　被上告人（被控訴人・被告）　　東京上野税務署長

【判示事項】
　酒類販売免許制度の合憲性等

【事案の概要と争点】
　本件は、上告人の酒類販売業の新規免許申請に対し、被上告人が、販売地域における酒類の需給の均衡を破りひいては酒税の確保に支障を来すおそれがあると認められる酒税法10条11号に該当するとしてした右免許拒否処分の適否が争われた事案である。
　主たる争点は、酒税法9条1項、10条11号による酒類販売免許が、職業選択の自由を認めた憲法22条1項に違反するか否か、及び酒税法10条11号の免許拒否要件該当性にあった。

【判　旨】
　本判決は、上告人の請求を棄却した原審（東京高裁平成9年1月30日判決・年報9号651ページ、一審東京地裁平成8年2月15日判決・年報8号632ページ）の判断を是認し、上告を棄却した。

【229】最高裁 平成10年7月16日第一小法廷判決
　　（平成10年（行ツ）第23号・酒類販売業免許申請拒否処分取消請求上告事件）

【当事者】
　上　告　人（原告・控　訴　人）　　○○○○株式会社

被上告人（被告・被控訴人）　柏税務署長

【判示事項】

酒類販売業免許制度及び酒類販売業免許における需給調整要件の合憲性，酒類販売業免許取扱要領の合理性等

【事案の概要と争点】

本件は，上告人の平成3年9月30日付け酒類販売業免許申請に対し，被上告人が，酒税法10条11号に基づいてした拒否処分の適否が争われた事案である。

主たる争点は，酒税法9条1項による酒類販売業免許制度（以下「酒販免許制度」という。）及び同法10条11号の規定の合憲性，酒類販売業免許取扱要領等の合理性等にあった。

【判　旨】

本判決は，上告人の請求を棄却した原審（東京高裁平成9年9月8日判決・年報9号664ページ，一審千葉地裁平成9年1月20日判決・年報9号640ページ）の判断を是認し，上告を棄却した。

【230】最　高　裁　平成10年7月16日判決
（平成10年（行ツ）第74号・処分取消等請求上告事件）

【当事者】

上　告　人（原告・控訴人）　〇〇〇〇株式会社

被上告人（被告・被控訴人）　越谷税務署長

【判示事項】

酒類販売業免許制度の合憲性，免許拒否要件該当性等

【事案の概要と争点】

本件は，上告人の平成3年9月30日付け酒類販売業免許申請に対し，上告人の経営基盤が薄弱であるとして，被上告人が酒税法10条10号に基づいてした拒否処分の適否が争われた事案である。

主たる争点は，酒税法9条1項による酒類販売業免許制度（以下「酒販免許制度」という。）及び同法10条10号の規定の合憲性，同条項該当事実

第3章　賦課実体関係　671

の有無等にあった。

【判　旨】

本判決は，上告人の請求を棄却した原審（平成9年11月19日判決・年報9号676ページ，一審浦和地裁平成9年6月9日判決・年報9号654ページ）の判断を是認し，上告を棄却した。

【231】　大阪地裁　平成10年7月16日判決
　　　　（平成10年（行ウ）第4号・酒類販売場移転許可取消請求事件）
【当事者】
　　原告　○○○○ほか28名
　　被告　泉大津税務署長
【判示事項】
　　酒類販売場移転許可処分の取消しを求める当事者適格の有無
【事案の概要と争点】
　本件は，被告がした訴外Aに対する酒類販売場の移転許可（以下「本件移転許可」という。）は，A及び訴外B社の実質的な「免許売買」を背景としてされた違法な移転申請に対して与えられたものであり，Aの移転先で地域的に密接して酒類小売業を営む原告らは，被告の免許付与により，経済的に不利益を受けるとして，移転許可の適否が争われた事案である。
　主たる争点は，本件許可処分の取消しを求める原告らの当事者適格の有無にあった。
【判　旨】
　本判決は，次のように判示して，原告らの訴えを却下した。
1. 被告の本案前の主張について判断する。
　行訴法9条は，取消訴訟の原告適格について，当該処分を求めるにつき法律上の利益を有する者に限る旨規定するが，右にいう「法律上の利益を有する者」とは，「当該処分により自己の権利若しくは法律上保護された利益を侵害され又は必然的に侵害されるおそれのある者」をいうと解すべきである。

そして，当該処分により，名宛人以外の第三者が，当該処分の直接の法的効果によらずして不利益を受ける場合，右第三者の有する利益が法律上保護された利益にあたるか否かは，当該処分を定めた行政法規の趣旨，目的，当該行政法規が保護しようとしている利益の内容，性質，当該行政法規の関連法規との関係における位置づけ等を考慮して，当該行政法規が，右第三者の利益を個別具体的利益として保護しようとしているものであると解されるかどうかによって，判断すべきである。そして，当該行政法規が公益の実現等他の目的のため行政権の行使に制約を課している場合であっても，不特定多数の具体的利益をもっぱら一般的公益の中に吸収解消させるにとどめず，これを個々人の具体的利益としても保護すべきものとする趣旨を含むと解される場合，右利益も法律上保護された利益にあたるというべきである。これに対し，個々人の具体的利益がたまたま保護される結果となっているにすぎない場合，その者が受ける利益は，事実上の反射的利益にすぎず，法律上保護された利益にはあたらないというべきである（最高裁判所平成4年9月22日第三小法廷判決・民集46巻6号571頁参照）。

原告らは，本件移転許可処分により，原告ら酒類販売業者の経営の安定という利益が侵害される旨主張して本件訴えを提起しているところ，ある事業や職業の許認可について，これと競争関係に立つ既存同業者が自己の営業上の利益が侵害されることを理由として，その許認可の取消し訴訟を提起している場合，右営業上の利益が法律上保護された利益にあたるか否かは，当該許認可の根拠となる行政法規の趣旨，目的，当該行政法規に，既存同業者の保護につながるような業者間の適性配置基準や需給調整規定，許認可の際に聴聞を受ける機会を与えるなど既存同業者に対する手続的な保証規定が存在するか否か，当該事業ないし職業が国民生活上不可欠な役務の提供をその内容とするものであって，提供すべき役務の内容，対価に関する強力な規制がなされているか，などの諸点を考慮して，当該行政法規が，既存同業者の営業上の利益を保護する趣旨を含むものであると解されるかどうかによって決せられるべきであ

2. そこで，本件について検討するに，酒税法16条1項に基づく本件移転許可処分は，これによって，右許可を受けた者に対し，移転先の場所において適法に酒類の販売業を営む地位を取得させるものにすぎず，右場所の隣接地及び周辺において酒類の販売業を営む者が，その本来的効果として，その営業権やその他の権利，利益について制約を受けたり，また義務を課せられたりするものでないことは明らかである。

また，酒税法は，酒類には酒税を課するものとし（同法1条），酒類製造業を納税義務者と規定し（同法6条1項），酒類等の製造及び酒類の販売業について免許制を採用したうえ（同法7条ないし10条），酒類の製造場又は販売場の移転についても許可制を採用している（同法16条）。これは，同法が酒類の消費を担税力の現れであると認め，酒類についていわゆる間接消費税である酒税を課することとするとともに，その賦課徴収に関しては，いわゆる庫出税方式によって酒類製造者にその納税義務を課し，酒類販売業者を介してその代金の回収を通じてその税負担を最終的な担税者である消費者に転嫁するという仕組みによることとし，これに伴い，酒類の製造及び販売業について免許制ないしは許可制を採用したものであると解される（最高裁判所平成4年12月15日第三小法廷判決，民集46巻9号2829頁，最高裁判所平成10年3月26日第一小法廷判決・裁判所時報1216号4頁参照）。このように，酒税法は，専ら，酒税の確実な徴収とその税負担の消費者への円滑な転嫁を確保する必要から，このような制度を採用したものと解されるのである。

ところで，酒類の製造場及び販売場の移転の許可申請があった場合において，税務署長は，「正当な理由がないのに取締上不適当とみとめられる場所に製造場又は販売場を設けようとする場合」（同法10条9号）又は「酒税の保全上酒類の需給の均衡を維持する必要があるため酒類の製造免許又は販売業の免許（酒類の製造場及び販売場の移転の許可）を与えることが適当でないと認められる場合」（同法10条11号）には許可を与えないことができるとされており（同法16条2項），後者の消極要

件には，その文言上，「酒類の需給の均衡を維持する必要」が挙げられている。しかし，前判示のとおり，酒類の製造及び販売業の免許制度の趣旨が，専ら，酒税の確実な徴収とその税負担の消費者への円滑な転嫁を確保する必要から，このような制度を採用したものである以上，「酒税の保全上」という財政目的から定められたものと解すべきである。そして，その移転許可の申請手続についても，同法16条1項の委任に基づいて定められた酒税法施行令15条5号が，酒類販売場の移転許可の申請書には，「申請者の住所及び氏名又は名称」，「移転の理由及び年月日」，「販売場の所在地及び名称」，「販売しようとする酒類の種類（品目のある種類の酒類については，品目），範囲及びその販売方法」，「博覧会場，即売会場その他これらに類する場所で臨時に販売場を設けて酒類の販売業をしようとする者にあっては，その旨及び販売業をしようとする期間」及び「その他参考となるべき事項」を記載しなければならないとしているだけで，他に，酒税法及び酒税法施行令中には，許可申請に対する税務署長の審査の際，許可申請者以外の酒類の製造者，販売者等に許可の申請があったことを通知する手続に関する規定や，聴聞，意見の開陳をさせる手続等，これらの者を審査手続に関与させる趣旨の規定は設けられていない。

　このようにみてくると，酒税法は，当該地域等の酒類製造者，販売者の経営の安定など既存業者の営業上の具体的利益を保護すべきものとする趣旨を含むと解することはできない。

　以上の検討によれば，酒類製造場，販売場の移転について許可制を採用した酒税法16条の規定は，酒税の徴収確保とその税負担の円滑な転嫁という財政目的の見地から設けられたものであって，既存の酒類販売業者等の経営の安定など営業上の利益の保護を目的としたものではなく，同条に定める移転拒否処分を通じて既存の酒類販売業者等が何らかの利益を得る場合があるとしても，右利益は，酒税法が酒類販売場の移転について公益目的実現の観点から行政権の行使に制約を課した結果生ずるところの事実上の反射的利益にすぎないのであって，酒税法によって保

護された利益ではないと解するのが相当である。
3. そうすると，原告らは本件移転許可処分の取消しを求めるにつき行訴法9条の規定する「法律上の利益」を欠き，原告適格を有しないものというべきである。

【232】　仙台高裁　平成10年9月8日判決
　　　　（平成10年（行コ）第7号・免許拒否処分取消請求控訴事件）
【当事者】
　　控訴人（原告）　　○○○○株式会社
　　被控訴人（被告）　郡山税務署長
【判示事項】
　　酒税法9条1項及び10条11号の合憲性
【事案の概要と争点】
　　本件は，控訴人がした酒税法（以下「法」という。）9条に基づく酒類販売業免許申請に対し，被控訴人が「販売地域における酒類の需給の均衡を破り，ひいては酒税の確保に支障を来すおそれがあると認められ，酒税法10条11号に該当する」としてした同免許拒否処分の取消しを求めた事案である。
　　主たる争点は，酒販免許制度を定めた法9条1項及びその要件を定めた法10条11号の合憲性にあった。
【判　旨】
　　本判決は，控訴人の請求を棄却した原審（福島地裁平成10年2月16日判決・平成6年（行ウ）第4号）を維持した上，控訴人の当審における主張に対する判断を次のとおり付加して控訴を棄却した。
1. 免許取扱要領の違法性（人口基準採用の不合理性）の主張について
　　証拠及び弁論の全趣旨によれば，本件免許拒否処分時である平成4年度の酒類消費量は，免許取扱要領の認定基準が採用している基準人口の算定基礎である昭和62年度の酒類消費量に比し2割程度増加しており，国民1人当たりの右消費量も増加していることが認められる。しかしな

がら,経済的な諸要因から,酒類消費量等が右程度に増加したからといって,一般酒類小売業者の経営に大きな変動をもたらすとは考えられず,したがって,右消費量等の増加により本件免許拒否処分時の同業者の経営の実態が,昭和62年度の時点と大きく異なっているとは認められないから,右認定基準が,右処分時において不合理なものとなるに至ったということはできない。また,右基準人口は,昭和62年当時の各小売販売地域の酒類売上金額を維持するために必要な人口のいわば平均値であり,控訴人主張のように各小売販売地域の基準人口比率の計算値と右各地域の既存の酒販業者の数が必ずしも一致するものではなく,そのためもあって,免許取扱要領では,右基準人口を採用することが適当でないと認められる場合には国税庁長官に上申の上,20パーセントの枠内で基準人口を変更することができるものとされているのである。したがって,地域によっては基準人口比率を上回る既存の酒販業者が存在することもあり得るわけであるが,それは,新規参入により当該小売販売地域における酒類の供給が過剰となる事態を生じさせるか否かを,し意を排して客観的かつ公正に認定する基準を設定する上ではやむを得ないところであって,右認定のように柔軟な運用の余地も持たせていることとも考え合わせると,そのことから右認定基準の合理性を否定することは妥当でない。

2. 酒販免許制度の合憲性審査基準に対する主張について

酒販免許制の定めは,確かに,酒税の課税要件や納税義務者の定めに比べると,徴税のための手段的,補助的側面を有することは否定できない。しかし,右免許制度は,酒税を納税義務者である消費者に転嫁する方法の一環として採用されたものであり,酒税の根幹部分とは切り離すことができない関連性があって,勝れて政策的,技術的性格を帯びるものであるから,その合憲審査を,その手段的,補助的な正確を理由に,前記基準とは別個の基準で行うものとすることは相当でない。そして,酒税の場合,小売価格に占める税負担率が消費税に比し著しく高率であって,その納税義務者も酒販業者ではなく酒造業者に限られているので

あるから，これと異なる消費税につき全小売商に免許制度を導入した場合と同一に論じようとするのは的外れの議論というほかはない。
3. 酒販免許制度の違憲性の主張について

　酒販免許制度の目的が酒税の確保すなわち酒税の保全にあり，既存の酒販業者の既得権益が保護されるのは，副次的，反射的な効果に過ぎず，酒税の滞納率が所得税等と対比すると低率のままおおむね安定して推移しているのは，総体的にみて，酒販免許制度が寄与しているものと見られる。また，酒税が控訴人主張のようなに石油三税及び地方道路税の合計額を下回っており，実質的に見れば国税収入の6番目に位置することになるとしても，酒税が，本件免許拒否処分時においても，なお国税収入全体の 3.4 パーセントの割合を占め，酒税の収入総額が 1 兆 9000 億円を超え，小売価格に占める酒税比率も高率であって，庫出課税方式により，酒類製造者に納税義務を賦課した上，この業者が販売代金を確実に回収できるようにして，酒税を最終的な担税者である消費者に円滑に転嫁できる仕組みを定めることの必要性及び合理性が失われるに至っておらず，揮発油税につき揮発油小売業に免許制は採用されていないが，そのことから酒販免許制の合理性に疑問を投ずることは不当なことである。したがって，酒販免許制度に著しく不合理な点は存しない。
4. 法10条11号の免許要件及び免許取扱要領の違憲性の主張について

　酒販免許制の違憲性審査の基準としては，その必要性と合理性についての立法府の判断がその政策的，技術的裁量の範囲を逸脱し，著しく不合理なものでないか否かの基準によるべきであって，いわゆる必要最小限度の基準によるべきものでなく，酒類の需給は，酒販業者の手を介さなければならないのであるから，その需給の均衡は，控訴人主張のように製造数量の多寡よりも酒販業者の多寡による影響の方が大であると考えられる。また，酒販免許制度は，控訴人主張のとおり酒販業者の経営安定を図ること自体を目的とするものではなく，酒販業者の新規参入を調整することにより，酒類の供給が過剰となる事態を避けることによって酒販業者の経営安定を図り，もって酒類製造者による酒販販売代金の

回収を確実にしようとするものであり、酒類の需給は右のとおり酒販業者の多寡による影響が大であることと照らし合わせると、免許取扱要領の場所的要件（距離制限）だけで十分であるとする控訴人の主張は根拠がない。なお、法10条11号の免許要件及び免許取扱要領の合理性が認められ、憲法に違反するものでないことは、既に説示のとおりである。

5. 本件免許拒否処分の違法性の主張について

控訴人が本件を初めとして酒類販売業免許申請を各地で10件申請し全部拒否されたことが事実であるとしても、それがそのような狙い打ちだけの理由によるのであれば、いくつかは裁判所によって是正される筈であるが、被控訴人の主張に照らすと、そのうち6件の免許拒否処分取消請求訴訟について判決がなされ、うち5件が一審で請求を棄却され控訴審で控訴棄却の判決、1件が一審で請求棄却の判決がなされていることが認められるのであり、右事実によると、その申請拒否は、免許取扱要領の認定基準の免許付与の要件を充足しないためであって、控訴人主張のように控訴人代表者を狙い打ちにして潰すためのものではなかったことをうかがうことができ、そのようなし意的処分であることを前提とする控訴人の主張は理由がない。

6. 以上の次第で、当審における控訴人の主張はいずれも理由がなく採用できない。

(3) **物品税、その他**

【2】　東　京　高　裁　平成10年1月29日判決（4ページ参照）

5 附帯税

(1) 延滞税及び利子税

【295】 富山地裁高岡支部　平成10年4月27日判決（853ページ参照）

【118】 和歌山地裁　平成10年9月30日判決（313ページ参照）

(2) 過少申告加算税・無申告加算税・不納付加算税

【186】 大阪地裁　平成10年11月25日判決（512ページ参照）

【233】 福岡地裁　平成10年3月20日判決
（平成4年（行ウ）第14号・所得税更正処分等取消請求事件（甲事件），平成5年（ワ）第260号・損害賠償請求事件（乙事件））

【当事者】
　甲・乙事件原告　　○○○○
　甲事件被告　　大牟田税務署長
　乙事件被告　　国

【判示事項】
　生命保険金がみなし相続財産に該当するか一時所得に該当するか及び国税通則法65条4項の正当な理由の存否

【事案の概要と争点】
　本件は，のり養殖業を営む原告の昭和63年分の所得税について，甲事件被告がした更正処分及び無申告加算税賦課決定処分の適否が争われた事案である。
　主たる争点は，原告の長男Aの死亡により原告が受領した生命保険金（農協からの養老生命保険金2口）以下「第1の共済金」及び「第2の共

済金」という。）並びに郵便局からの特別養老保険金（以下「簡易保険金」という。））は相続税法3条1項に規定する「みなし相続財産」に該当するか一時所得に該当するか及び原告が第2の共済金を一時所得として所得税の申告をしなかったことについて，国税通則法65条4項にいう「正当な理由」の存否にあった。

【判　旨】

　本判決は，次のとおり判示して，原告の甲事件被告に対する請求を一部認容し，その余の請求を棄却した。

第1　甲事件について

1. 本件課税処分の経緯等（乙事件も共通）

　　当事者間に争いのない事実，証拠及び弁論の全趣旨によれば，本件課税処分の経緯等について以下の事実が認められる。

(1) 原告は，亡Aが昭和63年1月22日に交通事故で死亡したことにより，同年3月31日，B農協より第1の共済金及び第2の共済金の合計金3004万4148円の支払を受け，同年10月5日，右2口の共済金はいずれも相続税法3条1項に規定するみなし相続財産に該当するとの理解の下に，相続税の申告書に課税価格3450万4000円，納付すべき税額77万5600円と記載して被告に期限後申告をした。

(2) 原告は，被告所部のY統括官より「相続税の更正の請求書等の送付について」と題する書面を受領し，相続税法改正による控除額の変更に伴い，相続税額の減額を受けることができることになったことを知ったので，平成元年2月8日，被告に対し，課税価格2950万4000円，納付すべき税額0円とする更正の請求をしたところ，被告は同年2月16日，右内容の減額更正処分をした。

(3) その後，I調査官は，前記Y統括官より本件の引継ぎを受け，その際同人より簡易保険金及び本件各共済金が一時所得に該当するとの説明を受けたが，その後B農協C出張所への臨場調査の結果，右のうち簡易保険金と第1の共済金は一時所得に該当するが，第2の共済金はみなし相続財産に該当すると判断し，右理解の下，同年7月ころ，原告に対しD

市民会館への出頭を求めた。これに対し，原告はE商工会の事務局長に相談の上，右場所へ出頭したところ，I調査官は簡易保険金及び第1の共済金は原告の一時所得であるとする旨の所得税の確定申告書を作成し，署名捺印を求めた。原告はその後再度右事務局長に相談の上，同人と共にI調査官に面会し説明を求めたところ，同調査官から第1の共済金については贈与税の対象にもなるといった趣旨の回答を得たので，原告は，K税理士と相談の上，これに応じ，簡易保険金及び第1の共済金は原告の一時所得であるとして，同年8月29日，昭和63年分所得税の確定申告書に総所得金額（一時所得の金額）1393万3911円，納付べき税額 352万1200円と記載して，K税理士を通じて被告に期限後申告をした。

(4) 被告は同年9月12日，右所得税について右のとおり確定申告書が法定期限後に提出されたため，国税通則法66条1項本文により納付すべき税額52万8000円とする無申告加算税の賦課決定処分をした。

　これに対し，原告は被告に対し，同年11月10日，右処分の取消しを求める異議申立てをし，平成2年1月20日，無申告加算税につき還付を受けたので，右異議申立てを取り下げ，被告は，同年1月22日，原告が確定申告書を法定期限内に提出しなかったことについて国税通則法66条1項ただし書にいう「期限内申告書の提出がなかったことについて正当な理由があると認められる場合」に該当するとして，無申告加算税について納付すべき税額0円とする無申告加算税の賦課変更決定処分をした。

(5) 原告は被告に対し，平成2年3月15日，前記事務局長に相談の上，第1の共済金はみなし相続財産に該当するとして，所得税の更正の請求をした。そこで，被告所部係官のN統括官は本件各共済金の掛金の負担者が原告であるか，あるいは亡Aであるかを調査するため，同年9月ころ，B農協C出張所に臨場調査を行い，同年10月16日に被告税務署において原告と面談して事情を聴取し，当時の被告税務署長及び国税局に相談の上，本件各共済金の掛金の負担者は原告であり，よって本件各共済金はいずれも一時所得であると判断し，同年10月24日，原告に対し右更正の請求の取下げを打診し，第2の共済金について修正申告書を提出する必

要がある旨説明した。

　他方原告は，同年9月30日，U税理士を代理人として第1の共済金もみなし相続財産である旨の「昭和63年分所得税更正の請求についての請求理由の補正書」と題する書面を提出したほか，同年10月ないし11月ころ，U税理士はN統括官と面談し裁決例を渡すなどしたが，被告は同年12月18日，更正すべき理由がない旨の通知を行った。これに対し，原告は被告に対し，同年12月27日，異議申立てをした。

(6)　被告は原告に対し，平成3年1月7日，第2の共済金も一時所得に該当するとの理由で，総所得金額（一時所得の金額）2131万5182円，納付すべき税額656万7500円，無申告加算税の額45万6000円とする本件更正処分及び本件無申告加算税の賦課決定処分をした。

　これに対し，原告は被告に対し，同年3月1日に異議申立てをしたが，被告は同月25日，右異議申立てを棄却した。

(7)　原告は平成3年4月12日，国税不服審判所長に対し審査請求をしたところ，被告は同年4月26日に納付すべき税額0円とする相続税の減額再更正を行い，国税不服審判所長は平成4年6月16日，前記通知及び本件更正処分に対する審査請求を棄却し，本件無申告加算税の賦課決定処分の一部を取り消した。この結果，裁決による金額は，総所得金額（一時所得の金額）2131万5182円，納付すべき税額656万7500円，無申告加算税30万4000円（ただし過少申告加算税相当額）となった。

2.　本件更正処分の違法事由の有無につき判断する。

(1)　本件各共済金を原告の一時所得と認定した点について

ア　原告は，本件各共済金の掛金は亡Aが負担したものであり，本件各共済金はみなし相続財産となるにもかかわらず，原告の一時所得に該当するとして被告が行った本件更正処分は違法な処分であると主張する。

　ところで，税法上，被共済者の死亡により共済金を取得した場合，その共済金が一時所得として所得税の課税対象となるのか，あるいはみなし相続財産として相続税の課税対象となるのかは，その共済金に対応する共済掛金の負担者が誰であるかによって判断すべきであるとされる

（相続税法3条1項1号，所得税法34条1項）。
　イ　そこで，本件各共済金の掛金の負担者が原告か亡Ａかにつき判断する。
(ｱ)　昭和59年以降の第1の共済金の掛金の一部及び第2の共済金の掛金の支払は認定のとおり原告名義の貯金口座からなされているが，このように貯金口座からの振替によって共済掛金の支払がなされている場合は，右掛金の負担者は特段の事情なき限り貯金口座の名義人であると解するのが相当である。

　　そこで，右の特段の事情の有無につき検討するに，原告は毎月本件各共済金の掛金の支払のために亡Ａから2，3万円を受領していたと供述し，認定事実によれば，確かに亡Ａは昭和59年以降は毎年掛金を負担できるだけの収入を得ており（のり養殖業の専従期間も同様），必ずしも右掛金の支払能力がないとはいえない。しかし，証拠（普通貯金元帳）によれば，本件各共済金の掛金の支払日前の現金による入金額は右共済金の掛金の額に満たないことが認められ，それ以上に原告がＡから本件各共済金の掛金として金員を受領していたとか，亡Ａが右貯金口座に現金を入金していたとか，原告が掛金分を贈与していたと認めるに足りる的確な証拠はないし，かえって認定事実によれば亡ＡはＦ信用金庫に自己名義の預金口座を有しているのに右口座から本件各共済金の掛金が支払われた形跡はうかがえないこと，証拠，原告の供述によれば，亡Ａは自動車の購入費名目の借入金及び自動車の部品代金で合計240万3966円の負債を有しており，右掛金の負担能力につき疑問の余地があることが認められる上，仮に原告の供述のとおり亡Ａが毎月金員を原告に支払っていたことが認められるとしても，かかる金員が家族の一員として家計の一部を負担する趣旨を超えて本件各共済金の支払を目的としたものであるかどうかにつき原告はあいまいな供述をしており，他にこれを認めるに足りる証拠もないのであるから，結局，本件全証拠をもってしても右特段の事情の存在は認められないというべきである。
(ｲ)　昭和59年以降の第1の共済金の一部は現金で支払われているが，これはいずれも共済掛金払込期日である8月28日の経過後に支払われており，

前記貯金口座の残高が不足したことにより現金で支払われたものと認められる上，証人の証言によればB農協C出張所に右掛金を持参した者は亡Aではないことが認められるから，これについても共済掛金の負担者を亡Aと認めることはできない。また，昭和58年以前の第1共済金の掛金の支払方法は明らかでないが，当時亡Aが稼働していなかったことは原告の供述により明らかであるから，これについても共済掛金の負担者を亡Aと認めることはできない。

(ウ)　よって，本件各共済金の掛金の負担者は原告であって亡Aではないと認められるから，本件共済金を原告の一時所得に該当するとして被告が行った本件更正処分は適法であり，これを違法とする原告の主張は理由がない。

(2)　本件更正処分の信義則違反の有無

　原告は，本件更正処分は信義則に反し違法であると主張する。

　ところで，租税法規に適合する課税処分について，法の一般原理である信義則の法理の適用により，右課税処分を違法なものとして取り消すことができる場合があるとしても，法律による行政の原理なかんずく租税法律主義の原則が貫かれるべき租税法律関係においては，右法理の適用については慎重でなければならず，租税法規の適用における納税者間の平等，公平という要請を犠牲にしてもなお当該課税処分に係る課税を免れしめて納税者の信頼を保護しなければ正義に反するといえるような特別の事情が存する場合に，初めて右法理の適用の是非を考えるべきものである。そして，右特別の事情が存するかどうかの判断に当たっては，少なくとも，税務官庁が納税者に対し信頼の対象となる公的見解を表示したことにより，納税者がその表示を信頼しその信頼に基づいて行動したところ，のちに右表示に反する課税処分が行われ，そのために納税者が経済的不利益を受けることになったものであるかどうか，また，納税者が税務官庁の右表示を信頼しその信頼に基づいて行動したことについて納税者の責めに帰すべき事由がないかどうかにより決するのが相当である（最高裁判所第3小法廷昭和62年10月30日判決・裁判集民事 152号

93頁参照）。

　これを本件についてみるに，原告は先に認定のとおり昭和63年10月5日に本件各共済金はみなし相続財産に当たるとする確定申告書を被告に提出し，被告はこれを受理しているが，これは当該申告書の申告内容を是認することを何ら意味するものではないし，その後平成元年2月に大牟田税務署職員が相続税の減額更正を指導しているが，これは相続税法の伴った処理であり，これをもって納税者に対し信頼の対象となる公的見解を表示したとはいえない。また，被告から本件各共済金がみなし相続財産に当たるとの見解が積極的に原告に示されたことを裏付ける的確な証拠はないし，本件において，少なくとも本税に関する限り客観的に正当な事実関係に基づき所得税の課税処分を受けることが原告の経済的不利益であるということもできない。したがって，本件更正処分は何ら信義則に反するものではない。
(3) 手続上の違法
　原告は，本件更正処分はその根拠となる，本件各共済金が一時所得であるとの認定が全く根拠のない，恣意的なものであるから，手続において違法であると主張するが，認定事実に照らせば，被告の右認定には合理的根拠があると認められ，何ら恣意的であるとは認められないのであるから，右原告の主張は理由がない。
3. 本件無申告加算税の賦課決定処分の違法性の有無について判断する。
　認定事実及び証拠によれば，国税不服審判所長は，原告が第2の共済金を一時所得として申告しなかったことについて同法65条4項に規定する「正当な理由」があるとは認められないとして，本件無申告加算税の賦課決定処分のうち過少申告加算税相当額を超える部分についてのみ取り消したことが認められる。
　しかしながら，認定事実，証人の証言及び原告の供述によれば，I調査官は平成元年7月ころ原告に対し簡易保険金及び第1の共済金について一時所得であるとの指導を行っているが，この際第2の共済金については何ら言及していないこと，むしろ同調査官は第2の共済金はみなし

相続財産であると判断していたこと，原告はこの時K税理士から第2の共済金はみなし相続財産と認めてもらったと聞いていること，被告はその後のB農協での臨場調査の結果，第2の共済金も一時所得であると判断し，原告は平成2年10月に初めてN統括官より第2の共済金は一時所得であるとの修正申告書を提出するよう指導されたこと，これに対し原告はU税理士と相談し，同税理士の見解に従って右指導に応じることなく本件更正処分を受けたことが認められる。

以上によれば，原告が第2の共済金を一時所得として申告しなかったことには相当の事情があったというべきであり，このことは同法65条4項にいう「正当な理由」に該当すると認められるので，本件無申告加算税の賦課決定処分（ただし，審査裁決による一部取消し後のもの。）は違法であり，したがってその全部を取り消すのが相当である。

第2　乙事件について
1.　被告の違法行為について
(1)　I調査官は平成元年7月ころ，原告に対しD市民会館への出頭を求め，簡易保険金及び第1の共済金は原告の一時所得であるとする旨の確定申告書を作成し，贈与税に関する説明をも行いつつ，右申告書に署名捺印を求めた事実は認められるが，簡易保険金及び第1の共済金が原告の一時所得であって，原告が確定申告の義務を負うものであることは右に認定したとおりであるから，I調査官の右行為は原告に対して義務なき確定申告書の提出を強要する違法行為であるとは認められない。

また，N統括官が，平成2年10月ころ，原告に対し更正の請求の取り下げを打診した事実は認定したとおりであるが，これは同統括官がB農協への税務調査により判明した事実に基づいてした税務指導であると認められるから何ら違法行為であるとはいえないし，第2の共済金が原告の一時所得であることは右に認定したとおりであるから本件更正処分は何ら違法行為であるとはいえない。

さらに，甲事件被告の本件更正処分により一時的に本件各共済金につき二重課税の状態となったことは当事者間に争いがないが，先に認定の

とおり，被告税務署長は平成3年4月26日に納付すべき税額0円とする相続税の減額再更正を行い，本件各共済金を相続税の課税標準から除外し，二重課税状態は解消しているのであり，右一時的かつ形式的な二重課税の状態により原告に精神的苦痛等何らかの損害が生じたとは到底認められない。

よって，本件において被告税務署長ないし同署員の違法行為及び原告の損害はいずれも認められず，原告の主張は理由がない。

【234】 最高裁一小 平成10年4月9日判決
(平成10年(行ツ)第26号・過少申告加算税の賦課処分等取消請求上告事件)
【当事者】
上告人(控訴人・原告) ○○○○ほか3名
被上告人(被控訴人・被告) 京橋税務署長，神奈川税務署長，千葉西税務署長
【判示事項】
やむを得ない理由の有無
【事案の概要と争点】
本件は，上告人らが相続によって取得した借地権付き建物の各共有持分の譲渡に係る所得を平成2年分の所得として申告したところ，被上告人らが，右所得は平成元年分の所得であるとしてした更正処分及び過少申告加算税の賦課決定処分等の適否が争われた事案である。

主たる争点は，右所得を平成元年分の所得として申告しなかったことについて，国税通則法65条4項，66条1項に規定する「正当な理由」の有無及び平成3年に追加受領した金員について，その収入が平成元年に帰属するか否かにあった。

【判旨】
本判決は，上告人の請求を棄却した原審(東京高裁平成9年8月27日判決・平成9年(行コ)第12号，一審東京地裁平成9年1月21日判決・平成

7年（行ウ）第20号）の判断を是認し，上告を棄却した。

【235】 最 高 裁　平成10年6月22日第二小法廷判決
　　　（平成9年（行ツ）第207号・過少申告加算税賦課処分取消請求上告事件）

【当事者】
　　上告人（控訴人・原告）　　○○○○
　　被上告人（被控訴人・被告）　麻布税務署長

【判示事項】
　やむを得ない理由の有無等

【事案の概要と争点】
　本件は，上告人の平成元年分の所得税につき，被上告人がした更正処分及び過少申告加算税賦課決定処分の適否が争われた事案である。
　主たる争点は，上告人が平成元年に土地を売却したことによる所得を平成2年分の所得として確定申告したことにつき，国税通則法65条4項及び5項が適用されるか否かにあった。

【判　旨】
　本判決は，上告人の請求を棄却した原審（東京高裁平成9年5月21日判決・平成8年（行コ）第154号，一審東京地裁平成8年11月21日判決・年報8号684ページ）の判断を是認し，上告を棄却した。

【236】 広島高裁　平成10年9月30日判決
　　　（平成9年（行コ）第7号・法人税加算税賦課決定処分取消等請求控訴事件）

【当事者】
　　控訴人（原告）　　株式会社○○○○
　　被控訴人（被告）　防府税務署長，国

【判示事項】
　清算予納修正申告に対する加算税賦課決定の適法性，清算手続中の繰越

欠損金の減少を所得とみることの適否及び不当利得の成否

【事案の概要と争点】
　本件は，金物卸業を営む控訴人の平成4年4月2日から同5年3月31日までの清算中の事業年度の法人税について，被控訴人税務署長がした過少申告加算税及び重加算税賦課決定処分の適否等について争われた事案である。

　主たる争点は，①清算予納修正申告に対する過少申告加算税及び重加算税の各賦課決定処分の適法性，②清算手続中における繰越欠損金の減少を所得とみることの適否及び③控訴人が本件賦課決定処分によって被控訴人国に納付した過少申告加算税及び重加算税は国の不当利得と認められるかにあった。

【判　旨】
　本判決は，次のとおり判示して，控訴人の請求をいずれも棄却した原審（山口地裁平成9年8月26日判決・年報9号 696ページ）の理由説示を一部訂正するほかはこれを引用し，控訴を棄却した。

1.　争点①に対する判断
(1)　控訴人は，清算中の内国普通法人等が，右清算予納申告書の提出義務及び右申告書記載の清算中の予納額の納付義務を負うことそれ自体は認めながら，法人税法及び国税通則法は，右義務が履行されなかった場合に，これに対して加算税の賦課決定処分をすること（すなわち，加算税の賦課という行政上の制裁を加えてまで右義務の履行を図ること）までを予定しておらず，そう解釈することは法人税法6条に反すると主張するので，以下，控訴人がその根拠としてあげる事柄につき順に検討する。

ア　国税通則法上，清算予納申告書が，同法65条1項，68条に定める加算税の課税要件としての期限内申告書に含まれるとの明文の規定はなく，また，そう解釈できる根拠もないとの主張について
　国税通則法において，直接的に，清算予納申告書が期限内申告書に該当すると定めた条文はないが，国税通則法は，まず，17条1項，2項において，期限内申告書とは，「申告納税方式による国税の納税者が，国

税に関する法律の定めるところにより、納税申告書を法定申告期限までに税務署長に提出しなければならないとの規定により提出する納税申告書である」と定義し、2条6号において、納税申告書とは、「申告納税方式による国税に関し国税に関する法律の規定により同イないしへのいずれかの事項その他当該事項に関し必要な事項を記載した申告書である」と定義している。

そして、法人税法においては、内国普通法人等の清算中の所得に係る予納申告を定めた同法102条1項が、清算中の内国普通法人等に対し、「その清算中の各事業年度の終了の日の翌日から2月以内に、税務署長に対し、次に掲げる事項を記載した申告書を提出しなければならない。」旨を定め、これを受けて、同項1号以下には、その具体的な記載事項として、「当該事業年度の所得を解散していない法人の所得とみなして計算した当該事業年度の課税標準たる所得の金額又は欠損金額」(同項1号)、「当該事業年度の所得を解散していない法人の所得とみなして前号に掲げる所得の金額に基づき計算される法人税の額」(同項2号)等が定められている。

そうすると、清算予納申告において提出すべき申告書(清算予納申告書)において記載すべきと定められた事項は、国税通則法2条6号イにいう「課税標準」及び同号ニにいう「納付すべき金額」に該当し、その提出期限は、国税通則法17条1項にいう「法定申告期限」に該当するものというべきであるから、清算予納申告書は、国税通則法65条1項、68条に定める期限内申告書であると解するのが相当であり、この点に関する控訴人の主張は採用できない。

イ　国税通則法65条3項2号ロが、清算予納額の修正額が期限内申告税額である旨を定めた規定であることが、清算予納申告と期限内申告との法的性質の差を根拠づけるとの主張について

同条項は、期限内申告税額の意義につき、期限内申告書の提出に基づき納付すべき税額の計算において、清算中の予納額等がある場合には、その額を控除するものとしているに過ぎないことからして、清算確定申

告の場合に，清算中の予納額を控除する趣旨であることは明らかであるから，清算予納申告が過少申告加算税の対象となるかどうかとは別問題というべきであり，控訴人の右主張は失当である。

ウ　所得税における予定納税（所得税法 104条1項）及び法人税の中間申告（法人税法71条1項，2項）においては，加算税が課せられないこととの均衡をいう主張について

(ア) 予定納税とは，税務署長が，所得税法 104条，105 条に基づき，居住者の前年分の課税額を本年分の納税額とみなして計算した予定納税額を納税者に対して通知（所得税法 106条）することにより，居住者が，右予定納税額を納付する義務を負う制度である。その手続には，申告手続が介在する余地がないのであるから，予定納税に対し，自主的な納税申告制度の維持を図ることを目的とする加算税が賦課されないことは当然であって，この点に関する控訴人の主張は採用できない。

(イ) 中間申告における申告は，原則として，当該事業年度の前事業年度の確定申告書に記載すべき法人税額を基礎としてなされ（法人税法71条1項1号），さらに，中間申告書の提出がない場合には，前期の実績による中間申告書の記載事項を記載した中間申告書の提出があったものとみなされる（同法73条）ものであることからすると，自らが新たに課税標準に従って計算した所得の金額及び法人税の額を申告することを義務づけられている清算予納申告とは異なる納税申告方式を採用したものであること，しかも，中間申告を定めた趣旨は，法人税の一事業年度において，一度に納税することは納税者の負担ともなるし，また，国庫歳入の平準化を図ることにあるというべきであり，内国普通法人等に対する課税の空白に対処するという趣旨をも包含する清算予納申告とはその制度の基礎を異にするものであるから，仮に，中間申告に加算税が課せられない（なお，加算税のうち，無申告加算税については，法人税法73条の規定により中間申告については無申告が生じる事態は存在しないし，過少申告加算税及び重加算税についても，中間申告において記載すべき金額が前事業年度確定申告書に記載すべき金額を前提としていることから，

過少申告が生じる事態は特段の事情がない限り想定できないが、仮に、右のような事態が生じた場合に、これに加算税を課さないとする法的根拠はないというべきである。)としても、清算予納申告をもこれらと同様に解することはできず、したがって、控訴人の右主張もまた採用できない。

エ　確定申告に関する罰則規定(法人税法159条)において、確定申告に係る法人税額(法人税法74条1項2号)と清算確定申告に係る法人税額(法人税法104条1項2号)が区別され、しかも、右罰則規定が予納申告には準用されていないとの主張について

　法人税法159条が、偽りその他不正の行為により、法人税の額につき法人税を免れた場合の処罰要件として、確定申告に係る法人税額と清算確定申告に係る法人税額を構成要件的に区別し、清算中の所得に関する予納申告に係る法人税額を処罰の対象としていないことは控訴人が主張するとおりである。

　しかし、同条において、予納申告に係る法人税額につき法人税を免れた場合を処罰の対象としていないのは、それが最終的に税額が確定するという意味での確定申告ではないからであると解するのが相当である。のみならず同法162条1号は、同法102条1項(清算中の所得に係る予納申告)の規定による申告書に偽りの記載をして税務署長に提出した場合の法人の代表者等を、一年以下の懲役又は20万円以下の罰金に処する旨を定めているのであり、控訴人が主張するとおり、清算予納申告に加算税を課すことが違法であるとすると、同法162条は、行政罰を課すことができない行為に対して刑事罰を科していることになり、その解釈が不合理な結果をもたらすことは明らかである。したがって、右控訴人の主張は採用できない。

オ　以上で述べたとおり、控訴人が、清算予納申告につき本税が存在しないとしてこれに換算税を課すことが違法であると主張する根拠はいずれも採用できないというべきである。

(2)　そこで、翻って、加算税が課せられる趣旨につき考える。

加算税を課す趣旨は，納税者自らの計算に基づいて所定の税率を適用した上で税額を算出し，これを申告してその税額を納付するという申告納税方式を採用する税制度において，適正な申告を行わない者に対し，加算税の賦課という行政上の制裁を加えることにより，納税申告制度の維持を図ることが必要であるとの考えに基づくものと解される。

　そして，清算予納申告制度の存在理由に照らすと，清算予納申告においても，納税者に対し，右加算税の賦課という行政的制裁を課すことにより，真正な申告を担保する必要性は高いものというべきであるから，加算税の賦課に関し，清算予納申告を例外とする特別の規定が存在しない以上，これに関し，国税通則法65条1項，68条により加算税を課すことは適法と解するのが相当である。

　また，清算予納申告は，期限内申告書等の記載内容，その提出期限等の加算税の賦課要件の観点からすると，それ自体で完結した申告納税制度であり，清算予納申告書の提出により，清算中の事業年度に係る納付すべき税額が確定するというべきであるから，法人税法が清算予納申告制度を申告納税制度として採用している以上，加算税の対象となる本税とは，清算予納修正申告書の提出により納付すべき法人税額と解するのが相当であり，これを清算確定申告により納付すべき法人税であるとする控訴人の主張は採用できない。

　以上のとおり，法人税法が，102条以下において，右のような清算予納制度を採用している趣旨を含めて法人税法全体を解釈すると，法人税法6条は，課税所得等の範囲について，後に清算確定申告における還付等を定める必要から，継続中の法人とは別の課税原則に立つことを表明した規定と解釈するのが相当であり，同条を根拠に，本件各賦課決定処分の違法をいう控訴人の主張は採用できない。

2. 争点②に対する判断

　清算予納申告につき，その趣旨は争点①に対する判断について説示したとおりであり，また，法人税法の規定上も，解散していない法人の所得とみなして計算した当該事業年度の課税標準たる所得の金額，法人税

額等を記載した申告書を提出することとなっているのであるから，繰越欠損金の減少が，清算所得算定に当たり関係ないとしても，継続法人においては，法人税法57条1項により，繰越欠損金に相当する金額は，当該事業年度の所得の金額上，損金の額に算入するとされている関係上，この繰越欠損金に関する規定は，当然に清算予納申告にも適用されるものと解される。

よって，繰越欠損金は，継続する法人の課税においては意味を有するが，清算所得算定を課税標準とする場合には，その算出に当たって繰越欠損金は何らの意味を有しないものである（法人税法102条に規定する，解散していない内国普通法人等の各事業年度の所得に対する課税標準の計算式を準用する旨の定めは，あくまでも清算所得に対する課税を担保するために予納額を算出するための手段として課税標準の計算式を利用しているだけである。）との控訴人の主張は失当である。

3. 本件各賦課決定処分の対象となった事実についての認定判断

(1) ところで，認定事実，証拠によれば，原告は，平成5年5月24日，被控訴人税務署長あてに，本件事業年度の課税所得金額を9615万5000円，予納税額を5977万5200円として清算予納申告書を提出しており，それを，同6年8月30日，課税所得金額を1億1713万4000円，予納税額を6764万2300円として修正申告書を提出していることが認められるところ，右清算予納申告書は期限内申告書に該当することに照らすと，この経緯は，国税通則法65条1項に規定する期限内申告書が提出された場合において，修正申告書の提出があったときに該当することは明らかであり，同条5項の適用除外に当たるという主張はないので，本件過少申告加算税賦課決定処分は適法である（なお，過少申告加算税額の計算自体については，当事者間に争いはない。）。

(2) また，認定事実，証拠によれば，控訴人は，本件事業年度における不動産の譲渡益の発生による所得金額に係る税負担を軽減する目的で，平成3年3月期において，1291万2621円の，同4年3月期において，756万6436円の，いずれも取引に基づかない架空の仕入を計上し，これらに

より本件事業年度における繰越欠損金を増加させていたものと認められるので，控訴人は，右にいう一部隠ぺいし，又は仮装したところに基づき納税申告書を提出していた者に当たるといわざるを得ず，したがって，本件における重加算税賦課決定処分もまた適法である（なお，重加算税額の計算自体についても，当事者間に争いはない。）。

4. 争点③に対する判断

そして，このように，本件各賦課決定処分はいずれも適法であるから，同各賦課決定処分の違法を前提とした被控訴人国に対する不当利得返還請求は，理由がないこととなる。

(3) 重加算税

【156】 大分地裁 平成10年1月27日判決 （418ページ参照）
【80】 名古屋高裁 平成10年1月28日判決 （214ページ参照）
【13】 那覇地裁 平成10年2月18日判決 （ 27ページ参照）
【14】 那覇地裁 平成10年2月18日判決 （ 31ページ参照）
【163】 大分地裁 平成10年3月3日判決 （433ページ参照）
【5】 東京高裁 平成10年4月14日判決 （ 12ページ参照）
【167】 福岡高裁 平成10年4月17日判決 （451ページ参照）
【81】 福岡高裁那覇支部 平成10年6月11日判決 （214ページ参照）
【118】 和歌山地裁 平成10年9月30日判決 （313ページ参照）
【149】 最高裁 平成10年10月8日第一小法廷判決 （402ページ参照）
【83】 最高裁 平成10年10月13日第三小法廷判決 （216ページ参照）
【151】 大阪地裁 平成10年10月28日判決 （407ページ参照）
【141】 福岡高裁 平成10年10月29日判決 （383ページ参照）
【152】 東京高裁 平成10年11月26日判決 （414ページ参照）
【144】 大阪高裁 平成10年12月28日判決 （387ページ参照）

【237】 宇都宮地裁 平成10年4月15日判決

(平成4年(行ウ)第6号・法人税更正処分等取消請求事件)

【当事者】
原告 株式会社〇〇〇〇
被告 宇都宮税務署長

【判示事項】
仮装・隠ぺい行為の有無、土地と建物を一括譲渡した場合の土地譲渡代金の算出方法、仲介手数料の対価性の有無等

【事案の概要と争点】
本件は、不動産の売買及び仲介業を営む原告の昭和62年11月期以降の法人税について、被告がした青色申告承認取消処分並びに同59年11月期、同60年11月期、同61年11月期の法人税についての重加算税の賦課決定処分、同62年11月期の法人税についての更正(以下「本件更正」という。)及び重加算税と過少申告加算税の賦課決定処分の適否が争われた事案である。

主たる争点は、仮装・隠ぺい行為の有無、土地と建物を一括譲渡した場合における土地譲渡代金の算出方法及び仲介手数料の対価性の有無にあった。

【判旨】
本判決は、次のように判示して、原告の請求を棄却した。

1. 本件更正の適否について
(1) 昭和62年11月期の所得金額について
(一) 給料手当てについて

証拠及び弁論の全趣旨を総合すれば、①A及びBは、原告の代表者、専務C及び常務Dの実姉妹であり、Bは、以前原告に勤務していたことがあったが、昭和58年に退職し、Aは、原告に勤務したことはないこと、②昭和58年7月21日に開設され、平成元年4月10日解約されたB名義の普通預金口座には、開設以後、給料として月額11万円ないし16万円程度が、賞与(年2回)として17万円ないし36万円程度が原告から振込入金されていたが、昭和59年8月10日以降、右口座から毎月14万円が払い戻

され，同人名義の定期積金ないし定期預金が設定されているところ，右定期預金の一部については，昭和61年10月1日，C専務及びD常務の指示により解約され，同日，D名義の預金口座を経て，原告名義の預金口座に入金されており，またB名義の各口座の開設，払戻，振替等の手続，預金通帳及び届出印の保管等については，C専務の指示に基づき，もっぱら原告従業員のM課長が行っており，B本人は関与しなかったこと，③昭和61年6月23日に開設され，平成元年4月10日に解約された，A名義の普通預金口座には，開設以後，給料として月額5万2000円程度が振り込まれていたが，右口座も，B名義の口座と同様，M課長が管理しており，A本人は関与しなかったこと（なお，右口座の開設から解約までの間，一度も預金の払戻はなされていない），④昭和63年9月20日に行われた原告に対する査察調査の際，C専務が担当査察官に対してA及びBに対する給料手当の支払が架空であることを認めたこと，⑤C専務が国税不服審判所に対してA及びB名義の預金の管理は同人が，預金通帳の保管はM課長が行い，右各預金は，平成元年4月10日解約し，解約金を原告に渡したと述べたこと，⑥原告が，平成2年4月11日，被告に対し，昭和63年11月期及び平成元年11月期について，A及びBに対する給料手当分を所得金額に加算した修正申告書を提出したことが認められる。

右認定事実によれば，原告は，A及びB名義に係る前記各預金口座を開設し，これに架空の給料手当を振り込む方法で同人らに対する給料手当の支給を仮装し，過大に経費を計上していたものと認めるのが相当であるから，右金額（338万6080円）は，原告の所得金額に加算されるべきものである。

これに対し，原告は，A及びBは，不動産に関する情報収集等の業務を在宅で行っていたものであり，本件給料手当は正当な対価である旨主張するが，同人らが給料振込用の口座を遠隔地である宇都宮市内の銀行に開設する合理的理由がないこと，同人らは，右口座の開設から解約に至るまで，一度も払戻を受けることなく放置していること，C専務らの指示により，B名義の預金の一部が原告のために費消されていること，

B専務は，査察調査において，右給料手当が架空であることを認めた上，本件事業年度（昭和62年11月期）以後の二事業年度（昭和63年11月期及び平成元年11月期）については，A及びBに対する給料手当としていた額を所得金額に加算した修正申告に応じていること等の事情に照らし，到底採用することができない。

(二) 受取利息について

A及びB名義の前記各預金口座（B名義の普通預金から派生した定期積金等を含む。）が原告に帰属するものであることは右(一)のとおりであるから，同預金に係る受取利息等についても原告に帰属することは明らかである。したがって，右金額に，その各年の収入金額につき争いのない本件手数料収入口座，本件敷地使用料収入口座及び本件固定資産税等還付金口座に係る昭和62年11月期の利子を合計した10万2357円を益金として原告の所得金額に加算すべきである。

(三) 寄付金について

ア　争いのない事実に証拠及び弁論の全趣旨を総合すると，次のとおりの事実が認められる。

(ア) 本件不動産は訴外Gが所有する雑居ビル及びその敷地である。原告は，Gが本件不動産の売却を希望していることを知り，これを転売目的で購入することとした。当初は，賃借人らをG側で立ち退かせることを前提とし，代金115億円とする方向であったが，権利関係が複雑なこと，右立退きに相当の時間を要する見込みであること等の理由から，現状有形（いわゆる居抜き）による売買に変更され，代金を69億円（当初の代金115億円の6割）とすることとなった。その後，契約の直前になって，原告の希望により，買主をJ社とし，原告はJ社から更に買い受ける形にすることとなった。

一方，原告は，本件不動産の転売先を見つけるべく，P社に依頼した。P社は不動産賃貸及び管理を主たる業務とするR社を本件不動産の買主として原告に紹介した。原告は，昭和62年6月26日，P社との間で①手付金10億円の借入のあっせん，②本件不動産に係る関係法令の調査，③

本件不動産に係る契約書の作成，査収，④本件不動産の測量，分筆及び境界確認，⑤購入，転売に係る権利の移転，抹消書類の指示，⑥本件不動産の賃借人に係る賃貸借契約の内容の調査及び契約書の査収等を委託内容とし，報酬を2億5000万円とする業務委託契約を締結した。原告は，その後，P社に対し，右報酬2億5000万円を支払った。

Gは，昭和62年6月30日，J社との間で，本件不動産を代金69億円で一括譲渡する旨の売買契約（本件第一契約）を締結し，さらに，J社は，同日，原告との間で，本件不動産代金80億円で売り渡す旨の売買契約（本件第二契約）を締結した。また，同日，原告とR社との間で，本件不動産に関する協定書（売買予約を内容とするもの。実測売買等の条件が付されていた。）が交わされた。

(イ) 原告は，前記協定書の条件を充たすため，昭和62年7月9日，S測量に対し，本件土地の測量，調査，登記等を内容とする業務委託契約を締結し，S測量は，本件土地の測量，境界の確認，登記申請等を行った。また，この間，本件不動産に係る滞納処分の差押を解除する手続等が行われた。原告は，本件第二契約の条件である右のような手続を完了したことから，同年9月18日，R社との間で，P社が媒介者となって本件不動産を代金90億4140万円で一括譲渡する旨の売買契約（本件第三契約）を締結した。

(ウ) 原告代表者は，昭和63年8月8日（原処分調査時），被告に対し，K社の従業員は本件不動産の取引に関し，とくに従事しなかったこと，仲介手数料は，同人がK社の代表取締役であること及び同社東京支店において本件不動産に関する全ての事務を行ったことから支払ったこと，仲介手数料の算定根拠は特にないこと等を内容とする上申書を提出した。

(エ) Gの代理人であるN弁護士は，平成元年8月8日（本件異議申立期間にあたる。），本件第一契約に係るJ社宛の事実証明書を作成，手交した。右事実証明書には，本件第一契約の当初，G側は土地代金を20パーセント相当額，建物代金を40パーセント相当額，借家権・営業権等を40パーセント相当額として取引するとの条件を提示した旨記載されている

が，N弁護士は，原告取締役のO事業本部長に求められるまま，同人が作成した文案に押印したに過ぎず，その内容については確認しなかった。

イ　右アに認定した事実に基づいて，K社及びH社に対する仲介手数料について検討する。

(ア)　K社について

　本件不動産に係る取引の経緯は右アに認定したとおりであって，当初は原告がGから本件不動産を直接買い受ける前提であったのに，契約直前になって原告の希望により関連会社であるJ社を両者間に介在させることとなり，その結果，G，原告間に締結されるべき売買契約が本件第一契約及び本件第二契約という形式を採ったに過ぎないから，本件第二契約につきK社が仲介行為を行う必要はそもそも認められない。そして，右事実に，原告代表者が「K社の社員は本件不動産の取引に関し，とくに従事していない旨」を記載した前記上申書を提出していること，K社の従業員が仲介業務に携わったとする客観的資料が何ら提出されていないこと，本件土地の隣接地権者及び賃借人らがいずれもK社の存在を知らない旨答述していること等を併せ考えると，本件不動産の取引に関し，K社が仲介行為を行ったとは認められない。

　そうすると，原告は，売買契約書の仲介業者欄にK社を記載した上，前記重要事項説明書，委任契約書及び覚書等を作成したりするなど，あたかも同社が本件第二契約に関し仲介行為を行ったかのごとく仮装したものと認めるのが相当である。

(イ)　H社について

　原告は，H社とJ社との間で，J社が本件不動産を他に譲渡するときは，H社に仲介を依頼する旨の約束を交わしており，H社が数社との間で商談を進めていたのであるから，同社に対し支払った1100万円の仲介手数料は正当な対価である旨主張する。しかしながら，本件不動産に関する取引の経緯については前記アに認定したとおりであって，H社がこれに関し，仲介行為を行った事実は何ら認められない。また，H社とJ社間の右約束によって原告が拘束されるべき理由は存しないから，原告

の主張には理由がないことが明らかである。
(ウ) したがって，Ｋ社及びＨ社に対する仲介手数料には対価性が認められないから，法人税法37条に規定する寄付金と認定すべきであり，その算入限度額を超える部分１億2921万2849円については，これを損金に算入することはできないから，これを原告の所得金額に加算すべきである。
(エ) 以上によれば，原告の所得金額は，本件更正の所得金額と同額（１億8298万7099円）であると認められる。
(2) 課税土地譲渡利益金額について
　本件土地に係る課税土地譲渡利益金額は，㈠譲渡収益の額から㈡譲渡原価の額及び㈢直接又は間接に要した経費の額を控除して算出されるものである。以下，それぞれについて順次検討する。
㈠ 譲渡収益について
ア　譲渡対価の区分について
(ア) 前記(1)㈢に認定した事実及び証拠及び弁論の全趣旨を総合すれば，①本件第一契約及び本件第三契約に係る契約書中には，土地・建物の譲渡価額が区分されておらず，本件第二契約においてのみ土地代金を27億円，建物代金を53億円として一括取引する旨の特約条項が記載されていること，②本件第一契約の売主であるＧの担当税理士は，Ｔ国税局長からの照会に対し，右契約においては，土地・建物の譲渡価額を区分することなく，本件不動産を一括して譲渡したものであり，確定申告においても両者を区分していない旨を回答していること，③本件第三契約の買主であるＲ社は，昭和62年４月１日から昭和62年３月31日までの事業年度の法人税の確定申告書の内訳書において，本件不動産の帳簿価額（昭和63年３月31日現在）を，本件土地につき91億4043万0665円（本件不動産の合計額の約 98.04パーセント），本件建物につき１億8231万6585円（本件不動産の合計額の約 1.9パーセント）として計上していること，④本件建物は，原告の譲渡時点において，すでに建築後32年以上を経過し，かなり老巧化していたこと，⑤昭和62年度における本件不動産の固定資産税及び都市計画税の課税標準額は，本件土地につき４億8114万5000円，

本件建物につき 959万7000円であり，その合計額に対する本件土地の割合は約 98.04パーセント，本件建物の割合は約1.96パーセントあったことが，それぞれ認められる。

(ｲ) 右(ｱ)に認定した事実によれば，本件第一契約の売主であるＧは，本件建物の価値と本件土地の価値との区分をとりたてて考慮せずに本件不動産を一括譲渡したものと認められる。

　もっとも，Ｎ弁護士が作成した本件第一契約に係る前記事実証明書添付の不動産売渡承諾書には，「売渡物件は，売渡精算価格に対して，土地代金を20パーセント相当額，建物代金を40パーセント相当額及び借家権，営業権等を40パーセント相当額として取引する」旨の記載があるが，前記(1)㈢に認定したとおり，Ｎ弁護士は，Ｏ事業本部長にいわれるまま，同人作成の文案に押印したに過ぎないから，右事実証明書の信用性自体はなはだ疑問である。また，仮にこれが信用し得るものであったとしても，その記載自体から明らかなように，本件第一契約は右不動産売渡承諾書のとおり作成されたものではないから，結局，右事実証明書は，単に契約締結に至る過程において，Ｇ側が右のような条件を提示した事実の存在を証明するものに過ぎず，これによって，原告主張の如き譲渡対価の区分の合意が存したとはなし難いというべきである。

(ｳ) ところで，土地及び建物を一括譲渡した場合には，その譲渡対価の額を土地に相当する部分と建物に相当する部分とに合理的に区分すべきところ，譲渡に際し，土地及び建物に係る価格が明確にされず，しかもそれぞれの時価を算定するに足りる客観的資料のない場合においては，当該不動産に係る固定資産税及び都市計画税の課税標準額をもとに按分計算するのが相当というべきである。けだし，右課税標準額は，土地（補充）課税台帳又は家屋（補充）課税台帳等に登載されたものであって，この場合の土地又は家屋の価格とは，土地にあっては売買実例価額，家屋にあっては再建築価額を基礎として客観的に評価されるものであるから，土地及び家屋の区分割合を算定する方法として合理性を有するといえるからである。もっとも，固定資産税等の課税標準額自体は，個々の

不動産について必ずしも時価（実勢価額）と一致するものではないが，それが客観的かつ一律の基準による専門家の評価を経たものであることに照らすと，全体としては時価を反映した価額ということができ，したがって，土地及び建物の価額の割合が問題とされている本件の区分計算の方法としては，十分な合理性を有するものと認められる。

(エ) これについて本件をみるのに，前記説示のとおり，本件は，譲渡に際し，本件土地及び建物に係る価格が明確にされず，しかもそれぞれの時価を算定するに足りる客観的資料のない場合であるから，本件不動産に係る固定資産税及び都市計画税の課税標準額をもとに，本件土地の価額を本件不動産の合計額の98.04パーセント，本件建物の価額を1.96パーセントと按分計算した被告の区分方法は合理的かつ適正であると認められる。

イ　譲渡収益の額

　右(ｱ)に説示したとおりであるから，本件土地の譲渡収益の額は，本件不動産の譲渡対価の額90億4140万円に98.04パーセントを乗じた88億6418万8560円である。

(二) 譲渡原価の額

ア　本件土地の譲渡原価の額は，次のとおり79億0754万6400円である。

(ｱ) 購入価額　78億4320万円

　原告が本件第二契約に基づきＪ社から購入した本件不動産の購入価額80億円に前記の区分計算による本件土地に係る割合98.04パーセントを乗じて算定すると頭書金額となる。

(ｲ) 土地測量費　258万1200円（争いがない）。

(ｳ) 保証金負担分　6176万5200円

　原告は，本件第二契約に際し，Ｊ社から預り保証金相当額6300万円（本件建物の賃貸に伴い，貸借人らから預かった保証金）を受け取ることなく，その返還義務を引き継いだものと認められるから，右金額に前記の区分計算による本件土地に係る割合98.04パーセントを乗じて算定した頭書金額を譲渡原価の額に算入すべきである。

(ｱ)に(ｲ)及び(ｳ)を加算すると頭書金額となる。
イ　なお，原告は，この点につき，業務委託費，借入利息，仲介手数料及び固定資産税負担分（減算）につき被告と異なる計算方法を主張するので，順次検討する。
(ｱ)　業務委託費
　　前記認定事実，証拠及び弁論の全趣旨によれば，本件第二契約の契約書の仲介業者欄にはＰ社の記載がないものの，本件第三契約の契約書においては，Ｐ社が媒介者として表示されていること，Ｐ社の担当者が，原告，Ｐ社間の業務委託契約の趣旨は「Ｒ社がつけた条件をきちんと満たし，物件が何も問題なくＲ社に渡ること」である旨述べていること，右業務委託費は，原告の昭和62年11月期の所得金額の計算上，損金として算入されていることが認められ，これらの事情を総合すれば，右業務委託契約は，本件不動産をＲ社の提示する条件に違背することなくＲ社に引き渡すために締結されたものであると認められるから，右契約に係る業務委託費２億5000万円は，本件不動産の譲渡（本件第三契約）に係るものであって，これを本件第二契約における譲渡原価の額に算入することはできないというべきである。
(ｲ)　借入利息
　　Ｐ社に対する借入利息は，本件不動産を購入するための借入金に係る利息と認められるから，これを負担利子として後記ウ(ｱ)のとおりの経費とすべきであり，譲渡原価の額に算入することができないことは明らかである。
(ｳ)　仲介手数料
　　前記認定のとおり，Ｋ社及びＨ社が仲介手数業務を行った事実は認められないから，右両社に対する仲介手数料を譲渡原価の額に算入することはできない。また，Ｕ社は，Ｐ社から本件不動産の購入を持ちかけられ，これをＱ銀行（本件第三契約における媒介者）に伝えたものであって，右仲介行為は本件不動産の譲渡（本件第三契約）に係るものと認められるから，Ｕ社に対する仲介手数料を本件第二契約における譲渡原価の額

に算入することはできない。

(エ) 固定資産税負担分（減算）

　原告がＲ社から受け取った固定資産税相当額は，固定資産税は代金完済の日から買主の負担とするという両者の間における契約に基づき受領したものであるが，これは購入価額から控除すべきものではないから，譲渡原価の額から減算する必要はない。

ウ　直接又は間接に要した経費の額　6589万6220円

　本件土地の譲渡のために直接又は間接に要した経費の額は，次の(ア)及び(イ)の合計額である。

(ア) 負債利子の額　3953万7732円

　前記(二)アの譲渡原価の額79億0754万6400円に保有期間である1月を乗じ，これを12で除した上，100分の6を乗じて計算した金額である。

(イ) 販売費及び一般管理費　2635万8488円

　前記(二)アの譲渡減価の額79億0754万6400円に保有期間である1月を乗じ，これを12で除した上，100分の4を乗じて計算した金額である。

エ　本件土地に係る課税土地譲渡利益金額　8億9074万5940円

　前記(一)イから(二)のア及びウを控除すると頭書金額となる。

オ　本件土地以外の土地に係る昭和62年改正前措置法63条に係る譲渡利益金額の合計額　238万4812円（争いがない。）。

カ　昭和63年改正前措置法63条の2に係る譲渡利益金額の合計額　197万2641円（争いがない。）。

キ　原告の課税土地譲渡利益金額　8億9510万2000円（国税通則法118条1項の規定により1000円未満の端数切り捨て。）

　原告の課税土地譲渡利益金額の合計額は，前記エないしカの合計額である。

(3)　以上に説示したところによれば，原告の昭和62年11月期の所得金額及び課税土地譲渡利益金額は，いずれも本件更正の金額と同額であるから，本件更正は適法である。

2.　本件各重加算税賦課決定の適否について

(1) 国税通則法68条1項は，同法65条1項（過少申告加算税）の規定に該当する場合において，納税者がその国税の課税標準等又は税額等の計算の基礎となるべき事実の全部又は一部を隠ぺいし，又は仮装し，その隠ぺいし，又は仮装したところに基づき納税申告書を提出したときは，当該納税者に対して，過少申告加算税に代えて重加算税を課する旨規定する。

(2) 以下，隠ぺい，仮装の行為の有無につき，各項目ごとに検討する。

(一) 給料手当について

前記1.(1)(一)に認定したとおり，原告は，B名義の給与手当については昭和59年11月期から昭和62年11月期まで，A名義の給与手当については昭和61年11月期及び昭和62年11月期に，それぞれ簿外預金を用いて本件給料等を正当な対価として支払ったかのような外形を創出し，これに基づいて過少に申告したものであるから，これが国税通則法68条1項にいう「隠ぺい」又は「仮装」にあたることは明らかである。

(二) 手数料収入について

ア 証拠を総合すれば，原告C専務の有する土地家屋調査士の資格を利用して行った土地建物の登記等に関する手数料収入は，昭和60年12月までは，V名義口座に入金され，原告は，これを益金の額に算入して申告していたこと，C専務の指示により，本件手数料収入口座を開設した昭和61年1月16日以降，昭和63年7月20日までの間に，多数の手数料収入（未収分を除く。）が本件手数料収入口座に継続的に入金され，他方，V名義口座には入金されていないこと，本件手数料収入口座からは，その一部が払い戻され，C名義の定期預金がX信用組合等の金融機関に合計4口，B名義の定期預金がY銀行Z支店に1口それぞれ設定されていること，本件手数料収入に係る領収証控えは原告において保管されていたことが認められる。

イ 右事実を総合すると，原告は，本件手数料収入があったことを認識していたにもかかわらず，あえて簿外の本件手数料収入口座を開設し，本件手数料収入を昭和60年11月期から昭和62年11月期まで右口座に入金す

る方法により除外していたものと認められるから，国税通則法68条1項にいう「隠ぺい又は仮装」にあたると認めるのが相当である。
㈢ 雑収入について
ア 家賃広告収入について
　証拠を総合すれば，本件不動産は，GからJ社に，J社から原告に，原告からR社にそれぞれ順次売買され，本件不動産に関する建物前受賃貸料335万円及び前受看板広告料244万7000円の合計579万7000円は，本件不動産から生じる収益であること，J社の代表取締役は，原告代表取締役と同一人であること，本件第二契約及び本件第三契約における契約書には，いずれも本件不動産の引渡日をもって本件不動産から生じる収益は，買主に帰属する旨の合意記載がなされていること，現にGからJ社に右579万7000円が支払われ，原告からR社に右579万7000円を支払っており，原告はJ社からの79万7000円のみを益金の額に計上していることが認められる。
　右事実を総合すると，原告は，本件不動産から生じる収益である本件家賃広告収入について，益金の額に算入すべきことを認識していたにもかかわらず，あえてこれを益金の額から除外していたものといわざるを得ず，国税通則法68条1項にいう「隠ぺい又は仮装」にあたると認めるのが相当である。
イ 敷地使用料収入について
　証拠を総合すれば，原告は，本件敷地使用料収入以外の敷地使用料については，従来，V名義口座に入金し，これを益金の額に算入して確定申告していること，しかるに，本件敷地使用料収入は，昭和59年10月4日に開設された本件敷地使用料収入口座に入金し，これを益金の額に算入していないこと，本件敷地使用料収入口座への入金は，本件敷地使用料収入及び預金利息のみであり，右口座はその専用の口座と認められることが認められ，これによれば，原告は，本件敷地使用料収入があったことを認識していたにもかかわらず，あえて簿外の本件敷地使用料収入口座を開設し，昭和59年11月期から昭和62年11月期まで右口座に入金す

る方法により除外していたものと認められるから,国税通則法68条1項にいう「隠ぺい又は仮装」にあたると認めるのが相当である。

ウ　固定資産税等還付金について

　証拠を総合すれば,本件固定資産税等還付金は,昭和59年7月12日に開設した簿外の本件固定資産税還付金口座に入金されていること,本件固定資産税等還付金は,原告の申請に基づき還付されたものであること,本件固定資産税等還付金口座は,本件手数料収入口座及び本件敷地使用料収入口座と同様,原告のC専務の指示により開設されたことが認められ,右事実を総合すると,原告は,本件固定資産税等還付金については,これがあったことを認識していたにもかかわらず,簿外の本件固定資産税等還付金口座を開設し,これに入金させる方法により除外していたものと認められる。

エ　保険金収入について

　証拠を総合すれば,本件保険金収入は,昭和59年7月12日開設された本件固定資産税等還付金口座に入金されていること,右口座は,本件手数料収入口座及び本件敷地使用料収入口座と同様,C専務の指示により開設されたこと,受取保険金の起因となった保険事故は,原告所有の車両の被害事故及びC専務の病気入院であることが認められ,右事実を総合すると,原告は,本件保険金収入については,これがあったことを認識していたにもかかわらず,簿外の本件固定資産税等還付金口座を開設し,これに入金させる方法により除外していたものと認められる。

　したがって,原告のこれらの行為は,国税通則法68条1項にいう「隠ぺい又は仮装」にあたると認めるのが相当である。

㈣　受取利息について

　前記1.(1)㈠及び㈡に認定したとおり,本件受取利息の元本である普通預金（A名義口座,B名義口座,本件手数料収入口座,本件敷地使用料収入口座及び本件固定資産税等還付金口座）及び定期積金等（B名義口座からの振替に係る定期預金及び定期積金）は原告に帰属するものであり,かつ,元本である右普通預金等の設定が国税通則法68条1項にいう

「隠ぺい又は仮装」にあたると認められる以上，併せて除外されている法定果実である本件受取利息についても，昭和59年11月期から昭和62年11月期まで同項にいう「隠ぺい又は仮装」にあたると認めるのが相当である。

(五) 寄付金の損金不算入額について

前記1.(1)(三)に認定したとおり，原告は，K社が仲介行為を行った事実が存しないのに，あたかも存したかの如く仮装し，これに基づいて過少申告をしていたものであるから，国税通則法68条1項にいう「隠ぺい又は仮装」にあたることが明らかである。

(3) 原告は，昭和59年11月期ないし昭和61年11月期の法人税の各更正については不服申立を行っておらず，また，昭和62年11月期の法人税の更正（本件更正）が適法であることは前記1.に説示したとおりである。そして，右各更正により，納付すべき税額の計算の基礎となった事実が更正前の税額の計算の基礎とされていなかったことについて，原告につき，国税通則法65条4項に規定する正当な理由があるとは認められず，さらに，原告は，右(2)に説示したとおり，法人税の課税標準額又は税額等の計算の基礎となるべき事実の一部を隠ぺいし，又は仮装し，その隠ぺいし，又は仮装したところに基づき法人税の確定申告書を提出したものと認められるから，これらの事実に係る部分の税額について，国税通則法68条1項の規定に基づき，過少申告加算税に代えてなされた本件各重加算税賦課決定は適法である。

3. 本件過少申告加算税賦課決定の適否について

本件更正が適法であることは，前記1.に説示したとおりであるところ，本件更正により納付すべき税額の計算の基礎となった事実が更正前の税額の計算の基礎ととされていなかったことについて，原告に国税通則法65条4項に規定する正当な理由があるとは認められないから，昭和62年11月期につき前記2.の重加算税の対象とされた税額以外の税額（同法118条3項の規定により1万円未満の端数切り捨て後の金額）に対して，同条1項の規定に基づいてなされた本件過少申告加算税賦課決定は適法

である。
4. 本件青色申告承認取消処分の適否について

法人税法127条1項3号が青色申告承認取消事由として規定する「隠ぺい又は仮装」の意義は，国税通則法68条にいう「隠ぺい又は仮装」と同義と解されるところ，前記2.に説示したとおり，原告は，昭和62年11月期に係る帳簿書類に取引の全部又は一部を隠ぺいし，又は仮装して記載していることが認められるから，同号の規定に基づきなされた本件青色申告承認取消処分は適法である。

【238】 大阪地裁 平成10年4月30日判決
（平成8年（行ウ）第92号・重加算税賦課決定処分取消請求事件）

【当事者】
　原告　○○○○
　被告　東大阪税務署長

【判示事項】
　隠ぺい・仮装行為の有無

【事案の概要と争点】
本件は，原告の平成4年分所得税修正申告について平成6年2月4日付けで被告がした重加算税賦課決定処分の適否が争われた事案である。

主たる争点は，原告が納税申告手続を委任した第三者の隠ぺい，仮装行為が原告に対する重加算税の賦課要件を充足するか否かにあった。

【判　旨】
本判決は，次のとおり判示して，原告の請求を棄却した。
第1　当事者間に争いがない事実によれば，本件確定申告は，通則法68条2項にいう課税標準及び税額の計算の基礎となるべき事実が仮装され，右仮装されたところに基づき，法定申告期限後に納税申告書が提出された場合に該当することは明らかであるところ，以下，原告本人について同項の適用があるかどうかについて検討する。
1. 重加算税は，刑罰とはその趣旨及び性質を異にするが，過少申告加算

税及び無申告加算税とともに納税者に対するいわゆる制裁税の性質を有することは明かであり，通則法上は，過少申告加算税及び無申告加算税においても，納税者が申告期限内に申告できなかったことや過少申告となったことにつき正当な理由があるときは賦課されないものとされていること（通則法65条4項，66条1項但書），更にそれに加えて，重加算税の税率が無申告加算税及び過少申告加算税のそれに比して著しく高率であって，重加算税は，過少申告加算税や無申告加算税よりも納税者に対する制裁の性質がより強度の税であることからすると，通則法68条2項の解釈において，「納税者が」仮装又は隠ぺい行為をしたとの要件も，これを厳格に解すべきものであることは明かであり，これを安易に類推解釈することは許されないというべきである。特に，右の要件としての仮装又は隠ぺい行為については，あくまで納税者本人の行為に限定されていることは条文の文言上明かであり，被告の主張は，これに反する限りにおいて失当である。

2. しかしながら，納税者が第三者に納税の申告手続を委任した場合において，その第三者が積極的に仮装隠ぺい行為をしてそれに基づいて納税の申告をしたときは，納税者において，仮装隠ぺい行為の具体的な内容を逐一具体的に認識していなくても，その第三者が何らかの方法による仮装隠ぺい行為をして納税額を過少に装って納税の申告をすることを特に期待し，その趣旨を含めてその第三者に納税の申告手続を委任したものと認められるときは，一連の事実関係を総合的に評価して，重加算税の前記の要件である納税者本人が仮装隠ぺい行為をしたものと解して良い場合があると考えられる。けだし，右のような場合にまで納税者本人が重加算税の課税を免れると解すると，特に，税理士以外の第三者に予め何らかの仮装隠ぺい行為をしてもらうことを特に期待し，その趣旨を含めて包括的に税務申告を依頼し，その第三者が仮装隠ぺい行為をして過少申告をしても重加算税の課税を免れることになり，これでは，通則法68条所定の重加算税の趣旨が没却されると解されるからである。

3. これを本件についてみるに，前記の争いがない事実，証拠及び弁論の

全趣旨によれば、次の事実が認められる。

(1) 原告は、夫であるＲの相続に係る相続税（本税の総額9737万0100円、以下「本件相続税」という。）について、他の相続人である原告の長女、次女及び長男とともに、Ｒの事業に係る納税の申告手続を継続的に行っていたＯ税理士に依頼して、同税理士を代理人として、平成4年1月6日相続税の確定申告書を提出した。原告は、専業主婦であったが、Ｒの死後は、その遺産である貸工場からの賃料収入を得るようになり、自らの平成3年分の所得税の申告もＯ税理士に依頼し、同税理士がこれを行った。また、原告又は原告の実弟Ｈは、平成4年4月14日、Ｋ税理士会Ｇ税理士会館に赴き、税理士に本件相続税に関する相談をした。

(2) ところが、原告は、本件相続税を納付するため、Ｈに対し、Ｒの遺産である本件不動産を売却してその売却代金を本件相続税の納付に充てることにしたいと持ちかけ、Ｈと相談の上、本件不動産の売却手続の一切及び本件相続税の納付、並びに右売却に伴う税金を含む平成4年分の原告の所得税の申告手続の一切、及び納付手続の一切をＨに任せ、Ｈが更に第三者に依頼して、右の売却手続及び本件相続税の納付の手続、更に、原告の平成4年分の所得税の申告手続をすることにした。

(3) 原告は、Ｈに右の依頼をした後、おおむね、月に1、2度の割合で自宅を訪れたＨから、本件不動産の売却手続や本件相続税の納付の手続、及び原告の所得税の申告手続を何人かの人物を介した上で、結局、Ｍなる人物に依頼したこと、Ｍは税務関係に詳しい人物であることを聞き、ＨからＭの名刺を受取ったが、原告は、Ｍは税理士資格を有しない者と認識しており、その上で、Ｍに原告の平成4年分の所得税の申告手続を依頼することを承知していた。

(4) 平成4年12月18日、本件不動産が代金合計1億4668万5000円でＴほかに譲渡され、その旨の移転登記が経由され、Ｈ及びＭは、その代金として現金1億1828万5000円及び現金840万円と2000万円のＮ銀行Ａ支店振出しの自己宛の保証小切手を受領し、その中から本件相続税として1億0231万2500円が納付された。

(5) その後，Mは，内容が虚偽である証拠の各書面を作成して架空債務を作出して原告の所得を圧縮した内容の本件申告書を，法定申告期限が経過した平成5年3月17日，被告に対し，「C連D地区本部」なる組織を通じて提出し，そのころ右申告に係る所得税 345万円を納付した。

(6) 被告の部下職員は，平成5年9月7日，原告の本件申告の内容の調査に着手し，HとC連E本部業務部副部長のYから事情を聴取した後，原告本人に来署を求めたが，原告が来署しなかったので，同年11月9日，原告宅に赴いた。原告は，その際，被告の部下職員に対し，本件仮装行為に係る連帯保証及び保証債務履行の事実はないことを認めた。その際，被告の部下職員は，原告に対し，本件譲渡については所得税64条2項規定の特例の適用はないことを説明したほか，原告には他に不動産所得（家賃収入）があるにもかかわらず，本件確定申告において申告されていないことを指摘し，これらの理由から修正申告が必要である旨説明したところ，原告はこれに応じ，その場で修正申告書に署名押印して被告の部下職員であるWに提出し，本件修正申告を行った。

(7) Hは，平成5年12月2日，Yとともに東大阪税務署を訪れ，Wから，本件確定申告に添付された資料は虚偽のものであること，税額は345万円として本件確定申告がされていることの説明を受けた。その際，Yは，本件譲渡に係る経費として7200万円（仲介手数料として前記②の仲介業者3名に支払った合計1200万円，Mに支払った4500万円，紹介料としてZ不動産に支払った500万円，F組に支払った1000万円）を要したとする虚偽の内容の主張をして，修正申告の差し替えを求め，原告の所得を現実より圧縮しようとしたが，同席していたHが右説明に不審を抱いた形跡はなかった。

(8) Hは，遅くとも平成5年12月2日には，原告の右の所得税として345万円しか納付されていないことや本件確定申告に当たり虚偽の書類が作成されていることを知った。原告も，Hからそれを知らされ，あるいは，被告から原告に直接交付された賦課決定通知書を見て平成6年2月には本件処分がされ，税務当局が，Mが虚偽の内容の書類を作成して不正な

申告をしたものとして本件処分をしたことを知った。

　しかし、Hも原告も、直ちに本件申告の経緯についてMを追求することをせずに、むしろ、原告は、Hと相談の上で、本件処分に対する異議申立て及び審査請求の手続を、再度Mにゆだねた。その際、Mの税理士資格の有無や本件申告に至る経緯等を問いただすこともなかった。原告自ら署名押印した異議申立て書には、私はC連E本部で申告を依頼していた旨、ここまでの経緯に至るまで私はY氏にお任せしていた旨、今後一切代理人のJ同盟L支部P連のM氏に依頼しますので宜しくお願いしますなどの記載がある。

4. そして、原告もHも、原告本人尋問や証人尋問において、本件申告を税理士資格を有する者に依頼しなかった理由を何ら合理的に説明できていない。また、Hは、その証人尋問において、Mは初対面であり、その肩書にあるP連なる組織については税務関係の仕事をしてもらえる組織であることのほか詳しいことは不明であった、本件譲渡の代金合計1億4642万円を買主から全額現金で受領し、その中から本件相続税として1億0231万2500円の納付をMに依頼し、Mが税金分は2800万円ですと言ったので、その代金の残額の中から現金2800万円をMに預けた、その領収証ももらっていないし、本件相続税の納付書ももらっていない、また、本件譲渡による原告の税金はその際に納付すれば済むもので、原告の所得税として申告手続を要することは意識していなかったなどと、それ自体極めて不合理かつ不自然な内容の部分、積極的に虚偽の内容の証言をしていると考えられる部分があり、右部分は到底採用できないのみならず、前記2の認定事実に照らせば、むしろ、Hは、当初から何らかの不正な手段で原告の所得税を過少に申告しようと意図していたものと認められる。

　そして、前記2の認定した事実関係に加えて、右の証拠評価を総合評価すると、原告は、Hに自己の平成4年分の所得税の申告手続等を依頼した当初から、又は少なくともMが本件仮装行為をするまでの間に、敢えて、従前から知っていて平成3年分の所得税の申告も依頼したO税理

士に依頼することを避け，H及びMに対して何らかの不正な手段で自己の所得を過少に仮装することを特に期待し，その趣旨を含めて右の申告手続をH及びMに依頼したものと認められ，かような一連の事実関係からすると，本件仮装行為が内容虚偽の文書を作成して所得税法64条2項所定の特例の適用を受けようと仮装したもので原告がその具体的な内容まで認識していたことまでは証拠上明かではないものの，原告自身も本件仮装行為をしたものとして通則法68条2項の適用があるものといわざるを得ない。

【239】 横 浜 地 裁　平成10年6月24日判決
（平成6年（行ウ）第39号・重加算税決定処分等取消請求事件）

【当事者】

原告　　○○○○

被告　　藤沢税務署長

【判示事項】

重加算税賦課決定処分の違法性

【事案の概要と争点】

本件は，原告が提出した平成3年分の所得税修正申告について，被告税務署長がした重加算税決定処分の適否が争われた事案である。

主たる争点は，①重加算税の成立要件，②虚偽事実の存在，③虚偽事実についての原告の認識の有無にあった。

【判　旨】

本判決は，次のように判示して，原告の請求を棄却した。

1. 国税通則法68条1項は重加算税賦課決定について定めているが，重加算税は納税義務に違反した者に対する行政上の制裁措置であり，刑事責任を定めたものではないから，その手段としての仮装隠ぺい行為と結果としての過少申告の事実とがあれば成立するものであり，手段行為・結果・その間の因果関係のすべてを認識して仮装隠ぺい行為に及んだ場合に初めて成立するというまでのものではないと解するのが相当である

（最高裁昭和45年9月11日第二小法廷判決・刑集24巻10号1333頁，最高裁昭和62年5月8日第二小法廷判決・訟務月報34巻1号149頁参照）。そして，重加算税が右のような行政的な制裁であるということからすると，納税者本人が自ら仮装隠ぺい行為に及んだ場合だけでなく，納税者本人の指示に基づき本人から依頼を受けた第三者が事情を知らずに言われるままに行為し結果的に虚偽事実に基づく申告がされた場合（最高裁平成7年4月28日第二小法廷判決・民集49巻4号1193頁参照）や，本人から依頼を受けた第三者が仮装隠ぺい行為に及んだ場合にも，本人に重加算税が成立すると解するのが相当である。ただし，仮装隠ぺいに該当するというためには，本人又は本人から依頼された第三者が申告に際し虚偽事実（誤った事実）をもって申告することの認識，すなわち仮装隠ぺいの故意をもって行ったということは必要であり，それがなく結果的に不注意により虚偽事実をもって申告したという場合には仮装隠ぺいがないために重加算税は成立しないというべきである。

2. 本件確定申告においては，本件建物の譲渡がないにもかかわらず，それがあったかのような虚偽の事実に基づいて申告がされた。また，本件建物は本件土地上に位置しないにもかかわらず，本件建物の大部分が本件土地上に位置するかのような虚偽の事実に基づいて本件確定申告がされた。

3. 虚偽事実に基づく確定申告がなされると，場合によっては重加算税の賦課を受け，多大な財産的負担を強いられることもあり得る以上，納税者が確定申告をする際は，その記載については十分注意を払うのが通常である。また，納税者からその確定申告についての委任を受けた者も，納税者本人にことわらずに虚偽事実に基づき納税者名義で申告すれば，納税者に多大な迷惑が及ぶ反面自己には何らの利益にもならないのであるから，頼まれでもしない限り，納税者名義で虚偽事実に基づく申告をすることはあり得ないと考えられる。のみならず，不注意で誤った記載がされないようにする点でも，第三者は本人と同等以上に万全の注意を払うのが通常である。

原告から本件確定申告の依頼を受けたAは，特段の事情のない限り，依頼された本件確定申告に間違いがないよう十分注意していたものと推認すべきである。しかも，Aは，税理士ではないが税務に詳しく，過去にも継続して原告のために申告手続きを代行していたのであり，今回原告から送ってもらった売買契約書の「売買不動産の表示」に「建物」が入っていないことは当然ながら認識したのである。したがって，税務署からの「譲渡内容についてのお尋ね」に対する原告としての回答欄に，Aが譲渡資産として「宅地建物」と，同文書の当該資産の購入に関する内容欄に土地のことだけでなく，建物の購入先欄及び購入年月日欄も記載したというのは，極めて不可解なことといわざるを得ない。また，Aは，本件建物の位置と本件土地の位置関係については把握していないし，現地確認もしていないが，本件建物が本件土地上にあるように自己において記載した図面を本件確定申告書に添付した旨を供述する。このことも，不可解なことである。

　そして，Aが事実を正確に知らないという点は，Aが右のとおり売買契約書等は見ていることからして，既に前提の事実関係において誤っている点があるというべきである。

　また，本件土地譲渡が本件建物の譲渡を伴うかどうかは，本件特例等の適用の可否に結びつく極めて重要な事実であり，かつAは，本件特例等の適用要件を十分認識していたのであるから，そのような重要な事実に関し虚偽に基づく確定申告をすることが持つ事柄の重要性は十分に承知していたということができる。そうすると，右の虚偽事実に基づく申告はAにおいて原告に訊かずに勝手に行うといったことがあり得ないはずであり，Aは何か特別の理由があってそのような重大な虚偽事実に基づく申告をしたといわざるを得ないのである。

　そして，右の事実が本件特例等が適用されるための要件に該当する事実であるから，このような事実が真実は存在しないにもかかわらずそれがあるかのように仮装するということは，その結果として過少申告となることをも認識していたということになる。すなわち，原告は，Aに指

示し，その協力を得て，本件建物の譲渡もあったかのように仮装し，これに基づいて本件土地譲渡についての所得税を過少に申告をすることを認識して本件確定申告書を提出したものということができる。

したがって，右の所得税に関し重加算税を賦課した本件処分に原告主張の違法はない。

【240】 東京地裁 平成10年8月27日判決
（東京地裁平成8年（行ウ）第188号・課税処分取消請求事件）

【当事者】
原告　株式会社○○○○

被告　武蔵府中税務署長

【判示事項】
税務調査の適法性，隠ぺい・仮装の有無

【事案の概要と争点】
本件は，原告の平成4年8月期ないし同6年8月期の法人税について，被告がした更正処分及び重加算税賦課決定処分，同6年8月期の消費税について，被告がした更正処分及び重加算税賦課決定処分，同5年7月分から同6年12月分までの源泉所得税の納税告知処分及び不納付加算税賦課決定処分並びに同4年8月期以降の青色申告承認の取消処分の適否が争われた事案である。

主たる争点は，税務調査の適法性及び隠ぺい・仮装の有無等にあった。

【判　旨】
本判決は，次のように判示して，原告の請求を棄却した。

1. 本件調査の手続が違法であるかどうか，また，この手続が違法であるとして，本件調査に基づきされた本件各処分は違法であるか否か。

(1) A統括官が本件調査において職務上知り得た秘密を原告の取引先その他の第三者に漏洩したとの事実があったことを認めるに足りる客観的な証拠はない。

(2) B係官が税務調査の名のもとに他の目的をもって原告代表者宅やC営

業所を訪問し，その職権を濫用して原告及びその関係者に対し不当な要求をしたなどの事実があったことを認めるに足りる客観的な証拠はない。

(3) B係官らが平成7年2月20日にC営業所において本件調査を行った際，原告の顧問税理士はこれに立ち会っていないこと，また，B係官は原告代表者の了解を得て原告代表者の机の引出しの中を調査したことが認められるが，B係官が原告代表者に対し，右の調査に税理士の立会いはできない旨，また，税務職員は強制的に机の引出し等の中を調査する権限を有している旨原告を誤信させるような言動を行ったことを認めるに足りる客観的な証拠はない。

(4) A統括官らは，平成7年7月28日，C営業所に臨場して調査を行おうとしたこと，種々のやりとりがあった後，原告代表者は，同統括官らに対し，調査は済んでいるはずであるから，同営業所から出て行ってほしい旨申し向けたこと，これに対し，同統括官は，なお確認したいことがあるので，原告に調査に応じてほしい旨要請したこと，しかし，原告はこれに応じず，警察官らを呼んで同統括官を同営業所の外に出すよう申し向けたこと，同統括官は，原告代表者に対し，調査に協力してもらえなかったので更正処分等を行うことになると思う旨告げて，警察官らとともに同営業所を退出したことが認められる。

しかしながら，同統括官らの右行為は，任意調査である質問検査権の行使として許容される範囲内に止まるものというべきであり，他に同統括官らが違法な調査を行ったと認めるに足りる客観的な証拠はない。

(5) 右のとおりであって，本件調査の手続に原告主張の違法はなく，この点に関する原告の主張は，その余の点につき判断するまでもなく，理由がない。

2. 原告が，本件係争各事業年度の帳簿書類（外注費補助元帳）に架空外注費を計上した事実があるかどうか。

当事者間に争いのない事実に証拠及び弁論の全趣旨を併せれば，原告が外注費を支払ったというD社及びその代表者というEの存在は確認できず，また，F社の仕事をGに外注に出した事実のないことは原告の自

認するところであり，この点に関し，原告代表者は，実際にはHに外注に出したものであるというが，H作成名義の領収書に記載されたその住所にはH名義の住民登録があるものの，B係官らが電話等で連絡を取ろうとしたが，連絡が取れなかったこと，しかるに，原告代表者らがB係官らにEやHらの連絡先を教えるなど，B係官らが外注費に関して同人らに対する調査ができるような措置をとった形跡はないこと，また，外注費を原告代表者個人が立て替えたというのであるが，そのこと自体不自然であるし，B係官が立替払の資金源等やD社やHが実際に行った作業が何かについて説明を受けようとしたにもかかわらず，原告代表者は納得のいく説明をしておらず，本訴においても，これらを客観的に裏付ける証拠は提出されていないこと等を考慮すれば，平成4年8月期及び平成6年8月期にD社に，平成5年8月期にG名義にそれぞれ支払ったとして原告の外注費補助元帳に記載されている費用は，いずれも架空のものと認めるのが相当である。

3. 原告が平成5年8月期の帳簿書類の記載に当たり売上金額を除外した事実があるかどうか。

(1) 争いのない事実及び認定事実によれば，I社からJ名義甲預金口座及びJ名義乙預金口座に振り込まれた各金員は，I社が原告に発注した代金であると認めるのが相当である。

原告は，本訴において，当初，原告はI社に工事を発注したところ，その工事が遅れたため，K社に工事を請け負わせた，I社には原告から代金を支払済みであり，そのため原告からK社に代金を支払うことができず，Jの預金口座に資金があったのでこれをK社に対する工事の支払に充てた，そして，I社から返還を受けた工事代金を右立替払金の償還としてJの預金口座に入れたものである旨主張している。

しかしながら，原告の右主張は，これを裏付ける客観的な証拠がないし，証拠に照らしても，たやすく採用することができない。

(2) 以上によれば，I社からJ名義甲預金口座及びJ名義乙預金口座に振り込まれた金員は，原告の売上金であり，原告は帳簿書類の記帳に当た

り，右売上金を除外し，これに基づき平成5年8月期の法人税の申告及び平成5年8月課税期間の消費税の申告をしたものと認めるのが相当である。

4. J名義甲預金口座，J名義乙預金口座，L名義預金口座等に係る預金が原告の簿外預金であり，それらから出金された金員を原告代表者個人が取得し個人的に費消したかどうか。

争いのない事実及び認定事実によれば，原告代表者は，原告の簿外預金から出金した金員を取得した上，これらを個人的に費消したものと認められるが，原告代表者が原告から取得したこれら金員は，原告が原告代表者に対して臨時の給与として支給したものとみるべきである。したがって，右金額は，原告代表者に対する賞与に該当するところ（法人税法35条4項），原告が本件係争各期間の右賞与に係る源泉所得税を納付していなかったことは，原告において明らかに争わないところである。

なお，弁論の全趣旨によれば，原告が，本件係争各期間以前において，所得税法216条に規定する源泉所得税に係る所得税の納期の特例を受けていることが認められる。

5. 本件青色取消処分の適法性

前記2記載のとおり，原告は，平成4年8月期において帳簿書類に架空の外注費を計上したものと認められる。

右の行為は，法人税法127条1項3号にいう「帳簿書類に取引の全部又は一部を隠ぺいし又は仮装して記載し」たことに該当する。したがって，被告が同項に基づきした本件青色取消処分は適法というべきである。

6. 本件各法人税更正処分等の適法性

(1) 本件各法人税更正処分について

ア 前記2記載のとおり，原告は，本件係争各事業年度において架空の外注費及び右架空の外注費に係る仮払受消費税を計上しているものと認められる。

したがって，右架空の外注費の額は，各期の所得金額に加算すべきである。

また，弁論の全趣旨によれば，原告は消費税について簡易課税制度を選択した事業者であり，また，いわゆる税抜き経理をしていると認められるところ，仮受消費税の額から仮払消費税の額を控除した金額と納付すべき消費税額との間に差額が生ずる場合には，右差額を雑収入又は租税公課（雑損失）として計上すべきものであるから，右の架空外注費に係る仮払消費税額に相当する金額は雑収入としてこれを所得金額に加算すべきである。

イ　前記3記載のとおり，原告は，平成5年8月期において，帳簿書類の記載に当たり売上金額を除外したものと認められる。したがって，右売上除外金額は同期の所得金額に加算すべきである。

　　　また，前記アに説示したものと同様の理由により，右売上除外に係る仮受消費税額から，仮受消費税額の増加により新たに消費税として納付すべきことになる金額（右仮受消費税額から右仮受消費税額に消費税法37条に規定するみなし仕入率60パーセントを乗じて得られる金額を差し引いた金額）を差し引いた金額，すなわち右仮受消費税額に右みなし仕入率に相当する60パーセントを乗じて算出される金額は，雑収入としてこれを所得金額に算入すべきである。

ウ　原告の本件係争各事業年度につき，争いのない申告所得金額に右ア，イの各加算を行い，また，平成4年8月期及び平成5年8月期の所得金額の変更に伴い増加することになる事業税の額を法人税基本通達9－5－2により計算し（右通達の定める取扱いは相当なものと認められる。），これらの金額を事業税認定損として各翌事業年度の所得金額から控除して計算すると，右各事業年度の所得金額及び納付すべき税額は被告主張の金額のとおりとなる。

　　　本件各法人税更正処分による本件係争各事業年度の所得金額及び納付すべき税額は，右の金額と同額であるから，右更正処分は適法である。

(2)　本件各法人税賦課決定処分について

　　　前記2，3記載のとおり，原告は，本件係争各事業年度において，架空の外注費を計上し，また，平成5年8月期において帳簿書類を記載す

るに当たり売上金額の一部を除外し、これらに基づき法人税の申告をしているが、これらの行為は国税通則法（以下「通則法」という。）68条1項にいう「国税の課税標準等又は税額等の計算の基礎となるべき事実の全部又は一部を隠ぺいし、又は仮装し、その隠ぺいし、又は仮装したところに基づき納税申告書を提出しているとき」に該当する。

したがって、原告に対しては、通則法68条1項により、過少申告加算税の基礎となるべき税額に係る過少申告加算税に代え、当該基礎となるべき税額に100分の35を乗じて計算した金額に相当する重加算税が課されるべきことになるところ、本件各法人税賦課決定処分は、右に従い計算される重加算税の額を賦課したものであるから、適法というべきである。

7. 本件消費税更正処分等の適法性
(1) 本件消費税更正処分について

前記3記載のとおり、原告は、平成5年8月課税期間において、帳簿書類を記載するに当たり売上金額を除外していると認められるから、右課税期間の消費税の課税標準額（右課税期間における課税資産の譲渡等の対価の額）は、争いがない原告の右課税期間の消費税の申告書に記載された課税標準額に右売上除外額からなる課税売上高を加算した金額となる。また、原告が簡易課税制度の選択事業者であることは、前記6で説示したとおりである。

そこで、右の各事実を前提に、消費税法29条、37条を適用して計算すると、課税標準に対する消費税額、控除対象仕入金額、納付すべき税額は被告主張の金額のとおりとなる。本件消費税更正処分による納付すべき税額は右と同額であるから、右更正処分は適法である。

(2) 本件消費税賦課決定処分について

原告は、前記3記載のとおり、平成5年8月課税期間において、帳簿書類を記載するに当たり売上金の一部を除外し、これらに基づき消費税の申告をしているが、この行為は通則法68条1項にいう「国税の課税標準等又は税額等の計算の基礎となるべき事実の全部又は一部を隠ぺいし、

又は仮装し，その隠ぺいし，又は仮装したところに基づき納税申告書を提出しているとき」に該当する。

したがって，原告に対しては，通則法68条1項により，過少申告加算税の基礎となるべき税額に係る過少加算税に代え，当該基礎となるべき税額に100分の35を乗じて計算した金額に相当する重加算税が課されるべきことになるところ，本件消費税賦課決定処分は，右に従い計算される重加算税の額を賦課したものであるから，適法というべきである。

8. 本件納税告知処分等の適法性
(1) 本件納税告知処分について

前記4記載のとおり，原告代表者は，原告の各借名預金から出金した各金員を所得した上，これらを同人の個人的費用に費消しているものと認められるところ，右金員は，原告が原告代表者に臨時の給与として支給したものであり，原告代表者に対する賞与に該当するというべきである。したがって，原告は，本件係争各期間において右賞与に係る源泉所得税を納付すべきところ，原告がこれを法定納期限を経過しても納付していないことは原告において明らかに争わないところである。そして，所得税法186条1項に基づいて，右賞与に係る源泉所得税を計算すると，別表3の1ないし3（略）記載のとおりとなる。

本件納税告知処分による右賞与に係る源泉所得税の額は，右と同額であるから，通則法36条1項1号に基づき行われた本件納税告知処分は適法である。

(2) 本件源泉所得税賦課決定処分について

前記4記載のとおり，原告は，本件係争各期間において，原告代表者に対し臨時の給与（賞与）を支払いながら，これに対する源泉所得税を法定納期限までに納付しなかったものであり，右源泉所得税を法定納期限までに納付しなかったことについて通則法67条1項に規定する正当な理由が存することの主張，立証はないから，同条1項により計算される不納付加算税を賦課した本件源泉所得税賦課決定処分は適法というべきである。

第4章 徴収関係

1 国税債権と私債権との優劣

【241】 東 京 高 裁 平成10年1月29日判決
　　　　（平成9年（ネ）第2285号・取立債権請求控訴事件）
　【当事者】
　　控 訴 人（被告）○○○○株式会社
　　　　　　　　　（控訴人補助参加人　株式会社○○○○）
　　被控訴人（原告）国
　【判示事項】
　　一括支払システム契約における代物弁済条項の国税債権者に対する効力
　【事案の概要と争点】
　　本件は，年報9号整理番号【223】の控訴審である。
　【判　旨】
　　本判決は，被控訴人の請求を認容した原審（東京地裁平成9年4月28日判決・年報9号720ページ）の判断を維持し，控訴を棄却した。

【242】 名古屋地裁 平成10年1月30日判決
　　　　（平成8年（ワ）第3294号・配当異議事件）
　【当事者】
　　原告　○○○○
　　被告　国
　【判示事項】
　　国税徴収法17条1項適用の可否，民法94条2項適用の可否及び租税債権の時効消滅の有無
　【事案の概要と争点】

本件は，原告の抵当権設定後に訴外Bから訴外滞納者Aに持分移転登記が経由されている不動産の競売手続における配当について，原告が配当表の変更を求めた事案である。

主たる争点は，①国税徴収法17条（譲受前に設定された質権又は抵当権の優先）1項適用の可否，②原告が民法94条2項の類推適用により保護されるか否か及び③租税債権の時効消滅の有無にあった。

【判　旨】

本判決は，次のとおり判示して，原告の請求を棄却した。

1. 争点1について

国税徴収法17条1項の趣旨は，納税者が質権又は抵当権の設定されている財産を譲り受けたときは，その質権又は抵当権者は，その質権又は抵当権の設定された財産の譲渡を予測することができないから，譲受人である納税者の国税は，その質権又は抵当権に常に劣後させるのが妥当であるというものである。右のとおり，国税徴収法17条1項は，国税の発生の予測可能性の有無を基礎としているから，法17条の財産の譲り受けがあるとして，同条を適用するには，登記簿上，形式的に移転登記があれば良いというものではなく，実質的に，当初の抵当権設定者から第三者である納税者に所有権が移転していることが必要である。

これを本件について見るに，証拠及び弁論の全趣旨によれば，本件不動産は，Aと同人の妻であるBが昭和56年に共同で購入したもので，両者の共有であったが，Aは，債権者から強制執行を受けることを免れる目的で，昭和60年8月29日，本件不動産のA持分につき，Bに贈与したことを仮装して，本件登記を行った。その後，原告の代理人であるCは，昭和63年に，Aに1300万円を貸し付けるに当たり，Aに本件租税債権の滞納があることを知ったが，本件抵当権を実行する際，法定納期限の到来しているAの右租税債務に優先して配当を得ようと企て，国税徴収法17条に該当する虚偽の外観を作出する目的で，本件不動産のA持分につきBに移転登記するため，本件仮登記を仮装で本件本登記するように指示した。右指示に基づき，登記簿上，Bの単独所有となった本件不動産

に，原告は，本件抵当権を設定し，その後，Aに本件回復登記がなされたことが認められる。

そうすると，本件においては，登記簿上，原告が，B所有の本件不動産に本件抵当権を設定した後に，本件不動産につきAへ持分一部移転登記がされ，被告は，右のとおり抵当権の設定されている財産を譲り受けた納税者Aに対する本件租税債権につき交付要求を行っているが，本件抵当権設定時においても，Aが実際には，本件不動産に共有持分を有していて，かつ，そのことを抵当権者である原告も当然知っていたと認めることができる。

この点につき，証人Cは，AからBへ，真実，本件不動産の共有持分の売買があったと証言するが，本件不動産を担保に貸付を行う者としては，Bの仮登記が3年間も放置されていたことにつき，当然疑問を感じ調査すべきところ，一度もBに会って確認していないし，かつ右売買の詳細は知らないとするなど，その証言内容は不自然であり，証人Aの反対趣旨の証言及び証拠の記載に照らしてたやすく信用することができない。また，他にAからBへ本件不動産の共有持分の売買があった事実を認めるに足りる証拠はない。

したがって，本件競売事件には，国税徴収法17条1項は適用されず，原告の主張は理由がない。

2. 争点2について

前示のとおり，原告は，本件抵当権設定当時，本件不動産は，実際には，A及びBの共有であることを知っていた事実が認められる。

また，仮に，原告が，その主張するように，本件抵当権設定当時，Bが真実，本件不動産の所有者であると信じていて，民法94条2項が適用ないし類推適用されて保護される余地があるとしても，その効果としては，原告は本件抵当権の有効な成立をAに対し主張できるにすぎず，それ以上に，本件不動産のA持分がAからBへ所有移転して，Aが所有権を有していなかったことまで擬制されるわけではなく，国税徴収法17条の適用要件が満たされるものではないから，争点2についての原告の主

張も理由がない。

3. 争点3について

前示のとおり，被告は，本件租税債権につき，法定納期限である昭和60年3月12日から5年を経過した日以降である平成5年12月15日に本件交付請求を行っている。しかし，証拠によると，A所有の自宅建物について，昭和61年1月29日，別件競売事件で競売開始決定がなされ，被告（千種税務署長）は，右競売事件において，昭和61年2月10日，本件租税債権につき交付要求を行ったが，別件競売事件は，平成2年4月24日，取下げにより終了した事実が認められる。

そうすると，国税通則法73条1項5号，同条2項により，被告が別件競売事件で，昭和61年2月10日に交付要求を行った時点で，本件租税債権の消滅時効の進行は中断し，別件競売事件が取下げにより終了した平成2年4月24日までの間，右時効中断の効力は生じていたと認められる。

そして，被告が，平成5年12月15日，本件競売事件において本件交付請求を行った時点では，右時効中断の効力が無くなった時点から5年が経過していないから，本件租税債権が時効消滅したとは認められない。

【243】 東京高裁　平成10年2月19日判決

（平成9年（行コ）第42号・第二次納税義務告知処分取消請求控訴事件）

【当事者】

控　訴　人（原告）　　株式会社〇〇〇〇
控訴人補助参加人　　　株式会社〇〇〇〇
被控訴人（被告）　　　関東信越国税局長

【判示事項】

一括支払システム契約における代物弁済条項の国税債権者に対する効力

【事案の概要と争点】

本件は，いわゆる一括支払システム契約に基づき訴外滞納会社Aの控訴人補助参加人（第三債務者）に対する代金債権が控訴人に対する当座貸越

債権の担保として供されていたところ，控訴人が被控訴人から国税徴収法（以下「法」という。）24条2項による告知を受けた上，第二次納税義務者とみなされて右代金債権を差し押さえられたことから，右代金債権は右告知が発せられた時に代物弁済により控訴人のAに対する当座貸越債権に充当され，右告知到達時においては譲渡担保財産ではなく控訴人固有の財産となっているから右告知は無効であるとして，右告知処分の取消しを求めた事案である。

　主たる争点は，法24条2項の告知が発せられた時に控訴人のAに対する貸付債権は何らの手続を要せず弁済期が到来し，同時に担保のために譲渡した代金債権は右貸付債権の代物弁済に充当されるとする内容の条項（以下「本件条項」という。）の国税債権者に対する効力にあった。

【判　旨】

　本判決は，控訴人の請求を棄却した原審（東京地裁平成9年3月12日判決・年報9号797ページ）の判断を維持した上，控訴人の当審における主張に対する判断を次のとおり付加して控訴を棄却した。

1.　控訴人は，私人間で差押えのできない財産を作出する契約も，そこに経済的合理性がある限りは許されるとするのが，最高裁大法廷昭和45年6月24日判決（民集24巻6号587頁，以下「昭和45年最判」という。）及び最高裁第一小法廷昭和51年11月25日判決（民集30巻10号939頁，以下「昭和51年最判」という。）の判断であり，本件条項もその射程距離内の問題であると主張する。

　しかし，昭和45年最判が，相殺に関連した事案についてのものであって，法24条5，6項との抵触の有無が問題とされている本件とは事案を異にしていることは，原判決の理由のとおりである。

　すなわち，昭和45年最判は，旧国税徴収法（昭和34年法律第147号による改正前のもの。以下同じ。）による滞納処分としての債権の差押え及びこれに伴う法定取立権の制度は，強制執行による一般の債権の差押え及び取立命令の制度とその実質において異ならないことから，それが第三債務者の相殺権に及ぼす効力についても，国税滞納処分であること

又は旧国税徴収法に基づく法定取立権であることの故に，これを別異に取り扱うべき実定法上の根拠はないことを前提として，その差押えが第三債務者の相殺権に及ぼす効力についても，民法の相殺に関する規定の解釈の問題として考慮すれば足りるとされ，結局，民法511条の解釈として，相殺に関する合意が契約自由の原則上有効とされたものであり，あらゆる場合について，私人間で差押えのできない財産を作出する契約を有効とするという趣旨であるとまで解することはできない。

一方，相殺及び譲渡担保についての法の態度を検討するに，法の制定（昭和34年法律第147号による改正）に先立つ昭和33年12月の租税徴収制度調査会の答申の内容を参酌すれば，法は，相殺による担保的効果を他の担保とは同一の立場にあるとしたのに対し，譲渡担保については，租税の優先徴収権の確保という観点から，国税債権について特別の地位を定め，譲渡担保権の効力を他の担保権並に制限するという考え方を採用したものと解される。

したがって，国税徴収に関し，譲渡担保権の効力を制限する規定である法24条との抵触が問題となる本件は，昭和45年最判とは事案を異にするというべきである。

また，昭和51年最判も，同様に民法511条の解釈に関するものであり，やはり，法24条との抵触が問題となる本件とは事案を異にするものである。

なお，念のため，控訴人が本件条項について，右各判例に照らして有効とされるべきであると主張する理由について検討するに，控訴人の主張は，次のとおり理由がないものである。

(1) 控訴人は，本件契約が，手形の譲渡担保と何ら変わりはなく，手形の譲渡担保以上でも以下でもない契約関係を作出したにすぎないとして，これを前提に本件条項が合理的であることを主張する。

しかしながら，本件契約は，手形の譲渡担保ではなく，当事者がこれとは異なる法形式を選択しているのである以上，これを手形の譲渡担保と同様であるとか，何ら変わりはないということはできない。また，本

件契約によれば，契約当事者の事務負担が軽減される上，支払側企業は支払手形に貼付する収入印紙の印紙税，受取側企業は領収書に貼付する収入印紙の印紙税が不要になるのであって，本件契約の当事者は，手形の譲渡担保とは異なる法形式を選択したことによる利益を享受しているのであるから，本件契約は，実質的にも手形の譲渡担保とは異なるものというべきである。したがって，控訴人の右主張はその前提を欠くものといわざるを得ない。

(2)　また，控訴人は，法が譲渡担保に関しては，質権や抵当権などの法定担保権とは異なり，担保権者に有利な取扱いをしていることを前提として，本件条項の有効性を肯定すべきであると主張する。

　しかし，法24条は，私法上は財産の移転という法律形式が取られる譲渡担保財産についても，それが実質的に担保権であることに着目して，他の担保権と同様の取扱いを及ぼそうとするものであり，私法上は財産の移転という法律形式が取られていることによる制約があること以上に，他の担保権と異なりことさら譲渡担保権者を保護しようとしたものと解することはできないから，同条の規定以上に，譲渡担保権者を保護する理由はない。控訴人の右主張も失当である。

(3)　控訴人は，法附則5条4項が，手形の譲渡担保について法24条の適用を排除したのは，中小企業者への金融をひっ迫させないためと，手形割引との対比からであることを前提に，本件契約は，手形割引や手形の譲渡担保と実質は変わらず，その機能も中小企業金融の円滑化にあるから，本件条項の有効性を認めることが，法の趣旨を生かすものであると主張する。

　しかし，法附則5条4項が手形の譲渡担保について法24条の適用を除外した趣旨が中小企業者への金融をひっ迫させないためであると解することはできない。かえって，弁論の全趣旨によれば，同条項の趣旨は，手形の譲渡担保は，多数の小売商の手形を問屋が格別に銀行に手形割引を依頼する代わりに，これらの手形をまとめて担保として資金の融通を受ける場合に用いられるところ，このような方法は，これらの手形の支

払者の資力も必ずしも十分ではないため不渡を生ずる例も少なくなく，個々に手形割引をすることによる煩を避けるために行われ，また，手形担保による貸出も通常の割引とほぼ同様であるが，これらの手形のために金融機関に物的納税責任を負わせるとすれば，煩をいとわず手形割引の方法がとられることが考えられ（手形割引は通常手形の売買とされているから，手形割引がされる限りは，割引を受けた者の滞納税金についてその手形に追及する方法はない。），その結果，徴税官庁も徴税の実益がないだけではなく，金融機関も，また，割引を依頼する者もいたずらに手数を増すだけのことになってしまうので，手形を譲渡担保とするものについては，法24条の規定の適用を除外した，というものであることが認められる。のみならず，本件契約が手形割引や手形の譲渡担保と実質的にも異なることは前認定のとおりであるから，控訴人の右主張は理由がない。

(4) 控訴人は，故意に脱税を図る意図を持ってされる場合は別としても，正常な経済取引を円滑に進めるために外見上は租税回避とみられる方式がとられたとしても，租税の賦課・徴収は控えるべきであることを前提として，本件条項は，手形を用いた金融形態を手形を用いない方式にするため，手形の譲渡担保と同等の効力を持つ約定をしたものであって，故意に租税回避をしたものではないから，無効とされるべきではないと主張する。

　　しかし，ある取引等が租税法の賦課・徴収の要件を充足していれば，賦課・徴収を控える必要はないのであって，正常な経済取引を円滑に進めるためであるか脱税目的であるかというような当該取引等の当事者の主観的意図は問題にならないから，控訴人の主張は失当である。のみならず，本件条項が，手形の譲渡担保と同等の効力を持つ約定をしたものにすぎないとはいえないことは，前認定のとおりであるから，控訴人の右主張は，この点でも理由がない。

(5) さらに，控訴人は，昭和61年10月以来，本件契約による決済制度は，銀行界・産業界においては一つの金融・決済システムとして定着してお

第 4 章 徴収関係 735

り，被控訴人も，本件条項に従って金融取引が行われていることは十分承知している，このシステムの開発に当たっては大蔵省当局との話合いを経ているし，昭和61年 5 月24日付け大蔵省銀行課長口頭指導，下請代金支払遅延等防止法・独占禁止法に関連して昭和60年12月25日付け公正取引委員会事務局長通達，同日付け取引部長通知，平成 4 年 4 月30日付け大蔵省銀行課長・中小金融課長発事務連絡等が出されており，いずれも本件条項に基づく一括支払システムの導入・定着を前提とした通達等となっており，本件条項は，一般に公知の内容となっているものであると主張する。

　しかし，相殺予約の体外的効力を認めるについての，そのような約定の公知性は，第三者に対する公示の根拠となるものであり，私法上の取引関係者は，右公知の約定を前提として取引に入ることを期待し得るものである。これに対して，本件においては，国税債権について特別の地位を定める法規である法24条との抵触が問題となっているのであって，本件条項が公知であったとしても，国税債権者はそれを前提として取引関係に入るのではないから，本件条項が公知であることは，本件において，国税債権者に対して効力を認める根拠とはならない。

　のみならず，証拠によれば，右昭和61年 5 月24日付け大蔵省銀行課長口頭指導，昭和60年12月25日付け公正取引委員会事務局長通達，同日付け取引部長通知は，いずれも本件条項が考案される以前のものであって，本件条項を含まない一括支払システムに関するものであること及び平成 4 年 4 月30日付け大蔵省銀行課長・中小金融課長発事務連絡も右昭和61年 5 月24日付け大蔵省銀行課長口頭指導の内容を確認し，文書化したにすぎないことが認められ，右指導，通達等を根拠に本件条項が一般に公知の内容となっているということはできない。

2. 控訴人は，法が譲渡担保権の実行の完了時期については，何ら手当てをしておらず，また，譲渡担保の実行時期について定める実体法・手続法も存在しないから，当事者が合意した本件条項の効力を否定して告知処分ができるとすることは，租税法律主義に反すると主張する。

しかしながら、本件条項のような私人間の合意を法が許容しているということはできず、本件条項が法24条に違反することは前記引用に係る原判決の理由のとおりであり、これについて控訴人が国税債権者との間で右合意の効果を主張できないため、国税債権者が法24条に基づいて控訴人に対して物的納税責任を追及するとしても、それは同条の規定による効果であるから、租税法律主義に反するということはできない。控訴人の右主張も失当である。

【244】 横浜地裁 平成10年3月27日判決
(平成8年(ワ)第4089号・配当異議請求事件)

【当事者】
　原告　株式会社○○○○
　被告　国ほか2名

【判示事項】
　複数の不動産を対象とする同一競売事件の異時配当における国税徴収法(以下「徴収法」という。)26条の反復適用の可否

【事案の概要と争点】
　本件は、原告の申立てに基づいて開始された担保権実行としての不動産競売事件(以下「本件競売事件」という。)における配当の適否が争われた事案である。
　主たる争点は、所有者が同一である複数の不動産を対象とする同一競売事件において、当該不動産が順次売却された結果、異時配当が行われる場合に、徴収法26条を反復適用して配当することの可否にあった。

【判　旨】
　本判決は、次のとおり判示して、原告の請求を棄却した。
1. まず、争いのない事実からすれば、第2回の配当手続において、原告の債権に優先するとされた被告国の租税債権は、いずれも第1回の配当手続において原告の債権に優先するとされた租税債権ではあるが、これらは第1回の配当手続において、私債権に優先する租税債権グループの

配当額を決定するために計算上用いられただけであって、被告市の租税債権に劣後するため、現実には配当を受けていないのであるから、被告国の右租税債権が消滅することなく存続していることは明らかである。

2. そこで次に、同一競売事件において複数回にわたり配当手続が行われる場合に、既にいったん私債権に対し優先権を行使した租税債権について、後に行われるべき配当手続において再度優先権を主張することを認めることの可否について判断するに、本件においては、第1回の配当手続では、原告の債権に優先するとされた国税債権が、被告市の有する債権との関係では交付要求着手の原則の適用の結果劣後するという関係にあったために全く配当を受けることができなかったものであるのに対し、第2回の配当手続においては、原告の債権に優先する右の国税債権が、租税債権グループと私債権グループの配当総額を確定し、これに基づき配当表を作成するための指標として再度用いられ、その結果、被告国、被告県及び被告市の租税債権が配当を受け、原告は全く配当を受けられないことになったものであるが、右のように租税債権について再度の優先権を主張することが許されると解すると、法定納期限等を基準として債務者の滞納税額を把握しようとする担保権者が不測の不利益を破るおそれがあることは否定できない。

しかし、現行法上、右のような租税債権の再度の優先権の主張を禁止する旨の規定は存在せず、現行の徴収法26条及び地方税法14条の20の解釈論からすれば、個々の強制換価手続において、同法条所定の租税債権等と私債権との競合が生じた場合には、その都度、右規定をそのまま適用して換価代金の配当を実施すれば足り、その際、それ以前にされた強制換価手続において同法条所定の調整がされたことがあるか否かをしん酌する必要はないと解すべきであり、その結果、担保権者が不測の不利益を受けることがあるとしても、それは租税の一般的優先の原則にかんがみてやむを得ない結論であって、その限度で担保権者の予測可能性は制限を受けるというべきである。

右の理は、担保権者が同時に複数の不動産について競売を申し立て、

同一の事件として競売開始決定がされた後に，個々の不動産について別個に売却許可決定がされ，引き続き，配当手続が別個に行われた場合であっても変わりはなく，徴収法26条の「強制換価手続」を，同一裁判所における事件番号同一の競売事件と解することはできない。

なぜなら，複数の担保権を当事者が有する場合に右担保権の実行を同一の事件として申し立てるか否かは専ら当事者の選択にゆだねられているとともに，売却単位の決定もまた，もっぱら執行裁判所の裁量にゆだねられているのであるから，当事者が同一の事件として競売を申し立てたか否か，執行裁判所が不動産ごとに別個に売却を決定したか否か等の偶然の要素で配当順位を別異に扱う理由はないと解されるからである。

3. 以上によれば，第2回の配当表に原告主張の誤りはないことになるから，原告の主張は理由がない。

【245】 仙台地裁 平成10年7月28日判決
（平成9年（ワ）第1394号・配当異議請求事件）

【当事者】
原告　国

被告　株式会社○○○○

【判示事項】
国税徴収法26条に基づく国税の優先権の反復適用の可否

【事案の概要と争点】
本件は，訴外滞納者所有の不動産に対して被告が競売を申し立て，国が交付要求した競売事件の第3回配当期日において，執行裁判所は，第1回配当と第2回配当により，租税債権グループ（国，県及び市）が配当を受けた金額の合計が，同グループが私債権グループに優先する範囲（第1回配当においてすべての私債権に優先する国税滞納額）を超え，その優先権を二重に主張することはできないとして，国に対する配当額零円とする配当表が作成されたことから，右配当表の変更を求めた事案である。

主たる争点は，国税が地方税等もしくは私債権と競合する場合に，担保

物権により担保された私債権に優先する租税債権がその私債権に劣後する別の債権に劣後する，いわゆる「三すくみ」の事案につき，同一の競売手続で複数回の配当が行われ，その最初の数回の配当期日において，国税徴収法（以下「法」という。）26条及び地方税法14条の20並びに法16条に基づく租税債権の優先権が行使され，その額が私債権に優先する租税債権の金額を超えたにもかかわらず，優先租税債権が租税債権グループの中では後順位にあったため，なお，右債権が残存している場合に，さらに引き続く配当期日において，右債権が優先権を行使し得るか否かにあった。

【判　旨】

本判決は，次のとおり判示して，原告の請求を認容した。

1. 法及び地方税法には，直接，本件のような場合を想定した規定は，見当たらないところ，法及び地方税法は，租税の徴収が他の債権に対し，一般的に優先するとの原則を規定しつつ（法8条，地方税法14条），法定納期限等以前に設定された抵当権等については，国税及び地方税に優先するとしており（法16条等），右租税優先の原則を一定限度で修正している。これは，いかなる場合にも，租税の優先を認めることは，私法秩序との関係では，その自由な経済活動を阻害することになることから，これとの調和の観点から，抵当権者等の予測可能性という利益を保護するために置かれたものと解されるが，本件のような場合にも，租税債権がなお優先権を行使し得るとすれば，本来は，私債権に劣後するはずの租税債権までもが，私債権に優先して配当を受けられることになり，抵当権者等の予測が困難となるような場合が生じ得る。

2. しかしながら，右の場合に，優先租税債権は，抵当権等に優先する租税債権グループの債権総額を決定するためにその債権額が用いられただけであって，現実の配当を受けたわけではなく，未だ消滅することなく存続しているのであるから，本来，法16条等に基づき，抵当権等の被担保債権に優先して配当を受け得る性格のものである。それにもかかわらず，このような場合に，優先租税債権が，右私債権に劣後することとするには，法26条等につき，同条等は，優先租税債権の金額の限度でのみ，

租税債権グループを優先させる趣旨の規定であり，この場合には，法16条等の適用は制限されると解するほかないが，その旨の明文の規定はないし，法26条等の規定の文言や，法の他の諸規定から，同条が右のような趣旨を間接的に含む規定であると解することも困難である。なお，債権者が複数の不動産について共同担保権を設定することはよくあることであり，そのような場合には，同一の競売手続において強制換価が行われるとは限らないし，同一の競売手続においても複数回の配当があり得ることは当然であるから，法26条等も，このような場合が生じ得ることを前提に定められていることは明らかである。

3. ところで，租税は，国及び地方公共団体の財政的基礎を保持し，その運営をなす上で，極めて緊要なものであり，広く国民の利害に関わるものである。したがって，国税及び地方税等の適正な徴収を確保することは，租税の公共性からしても，また，租税負担の公平の原則からみても，重要な事柄であり，法及び地方税法は，このような理由で，租税が，他の私債権に一般的に優先するとの原則を定めたものと解される。このような観点からすれば，租税に対する私債権の優先を定めた法16条等は，租税優先の原則に対する例外的な規定というべきであり，右規定があるからといって，法が抵当権者らの予測可能性を絶対的な保護の対象としているものとは解されない。結局，右予測可能性をいかなる形で，どの程度まで認め，私法秩序との調整を図るかは，基本的に立法政策の問題であるというほかないところ，法26条等の規定の趣旨は，前記2のようなものと解さざるを得ない。

4. なお，本件のような場合に，法に基づく租税債権の優先権を認めないとすれば，異なる裁判所においてそれぞれに不動産競売の申立てが行われ，それぞれの競売事件において配当手続が行われた場合や，同一裁判所の異なる競売手続において配当手続が行われた場合にも，同様の扱いをしなければ，法の解釈，運用として，一貫性，整合性を欠くことになるが，後二者の場合に，それ以前に実施された別個の強制換価手続において，法に基づく調整がされたか否かを検討，斟酌することは実際上困

難であるし，本件のような同一の競売手続きにおける異時配当の場合にのみ，法に基づく優先権の反復行使が否定されると解すべき合理的根拠も見当たらない。

　右の点につき，被告は，強制換価手続を行う裁判所は，他の裁判所においての手続や，同一の裁判所においての異なる手続において租税債権の優先性が主張されていた場合においては，他の債権者の異議がない限りは，そうした事情を斟酌する必要はなく，本件のように一個の手続中で複数回の配当が行われた場合に限って，前に優先権が行使された事情を斟酌しなければならないと主張する。しかしながら，複数の目的不動産に対する抵当権の実行としての競売事件が，異なる裁判所に係属するか，同一の裁判所に係属するか，あるいは，同一の裁判所に係属するとしても，別々の競売事件として係属するか，同一の競売事件として係属するか，あるいはまた，同一の裁判所の同一の競売事件として係属しても，売却方法がどのように決められるかなどの点は，物件の所在地，申立てを行う当事者及びその選択，目的不動産の性状，地形，全体面積等の多様な要因を考慮した上で執行裁判所の裁量的な判断によるところが大きく，そのような事情の違いによって生じた手続上の差異に基づいて，被告主張のように異なる取扱いをすることは，優先関係を形式的・一義的に決しなければならない強制換価手続の性格に反するものと考えられる。

5.　したがって，本件のような場合に，優先租税債権である本件租税債権の残額につき，法16条に基づく優先権を否定すべき理由はない。

【246】　名古屋高裁　平成10年9月22日判決
　　　（平成10年（ネ）第109号・配当異議請求控訴事件）
【当事者】
　　控訴人（原告）　〇〇〇〇訴訟承継人〇〇〇〇
　　被控訴人（被告）　国
【判示事項】

国税徴収法17条1項適用の可否，民法94条2項適用の可否，租税債権の時効消滅の有無及び抵当権設定登記後に発生した延滞税と当該抵当権により担保される債権との優劣

【事案の概要と争点】

本件は，控訴人の抵当権設定後に訴外Bから訴外滞納者Aに持分移転登記が経由されている不動産の競売手続における配当について，控訴人が配当表の変更を求めた事案である。

主たる争点は，①国税徴収法17条（成就前に設定された質権又は抵当権の優先）1項適用の可否，②控訴人が民法94条2項の類推適用により保護されるか否か，③租税債権の時効消滅の有無及び④抵当権設定登記前に発生した延滞税と当該抵当権により担保される債権との優劣にあった。

【判　旨】

本判決は，控訴人の請求を棄却した原審（名古屋地裁平成10年1月30日判決・本書 727ページ）の理由説示について次のとおり付加するほかはこれを引用し，控訴を棄却した。

（付加部分）

当審における控訴人の予備的主張について判断する。

1. 国税徴収法2条4号，2条10号ニにおいては，延滞税は附帯税の一つであり，延滞税の法定納期限は，その徴収の基因となる国税を納付すべき期限であると定められている。また，国税と抵当権の被担保債権との優劣を定めた同法16条の「法定納期限等」は，被控訴人の主張するとおり，その徴収の基因となった国税にかかる法定納期限等に従うところ，乙9号証，弁論の全趣旨によれば，それは昭和60年3月12日であると認められる。

したがって，本件抵当権設定登記の日以前に発生した延滞税に限って，本件抵当権の被担保債権に優先するにすぎない旨の控訴人の主張は，理由がない。

2. 乙9号証によれば，千種税務署長は，平成4年11月9日，Aに対し，本件租税債権について換価の猶予をしたことが認められる。しかし，右

換価の猶予は，国税徴収法152条に基づくものであり，納期限を延長したものではない。したがって，徴収の猶予によって納期限が延長された旨の控訴人の主張は，理由がない。
3. 結局，当審における控訴人の予備的主張はいずれも理由がない。

2　財産に対する差押えの効力

(1)　不動産～差押登記抹消登記請求訴訟，本登記承諾請求訴訟

【247】　東京地裁　平成10年2月25日判決

　　　（平成9年（ワ）第2215号・土地所有権移転仮登記等本登記承諾請求事件）

【当事者】

　　原告　株式会社○○○○

　　被告　国

【判示事項】

　　不動産登記法 105条の承諾義務の有無

【事案の概要と争点】

　本件は，訴外滞納者Aに金2億円を貸し付けた（以下「本件消費貸借」という。）上，A名義の土地（以下「本件各土地」という。）について，停止条件付代物弁済契約に基づく所有権移転仮登記を経由している原告が，本件各土地に差押登記を有する被告国に対して右仮登記の本登記手続をすることの承諾を求めた事案である。

　主たる争点は，被告の差押え以前に，原告が，本件仮登記原因であると主張する停止条件付代物弁済契約に基づき，本件各土地の所有権を取得したか否か（不動産登記法 105条の承諾義務の有無）にあった。

【判　旨】

　本判決は，次のとおり判示して，原告の請求を棄却した。

　原告の主張の骨子は，①A社が，平成2年8月29日，M高原の土地につき，約束どおりに抵当権設定登記手続を行わなかったことにより，同社は，右同日，本件消費貸借契約に基づく期限の利益を喪失し，本件仮登記原因

である停止条件付代物弁済契約の停止条件が成就した，②そこで，原告は，同日，仮登記担保契約に関する法律2条1項所定の通知を行ったというのであり，証拠（原告の当時の代表者B作成の回答書ただし，Cが代筆したもの。）及びA社の代表者作成の経過報告書には，右主張に沿う記載がある。

　しかし，(1)原告は，本訴を提起した当初は，平成4年12月末日までに貸付金の返済のない場合には，代物弁済として，本件各土地の所有権を移転する契約を締結したところ，A社は，弁済期である平成4年12月末日には債務の返済ができず，停止条約が成就した旨の主張をしていたのに，平成9年7月31日付準備書面によって，初めて右①及び②の主張をするようになり，同日開かれた第4回口頭弁論期日及び平成9年9月17日開かれた第5回口頭弁論期日において，右主張に沿う前記各証拠を提出するに至ったものであること，(2)原告が右①及び②の主張を始める前に，原告の当時の代表者であるBが，当裁判所に証拠として提出した経過報告書（ただし，Cが代筆したもの。）や，関東信越国税局に提出した経過説明書には，右主張に沿う事実関係は全く述べられていないことが明らかである。(3)そして，証拠によれば，平成6年6月27日当時，Bは，平成2年8月28日にA社との間で締結した契約は本件各土地の売買契約であり，数か月後に本登記をすることが予定されていたという認識を有していたことが認められ，このような認識を有していた同人が，同月29日に，仮登記担保契約に関する法律2条1項所定の通知を済ませているとは考え難い。これらの事実関係にかんがみると，原告の主張に係る事実関係は，本訴請求を理由あらしめるために作為されたものである疑いが強いものといわざるを得ず，これに沿う前記証拠を直ちに信用することはできない。本件全証拠を精査しても，他に原告の主張を認める足りる証拠はない。

　のみならず，仮に原告の主張を前提としたとしても，平成2年10月29日の経過をもって仮登記担保契約に関する法律2条1項所定の2月（清算期間）が経過することになることは明らかであり，同日中には既に本件差押えがされているのであるから，原告がA社に対して本登記の請求をするこ

とはできないものといわざるを得ない（国税徴収法52条の２，仮登記担保契約に関する法律15条１項）。

【248】　東京高裁　平成10年７月29日判決
（東京高裁平成10年（ネ）第1480号・土地所有権移転仮登記等本登記承諾請求控訴事件）

【当事者】
控　訴　人（原告）　　株式会社○○○○
被控訴人（被告）　　国

【判示事項】
不動産登記法 105条の承諾義務の有無

【事案の概要と争点】
本件は，整理番号【247】の控訴審である。

【判　旨】
本判決は，次のとおり判示して，控訴人の請求を棄却した原審（東京地裁平成10年２月25日判決・本書 744ページ）の理由説示を一部削除するほかこれを引用して，控訴を棄却した。

控訴人の主張の骨子は，①Ａ社が，平成２年８月29日，Ｍ高原の土地につき，約束どおりに抵当権設定登記手続を行わなかったことにより，同社は，右同日，本件消費貸借契約に基づく期限の利益を喪失し，本件仮登記原因である停止条件付代物弁済契約の停止条件が成就した，②そこで，控訴人は，同日，仮登記担保契約に関する法律２条１項所定の通知を行ったというのであり，証拠（控訴人の当時の代表者Ｂ作成の回答書（ただし，Ｃが代筆したもの。）及びＡ社の代表者作成の経過報告書）には，右主張に沿う記載がある。

しかし，(1)控訴人は，本訴を提起した当初は，平成４年12月末日までに貸付金の返済がない場合には，代物弁済として，本件各土地の所有権を移転する契約を締結したところ，Ａ社は，弁済期である平成４年12月末日には債務の返済ができず，停止条件が成就した旨の主張をしていたのに，平

成9年7月31日付準備書面によって，初めて右①及び②の主張をするようになり，同日開かれた第4回口頭弁論期日及び平成9年9月17日開かれた第5回口頭弁論期日において，右主張に沿う前記各証拠を提出するに至ったものであること，(2)控訴人が右①及び②の主張を始める前に，控訴人の当時の代表者であるBが，当裁判所に証拠として提出した経過報告書（ただし，Cが代筆したもの。）や，関東信越国税局に提出した経過説明書には，右主張に沿う事実関係は全く述べられていないことが明らかである。(3)そして，証拠によれば，平成6年6月27日当時，Bは，平成2年8月28日にA社との間で締結した契約は本件各土地の売買契約であり，数か月後に本登記をすることが予定されていたという認識を有していたことが認められ，このような認識を有していた同人が，同月29日に，仮登記担保契約に関する法律2条1項所定の通知を済ませているとは考え難い。これらの事実関係にかんがみると，控訴人の主張に係る事実関係は，本訴請求を理由あらしめるに作為されたものである疑いが強いものといわざるを得ず，これに沿う前記証拠を直ちに信用することはできない。本件全証拠を精査しても，他に控訴人の主張を認める足りる証拠はない。

【249】 大阪地裁　平成10年10月21日判決

（平成9年（ワ）第12847号・所有権移転登記抹消登記手続等請求事件）

【当事者】

　　原告　〇〇〇〇㈱

　　被告　国ほか4名

【判示事項】

　土地所有権の帰属，民法94条2項の善意の第三者該当性

【事案の概要と争点】

　本件は，原告から訴外K株式会社へ民法646条2項の規定による移転を登記原因とする所有権移転登記（以下「本件登記」という。）がされている不動産（以下「本件不動産」という。）につき，右不動産の所有権を

相互に移転する意思はなかったのであるから本件登記は無効であるとする原告が，本件不動産に参加差押登記を経由した被告らに対し，本件登記の抹消登記手続の承諾を求めた事案である。

主たる争点は，本件不動産の所有権の帰属及び被告らが民法94条2項の適用若しくは類推適用により保護される第三者にあたるか否かにあった。

【判　旨】

本判決は，次のように判示して，原告の請求を棄却した。

1. 本件不動産の所有者（争点1）について

(1) 原告は，本件不動産の真の所有者は原告であり，本件所有権移転登記は相互に所有権を移転する意思のないものであるから無効である旨主張している。

(2) しかしながら，原告代表者及び訴外K株式会社代表者は，両名とも，大阪地方裁判所昭和51年（モ）第10878号事件の審尋期日において，本件不動産を原告から訴外K株式会社に売り渡されたものである旨供述している証拠略）。さらに，訴外K株式会社代表者は，大阪地方裁判所昭和46年（ワ）第4188号事件の証拠調べ期日において，本件不動産を原告から売買代金7000万円を支払って買い受けた旨供述している（証拠略）。その上，被告らが本件不動産に対して参加差押えの手続をとるようになっても，原告及び訴外K株式会社は本訴提起まで何らの手続もとっていないことが窺われる（弁論の全趣旨）。

したがって，原告から訴外K株式会社への本件不動産の所有権移転につき，相互に所有権移転の意思がない旨の主張をたやすく採用することはできない。

2. 被告らが民法94条2項の適用ないし類推適用により保護されるべき第三者か否か（争点2）について

(1) 前記1に判示したとおり，原告が本件不動産の真の所有者であることについては疑いが極めて濃厚であり，この点において原告の本訴請求を認容することはできないと考えるが，仮に原告が本件不動産の真の所有者であるといえる場合に備えて，念のため，争点2についても判断して

(2) 被告らは，いずれも，訴外K株式会社名義の本件不動産について参加差押えの手続をとり，その旨の登記を了しているものである。したがって，民法94条2項にいう「第三者」に該当することは明らかである。

(3) そして，被告らは，各参加差押手続をとった時点においては，本件不動産の所有名義が訴外K株式会社になっていたのであるから，特段の事情がない限り，仮に本件不動産の所有権移転が虚偽表示などであったとしても，右の点については善意であったと解するのが相当である。そして，本件において，被告らの「善意」について疑いを容れるような特段の事情は認められないから，被告らは，「善意の第三者」として民法94条の適用ないし類推適用により保護されるというべきである（本件の事案においては，原告の主張によれば原告が不実の登記の実現に関与しているのであるから，被告らが善意無過失であることまでは要しないというべきである。）。

【250】 札幌地裁 平成10年10月29日判決
　　　（平成9年（ワ）第2852号・所有権移転登記手続請求事件）
【当事者】
　原　　告　○○○○
　被　　告　○○○○株式会社
　補助参加人　国
【判示事項】
　取得時効の起算点及び取得時効の成否
【事案の概要と争点】
　本件は，主位的には，原告の父Sが被告所有の本件土地に本件建物を建築して占有を開始した昭和52年1月22日時効取得を原因とする所有権移転登記手続を，予備的には，被告に対して所有の意思表示をした昭和52年4月16日時効取得を原因とする所有権移転登記手続を求めた事案において，被告に対する租税債権確保のため本件土地に差押登記を経由した国が補助

参加した事案である。

主たる争点は，①本件土地の占有開始時期（時効の起算点），②原告の占有は自主占有に当たるか及び③所有の意思表示により，他主占有が自主占有に転換したかにあった。

【判　旨】

本判決は，次のとおり判示して，原告の請求をいずれも棄却した。

1. 争点①について

　　証拠及び弁論の全趣旨によると，原告の亡父Ｓは，本件建物をＭ建設工業株式会社に発注して建築したこと，昭和50年11月13日，本件建物について，建築確認申請がされていること，本件建物は木造の倉庫であり，その建築に１年以上もの期間を要するとは考え難いこと，本件建物の新築工事を請け負ったＭ社は，売上の計上について工事完成基準を取っているところ，昭和51年６月30日の売上として，本件建物建築工事の代金150万円を計上していること（ただし，売上の相手は「Ｈ運輸」〔被告の旧商号〕とされている。），Ａ支庁長は，昭和52年１月22日付けで，Ｓに対して，本件建物について不動産取得税の申告書を提出するよう通知していること，右通知は，通常，建物が完成した後に発せられるものであること，Ｓは，同年４月12日付で納税通知書兼領収証書の送付を受け，同年７月13日，不動産取得税12万1380円を支払っていることがそれぞれ認められる。

　　右事実によると，本件建物は，遅くとも，Ｍ社が売上として本件建物建築工事の代金150万円を計上した昭和51年６月30日までには完成していたと認められ，Ｓは，同日までに，本件土地を占有するに至ったと認められるから，時効の起算点は，昭和51年６月30日である。

2. 争点②について

(1) 証拠によると，本件土地は，Ｓが，Ｂ市土地開発公社から購入し，被告に売却したものであるところ，右売却がされた昭和50年６月２日当時，Ｓは，被告の代表取締役を解任されていたものの，依然として被告の取締役であったこと，Ｓが代表取締役を解任されたにもかかわらず，あえ

て，被告に本件土地を売却していること，Ｓが売却の直後から本件建物の建築に着手していること，本件建物の建築を請け負ったＭ社では，帳簿上，本件建物建築の発注者を被告（旧商号のＨ運輸）としていること，本件土地の固定資産税については，被告名義で送付されて来る納税通知書に基づき，Ｓにおいて支払っていたこと，Ｓの相続人らが作成した遺産分割協議書には本件土地が相続財産として記載されていないことが認められ，右事実，ことにＳと被告との関係，本件土地売却の直後に本件建物が建築されていることなどを考慮すると，Ｓは，被告との間で，Ｓが諸税を負担するとの約定に基づき本件土地を使用する旨の契約を締結し，その権限に基づいて本件土地上に本件建物を建築し，本件土地を占有していたと認められる。

(2) 原告は，Ｓが会社の乗っ取りに合い会社の経営権を失ったが，本件土地はあくまでも自分の土地であると考え，本件土地上に本件建物を建築し，本件土地の占有を開始した旨を主張するが，Ｓが代表取締役を解任された後も被告の取締役にとどまっていたことや，Ｍ社において，帳簿上，本件建物建築の発注者を被告とし，Ｓが代表取締役を解任された後も両者を一体視していたことに照らすと，代表取締役解任の事実から，直ちに，Ｓが被告会社を乗っ取られたと認定することはできず，これを前提として，Ｓが本件建物を建築して本件土地を自主占有するに至ったと認定することもできない。

また，原告は，Ｓの相続人らが作成した遺産分割協議書に本件土地が相続財産として記載されていないのは，遺産分割協議当時，本件土地について取得時効の援用がされていなかったためである旨主張するが，相続人間で遺産分割協議をする際に，本件建物の敷地であり，かつ，実質上自己所有の意思を有していると称する本件土地を相続財産として記載しないのは不自然であり，右主張はたやすく信用することができない。

そして，他に，Ｓの占有が地主占有であるとの前記認定を覆すに足りる証拠は存在しないから，原告の主位的請求は理由がない。

3. 争点③について

本件全証拠によるも、Sの占有が、昭和52年4月16日、自主占有に転換したとの原告主張を認めることはできない。すなわち、Sが、昭和52年4月16日、被告に対し、所有の意思を表示したことを認めるに足りる的確な証拠は存在しない。原告は、Sは、同日、同年分の本件土地の固定資産税納付通知書をS宅に送付させ、後日納税し、以後、納税を継続している旨主張し、証拠によると、被告を名宛人として送付されている納税通知書に基づき、Sが納税していた事実を認めることができるが、納税の事実をもって被告に対する所有の意思表示であると認定することはできない。しかも、土地の貸借において、賃料の代わりに諸税を代納する約定がされることもまれではないことを考慮すると、Sの納税の事実が所有の意思の表れであると認定することもできないから、被告の予備的請求も理由がない。

(2) 債権～差押債権取立訴訟、供託金還付請求権の取立権確認訴訟
ア 被差押債権の存否

【251】 大分地裁 平成10年5月26日判決
　　　（平成9年（ワ）第336号・取立金請求事件）

【当事者】
　原告　国
　被告　○○○○

【判示事項】
　不当利得の成否

【事案の概要と争点】
　本件は、訴外滞納会社に租税債権を有する国が、滞納会社が被告に対して有する不当利得返還請求権（滞納会社の取締役であった被告が自己の土地建物の購入代金支払のため、滞納会社名で手形小切手を振出交付したことによる。）を差し押さえた上、取立権に基づき支払を求めた事案である。
　主たる争点は、被告が、滞納会社は訴外A社に対する貸金（以下「本件貸金b」という。）の返済のため、本件手形小切手を振り出し、被告は、

A社に対する貸金の返済として，本件手形小切手の交付を受けたと主張しているところ，本件各貸金の存否及び本件手形小切手が本件各貸金の支払のため適法に振出交付されたものであるか否かにあった。

【判　旨】

本判決は，次のとおり判示して，国の請求を認容した。

1. 被告及び本件手形小切手振出当時滞納会社の経理担当の事務員でA社の代表者の妻であり，被告の実姉でもあるB子の供述と滞納会社の被告に対する債権差押えに関与した国税徴収官N及び滞納会社の代表者Kの供述とが食い違っていることが認められる上，資金状態・経営状態の悪化したA社が滞納会社に対し1000万円もの貸付けをしたとは容易に考えがたいこと，さらに，貸付けについての契約書，基本契約書，債権証書，受領証等が一切なく，貸付けを客観的に裏付ける証拠の存在が認められないこと，また，弁済期や利息等の貸付けの条件も不明であることなどに照らすと，被告の供述，B子証言を直ちに信用することはできないといわざるを得ない。そして，滞納会社の補助元帳は，B子が作成したものであることなどに照らし，直ちにこれを客観的な資料であるとはいいがたく，A社の総勘定元帳も，どのような資料に基いて作成されたものか不明であることなどに照らし，直ちにこれをA社と滞納会社に対する貸付けの客観的証拠ということもできない。したがって，これらの証拠を考慮しても，未だ被告の供述，B子証言の信用性を肯定することはできないから本件貸金bの存在は，認められない。

2. したがって，その余の点について判断するまでもなく，法律上の原因に基づいて本件手形小切手を自己の債務の支払に充てたものであるとの被告の主張は，採用することができないから，被告は，法律上の原因に基づかないで滞納会社振出の本件手形小切手を自己の債務の支払に流用したものと認められるので，滞納会社が被告に対し不当利得返還請求権を有するものと認められる。

イ 債権譲渡等の競合，対抗問題

【252】 東京地裁　平成10年2月5日判決

（平成9年（ワ）第14160号・供託金還付請求権確認請求事件）

【当事者】

原告　○○○○株式会社

被告　国

【判示事項】

債権譲渡の効力等

【事案の概要と争点】

本件は，訴外滞納会社Aに対する売掛代金債務を負っている訴外第三債務者が，A社から原告に右債権を譲渡した旨の通知及び右債権に対する被告国の差押えを受けたとして，債権者不確知を理由に右代金を供託し，さらに国が右供託金還付請求権を差し押さえたため，被告国に対し，原告が右還付請求権があることの確認を求めた事案である。

主たる争点は，本件債権譲渡の効力等にあった。

【判　旨】

本判決は，次のとおり判示して，原告の請求を棄却した。

1. A社の原告に対する将来の売掛代金債権の譲渡が有効であるか否か

　債権譲渡契約が有効であるためには，譲渡の対象となる債権の範囲が譲渡人と譲受人間で確定されていなければならないと解される。原告が，原告とA社間の債権譲渡契約書であると主張する証拠（略）には，譲渡の対象となる，平成9年1月23日より後にA社が訴外第三債務者に対し取得する売掛代金債権につき，その終期の記載がないことが認められ，他に原告とA社間で，譲渡の対象となる，平成9年1月23日より後にA社が訴外第三債務者に対し取得する売掛代金債権につき，その終期が定められたことを認めるに足りる証拠はない。したがって，平成9年1月23日現在，A社が訴外第三債務者に対して有する売掛代金債権は格別，平成9年1月23日より後にA社が訴外第三債務者に対し取得する将来の売掛代金債権については譲渡の対象となる債権の範囲が譲渡人と譲受人

間で確定しておらず，原告の主張する平成9年1月23日付け債権譲渡契約は，平成9年1月23日より後にA社が訴外第三債務者に対し取得する売掛代金債権に関する部分につき無効と言わざるを得ないと思料される。

　証拠によっても，訴外第三債務者が弁済供託した買掛金債務が，平成9年1月23日当時に発生していたことを認める証拠はなく，むしろ，供託通知書の供託原因に記載されている弁済期の記載からすれば，平成9年1月23日当時発生していなかったのではないかとみられる。

　したがって，前記のとおり，A社の原告に対する，将来の売掛金代金債権の譲渡は無効であるから，原告が，別紙供託目録（略）記載の供託金につき還付請求権を有すると認めることはできない。

2. A社から訴外第三債務者への債権譲渡通知が対抗要件として効力を有するか否か。

　当該債権が二重に譲渡された場合には，確定日付ある証書による通知によりその優劣が決せられ，その結果，債権の取得者となる者に対して債務者は弁済すべき義務が生じ，劣後する者には弁済を拒絶しなければ債務者は二重払いの危険を負うことになるものであるから，債権譲渡を対抗することには，確定日付ある証書によって，譲渡された債権の同一性を認識し得る程度に内容を特定し，明確にされていなければならないと解すべきであるところ，A社から訴外第三債務者へ対してされた債権譲渡通知書（証拠（略））には，売買契約の目的物の表示，取引日時の限定等の一切の表示はなく，売掛代金の総額と記載されているのみであって，債権の同一性を認識し得る程度に内容が特定されているとは到底言えない。

　なお，訴外第三債務者が，自らの判断で，譲渡された債権を推測して供託したからと言って，対抗要件として効力のない通知が供託により有効になることはないと解すべきであるし，前記供託原因からみて訴外第三債務者に対抗要件たる承諾があったとも認められない。

　更に付言するに，原告は，原告の債権譲渡の通知が譲渡債権の不特定のため対抗要件としての効力を欠くとするものであれば，被告の国税滞

納処分としての差押えの通知も債権の特定としては，原告の通知と同様な記載であり，差押えの通知も対抗要件としての効力を欠くと主張するが，原告において，債権譲渡の通知が，債権の不特定のため対抗要件としての効力を欠くことにより債権譲渡を債務者，第三者に対抗できないことは，被告の国税滞納処分としての差押えの通知の対抗要件としての効力の有無に影響されるものではないから，原告の右主張は主張自体理由がない。

3. 1のとおり，A社の原告に対する，将来の売掛金代金債権の譲渡は無効であり，仮に右譲渡が有効であるとしても，2のとおり債権譲渡の通知に対抗要件としての効力がないから，その余の事実を判断するまでもなく，原告の請求は理由がない。

【253】 東京地裁　平成10年3月6日判決
（平成9年（ワ）第25722号・供託金還付請求権確認請求事件）

【当事者】
原告　株式会社○○○○
被告　国ほか2名

【判示事項】
債権譲渡の効力等

【事案の概要と争点】
本件は，相被告滞納会社Yに対する請負工事代金債務を負っている訴外A社（第三債務者）が，Yから原告及び相被告らに同債権を譲渡（以下「本件債権譲渡」という。）した旨の通知並びに同債権に対する被告国の差押えを受けたとして，債権者不確知を理由に同代金を供託（以下「本件供託」という。）したことから，原告が同供託金還付請求権が自己に帰属することの確認を求めた事案である。

主たる争点は，本件債権譲渡の効力等にあった。

【判　旨】
本判決は，次のとおり判示して，原告の請求を棄却した。

1. 被告Yから原告に対する本件債権譲渡の有効性

　認定事実によれば，本件債権譲渡は，貸金の担保のためにされたものであり，譲渡された債権について，契約上の債権であるか否かも含め，債権の種類の表示が一切なく，また，いつからいつまでの間に発生した債権であるのかはもとより，既に発生している債権か将来債権かの区別すら表示されておらず，債権額の表示もされていないものである。このように，右債権譲渡に係る債権は，包括的で特定性を欠くものであることから，債権譲渡の際に譲渡の通知がなされておらず，被告Yの債務不履行が生じて初めて，同被告に代わって，債権譲受人である原告が同被告のあらかじめ差し入れた用紙を用いて譲渡通知が発せられているものである。

　本件債権譲渡は，譲渡の目的となった債権について右のとおり特定性を欠くものであり，無効であるものといわなければならない。

　しかも，本件においては，原告が被告Y名義で発した債権譲渡通知には，譲渡に係る債権は売掛代金債権であると記載されているのに，A社の供託によって明らかとなった債権は，写真製版分解の業務に関する請負代金債権であったのであり，したがって，右譲渡通知において表示された債権とA社が供託した右債権とは同一性がなく，したがって，右譲渡通知は，供託に係る右債権の譲渡通知としての効力を有しないものというべきである。

2. 結論

　以上のとおり，本件債権譲渡は，譲渡の目的となった債権の特定性を欠いており，無効であり，また，右債権譲渡の通知は本件供託に係る債権の譲渡通知としての効力を有しないものというべきであるから，被告国に対し，原告が本件供託金について還付請求権を有することの確認を求める原告の請求は，理由がない。被告国以外の被告らは，本件口頭弁論期日に出頭せず，答弁書その他の準備書面も提出しないから，請求原因事実を認めたものとみなされるが，原告主張に係る請求原因事実が認められても，本件債権譲渡が，譲渡の目的となった債権の特定性を欠い

ており，無効であることに変わりはないから，原告の被告国以外の被告らに対する請求も理由がない。

【254】 東京地裁　平成10年5月6日判決
（平成9年（ワ）第1594号・供託金還付請求権取立権確認請求事件）

【当事者】
原告　国
被告　株式会社〇〇〇〇

【判示事項】
債権譲渡の効力

【事案の概要と争点】
　本件は，滞納会社に対する請負代金債務を負っている第三債務者が，同社から被告に右債権（譲渡禁止特約付き）を譲渡したとの通知並びに右債権に対する国の差押え及び訴外第三者による仮差押え等を受けたとして，債権者不確知及び滞調法20条の6を理由に右請負代金を供託したことから，取立権が国に帰属することの確認を求めた事案である。
　主たる争点は，債権譲渡の効力にあった。

【判　旨】
　本判決は，次のとおり判示して，原告の請求を認容した。
1. 認定事実によれば，平成3年12月27日にA社と被告の間で成立した債権譲渡に関する合意は，A社がテレビ番組等の発注元に対して有する現在及び将来の一切の請負代金債権を債権譲渡の対象とするものであったが，これは債権担保を目的とする債権譲渡の予約であって，右契約の効力は被告とA社との間に存するにとどまり，被告が当該譲渡対象債権に直ちに支配力を及ぼすものではなかったものである。そして，現実の債権譲渡の実行は，A社が2回目の不渡を出すなど，被告に債権保全の必要が生じたときとされており，その場合の譲渡対象債権は被告において選定するとの合意があり，そのため，右各書面には譲渡債権の表示が空欄のままとされており，A社は，その債権の明細をできるだけ早く被告

に知らせることとし，右各書面の日付や債権の表示は，被告において補充することとなったものである。

　被告は，右債権譲渡の予約契約に基づき，A社が第2回目の不渡を出した平成4年3月10日，A社に対し，右予約に基づき，本件債権について債権譲渡を実行する旨通告した上，被告が入手していた資料に基づき，譲渡担保差入証及び債権譲渡通知書に本件債権の特定に必要な事項を記入するとともに，右通知書を第三債務者に発送し，右通知書は，同月11日第三債務者に到達し，これによって，本件債権の譲渡及び債権譲渡の通知が完了したものといえる。

2. 譲渡禁止特約の存在を知らなかったことについての悪意又は重過失の有無
(1) 証拠によれば，本件債権には譲渡禁止特約が付されていることが認められる。
(2) 原告は，被告が本件債権の譲渡を受けた際に右事実を知っていたと主張するが，その事実を確定的に認定するには，必ずしも証拠が十分であるとはいえない。そこで，被告が本件債権の譲渡を受けた際に，譲渡禁止特約が付されていたことを知らなかったことにつき重大な過失があったかどうかについて検討すると，認定事実によれば，A社と被告の間で債権譲渡予約契約が締結された平成3年12月27日の時点では，A社は被告に対し，約束した担保の不提供及び返済期限の不遵守という債権不履行に及んでおり，しかも，直前に第1回の不渡を出したものであり，被告は，A社の信用状態及び説明内容に疑問と不信の念を抱いていたものといえる。一方，認定事実によれば，A社のB社長は，右債権譲渡予約契約に快く応じたものではなく，Cに説得されて渋々応じたものであり，債権譲渡の対象となる債権の開示についても，ためらわれる様子が見られたものであり，また，A社は，その後，いったん約束した振込指定についても実行していなかったものである。

　このようなA社の態度に直面した被告が，A社との間で債権譲渡予約契約を締結する場合及び右契約に基づき本件債権について債権譲渡の実

行行為を行う場合，A社の担当者が右債権譲渡予約契約の対象となる債権についての契約書が存在しないと説明したかどうかにもかかわらず，その債権の中に譲渡禁止特約の付されたものが入っていないかどうかを慎重に検討することは，当然の課題となるはずである。その場合，被告は高い信用調査能力を有しているものであり，また，本件債権の第三債務者に対して融資の実行をしていたのであり，しかも，テレビ局がテレビ番組制作会社にテレビ番組の制作を発注する場合には，書面により契約書を取り交わしているのが通例であり，その契約書には，ほとんどの場合，債権譲渡等を禁止する旨の特約が記載されているというのであるから，被告には，右債権譲渡の対象となった債権について譲渡禁止特約が付されているのが通例であることは，調査をしようとする意欲があれば，容易に知りえたはずである。

そうすると，A社の担当者が債権譲渡予約契約の対象債権について契約書がないと説明したかどうかにかかわらず，被告には，本件債権について譲渡禁止特約が付されていたことを知らなかったことにつき重大な過失があったものというべきであるから，A社から被告に対する本件債権の譲渡は，原告による本件債権の差押えに対抗することができない。

【255】 東京地裁 平成10年5月29日判決
（東京地裁平成9年（ワ）第23479号・供託金還付請求権確認請求事件）

【当事者】
原告　有限会社○○○○
被告　国

【判示事項】
債権譲渡の効力

【事案の概要と争点】
本件は，滞納会社A社に対して貸室賃貸借契約に基づく保証金返還債務を負っている第三債務者が，滞納会社から原告に同債権（譲渡禁止特約付

き）を譲渡した旨の通知及び同債権に対する被告国の差押えを受けたため，債権者を確知できないとして同代金を供託したことから，原告が，同供託金還付請求権が自己に帰属することの確認を求めた事案である。

　主たる争点は，債権譲渡の効力にあった。

【判　旨】

　本判決は，次のとおり判示して，原告の請求を棄却した。

1. 認定事実によれば，原告代表者は本件譲渡禁止特約の存在について善意であったと認めるのが相当である。
2. そこで，原告代表者が本件譲渡禁止特約の存在を知らなかったことについて重過失はなかったとの原告の主張についてみるに，原告とＡ社との本件債権譲渡契約には本件賃貸借契約書に基づく保証金との記載がされており，賃貸借契約書を見さえすれば，保証金返還請求権について，本件譲渡禁止特約の付されていることが容易に判明したこと，一般に，保証金の差し入れられている賃貸借契約には，保証金の担保的な内容，返還約束等について取り決めすると必要があることから，契約書の作成が必ずといってよいほど必要とされ，本件の場合も，原告代表者の供述によれば，原告は，契約書の存在を知っていたと認められること，契約書では，保証金の担保的な機能をまっとうさせるために，譲渡禁止の特約が付されることが非常に多いことからすると，原告は，本件保証金返還請求権の譲渡を受ける際に，本件賃貸借契約書を見せられていなかったとしたら，その提示を求めるべきであって，契約書の提示を求めなかったことに，重大な過失があったものというべきである。

【256】　東京地裁八王子支部　平成10年6月26日判決

　　（東京地裁八王子支部平成8年（ワ）第2260号・供託金還付請求権確認請求事件（甲事件），同9年（ワ）第1516号・供託金還付請求権取立権確認反訴請求事件（乙事件））

【当事者】

　甲事件原告・乙事件被告　　株式会社○○○○

甲事件被告・乙事件原告　国

【判示事項】

債権譲渡の効力

【事案の概要と争点】

本件は，滞納会社Ａに対する工事請負代金債務を負っている第三債務者Ｂが，Ａ社から甲事件原告に右債権（譲渡禁止特約付き）を譲渡したとの通知及び右債権に対する甲事件被告国の差押えを受けたとして，債権者不確知を理由に右代金相当額を供託したことから，甲事件原告が右供託金の還付請求権が自己に帰属することの確認を求め，乙事件原告国は右供託金の還付請求権の取立権が国に帰属することの確認を求め反訴を提起した事案である。

主たる争点は，債権譲渡の効力にあった。

【判　旨】

本判決は，次のとおり判示して甲事件原告の請求を棄却し，乙事件原告の請求を認容した。

債権に譲渡禁止特約が付されている場合には，債権の譲受人が譲渡禁止特約について悪意がある場合又は譲渡禁止特約が付されていることを知らないことについて重大な過失がある場合には，譲受人は債権を取得することはできない。これを本件についてみると，認定事実によれば，ＡのＢに対する本件債権には譲渡禁止特約が付されていたこと，甲事件原告（以下「原告」という。）は右債権の譲渡を受けた当時，譲渡禁止特約が付されていることを知らなかったことが認められる。しかし，原告は金銭の貸付を業とする貸金業者であるから，貸金の担保として債権を譲り受けることをもその業務の内容としていること，担保として債権を譲り受ける場合には，代金の額，支払日，支払条件等の債権の内容や特約の有無等を十分調査した上で譲り受ける必要があり，右の点の調査をしないで譲り受けるときは，その債権の内容や特約の存在等によっては万一の場合債権の回収が不能になる恐れがあること，したがって，右の点の調査は，貸金業者が担保として債権を譲り受ける場合に当然なすべき基本的かつ重要な調査であ

ること，高額な建築工事請負代金債権には譲渡禁止特約が付されていることが多く，特に国又は地方公共団体に対する請負代金債権には通常譲渡禁止特約が付されていることは，金融業者など債権回収業務に従事する者の間では相当広く知られている事実であることなどからすれば，原告はAの請負代金債権を譲り受けるに際しては，AとBとの間の工事請負契約書の全文を読むか，又はAに問い合わせるなどして譲渡禁止特約が付されているか否かを調査する義務があるというべきであって，これを怠り，下水道築造工事の請負契約書の1枚目だけを受け取って，その全文を読むことなく，しかも，本件契約書についてはその内容を確認することなく本件債権を譲り受けたとすれば，特約の存在を知らなかったとしても，そのことにつき重大な過失があるというべきである。したがって，原告は悪意の譲受人と同様，譲渡によって本件債権を取得することはできず，原告は供託金の還付請求権を有しない。

　そうすると，原告の，被告国に対する請求はいずれも理由がないから棄却することとし，原告に対する本件債権の譲渡は無効であるから，被告国が本件供託金の還付請求権の取立権を有している。

　そうすると，被告国の請求は理由があるから認容することとする。

【257】　大阪地裁　平成10年6月29日判決

　（平成7年（ワ）第11606号・供託金還付請求権存在確認請求事件）

【当事者】

　原告　〇〇〇〇株式会社

　被告　国ほか174名

【判示事項】

　現在及び将来の集合債権譲渡の有効性，債権譲受人の悪意・重過失の有無，債権譲渡通知の有効性

【事案の概要と争点】

　本件は，相被告S社（滞納会社）から債権を譲り受けたとする原告が，被告国らに対して，第三債務者らのした供託金の還付請求権が自己に帰属

することの確認を求めた事案である。

　主たる争点は、被告Ｓ社（滞納会社）が本件第三債務者らに対して有する現在及び将来の一切の債権を原告に譲渡する旨の契約（以下「本件契約」という。）の有効性、右譲渡債権には、譲渡禁止特約が付されていたところ、右特約の存在について原告に悪意又は重過失があったか否か、及び債権譲渡通知の有効性にあった。

【判　旨】
　本判決は、次のように判示して、原告の請求を認容した。
1. 本件契約の内容及び本件契約が有効か無効かについて
(1) 本件契約の性質及び内容
(一) 本件契約は、被告Ｓの原告に対する現在及び将来の債務（被担保債権）を担保するために、前提となる事実関係の事由が発生したときに効力を発生するものとして、被告Ｓが第三債務者らに対して有する現在及び将来の債権（譲渡債権）を包括的に譲渡し、併せて、原告にあらかじめ被告Ｓが作成した譲渡通知書を用いて、被告Ｓの名義で第三債務者らに対して債権譲渡の通知をすることを認めたものである。
(二) 被担保債権
　　本件契約の被担保債権は、債権者が原告、債務者が被告Ｓであるほかは、金額（限度額）も期間も限定されておらず、将来増額する不確定なものであるが、それは、本件契約が、根譲渡担保契約であることからすると、特に異とするに足りない。
(三) 譲渡債権
① 本件契約において譲渡される債権の第三債務者は、本件第三債務者らに具体的に特定していたが、他方、譲渡債権の金額及び期間については制限がなかったものということができる。
② また、本件契約においては、契約書上、被告Ｓは、「売掛金その他一切の債権」を譲渡し（第１条）、譲渡債権の「内容」も原告に報告すべきであり（第２条２）、債権譲渡通知書にも「債権内容」は無記入とするものとされている（第３条）。これらの規定からすると、本件契約に

よって譲渡される債権の種類、内容は、無限定なものであったと解する余地もある。

　しかしながら、他方で、契約書に添付された譲渡債権報告書及び現実に用意された報告書用紙ないしそのひな形にも、債権の種類及び内容の欄に「梱包作業代金債権」と不動文字で印字されており、同じく被告Ｓから原告に対して交付された債権譲渡通知書にも、前記契約書上は無記入とするとされていたにもかかわらず、債権の表示として「梱包作業代金債権」とあらかじめ不動文字で記載されていたことや、本件契約の際、被告Ｓが本件第三債務者らから請け負っていた業務は、梱包作業を含む一連の取引ないし梱包作業に付随した取引のみが行われ、かつ、今後も同様であることが予定されていたこと、本件契約の契約書が、原告Ｎ支店備付けの契約書のひな形に基づいて作成されたものであることを考え併せると、本件契約によって被告Ｓから原告に譲渡された債権（本件譲渡債権）は、前記契約書の記載にかかわらず、その種類・内容「梱包作業代金債権」として特定されていたものと認められる。

③　加えて、原告と被告Ｓとは、本件契約に際し、被告Ｓが原告に対し、最低でも１か月に１回、譲渡債権の内容、額などを報告する旨合意していたものと認められ、このことからすると、本件契約においては、遅くとも、債権譲渡が発生する時点で、具体的に内容・額等が特定されることが予定されていたものと解される。

㈣　債権譲渡通知

　本件契約においては、原告が、あらかじめ、被告Ｓから白地の債権譲渡通知書の交付を受けた上、前提となる事実関係の事由が生じた場合、右通知書の白地部分を補充して本件第三債務者らに発送できるものとされていたところ、一般に、債権譲渡契約において、譲渡人が譲受人に対し、債務者に対する債権譲渡通知を譲渡人の名で行うことを委託することは許されないものではない。そして、原告が通知書を発送し得る事由のうち、本件において実際に問題となった前記事由は、客観的な事由であり、譲渡担保という性質に照らしても合理的なものである。加えて、

被告Ｓが原告に交付した債権譲渡通知書は，通知年月日及び債権の表示の債権額は白地であったものの，第三債務者，債権の種類は具体的に記載されていたから，濫用的に使用されるおそれの少ないものであるとすると，本件契約において，原告が前記の事由があるときに右のような通知書を用いて債権譲渡の通知をし得るとすることに特別な問題はない。

(2) 本件契約締結の経緯

本件締結は，実質的には原告と被告Ｓとの取引が終了した平成６年５月ころ，原告が被告の求めによって，手形の支払期日を延期した際に締結されたものではあるが，被告Ｓが，本件契約内容を十分に認識していなかったことを認めるに足りる証拠はない。

(3) 以上によれば，本件契約ひいてはこれによる本件譲渡債権の譲渡が無効ということはできない。

2. 譲渡禁止特約，悪意又は重過失について

本件契約には譲渡禁止特約の存在が認められるが，原告の悪意については，これを認めるに足りる証拠はない。そこで，前提となる事実で認定した事実に基づき，原告の重過失の有無について判断する。

(1) 原告は，本件契約に際し，本件譲渡債権に関連した被告Ｓと本件第三債務者らとの間の各契約書の提示や交付を受けたこともなく，本件譲渡債権についてその他の調査も行っていない。

(2) そして，本件第三債務者らが日本有数の家電製品メーカー及びそのグループ会社であり，前記認定の被告Ｓが本件第三債務者らから請け負っていた業務からすると，本件第三債務者らが被告Ｓに対して経済的に優位な立場にあったことが推認される。そうすると，本件第三債務者らの弁済の便宜が本件譲渡債権の譲渡性よりも優先され，債権の譲渡が禁止されている可能性がある。

また，原告は，被告Ｓから本件契約以前にも手形の期日の延期を求められたことがあり，本件契約も手形の期日の延期を認めることに伴って締結したものであるから，本件契約当時，被告Ｓの信用に疑いを持つべき事情があったということができ，それだけ，担保として取得すべき本

件譲渡債権の性質等について慎重に調査すべきであったということができる。そして，本件契約において，被告Ｓと本件第三債務者らとの間の取引に係る契約書の交付を求めることができる旨が約定されていること及び右の本件契約締結の経緯からすると，原告は，本件契約締結前にも右の各契約書を少なくとも見ることは可能であったと考えられる。

これらからすると，原告には，本件契約当時，本件譲渡禁止特約が存在することを知らなかったことにつき，過失があったことは否めない。

(3) しかしながら，請負契約において，請負代金債権についての譲渡禁止特約が付されているのが通常であることを認めるに足りる証拠はないし，それが周知の事柄に属すると認めるに足りる証拠もない。また，本件第三債務者らが被告Ｓに対して経済的に優位な立場にあるということから，一般に債権譲渡が禁止されているとまで認めることはできない。

さらに，被告Ｓが本件第三債務者らから請け負っていた作業が，本件第三債務者らにとってどの程度の重要性を持っていたかということを判断するに足りる証拠はなく，原告が，右重要性や，本件譲渡禁止特約以外にも被告Ｓと本件第三債務者らとの間の具体的な契約内容等を知っていたと認めるに足りる証拠もない。そうすると，原告が，法務部門を有する日本の代表総合商社の一つであって商取引について一般人に比較すると数段高い知識と経験を有していることを前提としても，前記の原告の過失は，いまだ重大なものとまで認めるには足りないというべきである。

3. 本件譲渡通知の無効について

(1) 被告Ｓは，本件契約を締結し，契約に従って自己名義の債権譲渡通知書に記名押印した上で原告に交付していることからすると，被告Ｓは，本件契約締結当時，本件契約による債権の譲渡について，通知する意思を有し，かつ，通知することを原告にゆだねていたものと認められ，他方で，その後，被告Ｓが，原告に対し，本件譲渡通知をする前に，これをしないように連絡したことを認めるに足りる証拠がないことなどからすると，被告Ｓが，本件譲渡通知の直後に，本件第三債務者らに対し，

右通知を撤回する旨の通知をしていることなどを考慮しても，本件譲渡通知の際，被告Sが右譲渡通知の意思を失っていたとまでは認めることができない。

(2) 次に，本件譲渡通知書には，譲渡債権の表示として「梱包作業代金債権」と記載されていたところ，被告Sが本件第三債務者らから請け負っていた業務は，梱包作業に限られていなかったし，本件第三債務者らの代理人が，平成6年10月19日付けで，原告に対し，「梱包作業代金債権」では債権の額を特定できない旨通知している。

しかしながら，被告Sと本件第三債務者らの契約内容及び前記本件第三債務者らの通知からすると，被告Sが請け負っていた業務は，本件第三債務者らの作業所等における一連ないし関連する作業であり，その代金は，作業全体に対する対価であって，作業ごとの代金を他の作業等の代金と区別することができるような取決めもされていなかった（少なくとも，本件第三債務者らはそのように認識していた。）ことを推認することができる。さらに，原告及び被告Sも，本件契約及び本件譲渡通知書（白地補充前のもの）の作成に際し，梱包作業に関する債権部分を特別に表示するものとして「梱包作業代金債権」として記載したのではなく，被告Sが本件第三債務者らとの取引に基づいて有する債権を総称するものとして記載したものと認められる。そうすると，少なくとも，被告Sと本件第三債務者らとの間では，「梱包作業代金債権」との記載があれば，被告Sが本件第三債務者らから請け負った全作業に対する全代金債権を意味することが，認識可能であったものということができ，本件譲渡通知においては，譲渡された債権が特定されていたというべきである。

(3) さらに，債権の譲渡人である被告Sが，譲受人である原告に対し，債権譲渡通知書をあらかじめ交付し，前提となる事実関係認定の事由が生じた場合に原告が被告Sに代わって譲渡通知をすることが，通知の効力に影響するものではないこと，被告Sが本件契約ひいては債権譲渡通知書をあらかじめ交付することの意味などを理解していなかったことを認

めるに足りる証拠がないことは，前判示のとおりであり，本件契約を強要されるなどしたことを認めるに足りる証拠はない。
(4) 以上によれば，本件譲渡通知は無効とはいえない。

【258】 東 京 地 裁 平成10年7月3日判決
（東京地裁平成9年（ワ）第404号・供託金還付請求権確認請求事件）

【当事者】
原告　国
被告　株式会社〇〇〇〇ほか2名

【判示事項】
債権譲渡の効力

【事案の概要と争点】
本件は，滞納会社に対する工事請負代金債務を負っている第三債務者が，同社から被告らに右債権を譲渡したとの通知並びに右債権に対する原告国の差押えを受けたとして，債権者不確知を理由に右請負代金を供託したことから，原告国が右供託金還付請求権を差し押さえた上，右取立権が国に帰属することの確認を求めた事案である。
主たる争点は，債権譲渡の効力にあった。

【判　旨】
本判決は，次のとおり判示して，原告の請求を認容した。
被告Y_1は，滞納会社との間で，平成7年7月25日，滞納会社がその債務について期限の利益を失ったときは，滞納会社が第三債務者に対して有する債権を被告Y_1に譲渡することを合意した旨主張するが，証拠及び弁論の全趣旨によれば，右合意では，滞納会社の有する債権一般を被告Y_1に譲渡することが約束されているにすぎず，譲渡の対象となる債権は特定していなかったことが認められるところ，このような債権譲渡契約が，特定性を欠き，無効であることは明らかである。
被告Y_2は，平成7年12月6日，滞納会社の第三債務者に対する債権を停止条件付きで譲り受けた旨主張するが，証拠によれば，その対象となっ

た債権は，第三債務者に対する売掛債権全額と表示されており，その種類が建築機械納入代金債権とされていることからすれば，右債権は，工事請負代金である本件債権とは異なるものであると認められる。

被告Y₃は，平成8年1月23日，滞納会社から本件債権を譲り受けた旨主張するが，証拠によれば，その対象となった債権は，第三債務者に対する売掛金と表示されており，右債権と本件債権とは異なるものであると認められる。

よって，原告の本訴請求は，いずれも理由がある。

【259】 福岡地裁 平成10年9月4日判決
(平成10年(ワ)第1205号・供託金還付請求権確認請求事件)

【当事者】
原告 有限会社○○○○
被告 国

【判示事項】
債権譲渡の有効性

【事案の概要と争点】
本件は，医師である滞納者Aが第三債務者Bに対して有していた診療報酬債権を譲り受けたとする原告が，右債権の一部を差し押さえた国に対し，Bが債権者不確知を理由に供託した供託金について，原告に還付請求権が帰属することの確認を求めた事案である。

主たる争点は，債権譲渡の有効性にあった。

【判旨】
本判決は，次のとおり判示して，原告の請求を認容した。

1. 被告は，Aと原告の間で診療報酬債権の帰属が争われた別件訴訟の経過にかんがみれば，本訴債権譲渡には瑕疵がある可能性があるとして，本件債権譲渡の有効性を争うので，この点について判断するに，証拠によれば，原告及びAは，別件訴訟において，被告指摘のとおりの主張をしていたことが認められるが，証拠によれば，原告は，別件訴訟におい

て，平成6年8月31日現在で貸付金元金2075万556円，利息405万1407円，合計2480万1963円の債権を有するものであると主張していたことが認められるところ，別件訴訟で成立した別件和解は，本訴債権譲渡通知を有効とすること，Aが原告に対し和解金として金2766万9250円の支払義務があることを認め，右金員の弁済は，原告がBらの供託にかかる供託金の還付請求権を行使することによって受けるものとすること等を内容とするものである。右のような別件和解の内容にかんがみれば，本訴債権譲渡が原告のAに対する貸金債権の弁済の手段としてされたものであるとしても，別件和解は，原告主張の貸金債権が存在し，本訴債権譲渡が有効であることを前提としてされたものとみるのが相当である。そうすると，原告とAは，当初は本件債権譲渡の効力について争っていたものの，別件和解が成立したころには，本件債権譲渡は有効なものであったとの認識を有するに至ったものということができるから，他に本件債権譲渡の効力を疑わせる具体的な事実が存しない限り，右事実によって，本件債権譲渡が有効であったことを推認することができる。

　被告は，本件債権譲渡に瑕疵が存在する可能性があると指摘するものの，いかなる瑕疵があるのかを具体的に指摘するには至っておらず，結局，被告が本件債権譲渡に瑕疵があることの根拠として挙げているのは，原告とAが当初本件債権譲渡の効力を争っていたという事実に尽きるといわざるを得ない。そして，右事実のみでは，前記推認を覆すには足りないから，本件債権譲渡は有効なものというべきである。

　そうすると，原告は，本件債権譲渡によって本件診療報酬債権を含む平成6年分診療報酬債権を取得したものということができる。そして，本件債権譲渡通知は，本件差押の通知に優先してされたものであるから，被告は，本件差押の効力を原告に対抗することができず，原告と被告との間においては，原告が本件供託金の還付請求権を有するものということができる。

【260】 東京高裁　平成10年10月14日判決
　　　（平成10年（ネ）第1318号・供託金還付請求権確認請求控訴事件）
【当事者】
　控訴人（原告）　　株式会社〇〇〇〇
　被控訴人（被告）　国ほか2名
【判示事項】
　債権譲渡の効力等
【事案の概要と争点】
　本件は，本書整理番号【253】の控訴審である。
【判　旨】
　本判決は，次のとおり判示して，控訴人の請求を棄却した原判決（東京地裁平成10年3月6日判決・本書756ページ）を取り消し，控訴人の請求を認容した。
　認定した事実によれば，被控訴人Y₁のA社（第三債務者）に対する2口の写真製版分解代金は，控訴人に対して有効に譲渡されたものと認められる。
　被控訴人国は，Y₁の控訴人に対する債権譲渡は，譲渡に係る債権が未だ発生していない将来の債権であり，その始期と終期はもとより，その発生原因も特定されていないから，無効であると主張する。しかしながら，本件において，Y₁と控訴人との間の債権譲渡契約においては，譲渡に係る債権の債務者は特定されている上，その債権の種類も，将来発生する債権を含むが，Y₁と債務者との間の営業取引から生じる債権として特定されており，しかも，Y₁に債務不履行があった時点で，それまでにY₁と債務者との間に生じていた具体的な債権が控訴人に帰属することとされているのであるから，譲渡の対象となる債権の特定性に何ら欠けるところはないというべきである。そうすると，被控訴人国の前記主張は理由がない。
　なお，本件において，Y₁と控訴人との債権譲渡契約書においては譲渡債権は「売掛債権」と表示され，Y₁がA社に対してした債権譲渡の通知書においては譲渡債権の表示として「売掛代金」と表示されているところ，

Y₁がA社に対して有していた債権は，正確には，写真製版分解代金であり，A社も，写真製版分解代金債務の弁済として供託をしている。しかしながら，売掛代金又は売掛債権とは，狭義においては売買代金債権を意味するが，広義においてはその債権者の営業取引から生じる債権を意味するものであるところ，弁論の全趣旨によれば，Y₁はA社から継続的に写真製版分解作業を請け負っていたものであり，Y₁の営業取引からA社に対して生じる債権は，請負代金債権と解される写真製版分解代金債権であったのであり，右両者も，控訴人が債権譲渡によって取得した債権が写真製版分解代金債権であることを認識していたことが明らかであるから，前記債権譲渡契約書，債権譲渡通知書及び供託における各債権の表示の間には同一性があると認められ，前記表示の相違は，本件債権譲渡の効力及びその対抗要件たる債権譲渡の通知の効力に何らの影響をも与えるものではないというべきであるから，控訴人は，控訴人の債権譲渡の通知に後れて右債権の差押えをした被控訴人国に対して右債権譲渡をもって対抗することができる。

【261】 東京地裁 平成10年11月12日判決
　　　（平成9年（ワ）第19156号・供託金還付請求権取立権確認請求事件）
【当事者】
　　原告　国
　　被告　○○○○
【判示事項】
　　債権譲渡の効力等
【事案の概要と争点】
　本件は，滞納会社Aに対する工事請負代金債務を負っている第三債務者が供託した供託金の還付請求権につき，訴外Bから右債権を譲渡されたとする被告に対し，国が，右供託金還付請求権の取立権が自己に帰属することの確認を求めた事案である。
　主たる争点は，本件債権譲渡の効力等にあった。

【判　旨】
　本判決は，次のとおり判示して，原告の請求を認容した。
　被告の主張事実がすべて認められるとしても，法的には，被告と滞納会社との間で，第三債務者に対する売掛金をもって，被告に対する債務の返済に充てるという内部的な合意が存したといい得るにすぎないのであって，法的に本件債権が被告に帰属している（すなわち，滞納会社の責任財産を構成しない。）とは到底評価しえない。したがって，本件債権が法的に被告に帰属することを前提とする信託契約の主張もまた認められない。
　そうすると，結局，本件債権は法的には滞納会社に帰属しているというべきであり，その責任財産を構成するものである。

ウ　第三債務者からする相殺　※

エ　そ　の　他
【262】　大阪地裁　平成10年3月12日判決
　　　　（平成9年（ワ）第8497号・差押債権取立請求事件）
　　【当事者】
　　　原告　国
　　　被告　株式会社○○○○
　　【判示事項】
　　　預金債権の帰属，差押債権者の法定相続割合による預金債権取立の可否
　　【事案の概要と争点】
　　　本件は，訴外滞納者AないしCらが他の共同相続人とともに共同相続した借地権付建物の譲渡代金を原資とする預金が解約され，その解約金の一部が各相続人に払い戻された残額をもって開設された定期預金（以下「本件定期預金」という。）につき，その持分割合が法定相続分割合による右解約前の預金の持分割合から各相続人が右の払戻しによって現実に取得した金額を控除した割合（以下「原告主張割合」という。）であるとして原告主張割合に基づく滞納者の持分を差し押さえた国が被告に対し，原告

主張割合に基づく滞納者の持分の支払を求めた事案である。
　主たる争点は，本件定期預金の持分割合が原告主張割合であるか否かにあった。
　【判　旨】
　本判決は，次のように判示して，原告の請求を一部認容した。
1.(1)　原告は，本件定期預金の持分割合については，原告主張割合であって，平成5年5月23日現在の本件定期預金（元本4億7648万0229円）のうち，第二相続及び第三相続を経たA及びB，Cが被告に対して有する本件定期預金の元本合計額は，別紙計算表（略）記載のとおり，結局，2億5313万5751円である，と主張する。
　しかしながら，第一相続人らが，本件定期預金について，原告主張割合の持分割合の合意をしたことを認めるに足りる証拠はない。
　また，第一相続人の遺産である借地権付建物を売却した後は，第一相続の遺産とは別に，第一相続人らは，それぞれ別個の売却代金債権を有するに至ったものであって，その後，さらに，預金①，預金②がされて，その払戻がされた後に，各預金がまとめられて預金③となり，最終的に，預金③も解約されて，その残金の一部を，第一相続人らの合意で本件定期預金としたものであるから，本件定期預金が法律上当然に第一相続の遺産となることもないし，ましてや，原告が主張するような第一相続人らの法定相続分割合とも異なる原告主張割合による第一相続人らの共有になるとする法律上の根拠はないし，原告主張割合が第一相続人らの具体的相続分の割合であるとの証拠もない。
　そうすると，原告の主張のうち，本件定期預金について，第一相続人らの原告主張割合による共有であることを前提とする部分は，その限りにおいて失当である。
　むしろ，証拠によれば，本件定期預金は，第一相続人ら全員が，その合意によって，第一相続の遺産である借地権付建物の売却代金の残金の一部を，被告に定期預金をし，これを第一相続人らのそれぞれの法定相続分割合の共有とする旨合意したものと認められ，この事実によると，

本件定期預金は、亡Dを含む第一相続人ら全員の法定相続分割合による準共有となったものというべきであり、そのうちのDの持分割合は2分の1であって、本件定期預金がされる以前に第一相続人らが預金①や預金②から払戻しを受けるなどして取得した金額は、本件定期預金の第一相続人らの持分割合には関係がないというべきである。

(2) そして、被相続人が有していた金銭その他の可分債権は、相続によって当然に各相続人の法定相続分の割合に分割され、各共同相続人がその相続分に応じて権利を取得するところ（最一小判昭和29年4月8日・民集8巻4号819頁参照）、第三相続人らは、本件定期預金のDの法定相続分（2分の1）割合の権利を、第二相続及び第三相続により、それぞれ法定相続分に従って分割取得したと認められ、Aはその20分の6（20分の4＋20分の2）を、Bはその20分の3（20分の2＋20分の1）を、Cはその20分の1をそれぞれ取得したことになる。そして、本件定期預金は、Dを含む第一相続人ら全員の法定相続割合による準共有となったものというべきであり、第三相続人らの持分割合相当額の合計は、平成5年5月23日現在の本件定期預金（元本4億7648万0229円）の2分の1である2億3824万0114円であると認められる。

(3) 本件差押えの当時のA及びB、Cのそれぞれの滞納国税額は、別紙税額表（略）1ないし3記載のとおりであり、右3名のそれぞれについて、右3名の本件定期預金についての預金債権の額を超えることが認められる。

2. 被告は、A及びB、Cの遺産分割の家事審判の経緯を被告において知る機会がなく、D及び第二相続人及び第三相続人らに払戻済みの金額も被告において不明であったため、本件定期預金債権が誰にどれだけの割合帰属するか被告において認識することが不可能であったと主張する。

しかしながら、被告の右の主張は、本件定期預金債権の元本分について、原告の取立権を否定する理由とはなり得ない。

また、A及びB、Cの被告に対する本件定期預金債権の遅延損害金については、原告の差押えによって右3名の被告に対する本件定期預金債

権の行使は禁じられた状態となり，その後，差押債権者である原告の本件取立訴訟の訴状が平成9年9月10日に被告に送達されたことにより，本件定期預金債権の少なくとも被差押部分については民法412条によって遅滞に陥り，これに対する遅延損害金が発生し，更にその遅延損害金部分についても差押えの効力が及ぶと解すべきである。そして右の遅延損害金の部分については，民法419条2項によって，被告は不可抗力をもって抗弁とすることができないのであり，被告の前記主張は，この点に関する部分においても失当である。

3. 以上によれば，原告は，被告に対し，取立権の行使として，2億3824万0114円及びこれに対する本件訴状送達の日の翌日である平成9年9月11日から支払済みまで年5分の割合による遅延損害金の支払を求め得るというべきであり，原告の請求は右の限度で理由がある。

【263】 東京高裁　平成10年3月26日判決

（平成9年（ネ）第2085号・預金返還・独立当事者参加請求控訴事件）

【当事者】

控訴人（原告）　　　〇〇〇〇

被控訴人（被告）　　株式会社〇〇〇〇

被控訴人（独立当事者参加人）　国

【判示事項】

預金債権の帰属

【事案の概要と争点】

本件は，年報9号整理番号【234】の控訴審である。

【判　旨】

本判決は，控訴人の請求を棄却し，被控訴人（独立当事者参加人）の請求を認容した原審（東京地裁平成9年3月26日判決・年報9号751ページ）の理由説示を一部付加・訂正するほかこれを引用して，控訴を棄却した。

【264】最　高　裁　平成10年4月24日第二小法廷判決
　　　　（平成10年（オ）第267号・損害賠償請求上告事件）
　【当事者】
　　上　告　人（控　訴　人・原　告）　　○○○○
　　被上告人（被控訴人・被告）　　国
　【判示事項】
　　差押債権の帰属
　【事案の概要と争点】
　　本件は，年報9号整理番号【250】の上告審である。
　【判　　旨】
　　本判決は，上告人の請求を棄却した原審（東京高裁平成9年9月25日判決・年報9号779ページ，一審東京地裁平成8年11月19日判決・年報8号773ページ）の判断を是認し，上告を棄却した。

【265】大　阪　地　裁　平成10年6月26日判決
　　　　（平成10年（ワ）第6889号・取立債権請求事件）
　【当事者】
　　原　告　　国
　　被　告　　○○○○株式会社
　【判示事項】
　　本件特約条項の性質（期限か，条件か）
　【事案の概要と争点】
　　本件は，原告国が，訴外滞納会社に対する国税債権に基づいて，同社の被告に対する期限付売買代金債権（以下「本件債権」という。）を差し押さえ，右期限が到来したとして，その給付を求めたところ，被告が，本件債権は，被告から第三者に対する転売契約の履行を条件とする仲介報酬債権であり，未だその条件は成就していないとして争った事案である。
　　主たる争点は，本件債権の前提である売買契約（以下「本件売買契約」という。）に，被告が訴外C社との間の売買契約により，同社から金銭を

受領した後7日以内に，残金の二割相当額を支払い，残金はＣ社と被告との残金取引後7日以内に支払う旨の特約（以下「本件条項」という。）が付されていたことから，右条項が期限を定めた趣旨か，条件を定めた趣旨かにあった。

【判　旨】

本判決は，次のように判示して，原告の請求を棄却した。

1.(1)　本件条項が，平成5年6月7日をもって，本件債権の確定期限とする旨定めたものかについて検討する。

　確かに，Ｈの陳述書には，「本件債権は，平成5年6月7日になれば払ってもらえると思っており，前記争いのない事実等の特約も右期限を定めたものである」旨の記載がある。

(2)　しかしながら，本件売買契約の契約書には，本件債権の履行期として，本件転売契約の代金の「支払期日後7日以内」ではなく，「残金受領後7日以内」と記載されているばかりか，前記争いのない事実のとおり，本件転売契約においてもその決済期日が必ずしも確定していたわけではないから，右決済期日を前提とする本件売買契約の決済期日も確定していたとはいい難い。したがって，Ｈの陳述書の右記載を採用することはできず，他に本件条項を確定期限の定めと認めるに足る証拠はない。

2.(1)　次に，本件条項は，不確定期限を定めたもので，本件転売契約が履行されないことが確実となれば期限が到来することになるのか，それとも，本件条項は，本件転売契約の履行を条件として定めたものかについて検討する。

(2)　証人Ｈも「Ｃ社の手形が不渡りになれば，本件債権を支払わないという約束はなかった」旨証言するほか，Ｈの陳述書には，「被告は本件土地の転売が成功しようが失敗しようが，本件債権を履行すべき必要がある」旨の記載が，同人からの大蔵事務官の聴取書には，「本件債権は，沖縄国税事務所において取り立ててもらい，滞納している国税に充ててもらえば幸いである」旨の記載がそれぞれあるのに対し，証人Ｉは，「本件条項は，本件転売契約が履行された場合に支払うことを定めたも

のである」旨証言する。

そこで，その信用性について検討するに，①H自身，被告がN社に提起した手形金請求訴訟においては，本件土地の売買代金としては，支払済みの18億円で，本件債権は代金とは別である旨証言していること，②本件売買契約の契約書には，本件債権の履行期として，C社からの「金銭受領後7日以内」「残金取引後7日以内」と記載されており，右記載を素直に読めば，本件債権の履行期は，C社による本件転売契約の履行を前提としていると解するのが自然であること，③本件売買契約は，滞納会社がAへの決済資金を準備できず，手付流れを避けるため，被告に働きかけた結果，被告が滞納会社のAへの右決済資金を肩代わりすべく締結されたものであることや，滞納会社は，本件土地を各地権者から買収したわけではなく，Aらによって既に土地のとりまとめがされていたこと等を考え併せると，滞納会社が被告に本件土地を転売することのみにより，11億0789万円もの利益を取得し得るとは考え難いこと，④本件土地は，当初，滞納会社が直接C社に転売することが予定されていたところ，右事情により，滞納会社とC社との間に被告が入ったものであり，被告とC社との間で本件転売契約を締結した上で，本件売買契約を締結したものであること，⑤滞納会社は，本件転売契約の成立にも関与しており，Hも，本件債権が本件転売契約の仲介報酬であることを明確に否定していないこと，⑥本件債権の一坪当たり1万7500円という価額は，被告が別途滞納会社から買収した土地の代金に比べても相当高額であり，C社への転売利益が確保し得ないのに，そのような金額を被告が滞納会社に支払うとは考え難いこと，⑦Hも，被告に対し，けれんみなく本件債権の支払いを求めているとはいえず，原告による差押え後とはいえ，本件土地の代金を18億円とする売買契約書の改訂，覚書の作成に応じていることが認められ，これらの事実を考え併せると，前記証人Iの証言は信用でき，証人Hの前記証言や陳述書等の記載はにわかに措信し難いものがある。

そうすると，本件条項は，不確定期限ではなく，本件転売契約の履行

を条件として定めたものと認めるのが相当であり，本件全証拠によっても，右条件が成就したと認めることはできないから，原告は，本件債権の給付を求めることはできないというべきである。

(3) その他差押え

【57】 大阪地裁 平成10年12月16日判決 (163ページ参照)

【266】 横浜地裁 平成10年2月18日判決
　　　（平成9年（ワ）第253号・損害賠償請求事件）
【当事者】
原告　〇〇〇〇
被告　国
【判示事項】
督促状を普通郵便で行うことの適否及び督促の有無等
【事案の概要と争点】
本件は，所轄税務署長がした滞納処分による債権差押え及び取立ては，滞納処分に係る滞納国税（以下「本件滞納国税」という。）が時効消滅した後に行われた違法なものであるとして，国家賠償法1条1項に基づき，被告に対し，右取立金相当額及び慰謝料等を請求した事案である。

主たる争点は，督促状を普通郵便で行うことの適否及び被告の主張する本件滞納国税に係る督促状が原告に送達されたか否かにあった。
【判旨】
本判決は，次のように判示して，原告の請求を棄却した。
1. 認定事実によれば，本件滞納国税に係る原告宛の督促状（本件督促状）は，A税務署長により，昭和60年5月24日，原告のC町の住所に対し，普通取扱郵便によって発送され，住所変更等により返戻されることもなかったものと推認される。
2. これに対し，原告は，本件督促状を受領したことはなく，また，C町の住所は，集合住宅で，共同の郵便受けが一箇所に設けられていたため，

本件督促状が子供のいたずら等により紛失したおそれがあるとする。とごろで，通則法12条1項は，国税に関する法律の規定に基づいて税務署長その他の行政機関の長又はその職員が発する書類は，郵便による送達又は交付送達により，その送達を受けるべき者の住所又は居所に送達すると規定し，同条2項は，通常の取扱いによる郵便によって前項に規定する書類を発送した場合には，その郵便物は，通常到達すべきであったときに送達があったものと推定すると規定する。そして，通常の取扱いによる郵便とは，郵便法57条により特殊取扱いとされる書留，配達証明等以外のものをいい，普通取扱郵便も含まれると解される。そして，本件督促状は，通則法37条1項に基づき税務署長が発するものとされる書類であるところ，前記認定のとおり，A税務署長は，これを，昭和60年5月24日に原告の当時の住所地であるC町の住所に普通取扱郵便により発送しているから，右によれば，本件督促状は，そのころ，原告に送達されたものと推定されるというべきである。

もっとも，これについては，送達の事実がなかったこと等についての反証があれば，推定が覆ることになるが，原告の前記主張は，右推定を覆す事実とはいえず，主張自体理由がない。そして，仮に原告主張の事実により，本件督促状が紛失したとしても，それがいったん原告の郵便受けに投函され，原告がこれを了知しうる状態に置かれた以上，送達の効力が認められるというべきである。

3. 以上によれば，通則法73条1項4号により，本件滞納国税の徴収権の時効は中断し，A税務署長が本件督促状を発した日である昭和60年5月24日から起算して10日を経過した後の同年6月4日から更に進行することになる。そして，右の日から，本件差押え時の所轄税務署長であるH税務署長が本件差押えをした平成2年5月31日までに，未だ通則法72条1項所定の5年の期間が経過していないことは明らかであるから，右徴収権の消滅時効は成立しない。

したがって，被告が本件滞納国税の取立てのためにした本件差押えは適法である。

そして，本件差押えが適法にされたものである以上，原告が，本件差押え及び取立てにより精神的苦痛を被ったとして，慰謝料の支払を求めることにも理由がないことは，明らかである。

3 徴収対象財産の回復に関するもの

(1) 債権者代位訴訟

【267】 宇都宮地裁栃木支部　平成10年2月18日判決
　　　　（平成7年（ワ）第187号・所有権移転登記抹消登記手続請求事件）

【当事者】
　原告　国
　被告　○○○○ほか5名

【判示事項】
　土地所有権移転事実の有無

【事案の概要と争点】
　本件は，原告が，訴外滞納者Aに対する租税債権（以下「本件滞納国税」という。）の徴収を図るため，Aが登記名義人となっていた3筆の土地（以下「本件各土地」という。）について，主位的には，売買等を登記原因とするAの親族である被告らへの所有権移転登記は真実売買等が行われていないにもかかわらずAが本件滞納国税徴収のための滞納処分を免れるために行った不実の登記であるとして右登記の抹消登記手続を，予備的には，右売買等はAが右滞納処分を免れるために行った詐害行為に当たるとして，その取消しを求めた事案である。
　主たる争点は，本件各土地の所有権が被告らに移転しているか否か，被告らに対する本件各土地の売買等の詐害行為該当性にあった。

【判　旨】
　本判決は，次のように判示して，原告の主位的請求を認容した。
1.　Aから被告らへの所有権移転登記
　本件滞納国税の所轄庁であるB国税局の徴収職員であるC係官がAに

対して本件滞納国税の納付の件でA宅に臨場する旨を通知した後，Aが旅行や出張を理由にC係官の臨場期日を引き延ばしていた平成5年8月下旬，本件各土地のうち，本件①の土地については売買を原因として被告Y_1への所有権移転登記が，本件②の土地については贈与を原因として（後に錯誤を理由に登記原因を財産分与に更正）被告Y_2への所有権移転登記が経由されており，また，本件③の土地については贈与を原因として被告Y_3ないしY_6へそれぞれ持分各4分の1の所有権移転登記が経由されている。

2. AとY₁との売買契約について
(1) 証拠によれば，本件①の土地の売買契約に関しAが取得すべき売買代金は同人の手元に残らず，金銭の必要に迫られて本件①の土地を売却したと主張する同人において本件①の土地の所有権移転登記をすることによってそれに相応する利益を得た形跡がないことが認められる。
(2) また，Aの前記旅行については，A自身の証言中に旅行をしていなかったと述べている部分があることからすると，臨場期日変更の申出は虚偽の事実を理由とするものであることが認められる。

3. AからY₂への財産分与について
(1) AとY₂とが，平成5年8月27日，協議離婚の届出をしたこと，及び，Y₂が同日，住民登録をD市E町1丁目12番15号から同番12号に移動したことは，いずれも当事者間に争いがなく，証拠によれば，Aは平成7年12月27日，住民登録上の住所をD市E町1丁目12番15号からF市大字G 547番地に移転したこと，Y₂の右移転先は，Aの右移転前の住民登録地と同一の敷地内にあること，Aは，右移転先の住所に訴外Hから建物を賃借する旨の契約書を交わしていることになっているが，その賃借物件は35坪のうちの一部というのであり，その賃料も一般の賃料よりかなり低額である1ヵ月1万円とされており，現にそこに居住している形跡のないことが認められる。
(2) また，証拠によれば，AとY₂とは，平成6年10月9日から同月16日までの間，C市国際交流協会主催の第11次日中友好市民訪中団の団員と

して中国を訪問し，その際，参加申込書の「同居の家族欄」にはそれぞれAとY₂の氏名が記入され，「続柄」欄にもそれぞれ夫及び妻の記載がされ，中国訪問中においても同室に宿泊したことが認められる。

(3) そして，証人Aの証言及びY₂の本人尋問の結果並びに被告ら提出証拠のうち右認定に反する部分は，そもそも証人Aの証言中，Y₂との離婚原因の存否及び離婚意思についての供述内容は不明瞭であること，証人Aの証言中に，AとY₂とは，離婚後も数ヶ月間同居していたとの部分があること，Y₂の本人尋問の結果によれば，Y₂への所有権移転登記について，当初登記原因が贈与であったのを離婚届出後である平成6年2月10日にその登記原因を錯誤により財産分与とする更正登記手続をしたのは贈与税の負担がないようにする方策としてなされたものであることがうかがわれること（証言Aの証言中に登記原因が贈与となったのは司法書士の過誤であるとの部分はY₂の本人尋問の結果に照らし採用できない。），加えてC係官の証言及び原告提出証拠に照らし採用できない。

4. AからY₃ないしY₆への贈与について

証拠によれば，本件③の土地は，本件②の土地の西側に隣接し，その公簿面積が49.35平方メートルという南北に細長い狭隘の土地であって，独立した土地としては利用価値がないものと認められるところから，その隣接地を有しないY₃ないしY₆において4分の1あての持分の贈与を受ける実益はない。

5. 以上，前記2ないし4の事実を考慮に入れると，本件各土地についての所有権移転登記は，Aが，一連の行為として，国税の滞納処分を免れるために，その引き延ばしを謀りつつ，自己所有にかかる本件各土地を，移転する意思がないのに，単に名義のみを被告らの名義とした仮装のものであると推認される。

6. 無資力要件について

証拠によれば，本件各土地の処分では右租税債権額に満たない可能性のあることが認められるから，原告はAに対する右租税債権を保全する

ために，Aに代位して被告らに対し主位的請求の趣旨のとおり右各土地についての所有権移転登記手続を求めることができるものというべきである。

【268】 最 高 裁 平成10年3月10日第三小法廷判決

（平成9年（オ）第2401号・土地建物所有権移転仮登記抹消登記手続請求上告事件）

【当事者】
上 告 人（控 訴 人・被告） ○○○○
被上告人（被控訴人・原告） 国

【判示事項】
譲渡担保契約の有無

【事案の概要と争点】
本件は，年報9号整理番号【254】の上告審である。

【判 旨】
本判決は，被上告人の請求を認容した原審（札幌高裁平成9年7月30日判決・年報9号790ページ，一審札幌地裁平成9年2月18日判決・年報9号789ページ）の判断を是認し，上告を棄却した。

【269】 福 岡 地 裁 平成10年3月31日判決

（平成8年（ワ）第509号・所有権移転登記等抹消登記手続請求事件）

【当事者】
原告 国
被告 株式会社○○○○

【判示事項】
根抵当権設定契約及び代物弁済契約の存在並びに追認の有無

【事案の概要と争点】
本件は，国が訴外滞納会社に対する滞納処分として差し押えたA社振出しの約束手形が不渡りとなり，A社に見るべき財産がないことから，国が，

同手形金を徴収するため、主位的には、A社が所有していた不動産についての同社から被告への所有権移転登記（以下「本件所有権移転登記」という。）原因たる代物弁済契約（以下「本件代物弁済契約」という。）は無効又は不存在であるとして、また、同不動産に設定されていた被告を根抵当権者とする根抵当権設定登記の原因たる根抵当権設定契約（以下「本件根抵当権設定契約」という。）も無効又は不存在であるとして、A社に代位し、右所有権移転登記の抹消登記手続及び右根抵当権設定契約の無効又は不存在の確認を求め、予備的には、国税通則法42条、民法424条による右各契約についてのA社の追認行為の取消し等を求めた事案である。

主たる争点は、右各契約の存否等にあった。

【判　旨】

本判決は、次のとおり判示して、原告の主位的請求を認容した。

1. 本件根抵当権設定契約の存在について

認定事実をもとに検討するに、被告の創設者であるBは本件根抵当権設定契約については何ら関与しておらず、本件根抵当権設定契約書及び平成5年6月20日付けA社取締役会議事録と題する書類は、Bの実兄でBの後任の被告代表取締役であるDの主導のもとにBの関与がないまま被告が管理していたA社の実印を利用して形式的に作成し、根抵当権設定登記に及んだと認めるのが相当であり、もちろんBの妻であるCもあずかり知らないことであった。そうすると、本件根抵当権設定契約については、全くBの意思表示が存しないものというべきであって、不存在とみるのが相当である。そして、他にBが本件根抵当権設定契約締結の意思表示をしたことを認めるに足りる証拠は存しない。

2. 本件代物弁済契約の存在について

認定事実をもとにすると、本件代物弁済契約についても同様に解することができる。

3. 被告の追認の主張について

被告は、Bの本件各契約締結の意思表示についてA社の追認を主張するところ、追認は、無権代理人の代理権欠けつを治癒させるものであっ

て，意思表示の不存在を存在するものと擬制させるものではない。よって，被告の主張は，その余を判断するまでもなく理由がない。

4. 被告の本案前の申立てについて

被告は，原告の主位的請求にかかる確認の訴えは，確認の利益あるいは訴えの利益がないと主張する。前示のとおり，本件においてはＢの本件根抵当権設定契約締結の意思表示の存在を全く認めることができないものであるところ，被告は，本訴において追認の主張をしているように，被告が今後も本件根抵当権設定契約の存在を主張して紛争が再燃する余地がある。そして，本件代物弁済契約の不存在については，より根元的解決方法である本件所有権移転登記の抹消を肯定すれば足りるものの，本件根抵当権設定登記自体は平成8年4月26日付けで平成6年3月1日混同を理由に抹消登記がされているので，本件根抵当権設定契約の不存在確認を宣言して今後の紛争を根本的に解決する必要は大きく，また，他の適切な解決方法も見出し難い。よって，本件においては，確認の利益を肯定するのが相当である。

5. 結論

以上の次第で，原告の主位的請求はいずれも理由がある。

(2) 詐害行為取消訴訟

【270】 大阪地裁　平成10年6月10日判決

（平成8年（ワ）第9646号・詐害行為取消請求事件）

【当事者】

原告　国

被告　○○○○株式会社

【判示事項】

詐害行為の成否

【事案の概要と争点】

本件は，滞納会社に対して租税債権を有する国が，滞納会社の被告に対する借入金債務弁済のため，滞納会社が訴外Ｔに対して有する不動産売買

に係る申込証拠金返還請求権に基づきTから受領した自己あて小切手に裏書きをして被告口座に入金した行為が，詐害行為に該当するとして，被告に対して右弁済行為の取消しを求めるとともに，右弁済に係る金員の支払を求めた事案である。

主たる争点は，右弁済行為が詐害行為に当たるか否かにあった。

【判　旨】

本判決は，次のように判示して，原告の請求を認容した。

1. 認定事実によれば，滞納会社が，被告に対し，本件債務の履行として，5億2865万1695円を弁済したことは明らかである。

　この点，被告は，Tが連帯保証債務を履行したものと主張するが，そうであれば，被告及びTが滞納会社の了解を取り付ける必要はなく，ましてやTから返済を受けた旨記載した領収書を作成させる必要はないのであって，右主張は認められない。

　そして，Tは，滞納会社に対し，平成3年9月30日から平成6年5月27日までに合計2億6580万1200円を弁済していること，Mファクターに対しても，本件弁済までに，約2億円を弁済していること，本件弁済後，その所有する土地及びゴルフ会員権を売却し，その代金をもって，被告に対する債務を弁済していること，本件弁済当時，被告は滞納会社に対する債権よりもTに対する債権の方が回収できる可能性が高いと判断していたこと，被告はその後平成8年7月1日までの間に，Tから約1億2600万円の債権の弁済を受けていることが認められる。

　したがって，Tからの債権回収が期待できない状態だったとは到底認められない。

　また，滞納会社が弁済を受けた本件申込証拠金返還請求権は，本来滞納会社が有していた債権であって，債権者の共同担保を構成していたものである。そして右債権の回収が期待できない状態であったとは到底認められない以上，その弁済金は滞納会社の財産を構成することになるから，これを特定の債務の弁済に充てることは共同担保の減損行為に他ならないことになる。よって，一定の条件の下に新たに借り入れた金員に

より弁済を行った事案（最高裁平成5年1月25日第2小法廷判決・民集47巻1号344頁）とは異なるのであって，被告の主張は採用できない。

したがって，本件弁済により，滞納会社の責任財産は減少し，その債権者は損害を受けたと認められることになる。

2.(1) 証拠及び証人Yの証言によれば，Yが，平成4年6月1日，本件租税債務の一部を連帯保証したことが認められるから，本件弁済当時，本件租税債権が発生していたことないしこれが発生することを滞納会社において了知していたことが認められる。

(2) 証拠及び証人Yの証言によれば，滞納会社は，第14期（平成5年7月1日から平成6年6月30日まで）には，5億167万4434円の当期欠損を計上し，平成6年4月28日及び同年9月22日にいずれも資金不足を理由とする手形不渡りを出し，同月28日に銀行取引停止処分を受けたこと，Yは，本件弁済当時，右事実を認識していたことが認められるから，滞納会社が，本件弁済をすれば本件租税債権の弁済に不足することを認識していたことが認められる。

(3) 証拠及び証人Yの証言によれば，大蔵省が，滞納会社が出資していたL製薬株式会社の所有する土地について，平成4年8月12日，滞納会社に対する租税債権5億8564万7900円を被担保債権とする抵当権設定登記を経由し，平成6年5月12日，差押登記を経由していること，被告が右土地について，同年10月6日，差押登記を経由していることが認められるのであって，被告が，原告が滞納会社に対し租税債権を有しておりその回収をはかろうとしていることを認識していたことが認められる。

(4) 前記認定事実によれば，被告は，他にも滞納会社の債権者がいることを認識しつつ，他の債権者に先立って本件債務の履行を受けるべく，本件弁済を計画し，滞納会社に対する積極的な働きかけを行った上，その了解を取り付けたことが認められる。

(5) 以上の事実によれば，滞納会社が，本件弁済当時，本件租税債権が発生したことないし発生することを了知しており，本件弁済をすれば，本件租税債権の弁済に不足することを認識しながら，被告と通謀の上，被

告に対し，本件弁済をしたことが認められる。

4 倒産手続と滞納処分 ※

5 第二次納税義務

【271】 大分地裁 平成10年3月3日判決
（平成4年（行ウ）第6号・第二次納税義務告知処分取消請求事件）
【当事者】
　原告　○○○○
　被告　熊本国税局長
【判示事項】
　不動産売買代金額及び譲渡時における時価の多寡
【事案の概要と争点】
　本件は，訴外滞納会社Aから原告への本件物件（不動産）の譲渡が著しく低い額の対価による譲渡であるとして，被告が国税徴収法39条を適用してした第二次納税義務の告知処分の適否が争われた事案である。
　主たる争点は，①本件物件の売買代金額の多寡，②譲渡時の時価の多寡，③原告の第二次納税義務の存否にあった。
【判　旨】
　本判決は，次のとおり判示して，原告の請求を棄却した。
1．本件物件の売買代金額が3500万円，5000万円のいずれかについて
(1) 争いのない事実に，証拠及び弁論の全趣旨を総合すれば，以下の事実

が認められる。

(7) A社は、平成元年6月28日、本件物件を原告に売り渡し、同日、原告から手付金として300万円を受領した。そして、同年7月10日、同物件について、A社から原告への所有権移転登記がされ、A社は、同月17日、原告から右売買残代金として3200万円を受領した。なお、A社は、同月20日限りで営業を廃止した。

(イ) 大分税務署の担当者が、A社の公簿上の財産を調査した際、A社の代表者であるNは、税務署の国税徴収官Kに対し、本件土地の売買代金は3400万円であると申し立て、売買代金を3400万円とし、売買代金の一部（手付金）として買主は300万円を売主に支払うこと、売主から買主に対する本件土地の引渡し及び所有権移転登記申請手続は2週間以内に行い、登記申請完了後2週間以内に買主は売主に対し売買代金を支払うことなどを内容とする平成元年6月28日付け乙土地契約書の写しを提出した。

　県税事務所の納税係長Cは、平成2年1月25日、A社の会社事務所て、Nと面会し、同人から本件土地売買の契約書として、K同様、売買価額3400万円の乙土地契約書の提示を受けると共に、売買価額100万円の乙建物契約書の提示も受けた。また、Nから、右売買価額について、路線価より単価が多少安くなっており、代金の授受及び所有権移転登記手続が終了しているとの説明を受けた。

(2) 右(1)の認定事実によれば、乙土地契約書及び乙建物契約書は、本件譲渡に係る契約書として作成されたものであり、本件物件の売買代金額は、3500万円であると解するのが相当である。

2. 本件物件の本件譲渡時の時価について

(1) 証拠によれば、以下の各事実が認められる。

(7) 本件物件の近隣地域は、住宅地として発展しつつあり、中層化の傾向にあった。また、当該地域は、将来道路条件の好転が見込まれ、中心部に近く、閑静な住宅環境にあることから、一般住宅の建て込み、小規模分譲地や賃貸アパートの増加に伴い、人口、世帯数も増加し、近郊住宅

地として発展が見込まれる第二種住居専用地域であった。
(イ) E鑑定は，右(ア)の本件物件の面積，接近関係等を考慮して，最有効の用途として，1土地につき中層建物の敷地，2土地につき住宅の敷地，3土地につき現状利用と判断した上，土地については，取引事例比較法（間接法）及び収益還元法を適用し，取引事例比較法（間接法）による比準価格を1平方メートル当たり8万8000円，収益還元法による収益価格を7万3200円とそれぞれ査定し，また，本件物件を含む1土地上の建物については，原価法により再調達原価を求め，この価格に耐用年数に基づく方法（定率法）と観察減価法を併用して，減価修正を行い，1土地上の建物（木造瓦葺平屋建の未登記建物を含む。）の合計額を212万8000円と評価し，その結果，本件物件（右未登記建物を含む。）の評価額を，合計9076万6000円と査定している。

(2) 右E鑑定は，特に不合理，不都合な点が見当たらないから，同鑑定の前記評価額をもって本件物件の本件譲渡時における時価と解するのが相当である。

3. 原告の第2次納税義務の存否について

前記2.で判示したとおり，本件物件の本件譲渡時の時価は，9066万円を下らない（未登記建物を加えると9076万6000円を下らない。）が，前記1.で判示したとおり，原告は，これを3500万円で譲り受けているのであるから，本件譲渡は，国税徴収法39条の「著しく低い額の対価による譲渡」に該当することが明らかである。そして，前記滞納にかかる法人税等につき，滞納処分を執行しても，なお，その徴収すべき額に不足すること，本件譲渡がA社の滞納国税のうち，最も古い事業年度にかかる滞納国税の法定納期限である平成元年8月3日の1年前の日以後に行われたこと，右徴収不足は，A社が，原告に対し，本件物件を譲渡したことに基因するものであることが明らかであり，しかも，本件物件の譲受人である原告は，A社との関係において，国税徴収法39条の「特殊関係者」に該当することになるから，本件譲渡により受けた利益5423万2400円（本件物件と前記未登記建物の前記時価額9076万6000円から，譲受価

額3500万円と弁論の全趣旨によって認められる登録免許税等の取得費用153万3600円を控除したもの。）の限度において，右法人税等の第2次納税義務を負うというべきであるから，被告が，原告に対して行った本件告知処分に違法な点はない。

6　租税債権存在確認訴訟〜時効中断　※

7　租税債務不存在確認　※

8　過誤納金，不当利得返還請求訴訟

【54】　千葉地裁　平成10年5月29日判決（159ページ参照）

【272】　東京地裁　平成10年2月26日判決
　　　　（平成8年（行ウ）第229号・重量税返還請求事件）
　　【当事者】
　　　　原告　○○○○
　　　　被告　国
　　【判示事項】
　　　　不当利得返還請求の可否，不当利得の成否
　　【事案の概要と争点】
　　　本件は，自己所有の自動車について自ら12か月点検を行い，所轄陸運支局の係官の指示に従い分解整備検査を受け，自動車重量税等を納付した原告が，右納付は道路運送車両法64条1項等の違法な解釈・運用に基づいてした無効なものであるとして国に対し，不当利得の返還を求めた事案である。
　　　主たる争点は，自動車重量税法16条に規定する還付手続によらず，直接不当利得返還請求をすることの可否及び不当利得の成否にあった。
　　【判　旨】
　　　本判決は，次のとおり判示して，原告の請求を棄却した。
　　1.　重量税の納税義務は，自動車検査証の交付若しくは返付の時又は届出軽自動車についての車両番号の指定の時に成立し（国税通則法15条2項12号），納付義務の成立と同時に特別の手続を要しないで納付すべき税額が確定するものである（同条3項4号）。そして，いわゆる自動確定

の国税については，申告納税方式又は賦課課税方式をとる国税（同法16条1項，2項参照）の場合と異なり，その納付が実体法上理由を欠くときには，納付された税額は当然に誤納金となり，当該納付をした者は，当該誤納金の還付請求権（その性質は，公法上の不当利得返還請求権である。）を取得するものであるところ，重量税法16条は，重量税について過誤納があった場合の還付の手続を定めており，被告は，重量税の過誤納金の還付請求は右の還付の手続のみによるべきであり，重量税の納付につき法律上の原因を欠くことを理由として，当該誤納金について直接不当利得としてその返還を求めることは許されない旨主張する。

しかしながら，重量税法16条は，重量税がいわゆる自動確定の国税であり，その納付が実体法上理由を欠く場合には，納付された税額は当然に誤納金となり，不当利得として返還されるべきものであるとの考え方を当然の前提とした上で，同条1項各号所定の事由による過誤納金については，税務署長においてその還付請求権の発生を的確に知ることが困難であることから，税務署長が行う右過誤納金に係る還付の手続が円滑かつ的確に行われるようにするため，税務署長に対して還付を求める場合にとるべき手続として，運輸大臣等による納付税額の証明書の交付等の手続を定めたものであり，重量税の納付につき法律上の原因を欠くことを理由として，当該誤納金について，被告に対し，直接不当利得としてその返還を求めることを禁ずる趣旨のものではないと解するのが相当である。

2.(1) 原告は，3か月点検において，「自動車の点検及び整備に関する手引」に従い，ブレーキ・ドラムを取り外し，ライニングの磨耗状況等について点検し，異状がなかったので，内部には手を触れずに，取り外したブレーキ・ドラムを再度取り付けた（以下「本件作業」という。）作業が道路運送車両法（以下「法」という。）64条1項，法施行規則3条5号の分解整備には該当しないものであるとして，本件作業が分解整備に該当するとの運輸省の同規則の解釈・運用に基づいてされた本件重量税等の納付が無効である旨，また，本件分解整備検査の申請には本件作

業が分解整備に該当しないにもかかわらず、これに該当するものと誤信した点等において錯誤があり、右の錯誤による申請に基づく本件重量税の納付は無効である旨主張する。

ところで、重量税の納付義務の成立に関する一般論としては、被告の主張するとおり、分解整備を行ったか否かにかかわらず、分解整備検査を受け、新たな有効期間を記入された自動車検査証の返付を受けた時に納税義務が成立するものであるが、本件においては、原告は、自ら12か月点検を実施した後、兵庫陸運支局に対し、今後いかなる手続が必要であるかを照会したところ、同支局の係官から本件作業が分解整備に該当するので分解整備検査を受ける必要がある旨指示され、その結果、本件分解整備検査を受けたものであるから、仮に右係官の指示が法64条1項、法施行規則3条5号の解釈を誤ったものであるならば、原告のした本件分解整備検査の申請は錯誤に基づくものということになり、その場合には、正義公平の観点からみて、被告が本件重量税等を収納し、保有することは許されないと解する余地も十分にあるので、本件作業が分解整備に該当するか否かについて以下検討することとする。

(2) ところで、法においては、「整備」の意義について特に定義規定は設けられていないが、その通常の用語例等に照らせば、右の「整備」とは、給油脂、調整、部品交換、修理その他の自動車の構造又は装置の機能を正常に保ち、又は正常に復するための行為をいうものと解される。本件作業は、ブレーキ・ドラムを取り外し、ライニングの磨耗状況等について点検し、異状がないことを確認して、内部には手を触れずに取り外したブレーキ・ドラムを再度取り付けたものであるが、本件作業のうち、いったん取り外したブレーキ・ドラムを再度取り付ける行為は機能回復又は機能を正常に保つという意味において、右の整備に該当するものというべきである。

したがって、本件作業は、ブレーキ・ドラムを取り外して行った自動車の整備に当たり、法64条1項、法施行規則3条5号に定める分解整備に該当するものというべきである。

(3) 原告は，本件作業を分解整備に該当するものと解することは，後述するような重量税の課税上の問題を生じさせ，自動車の使用者による自主的な保守管理を促すという平成6年法律第86号による法の改正の趣旨に明らかに反する旨主張する。

　しかしながら，法64条1項による自動車の分解整備検査は，道路運送車両に関する安全性の確保と公害の防止を目的として（法1条参照），分解整備が行われた自動車が保安基準に適合しているかどうかを検査するものであるから，当該自動車について行われた行為ないし作業が分解整備に該当するか否かを判断する場合においては，専ら道路運送車両に関する安全性の確保と公害の防止の観点からその判断が行われるべきであり，重量税の課税上の問題点を考慮して，分解整備に該当するか否かの判断をするのは相当でないというべきである。また，平成6年法律第86号による法の改正の趣旨は車検制度の規制緩和にあり，これにより自動車の使用者による自主的な保守管理責任の明確化と点検整備項目の簡素化が図られたものであり，右改正の趣旨は法の各規定の解釈に当たって考慮されるべきであるとしても，各規定の解釈については文理上一定の制約があるのであって，右改正の趣旨を考慮に入れても，法64条1項，法施行規則3条5号の文理に反し，本件作業を分解整備に該当しないものと解することはできない。

　したがって，原告の右主張は採用することができない。

(4) そうすると，本件作業が分解整備に該当しないことを前提とする原告の前記(1)の主張は，その前提を欠くものとしていずれも採用することができない。

3.(1) 制動装置としてドラム・ブレーキが用いられている自動車について，手引に従って定期点検を行うと，ブレーキ・ドラムを取り外して行う分解整備が常に行われることになるから，右定期点検を自動車の使用者が自ら行った場合には，分解整備検査を受けなければならず，それに伴い重量税の納付義務を課せられるのに対し，自動車分解整備事業者に依頼して定期点検を行った場合には，分解整備検査を受ける必要はなく，し

たがって，重量税の納付義務も課せられないこととなり，重量税の課税上異なる取扱いとなるところ，原告は，本件分解整備検査に伴い原告に対し重量税の納付義務を課することは，自動車分解整備事業者に依頼せずに自ら定期点検を行った者に対し，合理的な理由に基づかずに，年に一度の重量税の課税を行うものであって，平等原則を定めた憲法14条1項に違反する旨主張する。

(2) しかしながら，原告の右憲法違反の主張は採用することができない。その理由は，次のとおりである。

① 分解整備検査は，前示のとおり，道路運送車両に関する安全性の確保と公害の防止を目的として，分解整備が行われた自動車が保安基準に適合しているかどうかを検査するものであるが，定期点検に付随して行われる作業であっても，その作業が分解整備に該当するものである以上，分解整備検査を受ける必要があるものである。そして，法は，自動車分解整備事業者が分解整備を実施した場合と自動車の使用者が自ら分解整備を実施した場合とで，分解整備検査の受検の要否について取扱いを異にしているが，自動車分解整備事業者として地方運輸局長の認証を受けるためには，事業所の設備や従業員の技術水準等に関する所定の認証基準に適合していることが要件とされているのであり（法80条1項），分解整備検査の受検の要否について，両者の間で取扱いを異にすることに合理的な理由があることは明らかである。

② ところで，自動車（運輸省令で定める軽自動車及び小型特殊自動車を除く。）は，運輸大臣の行う検査を受け，有効な自動車検査証の交付を受けているものでなければ，これを運行の用に供することができないが（法58条1項），自動車検査証の交付等を受けた者は，その有効期間の存続する間，当該自動車を運行の用に供し得る法的地位を取得することになるものである。分解整備検査についてこれをみれば，分解整備検査を受ける場合は，当該自動車の使用者は，当該自動車検査証を運輸大臣に提出しなければならず（法64条3項，62条1項後段），当該自動車の使用者は，当該自動車を運行の用に供し得る法的地位をいったん失うこ

とになるが，検査の結果，当該自動車が保安基準に適合するものと認められると，従前の自動車検査証の残存有効期間のいかんにかかわらず，新たな有効期間が記入された自動車検査証が返付され（法64条3項，62条2項，61条），これにより当該自動車の使用者は新たな有効期間の存続する間，これを運行の用に供し得る法的地位を取得するものである。

③ 重量税法は，自動車検査証の交付等を受ける者が取得する右のような法的地位に伴う利益に着目し，自動車検査証の交付等を受けることを担税力の間接的な表現と考え，自動車検査証の交付等を受ける者に対し，当該自動車検査証の有効期間並びに当該自動車の種類及び重量に応じた重量税の納付義務を課することとしているものである（重量税法3条，4条1項，7条1項）。そして，右のような自動車検査証の交付等を受ける者が取得する法的地位に伴う利益に着目して課税を行うことは，立法府の裁量の範囲内のことであって，何ら憲法上の問題を生じさせるものではない。

④ 本件自動車のように，定期点検に付随して必然的に分解整備が行われる場合，定期点検を自ら実施した場合と自動車分解整備事業者に定期点検を依頼した場合とで，重量税の課税上差異が生ずることは確かである。しかしながら，前者の場合には，分解整備検査を受け，新たな有効期間の記入された自動車検査証の返付を受けることにより，新たな有効期間の存続する間，当該自動車を運行の用に供し得る法的地位を取得することになるのに対し，後者の場合には，右のような新たな法的地位の取得がないという差異があるのであって，重量税の納付義務の有無につき両者の間で差異が生ずることは，自動車検査証の交付等を受ける者が取得する法的地位に伴う利益に着目して課税される重量税の性質上やむを得ないことというべきであり，これをもって，憲法14条1項が禁ずる不合理な差別的取扱いということはできない。

⑤ したがって，重量税法の規定に従い，本件分解整備検査に伴い原告に対し重量税の納付義務を課することは，憲法14条1項に違反するものということはできない。

4. 以上によれば，原告は，本件分解整備検査に伴い本件重量税を納付すべき義務を負うものというべきであるから，本件重量税等の納付が法律上の原因を欠くものということはできない。

【273】 東京地裁　平成10年5月29日判決

（東京地裁平成9年（行ウ）第102号・不当利得返還請求事件）

【当事者】
原告　○○○○株式会社

被告　国

【判示事項】
不当利得の成否，不当利得返還請求権の消滅時効の成否

【事案の概要と争点】
本件は，ホテル業等を営む原告の昭和60年9月期ないし同63年9月期の各事業年度に係る法人税について，税務署長が，原告代表者A名義の株式購入のための借入金の利息支払金（以下「本件支払利息」という。）は原告の損金ではなく，原告のAに対する貸付金であるとして法人税の更正処分等をするとともに，本件支払利息及び原告からAへの他の貸付金（以下「本件貸付金」という。）を合算した金額に係る利息は原告からAに対する役員報酬であるとして，昭和60年10月分ないし平成元年12月分の源泉所得税の納税告知処分等をし，同税額を納付した原告が，更正処分等で認定されていない役員報酬に係る昭和63年10月以降の源泉所得税等相当額については，被告国が不当に利得したものであるとして，その返還を求めるものである。

主たる争点は，不当利得の成否及び不当利得返還請求権の消滅時効の成否にあった。

【判　旨】
本判決は，次のとおり判示して，原告の請求を棄却した。

1. 本件源泉所得税に係る不当利得の有無について
(1) 国税として納付された金員について，それに対応する確定した租税債

務が存在しない場合には，国は，これを保有すべき法律上の原因を欠くから，右金員は，公法上の不当利得に当たるものとして，納税者に返還されるべきものであり，国税通則法（以下「通則法」という。）56条1項にいう過誤納金は，このような場合に生ずる国の返還金をいうものである。

(2) そこで，本件源泉所得税につき，これに対応する確定した租税債務が存在したか否かについて以下検討する。

① 本件源泉所得税本税について

居住者に対し国内において給与等の支払をする者は，その支払の際，その給与等について源泉所得税を徴収し，これを国に納付する義務を負うものである。

右の源泉所得税の納税義務は，給与等の支払の時に成立し（通則法15条2項2号），その成立と同時に特別の手続を要しないで納付すべき税額が確定するものであるから（同条3項2号），原告が納付した本件源泉所得税本税について，これに対応する確定した租税債務が存在したか否かは，給与等の支払という納税義務の成立要件に該当する事実があったか否かによって客観的に決定されるものである。

本件源泉所得税本税について，これをみれば，昭和63年9月30日現在において，原告のAに対する1億5312万1671円の本件貸付金が存在したこと，本件貸付金について年5.5パーセントの利息を支払う約定があったが，Aが右利息の支払をしていなかったこと，及び右の未払利息に相当する金額がAに対する役員報酬（給与）とみなされるべきものであることは，当事者間に争いがなく，右事実を前提とすれば，少なくとも，本件源泉所得税本税のうち本件貸付金に係る部分については，原告は，これを納付すべき義務を負っていたものというべきである。

他方，本件支払利息が原告のAに対する貸付金とならないことは当事者間に争いがないから，これを前提とすれば，本件源泉所得税本税のうち本件支払利息に係る部分については，原告は，これを納付すべき義務を負っていなかったものというべきである。

したがって，本件源泉所得税本税として納付された金員は，本件貸付金に係る部分に限り確定した租税債務が存在したものであり，本件支払利息に係る部分については，これに対応する確定した租税債務が存在しなかったものというべきである。
② 本件重加算税について
①と同旨
③ 本件滞納税について
①と同旨
(3)① ところで，原告は，源泉所得税の納税告知処分及び重加算税の賦課決定処分は法人税の更正処分と連動して行われなければならないところ，H税務署長は，法人税の更正処分により役員報酬の支給を認定しないまま本件係争各月分について右納税告知処分及び賦課決定処分をしたものであり，本件告知処分等のうち本件係争各月分に係る部分は違法かつ無効な処分であり，これに基づき納付された本件源泉所得税は，不当利得として原告に返還されるべきである旨主張する。
② しかしながら，源泉所得税の納税告知処分及び重加算税の賦課決定処分と法人税の更正処分とは，個別の法律上の根拠に基づく独立した処分であって，これらが連動して行われなければならないとする法的根拠は何ら存しないというべきである。

のみならず，本件源泉所得税本税及び本件延滞税についていえば，これらが被告の不当利得となるか否かは，それぞれの納税義務の成立要件に該当する事実があったか否かによって客観的に決定されるものであり，税額を確定する課税処分たる性質を有しない本件告知処分の適否によって，右不当利得の有無が決定されるものではないから，本件告知処分が無効であることを理由として，これに基づいて納付された本件源泉所得税本税及び本件延滞税が被告の不当利得になるとする原告の主張は，この点においても失当な主張というべきである。
(4) 以上のとおり，本件源泉所得税本税のうち本件支払利息に係る部分並びに本件重加算税及び本件延滞税のうちそれぞれ本件支払利息に係る源

泉所得税の不納付を理由とする部分（以下，「不当利得部分」という。）は，これに対する確定した租税債務が存在しなかったものであるから，被告がこれを不当に利得しているものというべきであり，その余の本件源泉所得税については，これに対応する確定した租税債務が存在したから，被告に不当利得はないものというべきである。

2. 本件源泉所得税に係る不当利得返還請求権の消滅時効の成否について
(1) 前記1.(1)で説示したとおり，通則法56条1項にいう過誤納金とは，国税として納付された金員について，それに対応する確定した租税債務が存在しない場合に生ずる国の返還金をいうものであるから，不当利得を理由として本件源泉所得税の返還を求める原告の本件請求は，結局のところ，本件源泉所得税に係る過誤納金の還付請求権にほかならないものというべきである。

(2) 通則法は，過誤納金について，民法の不当利得に関する規定と異なる規定を設けているが，これらの規定は，租税法律関係の特殊性にかんがみ特に設けられたものと解されるから，通則法は，過誤納金については，右各規定と抵触する民法の不当利得に関する規定の適用を排除する趣旨であると解するのが相当である。

したがって，過誤納金の還付請求権については，民法167条1項は適用にならず，専ら通則法74条1項が適用になり，その請求権は，当該請求をすることができる日から5年間行使しないことによって時効により消滅するものというべきである。

(3)① 前記1.で認定，説示したとおり，不当利得部分は，これに対応する確定した租税債務が存在しなかったものであるが，源泉所得税本税及び延滞税は，納税義務の成立と同時に特別の手続を要しないで納付すべき税額が確定するものであるから，納税義務がないにもかかわらずこれらが納付された場合には，納税者は納付後直ちに誤納金としてその還付を請求することができるものである。また，重加算税の賦課決定処分がその前提要件を欠き当然に無効である場合には，右処分に基づき納付された重加算税は納付義務なくして納付された誤納金ということになるから，

納税者は右重加算税の納付の時からその返還を請求することができるものである。

　したがって，不当利得部分の誤納金還付請求権ないしは不当利得返還請求権については，右各税が納付された平成2年10月11日から通則法74条1項の5年間の時効期間に進行するところ，本件訴えが提起されたのが平成9年4月12日であることは記録上明らかであるから，右誤納金還付請求権ないしは不当利得返還請求権は，既に5年間の時効期間の経過により消滅したものというべきである。

② 原告は，この点に関し，原告としては本件源泉所得税と同一の課税要件にかかわる平成元年9月期法人税更正処分及び平成2年9月期法人税更正処分が取り消されることにより初めて，本件源泉所得税につき納税義務がなかったことを確定的に知ることができ，本件源泉所得税の返還を現実に請求することが可能になるのであるから，時効期間の起算点は，右各処分の取消判決が確定した時とすべきである旨主張するが，通則法74条1項の「その請求をすることができる日」とは，当該請求をすることが法律上可能となる日をいうものであり，権利者が当該請求権の発生を確定的に知っていたか否かによって時効期間の起算点が左右されるものではないから，原告の右主張は採用することができない。

【274】　最　高　裁　平成10年6月16日第三小法廷判決
　　　（平成10年（行ツ）第80号・不当利得返還等請求上告事件）
　【当事者】
　　　上　告　人（控　訴　人・原　告）　　○○○○
　　　被上告人（被控訴人・被告）　　国
　【判示事項】
　　　不当利得の成否及び法律上の争訟性
　【事案の概要と争点】
　　　本件は，年報9号整理番号【268】の上告審である。
　【判　　旨】

本判決は，上告人の請求を棄却した原審（福岡高裁那覇支部平成9年12月4日判決・年報9号830ページ，一審那覇地裁平成9年8月20日判決・年報9号829ページ）の判断を是認し，上告を棄却した。

【275】 東京高裁　平成10年11月30日判決

（東京高裁平成10年（行コ）第122号・不当利得返還請求控訴事件）

【当事者】

控訴人（原告）　　〇〇〇〇株式会社

被控訴人（被告）　　国

【判示事項】

不当利得の成否，不当利得返還請求権の消滅時効の成否

【事案の概要と争点】

本件は，整理番号【273】の控訴審である。

【判　旨】

本判決は，控訴人の請求を棄却した原審（東京地裁平成10年5月29日判決・本書804ページ）の判断を維持し，控訴を棄却した。

【276】 岡山地裁　平成10年12月2日判決

（平成8年（行ウ）第9号・誤納金返還請求事件）

【当事者】

原告　〇〇〇〇

被告　国

【判示事項】

修正申告の有効性，国家賠償請求の成否及び不当利得返還請求の成否

【事案の概要と争点】

本件は，原告の昭和61年及び同62年分所得税の修正申告に基づく納税は，原告の亡父Aが会社経営で残した裏金（簿外資産）を原告が預かり，有価証券の売買による利益について，原告の母B，兄C及び原告の3名の共同出資資産による所得として各自の出資金に応じて三分割すべきものである

(以下「三分割説」という。）ところ，原告が所得税法違反により逮捕・勾留された際，担当検察官に自白を強要され，本件修正申告に及んだものであり，納税義務がないのに誤ってされたものであるから，国税通則法56条にいう過誤納金に該当するとして，主位的には，右納税額の返還を求め，予備的請求1として検察官の故意又は過失による違法があったとして国家賠償請求を，予備的請求2として不当利得返還請求を求めた事案である。

主たる争点は，①本件修正申告の有効性，②国家賠償請求の成否及び③不当利得返還請求の成否にあった。

【判　旨】

本判決は，次のとおり判示して，原告の請求をいずれも棄却した。

1.　過誤納金返還請求（主位的請求）について

(1)　原告は，本件修正申告は，原告の自由な意思に基づいてなされたものではないから，無効とすべきである旨主張する。しかし，原告が本訴において強く主張する三分割説自体，原告が必ずしも当初から一貫して主張したものではなく，種々変遷を重ねてきたものであって，原告は，本件修正申告前に複数の弁護士や税理士等の専門家に度々相談し，十分な助言を得ていたことは原告も自認するところであって，E検事から修正申告をしょうようされた際にも，自らこれら専門家のアドバイスを受け，修正申告をすべきか否か決断し得るだけの情報とその利害得失を分析検討する機会があったものといわねばならず，現実にも，原告は，そうした専門家の意見も十分に踏まえ，自らも熟慮を重ね，その結果として，本件修正申告に至ったものと認めるのが相当である。

したがって，原告が，G税理士を通じて昭和61年分及び昭和62年分についてした本件修正申告は，いずれも検察官の強要や利益誘導等に基づくものではなく，原告の自由な意思に基づいてなされたものと認められるから，原告のこの点に関する主張は失当である。

(2)　原告は，本件修正申告は，三分割説を貫けば，保釈も認められず，実刑も免れないと誤信してなされたものであるから，錯誤により無効であると主張する。

しかしながら，納税義務者の確定申告は，いわゆる私人の公法行為であり，民法95条はそのまま適用されず，「その錯誤が客観的に明白且つ重大であって，所得税法の定めた方法以外にその是正を許さないならば，納税義務者の利益を著しく害すると認められる特段の事情がある場合」に限り，納税義務者は錯誤による無効を主張できると解される（最高裁第一小法廷昭和39年10月22日判決・民集18巻8号1762頁）。そして，右の最高裁判決にいう「客観的に明白」とは，税務署長にとって，申告の時点において，職権で減額更正すべき事情が客観的に明らかに認められるような場合をいうものと解されるが，本件については，原告主張の所得帰属に関する事実認定や法律解釈は，所得税法違反被告事件の一審と二審で裁判所の判断も分かれ，弁護士，公認会計士，税理士ら専門家が原告に与えた助言も場面場面で異なるというように，非常に微妙な判断を要するところであって，原告は，査察，捜査の段階においても自説（三分割説）を口頭で述べるのみで，これを裏付ける客観的資料を提出していなかったことをも勘案すると，必ずしも客観的に明白ということはできない。また，認定の事実関係のもとにおいては未だ所得税法の定めた過誤是正以外の方法による是正を許さないとすれば原告の利益を著しく害すると認められる特段の事情があるものということはできない。
　したがって，この点に関する原告の主張は採用できない。
(3)　よって，本件修正申告の無効ないし取消をいう原告の主張は，すべて理由がないから，右主張を前提とする原告の過誤納金返還請求（主位的請求）は，その余の点について判断するまでもなく理由がない。
2.　国家賠償請求（予備的請求1）について
　原告は，検察官の誤った指導と強要により本件修正申告をし，損害を被ったとして，国家賠償を請求しており，認定の事実関係からすると，原告に対する脱税にかかる刑事事件において，捜査官，公訴官が前提とした本件における原告の所得帰属に関する事実認定や法律解釈は，最終的には裁判所の判断と食い違って是認されるところとはならなかったし，それをもって原告主張の強要と評するのが適当かどうかはともかくとし

て，捜査官，公訴官によって，原告に対し，本件修正申告に向けてのある程度の指導がなされたであろうことは推認するに難くない。

しかし，仮に右刑事事件における捜査官，公訴官の行為が，（当裁判所はそのような評価に与するものではないが）事実認定や法律解釈を間違った（裁判所の判断と食い違った）点を捉えて客観的には違法であると評価する余地があるとしても，捜査官，公訴官も常に裁判所が考えるように考えなければならなかったということにもなるわけではない。捜査官，公訴官に対し，あらゆる場合に，裁判所と同じ判断をするよう要求していたのでは，事実上，刑事訴訟制度そのものが成り立たなくなるから，捜査官，公訴官の判断が裁判所の判断と食い違った場合でも，その食い違いがある範囲内にとどまっている限りは，それは，結局のところ，法が予想し，是認しているところとして許さなければならない。すなわち，国家による賠償は，捜査官，公訴官の間違い（裁判所の判断との食い違い）がそのある範囲を越えたときに限り行われることになる。そして，その「ある範囲」の線をどこに引くかということは，最終的には，刑事訴訟の目的，捜査官，公訴官の役割と責任，一般社会常識などを考慮しつつ決定されるべき問題である。

そこで，そのような見地から本件につき，検察官の故意・過失の有無について考えると，本件における原告の所得の帰属については，前示のとおり，弁護士，公認会計士，税理士ら専門家の間だけでなく，後に所得税法違反被告事件の一審と二審において裁判所の判断も分かれたように，非常に微妙な事実認定や法的判断を要する事柄であり，原告の取調べに当たった検察官が三分割説と異なる見地から原告に対し取調べあるいは説得をしたとしても，類似事案において所得が個人に帰属するとする裁判例が少なくないことも考え併せれば誠にやむを得ないところであったといわねばならない。したがって，後に所得税法違反被告事件の二審判決で三分割説が採用されたからといって，そのことだけから直ちに検察官が原告個人に本件所得が帰属するとする見解が誤りであることを知しつしていたにもかかわらずあえてそうした誤った見解を採用して原

告の取調べあるいは説得に当たった事実を推認することはできないし，右見解に従って本件を処理すべき注意義務があったとも認められず，かえって，原告は，検察官の説得はあったにせよ，結局は，自らの判断と責任で任意に本件修正申告に及んでいるのであって，検察官の行為につき故意又は過失があったとは認められない。

　よって，検察官の右行為を理由に被告国に対して損害賠償を求める原告の予備的請求1は，その余の点について判断するまでもなく理由がない。

3. 不当利得返還請求（予備的請求2）について

　原告は，本件修正申告が，法律上当然に無効である。あるいは被告国がその有効性を主張しえないから，かかる修正申告に基づき納付した税額の一部は被告国が法律上の原因なくして不当に利得したものである旨主張する。しかしながら，本件修正申告が有効であることは，前記1で判示したとおりであるし，納付税額が過払いであり真実の税額がそれより低いときは，国税通則法23条の更正請求及び同法24条の更正によって過納金の返還請求権が発生すること，本来不当利得返還制度は他の制度で救済されない場合の補完的なものであることからすれば，右過納金の返還請求権以外に民法上の不当利得返還請求権を認めるべきではない。

　また，課税後の事情の変化により，課税庁において何らかの是正措置をとるべき事実が発生し，なお課税庁が是正義務を尽くさないことが著しく不当であるような場合には，課税処分の効力の主張が制限され，結果として課税処分が法律上の原因たり得なくなることがあり得ることは否定できないけれども，本件では，税務手続とは異なる刑事手続の判決において，原告の修正申告後，修正申告の基礎となった見解とは異なる解釈がとられたにすぎず，修正申告後，何ら新たな事実が生じたわけではなく，課税庁が右判決の解釈に拘束されるものではないし，本件修正申告は原告が自主的に行ったものであり，その後の事情の変化により課税庁が何らかの是正措置をとるべき場合に当たるとまでは言えないから，原告の主張はその前提を欠くものであって失当と言わざるを得ない。

したがって，被告国に対し，不当利得の返還を求める原告の予備的請求2は，その余の点について判断するまでもなく理由がない。

【277】 浦和地裁 平成10年12月21日判決
(平成8年（行ウ）第17号・重加算税賦課決定処分取消請求等事件)

【当事者】
原告　○○○○
被告　川口税務署長，国

【判示事項】
①本件各修正申告の有効性，②本件重加算税賦課決定処分の有効性

【事案の概要と争点】
本件は，植木，庭石等の販売業を営む原告が昭和60年ないし平成3年分の所得税及び平成元年ないし平成3年分の消費税の修正申告に係る重加算税賦課決定処分につき，被告国に対して，原告の右修正申告は無効であり，納付すべき税額を超えて納税した金員は不当利得に当たるとして，その返還を求めるとともに，被告税務署長に対して，右修正申告の無効を理由に右賦課決定処分の取消しを求めたものである。

本件の争点は，右修正申告が原告の申請意思を欠いたもの，明白かつ重大な錯誤によるもの又は更正の期間制限を超えたものであることを理由に無効であるか否かにあった。

【判　旨】
本判決は，次のように判示して，原告の請求を棄却した。

1.(1) 原告は，Ｓの看病や本件調査により相当程度疲労していたことがうかがわれないでもないが，本件各修正申告当日，被告所部係官の来訪を求め，その説明に基づいて作成された本件各修正申告書に署名押印したものであり，この間，原告が疲労困ぱいにより正常な判断能力を失っていたことを裏付けるような事実は存しないし，また，被告所部係官の強要に基づいて，本件各修正申告をする意思を欠いたまま本件各修正申告書に署名押印したという事実を認めることもできない。この点，原告は，

被告所部係官は，課税標準等算定根拠を示すことなく，本件各修正申告に応じなければ反面調査を徹底してやる等と圧力を掛ける等して修正申告を強要した旨を供述するが，原告は，前示のとおり，被告所部係官の臨場調査に際し，ことさらに所得を隠ぺいしており，所得等の脱漏については自認しており，むしろ修正申告により納付すべき税額に関心を持っていたことに照らすと，原告の右供述は，採用することができない。また，原告の主張を認めるべき証拠も存しないので，原告の主張は，理由がない。

(2)　原告は，本件事業に関して売上や経費を日々記載した日計票等を作成していたこと，原告は，本件各修正申告に先立つ，平成元年6月6日，税務調査を受けて前回修正申告をしたこと，本件調査に際して，被告所部係官は，原告に対し，所得の実額を把握できる資料の提出を再三にわたり求めたにもかかわらず，原告が協力しないため，結局，唯一実額を記載したと認められる本件日計票に基づいて，原告の所得額を推計し，これによって本件各修正申告をすることを求めたというのであるから，1(1)にも照らすと，原告は，被告所部係官の推計した所得額に関する説明を承諾したうえで，本件各修正申告に応じたものと認められる。したがって，原告がその主張するような錯誤に陥った上で本件各修正申告に応じたとは認め難い。

(3)　原告は，本件各確定申告の際，真実の売上金額，所得金額等に関する事実を隠ぺいし，その隠ぺいしたところに基づいて過少に申告し，相当多額の売上金額を脱漏したものと認められる。したがって，本件各確定申告は，国税通則法68条1項にいう税額等の計算の基礎となるべき所得の存在を一部隠ぺいし，その隠ぺいしたところに基づき納税申告書を提出した場合に当たるというべきである。

そうすると，右の行為は，国税通則法70条5項の「偽りその他の不正の行為」に該当するから，税務署長は，納税申告書の法定申告期限から7年を経過する日まで更正・決定等をすることができる。そして，同法19条1項では，納税申告書を提出した者は，更正があるまでは課税標準

等又は税額等を修正する納税申告書を税務署長に提出することができると規定しているから，本件各修正申告には何ら無効となる事由はない。
2. 前記説示のとおり，本件各修正申告は無効といえないから，この無効を前提として本件各処分の違法をいう原告の前記主張は，理由がない。

また，本件各確定申告は，国税通則法68条1項にいう税額等の計算の基礎となるべき所得の存在を一部隠ぺいし，その隠ぺいしたところに基づき納税申告書を提出した場合に当たると認められることは，既に説示したとおりであるから，本件各処分は適法である。

9 その他

【266】 横浜地裁 平成10年2月18日判決 （781ページ参照）
【49】 東京高裁 平成10年2月23日判決 （153ページ参照）

【278】 岡山地裁倉敷支部 平成10年5月12日判決
（平成8年（ワ）第372号・所有権移転登記抹消登記手続請求事件）

【当事者】
　原告　○○○○
　被告　国ほか1名

【判示事項】
　贈与の有無

【事案の概要と争点】
　本件は，贈与を原因として原告から被告A（原告の三男）に所有権移転登記が経由されている土地（以下「本件各土地」という。）につき，右贈与の事実がないと主張する原告が，Aに対しては右登記の抹消登記手続を，右贈与等に係る贈与税及び利子税を担保するために本件各土地に抵当権設定登記を有する被告国に対しは抵当権設定登記の抹消登記手続をそれぞれ求めた事案である。
　主たる争点は，原告からAに対する贈与の有無にあった。

【判　旨】
　本判決は，次のとおり判示して，原告の請求を認容した。
　被告Aは，平成6年9月23日，原告の四女であるBの長女の婚礼があった後，原告の自宅に，原告及び被告Aや姉妹が集まった際，被告Aが一家の遺産を維持していくため，本件各土地の所有権を被告Aに譲渡して貰い

たい旨提案したところ，全員異議なく賛成し，また同年10月4日ころに，被告Aは原告を自宅に訪ね，本件土地の所有権を移転することについて原告から再度同意を得た旨供述し，証拠にも同様の記載部分があるが，被告Aが一家の跡取り的立場にあった事実は認められるものの，認定事実，被告Aが本件土地以外にも亡Cから遺産を相続していること，原告も亡Cからの遺産を相続しこれを管理収益しており，原告が右時点で本件土地を被告Aに贈与すべき合理的理由がないこと，被告A所有の土地に隣接する土地の売却についても原告が事前に同意した形跡のないこと，その後被告Aに対して文句を言っていたこと，右売買に際して被告Aは手付金の内500万円を即日自己のために費消しており，これに原告の同意ないし了承があったとは認め難いこと，その後も原告及び他の姉妹から抗議があるまではそのままにしていたこと，本件土地の贈与についても原告及び他の姉妹が抗議したのに対し，被告Aは返還を匂わせる等あいまいな態度をとっていたこと，及び証人の証言及び原告の供述に照らして，原告が本件土地の贈与に同意したとの被告Aの右供述及び証拠の記載部分は到底措信し難い。

さらに，本件土地の贈与につき，本件土地が農地であったため，農業委員から原告に対し問い合わせがあった事実がうかがわれるが，認定事実及び証人の原告は了解していたと思う旨のあいまいな証言に照らして，原告が右問い合わせの趣旨を認識していたとはにわかに認め難く，他に，原告が本件土地の贈与につき承諾していたと認めるには足りる証拠はない。

【279】 東京高裁 平成10年5月28日判決

（東京高裁平成9年（行コ）第206号・所得税還付金充当処分取消請求控訴事件）

【当事者】

　　控　訴　人（原告）　　〇〇〇〇
　　被控訴人（被告）　　東京国税局長

【判示事項】

　　国税還付金充当処分の適否

【事案の概要と争点】

　本件は，年報9号整理番号【279】の控訴審である。

【判　旨】

　本判決は，控訴人の請求を棄却した原審（東京地裁平成9年12月24日判決・年報9号 850ページ）の判断を維持し，控訴を棄却した。

【280】　東　京　地　裁　　平成10年5月28日判決
　　　（東京地裁平成9年（行ウ）第2号・督促処分取消請求事件）

【当事者】

　　原告　　○○○○

　　被告　　関東信越国税局長

【判示事項】

　相続税法34条1項の意義，国税徴収権の濫用の当否

【事案の概要と争点】

　本件は，平成2年5月15日相続開始にかかる相続税について，共同相続人である訴外Aがその相続分に対応する相続税を（以下「本件滞納相続税」という。）を納付しないため，被告が相続税法（以下「法」という。）34条1項（相続税の連帯納付責任）により原告に対し，相続税の連帯納付義務に係る督促処分を行ったことから，原告が右督促処分の取消しを求めた事案である。

　主たる争点は，法34条1項の連帯納付義務に，国税徴収法の定める第二次納付義務と同様の補充性があるか否か及び原告から滞納国税を徴収することが国税徴収権の濫用に当たるか否かにあった。

【判　旨】

　本判決は，次のとおり判示して，原告の請求を棄却した。

1.(1)　法34条1項は，同一の被相続人から相続又は遺贈により財産を取得したすべての者に対し，自らが負担すべき固有の相続税の納税義務のほかに，他の相続人等の固有の相続税の納税義務について，当該相続又は遺贈により受けた利益の価額に相当する金額を限度として，連帯納付義

務を課している。この連帯義務は，法が相続税の徴収確保を図るために各相続人等に相互に課した特別の責任であって，その義務履行の前提条件をなす連帯納付義務の確定は，各相続人等の固有の相続税の納付義務の確定という事実に照応して，法律上当然に生ずるものである。

ところで，国税通則法（以下「通則法」という。）8条は，国税に関する法律の規定により国税を連帯して納付する義務については，民法の連帯債務に関する規定を準用する旨定めており，これにより準用される民法432条は，数人が連帯債務を負担するときは，債権者はその債務者の一人に対し，又は同時若しくは順次に総債務者に対して，その債務の全部又は一部の履行を請求することができる旨定めている。

法34条1項の連帯納付義務は，当該相続又は遺贈により受けた利益の価額に相当する金額を限度としているものであり，この点において，右規定は，通則法8条の特則をなすものであるが，法34条1項は，各相続人等に対し，その納付義務の，重なり合う範囲内においては，互いに連帯して当該相続税を納付すべき義務を課しているものであって，右納付義務の履行については，民法上の連帯債務ないしは連帯保証債務と同様に，国税債権者である国との関係では補充性はないものと解される。

(2) この点につき，原告は，法34条1項の連帯納付義務の法的性格は，第二次納税義務に類似するものであり，したがって，右連帯納付義務についても，第二次納付義務と同様の補充性があると主張する。

しかしながら，国税徴収法33条ないし39条及び41条の定める第二次納税義務については，その規定の文言上，本来の納税義務者に対して滞納処分を執行しても徴収すべき額に不足すると認められる場合に限り，一定の限度でその滞納に係る国税について第二次納税義務を負う旨が明らかにされているのに対し，法34条1項の連帯納付義務については，その規定の文言上，右のような限定は付されていないのであって，右連帯納付義務について，第二次納税義務と同様の補充性を認めることは，その文理に明らかに反するものといわざるを得ないから，右連帯納付義務が補充性を有することを前提として，本件督促処分が右規定の趣旨に反し

違法であるとする原告の主張は，その前提を欠き，失当というべきである。

2.(1) 原告は，本件滞納相続税は，国税当局において適正な処理を行っていれば，Aから徴収できた可能性が十分にあったものであり，国税当局の怠慢な処理の結果徴収できなくなった右相続税を，自らの相続税すら納付することが困難な状況にある原告から徴収することは，国税徴収権の濫用に当たり許されない旨主張する。

(2) しかしながら，法34条1項の連帯納付義務については，補充性がなく，第二次納税義務のように，本来の納税義務者に対する滞納処分を執行しても徴収すべき額に不足すると認められる場合に限って，納税義務を負担するものではない。したがって，国税当局における怠慢な処理の結果，本来の納税義務者から右相続税を徴収することができなくなったという事実があったとしても，右事実は，法34条1項により各相続人等に課されている連帯納付義務の存否又はその範囲に影響を及ぼすものではなく，国税当局が各相続人に対し右連帯納付義務の履行を求めて徴収手続を進めたとしても，これをもって国税徴収権の濫用と評価することはできないものというべきである。

(3) もっとも，法34条1項の連帯納付義務は，法が相続税の徴収を確保するため各相続人等に課した特別の責任であることに照らすと，単に，国税当局において本来の納税義務者から相続税の徴収を怠ったというにとどまらず，本来の納税義務者が現に十分な財産を有し，同人から滞納に係る相続税を徴収することが極めて容易であるにもかかわらず，国税当局が同人又は第三者の利益を図る目的をもってし意的に右相続税の徴収を行わず，法34条1項に基づき，他の相続人等に対して滞納処分を執行したというような場合においては，当該滞納処分等が形式的には租税法規に適合するものであっても，正義公平の観点からみて国税徴収権の行使として許容できず，国税徴収権の濫用に当たると評価すべき余地がないわけではない。

しかしながら，原告が本訴において，国税徴収権の濫用に係る事情と

して主張しているところは，要するに，国税当局において本来の納税義務者であるAに対する滞納処分等の徴収手続を適正に行っていれば，同人から本件滞納相続税を徴収することが可能であったにもかかわらず，国税当局がその徴収手続を怠ったということ，及び原告において自己の相続税すら納付することが困難な状況にあるということにとどまるのであって，原告の主張事実を前提としても，原告から本件滞納相続税を徴収することが国税徴収権の濫用に当たるものということはできず，他に原告から右相続税を徴収することが国税徴収権の濫用に当たると評価すべき事情が存することを認めるに足りる証拠はない。

(4) したがって，原告から本件滞納相続税を徴収することが国税徴収権の濫用に当たるとする原告の主張は採用することができない。

3. 以上のとおり，法34条1項の連帯納付義務の補充性及び国税徴収権の濫用に関する原告の主張はいずれも採用することはできず，本件滞納相続税について，法34条1項の連帯納付義務に基づき，被告が原告に対してした本件督促処分は適法というべきである。

【281】 最高裁第三小法廷　平成10年6月30日判決

（平成10年（行ツ）第60号・相続税延納申請却下処分取消請求上告事件）

【当事者】

上　告　人（原告・控訴人）　　○○○○ほか1名

被上告人（被告・被控訴人）　　市川税務署長

【判示事項】

相続税法39条ただし書の要件，租税法律関係における信義則違反の有無

【事案の概要と争点】

本件は，年報9号整理番号【276】の上告審である。

【判　旨】

本判決は，上告人の請求を棄却した原審（東京高裁平成9年10月22日判決・年報9号 843ページ，一審千葉地裁平成8年10月28日判決・年報8号 823ページ）の判断を是認し，上告を棄却した。

【282】 東京地裁　平成10年7月29日判決
（平成9年（行ウ）第173号・物納財産変更要求通知処分等取消請求事件）

【当事者】
原告　○○○○
被告　荏原税務署長

【判示事項】
①物納申請財産が，管理又は処分をするのに不適当か否かを判断する際の「売却の見込み」の意義　②本件物納申請財産に関する売却見込みの有無

【事案の概要と争点】
本件は，原告の相続税物納申請及び特例物納申請に対して，被告のした物納財産変更要求通知等の適否が争われた。

主たる争点は，①物納申請財産が，管理又は処分をするのに不適当か否かを判断する際の「売却の見込み」の意義。②本件物納申請財産に関する売却見込みの有無にあった。

【判　旨】
本判決は，次のとおり判示して原告の請求を棄却した。

1. 税務署長は，申請に係る物納財産が管理又は処分をするのに不適当であると認めるときは，その変更を求め，他の財産による物納の申請を待って当該申請の許可又は却下をすることができるとされている（同法42条2項）。そして，この点は，特例物納の場合であっても同様である（措置法70条の10第5項）。

徴税実務においては，質権，抵当権その他の担保権の目的となっている財産，係争中の財産，共有財産又は譲渡に関して法令上特別の定めのある財産のほか，不動産については，買戻しの特約の登記のある不動産，現状を維持するために，土留，護岸等の築造又は修理を要する土地等に加えて，売却できる見込みのない不動産を「管理又は処分をするのに不適当」な財産としている（相続税法基本通達42-2）。そして物納制度

の趣旨及び収納価額については、収納の時までに当該財産の状況に著しい変化を生じたときを除き、課税価格計算の基礎となった当該財産の価額によるとされていること（相続税法43条1項）からすれば、「売却の見込み」とは、課税価格を計算する際の当該財産の地目、用途を前提として、収納時の現状で適切な売却価額を実現する見込みと解すべきである。

2. この観点から、本件を検討するに、本件各申請は地上建物を撤去し更地とされる本件土地を対象にするものであるところ、本件土地の形状が路地状敷地で道路に接する旗状地であり、路地状敷地部分は、ブロック塀と青空駐車場のアスファルトに挟まれており、その幅員はせいぜい1.8メートルしかないのであって、本件土地は、現状においては、建築基準法43条1項の要件を充足せず、本件土地を取得した者がその地上に建物を建築することはできない。したがって、本件土地は、単独では通常の用途である宅地としての利用に供することはできない「売却の見込みのない」土地に該当し、管理又は処分をするのに不適当であるものに該当するというほかないから本件各処分に違法はない。

【283】 新潟地裁長岡支部 平成10年8月14日判決

（平成6年（ワ）第3号・損害賠償請求事件）

【当事者】

原　　　　告　○○○○株式会社
原告補助参加人　国
被　　　　告　○○○○

【判示事項】

①原告の主位的請求原因の主張が、時期に遅れた主張となるか否か、②不当利得返還請求の是非

【事案の概要と争点】

本件は、訴外会社から被告が受領した金員が、自己に帰属するものとして、原告が被告に対して同額の金員の返還を求めるとともに、右請求訴訟

で敗訴した場合には，右金員が自己に帰属するものとして申告し納税した額は，不当利得として返還されるべきものであるとして，国等へ訴訟告知した事案である。

主たる争点は，①不法行為に対する被告の消滅時効援用後，原告が直ちにした不当利得の主張が，時期に遅れた主張となるか否か，②不当利得返還請求の是非にあった。

【判　旨】

本判決は，次のように判示して，原告の請求を一部認容した。

1. 時期に遅れた主張について

被告は，原告の不当利得返還請求が時期に遅れた主張であると主張するが，当裁判所に顕著な事実によれば，原告の右各主張は，被告において，原告の不法行為の主張に対して消滅時効を援用した後，直ちに主張されたものであり，従前の原告の主張事実に基本的に共通する部分が多く，証拠関係も，新たに証拠調べを必要とするなど本件訴訟手続を著しく遅延させるものではないから同主張は採用できない。

2. 訴外A社から被告が受領した5000万円の返還義務の存否

(1) 不法行為

認定の各事実から，被告は，本件5000万円を原告に交付せず，金額を即座に横領したものと推認される。

(2) 消滅時効

被告が本件5000万円を昭和63年11月16日横領したことは，原告会社の次長Bが知っていたと同人の証言から推認される。また，B次長は，当時，原告の実際の職務担当者として本件契約に精通していた上，原告の役員会に出席し本件の経過を報告するなど原告代表者と随時接触可能な役割を果たしていたと認められることを勘案すれば，同人が知った右時点で被告の不法行為を原告が知ったものと解され，同日から3年を経過した時点で消滅時効が完成したと認められる。また，被告が，平成10年2月6日第30回口頭弁論期日において消滅時効を援用したことは当裁判所に顕著な事実である。よって，被告の本件不法行為による損害賠償責

任は，平成3年11月16日消滅時効によって消滅したと判断される。
(3) 委任契約

認定の各事実から，被告が本件5000万円を昭和63年11月16日に受領したこと，これを原告に交付すべき委任契約上の義務があると認められる。

しかし，本件5000万円の返還義務は期限の定のないものと認められるから同金員に対する民法所定年5分の遅延損害金の発生は，本件訴状送達の翌日である平成6年1月19日からと認められ，右受領日からの遅延損害金を求める原告の請求部分は理由がない。

(4) 不当利得

認定の各事実から，被告が本件5000万円を法律上の原因なくして昭和63年11月16日悪意で受領したことが認められるから，金5000万円及びこれに対する受領の翌日である昭和63年11月17日から民法所定年5分の割合による遅延損害金の支払義務が存すると認められ，右受領日からの遅延損害金を求める原告の請求部分は理由がない。

【284】 大阪地裁 平成10年11月17日判決

（平成10年（行ウ）第6号・相続税物納財産変更要求通知処分等取消請求事件）

【当事者】

原告　○○○○

被告　芦屋税務署長ほか1名

【判示事項】

相続税法42条2項ただし書による相続税物納財産変更要求通知処分の適否

【事案の概要と争点】

本件は，原告の相続税物納申請に対して，被告税務署長がした相続税物納財産変更要求通知処分及び被告国税不服審判所長がした審査請求に対する棄却裁決の適否が争われた事案である。

主たる争点は，本件相続財産が相続税法42条2項ただし書に規定する

「管理又は処分をするのに不適当」な財産に当たるか否か，及び裁決固有の瑕疵の有無にあった。

【判　旨】

本判決は，次のように判示して原告の請求を棄却した。

1. 本件各通知処分について

　　相続税法41条以下に規定される物納制度は，本来金銭で納付されるべき相続税について納税義務者の便宜のために他の財産でこれを納付することを認めるものであるから，金銭による税納付があった場合と同等の経済的利益を国において将来現実に確保することができるものであるべきである。したがって，税務署長が，申請に係る物納財産の変更を求める場合について規定した法42条2項ただし書の「管理又は処分をするのに不適当であると認める場合」についても，このような観点から解釈すべきである。本件各申請に係る物件は，原告と他の者らとの共有であって，原告は，その自己の持分権のみを物納財産として申請したものであるところ，共有に係る不動産の管理又は処分には単独所有の場合に比して，事実上，法律上の制約があり，まして，本件各申請に係る物件は，原告による遺留分減殺請求がされていることによりその持分割合にさえ争いがある状態であるといわざるを得ず，これはすなわち，物納財産を金銭的に評価することさえできないことを意味することになるから，右各物件が法42条2項ただし書に規定する「管理又は処分をするのに不適当」な財産に当たることは明白である。したがって，本件各通知処分は適法である。

2. 本件裁決について

　　原告は，審査請求の手続において共有物分割訴訟における将来の判決又は和解の内容が国の管理処分にどのような影響を及ぼすかを審理して裁決をすべきであったと主張するが，被告国税不服審判所長にはそのような義務はなく，むしろ，本件裁決当時，本件各申請に係る物件が「管理又は処分をするのに不適当」な財産に当たることが明白で，原告主張のような審理は不要であったというべきである。

【285】 大阪地裁 平成10年11月24日判決

（平成9年（行ウ）第89号・財団債務不存在確認請求事件）

【当事者】

原告　破産者○○○○株式会社破産管財人○○○○

被告　国

【判示事項】

財団債務該当性

【事案の概要と争点】

本件は、印刷機械の販売業を営む本件破産会社の破産宣告の日である平成6年3月7日の翌日から同年9月30日までの課税期間に係る消費税について、被告がした更正処分及び過少申告加算税賦課決定処分の根拠となる租税債権が破産法47条2項の財団債権でないことの確認を求めた事案である。

主たる争点は、同期間に支払期限が到来した割賦販売による賦払金の消費税債権（以下「本件租税債権」という。）が財団債権に当たるか否かにあった。

【判　旨】

本判決は、次のように判示して、原告の請求を棄却した。

国税通則法（以下、「法」という。）15条2項7号は、消費税の納税義務は課税資産の譲渡等（法2条1項9号に規定する課税資産の譲渡等をいう。）をした時に成立する旨を定めているところ、法15条によれば、同条の要件を満たす割賦販売においては、課税期間中に支払期日が到来せず、かつ、支払を受けなかった賦払金の額に係る部分については当該課税期間中に資産の譲渡が行われなかったものとみなすことができるものとされており、右各規定の文言上だけからは、あたかも、右部分については納税義務自体も成立しなかったものとすることができるように読めなくもない。

しかしながら、右部分に係る消費税は、破産宣告前の原因による租税債権と解するのが相当である。その理由は次のとおりである。

法15条適用の要件として同条に引用されている所得税法（平成10年法律

第24号による改正前のもの。以下同じ。）65条1項の規定は，商品の販売による収益は商品を引き渡した時に計上すべきであるとの原則に対し，割賦販売等の場合について，割賦販売等の性格，会計慣行等を考慮し，特に収益及び費用の計上の時期を繰り延べ，割賦代金の支払期として定められている日に計上することとしたもので，収益及び費用の帰属時期の特例措置であると解される。同じく法人税法62条1項の規定も，収益及び費用の帰属時期の特例措置であり，従来，割賦販売等に係る収益及び費用の計上に関する特例は通達（昭34直注1－244）において認められていたのが，昭和40年3月の税制改正において法制化され（なお，延払条件付譲渡等及び長期工事の請負に係る特例もこの時に法制化された。），さらに，昭和42年4月の税制改正において，企業における会計慣行の確立を尊重し，その要件等を大幅に緩和したものである。ちなみに，会計慣行たる企業会計原則においては，割賦販売等によって生じた収益の実現の時期について，当初，割賦金の入金の時としていたが，その後これを改め，通常の商品販売と同様に販売基準を原則としながらも回収期限到来基準と回収基準を認めているのである（当裁判所に顕著な企業会計原則注解［注6］(4)）。

このように，法15条の趣旨は，右の会計慣行並びに所得税法及び法人税法の規定との整合性を保ち，実質的には納税時期の繰り延べを定めることを目的としたもので，その立法技術として，国税通則法15条にいう資産の譲渡等の時期を繰り延べる形式を採用したものにすぎず，租税債務の成立時期についての特例までを定めたものと解すべき合理的な理由はないというべきである。したがって，法15条の適用がある場合においても，消費税の租税債務自体は，割賦販売があった時点で発生するものというべきである。

法の委任を受けた消費税法施行令（平成10年政令第106号による改正前のもの）27条，28条は，事業者が納税義務の免除を受けることとなった場合や個人事業者の事業廃止・死亡等の場合について，納税義務の存否の判断自体は割賦販売等が行われた時点を基準としているものと解されるが，このことも，前記判断を裏付けるものである。また，実質的に見ても，消費

税は担税者である購入者からの一種の預り金的性質を有するものであって，売却代金のうち消費税相当額は本来国庫に納付されるべきものであるから，これを財団債権とすることにより破産債権者への配当に充てられないことになったとしても必ずしも不当とはいえないというべきである。

　法15条が「みなす」との文言を採用している点については，同じく資産の譲渡等の時期の特例を定める法17条（長期工事の請負に係る資産の譲渡等の時期の特例）が「ものとすることができる」，法18条（小規模事業者に係る資産の譲渡等の時期等の特例）が「とすることができる」との表現を用いていることに照らすと，必ずしも原告主張のように解すべきことの決め手とはいい難いというべきである。

　また，賦払金の支払のための手形の大半が譲渡担保として差し入れられたり，債務の支払のために裏書譲渡されているとしても，破産宣告前に破産会社からの資産の譲渡が行われた以上，これに対する消費税債権を財団債権と解することの妨げにはならない。

　本件租税債権についての過少申告加算税賦課決定は，原告の主張する事由をもってしては，権利の濫用又は信義則違反により効力を有しないものとはとうていいえない。そして，本件租税債権が財団債権と解される以上，それに対する過少申告加算税債権も財団債権と解すべきである。

【286】最　高　裁　平成10年12月8日第三小法廷判決
　　（平成7年（オ）第1357号・配当異議上告事件）
　【当事者】
　　　上　告　人（控　訴　人・被告）　　株式会社○○○○
　　　被上告人（被控訴人・原告）　　　　国
　【判示事項】
　　　根抵当権の確定後に行われた被担保債権たる外貨建債権（インパクトローン）の円貨建債権への転換の法的性質等
　【事案の概要と争点】
　　　本件は，年報7号整理番号【237】の上告審である。

【判　旨】

本判決は，被上告人の請求を認容した原審（福岡高裁平成7年3月31日判決・年報7号 878ページ，一審大分地裁平成4年10月22日判決・年報4号 642ページ）の判断を是認して，上告を棄却した。

【287】　東 京 高 裁　平成10年12月21日判決

（東京高裁平成10年（行コ）第114号・裁決取消請求控訴事件）

【当事者】

控 訴 人（原告）　　○○○○

被控訴人（被告）　　国税不服審判所長

【判示事項】

裁決固有の瑕疵の有無

【事案の概要と争点】

本件は，本書整理番号【45】の控訴審である。

【判　旨】

本判決は，控訴人の請求を棄却した原審（東京地裁平成10年5月27日判決・本書 143ページ）の判断を維持し，控訴を棄却した。

第5章 地方税関係

1 固定資産税 ※

2 特別土地保有税 ※

3 そ の 他 ※

第6章 その他

第6章 その他

1 国家賠償責任

【48】 大 津 地 裁　平成10年2月16日判決（ 150ページ参照）
【266】 横 浜 地 裁　平成10年2月18日判決（ 781ページ参照）
【44】 大 阪 高 裁　平成10年3月19日判決（ 132ページ参照）
【233】 福 岡 地 裁　平成10年3月20日判決（ 679ページ参照）
【72】 東 京 高 裁　平成10年6月29日判決（ 199ページ参照）
【78】 長 野 地 裁　平成10年9月18日判決（ 210ページ参照）
【276】 岡 山 地 裁　平成10年12月2日判決（ 809ページ参照）

【288】 最 高 裁　平成10年1月22日判決

（平成9年（オ）第2166号・損害賠償請求上告事件）

【当事者】

上 告 人（控 訴 人・原告）　　○○○○
被上告人（被控訴人・被告）　　国

【判示事項】

課税処分の違法等を理由とする国家賠償請求訴訟において，被告国の指定代理人となった国税訟務官室勤務職員が行った証拠収集行為等の適法性等

【事案の概要と争点】

本件は，年報9号整理番号【285】の上告審である。

【判　旨】

本判決は，上告人の請求を棄却した一審（横浜地裁平成8年12月19日判決・年報8号 851ページ）の判断を維持して控訴を棄却した原審（東京高裁平成9年6月18日判決・年報9号 862ページ）の判断を結論において是

認して，上告を棄却した。

【289】 大阪地裁 平成10年2月4日判決
（平成8年（ワ）第3281号・損害賠償請求事件）

【当事者】
原告　○○○○株式会社
被告　国

【判示事項】
不作為の違法行為の有無

【事案の概要と争点】
　本件は，原告のした修正申告の所得税額が仮装経理により当該事業年度の課税標準とされるべき所得の金額を超えており，税務署長がこの事実を知りながら，（減額）更正を怠ったため，原告は義務のない法人税を納付したとして，国に対し，不作為の違法確認と損害賠償を求めた事案である。
　主たる争点は，不作為の違法行為の有無にあった。

【判　旨】
　本判決は，次のとおり判示して，原告の違法確認の訴えを却下し，その余の請求を棄却した。

1. 本訴請求中，国家賠償法に基づく損害賠償請求に関しては，本件全証拠を検討しても，原告が仮装経理に基づき前記修正申告をした事実を認めるに足る資料は発見できず，まして，A税務署長が仮装経理の事実を知っていたと認めるに足る証拠もないから，既に，この点において原告の請求は失当である。ちなみに，原告は，法人税法129条2項に基づく更正義務なるものを主張するが，もともと，右の規定自体は確定した決算に基礎を置いた確定申告による課題申告を対象としたもので，本件のような修正申告にによる過大申告を問題にするものではないと考えられる。

2. 原告は前記1と同時に，A税務署長の行為の違法確認を求めているが，およそ，確認の訴えにあっては，確認の利益が必要なことはいうまでも

ないところ，原告が本訴で主張する違法確認はまさに原告の提起したような国家賠償請求に結実させて直截な紛争解決をなし得るのであるから，右行為の違法確認だけを別個に取り上げて確認の訴えを認めるべき余地は存しない。

よって，右確認を求める訴えは不適法として却下を免れない。

【290】 最 高 裁　平成10年2月10日第三小法廷判決
　　　　（平成9年（オ）第2178号・損害賠償請求上告事件）
　【当事者】
　　上 告 人（控 訴 人・原告）　　○○○○
　　被上告人（被控訴人・被告）　　国
　【判示事項】
　　不法行為の成否
　【事案の概要と争点】
　　本件は，年報9号整理番号【286】の上告審である。
　【判　旨】
　　本判決は，上告人の請求を棄却した原審（東京高裁平成9年6月30日判決・年報9号868ページ，一審・東京地裁平成9年2月12日判決・年報9号859ページ）の判断を是認し，上告を棄却した。

【291】 東京高裁　平成10年2月16日判決
　　　　（平成7年（ネ）第2108号・損害賠償請求控訴事件）
　【当事者】
　　控 訴 人（被告）　　国
　　被控訴人（原告）　　○○○○株式会社
　【判示事項】
　　公売処分の違法性の有無等
　【事案の概要と争点】
　　本件は，仙台国税局長が，酒税を滞納した被控訴人（一審原告）の酒類

等を差し押さえた上、これを公売して滞納酒税等に充当し、さらにS税務署長が、被控訴人の酒類製造、免許の取消処分をしたところ、被控訴人が、上記差押処分等は、被控訴人を圧殺する目的でされた違法な処分であり、かつ、控訴人（一審被告）国以外の一審被告ら（日本酒造組合中央会及び落札業者）は上記公売処分に際して国と共謀して違法な落札工作をしたとして、一審被告らに対して合計約44億円の損害賠償を求めたものである。

一審判決は、上記差押処分等が被控訴人を圧殺する目的でされたものと認めることはできないとしながらも、差し押さえた酒類等の公売における見積価額は適正な売却額見込価額よりも著しく低額であり、その見積価額の決定において、仙台国税局長に過失があったとして、国に3億915万1303円の損害賠償を命じた。

当審における主たる争点は、仙台国税局長が定めた本件公売の見積価額は市価に比して著しく低廉であり、これにより行われた本件公売が違法といえるか否か、仮に本件公売が違法であるとしても、仙台国税局長に過失があるか否か等にあった。

【判　旨】

本判決は、次のとおり判示して、被控訴人の請求を一部認容した原審（東京地裁平成7年4月24日判決・年報7号904ページ）の判決中、控訴人敗訴部分を取り消し、右部分にかかる被控訴人の請求を棄却した。

1. 控訴人が昭和58年6月15日に行った公売（以下「本件公売」という。）の対象物件中、精白米の見積価額が1392万6000円であることは認定のとおりであり、右価額の合理性については、被控訴人も特に争っていないので、仙台国税局長が定めた本件公売の見積価額が、市価に比して著しく低廉であり、これにより行われた本件公売が違法といえるかどうかは、結局、本件公売にかかる清酒及び瓶詰清酒の見積価額が合理的といえるかどうかによって決せられることとなる。

2. そこで、まず、本件公売にかかる清酒の見積価額が合理的であるかどうかについて検討するが、昭和58年5月18日に仙台国税局長がした清酒約107キロリットルの差押え（以下「5・18差押処分」という。）及び

昭和58年5月27日に仙台国税局長がした清酒約181キロリットルの差押え（以下「5・27差押処分」という。）にかかる清酒を除き，まず，昭和58年5月11日に仙台国税局長がした清酒，瓶詰清酒及び精白米等の差押え（以下「5・11差押処分」という。）のうち，右差押えにかかる清酒（以下「清酒①」という。）について検討する。

(一) 公売に当たり，税務署長又は国税局長は，公売物件の見積価額を決定しなければならず，この場合に，必要と認めるときは，鑑定人にその評価を委託し，その評価額を参考とすることができるとされている（国税徴収法98条。以下条文のみを掲げるものは，いずれも同法の条文をいう。）ところ，具体的な鑑定人の選任に当たっては，税務署長又は国税局長の判断にゆだねられ，その選任が不合理なものでない限り，違法の問題を生ずる余地はなく，また，その評価の方法が合理性を欠くものではない限り，これを参考にして見積価額を決定すべきことは当然である。

(二) 仙台国税局長が，鑑定人の選任について，条件を設定し，これに適合するものとしてA，B，Cの各鑑定人を選任し，官能審査を含む清酒の鑑定評価を依頼したことについては，不合理と認むべき証拠はない。

(三) そこで，3鑑定が合理性を欠くかどうかを検討するに，3鑑定は，前認定のとおり，いずれも，一般市場におけるおけ取引価格を参考としたうえ，目的物件の品質及び特質並びに公売の特殊性などを減額要素として清酒①の見積価額を算出しているので，以下，これらの点に関し，順次検討する。

(1) 3鑑定人は，ニュアンスに相違はあるものの，いずれも一般市場におけるおけ取引価格を基本価格に据えており，本件公売にかかる清酒のようにタンクに貯蔵されている大量の清酒を公売する場合には，いわゆる清酒のおけ取引（酒税法28条1項3号及び同法施行令32条の適用を受けて未納税移出される清酒の売買）に類似することとなるので，その評価に当たり，一般市場におけるおけ取り引き価格を基準とすることは，合理性があり，基準価額として仙台国税局長が提供した昭和57年度国税調査の結果を参考としたことに何らの不合理もない。

もっとも，その方式及び趣旨により公務員が職務上作成したものと認められるから真正な公文書と推定すべき証拠によれば，昭和58年度の全国における清酒の未納税取引の数量のうち，注文生産によるものがその約84パーセントであり，注文生産によらないものが約16パーセントであるが，いわゆるスポット的おけ取引はほとんど行われていなかったことが認められるから，右の一般市場におけるおけ取引価格を参考とするにあたっては，右取引価格が注文生産制に基づいてされたおけ取引価格であることに留意する必要がある。

(2) 官能審査による減額について

3鑑定人の官能審査は，右3鑑定人の選出基準に照らし，その結果については最大限尊重すべきものであり，個々の清酒に関する批評及び評点は信頼できるものというべきである。

もっとも，3鑑定とも，前述のように評点1は減額をしないものの，以下評点が1つ落ちるごとに一般市場における清酒のおけ取引の標準価格から減額している点で，鑑評会や品評会における通常の官能審査が，A証人によれば，5段階評価によって行われ，品質が優秀なものを1，良好なものを2，普通と考えられるものを3，まずまずと考えられるものを4，明らかに欠点のあるものを5とするものであることとの関係が問題となる。しかし，A証人の証言によれば，清酒①の官能検査は，鑑評会や品評会と異なり，タンクごとの清酒の順位を定めることを目的とし，当初5段階で検査を行っていたが，後半になり5段階に納まらないような粗悪品が出て来たため，7段階で評価したことが認められる。そして，当審証人Dの証言及び同証言によってその成立を認める証拠及び弁論の全趣旨によれば，おけ取引が購入した清酒を購入者の製造した清酒と混合して購入者の製品として売り出すことを目的とするところから，おけ取引の大部分は注文生産制に基づくものであり，この場合の官能審査は，当該契約に定められた一定の品質に合致しているかどうかという観点から行われるものであるところ，本件公売にかかる清酒も，その分量等よりして結局買受人が前述のようなおけ取引による清酒と同様の用

途に使用するほかないものであるが，注文生産と異なり，その品質をあらかじめ定めることができないことから，右3鑑定が，相対的に最上位の評点1をもって一般のおけ取引において要請される一定の基準を満たし，減額の必要のない品質であるとし，以下評点が下がることに一定の減額を妥当としたものと認めることができる。このことは，B鑑定において，評点3として評価された清酒に関し，「香りにくせがあり，味重い」とか「味なめらかさを欠き，重い」等の批評が行われており，評点3として評価された清酒の品質が減額を要しない品質であったと認めることが困難であることからも裏付けられる。

したがって，3鑑定がいずれも官能審査による減額を行ったことは不合理とはいえない。

(3) 米粉糖化液を多量に使用していることにより他の製造業者の清酒に比して製造原価が低いことを理由とする減額について

証拠，当審証人Dの証言及び原審における被控訴人代表者本人尋問の結果並びに弁論の全趣旨によれば，一般のおけ取引において取引される清酒には，多量の米粉糖化液が用いられていることは通常あり得ないところ，清酒①には，その原料として米粉糖化液が多量に用いられており，その結果，他の酒造業者に比べて製造原価が低廉であることが認められるうえ，米粉糖化液が清酒の製造過程における精米の段階で，清酒の品質を高めるため削り取られた米粉を基にするものであるから，し好性の高い清酒の価額の鑑定に当たり，米粉糖化液を多量に使用していることを理由として減額することは何ら不合理ではない。

(4) 安売り酒であるという企業イメージを理由とする減額について

原審における被控訴人代表者本人尋問の結果によって成立を認める証拠によれば，被控訴人は，昭和57年度の全国の出荷数で17位に入る大手酒造業者であることが認められ，被控訴人の製造する清酒を愛飲していた者も多数存在することが推認されるが，他方，証拠及び原審証人Eの証言によれば，被控訴人が「10本買ったら8本おまけ」といった廉価販売を行っていることが新聞広告等により全国的に宣伝されており，被控

訴人が製造販売している清酒は，米粉糖化液を多量に使用されていることから新聞等において「ぬか酒」と酷評されていたことが認められ，被控訴人の製造した本件清酒を購入した業者が，これを自社製品とブレンドし販売した場合に，安酒とのイメージを受け，相当の低価格でなければ売れなくなる可能性があることを考慮すれば，安売り酒であるという企業イメージを理由とする減額も合理性があるというべきである。

(5) おけ取引の需給関係とスポットを取引理由とする減額について

その方式及び趣旨により公務員が職務上作成したものと認められるから真正な公文書と推定すべき証拠及び弁論の全趣旨によれば，注文生産制が確立している一般おけ取引市場において，年度途中における大量のスポット取引が行われることは予想されていないこと，継続的に行われる注文生産制のおけ取引においては，標準価格よりも契約価格を20パーセントほど高く定めるのが通常であること，注文生産制によるおけ取引においては，清酒の原料，製造方法，規格，数量，価格等が取り決められ，必要に応じておけ買業者が技術指導まで行い，長期間にわたって，おけ買業者がおけ売業者を保護育成する実情にあることが認められ，右事実によれば，年度途中で大量のスポット取引による清酒を購入した業者は，品質の低下や売れ残りの危険を負担することとなるが，このような負担は，一般市場におけるおけ取引価格では考慮されていないから，この負担部分を減額すべきであり，また，右認定の事実によれば，一般市場におけるおけ取引価格中には，おけ買業者の配慮に基づくおけ売業者に対する利益上乗せ部分が含まれているので，公売における見積価格を算出するにあたっては，右価格上乗せ分相当額を控除するのが相当であって，これら減額事由を併せて減額することは妥当である。したがって，おけ取引の需給関係とスポットを取引理由とする減額も合理性があるというべきである。

(6) 公売清酒の引取費用の減額について

その方式及び趣旨により公務員が職務上作成したものと認められるから真正な公文書と推定すべき証拠及び弁論の全趣旨によれば，平均おけ

取引価格は，買入酒代と引取諸掛から構成されており，清酒価格のほかに，運搬業者等に支払うべき引取費用が含まれていることが認められ，その両者の合計が平均おけ取引価格となっているものと推認される。そうとすれば，公売により購入した者は，自費で引き取らなければならないから，公売物件の評価に当たっては，平均おけ取引価格から引取費用を控除する必要がある。

したがって，公売清酒の引取費用を考慮して，その相当額を減額することも不合理ではない。

(7) 貯蔵タンクの調達費用を理由とする減額について

平均おけ取引価格が，買入酒代と引取諸掛から構成されているので，買受後の管理費用等については，一般市場におけるおけ取引価格の中に含まれていないことは前述のとおりである。したがって，鑑定の基本となる価格は，一般市場におけるおけ取引価格であるので，買受後の管理費用等が考慮されていない。しかし，本件公売は，その量が多量であり，既に年間計画により酒類の生産量あるいは取引量を定め，そのため余分な貯蔵施設を有しないと推定される酒造業者や酒販業者の公売参加意欲を促す意味から，公売による購入者が必然的に負担すべき買受後の管理費用等の負担を軽減することが必要であり，逆にそのような配慮を相当ではないとすると，公売の目的を達することができないおそれがあることを考慮すれば，一般市場におけるおけ取引価格に，買受後の管理費用である貯蔵タンクの調達費用を反映させることはやむを得ないものといわざるを得ず，したがって，貯蔵タンクの調達費用を理由として減額することにも合理性がないとはいえない。

(8) ろ過・火入れ費用及びそれに伴う品質低下を理由とする減額について

買受後，購入者が清酒にろ化・火入れを行うことは，買受後の管理費用となるべきものであるところ，一般市場におけるおけ取引においては，注文生産制により，委託した品質に達しない場合には，その取引を拒絶することが可能であるのに比べ，公売による購入の場合には，取引拒絶の観念はなく，したがって，取引を拒絶すべきような粗悪品質の清酒に

ついては，その品質を是正すべき費用等を減額のうえ，売却すべきものであり，したがって，買受人による火入れと炭素ろ化の費用及びこれに伴う品質低下を考慮して減額することは不合理ではない。

(9) 製品化のための資材購入経費を理由とする減額について

公売の見積価格を算定するにあたっては，買受後の管理費用を考慮する必要があることは前述のとおりであり，製品化のための資材購入経費を理由とする減額も不合理ではない。

(10) 公売代金借入れのための金利負担を理由とする減額について

公売代金借入れのための金利負担が，一般市場におけるおけ取引価格の中に含まれていないことは明らかである。しかしながら，公売の目的を達成するため酒造業者や酒販業者の公売参加意欲を促す意味で，公売代金借入れのための金利負担額を考慮することも不合理とまではいえず，したがって，公売の見積価格を算定するにあたっては，公売代金借入のための金利負担を考慮してもやむを得ないものというべきである。

(11) 以上のとおり，前記3鑑定が，いずれも，一般市場におけるおけ取引価格を参考としたうえ，その品質及び特質を考慮し，さらに，公売の特殊性などの減額要素を考慮して清酒①の見積価格を算出しており，その各減額事由は，いずれも不合理とはいえず，違法とはいえないことは前述のとおりである。そして，右減価の額をどのように判断するかは，各鑑定人の裁量により決せられるべきであり，その裁量に，明確な逸脱があるといえない本件3鑑定は，不合理とはいえない。

㈣ 仙台国税局長は，前認定のとおり，右3鑑定人の鑑定評価を基準とし，これに公売価額が市場取引価格を下回るのが通例であることを踏まえて，右鑑定評価額を基礎とした価額から更に20パーセントを減額し，これに酒税相当額を算入して，本件見積りを行ったので，仙台国税局長が行った公売の特殊事情による減額の合理性が問題となるが，公売は，一般の売買とは異なり，公売における売却価格が，通常の市場で形成される売却価格ではなく，換金を目的とした整理市場における価格であり，税務署等を中心とする限られた市場における価格である上，一般人は公売品

の使用を好まず，換価する財産，売却の条件が一方的に決定され，買受け手続きも煩さであり，売主は瑕疵担保責任を負わず，税務署側の都合で公売処分が取り消されることがあり，買主は，原則として解約，返品，取替えができないことを考慮すれば，平均おけ取引価格から相当程度の減額することは合理的であり，その減価の額についても，同局長の裁量により決せられるべきであって，その減価額を20パーセントしたことが不合理とはいえない。

(五) 以上のとおりであって，仙台国税局長の清酒①に関する本件見積価額は，何らの違法な点はない。

3. 次いで，5・18差押処分及び5・27差押処分にかかる清酒の見積価格が合理的であるかどうかについて検討する。

　証拠及び弁論の全趣旨によれば，A鑑定人は，清酒①と同様の手法により，5・18差押処分及び5・27差押処分にかかる清酒の見積りを行い，仙台国税局長は，これに基づき，清酒①と同様の過程を経て，5・18差押処分にかかる清酒については1631万1310円と，5・27差押え処分にかかる清酒については2113万7087円との見積を行ったことが認められ，右見積りには不合理な点はなく，何ら違法ではないことは清酒①の場合と同様である。

4. さらに，5・11差押処分にかかる瓶詰清酒の見積価格が合理的であるかどうかについて検討する。

　証拠及び弁論の全趣旨によれば，瓶詰清酒は，官能審査や成分分析は行われていないが，仙台国税局長は，アルコール分については酒税納税申告書及び瓶詰清酒のラベルの度数表示から推定し（右推定に基づくアルコール20パーセント換算量で10万4174リットルである。），官能審査については，安全性を見込んで7点法の比較的上位ランクである評点2（5パーセント減）に該当するものと判断し，さらに，瓶代金を加算して，その余については清酒①と同様の過程を経て，酒税抜きで973万1168円と，酒税込みで3542万2100円と評価したことが認められる。

　右の瓶詰清酒の見積価格の算出過程に，特段問題とすべき余地はなく，

違法の点はない。
5. 以上のとおり，仙台国税局長が定めた本件公売にかかる清酒及び瓶詰清酒の見積価格は不合理なものとはいえず，本件見積価額が，市価に比して著しく低廉であると解する余地はなく，これにより行われた本件公売は違法とはいえない。

したがって，その余の点について判断するまでもなく，被控訴人の本訴請求はその理由がない。

【292】 大阪地裁堺支部　平成10年2月27日判決
（平成8年（ワ）第579号・損害賠償請求事件）

【当事者】
原告　○○○○

被告　国

【判示事項】
公売見積価額の決定の適否

【事案の概要と争点】
本件は，原告所有土地の公売見積価額の決定が不当に低額であったとして，原告が主張する時価と本件公売価額との差額について，国に対し損害賠償を求めた事案である。

主たる争点は，税務署長のした公売見積価額の決定の適否にあった。

【判　旨】
本判決は，次のとおり判示して，原告の請求を棄却した。
1. 認定事実によると，A税務署長のした本件公売財産の見積価額算定の方法・内容に不合理な点は見受けられず，本件公売財産の見積価額の決定は，適正というべきである。
2. これに対し，原告は，本件公売財産の見積価額算定の方法・内容に誤りや不当な点があると主張するので，主なものについて検討する。
(1) 取引事例地の特定が不十分であるとの主張について
　不動産の鑑定評価に関する法律38条の趣旨からして，別紙3，4

(略)の記載程度で取引事例地の記載としては十分というべきである。
(2) 取引事例地が近隣商業地域に属さないとの主張について
　　別紙4（略）によれば，取引事例地は，イ，ロとも近隣商業地域に属していることが認められる。
(3) 時点修正減価率（マイナス15％）が不当であるとの主張について
　　前認定事実に照らし，不当ということはできない。
(4) 袋地としての減価率（マイナス31.8％）が不当であるとの主張について
　　本件公売財産は，土地の形状からして，袋地と認めるのが相当であり，実際の用途としては事務所又は住宅の敷地としての利用が最適と考えられる（証拠によれば，現に本件公売財産の上には，住宅が建築されている）。そして，前認定のとおり，A税務署長は，このような通路部分を有する住宅地の場合の評価方法として一般的に採用されているマニュアルに従って補正減価率を算定したことが認められるので，この点も不当ということはできない。
(5) 公売の特殊性を考慮して一割減価したことが不当であるとの主張について
　　公売の特殊性を考慮すると，公売の売却価額は，任意売買に比べると，かなり低廉になることが推認される。したがって，A税務署長が，このような公売の特殊性を考慮して試算価格から一割減価して見積価額を決定したことは，何ら不当とはいえない。
(6) 原告提出の不動産鑑定評価書の評価額に照らして，見積価額が低額であるとの主張について
　　原告提出の各不動産鑑定評価書は，取引事例地として採用した事例の適格性及びその補正率等に問題点が見受けられる。
　　さらに，右三通の不動産鑑定評価書とも，「正常価格」を鑑定評価したもので，公売における価額を評価したものではない。公売を前提とした限定価格の場合は，非常に狭い限定された市場を前提とすることになり，市場調整率による補正を行うことが普通とされていること

が認められる。

　以上のような諸事情をしん酌すると，原告提出の各不動産鑑定評価書記載の評価額を基準に，A税務署長のした本件公売財産の見積価額を不当に低額ということはできない。

【293】 福岡地裁　平成10年3月20日判決
　　　（平成5年（ワ）第260号の2・損害賠償請求事件）

【当事者】
　原告　○○○○
　被告　国

【判示事項】
　違法行為の有無

【事案の概要と争点】
　本件は，原告がO税務署長を被告として別件訴訟を提起したところ，O税務署員が別件訴訟の原告訴訟代理人Nに対し，別件訴訟の口頭弁論期日と前後して税務調査を企図し，実行したことにより精神的苦痛を被ったとする原告が国家賠償法1条に基づく損害賠償を求めた事案である。
　主たる争点は，違法行為の有無にあった。

【判　旨】
　本判決は，次のとおり判示して，原告の請求を棄却した。
　税務署長が別件訴訟の裁判妨害を企図して税務調査等を行ったと認めるに足りる証拠はないから，右税務調査が違法行為であるとの原告の主張は理由がない。

【294】 最高裁　平成10年4月24日第二小法廷判決
　　　（平成8年（オ）第533号・損害賠償請求事件）

【当事者】
　上告人　○○○○
　被上告人　国

【判示事項】
　強制調査手続及び差押処分の違法性の有無
【事案の概要と争点】
　本件は，年報7号整理番号【260】の上告審である。
【判　旨】
　本判決は，上告人の請求を棄却した原審（大阪高裁平成7年11月8日判決・年報7号 919ページ，一審神戸地裁伊丹支部平成6年9月29日判決・年報6号 761ページ）の判断を是認し，上告を棄却した。

【295】　富山地裁高岡支部　平成10年4月27日判決
　　　　（平成9年（ワ）第171号・損害賠償事件）
【当事者】
　原告　有限会社○○○○
　被告　国
【判示事項】
　違法性の有無，損害の有無
【事案の概要と争点】
　本件は，原告の修正申告により発生し，その後免除された延滞税について，誤った督促処分等により，税務署への出頭を余儀なくされたなどと主張する原告が，国に対し，当該出頭等に要した日当等を損害としてその賠償を求めた事案である。
　主たる争点は，督促処分についての異議申立てに対する税務署長の不作為及び審査請求に対して，棄却を求める答弁をしながら，その後本件延滞税を免除するという矛盾した行為の違法性にあった。
【判　旨】
　本判決は，次のとおり判示して，原告の請求を棄却した。
1.　A税務署長が本件異議申立てに対して，同申立てから3か月を経過しても判断しなかった点について
(1)　国税通則法83条によると，異議申立てがなされた場合，決定をもって，

同申立てが不適法であるときには却下，同申立てに理由がないときには棄却，同申立てに理由があるときには処分の全部若しくは一部を取消し又は，これを変更することが定められているが，異議申立てに対する決定をなすべき期間について明文の規定は置かれていない。

また，国税通則法75条5項の規定によると，異議申立てをした日の翌日から起算して3か月を経過しても同申立てについての決定がないときは，同決定を経ないで，国税不服審判所長に対して審査請求をすることができるものとされている。

(2) 本件のような異議申立てがされた場合，税務署長としては，できるだけすみやかに決定をすることが望まれるけれども，前記のとおり，現行法上，異議申立てに対する決定が遅延した場合について，一定の救済措置が設けられていることからすると，本件において，A税務署長が本件異議申立てに対して，同申立て時から3か月を経過しても決定をしなかったことが直ちに原告に対する違法行為を構成するものということはできない。

2. 原告がB国税不服審判所長に対して行った本件審査請求に対し，A税務署長が棄却を求める旨の答弁をした後，本件延滞税を免除したことが，原告に対する違法行為といえるか否かについて

(1) 原告は，平成8年2月15日，平成6事業年度分（平成6年1月1日から同年12月31日）の法人税の修正申告を行い，同年同月29日，右修正申告によって増加した法人税26万3700円を納付したが，増加した法人税に対する延滞税は支払わなかった。

ところで，国税通則法60条によると，延滞税は，国税の法定納期限を経過してもそれが納付されない場合に発生するものとされており，同条2項によると，延滞税は，国税の法定納期限の翌日からその国税を完納するまでの期間の日数に応じて，その未納の税額に同条項所定の利率を乗じて計算した額とされているから，原告の場合も，平成6事業年度分の法人税の修正申告によって増加した法人税（26万3700円）に対する延滞税は，同事業年度分の法人税の法定納期限である平成7年2月28日

（国税通則法2条8号イ，法人税法77条及び74条）の翌日である同年3月1日から，同法人税が納付された同8年2月29日までの期間に発生することになり，その額は，A税務署算定のとおり1万9000円となる。

したがって，原告が，B国税不服審判所長に対して，本件督促処分についての審査請求を行った時点では，法律上，本件延滞税は発生しており，その税額の計算にも間違いはなかったのであるから，当初，A税務署長が，右審査請求を棄却する旨の答弁を行ったことは当然のことといえる。

(2) A税務署長は，本件審査請求を棄却する旨の答弁を行った後も事実関係の調査を行い，その結果，判明した事実や，当時，原告からの本件異議申立てに対する判断がなされないままとなっていたこと，多忙の中相談に応じているとはいえ，もう少し踏み込んで指導していれば，誤りが生じなかった可能性もあること，税務行政に及ぼす影響等も考慮した上で，国税通則法63条6項4号，同法施行令26条の2第2号の規定を拡張解釈し，本件延滞税を免除することとした。

ところで，税務相談事務の機能から考えて，税務署職員が，同事務を公正かつ適正に処理すべきであるのはもちろんであるが，税務相談は，税務調査などとは異なり，税務署側としては，納税者側から相談があった事項に関してのみ検討し，回答すれば足りるものというべきである。

したがって，A税務署側が，原告から減価償却費の計算方法についてまで具体的に相談を受けていないのに，原告から提示された資料を逐一検討して，減価償却費の計算内容が適当であるか否かまで検討，指導する義務はなかったのであり，そもそも，確定申告は，納税者自身の責任と負担において計算して提出すべきものであるから，平成6事業年度分の法人税の確定申告諸提出の際に，原告が減価償却費の計算を誤り，それによって過少の法人税額を申告したのは，結局のところ，納税者である原告の落ち度であるものというほかない。

よって，本件延滞税の場合，厳密には，国税通則法63条6項4号，同法施行令26条の2第2号に規定される納税者の責めに帰すべからざる事

故に該当しないことから，A税務署長としては，法律上本件延滞税を免除する必要はなかったことになる。

しかしながら，A税務署長は，事実経過にかんがみて，あえて，右記国税通則法及び同法施行令の規定を原告に有利に拡張解釈し，本件延滞税の免除を行ったものであるところ，本件延滞税の免除自体は，原告にとって有利であることや，前記認定のとおりの事実経過にかんがみれば，A税務署長が，本件延滞税を免除したことは，その裁量の範囲内の行為であるものというべきである。

そして，前記のとおり本件延滞税はいったん適法に発生しているのであるから，その後，A税務署長が，本件延滞税を国税通則法の規定に基づいて免除することは何ら矛盾した行為ではないことからすると，同税務署長が，本件審査請求を棄却する旨の答弁を行った後に，本件延滞税を免除したことは，原告に対する違法行為を構成しないものといわざるを得ない。

【296】 山口地裁岩国支部 平成10年7月16日判決
（平成3年（ワ）第18号・損害賠償請求事件）
【当事者】
原告 ○○○○
被告 国
【判示事項】
更正処分の適法性，国税通則法111条にいう教示をしなかったことの適法性
【事案の概要と争点】
本件は，二輪車販売業を営む原告の昭和60年分ないし同62年分の所得税について，訴外税務署長がした更正処分を不服とする原告の異議申立てに対し，国税通則法111条に基づく教示をしなかったこと，教示以外の方法による処分理由の告知がされず，具体的かつ詳細な反論ができない状態におかれたこと及び原告の金融機関に対する信用を失墜させるような調査

があったことにより，多大の精神的苦痛を被ったとして，不法行為による損害賠償を求めた事案である。

主たる争点は，①本件更正処分自体の適法性及び②国税通則法111条に基づく教示をしなかったことについての国家賠償法上の違法性の有無にあった。

【判　旨】

本判決は，次のとおり判示して，原告の請求を棄却した。

1. 本件更正処分自体の違法性
(1) 原告は，岩国税務署長が，民商攻撃の意図のもとに，民商会員である原告に対して，ことさらに税務調査を行い，合理性のない推計課税に基づく本件更正処分をしたことは，憲法14条，19条，21条に違反した違憲，違法な処分であると主張する。そこで，原告に対する税務調査の必要性や推計課税の合理性等について，以下検討する。
(2) 認定事実によれば，税務調査の必要性は十分認められる。そして，調査の過程で，原告が第三者の立会いに固執するなどしたために，係官が原告から帳簿書類の提示を受けられず，帳簿書類による実額の把握ができなかったことから，反面調査に移ったことにも理由がある。

そして，反面調査によって把握できた仕入金額が前回調査の際に把握した総仕入金額と比較して減少しており，前回調査と違って，把握できない現金仕入の額が多いことが推認されたことから，前回調査で明らかになっている原告自身の総仕入金額と把握できた仕入業者についての仕入額との比率によって総仕入金額を推定したことには合理性があったといえる。そして，その総仕入金額を基準にして，類似同業者比率を用いて推定売上金額・営業所得金額を算定したことも，通常の推計課税の手法であって，取り立てて不合理な点は認められない。また，採用された類似同業者比率について，原告の主張するような架空のものであったと認めるに足りる証拠はない。

したがって，本件更正処分の調査の必要性，推計課税の必要性・合理性は十分認められるから，本件更正処分自体に国家賠償を認めるに足り

る違法性はないというべきである。

(3) なお，本件更正処分は，異議決定で一部取り消されており，取り消された部分については，推計課税の合理性がなかったと考える余地がないわけではないが，同一の事案にあっても，そもそも幾通りもの推計の方法があるわけであるから，一部取り消されたからといって，そのことのみをもって直ちに原処分が国家賠償法上の違法性を帯びると即断することはできない。本件更正処分の異議決定は，異議審理の過程において，より実額に近似する推計方法を模索して見直しを行った結果であり，当初の本件更正処分自体に合理性がある以上，後に異議決定によって一部取り消されているからといって，さかのぼって，本件更正処分が，国家賠償を認めるべき違法性を帯びるということはできない。

2. 本件更正処分の理由を開示しなかったことの違法性

(1) 原告は，岩国税務署長が原告に対し，国税通則法111条に違反して更正処分の理由を附記した教示を行わなかったことは，憲法14条，13条，31条に違反しており，国家賠償法の違法性があると主張するところ，異議申立ての審理中，国税通則法111条に基づく教示をしなかったこと自体は当事者間に争いがなく，右事実は，同条の規定に「遅滞なく」とあることからすれば，同条に違反するものである。しかし，それにより直ちに国家賠償を認めるほどの違法性があったと結論付けることはできない。本件訴訟は，国家賠償法に基づき原告に発生した損害の賠償を求める訴訟であるから，税務署長が資料を収集し，これに基づき課税要件事実を認定，判断する上において，職務上通常尽くすべき注意義務を尽くすことなく漫然と更正をしたと認め得るような事情がある場合に限り，国家賠償法1条1項にいう違法があったとの評価を受けるものである（最高裁平成5年3月11日第一小法廷判決）から，違法性については，被侵害利益の種類・性質，侵害行為の態様，被害者側の関与の有無・程度等の諸般の事情を総合考慮して判断すべきである。

(2) まず，被侵害利益に関して，国税通則法111条第1項の救済手段の教示は，制度，法令について国民が不知のため救済の機会を失うことがな

いようにとの配慮から定められたものである。そして，第2項の理由の附記は，白色申告の更正のように不服申立てに係る処分の理由が書面で通知されていないときは，処分の理由を教示書に附記することを要求し，納税者が，白色申告等の場合にもあらかじめ処分の理由を知り，これに対する自己の主張を明白にすることができるように配慮されたものである。

　右規定の趣旨からすれば，救済手段の教示及び理由の開示を受けることは，納税者に対して救済を受ける機会を実質的に保証するものとして，法的保護に値する利益であるというべきである。したがって，その侵害の態様等の如何によっては，国家賠償法による救済の対象となり得る法的利益であると解する。しかしながら，同条2項は，1項の救済手段の教示を前提にしているのであるから，救済手段の教示から離れて独立の権利を納税者に与えたものであるとまではいえない。そして，誤った教示をした場合や，教示がなかった場合等について，国税通則法や行政不服審査法の中に，これらの場合に納税者が不利益を受けないよう救済する諸規定（国税通則法112条，75条4項2号，77条6項等，行政不服審査法18条ないし20条，58条等）を設けていることからすれば，第1次的には手続内で解決することが予定されているものであり，被侵害利益の性質としては，手続的な色彩の濃い利益であるといえる。

(3)　認定した事実を前提に検討するに，そもそも国税通則法111条2項の理由の開示は，審査請求という救済手段の教示に付随するものであるところ，原告は，前回更正処分に関して審査請求をしているのであり，救済手段として，異議申立ての他に，国税不服審判所に対する審査請求が存在することは知っていたのであるから，初めて救済制度を利用する者に比べれば，手続きの教示を受けることの重大性は相対的に低いということができる上，原告が国税通則法111条の教示を要求したのは平成元年10月11日ころであるところ，原告本人尋問の結果によれば，そのころ教示の規定を知ったが，そのころは審査請求をする意思はなく，ただ教示により本件更正処分の内容を知りたいだけであったというのであり，原告

は，右規定の存在を知ったことから異議申立て後3か月経過した後は審査請求ができることも熟知していながら，審査請求をするためではなく，教示によって本件更正処分の理由を知ることだけを目的として申入れ等をしていたものであり，これは救済手段の教示を離れて理由の開示を求めるものであるから，教示を受けなかったことによって原告が被った不利益は相当低いといわざるを得ない。

右のとおりの被侵害利益の態様に加えて，異議審理において，原告が，手続きをやみくもに粉糾させ，結局いたずらに時間を経過させた経緯からすると，異議審理が遅延したことには被害者側の関与が大きいこと，異議審理の担当者において，原告が明らかにするという仕入金額の実額が分かれば真実に近い所得額を推計することができると期待して口頭意見陳述を重ねたことはもっともであること，岩国税務署長において，より実額に近い推計方法を模索して，異議決定によって一部取消しが見込まれた時点で，取消前の更正処分の理由を開示することは原告の権利救済を遅らせ，無用の混乱を招くとの判断をしたことは，粉糾を極めた異議審理の経過に照らして十分首肯しうること等の事情を総合考慮すると，本件更正処分の理由を開示しなかったことは，いまだ国家賠償を認めるに足りる違法性があるとまではいえない。

(4) また，原告は，青色申告の場合，更正処分自体に附記することが法律上要求されている理由について，これが不備であれば違法であり，その瑕疵は審査裁決では治癒されないとの趣旨の判例（福岡高裁昭和43年2月28日判決（上告審は最高裁第三小法廷昭和47年12月5日判決））を引用して，白色申告の場合も，理由の開示には更正処分の妥当公正を担保する趣旨を含んでいると主張するが，青色申告の場合には，更正処分に理由の附記を義務付けることは，納税者に法定の帳簿書類に正確な記載を求めていることに対応して，帳簿書類の記載を無視して更正処分がされないことを担保する趣旨であるのに対して，帳簿書類の記載に関して厳格な要求がない白色申告の場合には，更正処分時に理由の附記を義務付ける規定はそもそも存在せず，また，前記のとおり推計課税が許され

るなど制度自体に大きな違いがある以上，本件事案は，原告が引用する判例とは事案を異にし，主張自体失当というほかない。
(5) そして，原告は，理由の開示を受けられれば，直ちにこれに反論し，本件更正処分が，異議審理において，その全部または一部の取消しが見込まれる場合であることを明らかにして，徴収猶予の措置を受けることができたはずであると主張するが，本件更正処分を一部取り消す旨の異議決定は，実額立証とは無関係の単なる推計方法の見直しによって出されたものであって，異議審理の経過とは基本的に無関係であるし，そもそも徴収猶予の申立てを不採用としたこと自体は，通達にしたがって判断されたものであるから，これにより，本件更正処分の理由の開示を行わなかったことにつき，何ら違法性が生じるものではない。
(6) さらに，原告は，同時期に異議申立てをした別の人物には教示をしながら，原告には教示をしなかったのは，憲法14条に反すると主張するが，前記(3)で検討したとおりの個別的な経緯や事情から理由の開示がされなかったのであるから，原告の主張は理由がない。

【297】 横浜地裁小田原支部 平成10年8月28日判決
（平成5年（ワ）第163号・国家賠償請求事件）

【当事者】

原告 ○○○○

被告 国

【判示事項】

税務調査（反面調査）の違法性の存否

【事案の概要と争点】

本件は，板金工事業を営む原告が，国税調査官のした違法な税務調査（反面調査）により，私生活の平穏や信用を害され，精神的，経済的損害を被ったとして，国に対し，損害賠償を求めたものである。

主たる争点は，反面調査の必要性とその方法についての違法性の有無にあった。

【判　旨】
　本判決は，次のように判示して，原告の請求を棄却した。
1. 反面調査の開始
　　反面調査は，納税者の取引先や納税者の周辺の事業者に，納税者が税務署から過少申告等の疑いをかけられているのではないかとの印象を与えかねないものであるから，反面調査の開始，方法については一定の配慮が必要であることはいうまでもないが，質問検査権は所得税の適正公平な賦課徴収を図るために税務職員に与えられた手段で，過少申告を疑う相当な理由がない場合でもその権限を行使できるものであるから，納税者から全く税務調査の資料が得られない本件のような場合に，適正な所得金額の把握のため反面調査の手段を選択することは税務職員に与えられた裁量の行為というべきである。これにより，原告の取引先あるいは関連業者等に原告の過少申告等の印象を与えることがあっても，右のような不利益は，立会人の同席を許さなければ質問検査に応じないという態度に終始した原告において受忍すべきものである。
　　原告は，A係官が調査資料を獲得できなかったのは，理由もなく立会人の退席を調査の前提にしたためであり，そのことによる資料不足を反面調査の理由とすることはできないと主張する。しかしながら，実定法上，質問検査の際，納税者に第三者の立会を求める権利は与えられていないうえ，質問検査の過程での税務職員と納税者とのやり取りにより納税者や納税者の取引先の秘密が立会人に漏れるというのは相当でなく，立会人に秘密が漏れないよう質問検査をするというのでは十分な調査ができないこともありうるし，また，税理士法違反の危険があることも否定できないから，第三者の立会を認めず，第三者が退席しない限り，調査に入らないということも税務職員として十分理由のある選択であるといえる。してみると，原告が主張するように，立会人がいることに，不当な調査を防止できるとか納税者が支えられるという納税者の側の利益があるとしても，立会人が退席するまでは質問検査に入らないということが税務職員に与えられた裁量を逸脱したものということはできず，原

告の右主張は採用できない。
2. 本件における反面調査の方法

　原告は，反面調査の対象は原告の取引先のみならず，約400か所にも上るものであるが，これは反面調査において許された限度を超える数で，税務職員に与えられた裁量を逸脱していると主張する。しかしながら，原告については過去に調査した資料があるとはいえ，現在の取引先については全く資料がない以上，相当な範囲で，建築業者等板金工事業者の取引先となりうる業者について反面調査をせざるを得ず，その数が400か所に上ったからといって直ちに違法の問題は生じない。

　また，原告は原告方における質問検査をわずか10分程度で打ち切り，直ちに400か所の反面調査を行ったことには裁量権の逸脱があると主張する。しかしながら，原告及び訴外従業員（原告の長男）の立会人同席の要求は強く，容易なことでは立会人の退席による調査を納得させることはできなかったことは，前記認定のやり取りから明らかであるから，原告方にいた時間が10分ないし15分であったからといって，裁量を逸脱したということはできない。

【298】　大阪地裁　平成10年9月25日判決
（平成8年（ワ）第13117号・損害賠償等請求事件）

【当事者】
原告　○○○○
被告　国ほか1名

【判示事項】
税務署職員の国賠法上の違法の有無等

【事案の概要と争点】
　本件は，税務署長が平成元年3月10日，原告の昭和57年分所得税についての更正処分を取り消して，同日付けで原告の昭和60年分所得税について更正処分をしたのは，税務署職員が調査義務を尽くさず，また，相被告Ｙに対し「買取証明書」を原告に交付しないよう違法な圧力をかけた上，原

告に修正申告の機会を与えなかったからであり、これより多大な出費と精神的苦痛を受けたとして、国及び相被告Ｙに対して損害賠償を求めたものである。

主たる争点は、税務署職員の調査義務違背の有無、不法行為の有無、更正処分の取消しと同日に新たな更正処分をしたことが、原告の修正申告の機会を奪ったといえるか否かにあった。

【判　旨】

本判決は、次のように判示して、原告の請求を棄却した。

1. 原告は、Ｉ税務署の職員が被告Ｙに対して買取証明書を原告に交付しないように圧力をかけた旨の主張をし、さらに、原告及び証人Ｍは、被告Ｙと交渉中、原告がトイレで中座した時に、被告ＹのＴ所長がＭに対して、税務署から買取証明書を出さないように働きかけられているとの話しをうち明けた旨の供述をし、証拠のうち一部にはこれに沿う記載がある。

しかし、①Ｔ所長は、被告Ｙ本社所属のＫ常務の指示により初めてＭ及び原告と面識を持った者であり、Ｍ及び原告に対して極めて慎重な姿勢で対応していたものであるところ、かかるＴ所長が、交渉相手であるＭに対してたやすく右裏話なるものをうち明けるとは考えにくいこと、②右裏話の内容とされる税務署からの働きかけというものの内容が全く漠然としており、現実味に乏しいものであること、③Ｉ税務署の職員が被告Ｙに対して原告に買取証明書を交付しないように働きかける理由として、既にＩ税務署長が原告が被告Ｙから受領した6520万円を売買代金ではなく交換差金と判断して昭和63年更正処分をしていることが考えられるものの、いまだ被告Ｙに対して原告に買取証明書を交付しないように働きかけるほどの動機とはいい難く、他にＩ税務署の職員が被告Ｙに対して原告に買取証明書を交付しないように働きかける理由が見当たらないこと、④認定事実のとおり、Ｉ税務署は、原告が、被告Ｙから受領した6520万円は原告が有していた共有持分を被告Ｙに売却したことに基づく売買代金であり、それを証明する書類を被告Ｙに交付するように依

頼中である旨申し入れてきた際に，しばらく原告の右主張を裏付ける書類が提出されるのを待っており，かかるＩ税務署の対応からすれば，被告Ｙに対して原告に買取証明書を交付しないように働きかけたとは考えにくいことの諸事情がうかがえ，かかる諸事情を総合勘案すれば，原告及び証人Ｍの供述を信用することはできず，原告の主張を採用することはできない。したがって，右の働きかけの存在を前提とする被告Ｙと被告国との共同不法行為の主張も理由がない。

2. 原告と被告国との間では原告が本件土地に共有持分を取得していた事実は争いがないから，Ｉ税務署長が結果的には誤った判断により昭和63年更正処分をしたと判断せざるを得ないが，右処分に至る調査の過程において，認定事実のとおり，Ｎに対する調査の結果，原告が被告Ｙから受領した6520万円が交換差金であるにもかかわらず所得税の申告をしていない疑いが生じたところ，①Ａ調査官による度重なる面接調査の要請に対しても原告は応じなかったこと，②被告Ｙに対する調査の結果により右6520万円が交換差金である疑いが一層強まったこと，③右6520万円は原告が有していた共有持分を被告Ｙに売却したことに基づく売買代金であり，それを証明する書類を被告Ｙに交付するように依頼中である旨の原告の申入れに対し，Ｉ税務署長は，右書類が提出されるのを待つことにし，原告が右書類を提出せず，右6520万円は交換差金ではなく原告が有していた共有持分を被告Ｙに売却したことにより取得した売買代金であるから昭和57年分の所得税については修正しない旨の回答をした後に昭和63年更正処分をしていること，以上のとおり認められ，かかる点を総合勘案すれば，Ｉ税務署長は調査を尽くした上で昭和63年更正処分をしたものということができ，このように認定することは被告国が原告が本件土地に共有持分を所得していた事実を認めていることにより何ら妨げられるものではないから，右処分に国家賠償法上何ら違法（職務義務違背）というべき点はなく，原告の主張は理由がない。

3. 原告は，Ａ調査官らによる調査が開始される前である昭和60年分の所得税の確定申告の際に，被告Ｙから受領した6520万円について，譲渡所

得として申告することは可能であり、また、譲渡所得として申告することについて何の障害もなく、さらに、認定事実のとおり、本件確認書、申出証明書、買取証明書及び事実認定書が提出された後、Ｉ税務署のＢ統括官は、原告に対し、昭和63年更正処分を取り消す予定であること及びそのような場合、原告が被告Ｙから受領した6520万円は本件土地の共有持分についての売買代金に当たるから昭和60年分の所得税について修正するように促していたのであって、原告には、右6520万円を譲渡所得として申告する機会及び昭和60年分の所得税について修正申告をする機会は十分に存在しており（原告は、公共事業に供する土地の譲渡であるから、申告を要しないと思いこんでいたと言っているにすぎない。）、平成元年３月10日付けで昭和63年更正処分を取り消し、同日付けで平成元年更正処分をしたＩ税務署長の行為に国家賠償法上違法というべき点はなく、原告の主張は理由がない。

【299】 大阪高裁 平成10年11月17日判決

（平成10年（ネ）第1033号・損害賠償請求控訴事件）

【当事者】

控　訴　人（原告）　〇〇〇〇

被控訴人（被告）　国

【判示事項】

公売見積価額の決定の適否

【事案の概要と争点】

本件は、本書整理番号【292】の控訴審である。

【判　旨】

本判決は、控訴人の請求を棄却した原審（大阪地裁堺支部平成10年２月27日判決・本書850ページ）の理由説示を一部付加・訂正するほかこれを引用して、控訴を棄却した。

第6章 その他

【300】 名古屋高裁金沢支部 平成10年12月7日判決
（平成10年（ネ）第77号・損害賠償請求控訴事件）

【当事者】
控訴人（原告） 有限会社○○○○
被控訴人（被告） 国

【判示事項】
違法性の有無，損害の有無

【事案の概要と争点】
本件は，本書整理番号【295】の控訴審である。

【判旨】
本判決は，控訴人の請求を棄却した原審（富山地裁高岡支部平成10年4月27日判決・本書853ページ）の理由説示に次のとおり付加するほかはこれを引用し，控訴を棄却した。

（付加部分）
　なお，控訴人が本訴において主張する損害が控訴人代表者のA税務署等へ出向いた際に要した有料道路の料金，日当等であることにかんがみると，A税務署長が本件異議申立に対して3ヵ月経過しても決定をしなかったことに正当な理由がなければ，そのことによって控訴人の損害を発生させたと認める余地もあるので，さらにこの点について検討するに，証拠及び弁論の全趣旨によれば，A税務署長は，控訴人の本件異議申立てには理由がなく棄却すべきものと判断していたが，本件異議申立がなされる直前に控訴人の応対にあたった税務署員から，控訴人代表者が税務署員の延滞税に関する説明に納得せず，必ずしも冷静でない態度をとっている旨の報告を受けたこと，延滞税は納税者の過失の有無等にかかわらず法律上発生するものであって，本件では控訴人に延滞税の納付義務があることが明らかであり，しかもその税額が約20,000円という少額であったこと等から，控訴人と円満な解決を図るべく，控訴人代表者に延滞税の制度等について理解を求めた上で，本件異議申立てを取り下げてもらい納得して納税してもらうのが相当と判断して，これを直ちに却

下しないことにしたことが認められ、同税務署長が本件異議申立に対して3ヵ月経過しても決定をしなかったことに正当な理由がないとはいえない。そしてこのことに加え、控訴人が日当等を要したと主張するA税務署等へ出向いた日数（合計8日）のうち、6日は本件異議申立て以前である（他の2日はB国税不服審判所長に対して本件督促処分に対する審査請求をする直前の1ヵ月内である。）ことも考慮すると、同税務署長の右の対応（不決定）が控訴人主張の損害の賠償原因となる違法性を有していると認めることはできない。

【301】 東京高裁 平成10年12月21日判決
（平成6年（ネ）第4563号・損害賠償請求控訴事件）

【当事者】
　　控　訴　人（原告）　　〇〇〇〇ほか1名
　　被控訴人（被告）　　国

【判示事項】
　　差押えに係る現金の帰属

【事案の概要と争点】
　　本件は、年報6号整理番号【257】の控訴審である。

【判　旨】
　　本判決は、控訴人の請求を棄却した原審（東京地裁平成6年10月14日判決・年報6号 766ページ）の理由説示に次のとおり付加するほかこれを引用し、控訴を棄却した。

（付加部分）
　　本件脱税容疑事件は、滞納会社が、その所有に係る土地を売却するにあたり、実体のない法人であるB印刷株式会社との共同事業であるとして、右土地売却譲渡代金38億円のうち20億5000万円を共同事業分配金名目で同社に支払い処理したことが、滞納会社の脱税のための粉飾であり、実際には同社の簿外の資金として流用されたとの嫌疑に係るものであった（なお、滞納会社は、右共同事業分配金を不動産譲渡の原価とする昭和63年4月1

日から平成元年3月31日までの事業年度の法人税の確定申告書をA税務署長に提出したが，同署長は，右共同事業分配金が，B印刷株式会社の名を借りた架空の不動産譲渡原価であるとして，右不動産譲渡の原価であることを否認し，右事業年度の法人税の更正処分を行った。）。右の嫌疑について東京国税局査察部により捜査が行われた結果，滞納会社が多くの借用名義を利用して銀行預金口座を持つなどして売却利益金を粉飾処理していたことが判明し，その大半については差押えが行われたが，なお，被控訴人において最終的に右の利益金の使途を解明したと主張するところによっても，本件資金流れ図（略）記載のとおり1億2840万円余（「使途不明分」欄記載のとおり）が使途不明金となっている。右使途不明金とされたもののうち，大口の不明金である2000万円と5000万円については，前者の2000万円は，前渡金とされた2億3518万円のうちからX_3らに交付されたことが判明した金額を除いた後，なお不明となっている金員であり，また，後者の5000万円は，D名義の銀行定期預金口座から出金された1億円のうちX_2に現金で交付されたとされる金員である。そして，控訴人らは，右使途不明金とされた金員のうちの右2000万円と5000万円の金員以外は被控訴人主張のとおりの使途不明金であることについては知らないが，右2000万円の金員は，X_2が，滞納会社の土地売却が円滑に進むよう働いて貰った謝礼として右翼団体構成員Bに支払ったものであると，また，右5000万円の金員は，国税局査察部の捜査を受けたため政治的に解決する工作資金として外務大臣秘書官の経験があるといわれていたX_3に渡したと，それぞれ主張して，右各金員がいずれも使途不明金であることを争い，右各主張に沿った証拠として同控訴人作成に係る陳述書を提出している。しかしながら，右陳述書記載の事実を裏付ける資料は何も提出されていない（したがって，右陳述書記載の内容をたやすく採用することはできず，また，被控訴人が使途不明金であると指摘するそれ以外の部分についても，使途が解明されたことを認めるに足りる証拠はない。）。

控訴人らは，本件現金は，X_1の自宅内にあったものであり，X_1の占有下にあったものであるから，民法186条及び188条の推定規定が適用さ

れ，本件現金に対するX₁の本権が推定されるべきである旨主張する。しかしながら，X₁の所有建物である本件建物と滞納会社代表者であるX₂の居宅とされている別棟の建物との位置関係等の状況等に照らすと，本件建物がX₁のみの占有下にあるとは断定できず，むしろ，X₂が代表者である滞納会社の占有下にあるとみることができるのであって，現に，控訴人らは，本件差押えに関する国税不服審判所長に対する審査請求書で「本件建物にはX₁及び滞納会社代表者のX₂も居住している」旨を記載している上，X₁自身，X₂が本件建物で寝泊まりしていることを認めており，また，平成元年11月7日及び本件差押前日の各東京国税局査察部の捜索差押の際，本件建物内からX₂所有の持ち物と思われる所持品等及び滞納会社の業務に直接関係する書類等がいずれも多数発見されているところである。のみならず，本件建物内で発見された現金は，平成元年の右差押の際には約3000万円であったのに，僅か約1年後の本件差押時には，本件現金を含めて総額約8400万円にも増加していたのであり，X₁は，右本件建物内にあった現金の増加分はX₂が更に現金を建物内に持ち込んだことによるとの認識を有していたのであり，また，本件建物内にあった現金のうちX₁自身のものについては数個の封筒に入れて封筒の表に使途を明記して他の現金と区別していたので，右区別された現金は本件現金の中に含まれないものとして本件差押対象外とされたのである。右の諸事情によれば，X₁が自己のためにする意思をもって本件現金を支配していたとは認められず，かえって，滞納会社の土地売却による利益金の使途が全て解明されたとは言えないこと，X₁の年齢，職歴・収入等を考慮すると，本件現金は，X₁に帰属するものではありえず，むしろ滞納会社代表者であるX₂が支配・占有していたものではないかと窺われるのである。したがって，本件現金の占有について前記各条項の適用を主張する控訴人らの主張は失当である。

2 その他

【302】 東京地裁 平成10年6月12日判決
（平成8年（行ウ）第141号・通知処分取消請求事件）
【当事者】
　原告　〇〇〇〇株式会社
　被告　東京法務局渋谷出張所登記官
【判示事項】
　租税特別措置法84条の3及び平成6年法律22号附則24条9項の憲法適合性
【事案の概要と争点】
　本件は，土地購入による所有権移転登記に際し納付した登録免許税の課税標準額が過大であったとして，原告が還付通知をすべき旨の請求をしたことに対し，被告がした還付通知をすべき理由がない旨の通知処分の取消しを求めた事案である。
　主たる争点は，租税特別措置法（平成8年法律17号による改正前のもの。以下「措置法」という。）84条の3及び平成6年法律22号附則24条9項（以下，右両規定を合わせて「措置法調整規定」という。）の憲法適合性にあった。
【判　旨】
　本判決は，次のとおり判示して，原告の請求を棄却した。
1. 措置法調整規定が，憲法84条，14条1項に違反するものであるか否かについて
(1) 登録免許税の課税標準たる不動産の価額に関する登録免許税法（以下「法」という。）10条1項，法附則7条及び登録免許税法施行令（以下

「令」という。）附則3項並びにその特例措置としての措置法調整規定及び租税特別措置法施行令（平成8年政令第83号による改正前のもの（以下「措置令」という。）44条の6第1項の規定が，租税要件明確主義，租税要件法定主義に反するものでないことは明らかである。

　また，租税の賦課根拠が国会の定める法律に明確に規定され租税法律主義の要請を満たすとしても，立法府の合理的裁量の範囲を超えた不平等な税法については，立法裁量の逸脱の有無が問題となり得るというべきであるところ，措置法調整規定は，平成6年度の評価替えによる登録価格の上昇倍率が3倍程度となることとなったため，平成6年度の評価替えから平成9年度の評価替えまでの間の特別措置として課税標準を登録価格の100分の40とするものであって，法附則7条によるときは，固定資産評価額の変動（上昇）がストレートに登録免許税額に反映されることによる納税者の税負担の変動（上昇）を緩和するものであるから，措置法調整規定によって新たに課税標準を増加させるものではない。この税負担の緩和措置として，登記申請のされた不動産の登録価格につき全国一律に一定の割合を乗ずるという方式によることは，課税標準を右登録価格によるとする法附則7条を前提とする限り，実質的に税率を一律に軽減した場合と同一の効果を生ずるものであり，適用範囲が全国に及ぶ国税に関する方法としては公平を担保しやすいものということができるのであって，地域的な不平等，不公平の誹りを受けるべきものではない。むしろ，登録免許税の課税標準たる不動産の価額は登記官が判断しなければならず，右判断に当たって，個々の登記官のし意をできるだけ排除し，全国共通の客観的基準を設け，これに従い迅速に処理しなければならないという点に照らせば，合理的理由が存するものというべきである。

(2)　そして，措置法調整規定において税負担の緩和措置として乗ずることとされた100分の40という割合についても，証拠によれば，平成6年度の評価替えにより，各都道府県の評価の基準となる基準宅地において，登録価格の上昇倍率が3.02倍となっていること，売買による土地の登

記１件当たりの登録免許税額の過去の評価替え時の平均上昇倍率が約
1.5倍であること，右の点といわゆるバブル経済期前10年の登録価格総
額の民有地時価総額（公示価格ベース）に占める割合まで評価総額を引
き上げる場合の調整割合が約50パーセントであることを勘案して，措置
法調整規定の内容が決定された旨説明されていることが認められるので
あって，憲法84条，14条１項に違反することをうかがわせるような事情
は存しないものというべきである。
(3) 以上のとおりであるから，措置法調整規定が憲法84条，14条１項に違
反する旨の原告の主張は採用できないものというべきである。
2. 措置法調整規定を本件に適用することが，憲法84条，14条１項に違反
するか否かについて
(1) 措置法調整規定の合憲性については右に説示したとおりであるが，合
憲の法律であっても，それが適用された結果が，当該法律の達成しよう
とする目的と異なり，当該法律の予定する合理的限界を超えた不利益，
制裁を課する結果となる場合には，右法律の適用につき，憲法適合性を
検討する余地が生ずる。

しかし，原告が，措置法調整規定の本件への適用について違憲である
と主張するところは，措置法調整規定の違憲事由として主張した点を，
本件の具体的事例に即して述べるものにすぎず，措置法調整規定が合理
性を有し，それ自体が憲法84条，14条１項に違反するものではないこと
は前記のとおりであって，他に本件における登録免許税の算定が法又は
措置法調整規定が達成しようとする目的と異なり，右各法律の予定する
合理的限界を超えた不利益，制裁を原告に課する結果となっていると認
めるに足りる事情については立証がない。
(2) この点につき，原告は，土地価格が下落傾向にあるのに，本件土地の
登録価格が５倍以上に上昇したため，本件における登録免許税額も従前
の評価額を前提とした場合に比して２倍を超えるという，納税者にとっ
て甘受し得ない結果が生じている旨の主張をする。

しかし，原告の主張する事態は，登録価格が上昇したことに伴い，登

録価格に基づいて課税標準を算定するという法附則7条の予定する方式から発生するものであるところ，このような算定方式そのものは，固定資産税の登録価格が適正な時価を意味するものであり（地方税法349条1項，341条5号），この価格の決定ついては統一的な評価の手続及び基準が定められ（同法388条），価格決定につき不服審査及び争訟の方途が講じられていること（同法432条ないし434条）に照らして，合理的なものというべきであるから，結局，原告の主張するところは，本件において，措置法調整規定の緩和割合が過少であること又は登録価格の増加の不当をいうものにすぎない。そして，措置法調整規定の緩和割合については，立法裁量を超えたものと解すべき事情がないことは既に説示したとおりであり，また，登録価格の増加については，当該登録価格に係る審査決定に対する取消訴訟で争うべきものであり，措置法調整規定を本件に適用することを違憲ならしめるものではないというべきである。

なお，原告が本件土地を取得した平成6年3月31日に登記を受けていれば，平成5年12月31日における登録価格が計算の基礎とされたことになるが，登記利益は登記申請の時に判断するほかないのであるから，不動産価額の評価方法に変更が生じた後の登記において税額が増加したことが措置法調整規定を本件に適用することを違憲ならしめるものでもない。

(3) 以上のとおり，措置法調整規定を本件に適用することが，憲法84条，14条1項に違反するとする原告の主張は採用できない。

【303】 大阪地裁　平成10年12月21日判決
　　　（平成10年（ワ）第1842号・配当異議事件）
【当事者】
　　原告　〇〇〇〇株式会社
　　被告　国ほか1名
【判示事項】

土地・建物を一括競売した際の売却代金の土地・建物への配当案分率
【事案の概要と争点】
　本件は，競売で一括競売された本件土地及びその上に存する建物の売却代金につき，土地については国等に優先し，建物については国等に劣後する原告が，右競売で作成された配当表の配当額は土地及び建物配当案分率が誤っており，土地の売却代金が配当表に示された配当額より高くなるべきであるとして，右配当表の変更を求めた事案である。
　主たる争点は，売却代金の土地，建物への配当案分率の適否にあった。
【判　旨】
　本判決は，次のように判示して，被告国に対する原告の請求を認容し，相被告大阪市に対する訴えを却下した。
1.　本件競売事件のように，国税及び地方税等と私債権とが競合する場合には，法定納期限等又は設定，登記，譲渡若しくは成立の時期の古いものから順次関係法規の規定を適用して，国税及び地方税等の公債権グループと私債権に充てるべき金額の総額を定め（国税徴収法26条，地方税法14条の20），公債権グループにおいては交付要求の順序に従って配当するとされている（国税徴収法26条，13条，地方税法14条の7）。
2.　また，本件競売のように，不動産が一括競売され，不動産ごとの債権者の優先順位が異なる場合には，売却代金の総額を各不動産の最低売却価額に応じて案分し，各不動産ごとに配当を行うこととされている（民事執行法86条2項）。
3.　そこで，まず，本件土地・建物の売却代金の案分額について検討する。
　証拠によると，評価人は，本件土地を3272万9000円，本件建物を2422万2000円と評価したうえ，個別性や市場性等を加味して，総額の15％を減額し，本件土地・建物を4840万8000円と評価したこと，これに基づき，執行裁判所は，本件土地・建物の最低売却価額を4841万円と決定したことが認められる。
　してみると，本件土地・建物の各最低売却価額は，
　本件土地が2781万9650円（3272万9000円×0.85）

　　　　本件建物が2058万8700円（2422万2000円×0.85）
　　とみるのが相当である。
　　　　そうすると，案分率は，本件土地が，0.57469
　　　　　　　　　　　　　　　本件建物が，0.42531
　となる。
4.　これに対する被告国の主張ははなはだ抽象的であって，具体的な根拠，数値に基づくものではなく，到底採用することはできないといわざるをえない。
5.　そして，公債権グループの各公課庁が交付要求した日時及び税金等の額が，別紙2（省略）の各欄記載のとおりであることは，争いがない。
6.　そこで，右認定の案分率に従って本件土地・建物の売却代金を案分すると，別紙4（省略）のとおりとなり，配当表を書き改めると別紙5，6（省略）記載のとおりとなる。
　　よって，本来であれば，本件競売事件につき，執行裁判所が平成10年2月25日作成した配当表を取り消して，別紙4ないし6のとおり配当表を作成するべきところ，原告は，大阪国税局に対する配当額のうち，金75万0290円の配当のみについて取消を求めているから，これを認容し，同額について原告への配当に加えることとする。
7.　なお，大阪市（北区）からの交付要求のあった公債権（314万6100円）については，公債権グループとしての優先枠の確保には意味を有していたが，別紙2記載のとおり，本件配当期日には全く配当は受けていないから，その配当額の取消しと原告への配当を求める訴えは，訴えの利益を欠き，不適法というべきである。

平成10年裁判月日別索引

裁判月日	裁判所	事件番号	整理番号	上訴の別	登載文献	掲載ページ
1.19	仙台地裁	7(行ウ)10	136	控訴		369
1.21	大阪地裁	8(行ウ)65	184	控訴		509
1.21	広島地裁	8(ワ)1266	218	確定		642
1.22	最高裁一小	5(行ツ)167	162	確定		433
1.22	最高裁一小	9(オ)2166	288	確定	税務事例31-3-12	839
1.26	横浜地裁	5(行ウ)4	16	控訴		41
1.27	最高裁三小	8(行ツ)165	1	確定		3
1.27	最高裁三小	8(行ツ)240	92	確定	速報税理17-36-7	236
1.27	仙台高裁	8(行コ)14	98	確定		263
1.27	高松高裁	9(行コ)9	147	確定		395
1.27	大分地裁	8(行ウ)1	156	控訴		418
1.28	名古屋高裁	9(行コ)6	80	上告		214
1.28	神戸地裁	61(行ウ)28	90	控訴		228
1.29	東京高裁	9(行ウ)57	2	確定		4
1.29	東京高裁	7(行コ)171	93	確定		237
1.29	東京高裁	9(ネ)2285	241	上告		727
1.30	盛岡地裁	9(行ウ)6	47	確定		147
1.30	大阪高裁	9(行コ)6	114	上告		303
1.30	名古屋地裁	8(ワ)3294	242	控訴		727
2.4	大阪地裁	8(ワ)3281	289	確定		840
2.5	福岡高裁那覇支部	9(行コ)3	95	確定		240
2.5	東京地裁	9(ワ)14160	252	確定	判タ985-214	754
2.6	名古屋地裁	7(行ウ)45	190	確定		519

裁判月日	裁判所	事件番号	整理番号	上訴の別	登載文献	掲載ページ
2.10	最高裁三小	9（行ツ）167	157	確定		421
2.10	最高裁三小	9（オ）2178	290	確定		841
2.12	最高裁一小	9（行ツ）236	191	確定		525
2.16	大津地裁	8（行ウ）10,（ワ）611	48	確定		150
2.16	福島地裁	6（行ウ）2	219	控訴		645
2.16	福島地裁	6（行ウ）4	220	控訴		657
2.16	東京高裁	7（ネ）2108	291	上告		841
2.18	那覇地裁	5（行ウ）10	13	控訴		27
2.18	那覇地裁	5（行ウ）11	14	控訴		31
2.18	横浜地裁	9（ワ）253	266	確定		781
2.18	宇都宮地裁栃木支部	7（ワ）187	267	確定		784
2.19	東京高裁	9（行コ）42	243	上告	判時1647-86, ジュリ1148-337, 判タ1004-138	730
2.20	大阪高裁	9（行コ）26	171	確定		462
2.23	東京高裁	9（行コ）141	49	上告		153
2.23	浦和地裁	9（行ウ）4	101	控訴		270
2.24	最高裁三小	8（行ツ）168	50	確定	裁判所時報1218-120	154
2.24	東京地裁	8（行ウ）146	124	確定	税務事例30-9-64, 判タ1004-142, 国税速報5170-1	328
2.24	東京地裁	8（行ウ）148	192	控訴		526
2.25	横浜地裁	6（行ウ）40	99	控訴		265
2.25	千葉地裁	8（行ウ）2	172	控訴		462
2.25	東京地裁	9（ワ）2215	247	控訴		744
2.26	東京地裁	9（行ウ）72	108	控訴	税務事例30-11-62, 判タ1000-275	287

平成10年裁判月日別索引 879

裁判月日	裁判所	事件番号	整理番号	上訴の別	登載文献	掲載ページ
2. 26	最高裁一小	9（行ツ）212	115	確定		305
2. 26	高松高裁	9（行コ）6	120	上告		321
2. 26	最高裁一小	9（行ツ）206	179	確定		478
2. 26	最高裁一小	8（行ツ）202	193	確定		531
2. 26	東京地裁	8（行ウ）229	272	確定		798
2. 27	最高裁二小	9（行ツ）222	173	確定		464
2. 27	大阪地裁	8（ワ）579	292	控訴		850
3. 2	仙台高裁秋田支部	9（行コ）4	221	上告		653
3. 3	大分地裁	4（行ウ）8	163	控訴		433
3. 3	大分地裁	4（行ウ）6	271	控訴		793
3. 4	名古屋地裁	8（行ウ）36	84	控訴		216
3. 5	大阪高裁	9（行コ）18	59	差戻		168
3. 6	東京地裁	9（ワ）25722	253	控訴		756
3. 10	最高裁三小	8（行ツ）160	40	確定		121
3. 10	大阪高裁	9（行コ）28	145	上告		388
3. 10	最高裁三小	9（オ）2401	268	確定		787
3. 12	広島地裁	7（行ウ）13	17	控訴		45
3. 12	静岡地裁	6（行ウ）2	222	控訴		655
3. 12	大阪地裁	9（ワ）8497	262	確定		774
3. 13	札幌高裁	9（行コ）8	69	差戻		195
3. 13	最高裁二小	7（行ツ）86	85	確定		220
3. 13	最高裁二小	8（行ツ）156	133	確定		366
3. 16	東京高裁	9（行コ）181	60	上告		169
3. 18	東京高裁	8（行コ）57	18	確定		48
3. 18	神戸地裁	8（行ウ）10	65	確定		179
3. 18	岐阜地裁	8（行ウ）9	125	確定		332

裁判月日	裁判所	事件番号	整理番号	上訴の別	登載文献	掲載ページ
3. 19	宇都宮地裁	元（行ウ）3	19	控訴		49
3. 19	大阪高裁	7（ネ）1191, 2247, 926	44	確定		132
3. 20	徳島地裁	7（行ウ）8	15	控訴	速報税理6-1-5	38
3. 20	福岡地裁	4（行ウ）14, 5（ワ）260	233	控訴		679
3. 20	福岡地裁	5（ワ）260-2	293	控訴		852
3. 23	大分地裁	9（行ウ）9	104	確定		278
3. 24	横浜地裁	9（カ）4	51	確定		154
3. 24	福岡高裁宮崎支部	9（行コ）5	122	確定		322
3. 24	大分地裁	9（行ウ）8	166	確定		449
3. 25	千葉地裁	4（行ウ）29	66	確定		183
3. 25	神戸地裁	6（行ウ）45	96	控訴	税務事例30-10-64	244
3. 26	東京高裁	9（行コ）47	20	確定		54
3. 26	名古屋地裁	9（行オ）1	70	控訴		195
3. 26	最高裁一小	6（行ツ）76	223	確定	裁判所時報1216，判時1639-36，民事法情報145-30	660
3. 26	東京高裁	9（ネ）2085	263	上告		777
3. 27	東京地裁	8（行ウ）230	210	確定	速報税理9-1-34，税務弘報46-11-182，税務事例30-11-62	600
3. 27	横浜地裁	8（ワ）4089	244	控訴		736
3. 30	東京高裁	8（行コ）93	21	確定		55
3. 30	東京高裁	9（行コ）174	102	上告		275

平成10年裁判月日別索引　881

裁判月日	裁判所	事件番号	整理番号	上訴の別	登載文献	掲載ページ
3.30	横浜地裁	9（行ウ）11	109	控訴	速報税理9-1-34, 税務弘報46-11-182, 税務事例30-11-63	292
3.30	横浜地裁	8（行ウ）5	127	控訴	速報税理9-1-35, 税務弘報46-11-183, 税務事例30-11-64	339
3.30	東京高裁	8（行コ）169	194	上告		531
3.31	福岡地裁	8（ワ）509	269	控訴		787
4.3	福島地裁	8（行ウ）3	61	控訴		170
4.7	仙台高裁	8（行コ）5	159	上告		425
4.8	神戸地裁	8（行ウ）24	3	控訴		7
4.9	最高裁一小	10（行ツ）26	234	確定		687
4.10	最高裁二小	10（行ツ）33	206	確定		593
4.13	名古屋地裁	5（行ウ）59	160	控訴	国税速報5169-1,	430
4.14	東京高裁	9（行コ）165	5	確定		12
4.14	大阪高裁	8（行コ）57	75	確定		205
4.14	大阪高裁	9（行コ）16	91	確定		233
4.14	最高裁三小	9（行ツ）226	94	確定		239
4.14	大阪高裁	7（行コ）65	180	上告	訟月45-6-1112 国税速報5046-1, 判時1674-40	478
4.15	宇都宮地裁	4（行ウ）6	237	控訴		696
4.17	静岡地裁	9（モ）212	67	即時		193
4.17	福岡高裁	9（行コ）3	167	上告		451
4.21	大阪地裁	9（行ウ）4,5,6	126	控訴		334
4.21	東京高裁	10（行コ）186	211	上告		605
4.23	千葉地裁	5（行ウ）21	195	確定		533
4.24	京都地裁	5（行ウ）11	41	控訴		122

裁判月日	裁判所	事件番号	整理番号	上訴の別	登載文献	掲載ページ
4.24	最高裁二小	10 (オ) 267	264	確定		778
4.24	最高裁二小	8 (オ) 533	294	確定		852
4.27	東京高裁	9 (行コ) 91	22	確定		57
4.27	東京高裁	9 (行コ) 124	116	確定		306
4.27	富山地裁高岡支部	9 (ワ) 171	295	控訴		853
4.28	東京高裁	8 (行コ) 160	169	上告	税と経営1345-17	456
4.30	最高裁一小	6 (行ツ) 119	86	確定		219
4.30	大阪高裁	9 (行コ) 36	130	上告		364
4.30	東京地裁	6 (行ウ) 301	181	確定		495
4.30	大阪地裁	8 (行ウ) 92	238	控訴	税と経営1345-18	710
5.6	東京地裁	9 (ワ) 1594	254	確定		758
5.12	東京地裁	9 (行ウ) 211, 258	52	控訴		157
5.12	岡山地裁倉敷支部	8 (ワ) 372	278	確定		817
5.13	東京地裁	7 (行ウ) 213	196	控訴		542
5.20	横浜地裁	3 (行ウ) 18	23	確定		58
5.22	大阪地裁	8 (行ウ) 156	174	控訴		465
5.25	宮崎地裁	8 (行ウ) 1	4	控訴	税と経営1332-24	9
5.26	山口地裁	6 (行ウ) 4	24	確定		62
5.26	最高裁三小	10 (行ツ) 75	53	確定		158
5.26	最高裁三小	8 (行ツ) 177	119	確定		320
5.26	大阪高裁	9 (行コ) 13	123	上告		323
5.26	最高裁三小	10 (行ツ) 25	131	確定		364
5.26	東京高裁	9 (行コ) 5	224	確定		661
5.26	大分地裁	9 (ワ) 336	251	確定		752

裁判月日	裁判所	事件番号	整理番号	上訴の別	登載文献	掲載ページ
5.27	東京高裁	8（行コ）5	42	確定		127
5.27	東京地裁	10（行ウ）35	45	控訴		143
5.28	東京高裁	9（行コ）192	189	確定		518
5.28	東京高裁	9（行コ）206	279	上告		818
5.28	東京地裁	9（行ウ）2	280	控訴		819
5.29	千葉地裁	10（行ウ）13	54	控訴		159
5.29	前橋地裁	5（行ウ）3	137	確定		372
5.29	徳島地裁	6（行ウ）15	170	控訴		457
5.29	東京地裁	7（行ウ）304	197	控訴		551
5.29	東京地裁	9（ワ）23479	255	確定		760
5.29	東京地裁	9（行ウ）102	273	控訴		804
6.1	神戸地裁	10（行ウ）13	71	決定		197
6.3	神戸地裁	4（行ウ）38	138	確定		376
6.10	大阪地裁	8（ワ）9646	270	控訴		789
6.11	最高裁一小	9（行ツ）184	6	確定		14
6.11	東京高裁	8（行コ）92	25	上告		67
6.11	福岡高裁那覇支部	9（行コ）2	81	上告		214
6.12	最高裁二小	8（行ツ）138	161	確定	判タ980-94，判時1648-53，民事法情報145-9，ＴＫＣ税研情報8-3	432
6.12	東京地裁	8（行ウ）141	302	確定		871
6.16	最高裁三小	10（行ツ）45	26	確定		70
6.16	最高裁三小	10（行ツ）80	274	確定		808
6.17	松江地裁	8（行ウ）2	148	控訴		396
6.22	最高裁二小	9（行ツ）246	82	確定		215
6.22	最高裁二小	9（行ツ）207	235	確定		688

裁判月日	裁判所	事件番号	整理番号	上訴の別	登載文献	掲載ページ
6.23	東京地裁	8（行ウ）226	87	控訴	税務事例30-11-12	221
6.23	東京高裁	8（行コ）125	132	上告	税と経営1345-19	365
6.24	横浜地裁	6（行ウ）39	239	控訴		715
6.25	千葉地裁	9（行ウ）4	158	確定		422
6.25	最高裁一小	9（行ツ）130	198	確定	税務通信2544-7	561
6.26	東京地裁	8（行ウ）109	97	確定	訟月45-3-286,税と経営1345-20,判時1668	249
6.26	東京地裁八王子支部	8（ワ）2260	256	確定		761
6.26	大阪地裁	8（ワ）6889	265	控訴		778
6.29	東京高裁	9（行コ）164	72	確定		199
6.29	札幌地裁	9（行ウ）25	77	控訴		208
6.29	仙台高裁秋田支部	5（行コ）3	164	上告		441
6.29	大阪地裁	7（ワ）11606	257	控訴		763
6.30	水戸地裁	8（行ウ）10	175	確定		466
6.30	最高裁三小	10（行ツ）60	281	確定		822
7.1	東京高裁	10（行コ）176	142	確定		383
7.2	仙台高裁	8（行コ）17	12	確定		26
7.3	最高裁二小	9（行ツ）200	110	確定		297
7.3	最高裁二小	6（行ツ）111	225	差戻	訟月45-4-751,裁判所時報1223-1,1230-4,判タ984-73	662
7.3	東京地裁	9（ワ）404	258	確定		769
7.6	東京高裁	10（ラ）1044	68	確定		194
7.9	東京高裁	10（行コ）177	73	上告		201
7.14	大阪高裁	9（行コ）68	55	上告		160

平成10年裁判月日別索引　885

裁判月日	裁判所	事件番号	整理番号	上訴の別	登載文献	掲載ページ
7．15	東京高裁	9（行コ）193	10	確定	訟月45-4-774，税務事例31-3-18，税と経営1346-15	22
7．15	名古屋高裁	10（行コ） 1	153	上告		414
7．16	広島高裁	8（行コ） 3	134	確定		368
7．16	最高裁一小	8（行ツ） 88	226	確定		667
7．16	最高裁一小	8（行ツ）264	227	確定		668
7．16	最高裁一小	9（行ツ） 97	228	確定	訟月45-4-807，判タ985-118，税務事例31-10-22	669
7．16	最高裁一小	10（行ツ） 23	229	確定		669
7．16	最高裁一小	10（行ツ） 74	230	確定	税と経営1346-16	670
7．16	大阪地裁	10（行ウ） 4	231	確定		671
7．16	山口地裁岩国支部	3（ワ） 18	296	控訴		856
7．17	前橋地裁	8（行ウ） 10	176	控訴		467
7．22	横浜地裁	9（行ウ） 52	76	確定		206
7．23	宇都宮地裁	9（行ウ） 10	154	控訴	税と経営1346-17	415
7．23	東京高裁	9（行コ）149	207	上告		593
7．24	京都地裁	7（行ウ） 17	7	控訴		14
7．28	大分地裁	10（行ウ） 6	62	確定		173
7．28	高松地裁	8（行ウ） 4	177	控訴		471
7．28	仙台地裁	9（ワ）1394	245	控訴		738
7．29	東京高裁	10（行コ） 48	199	確定		561
7．29	東京高裁	10（ネ）1480	248	上告		746
7．29	東京地裁	9（行ウ）173	282	控訴		823
7．31	千葉地裁	8（行ウ） 8	11	確定		24
7．31	大阪高裁	9（行コ） 55	117	上告		306

裁判月日	裁判所	事件番号	整理番号	上訴の別	登載文献	掲載ページ
8.6	名古屋高裁	10（行コ）9	74	上告		202
8.10	大阪地裁	7（行ウ）25	212	確定	国税速報5076-1、速報税理17-27-5、税理4-15-8、判時1661-31、判タ990-278、ＴＫＣ税研情報8-3、税務事例31-8-18	609
8.14	新潟地裁長岡支部	6（ワ）3	283	控訴		824
8.19	東京高裁	9（行コ）207	185	確定		511
8.26	広島高裁	8（行コ）7	43	確定		130
8.27	仙台高裁	10（行コ）11	63	上告		174
8.27	東京地裁	9（行ウ）233、270　10（行ウ）102	64	控訴		174
8.27	東京地裁	8（行ウ）188	240	控訴		718
8.28	前橋地裁	7（行ウ）5	208	確定		594
8.28	横浜地裁小田原支部	5（ワ）163	297	控訴		861
9.4	福岡地裁	10（ワ）1205	259	確定		770
9.7	横浜地裁	6（行ウ）50	8	控訴		20
9.7	名古屋地裁	10（行ウ）3	111	確定	税と経営1346-18	298
9.8	仙台高裁	10（行コ）7	232	上告		675
9.10	津地裁	6（行ウ）9	213	控訴	訟月登載予定、国税速報5076-1、速報税理17-29-5、税理4-15-8、判時1661-31、ＡＬＩＳ15-141	615

裁判月日	裁判所	事件番号	整理番号	上訴の別	登載文献	掲載ページ
9.11	名古屋地裁	9（行ウ）7	187	控訴	国税速報5075-1, 速報税理331-4-66, 法律のひろば52-5-72, 税務事例357-32	514
9.17	広島高裁	9（行コ）3	27	確定		71
9.17	東京高裁	10（行コ）78	112	確定		301
9.18	長野地裁	8（行ウ）21	78	控訴		210
9.22	名古屋高裁	10（ネ）109	246	確定		741
9.24	東京地裁	9（行ウ）80	182	控訴		501
9.25	大阪地裁	8（ワ）13117	298	控訴		863
9.28	福岡地裁	7（行ウ）13	28	確定		71
9.28	福島地裁	7（行ウ）8	200	確定		562
9.28	福島地裁	7（行ウ）14	201	確定		566
9.28	高松地裁	8（行ウ）1	214	確定	税務通信2552-10, 速報税理17-35-7	624
9.29	東京地裁	8（行ウ）24	202	確定	ＴＫＣ税研情報8-4-24	567
9.30	大阪高裁	8（行コ）22	29	確定		78
9.30	和歌山地裁	7（行ウ）4	118	確定		313
9.30	神戸地裁	7（行ウ）29	143	控訴		384
9.30	東京高裁	9（行コ）128	215	上告	速報税理17-31-6, 税務事例31-1-21	631
9.30	東京地裁	6（行ウ）229	216	確定	訟月登載予定, 税務通信2546-7, 税理4-15-8, 判時1661-31, ジュリ1161-204, 税と経営1357-20	631
9.30	広島高裁	9（行コ）7	236	上告	ジュリ1150-128	688
10.8	最高裁一小	10（行ツ）110	149	確定		402

裁判月日	裁判所	事件番号	整理番号	上訴の別	登載文献	掲載ページ
10. 13	最高裁三小	10 (行ツ)121	83	確定		216
10. 13	最高裁三小	8 (行ツ) 29	139	確定		382
10. 14	東京高裁	10 (ネ)1318	260	確定	税と経営1347-20	772
10. 15	東京高裁	10 (行コ) 62	100	確定		270
10. 16	大阪地裁	8 (行ウ)103 ～107	150	控訴	訟月45-6-1153 税と経営1347-21, ＴＫＣ税研情報8-4-1	402
10. 21	大阪地裁	9 (ワ)12847	249	控訴		747
10. 22	東京高裁	10 (行コ) 60	113	確定	税と経営1342-12	302
10. 26	千葉地裁	7 (行ウ) 30	203	控訴		576
10. 27	最高裁三小	9 (行ツ) 73	135	確定		369
10. 28	東京高裁	9 (行コ)191	140	確定		382
10. 28	神戸地裁	2 (行ウ) 21	146	確定		388
10. 28	大阪地裁	8 (行ウ) 86 ～90	151	控訴	国税速報5117-1	407
10. 29	東京高裁	9 (行コ)190	9	確定		21
10. 29	福岡高裁	9 (行コ) 16	141	確定		383
10. 29	札幌地裁	9 (ワ) 2852	250	控訴		749
10. 30	東京地裁	8 (行ウ) 27 ～29	204	確定		584
10. 30	東京地裁	9 (行ウ) 67	205	確定		589
11. 10	最高裁三小	9 (行ツ) 13	79	確定	判タ990-124, 税と経営1348-19	213
11. 11	神戸地裁	9 (行ウ) 14	105	確定		281
11. 11	名古屋地裁	9 (行ウ) 3	183	控訴		507
11. 12	東京高裁	10 (行コ)102	56	上告		161
11. 12	東京地裁	9 (ワ)19156	261	確定		773
11. 16	東京高裁	10 (行コ) 84	128	確定		345

裁判月日	裁判所	事件番号	整理番号	上訴の別	登載文献	掲載ページ
11. 17	大阪地裁	10（行ウ）6	284	控訴		826
11. 17	大阪高裁	10（ネ）1033	299	上告		866
11. 19	東京高裁	10（行コ）9	106	確定		284
11. 24	大阪地裁	9（行ウ）89	285	確定	税と経営1348-20	828
11. 25	奈良地裁	9（行ウ）18	178	控訴		473
11. 25	大阪地裁	10（行ウ）18	186	確定		512
11. 26	東京高裁	10（行コ）88	152	確定		414
11. 26	東京高裁	10（行コ）137	155	上告		418
11. 27	最高裁二小	10（行ツ）146	121	確定		321
11. 30	名古屋高裁金沢支部	8（行コ）4	165	上告	訟月登載予定，税理42-2-152，税務通信2566-3，税と経営1348-21，税務事例357-62	446
11. 30	東京高裁	10（行コ）122	275	上告		809
12. 2	岡山地裁	8（行ウ）9	276	控訴		809
12. 7	名古屋高裁金沢支部	10（ネ）77	300	確定		867
12. 8	最高裁三小	8（行ツ）116	30	確定		80
12. 8	最高裁三小	7（オ）1357	286	確定		830
12. 9	名古屋高裁金沢支部	9（行コ）5	31	確定		81
12. 14	横浜地裁	9（行ウ）12	103	確定		275
12. 15	東京高裁	4（行コ）133	129	上告	訟月登載予定，税務事例357-61	345
12. 16	大阪地裁	10（行ウ）36	57	控訴		163
12. 16	神戸地裁	9（行ウ）19	107	確定		284
12. 17	熊本地裁	8（行ウ）1	32	控訴		82

裁判月日	裁判所	事件番号	整理番号	上訴の別	登載文献	掲載ページ
12. 17	千葉地裁	10 (行ウ) 68	46	控訴		145
12. 17	東京高裁	10 (行コ) 128	88	上告		226
12. 18	大阪地裁	8 (行ウ) 140, 141	168	控訴	税理42-3-216	451
12. 21	千葉地裁	10 (行ウ) 76	58	控訴		164
12. 21	浦和地裁	8 (行ウ) 17	277	控訴		814
12. 21	東京高裁	10 (行コ) 114	287	上告		831
12. 21	東京高裁	6 (ネ) 4563	301	上告		868
12. 21	大阪地裁	10 (ワ) 1842	303	控訴		874
12. 22	山形地裁	9 (行ウ) 5	89	控訴		226
12. 22	大分地裁	8 (行ウ) 3	217	控訴		637
12. 25	東京高裁	10 (行コ) 67	33	確定		86
12. 25	和歌山地裁	63 (行ウ) 3	34	確定		86
12. 25	和歌山地裁	63 (行ウ) 4	35	確定		97
12. 25	和歌山地裁	63 (行ウ) 5	36	確定		97
12. 25	和歌山地裁	63 (行ウ) 6	37	確定		105
12. 25	和歌山地裁	63 (行ウ) 7	38	確定		106
12. 25	和歌山地裁	63 (行ウ) 9, 10	39	確定		114
12. 25	名古屋高裁	10 (行コ) 34	188	上告	訟月登載予定, 税と経営1347-19, 1362-28	518
12. 25	東京地裁	9 (行ウ) 66	209	控訴		596
12. 28	大阪高裁	9 (行コ) 63	144	確定		387

編者との契約により検印省略

平成12年3月15日 通巻第10号発行	租 税 判 例 年 報	
	平 成 10 年 度	
編　者	法務省訟務局内租税事件訴訟研究会	
発行者	大　坪　嘉　春	
印刷製本	株式会社　じんのう	
発行者　東京都新宿区 下落合2丁目5番13号	株式会社　税務経理協会	
郵便番号　振替 00190-2-187408 161-0033　ＦＡＸ(03)3565-3391 ＵＲＬ http://www.zeikei.co.jp/ 乱丁・落丁の場合はお取替いたします。	電話(03)3953-3301(大 代 表) 　　 (03)3953-3325(営業直通)	

Ⓒ　法務省　2000　　Printed in Japan
本書の内容の一部又は全部を無断で複写複製(コピー)することは、法律で認められた場合を除き、著者及び出版社の権利侵害となりますので、コピーの必要がある場合は、予め当社あて許諾を求めて下さい。

ＩＳＢＮ4-419-03478-5　　C2032